Miklosich, Franz

Vergleichende Wortbildungslehre der slavischen Sprachen

Miklosich, Franz

Vergleichende Wortbildungslehre der slavischen Sprachen

Inktank publishing, 2018

www.inktank-publishing.com

ISBN/EAN: 9783747764510

VERGLEICHENDE

WORTBILDUNGSLEHRE

DER

SLAVISCHEN SPRACHEN

VON

FRANZ MIKLOSICH.

VOM FRANZÖSISCHEN INSTITUTE GEKRÖNTE PREISSCHRIFT.

ZWEITE AUSGABE.

WIEN, 1876.
WILHELM BRAUMÜLLER
K. K. HOF- UND UNIVERSITÄTSBUCHHÄNDLER.

Die worte sind entweder nomina oder verba. Es zerfällt demnach die wortbildungslehre (formen-, flexionslehre) in die lehre von der bildung der nomina und in die lehre von der bildung der verba. Jenen liegen nominal-, diesen verbalstämme zu grunde. Die lehre von der bildung der nomina nennt man declination, die lehre von der bildung der verba conjugation.

I. ALTSLOVENISCH.

ERSTER TEIL.

Lehre von der declination.

Die aus demselben stamme gebildeten nomina nennt man casus. Aus dem stamme kamen *entstehen die casus* kamene, kameni, kamenь *usw.*

Die slavischen sprachen besitzen sieben casus: nominativ, vocativ, accusativ, genetiv, dativ, instrumental und local, und drei numeri: singular, dual und plural. Da dieselben casus in den verschiedenen numeri verschiedene suffixe haben, da im dual alle casus durch drei formen bezeichnet werden und da im pl. der voc. mit dem nom. zusammenfällt, so ergeben sich sechzehn casusformen.

Die casus werden dadurch gebildet, dass an den stamm bestimmte laute antreten, die casussuffixe genannt werden: in kamene *ist* e *casussuffix.*

Die casussuffixe sind verschieden, je nachdem der stamm, von dem der casus gebildet werden soll, ein nomen im engeren sinne oder

1

ein pronomen ist: der sg. gen. vom substantiv rabъ *lautet* raba, *der vom pronomen* tъ *hingegen* to-go.

Die declination ist demnach nominal oder pronominal. Aus der verbindung nominaler casus oder nominaler stämme mit den entsprechenden casus des pronomen jь *entsteht die zusammengesetzte declination, so dass, wenn man, allerdings nicht ganz logisch, die zusammengesetzte declination den beiden anderen declinationen beiordnet, sich eine dreifache declination ergibt:* raba. je-go. draga-jego.

Erstes capitel.

Nominale declination.

Die nominale declination umfasst: A) die substantiva, adjectiva und participia, die numeralia cardinalia mit ausnahme von jedinъ, dva *und* oba *und den numeralia distributiva* dvoj, oboj, troj; *B) die pronomina personalia* azъ, ty, sę.

A) Declination der substantiva usw.

Nach dem auslaute zerfallen die hieher gehörigen stämme in sechs classen: I. ъ *(a)-stämme. II.* o*-stämme. III.* a*-stämme. IV.* ъ *(u)-stämme. V.* ь*-stämme. VI. consonantische stämme.*

Casussuffixe der nominalen declination.

sg. nom. *Das suffix s ist, weil es im auslaute stand, abgefallen: dasselbe muss für das m des neutr., ursprünglich ein suffix des sg. acc., angenommen werden. Das im auslaut des stammes stehende a geht im masc. in* ъ *über:* rabъ, *im neutr. in* o: mêsto, *worin ich eine auf slavischem boden eingetretene differenzierung erblicke. a wird durch* a *vertreten:* ryba; ja *geht oft in* ji *über:* gospodyńi *aus* gospodynja; boľьši *aus* boľьšja; pletąšti *aus* pletąštja; byvъši *aus* byvъšja. *In* ija *fällt* a *ab:* mlъnij *aus* mlъnija: *vgl. den aind. sg. inst. dhātī aus dhātjā Bopp 3. 253, und etwa den lit. loc. dalyj aus und neben dalyje; mergo aus und neben mergoje.* u *geht im masc. in* ъ *über:* synъ, *aind. sūnu; im fem. tritt an die stelle des u das auf einem älteren* ъ *beruhende* y: svekry *neben* ljubъ *und* ljuby. *i geht in* ь *über:* pątь, kostь. i *hat sich im fem., jedoch nur ausnahmsweise, erhalten:* hoti *neben* hotь. *r und s fallen im auslaute ab, und das in den auslaut tretende* e *geht im fem. in* i, *im neutr.*

in o *über:* mati, dъšti *aus* mater, dъšter *und* slovo *aus* sloves. slovo *aus* sloves *folgt den neutra auf ursprüngliches a, während* mati *und* dъšti *aus* mater *und* dъšter *vielleicht für* matê *und* dъštê *stehen, wobei* ê *als ersatzdehnung für* e *eingetreten wäre. Andere nehmen im slav. und lit. übertritt in die analogie der* ja-*stämme an:* berąšti *aus* berątja, *eine ansicht, mit der sich das unveränderte* ι *in* mati *nicht in einklang bringen lässt.* kamy, korę, imę, telę *stehen für* kamen, koren, imen *und* telęt.

sg. voc. *Der voc. hat eine vom nom. verschiedene form nur im sg. masc. und fem., und selbst die masc. und fem. entbehren einer solchen besonderen form bei den fem.* v-*stämmen, so wie bei den* r-*stämmen, daher* crъky, mati, dъšti; *formen wie* crъkъvi, materi, dъšteri *können nur vermutet, nicht nachgewiesen werden. In allen fällen, in denen gegenwärtig der voc. vom nom. verschieden ist, ist dieser eigentlich nichts anderes als eine modification des nom. Diese modification besteht darin, dass das ursprüngliche a zu* e, *das ursprüngliche ā zu* o *herabsinkt:* rabe, rybo, *das dem älteren aind. açva für jüngeres açvē entspricht, während* synu, *dem auch* vračъ: vraču *folgt, auf einem stamme auf au, ō beruht, so wie* gosti, kosti, *denen auch* kamen: kameni *sich anbequemt, stämme auf ai, ē zur voraussetzung haben. Benfey. Über die entstehung des indogermanischen vocativs. Man bemerke, dass, während altes a und ā zu* e *und* o *geschwächt werden, bei* i *und* u *eine steigerung eintritt. e bieten in denselben stämmen auch das griech., lat. und lit., und das aind. hat für ā das nach Bopp's ansicht schwächere ē.*

sg. acc. *Das suffix ist m, vor welchem bei consonantischen stämmen im aind. a, im asl. das dem a entsprechende* e *eingeschaltet wird:* kamene, matere, ljubъve, dьne *aus* kamen-e-m, mater-e-m, ljubъv-e-m, dьn-e-m. *Diese formen sind wahre acc.-, nicht etwa gen.-formen.* rabъ *steht für* rabъm, synъ *für* synъm, pątь *und* kostь *für* pątьm, kostьm, *so wie* mésto *eine auf am auslautende form voraussetzt: überall wird m spurlos abgeworfen, nur die auf* a *(altes ā) auslautenden stämme verschmelzen das suffix m mit* a *zum nasalen* ą: rybą *für* rybam. *Formen wie* kamenь, materь, ljubъvь, dьnь *setzen mit* ь *(i) schliessende stämme voraus.* ljuby *ist eigentlich ein nom.*

sg. gen. *Das schliessende s des suffixes as ist, weil auslautend, abgefallen, a in* e *übergegangen:* kamene, matere, ljubъve, dьne, slovese, telęte. *Die gen.* kameni, materi *usw. setzen einen auch sonst eintretenden stamm auf* ι *voraus. Die auf* ъ *masc. und auf* ь *für ehemaliges u und i auslautenden stämme steigern diese vocale zu*

1*

u und zu i: synu, pąti. kosti, formen, die den aind. genetiven sūnōs, kavēs, matēs von sūnu, kavi, mati genau entsprechen. Gen. wie pątê bieten nur jene späten quellen, in denen die ь-stämme der analogie der ъ (a)-stämme folgen: pątê steht demnach für pątja. Wenn nun rabъ, mêsto im gen. raba, mêsta bilden, so könnte hier gleichfalls eine steigerung des a zu ā angenommen werden, so dass das auslautende a einem ursprünglichen ās gegenüberstünde, eine deutung, zu deren gunsten mit unrecht der umstand angeführt wurde, dass dem got. dagis (stamm daga) gleichfalls ein älteres dagās zu grunde liege. Zeitschrift 2. 171. Bopp nahm, Über die sprache der alten preussen 52, in diewo dei völlige unterdrückung der casusendung wie im slav. an und erkannte in dem lit. o einen ersatz für die weggefallene casusendung. Da jedoch die a-stämme im lit. im sg. gen. das dem slav. a entsprechende o haben: lit. vilko, asl. vlъka, und da auslautendes s im lit. nicht abfällt, so halte ich den slav. gen. raba und ebenso den lit. gen. vilko für einen ursprünglichen abl., so dass asl. vlъka und lit. vilko dem aind. abl. vṛkāt entsprächen, wobei zu bemerken ist, dass sg. gen. und abl. oft formell zusammenfallen und dass sich gen. und abl. überhaupt in ihrer function berühren, dass endlich im lit. auslautendes t abfällt. Vgl. 4. seite 447. Die von Schleicher, Formenlehre 235, ausgesprochene und, Compendium 560, im allgemeinen festgehaltene ansicht, dass das auslautende a von raba aus āja und dieses aus āsja entstanden sei, stehen unüberwindliche lautliche schwierigkeiten entgegen. Noch schwieriger ist die erklärung der formen dušę und ryby: wenn man erwägt, dass in jenen fällen, in denen nach massgabe des vorhergehenden consonanten im auslaute ę und y mit einander wechseln, beide laute aus einem älteren ą hervorgegangen sind, wie diess aus den participia praes. act. idy und piję, im gen. masc. und neutr. idąšta und pijąšta, erhellt, so wird man als die älteste erreichbare form dušą und rybą ansehen. Ich halte nun den gen. auf ę und y für einen alten durch am gebildeten sg. loc.: aind. gatā-j-ām, daher dušą aus dušam, duša-am, rybą aus rybam, ryba-am. Vgl. über den ursprung einiger casus der pronominalen declination seite 4, 5. (144, 145). Bei dieser erklärung entfernt man sich allerdings vom lit., allein ich halte die vermittelung des asl. dušę, ryby mit lit. rankos für unmöglich, und nehme hier einigermassen eine deutung auf, die Schleicher, Formenlehre 236, aufgestellt hatte, im Compendium 560 jedoch aufgab, indem er dort sagte: „entweder ist hier die analogie des acc. und nom. pl. zu finden, denn so oft der gen. sg. gleich lautet, oder es ist das casuselement mittelst eines nasals *angetreten, so dass ein rankā-n(-as) als grundform anzunehmen ist, von welcher die endung as völlig geschwunden ist. Letzteres dünkt mich die bessere vermutung".*

sg. dat. *Das aind. hat das suffix ē, das im asl. in* i *übergeht:* kameni, materi, slovesi, telęti, ljubъvi. *Die stämme auf* ь *bieten* i *dar, welches dem ē des aind. gegenüber steht, und vor welchem* ь *ausgefallen ist, wie im gotischen i ausgestossen wurde, denn gasta steht für gastia, und dieses für gastiai:* pąti, kosti *sind demnach aus* pątьi, kostьi *und die letzteren formen aus* pątьê, kostьê *hervorgegangen: aind. avaj-ē neben arj-āi. Auch die oben angeführten dative* kameni, materi *usw. können so gedeutet und von* ь*-stämmen abgeleitet werden, wozu jedoch keine nötigung vorliegt. Das* ê *des dat.* rybê *von* ryba *muss auf ein aind. ai zurückgeführt werden: açvâ-jāi, alt açvāi; das lit. bietet ai: rankai: durch aind. ē kann auslautendes* ê *nicht erklärt werden. Die* ъ *(u)-stämme haben den ausgang* ovi: synovi, *aind. sunavē, lit. sunui. Denselben ausgang findet man bei den* ъ *(a)-stämmen masc.:* rabovi, *woraus* rabu *durch abfall des* ь, i *und verwandlung des* ov *in* u *entstanden ist: der dat. der* ъ *(a)-stämme masc. und neutr. ist demnach von den* ъ *(u)-stämmen entlehnt. Man vergleiche lit. vilkui mit asl.* vlъku. *Schleicher hält* synovi *für den sg. loc., aind. sūnavi, dem eher asl.* synovь *entsprechen würde. Sklonenie osnovъ na u, seite 7. Bei der geringen zahl von* ъ *(u)-stämmen ist jedoch diese erklärung des sg. dat. auf* u *nicht unzweifelhaft, und so möge auf eine andere deutung hingewiesen werden, nach welcher* vlъku *als aus* vlъko-v-i, vlъkъ-i *entstanden aufzufassen wäre, wie Bopp, Über die sprache der alten preussen 16, preuss. waldniku regi und lit. dievui deo aus waldnikai, dievai entstehen lässt.*

sg. instr. *Das suffix ist für das masc. und neutr.* mь *für älteres, im litauischen avimi vollständig erhaltenes mi aus bhi:* rabъmь, mêstъmь, pątьmь. *Die consonantischen stämme substituieren auf* ь *auslautende stämme:* kamenьmь, slovesьmь, telętьmь. *Diese ansicht scheint vor jener den vorzug zu verdienen, nach welcher in den angeführten fällen* ь *als vermittelnder vocal eingeschaltet worden sein soll wie im aind. sg. acc. rudžānam von rādžan, da in diesem falle wahrscheinlich* e, *nicht* ь *stünde. Die fem. auf* a *haben* mь, *dessen* m *nach abfall des* ь *mit dem vorhergehenden vocal zu* ą *zusammenschmilzt:* rybą *für* rybam, rybamь. *Man vergleiche* rabъmь *und* rybą *mit den verbalformen der I. sg. praes.* vêmь *und* biją *aus* bijom *für* bijomь. *Abfall des* ь *ist auch im dat.* rabu *aus* rabov, rabovь *ein-*

getreten. Häufiger als die form rybą *ist die längere form* ryboją, *die nach dem pronominalen* toją *gebildet ist, worüber bei der pronominalen declination gehandelt wird. Vgl. meine abhandlung: Über den ursprung einiger casus der pronominalen declination 10, 11 (150, 151).*

sg. loc. *Das aind. hat das suffix i:* kameni, materi, slovesi, telęti, ljubъvi *sind von* ь*-stämmen gebildet, in denen der auslaut des stammes, ursprünglich i, mit dem suffix i zu slavisch* i *zusammenschmilzt:* pąti, kosti, *was jedoch zweifelhaft ist, da es nicht ausgemacht ist, dass slav.* i *einem älteren ī gegenüberstehe.* rybě *scheint eigentlich ein dat. zu sein: aind. açvāi alt;* rabě, městě *befremden wegen des* ě *im auslaute, wofür man* i *erwartet;* synu, *aind. sunavi, ist aus* synovi, synovь, synov *entstanden, nicht etwa durch differenzierung aus dem dat.* synovi, *aind. sūnave, hervorgegangen. Die consonantischen stämme haben in den ältesten, pannonischen quellen den ausgang* e *neben dem ausgang* i: kamene, nebese, *formen, die vielleicht als eigentliche sg. gen. anzusehen sind.*

dual. nom. *In diesem casus ist die übereinstimmung zwischen asl. und aind. gering.* raba *zwar entspricht der älteren aind. form açvā, wofür später açvāu aus açvas;* rybě *und* městě *jedoch sind vielleicht nicht aind. açvē von açvā f. und jugē von juga n. gleichzustellen.* telesě *setzt einen stamm* těleso *voraus und ist daraus wie* městě *aus* město *gebildet. Daneben besteht* tělesi *wie* pąti, kosti, imeni *usw., denen im aind. auf ī auslautende formen gegenüberstehen, wobei man sich dann beruhigen könnte, wenn in der tat dem auslautenden aind. ī slav.* i *entspräche, was, wie es scheint, eben so wenig behauptet werden kann als die gleichheit von aind. ū und slav.* y *in* syny *und aind. sūnū. Wenn auslautendes ū zunächst in* ъ *und dieses in* y *übergegangen ist, wie das partic.* sy *durch* sъ *aus* są *entstanden ist, so ist die annahme gestattet, dass eben so* i *durch* ь *aus ī hervorgegangen ist. Man bemerke, dass im ačech. die endung* y *auch bei* ъ *(a)-stämmen eintritt:* hlasy, parohy, zraky. *Dasselbe findet im lit. statt: vilku.*

dual. gen. *Das suffix lautet im aind. ōs, im asl.* u: tělesu, desętu, dъšteru *neben* dъšteriju *wie bei den* ь*-stämmen. Die stämme auf* ъ, *das* ъ *mag altem a oder u entsprechen, auf* o *und auf* a *stossen diese vocale aus:* rabu, synu, městu, rybu, *wogegen das aind. gatajos von gata und gatā, sūnvōs von sūnu bietet. Die* ь*-stämme trennen die endung* u *vom stamme durch* j: pątiju, kostiju *neben* pątьju, kostьju, *statt es in j zu verwandeln, was im aind. eintritt: bhutjōs aus bhutiōs. Was bei* pątь *und* kostь *stattfindet, tritt auch bei manchen consonantischen stämmen ein:* kameniju, crъkъviju.

dual. dat. *Das aind. suffix ist bhjām, im asl.* ma, *indem bh, wie sonst, in* m *verwandelt, j ausgestossen und das auslautende* m *abgeworfen wird:* synъma *(sunubhjām),* rabъma, rybama, pątьma, kostьma, očima. *Die consonantischen stämme verwandeln sich in* ь-*stämme:* tělesьma, tělesema. *a-stämme treten für die* v-*stämme ein:* ljubъvama *von* *ljubъva.

pl. nom. *Dem aind. suffix as entspricht* e *in* jelene; *in den comparativformen* boľьše, dobrějše; *im partic. praes. act. und im partic. praet. act. I.* hvalęšte, hvaľьše, *was insoferne überrascht, als* dobrějšь, hvalęštь, hvaľьšь *zu den* ъ *(a)-stämmen gehören; hieher sind nicht plurale wie* graždane *zu ziehen, da sie mit ursprünglichen* ь-*stämmen zusammenhangen, wie die lit. formen auf* jonis, *gen.* jonës *und* jonio *zeigen: mëščonis pol. mieszczanin. Schleicher, Grammatik 124. Szyrwid scheint im gen. nur nies zu kennen: miescionis, gen. miescionies 150. Mit dieser annahme stimmen auch andere casus des pl. überein. Die pl. der männlichen* ь-*stämme:* pątije *von* pątь *entsprechen den nicht gunierten vedischen formen wie karjas für karias. Diesen folgen* ъ*(a)-stämme:* roditelije, pastyrije, *die ursprünglich consonantisch ausgelautet und die endung der* ь-*stämme angenommen haben. Die stämme auf* ъ *für u steigern den auslautenden vocal:* synove, *welches dem aind. sunavas ebenso gegenübersteht, wie im sg. dat.* synovi *dem aind. sunave. Die weiblichen stämme auf* ь *bieten* i, *welches ein e voraussetzt:* kosti; *das aind. hat ajas. Die stämme auf* ъ *(a) haben* i: rabi, *worin ich den aus ai entstandenen ausgang der pronomina, aind. e in tē, erblicke: daher* rabi *aus* rabě, *neben* ove, *das von den* ъ *(u)-stämmen herrührt:* rabove; *die neutr. auf* o *haben* a: města, *womit die entsprechenden aind. formen auf a: runa zusammenzustellen sind:* imena, slovesa, telęta *setzen daher nicht consonantische, sondern vocalische stämme voraus:* imeno, sloveso, telęto, *denn die consonantischen stämme haben aind. i. Die* a-*stämme haben nach massgabe des vorhergehenden consonanten* ę *oder* y, *welche in diesem casus wie im sg. gen. ein älteres* ą *voraussetzen. Daraus ergibt sich, dass man es bei* dušę *und* ryby *mit dem pl. acc. zu tun hat, dass daher bei diesen stämmen schon in alter zeit der pl. nom. durch den pl. acc. verdrängt worden ist, in welchem der ausgang ā-ns vorausgesetzt wird. Die ersetzung des pl. nom. durch den pl. acc. fand später in grossem umfange statt:* braky *nuptiae für* braci *findet sich jedoch schon in den ältesten quellen.*

pl. acc. *Als ursprüngliches suffix ist ns anzusetzen, dessen n mit dem vorhergehenden* ь *zu* ą *zusammenschmilzt, daher* rabą, konją, und daraus raby, konję aus rabъ-ns, konь-ns. Man beachte ijudeją ἰουδαίους io. 11. 33.-zogr. und ją, ą von jъ in nedąžьnyą, prokaženyą cloz. II. Vgl. preuss. giwa-ns vivos, lit. ponus, lett. grēkus, got. qiva-ns, aind. ǵīvā-n aus ǵīvā-ns. Bei den a-stämmen ist der acc. zugleich nom., worüber bereits gesprochen wurde. syny ist auf sununs, aind. sūnūn, zurückzuführen, wie pąti und kosti auf -tins: vgl. aind. avīn masc. und avīs fem. aus avins.

pl. gen. Das ursprüngliche suffix ām ist in ą und dieses in folge fortschreitender schwächung in ъ übergegangen, wie in der praeposition aind. sam, asl. są, sъ: imenъ, slovesъ. Die auf ъ, o, a auslautenden stämme stossen diese vocale aus: rabъ, synъ, mêstъ, rybъ: aind. açvā-n-ām von açva; açvā-n-ām neben açvām von açvā. Die ь-stämme schalten zwischen ь, das zu i werden kann, und ъ das j ein: pątij, kostij aus pątijъ, kostijъ für pątiją, kostiją: aind. avī-n-ām. Im lit. ist ām in ū übergegangen: ponū; das preuss. hat n für m: swinta-n sanctorum, asl. svętъ aus svętą.

pl. dat. Das aind. suffix bhjas lautet asl. mъ, indem bh in m übergieng, j ausgestossen ward und an die stelle des as wie sonst ъ trat: rabъmъ, rybamъ, synъmъ, pątьmъ, kostьmъ. Die consonantischen stämme werden durch ь-stämme ersetzt: kamenьmъ, slovesьmъ. Vgl. lit. ponams, alt ponamus.

pl. instr. Aus dem suffix bhis entsteht durch verwandlung des bh in m und abwerfung des s das suffix mi, wofür man mь erwartet: rybami, pątьmi, kostьmi, synъmi. Die ъ- und o-stämme haben die endung ы aus ъmi: raby aus rabъ-mi im gegensatz zu rybami, wie aind. açvāis, alt açvēbhis, von açva, neben açvābhis von açvā; m fiel im slav. aus, als sich bereits ъ für a festgesetzt hatte. Dasselbe y tritt ein in slovesy. Andere consonantische stämme substituieren ь-stämme: materьmi.

pl. loc. Das suffix su geht in hъ über: rybahъ, pątьhъ, kostьhъ, synъhъ. Die stämme auf ъ (a), o haben êhъ: rabêhъ, mêstêhъ, und begegnen auf diese weise auffallend den aind. a-stämmen, welche den auslaut a in ē verwandeln: açvēšu, im gegensatz zu den ā-stämmen: açvāsu, dem asl. rybahъ entspricht.

Die gleichstellung des auslautenden ê im asl. mit dem auslautenden ē im aind. wird von mir im sg. loc. der ъ (a)-stämme, im sg. dat. loc. der ā-stämme und im dual. nom. der o (a)- und der a-stämme im vorstehenden in abrede gestellt, doch zweifle ich, ob mit vollem rechte.

Aus dem gesagten ergibt sich, dass die verschiedenheit der casusformen teilweise auf der verschiedenheit des auslautes der stämme beruht.

Die trennung der suffixe von den stämmen vollzieht sich am leichtesten in jenen formen, in denen das suffix consonantisch anlautet.

I. ъ (a)-stämme.

Die ъ (a)-stämme sind masc. Die declination wird durch den dem ъ vorhergehenden consonanten beeinflusst.

1. Dem ъ geht ein harter consonant vorher: r, l, n; t, d; p, b, v, m; k, g, h; z, s.

Subst. stamm rabъ.

nom.	rabъ	raba	rabi
voc.	rabe	raba	rabi
acc.	rabъ	raba	raby
gen.	raba	rabu	rabъ
dat.	rabu	rabъma	rabomъ
instr.	rabъmь	rabъma	raby
loc.	rabê	rabu	rabêhъ.

Subst. stamm rimljaninъ, rimljanъ.

nom.	rimljaninъ	rimljanina	rimljane
voc.	rimljanine	rimljanina	rimljane
acc.	rimljaninъ	rimljanina	rimljani
gen.	rimljanina	rimljaninu	rimljanъ
dat.	rimljaninu	rimljaninъma	rimljanьmъ
instr.	rimljaninъmь	rimljaninъma	rimljany
loc.	rimljaninê	rimljaninu	rimljanьhъ.

Adj. stamm dobrъ.

nom.	dobrъ	dobra	dobri
voc.	dobre	dobra	dobri
acc.	dobrъ	dobra	dobry *usw.*

2. Dem ъ geht j *vorher; nach* j *fällt ъ ab.*

Subst. stamm krajъ.

nom.	kraj	kraja	krai
voc.	kraju	kraja	krai
acc.	kraj	kraja	kraję
gen.	kraja	kraju	kraj
dat.	kraju	krajema	krajemъ
instr.	krajemь	krajema	krai
loc.	krai	kraju	kraihъ.

Adj. stamm velijъ.

nom.	velij	velija	velii
voc.	velij	velija	velii
acc.	velij	velija	velije *usw.*

3. *Dem* ъ *geht ein durch verschmelzung mit* j *erweichter consonant vorher: nach* ь *fällt* ъ *ab.* *a)* ŕь, ĺь, ńь *aus* rjъ, ljъ, njъ *und diese aus* rijъ, lijъ, nijъ. *b)* cь *aus* kjъ, zь aus gjъ. *c)* čь *aus* cjъ, kjъ; žь *aus* zjъ, gjъ. *d)* šь *aus* sjъ, hjъ. *e)* štь *aus* tjъ; ždь *aus* djъ.

a) Subst. stamm konjъ.

nom.	końь	konja	końi
voc.	konju	konja	końi
acc.	końь	konja	konję
gen.	konja	konju	końь
dat.	konju	konjema	konjemъ
instr.	konjemь	konjema	końi
loc.	końi	konju	końihъ.

Adj. stamm solomunjъ.

nom.	solomuńь	solomunja	solomuńi
voc.	solomuńь	solomunja	solomuńi
acc.	solomuńь	solomunja	solomunję *usw.*

b) Subst. stamm otьcjъ.

nom.	otьcь	otьca	otьci
voc.	otьče	otьca	otьci
acc.	otьcь	otьca	otьcę
gen.	otьca	otьcu	otьcь
dat.	otьcu	otьcema	otьcemъ
instr.	otьcemь	otьcema	otьci
loc.	otьci	otьcu	otьcihъ.

Adj. stamm nicjъ.

nom.	nicь	nica	nici
voc.	nicь	nica	nici
acc.	nicь	nica	nicę *usw.*

c) Subst. stamm vračjъ.

nom.	vračь	vrača	vrači
voc.	vraču	vrača	vrači
acc.	vračь	vrača	vračę

gen.	vrača	vraču	vračь
dat.	vraču	vračьma	vračьmъ
instr.	vračьmь	vračьma	vrači
loc.	vrači	vraču	vračihъ.

Adj. stamm lьstьčjъ.

nom.	lьstьčь	lьstьča	lьstьči
voc.	lьstьčь	lьstьča	lьstьči
acc.	lьstьčь	lьstьča	lьstьčę *usw.*

d) Subst. stamm košjъ.

nom.	košь	koša	koši
voc.	košu	koša	koši
acc.	košь	koša	košę
gen.	koša	košu	košь
dat.	košu	košьma	košьmъ
instr.	košьmь	košьma	koši
loc.	koši	košu	košihъ.

Adj. stamm amošjъ.

nom.	amošь	amoša	amoši
voc.	amošь	amoša	amoši
acc.	amošь	amoša	amošę *usw.*

Adj. comparativ. α) *stamm* dobrêjъs *für den sg. nom., sonst* dobrêjšjъ.

nom.	dobrêj	dobrêjša	dobrêjše
voc.	dobrêj	dobrêjša	dobrêjše
acc.	dobrêjšь	dobrêjša	dobrêjšę
gen.	dobrêjša	dobrêjšu	dobrêjšь
dat.	dobrêjšu	dobrêjšьma	dobrêjšьmъ
instr.	dobrêjšьmь	dobrêjšьma	dobrêjši
loc.	dobrêjši	dobrêjšu	dobrêjšihъ.

β) *stamm* gorijъs *für den sing. nom., sonst* gořьšjъ.

nom.	gořij	gořьša	gořьše
voc.	gořij	gořьša	gořьše
acc.	gořьšь	gořьša	gořьšę
gen.	gořьša	gořьšu	gořьšь
dat.	gořьšu	gořьšьma	gořьšьmъ
instr.	gořьšьmь	gořьšьma	gořьši
loc.	gořьši	gořьšu	gořьšihъ,

Partic. praet. act. I. Stamm tvorjъs *für den sg. nom, sonst* tvoŕьšjъ.

nom.	tvoŕь	tvoŕьša	tvoŕьše
voc.	tvoŕь	tvoŕьša	tvoŕьše
acc.	tvoŕьšь	tvoŕьša	tvoŕьšę
gen.	tvoŕьša	tvoŕьšu	tvoŕьšь
dat.	tvoŕьšu	tvoŕьšьma	tvoŕьšьmъ
instr.	tvoŕьšьmь	tvoŕьšьma	tvoŕьši
loc.	tvoŕьši	tvoŕьšu	tvoŕьšihъ.

c) Subst. stamm plaštjъ.

nom.	plaštь	plašta	plašti
voc.	plaštu	plašta	plašti
acc.	plaštь	plašta	plaštę
gen.	plašta	plaštu	plaštь
dat.	plaštu	plaštьma	plaštьmъ
instr.	plaštьmь	plaštьma	plašti
loc.	plašti	plaštu	plaštihъ.

Adj. stamm koštjъ.

nom.	koštь	košta	košti
voc.	koštь	košta	košti
acc.	koštь	košta	koštę *usw.*

Partic. praes. act. Stamm hvalęt *für den sg. nom., sonst* hvalęštjъ.

nom.	hvalę	hvalęšta	hvalęšte
voc.	hvalę	hvalęšta	hvalęšte
acc.	hvalęštь	hvalęšta	hvalęštę
gen.	hvalęšta	hvalęštu	hvalęštь
dat.	hvalęštu	hvalęštьma	hvalęštьmъ
instr.	hvalęštьmь	hvalęštьma	hvalęšti
loc.	hvalęšti	hvalęštu	hvalęštihъ.

Zu 1. rabъ. *Die hier in anwendung kommenden lautgesetze sind: 1. die gutturalen consonanten gehen vor* e *in die palatalen, vor ê und* i *in die sibilanten über:* rače, rože, duše; racê, rozê, dusê; racêhъ, rozêhъ, dusêhъ; raci, rozi, dusi: rakъ, rogъ, duhъ. *Für z trat ursprünglich dz ein.* vlъhvъ *hat im pl. nom.* vlъsvi *assem. sup. ostrom. hom.-mih., im pl. loc.* vlъsvêhъ *svjat.: ein sg. voc.* vlъšve *hingegen kömmt nicht vor. Selten sind formen wie* kiriake *pat.* sk *geht in einigen denkmälern in* sc, *in anderen in* st *über:* vavilonьscê, poganьscii, evrêjscii *cloz. I. 350, 842, 843.* ijudejscii

mariencod. iordanьscêj *zogr.* galilejscê, ijudejscêmъ, elionьscê *sav.-kn. 11, 75, 137.* farisêjscê, člověčьscêmь, erьdanscê *nicol.* ijudiscyhь *hval.* damasca *für* damascê *strum.: dagegen* galilejstêj, ijudejstêj, ijudejstii, ljudьstii, damastê *apost.-ochrid. Das ostromirische evangelium bietet* sc *neben* st*:* ierdanьsêêj, pascê, sinajscêj *und* galilejstêemь, ljudьsti, jeleonьstê. *Unrichtig ist Kopitar's ansicht, dass der glagolita clozianus, der* sk *in* sc *wandle, der kroatischen oder serbischen (familiae serbicae sive, quod idem est, croaticae), der assemanische codex hingegen, in welchem* sk *in* st *übergehe, der bulgarischen familie angehöre. Der unterschied ist entweder dialektisch innerhalb der altslovenischen sprache, oder chronologisch, indem das ursprüngliche und ältere* sc *durch das jüngere* st *verdrängt wurde. Im zusammenhange damit steht* št *aus* šč. *II. Der auslaut des stammes kann vor consonanten selbst in den ältesten denkmälern in* o *übergehen; in den späteren ist* o *im sg. instr., im dual. dat. und im pl. dat. für das organische* ъ *ausnahmslose regel, während im pl. loc. als ältester, dem aind.* êšu *aus* aišu *entsprechender ausgang* êhъ *anzusehen ist, der nicht selten dem für die* ъ *(u)-stämme organischen* ъhъ *weicht, das regelmässig durch* ohъ *ersetzt wird: a) sg. instr.* glasъmь. sluhъmь. sъnъmь *zogr.: assem. hat* omь. bogъmь *sup. ostrom.* bъhъmь *sup.* bêsъmь *ostrom.* gladъmь *sup. ostrom.* glasъmь *ostrom.* gnêvъmь *ostrom.* gospodinъmь *ostrom.* duhъmь *ostrom.* opasъmь *sup.* slovъmь *sup.* strahъmь *sup.* trepetъmь *sup.* nravъmь *greg.-naz.* duhъmь *ippol. usw. b) dual. dat. und instr.* rogъma *prol.-rad. 117.* ošibъma *pent.* stlъpъma *pent.* polъma *adverbial.* rędъma *ephr.-syr. XV. c)* ъmъ *im pl. dat. kann ich nicht nachweisen. d) pl. loc.* vnukohъ *pent.* gadohъ *pent.* židohъ *sup. hom. proph. mladên.* ovьnohъ *pat.* grêhohъ, eretikohъ, nravohъ, obrazohъ, hlъmohъ *georg. Siehe vergleichende grammatik I. 85, 86.* ohъ *beruht auf der analogie der* ъ *(u)-stämme. In* vrъtpahъ *slêpč. steht bulg.* a *für* ê: vrъtьpêhъ *hebr. 11. 38-šiš. Hier will ich anmerken, dass vor dem pronomen* sь, tъ *der auslaut in* o *übergehen kann:* narodosь, obrazosь. pozorosь, prazdьnikosь, rodosь; rabotъ *und* obrazъsъ, rodъsь: rabъtъ *zogr.* kupecotъ *pat.-mih., das unregelmässig ist,* rodosь, trudъsь, dêtištosь, dêtištьsь *mladên. 42. 59. 151. 172. 174.* odrotъ *pat.-mih. Man merke, dass bei den auf* ξ, ψ *auslautenden griech. wörter die casus von dem von den übersetzern instinktmässig erratenen wahren stamm gebildet werden:* ducê *pat. von* δοῦξ, tinika *von* φοῖνιξ, kinopa, kinopomь *neben* kinopь *und* kinopsь *von* κύνωψ. *Sg. dat. auf* u *ist bei den* ъ *(ŭ)-stämmen organisch:* rabu *entsteht aus* rabovi, rabovь, rabov.

Vgl. seite 5. Sg. instr. Das mь *dieses casus im masc. und neutr., so wie das* mь *des sg. loc. der pronominalen und zusammengesetzten declination stützt sich auf die älteren glagolitischen quellen und auf den ostromirischen codex: zogr. hat consequent* mь; *cloz. I. enthält den sg. instr. masc. und neutr. im ganzen 18mal, darunter nur dreimal* mъ: bogomь, strahomъ, drъznovenьemъ *3. 110. 535; ostrom. bietet von der regel nur wenig ausnahmen:* brъnijemъ, vašiimъ, učiteljemъ *38. 56. 233. Die cisdanubianischen denkmäler, mit ausnahme der älteren glagolitischen quellen, variieren gar sehr: im supraslер codex, der wahrscheinlich jahrhunderte hindurch in Russland aufbewahrt wurde, rühren die* mь, *wie die handschrift zeigt, von einer nachbessernden, unzweifelhaft russischen hand her: neben* mь *findet man* mъ: klirosomъ, kvasomъ. *Die russischen quellen haben bis in eine späte zeit* mь *bewahrt:* duhomь, obrazomь *ippol. Die schreibung gründet sich auf die aussprache, und es ist zu vermuten, dass in Pannonien so wie in Russland* mь, *nicht* mъ *gesprochen ward. Pl. nom. Die verdrängung des pl. nom. durch den pl. acc., die in anderen slavischen sprachen bei bestimmten nomina regel ist, findet sich schon in den ältesten quellen:* braky byšę γάμος ἐγένετο *assem. ev.-ochrid. 85.* braky byše *nicol.* bądątъ trąsy po mêsta *sav.-kn. 29. Pl. acc. Selten lautet dieser casus auf* i *aus:* psalъmi *cloz. I. 354.* skozê gradi *apost.-ochrid. 269. Pl. instr.* ъmi *für* y, *bei den* ъ *(ŭ)-stämmen organisch, findet man schon in alten quellen:* grêhъmi *cloz. II.* sąpostatъmi *sup.* člênъmi *ephes. 4. 16-slêpč. greg.-naz.* članьmi *šiš.* prorokъmi *greg.-naz.* darъmi. grêhъmi. plodъmi. čarъmi. činъmi. časъmi *vost. gramm. 17.* grêhьmi. darьmi. židьmi. oblakьmi *pent.* židьmi *mladên.*

Zu 1. rimljaninъ. *Die auf* inъ *auslautenden, meist bewohner von ländern und städten bezeichnenden substantiva werfen im pl. das suffix* inъ *ab und die auf* janinъ *auslautenden folgen im pl. in den ältesten quellen meist der consonantischen, oder, wie man aus dem acc. schliessen möchte, der* ь*-declination:* aravitêninъ, aravljaninъ, blъgarinъ, boljarinъ, vlastelinъ, graždaninъ, židovinъ, žęteljaninъ *messor,* ispolinъ *gigas,* rimljaninъ *und* ruminъ ῥωμαῖος *usw. Pl. nom.* vlastele *sup.* graždane *assem.* žętelêne *assem.* žęteljane *sup. 31. 24; 31. 27. ostrom.* midêne *strum.* rimljane *apost.-ochrid.* rimêne *assem.* samarite *srjat.* izrailite *slêpč.* ijude *pat.-mih.* krьstijanje *für* krьstijane *ant.-hom.* samarêne *assem.* erusalimlêne *assem.: doch findet man* galati *šiš. neben* galate *georg.* izrailьti *šiš. neben* israilьte *pent.* levьgiti *šiš. hom.-mih. neben* levьgite *hom.-mih.* savromati *georg. neben* savromate *georg.:* krьstiêni *zogr.* krьstijani *sup.* krьstijani *greg.-naz. bildet die regel,* hristijane *nom.-bulg. ist selten: sg. nom. lautet* krestıênь *cloz. I. 142;* pogane *scheint nicht vorzukommen, ungeachtet des* poganinъ. ruminъ *hat* rumi *izrêst. 10. 670; dagegen findet man* jeline *ant.* elline *greg.-naz. Ob* židove *von* židovinъ *oder einem stamm* židъ *abzuleiten ist, ist nicht zu entscheiden.* človêčinъ *kennt nur den pl.* človêci, *wie serb.* turčin, turci. *Pl. gen.* spolovъ *sup. 370. 25. Man beachte* makedonjanь *ippol. 36. Pl. acc.* aravljani *esai. 15. 19-proph.* gražani ἀστικός *greg.-naz.* egjuptêni *cloz. I. 316* egÿptêni *proph.: daneben* egÿptêny *pat.-mih.* vavÿlonjany *ippol. 36. Man merke* vlasteliny *georg. und* krьstijaniny *strum. Allein richtig sind:* midy *ippol. 36.* persy *sup. ippol. 36.* sraciny *sup. Pl. dat.* gomořênemь, sodomľênemъ *zogr.* egÿptênьmь *greg.-naz.* egÿptênьmъ *proph.* vavÿlonjanemъ *proph.* graždanemъ *ochrid. 7.* graždanemь *triod.-mih.* žętelјanemъ *sup. 31. 22.* žętelênemъ *assem.* kritênemь *ant.* pirjanemъ *greg.-naz.* rimlênemь *pat.-mih. 126.* rimljaňemъ *srjat.* rimljanemь *pat.-mih.* rimênemъ *apost.-ochrid.* solunjanemъ *sup. 373.* selunjanemъ *ippol. 99. 107.* herъsonjanemъ *sup. 421. 16; 423. 28.* egÿptênemъ *greg.-naz. proph.* jegÿptjanemъ *srjat. In späteren quellen findet man regelmässig* -omъ, *welcher ausgang bei wörtern wie* personъ *auch in den ältesten quellen allein vorkömmt. Man merke* krъstьênomъ *cloz. I. 98. Pl. instr. Hier kann nur weniges belegt werden:* vlasteli *ostrom. 96.* rumy *sup. 325. 3.* sъ rodijaniny μετὰ τῶν ἡρωδιανῶν *matth. 22. 16.-sav.-kn. 27. statt* rodijany. *Pl. loc.* graždanchъ *sup. 267. 29.* vavijlonjanchъ *ippol. 35. proph.* korinthênchъ *sup. 409. 11.* samarênchъ *assem. ostrom.* skitênchь *pat.-mih., später* graždanêhъ, samarjanêhъ *rostok. 18.* rimljênohь *lam. 1. 25.* persinъ *hat* persêhъ *ippol. 36. Im dual. erhält sich* inъ: ijudênina *strum.* krъstijanina *sup.* krьstijanina *pat. prol.-vuk.* selunjanina *meth. 4. Ebenso* židovina *šiš.* boljarina *sup. 144. 23; 146. 18.* krъstijanoma *sup. 204. 20. von* krьstijanъ. gospodinoma *zogr. In vielen fällen werden die griechischen formen aufgenommen: dem griechischen* κολασσαεῖς *entspricht* kolasai, kolasii, *im pl. dat.* kolasomь *šiš.; dem griech.* κορίνθιοι korenьtii, *im pl. dat.* korenьtiomь, korinьtomь; *dem griech.* ἐφέσιοι jefesii, *im pl. dat.* jefesomь: *dem griech.* φιλιππήσιοι filipisii, filipisei, *im pl. dat.* filipisomь *ant. Die asl. formen wären* kolašane, korenьštane, jefešane, *das vorkömmt,* filipljane. *Im pl. dat., instr. und loc. haben die subst. auf* janinъ *in den älteren quellen des bulgarischen, serbischen, russischen, čechischen, in neuslovenischen ortsnamen — in den eigentlich asl. denkmälern ist dergleichen allerdings nicht nachweisbar —*

häufig eine von der hier angegebenen abweichende form: jamъ, jami. jahъ *für* janemъ, jany, janehъ: *serb.* gradjanь, *asl.* *graždanъ, *mon.-serb. 1.* dubrovьčamь *1. 53. bulg.* trojamь *für* trojanemь *mon. serb.* dubrovačami *für* dubrovьčami *mon.-serb. 375. 12. russ.* drêvljami, poljami *bei Nestor;* makedonêhь *für* makedonjahь *aus einer bulg. quelle des XIV. jahrhunderts bei lam. 1. 25; serb.* komorahь *danič. 1. 466.* drêvljahъ *Nestor; čech.* dolás, lubčás, lužás, polás *für* dolách, lubčách, lužách, polách *und diess für* dolanech, lubčanech, lužanech, polanech. *Die germanisierten ortsnamen wie drenlach, gleinach, gratschach usw. sind nur aus nsl.* drêvljah, glinjah, gradčah *von* drevljane, glinjane, gradčane *erklärbar. Dass an eine zusammenziehung bei allen diesen formen nicht zu denken ist, wird wohl zugegeben werden; nach meiner ansicht hat man es mit einer auf* ja *beruhenden stammbildung zu tun. Das suffix* ja *tritt nicht an den abgeleiteten stamm, sondern an sein thema an:* drêvlja *stammt von* drêvo, *nicht von* drêvljanъ. *Vgl. 2. seite 78. 80. 81.*

Zu 1 dobrъ. ъ *geht vor* m *meist in* o *über:* dobromь; ъ *erhält sich manchmal:* blagъmь *ostrom.* velikъmь *ostrom. ippol. 53.* dobrъmь *ostrom. greg.-naz.* malъmь *greg.-naz.* mrъtvъmь *sup. 345. 20. Sg. voc. Dieser casus ist nicht selten:* bezbožьne *sup.* bezmaterne *izrêst. 10. 657.* bezumьne *ostrom.* bezъotьčne *izrêst. 10. 657.* blaže *sup.* bogoglase *lam. 1. 112.* vêrьne *zogr.* vъzljubene *ephr.-syr.* vysoče *izrêst. 10.* malovêre *ostrom.* milosrьde *sup.* nebože *sup. 657.* ognьne *izrêst. 657.* prêvêčne, krêpče *tichonr. 1. 13.* fariséju slêpe *zogr. 6.* stare *georg.-šaf. Daneben:* dobrъ i vêrьne *zogr.* o rode nevêrьnъ i razvraštenъ *vostok. 46.*

Zu 2. krajъ. *Der sg. nom. der entlehnten substantiva geht häufig auf* ije *aus:* anьtonije *pat.-mih. pat.* vasilije *ephr.* geronьtije *pat.* lukije *pat., wie serb.* vasilije; *selten ist* stihio *io.-sin.: der auslaut* ъ *geht in* o *über, wie in* Marko. ij *kann in jüngeren quellen in* ej *übergehen:* zmej *lam. 1. 24.* jъ *kann im anlaut der silbe in* i, *d. i.* ji, *verwandelt werden: sg. instr.* gnoimь *ostrom.* ukroimь *ostrom.* ukroimъ *assem.* oleimь *mladên. pl. dat.* stroimъ *sejat. Vgl.* i, igo *aus* jъ, jъgo. *Meist wird jedoch* jъ *in* je *verwandelt. Die aus dem griech. entlehnten substantiva haben wie* rabъ *häufig* o *statt* je, *indem* j *vernachlässigt wird wie in* mosea, mojsea; *sg. instr.* mosêomь. olêomь *zogr.* ijudeomъ *assem.* mojseomь *šiš.* moseomъ *assem.* nazoreomъ *assem.* timotheomь *šiš.* jeleomь *šiš.* olêomъ *sav.-kn. neben* elejemь *ostrom.* olejemь *ostrom.* olêemъ *assem. Selten:* striomь *lam. 1. 25. d. i.* stryomь. *pl. dat.* fariseômъ *zogr.* arьhijereomъ *ostrom.*

ijereomъ *ostrom.* ijudeomъ *cloz. sup. ostrom.* romeomъ *ippol. 74.* ijudeomъ *er.-tur.* fariseomь *šiš.* jevreomь *šiš. neben* ijudêjemъ *sejat. Ebenso im sg. dat.* mojseovi *šiš.* moseovi *assem. ostrom. und in* vitьlêomъ *cloz. I. 884.* *Sg. voc.* pokoju *sup. 109. 26.* zmiju, raju *vost. Die aus dem griechischen entlehnten substantiva haben* e, *selten* u: andreje *vost., das jedoch auch von* andreja *stammen kann;* arie, arije *sup.* varahisije *sup.* vasilije *pat.-mih.* zakheje *ostrom.* zakьheje *luc. 19. 5-bulg.* ijudee *cloz. I. 340.* korьnilije *šiš.* makarije *nomoc.-bulg.* pionije *sup. neben* arhiereju *vost.* zakьhen *assem.* timotheju *šiš.* *Sg. loc.* jê *wird durch* i, *d. i.* ji, *ersetzt:* krai, *d. i.* kraji. *Diese veränderung tritt nur bei jenem ê ein, das nicht mit ja wechselt. Pl. nom. Die entlehnten substantiva haben in jüngeren quellen häufig* e: ijudeje *pat.* fariseije *hom.-mih.* fariseje *vost. neben* ijudêi *cloz. I. 184.* *Pl. inst. Selten ist* mi: običajmi *vost.* *Pl. loc.* jê *wird durch* i, *d. i.* ji, *ersetzt:* galileihъ, zъlodêihъ, ijudeihъ, kraihъ *vost. Falsch:* ijudiahь *hval. In entlehnten substantiven wird der auslaut* ь *nicht nur durch* ij, *d. i.* ijъ, *sondern auch durch* ь, *d. i.* jъ, *ersetzt:* grigorij *sup.* grigoriju *sup. ostrom.* dinarij *sup.* patrikij *sup.* sakelarij *sup.* vasilija *šiš.* savorija *sup. neben* grigora *sup. ostrom.* grigoru *sup. für* -rja, -rju. dinaremъ *sup.* dinarihъ *sup.* sakelara *sup. für* -rja. vasilja *sup.* savorja *sup.: doch auch* grigorъ *greg.-naz. Man beachte* aprilja *ostrom.* ijulь *šiš. 41, d. i.* ijulь. ijulju *šiš.* patrikь *sup. neben* korьnila *šiš. 22.* korьnilu *21.*

Zu 2. velijь. *Vostokov, Izvêst. 1. 15, hält* božiimь, božiima *für richtiger als* božijemь, božijema: *man beachte dagegen sg. instr. masc. neutr.* božijemъ *sup. 8. 28; 97. 23; 138. 24 usw.* božiemъ *sup. 403. 23. pl. dat. 74. 7; 403. 13. Die formen* božiimь, božiima, *gegen die die theorie, die* gnoimь *neben* gnojemь *kennt, nichts einzuwenden hätte, scheinen in den alten quellen nicht vorzukommen. Vost. 46. führt selbst* božijemь, velijemь *an.* veliemъ *assem. ist von dem zusammengesetzten* veliimъ *verschieden. Im pl. loc. entsteht* božiihъ *aus* božijêhъ: *ein* božijehъ *ist unnachweisbar. Der pl. gen.* božiihъ *sup. gehört wie* božijaa *sup. und* božijago *sup. der zusammengesetzten declination an, die von diesem worte, das possessive bedeutung hat, selten ist.* velij *ist nominal im gegensatze zu dem zusammengesetzten* velii, *d. i.* veliji. *Ein sg. voc.* veliju *kann nicht nachgewiesen werden: man beachte das befremdende* dobrêją *für* dobrêju ὦ βέλτιστε *greg.-naz. 222. und* bue *zogr. Für* velij *kömmt nicht bloss in späteren quellen* velej *ochrid. vor.* boži *für* božij *beweist die zweisilbigkeit des wortes.*

2

Za 3. *a)* konjь. *Die subst. auf* ŕь *vernachlässigen manchmal in den nicht russischen quellen die erweichung des* r *vor* a *und* u: *der grund liegt in der nach den völkern verschiedenen aussprache des schreibers; wo russische denkmäler* ra *und* ru *für* rja *und* rju *bieten, folgen sie ihren pannonischen oder bulgarischen originalen:* rybaŕê, *d. i.* rybarja. sapьŕê. mytaŕê. pastyŕê, pastyrê *zogr.* cêsaŕê *cloz. I. 50.* cêsarju *zogr. assem.* olътarju *zogr.* lazaŕê *sg. gen.* lazarju *hom.-mih.* ključaŕê *sg. gen. pat.-mih.* cêsarju *neben* cêsaru *sup.* cŕa *sav.-kn. 123.* cŕju *neben* cŕu. cra. kesara, al'tara *ostrom.* lazaru *hral.* kesarevi *neben* kesarova *zogr. Namentlich in entlehnten worten schwankt die schreibung auch vor anderen vocalen als* a *und* u, *und selbst nach* l: otъ tuŕê i sidona *zogr.* sudaromь σουδάριῳ. aveľê *zogr.* izrailê *svrl.* avela, izla *ostrom.* korabľь *zogr. assem. sup. lautet im sg. nom. auch* korabь *zogr. assem. sup. sav.-kn. 16. 17. und sogar* korabъ *assem. sav.-kn. 14. und im sg. loc. meist* korabi *zogr. assem. aus* korabьi, korabьji *von* korabijь *sav.-kn. 11. 21: die übrigen casus werden vom stamme* korabijь, korabljъ *gebildet:* korabьja *sup.* korabľê, korabľemь, korablę *zogr. usw. In anderen quellen nur* korablь, korablja, korabli *er.-tur. Sg. pl. loc.* jê *wird durch* i, *d. i.* ji, *ersetzt:* koňi; koňihъ *sup.* monostyrihь *pat.-mih.: falsch* delateľê *luc. 12. 14-zogr.* učiteljehь. *Sg. voc. Der ausgang* u *stammt aus der* ъ *(u)-declination:* učitelju *assem.* bezumlju, tomitelju, cêsarju *neben* cêsaru *sup.* jь *geht in* je *aus* jo *über:* konjemь. dêlateljemъ, mytaremъ, žęteljemъ, učiteljemь *ostrom.* roditeljema *greg.-naz.* gospodьnemь *zogr.: daneben findet man* sapьrьmь *zogr.* mąčitelьmъ *sav.-kn. 26.* al'tarьmь *ostrom.* vъpľьmь *greg.-naz.* cêsarьmь *sup. Pl. nom. Neben dem ausgang* i *findet man* ije, je, e: bezumľi *sup.* korabli *ostrom.* grabitelije, revьnitelije, roditelije, služitelije, sъvêdêtelije, učitelije *šiš.* žitelije, iskusitelije *ant.-hom.* žęteľe, delateľe, sъvêdêteľe, tęžateľe *zogr.* dêlatelje, mąčitelje, podražatelje, roditelje, samodrъžitelje, slovopisatelje, sъvêdêtelje, sъkazatelje, branitelje *sup.* dêlatele, učitele *assem.* dêlatelje, grabitelje *ostrom.* prêdatelje, sъvêdêtelje, učitelje *šiš.* drъžatelje, prodatelje, propovêdatelje, sъględatelje. učitelje *greg.-naz.* delatele *sav.-kn. 46.* služitele *hral.* mytarije *ostrom.* carije *šiš.* gradarije, nivarije *cyr.-hier.* mytare *zogr. mariencod. assem. sav.-kn. 15. ostrom. neben* mytari *assem.* cêsarije *hom.-mih.* cêsare *cloz. I. 769. assem. sup. ostrom. neben* cêsari *sup. 47. 14; 194. 12.* mêdari, zьdari *cyr.-hier.* rybari *ostrom.* učitelje *er.-tur.* care *psalt.-pog.* pastyrije *pat.-mih. pat. pent.* pastirye *hral.* pastyrje *pat. neben* pastyri *cloz. I. 894. assem.* kumirije *sup.* molije *triod.* mozolije *triod.-mih.* korablje *pat.* *Pl. acc.* dêlatelę. tężatelę *zogr.* *Pl. gen.* *Neben* sъvêdêtelь *cloz. I. 72.* goniteľь, dêlateľь, roditeľь *sup.* *findet man nach* rabъ *die auf* -telъ-*stämmen beruhenden formen* žitelъ *luc. 15. 12.* tężatelъ *marc. 12. 2-zogr.* dêlatelъ *mariencod.* gubitelъ *bon.* *und nach der* ь-*declination* pastyrej *pat.-mih.* *für* pastyrij. pêstunej *prol.-rad. 84.* *für* pêstunij. *Daneben beachte man den dual. gen.* koniju *pat.-mih. 129,* *den sg. dat.* cêsarьju *caesareus sup. 388. 6.* *und die plur. acc.* pastyrie *prol.* sъkazatelije *pent.* ljubitelije *šiš. 48,* *lauter formen, die sich auf* -ijъ-*stämme stützen.* *Pl. instr.* čistiteľi *sup. 161. 5.* dêlateli, mytari *ostrom.* *Selten ist* mi: drъkolьmi *cloz. I. 160. ostrom.* *Nach* rabъ: vlastely *luc. 7. 8.* roditely *luc. 21. 16-zogr.* dêlately, roditely *assem.* dêlately *mariencod.* svętitely *sup. 179. 29.* mytary *sav.-kn. 15. 67,* *womit pol.* przyjaciol, przyjaciolmi, przyjaciolach *zu vergleichen sind. Dass in* delately, mytary y *durch* i *ersetzt sei, ist eine falsche auffassung: die formen beruhen auf* lъ- *und* rъ-*stämmen.*

Zu 3. b) otьcjъ. *c)* vračjъ. *d)* košjъ. *e)* plaštjъ. jê *geht in* i *über:* otьci. čarodêjcihъ. mužihъ *sborn. 1073.* *aus* otьcjê. čarodêjcjêhъ. mąžjêhъ. *Dass der sg. loc.* otьci *aus einem* otьciê *durch abfall des* ê *entstanden sei, wie etwa lit.* dalgī *aus* dalgje *hervorgegangen, halte ich für unrichtig.* jъ *wird in* e *für* o, *d. i. in* je *für* jo *verwandelt:* otьcemь *cloz. I. 92.* *aus* otьcjъmь. korabicemь *sav.-kn. 153.* *Daneben findet man* otьcьmъ, plačьmъ *sup.* česnovitьmь *pat.-mih. 157.* črьnьcьmь *150.* igrьcьmь *158.* mrьtvьcьmь *102.* otьcьmь *28. 169.* starьcьmь *15. 61. 74.* ōcьmь, ōcemь *sav.-kn. 2. 10.* *pl. dat.* otьcьmъ *greg.-naz.* *Sg. voc.* vraču, mьču, mąžu. *Die auf* cь, zь *auslautenden nomina folgen der declination* rabъ: otьče, kъnęže *sup.* *von den stämmen* otькъ *und* kъnęgъ, *das sich in* kъnęgyni *erhalten hat: man vergleiche* pênęgъ *neben* pênęzь. *Selten ist* kъnęzu *sup. 119. 7.* *Für* u *findet man nicht selten* ju: otьcju *zogr. cloz. I. 83.* pênęzju *neben* pênęzu *mariencod.* mąžju *zogr.* korabicju, otьcju, čjudotvorcju. vračju, mąžju *assem.* vračju *hom.-mih.* otьcju *sav.-kn. greg.-naz.* agnьcju *ippol.* *Selten* konьcja *greg.-naz.* voždja *psalt. saec. XII. rost.-gramm. 16.* *Vgl.* stražijemь *pent.* *Pl. nom.* mąži, mьči *sup.* *neben* voždie *zogr.* ključije *pat.-mih.* stražije *pat.-mih. šiš.* mužije *hral. pent.* voždije *lam. 1. 9.* myšije *pat.* vračije *sborn. 1073.* mąžije *ostrom.* *und* velьmuže *pent.* *Pl. acc.* *Selten ist* mąži *sup. 55. 5.* *Vgl.* psalъmi. *Pl. gen.* mąžь *neben* mužij *ant.* vračej *assem.* *für* vračij. mužej *prol.-rad.* *für* mužij. mužy, mêsecy *hral.*

2*

für mužij, mêsecij. *Pl. instr.* mьzdoimьci, meči *ostrom.; in jüngeren quellen* nožьmi, padežьmi.

Zu 3. d) α. dobrêjъs, dobrêjšjъ. β. gorijъs, gorьšjъ. tvorjъs, tvorьšjъ. *e)* hvalęt, hvalęštjъ. *Neben dem ursprünglichen* krêplïj:krêplij *zogr. sav.-kn. 144, findet man* krêplï:krêpli *zogr. sav.-kn. 142, welches beweist, dass das erstere zwei-, nicht dreisilbig gesprochen wurde. Das aus ьj entstandene* ij *kann durch* ej *ersetzt werden:* krêplej *zogr.* huždej. luči *cloz. I. 203. 208. für* lučij, lučьi *227.* težьi *716.* gorьi *II. 128.* bolьi *sav.-kn. 3. 4. 160. Sg. dat. Die ältesten quellen bieten regelmässig* ju *für* u: byvъšju. izlêzъšju. minąvъšju. rekъšju. vъšьdъšju. sъzъdavъšju. glagoljąštju. hodęštju. imąštju. neložęštju. sąštju. rozumêjąštju. ziždąštju *usw. zogr.; ebenso* straždąštję *zogr.* bolьšju. rekъšju. šjumęštju *greg.-naz.* diveštju se *hom.-mih.* veljuštju (velęštju) *prol.-rad. Selten ist* u: molęštu *zogr. Der sg. acc. ist entweder dem nom. gleich, oder wird von dem erweiterten stamme gebildet:* bolij nedągъ stvoritъ *cloz. I. 145.* da plodъ bolьi stvoritъ *sav.-kn. 93. neben* podobaše stvoriti lučьšь *opportebat (eum) meliorem reddere cloz. I. 194.* dobrêjšь *greg.-naz. Von* tvorjъs *lautet dieser casus stets* tvorьšь, byvъšь, umьrъšь *zogr.,* tvorьša, *nie* tvorь; *von* hvalęt *stets* hvalęštь *oder* hvalęšta, *nie* hvalę: obrête i četyri dьni juže imąštъ vъ grobê *mariencod.* grędąštь *und* grędąšta *ostrom. Der pl. nom. hat neben dem ausgang* e *den ausgang* i: lučьše *cloz. I. 6.* udi trêbьše (treblьše) sutь *I. cor. 12. 22-šiš., wofür slêpč.* trêblьši *bietet.* množajše *sup. 7. 25.* nečistêjše *264. 23.* sulêjše *ostrom. neben* sulêjši *assem. nicol.* lučьši *zogr.* bolьši *sup. 22. 18; 53. 23.* vyšьši *66. 3.* grąblьši *392. 18. Pl. dat.* kypęštьmъ *sup. 204. 10.*

II. o-stämme.

Die o-stämme sind neutr. Die declination wird durch den dem o *vorhergehenden consonanten beeinflusst.*

1. Dem o *geht ein harter consonant vorher:* r, l, n; t, d; p, b, v, m; k, g, h; z, s.

Subst. stamm selo.

nom.	selo	selê	sela
gen.	sela	selu	selъ
dat.	selu	selъma	selomъ

instr. selъmь selъma sely
loc. selê selu selêhъ.

Adj. stamm dobro.
nom. dobro dobrê dobra *usw.*

2. *Dem* o *geht* j *vorher.*

Subst. stamm kopijo.
nom. kopije kopii kopija
gen. kopija kopiju kopij
dat. kopiju kopijema kopijemъ
instr. kopijemь kopijema kopii
loc. kopii kopiju kopiihъ.

Adj. stamm velijo.
nom. velije velii velija *usw.*

3. *Dem* o *geht ein durch verschmelzung mit* j *erweichter consonant vorher.* *a)* rje, lje, nje *aus* rьjo, lьjo, nьjo. *b)* ce *aus* kjo. *c)* če *aus* cjo, kjo. že *aus* zjo, gjo. *d)* še *aus* sjo, hjo. *e)* šte *aus* tjo. žde *aus* djo.

a) Subst. stamm poljo.
nom. polje poĺĭ polja
gen. polja polju poĺь
dat. polju poĺьma poljemъ
instr. poĺьmь poĺьma poĺĭ
loc. poĺĭ polju poĺĭhъ.

Adj. stamm solomunjo.
nom. solomunje solomuńĭ solomunja *usw.*

b) Subst. stamm srъdьcejo.
nom. srъdьce srъdьci srъdьca
gen. srъdьca srъdьcu srъdьcь
dat. srъdьcu srъdьcьma srъdьcemъ
instr. srъdьcьmь srъdьcьma srъdьci
loc. srъdьci srъdьcu srъdьcihъ.

Adj. stamm nicjo.
nom. nice nici nica *usw.*

c) Subst. stamm ložjo.

nom.	lože	loži	loža
gen.	loža	ložu	ložь
dat.	ložu	ložьma	ložemъ
instr.	ložьmь	ložьma	loži
loc.	loži	ložu	ložihъ.

Adj. stamm lьstьčjo.

nom.	lьstьče	lьstьči	lьstьča *usw.*

d) Subst. stamm fehlt.

Adj. stamm amošjo.

nom.	amoše	amoši	amoša *usw.*

Adj. comparativ. α) *stamm* dobrêjъs *für den sg. nom., sonst* dobrêjšjo.

nom.	dobrêje	dobrêjši	dobrêjši *usw.*

β) *stamm* gorijъs *für den sing. nom., sonst* goŕьšjo.

nom.	gorje	goŕьši	goŕьši *usw.*

Partic. praet. act. I. stamm tvorjъs *für den sg. nom., sonst* tvoŕьšjo.

nom.	tvoŕь	tvoŕьši	tvoŕьša *usw.*

e) Subst. stamm pleštjo.

nom.	plešte	plešti	plešta
gen.	plešta	pleštu	pleštь
dat.	pleštu	pleštьma	pleštemъ
instr.	pleštьmь	pleštьma	plešti
loc.	plešti	pleštu	pleštihъ.

Adj. stamm koštjo.

nom.	košte	košti	košta *usw.*

Partic. praes. act. Thema für den sg. nom. hvalęt, *sonst* hvalęštjo.

nom.	hvalę	hvalęšti	hvalęšta *usw.*

Zu 1. selo. *Vor* ê *geht* k, g, h *in* c, z, s *über:* vêcê. izê. rusê. *Der auslaut des stammes geht in den älteren denkmälern häufig vor* mь *in* ъ *über:* brašьnъmь *sup. 199. 20; 199. 24.* dêlъmь *395. 24.* ubožьstvъmь *245. 25.* čędъmь. črêvъmь. dêlъmь. kolênъmь. lêtъmь. myrъmь. selъmь. slovъmь. sъtъmь. têlъmь *ostrom.* čislъmь. zlatъmь *ippol. 79. 109. Man merke* pozlaštenъmь *109.* kolênьma *pat.* krilьma *sup. 346. 8. nomoc.-bulg.* lystьma *ippol. 62. Ein plur. dat. auf* ъmъ *ist nicht nachgewiesen.* čędъmь

und ähnliche formen deuten auf einen stamm auf ъ; *das auslautende* o *von* čędo *ist vielleicht mit dem neutralen* ш *in verbindung zu bringen. Sg. voc.* osile *sup. 230. 21.* osiile *hom.-mih.* zlate *prol. ant.* slove *ant. proph. sind nach* rabъ *gebildet. Dual. nom. In* lysti želêzně κνῆμαι σιδηραῖ *ippol. 37. und* lysty želêzněj *11. ist für* lysti, lysty - lystě *richtig. Mit dem neutr. wird im dual. manchmal die fem.-form des adj. verbunden:* kolênoma isvama *luc. 5. 8-zogr.* kolênoma izevama *luc. 22. 30-zogr. Pl. loc. Nur in jüngeren quellen findet man die form auf* olъ *nach den* ъ *(u)-stämmen:* drêvohъ. kolênohъ. ramohъ *pat.* ustohъ *barl.*

Zu 2. kopijo. *Sg. instr. Dem* ъmъ *der* ъ *(u)-stämme entspricht* ьmь: povelênьmь *iussu cloz. II. 153. Ausserdem entwickeln sich aus* ьъmь *folgende formen:* ьjemь, ijemь *aus* ijomь, iimь, imь: cêlomądrъstviemь *cloz. I. 406.* tъštaniemъ *assem.* obêdaniemъ. orąžiemь *sav.-kn. 56. 87.* kamenijemь, kopijemь, vidênijemь *ostrom.* laskanijemь *greg.-naz., daraus durch assimilation* hotêniimь *cloz. I. 197.* laskaniimь *sup. 64. 26.* listviimъ *247. 13.* mlъčaniimъ *176. 21 usw.* imêniimь, kameniimь, kopiimь, pijanьstviimь *ostrom. und daraus durch zusammenziehung* ispytanimь *cloz. I. 240.* bliscanimь *821. d. i.* ispytańimь, bliscańimь; dosaždenьemь *cloz. II.* govênьemь *cloz. I. 142.* ispytanьemь *71.* padanьemь *180.* pronyrъjemь *greg.-naz.* blagovolênьimь *fol.-mac. 229.* psanьimь, psanъimь *cloz. I. 55. 149. Pl. dat.* znamenijemъ *ostrom.* pohotiimъ *cloz. I. 124.* milosrъdiimъ *sup. 375. 16. Sg. loc.* prêdanьi *cloz. I. 248.* učenii *cloz. II.* usъpenii, otьčьstvii, vъskrilii *zogr.* učeni, vъskrъsnoveni *zogr. d. i.* -ńi. *Dual. nom.* mežduramii. žitii *rost. 21. Pl. gen.* prêgrêšenьi *zogr.* dêanij *cloz. I. 64.* svêdênij *bon.;* bezakonej *pat.-mih.* mračenej. opravъdanej *bon. 368. 371: -ej aus -ij. Pl. instr.* prêšteniemi, zapaleniemi *greg.-naz.* pijanьstviimi, prêšteniimi *greg.-naz.* gadaniimi *ippol. 12.* orąžьimi *zogr. neben* orąžii, znamenii *ostrom.* borenii, dêanii, učenii *greg.-naz. Spät:* jadenьmi. pisanьmi. zidanьmi. *Pl. loc.* nečьstiihъ *sup. 412. 6.* crstviihъ, kameniihъ *zogr.* prosvêšteniihъ *assem.* evanъgeliihъ. opravdaniihъ, raspątiihъ *ostrom. Jünger:* dêjanihъ. prošenihъ *dial.-šaf. Falsch:* polêganiohъ *prol.-rad. 109.* vidêniohъ. prošeniohъ.

Zu 3. a) polje. *Man beachte* moře *neben* more *zogr.* morje *šiš. 10. 23. 43. 44. 184. prol.-rad. 109. aus* morije. polje *sup. 67. 7; 142. 7.* morê *sup.* morju, mořju. moři, mori *zogr. und* moru *sav.-kn. 21. 146 usw. In* vъ črêvê materi, materê *ippol. 65. ist das erstere,* materi, *allein richtig.*

Zu 3. b) srъdьcjo. *c)* ložjo. *e)* pleštjo. *Sg. instr.* licьmь, s'rdьcьmь, ložьmь *ostrom.* licьmь, okoncьmь, srьdьcьmь *pat.-mih.* vъplьmь *greg.-naz.* licьmь *ippol. 30.* ložьmь *ev.-tur. neben* srьdьcemь *cloz. I. 17. 148. Ein pl. dat. auf* ьmъ *ist nicht nachgewiesen. Sg. dat.* slъnьcju *zogr. cloz. I. 329. 333. 852.* sъlъnьcju *neben* s͞lncu *ostrom.* srъdьcju *zogr.* sьrьdьcju *greg.-naz.: kein* slъnьcja, srъdьcja. *Dual. nom.* lici *sup. 4. 12; 155. 2. proph.* srьdьci. mori. *Pl. gen.* pleštju *hom.-mih. Pl. dat.* pleštьma *sup. 355. 26. prol.-rad. io.-ex. neben* pleštema *hom.-mih. proph. und* pleštima *vost. 23. Pl. instr.* ąži *ostrom.* užьmi *vost. 23.* orąžьmi. *Pl. loc.* srъdьcihъ, sъnъmištihъ *neben* trьžištiihъ *zogr.* licihъ *sup. 134. 25.* srьdьcihъ *249. 25; 257. 10; 296. 21.* pribêžištihъ *353. 9.* prьtištihъ *142. 12.* licihъ, s͞rdcihъ, sъborištihъ *neben* ishodištiihъ, sъborištiihъ, sъkrovištiihъ *ostrom.* tъržištiihъ *sborn. 1073:* ištiihъ *beruht wohl auf dem volleren stamme auf* ištje. *Falsch:* pleštohь *prol.-rad.* kupilištohь. sъnmištehъ *ev.-deč. prol.-rad.* licohь *und* bludilištehь *pat.* sъkrovištehь *prol.*

Zu 3. d) α. dobrêjъs, dobrêjšjo. β. gorijъs, gorьšjo. tvorjъs, tvorьšjo. *e)* hvalęt, hvalęštjo. *Sg. nom.* lice jego bê grędyj *für* grędy *ev. 1164-vost. 74.* božestvo ne rastyj *für* rasty *srjat.-vost. 74.* bolьe *und* bolьše *sup. 203. 25. Sg. dat.* byvъšju *cloz. I. 127. 756.* rekъšju *129.* šьdъšju *333.* davъšju *394.* otъvrъzъšju *595.* glagoljąštju *112. 135.* izvêstująštju *135.* sąštju *329.* bêdęštju *368.* nadęštju *369.* mrъkъšju *zogr. Pl. nom. auf* i *ist selten:* čuvъstva, jaže sątъ naj trêbьši *sup. 250. 24.* ina bolьši sihъ sъtvorą *17. 7.* drêva stoještija *arbores stantes mladên. neben* angelьskaja voinьstva glagoljušta *ant.-hom.* bolьša uzьriši *assem. ostrom.* bolьša sihъ pokazaetъ. vęštьša *sup. 131. 19 usw. Die von Vostokovъ, Grammatika 74, angeführten formen auf* jęjo *gehören wahrscheinlich der zusammengesetzten declination an:* pitaae (pitajęje). rastęe (rastęje, *wohl vom inf.-stamme* rasti, *nicht* rast). razdrêšaęe sę (razdrêšajęje sę) *io.-clim. XII.* hapljae (hapljęje) *ephr.-syr. XIV.* sъblažnęjaje (sъblažnjajęje). praznujaje (praznujęje). pokajajaje (pokajajęje): pokaja *aus* pokoi. nosęje. prêstajaje (prêstajęje).

III. a-stämme.

Die a-*stämme sind der mehrzahl nach fem. Die declination wird durch den dem* a *vorhergehenden consonanten beeinflusst.*

1. Dem a *geht ein harter consonant vorher:* r, l, n; t, d; p, b, v, m; k, g, h; z, s.

Subst. stamm ryba.

nom.	ryba	rybê	ryby
voc.	rybo	rybê	ryby
acc.	rybą	rybê	ryby
gen.	ryby	rybu	rybъ
dat.	rybê	rybama	rybamъ
instr.	rybą	rybama	rybami
loc.	rybê	rybu	rybahъ.

Adj. stamm dobra.

nom.	dobra	dobrê	dobry
voc.	dobra	dobrê	dobry
acc.	dobrą	dobrê	dobry *usw.*

2. *Dem* a *geht* j *vorher.*

Subst. stamm staja.

nom.	staja	stai	staję
voc.	staje	stai	staję
acc.	stają	stai	staję
gen.	staję	staju	staj
dat.	stai	stajama	stajamъ
instr.	stają	stajama	stajami
loc.	stai	staju	stajahъ.

Adj. stamm velija.

nom.	velija	velii	veliję
voc.	velija	velii	veliję
acc.	veliją	velii	veliję *usw.*

3. *Dem* a *geht ein durch verschmelzung mit* j *erweichter consonant vorher: a)* rja, lja, nja *aus* rьja, lьja, nьja. *b)* ca *aus* kja. za *aus* zja. *c)* ča *aus* cja, kja. ža *aus* zja, gja. *d)* ša *aus* sja, hja. *e)* šta *aus* tja. žda *aus* dja.

a) Subst. stamm volja.

nom.	volja	voľi	volję
voc.	volje	voľi	volję
acc.	volją	voľi	volję
gen.	volję	volju	voľь
dat.	voľi	voljama	voljamъ
instr.	volją	voljama	voljami
loc.	voľi	volju	voljahъ.

Adj. stamm solomunja.

nom.	solomunja	solomunï	solomunję
voc.	solomunja	solomunï	solomunję
acc.	solomunją	solomunï	solomunję *usw.*

b) Subst. stamm ovьcja.

nom.	ovьca	ovьci	ovьcę
voc.	ovьce	ovьci	ovьcę
acc.	ovьcą	ovьci	ovьcę
gen.	ovьcę	ovьcu	ovьcь
dat.	ovьci	ovьcama	ovьcamъ
instr.	ovьcą	ovьcama	ovьcami
loc.	ovьci	ovьcu	ovьcahъ.

Adj. stamm nicja.

nom.	nica	nici	nicę
voc.	nica	nici	nicę
acc.	nicą	nici	nicę *usw.*

c) Subst. stamm pritъčja.

nom.	pritъča	pritъči	pritъčę
voc.	pritъče	pritъči	pritъčę
acc.	pritъčą	pritъči	pritъčę
gen.	pritъčę	pritъču	pritъčь
dat.	pritъči	pritъčama	pritъčamъ
instr.	pritъčą	pritъčama	pritъčami
loc.	pritъči	pritъču	pritъčahъ.

Adj. stamm lьstьčja.

nom.	lьstьča	lьstьči	lьstьčę
voc.	lьstьča	lьstьči	lьstьčę
acc.	lьstьčą	lьstьči	lьstьčę *usw.*

d) Subst. stamm dušja.

nom.	duša	duši	dušę
voc.	duše	duši	dušę
acc.	dušą	duši	dušę
gen.	dušę	dušu	dušь
dat.	duši	dušama	dušamъ
instr.	dušą	dušama	dušami
loc.	duši	dušu	dušahъ.

Adj. stamm amošja.

nom.	amoša	amoši	amošę
voc.	amoša	amoši	amošę
acc.	amošą	amoši	amošę *usw.*

Adj. comparativ. α) *stamm.* dobrêjšja.

nom.	dobrêjši	dobrêjši	dobrêjšę
voc.	dobrêjši	dobrêjši	dobrêjšę
acc.	dobrêjšą	dobrêjši	dobrêjšę *usw.*

β) *stamm* gořьšja.

nom.	gořьši	gořьši	gořьšę
voc.	gořьši	gořьši	gořьšę
acc.	gořьšą	gořьši	gořьšę *usw.*

Partic. praet. act. I. stamm tvořьšja.

nom.	tvořьši	tvořьši	tvořьšę
voc.	tvořьši	tvořьši	tvořьšę
acc.	tvořьšą	tvořьši	tvořьšę *usw.*

e) *subst. stamm.* pištja.

nom.	pišta	pišti	pištę
voc.	pište	pišti	pištę
acc.	pištą	pišti	pištę
gen.	pištę	pištu	pištь
dat.	pišti	pištama	pištamъ
instr.	pištą	pištama	pištami
loc.	pišti	pištu	pištahъ.

Adj. stamm koštja.

nom.	košta	košti	koštę
voc.	košta	košti	koštę
acc.	koštą	košti	koštę *usw.*

Part. praet. act. stamm hvalęštja.

nom.	hvalęšti	hvalęšti	hvalęštę
voc.	hvalęšti	hvalęšti	hvalęštę
acc.	hvalęštą	hvalęšti	hvalęštę *usw.*

Zu 1. ryba. *Vor ê geht* k, g, h *in* c, z, s *über:* racê. nozê. musê, sk *wird in* sc, st *verwandelt:* dъscê *greg.-naz.* pascê *cloz. I.* 323. 845. *marienced. assem. slêpč. šiš.* pastê *sup.* 289. 21; 302. 3; 312. 4; 339. 2: *der nom. lautet* paska *antch. und* pasha *sup.* 244. 23; 311. 9; 371. 15 *usw. greg.-naz.* *Sg. gen.* krъme *prol.-rad.* 117. *ist serbisch.* *Sg. instr. Neben* thomoja *liest man* thoma *sup.* 292. 26. vladyka *pat.-mih.* 177. nadъ sionomь gorą. žegašte peštь nefta *Sreznevskij, jus.* 135. nadъ sionomь, goru svetuju (*d. i.* svętają) jego *mladên.* za trapezu stojaše *hom.-mih.* 3: rybą *ist die ältere form,* rybojа *ist durch die einwirkung der pronominalen declination entstanden, die* toją *aus* toja *bietet. Vgl. meine abhandlung: Über den ursprung einiger casus der pronominalen declination* 19 (150).

Zu 1. dobra. *In* obračenają ženoją *luc.* 2. 5-*zogr. setzt das erste wort einen sg. instr.* obračeną *voraus. Dasselbe gilt von* svetuju. *d. i.* svętają *in* nadъ sionomь, goru svetuju jego *mladên. Man merke* nogama prigvoždenoma *srjat. neben* otvrъstama očima *šiš.* 18. isv̄ama *zogr.*

Zu 2. staja. *Nach* j *geht* o *in* e, ê *in* i *über:* staje. stai, *d. i.* staji. ija *geht im sg. nom. zunächst in* iji *und dieses in* ij *über. Dafür spricht* ladi, *stamm* ladija, *šiš.* 252. krъmьči, *stamm* krъmьčija, *sup.* 360. 27. *neben* kъnigъčij *ostrom.* mlъnij *sup.* 3. 12; 334. 19. *hom.-mih. sav.-kn.* 76. mlъni *zogr. sav.-kn.* 115. mosij *zogr.* mosi *zogr. cloz. I.* 69. *assem. sav.-kn.* 12. 23. mojsi *sup.* 169. 25; 202. 9. *sav.-kn.* 63. mojsij *sup.* 202. 3; 236. 1; 348. 15, *woron sg. gen.* mojsije 259. 20. *dat.* mojsii 236. 19. *acc.* mojsiją 57. 21; 134. 2; 259. 21; 259. 22. sądi *sup.* 175. 22; 283. 19. *cloz. I.* 874. 933. *ostrom.* sądij *zogr. sup.* 109. 21; 283. 18; 324. 6; 321. 26; 340. 12; 341. 28; 347. 1. *ostrom. šiš.* 24. 191. sądi *zogr. sav.-kn.* 50, *woron der sg. gen.* sądiję *sup.* 81. 10; 290. 1. *dat.* sądii *sup.* 175. 22. *pl. nom.* sądije *cloz. I.* 7. *usw. Man merke auch sg. gen.* evanъgelije *sup.* 272. 21; 128. 24. *pl. acc.* 322. 15. *dat.* euangeliamь *lam.* 1. 19. *loc.* evanъgelijahъ *sup.* 234. 22. matъthej *sup.* 305. 23, *woron sg. gen.* matъtheje *sup.* 272. 21; 330. 3, *was Sreznevskij, jus.* 34, *mit unrecht für falsch erklärt. Man findet jedoch auch* evanъgelije *sup.* 166. 11; 243. 15. *cloz.* 87. *šiš.* 82. 98. 99. *Man vgl.* ladi *šiš.* lodi *sg. nom. op.* 2. 1. 149. *mit* al'dii, ladii *sg. loc. zogr. Selten sind in den älteren quellen formen wie sg. nom.* mlъnija *ostrom.* sądija *cr.-deč.* mravija *triod.-mih. und sg. acc.* skorъpij *ostrom. neben* skorъpiją. *Die griechischen subst. auf* ς *haben den ausgang* ija: igumenьja *sup. 398. 25:* ἡγουμένη. semelija *sup. 6. 11:* σεμέλη. skinija *ostrom. neben* skini *slêpč.:* σκηνή. jepistolija *šiš. 98. 147:* ἐπιστολή. paraskeÿgi *io. 19. 31-ostrom.:* παρασκευή, *woraus sg. acc.* paraskeÿgiją *io. 19. 42-ostrom.* μαγδαληνή *lautet im sg. nom.* magdalyni. alъgui ἀλόη *ist indeclinabel: sup. 340. 23; 342. 19. cloz. I. 890.* ἀνδρέας *lautet im sg. nom.* andréa *zogr.* andrea *assem., im acc.* andrêą, andréją *neben* anъdrêa *zogr. gen.* andreję *assem. Man merke* vidъfagiję *cloz. I. 43.* zahariję *zogr. und beachte* isaiê *zogr. sg. nom. cloz. I. 8, das im sg. gen.* isaiję *assem. lautet, neben dem der sg. instr.* isaiemь *zogr. vorkömmt:* isaijemь *šiš. 46. Sg. instr. Das alte* ą *statt* oją: bratrьją *luc. 21. 16-zogr.* ijudéją *assem.* bratiją *sup. 131. 20; 204. 21; 271. 27. pat.* nisiją *sup. 31. 21. vgl.* kuciją *sup. 19. 20; 92. 22. Neben* veréjami *liest man* verêimi *hom.-mih. und neben* keliêhъ *pat.-mih. 42.* keliihъ *37. 41. 48. 54. 61.*

Zu 2. velija. *Sg. dat. Ganz abweichend ist* božijej *mladên. 369. für* božii. *Sg. instr. Neben* božiješą *findet man* božiją *sup. 109. 27; 123. 29; 167. 26; 193. 10.* božьją *9. 1; 334. 15; 446. 4.*

Zu 2. a) volja. *Das wort, das in jüngeren denkmälern den stamm* zemlja *aus* zemija, zemьja *hat, findet sich in den älteren denkmälern in folgenden formen: Sg. nom.* zemьja *sav.-kn. 77. 113. 146. sup.* zemľê *zogr.* zemlê *cloz. I. 563. 683. 761. assem. sav.-kn. 56. Eben so* kapьja. *sup. Sg. acc.* zemьją *sav.-kn. 22. 80. 119.* zemľją *zogr.* zemľą *zogr.* zemlą *cloz. I. 422. 787. 798. sav.-kn. 16. 86. 153. Sg. gen.* zemľę *zogr.* zemlę *cloz. I. 62. sav.-kn. 153. Vgl.* krъmьję *sup.* kapľę *zogr. Sg. dat. loc.* zem'i *zogr. bis.* zemi *cloz. I. 179. 361. 644. 758. 797. 808. zogr. bon. sav.-kn. 2. 17. 20. 56.* zemľi *zogr.* zemli *zogr. ev.-tur. Falsch:* zemľê *marc. 9. 3-zogr. Sg. instr.* zemľją *zogr.* zemleją *cloz. I. 790.* zemľją *zogr.* rja *wird oft durch* ra *ersetzt: das ursprüngliche findet sich häufig:* burê. рьrê. rasьprê. večerêhъ *zogr. Wie der stamm* mlъnija *im sg. nom. in* mlъniji, mlъnij *übergeht, indem* a *in* i *verwandelt wird, so wird* ja *in stämmen wie* grъdynja *in* grъdynji, grъdyńi *verwandelt:* blagynja. bogynja. grъdynja. inokynja. milostynja. poganynja: poganyni *zogr.* pravynja. pustynja. rabynja. samarênynja. sÿrofÿnikissanynja: sÿrofÿnikissanyńi *zogr. In späteren quellen begegnet man nominativen wie* grъdynja *hom.-mih.*

Zu 3. a) solomunja. *Sg. instr.* nynêšьnją (ratьją) *greg.-naz.*

Zu 3. b) ovьcja. *c)* pritъčja. *d)* dušja. *e)* pištja. *Die stämme auf* cja, čja, šja *und* štja *sind zahlreich, während es auf* zja *nur folgende stämme gibt:* jęzja, polьzja (polzê *cyr.-hier.*). stьzja *sup. 99. 18; 238. 12; 438. 14; 442. 16. ostrom. Instr. sg. Auf* ą: naždą *sup. 274. 26.* nuždą *30. 5.* desnicą *bon.* ljubodêicą onoą *pat.-mih. 109.* tęžju *cloz. I. 145. steht für* tęžją. naždają *sup. 309. 14. ist ein schreibfehler. Wenn es in marc. 9. 41. lautet:* napoitъ vy čašą vody *zogr. nic. usw., ebenso sav.-kn. 18,* (ὃς ἂν) ποτίσαι ἡμᾶς ποτήριον ὕδατος, *so liegt entweder eine unslavische übersetzung vor oder es ist* čašą *ein sg. instr. Man merke* tisuštьma *luc. 14. 31-nic.* vêždьma *ant. triod.-mih. neben* vêždema *greg.-naz. men. XI.* predъtečema *ippol. 102. neben* vêždama *prol.-rad.* mrêžьma *pent.; ebenso* klêštьmi *prol.-rad. Pl. gen.* odeždej *prol.-rad. ist selten.*

Zu 3. d) α. dobrêjšja. β. gorьšja. tvorьšja. *e)* hvalęštja. *Sg. instr.* obrêtająštją *cloz. I. 145. Pl. nom. Neben* ę *findet man* e: primъše *matth. 25. 1-zogr.* priemъše *matth. 25. 3-zogr.* priimъše *ev.-tur.* ženy zьręšte *marc. 15. 40-zogr.* imąšte, služęšte *zogr. und* ženy zьręšte *matth. 27. 55-zogr. Vgl.* sъnъmъšemъ se tьmamъ naroda *luc. 12. 1-zogr.* idąštema ima *matth. 28. 11-sav.-kn. 116. assem. Sg. acc.* ją *für* ą: svьtęštją *cloz. I. 676.*

IV. ъ (u)-stämme.

nom.	synъ	syny	synove
voc.	synu	syny	synove
acc.	synъ	syny	syny
gen.	synu	synu	synovъ
dat.	synovi	synъma	synъmъ
instr.	synъmь	synъma	synъmi
loc.	synu	synu	synъchъ

Hieher gehören činъ. jadъ. dąbъ. domъ. medъ. mirъ. olъ. polъ. stanъ. volъ. vrъhъ *usw. Sg. voc.* synu *zogr. cloz. I. 54. sup. ostrom. greg.-naz. hrad. neben* syne *zogr. assem. sup. šiš. ostrom. ev.-tur. Sg. gen.* volu *zogr. assem. ostrom. šiš. ev.-šiš. hrad. srjat. zlatostr. XII. mater. 21. ev.-mih. 6.* vrъhu *zogr. ostrom.* do vrъhu gory ἕως ὀφρύος τοῦ ὄρους *nic.* domu *zogr. cloz. I. 162. assem. sup. bon. šiš. mladên. pat.-mih. ostrom. greg.-naz. ev.-tur.:* domu *ist griech.* οἴκοι *domi sup. ostrom. usw.* medu *sup. pat. proph. ephr.-mih. sbor. 1076.* miru *sup.* olu *op. I. 16.* polu *zogr. assem. sup. ostrom. pat. šiš. ev.-šiš.* redu *sabb.-rindob. 279.* rodu *sup. hom.-mih. hrad.*

krmč.-mih. sanu *pam.* *254.* stanu *srjat.* synu *cloz.* *II.* činu *šiš.* *pat.* jadu *sup.* sadu: sadu ne sadi *tichonr.* 2. *389.* u piru pijuče *izvêst.* *633.* *Eben so beurteile man die adverbia* izъ vьnu *ev.-šiš.* do nizu *assem.* *pat.-mih.* *ev.-šiš.* sъ dolu *pat.-šaf.* otъ dolu *prol.-cip.* *Manche gen. auf* u *finden sich nur in russischen quellen:* bobu *krmč.-mih.* bьru κέδρου *srjat.* gorohu *op.* *1. 30.* mostu *per.* zazoru *cozm.* *Befremdend ist* otъ razboju *o perev.* 82. uspêhu *ephr.-mih.* *Neben* u *kömmt selbst in sehr alten quellen* a *vor:* vrъha *assem.* vrъha *ostrom.* syna *assem.* *Man merke* izъ doma *pat.-mih.* *165.* *Sg. dat.* verhovi *vost.* *15.* domovi *pat.-mih.* *79:* šьdъše domovi *marc.* *7. 30-zogr.* mirovi *pat.-mih.* *142. 173.* synovi *ostrom.* *šiš.* *219.* *neben* synu *ostrom.* *Die stämme auf* ъ (*a*) *nehmen häufig statt der aus* ovi *hervorgegangenen endung* u *die endung* ovi *an:* blagodêteľevi *sup.* bogovi *cloz.* *I. 135.* *assem.* *pat.-mih.* *šiš.* *107.* *hval.* *ostrom.* glasovi *greg.-naz.* vinarevi *ostrom.* gnêvovi *vost.* *15.* gospodevy *hval.* duhovi *assem.* *greg.-naz.* *hval.* dьnevy *hval.* zakonovi *hval.* korablevi *sup.* mêrovy *hval.* mąževi *pat.-mih.* *130. 145.* oltarevi *slêpč.* *greg.-naz.* otьcьvi *pat.-mih.* *48.* *für* otьcevi. samovlastijevi *greg.-naz.* umovi *pat.-mih.* *59.* *vost.* učitelevi *pat.-mih.* *149.* crevi *cloz.* *I. 156.* cêsarevi *greg.-naz.* carevi *pat.-mih.* *161.* *Selten ist* ovi *bei den neutr.:* morevi *sup.* *greg.-naz.* *zlatostr.* *XII:* dêtištevi *pat.-mih.* *173.* *stammt von* dêtištь. *Vorzüglich lieben, wie es scheint, die personennamen und die entlehnten worte die endung* ovi: avraamovy *hval.* adamovi *sup.* andreovi *assem.* *ostrom.* arьhipovi *šiš.* vaalovi *šiš.* dimitrijevi *šiš.* izrailevi *šiš.* iosifovi *assem.* irodovi *zogr.* ioanovi *cloz.* *I. 274.* *pat.-mih.* isusovi *sup.* kesarjevi *sup.* kesarevi *ostrom.* kesarovy *hval.* korьnilevy *hval.* moseovi *assem.* mojseovi *pat.-mih.* *šiš.* pavьlovi *šiš.* petrovi *assem.* *pat.-mih.* *šiš.* petrovy *hval.* pilatovy *hval.* pomьpiliovi *šiš.* simeonovi *pat.-mih.* timotheovi *šiš.* titovi *hval.* faraonovi *šiš.* filipovi *šiš.* hristosovi *greg.-naz.* hristovi *sup.* adovi *sup.* arhieriovy *hval.* arhitriklinъtovi *neben* arhitriklinъ *zogr.* ĝemonovi *zogr.* dijavolovi *sup.* *Die bemerkung Vostokov's 22, u werde mit adjectiven,* ovi *hingegen ohne dieselben angewandt, halte ich nicht für stichhältig.* *Sg. instr.* domъmь. synъmь *ostrom.* *Sg. loc.* vrъhu *mariencod.* vrьhu *mladên.* *pent.* grьmu *parem.* *XIV.* daru *hval.* *srjat.* domu *zogr.* *assem.* *sup.* *pat.-mih.* *šiš.* *ostrom.* *greg.-naz.* dąbu *sup.* *261. 8; 286. 9.* miru *srjat.* polu *zogr.* *sup.* *šiš.* *ostrom.* rędu *op.* *1. 256.* rodu *assem.* *krmč.-mih.* sadu *isaak.* sanu *izvêst.* *581.* stanu *bon.* *krmč.-mih.* synu *filius* *šiš.* *hval.* *ostrom.* synu *turris* *sup.* *461. 18.* trъgu *nomoc.-bulg.* hlъmu *proph.* činu *šiš.* *mladên.* *ostrom.* *greg.-naz.* *Man füge hinzu* žiru *proph.* gradu *hral.* bohu *tichonr. 2. 271.* brodu *per. und* vъnu *neben* domê *pat.* synê *nic.* *Dual. nom.* voly *prol. ephr.-mih.* poly *ant.-hom. proph.* syny *assem. mariencod. srl.* *Vgl.* dъva kraty *zogr. assem. neben* tri kraty *zogr.* mnogo kraty *zogr.* kolь kraty, kolь kratъ *zogr. b.* kolь kraty *assem. und* try krata *zogr.* lьvy: pritekosta lvy *tichonr. 2. 64. neben* syna *zogr. ostrom.* vrьha *pent.* *Dual. gen.* stlьpovu: na vrьha stlьpovu ἐπὶ τὰς κεφαλὰς τῶν στύλων *reg. III. 7. 16-pent.* synovu *matth. 27. 56-zogr. greg.-naz. ostrom. neben* synu *ostrom.* *Dual. dat.* volьma *prol.* polъma *sup. 197. 11. ostrom.* polьma *šiš.* synъma *zogr.* rędъma *ephr.-sir. bei cost. 17.* *Pl. nom.* volove *bon. mladên.* vrъhove *cost. 17.* darove *sup. pat.-mih. mladên. greg.-naz.* domove *mladên. prol.-rad. greg.-naz.* pirove *izcêst. 548.* sadove *sup. io.-ex. srjat. greg.-naz. op. 2. 2. 672.* synove *zogr. cloz. I. assem. sup. mladên. šiš. hrol. sabb.-vindob. ostrom. ippol. 81. greg.-naz.* udove *sup. slêpč. šiš. hrol. greg.-naz.* činove *mladên. hom.-mih. greg.-naz.* *Vgl.* gvorove παρβόλογες *op. 2. 3. 511.* *Man füge hinzu* borove *op. 1. 105.* bêsove *mladên. greg.-naz.* vepreve *izcêst. 548.* vidove *rost. 17.* vračeve *mladên. greg.-naz.* vrêdove *io.-ex.* dvorove *mladên.* duhove *mladên.* dъždeve *rost. 22.* groznove *srjat.* zmijeve *sup. mladên.* znojeve *lam. 1. 145.* mečeve *pat.-mih.* nyrove *greg.-naz.* plênove *o perer. 30.* plъkove *prol.-rad.* popove *sup.* svêtove *greg.-naz.* sipleve *greg.-naz.* smêhove *greg.-naz.* stênjeve *greg.-naz.* straževe *rost. 22.* sądove *sup.* cvêtove *ostrom.* čjarove *srjat.* časove *ostrom.: daneben* vrьsi *greg.-naz.* syni *šiš.:* židove *ev.-trn. hängt mit* židovinъ *zusammen.* *Pl. acc.* volovy *chrys.-lab.* gradovy *nomoc.-bulg.* darovy *tichonr. 2. 218.* kolovy *prol.-rad. 92.* lugovy *rost. 17.* plênovy *zap. 2. 2. 13.* synovy *pent.* časovy, činovy *cost. 17.* vlъkovy. vranovy. gadovy. drugovy *usw. in jüngeren quellen.* *Pl. gen.* volovъ *sup.* darovъ *sup. mladên. greg.-naz.* domovъ *sup. pat.-mih. greg.-naz.* rodovъ *assem.* sadovъ *mladên.* sanovъ *sup.* synovъ *zogr. assem. sup. šiš. ostrom.* udovъ *sup.* činovъ *hom.-mih.* *Man füge hinzu* bêsovъ *mladên.* voždevъ *greg.-naz.* vračevъ *zogr. sup. ostrom.* gradovъ *sup.* grêhovъ *assem. ostrom.* dъždevъ *greg.-naz.* korablevъ *io.-clim. XII.* plačevъ *greg.-naz.* potovъ *sup.* spolovъ *gigantum sup.* stênevъ *io.-clim. XII.* sądovъ *sup.* trudovъ *sup.* trêsnovъ *pat.-mih. 105.* carevъ *io.-clim. XII.* *Pl. dat.* volovomъ. domovomъ. lisovomъ *mladên.* sadovomъ *chrys.-lab.* synovomъ *tichonr. 2. 214.* vêtrovomъ. gradovomъ. grêhovomъ. drugovomъ. zmijevomъ *usw. in jüngeren quellen neben* domomъ *greg.-naz.* synomъ: židovomъ *greg.-naz. hängt mit* židovinъ, židomъ *mladên. mit* židъ *zusammen. Pl. instr.* volovy *prol.-mart.* kolovy *prol.-rad.* ląkovy *o perev. 22.* sadovy *op. 2. 1. 84.* sъnovy *vost. 17.* štitovy *o perev. 22.* vitlovy. mьčevy. noževy *usw. aus späterer zeit neben* volъmi *greg.-naz.* darьmi *mladên.* synъmi *sup. 443. 20. šiš. 18. Sreznevskij, jus. 306. Pl. loc.* volohь *šiš. 101.* domъhъ *ostrom. svjat.* domohъ *zogr. assem. šiš. 37. mladên. krmč.-mih.* sadohь *georg.* stanohь *krmč.-mih.* synohъ *psalt. XI. mladên. šiš. 126.* činohь *krmč.-mih. georg. Ebenso* glasohъ *greg.-naz:* židohь *und* seljanohь *gehören zur* ъ *(a)-declination. Man merke* volovohь *chrys.-lab.* drumovohъ *tichonr. 2. 238.* sadovohъ *dioptr. und* volovêhь *strum.* rodovêhъ *parem. XIV.* potovêhъ *vost. 18.* časovêhь. štitovêhь *aus späterer zeit.* židovêhь *neben* židohь *mladên.*

Neben dem sg. dat. und pl. nom. gen. bogu. bozi. bogъ *findet man* bogovi. bogove. bogovъ. *In dem* v *der silbe* ov *erblickten einige ein element des pronomens* ovъ, *während andere* ov *für die steigerung oder vertretung des* u *halten, indem sie den sg. dat.* synovi *und den pl. nom. gen.* synove. synovъ *den entsprechenden aind. formen sūnavē. sunavas. sūnu-n-ām gegenüber stellen. Die formen würden demnach der analogie der* ъ *(u)-stämme ihre entstehung verdanken. Ich halte die letztere ansicht für die wahrscheinlichere. Der den* ъ *(a)-stämmen eigene sg. dat. ist durch das den* ъ *(u)-stämmen zukommende* u *aus* ovi *vollständig verdrängt worden. Der in den heutigen slavischen sprachen zur regel gewordene pl. gen. auf* ovъ *findet sich im sup. nur bei dreizehn, im ostrom. nur bei drei substantiven. Dem adjectivum, das keinen* ъ *(u)-stamm kennt, sind diese formen fremd. Alle* ov-*formen, mit ausnahme des sg. dat. pl. nom. gen., beruhen auf einem auf* ovъ *auslautenden stamme, der den oben genannten formen sein dasein verdankt.*

V. ь-stämme.

1. masc.

nom.	pątь	pąti	pątije
voc.	pąti	pąti	pątije
acc.	pątь	pąti	pąti
gen.	pąti	pątiju	pątij
dat.	pąti	pątьma	pątьmъ
instr.	pątьmь	pątьma	pątьmi
loc.	pąti	pątiju	pątьhъ.

3

Hieher gehören bolь. gladь. goląbь. gospodь. gostь. grъtanь. dьnь, *das nach* pątь, kamen *und in späterer zeit auch nach* konь *decliniert wird.* zvêrь. zętь. igrь, *dessen genus zweifelhaft ist,* lakъtь. losь. ljudь, *nur im pl. gebräuchlich,* malomoštь, *das jedoch vielleicht f. ist:* malomoštiją *marc. 9. 43-zogr.* samoj malomošti iti hotęšti *izrêst. 642.* medvêdь. mogątь. nogъtь. ognь *neben* ognь *zogr.* pečatь, *auch fem. mladên. 304.* pątь. rysь, *das jedoch auch fem. ist:* ramêna rysь *io.-ex. op. 2. 1. 24.* tatь. tьstь. črъvь. ągль. *Hieher sind wohl auch zu zählen* gvozdь. gnusь (gnusьнь *pent.*). želądь. žeravь (*pl. nom.* žeravie *izrêst. 548*). jastrębь (*vgl. pol.* jastrząb́ *mit* gołąb́). rębь. jerębь *ippol. 81; vielleicht auch* gleznь (do gleznej) *prol.-rad.* *Sg. voc.* gospodi *cloz. I. 56. sup.* zvêri *prol.-ruk. rost. 26.* tati *rost. 26.* *Sg. gen.* goląbi *io.-ex.* gospodi *zogr. cloz. I. sup. ostrom.* zvêri *sup. pat.-mih. pat. nomoc.-bulg. greg.-naz.* zęti *sup. krmč. prol.-ruk.* medvêdi *greg.-naz.* ogni *greg.-naz. rost. 26. ippol. 106. neben* ognê *sup.* ognê *zogr.* pąti *assem. sup. ostrom. greg.-naz.* tati *sup. hom.-mih.* tьsti *ant.-hom.* črъvi : červi *rost. 26.* ągli : ugli *rost. 26.* *Sg. dat.* boli *ant.-hom. krmč. XIII.* goląbi *rost 26.* gospodi *sup. pat.-mih.* grьtani *ant.-hom.* zvêri *pat.-mih. šiš. ippol. 32. op. 1. 304.* zęti *sup.* malomošti *sup.* pąti *assem. sup. šiš.* rysi *proph.* tьsti *rost. 26.* testi *pat.-mih.* črъvi *sup. op. 1. 116. io.-sin.* *Sg. instr.* gospodьmь *sup.* glademь *pat.-mih. luc. pat.* glademь *hom.* zvêrьmь *ippol. 51. 72.* ognьmь *sav.-kn. ostrom. ippol. 43. neben* ognemь, ognemь *zogr.* pątьmь *zogr. sup. ostrom.* pątemь *zogr.* *Sg. loc.* gladi *pat.* gospodi *rost. 27.* zvêri *ippol. 52.* pąti *rost. 27.* *Dual. nom.* zvêri *sup.* losi *rost. 27.* malomošti *sup. pat.-mih.* medvêdi *greg.-naz. srjat.* pąti : puti *pat. ant.* *Pl. nom.* goląbie *assem.* goląbije *ostrom.* golubije *mladên. op. 1. 118.* gospodije *sup. šiš. pat. mladên. op. 1. 21.* gospodьe *zogr.* zvêrije *sup. pat. pent. op. 1. 136.* zętije *nomoc.-bulg.* ljudije, ljudьe: *selten* ljude *pat.-mih.: vgl. čech.* lidé. nokti je *pat. neben* nokte. pečate *sup. 341. 14.* tatije *assem. ostrom. nomoc.-bulg. šiš. pat. io.-sin.* tatьje *ev.-tur.* tatie *zogr.* črъvije *sup.* črъvie *prol.-ruk. pat.-mih.* ąglije : uglije *mladên. neben* gospodi *hval.* zvêri *ippol. 110.* nogъti *ippol. 32. 47.* golubi *izrêst. 548.* *Pl. acc.* boli *sup. ant.-hom.* goląbi *zogr. assem. ostrom.* gospodi *šiš. 167.* gosti *danil. 27.* zvêri *sup. šiš.* igri *sup. 95. 28; 162. 4.* lakъti *pent. georg.* ljudi. malomošti *zogr. ant.* nogъti *prol.* paznokъti *mladên. 177.* pečati *sup. neben* pečate *cloz. I. 735.* pąti *sup. ostrom.* puti *šiš. pent.* rysi *nomoc.-bulg.* rębi *izrêst. 550.* črъvi *danil. 61.* ągli *slêpč.* ągli *mladên. neben* ąglję: uglje *rom.*

12. 20-šiš. *Pl. gen.* bolij *sup.* gospodij *zogr. sup. sav.-kn. šiš. ostrom. er.-tur.* gospodi *slêpč.* zvêrij *sup. pat.* lakъtij *nomoc.-bulg.* ljudij. nogъtij *sup.* pątij *sup. ostrom.* tatij *mladên.* črъvij *pat. io.-sin. und* ljudej. tatej *dial.-šaf.* *Pl. dat.* bolьmъ *krmč. XIII.* bolemь *pat.-mih.* gospodьmъ *ippol. 55.* zvêrьmъ *sup.* ljudьmъ, ľjudьmъ *zogr.* pečatьmъ *sup.* ljudemъ: *falsch* ljudьemъ *cloz. I. 172.* malomoštьmь *pat.-mih. selten:* zvêrimъ *psalt. XII.* *Pl. instr.* grъtanьmi *sup.* zvêrьmi *sup.* igrьmi *greg.-naz.* ljudьmi. mogątьmi *izvêst. 470.* nogъtьmi *sup.* pątьmi *triod.* tatьmi *ant.* črъvьmi *ippol. 77. pat.* *Pl. loc.* bolьhъ, bolehъ *krmč. XIII.* bolehь *pat.-mih.* ljudьhъ *ostrom.* ľjudьhъ *zogr.* ljudehъ *zogr.* črъvьhъ *zlatostr. XIII.*

Die meisten dem paradigma pątь *folgenden substantiva werden, selbst in den ältesten quellen, häufig nach* rabъ *oder* konь, *ja sogar nach* synъ *decliniert.* *Sg. gen.* bolja *pat.-mih.* gladê *pat.-mih. lam. 1. 25.* goląbê *lam. 1. 25.* gospoda *cloz. I. assem. sup. ostrom.* gospodê *zogr. cloz. I. 51.* zvêrja *sup. io.-sin.* zvêrê *pat.-mih.* zvêra *pat. ippol. 71.* zętê *lam. 1. 25.* zęta *georg.* tata *pat.* ognê *zogr.* ognja *greg.-naz.* jastreba *hom.-mih. Wie* dьne *scheinen auch* golube, tate *krmč.-mih. und* lakte *pent. gebildet, nämlich consonantisch.* *Sg. dat.* goląbu *mladên.* gospodu *assem. sup. krol.* gospodevi *zogr. sup. pat.-mih. šiš. mladên. hom.-mih. ostrom.* gospodju *zogr.* grъtanju *pat.* zvêrevi *nomoc.-bulg. pat.-mih. ippol. 54.* laktevi *proph.* ognju *ippol. 71.* ognevi *lam. 1. 23.* tьstu *danil. 17. 126.* testevi *prol.-rad.* črъviju *ephr.: stamm* črъvijь. *Sg. instr.* grъtanomь *pent.* ogňemь *zogr.* *Dual. gen. Vgl.* dьnu *zogr.* *Pl. nom.* pečati *cloz. I. 913.* puti *šiš. Vgl.* dnevi *strum.* *Pl. gen.* gospodь *sup. 231. 21.* zvêrь *greg.-naz.* lakъtъ *sup. 4. 6; 131. 14; 168. 9. sav.-kn. 153. ostrom.* lakotь *srěl.* nogъtъ *proph. greg.-naz.* *Pl. dat.* pečatomъ *cloz. I. 915.* *Pl. instr.* lakъty *sup. 368. 9; 149. 2.* nogъty *sup. 86. 2; 296. 5. zlatostr. XII. proph. XV.*

Nach pątь *werden die numeralia* trije, četyrije *decliniert.*

nom.	trije	četyrije
voc.	trije	četyrije
acc.	tri	četyri
gen.	trij	četyrъ
dat.	trьmъ	četyrьmъ
instr.	trьmi	četyrьmi
loc.	trьhъ	četyrьhъ

Das neutr. und fem. lauten im nom. und loc. tri, četyri. *Nach vost. 50. ist nur* četyre, *nicht* četyrije *nachweisbar.* četyrъ *stützt sich auf zogr.: vost. 51. hat* četyrь. trьmь *greg.-naz.* tremъ *assem. pat.-mih.* trьmi *zogr., daneben* trimi *lam. 1. 25.* trьhъ *zogr., daneben* trehъ *assem. Spät: gen.* triehь *io.-sin. dat.* trijemь, trьjemь *prol.-vip. instr.* trijemi *io.-sin. loc.* trijehь *pat. io.-sin.*

2. *fem.*

nom.	kostь	kosti	kosti
voc.	kosti	kosti	kosti
acc.	kostь	kosti	kosti
gen.	kosti	kostiju	kostij
dat.	kosti	kostьma	kostьmъ
instr.	kostiją	kostьma	kostьmi
loc.	kosti	kostiju	kostьhъ.

Im sing. nom. findet sich einigemal das auslautende i *bewahrt:* lani *pat.-mih. 39. pat.* hoti *kruš. Hieher gehört* vitlejemь *sup. 216. 29. loc.* vitlejemi *340. 19.* vitьlêmi *cloz. I. 802. neben* vitlejemê *sup. 340. 25. Desgleichen* ątrь: izъ ątri *sup. 26. 17.* zadь. prêdь *usw.* dêti, prъsi *sind nur im pl. gebräuchlich.* tli *ist im acc. und loc. nachweisbar:* tli *pat.-mih. 109. 160.* tlehь *101. 148. Erweichtes* l *ist falsch:* pečaľь *zogr.* obitêľь *marc. 14. 14-zogr.* obrêtêľь *sup. 288. 20.* konьstinopoľi *dat. sup. 114. 26. Sg. voc.* žizni. prêmądrosti. sъmrьti *greg.-naz.* krêposti. sêni. dveri *vost. 27. Spät:* radoste. nesytoste *danil. 17. 24. Sg. instr. In* dьnьją i noštiją *folgt das erste wort dem zweiten:* dьnьją *statt* dьnьmь. *Dual. gen. loc.* golêniju *assem. ostrom.* zapovêdiju *assem.* skrižaliju *greg.-naz. Falsch:* dlaniją *srjat.* zapovêdiją *ostrom. Dual. dat.* veštьma *sup.* lьstьma *io.-clim. XII. Pl. gen.* zapovêdij, zapovêdьi *zogr.* dvьrij *cloz. I. 314.* vêtvij *sav.-kn. 46.* ej *für* ij: kostej *zogr.* dêtej *assem.* skrьbej *pat.-mih.* dvrej *hom.-mih.* zapovêdej *zap. 2. 2. 63.* noštej *dial.-šaf. Pl. dat.* bolêznьmъ *zogr.* basnьmъ. dvьrьmъ. utvaremъ *greg.-naz.* dvьrьmъ *ostrom.* rêčьmъ. tvarьmъ *men. XI.* dêtьmъ *vost. 33. Pl. instr.* basnьmi *greg.-naz. Pl. loc.* vêtьhъ *zogr.* zapovêdьhъ *zogr.* dêtьhъ *sbor. 1067.* dvьrьhъ *ostrom.* jaslьhъ *ostrom.* pečalьhъ *psal. XIV.* pêsnьhъ *psal. XI.* dvьrehъ *zogr.* vьsehъ *zogr.* veštehъ. zapovêdehъ. jaslehъ *ostrom. Falsch:* zapovêdihъ *psal.-sluck.* kostohъ *hebr. 11. 22-slêpč.*

Nach kostь *werden die numeralia* pętь. šestь. sedmь. osmь. devętь *und* desętь *dekliniert.*

nom.	desętь	desęti	desęti
acc.	desętь	desęti	desęti
gen.	desęti	desętu	desętъ
dat.	desęti	desętьma	desętьmъ
instr.	desętiją	desętьma	desęty
loc.	desęti	desętu	desętьhъ

Der sg. acc. lautet regelmässig desętь, *nur in der verbindung mit* na *zur bildung der numeralia zwischen zehn und zwanzig* desęte, *das jedoch wahrscheinlich der sg. loc. aus themen auf* t *ist:* dva. tri na desęte *sup. ostrom. usw., selten* desętь : desetь *šiš. 137. Im dual. befremdet das gen. masc.:* dva desęti *sup.* dъva desęti *zogr. gegenüber dem* tri desęti, desęte. dva desete *prol.-rad. Der dual. gen. lautet auf* u *aus:* desętu *greg.-naz. nach der consonantischen declination, der auch der sg. loc.* desęte *und der pl. gen. und instr.:* desetъ. desęty, *wofür auch* desętьmi *ant.-prol. vorkömmt, ihr dasein verdanken. Der pl. nom. und acc. lautet* desęti *und* desęte: *nom.:* četyri desęti *sup. 54. 26.* četyre desęte *sup. 58. 16; 68. 21; 70. 29. acc.* tri desęti *sup. 17. 13; 32. 29; 288. 4. usw. cloz. I. 227.* četyri desęti *sup. 127. 26; 200. 26. šiš.* tri desęte *ostrom. Hinsichtlich des* ь *merke man* desętьmъ *sup. 133. 15. rost. 51.* desętьhъ *rost. 51; hinsichtlich des genus:* petomu deseti *anth. 146.*

Einige auf ь *auslautende adjectiva sind indeclinabel:* dvogubь. isplьnь. oblišь. priprъvь. prêprostь. različь. raznoličь. svobodь. sugubь. tregubь. dvogubь. *Mit dem sg. acc. (gen.) masc.:* tvorite jego syna ognevi dvogubь vasъ ποιεῖτε αὐτὸν υἱὸν γεέννης διπλότερον ὑμῶν *matth. 23. 15.-rost. 48.* isplьnь *findet sich verbunden mit dem sg. nom. masc. assem. ostrom. 3., mit dem sg. nom. neutr.:* isplьnь nebo i vьsa zemьja slavy jego *sup. 237. 15; mit dem sg. acc. masc.:* muža isplьnь vêry ἄνδρα πλήρη πίστεως *act. 6. 5-šiš.; mit dem sg. acc. fem.:* obrête ją (paničicą) isplьnь *sup. 431. 20; mit dem sg. acc. neutr.:* vьse božija duha isplьnь (glagoljetь) *sup. 263. 11; mit dem sg. loc. masc.:* vidêhъ ženu sêdęštu na zvêri čьrvlenê isplьnь imenъ εἶδον γυναῖκα καθημένην ἐπὶ θηρίον κόκκινον γέμον ὀνομάτων (βλασφημίας) *ippol. 52; mit dem dual. nom. masc.:* dva brata isplьnь sąšta vêry *sup. 187. 2; mit dem dual. acc. masc. ostrom. 70; mit dem dual. nom. fem.:* rącê krъve isplьnь *sup. 103. 16;*

mit dem dual. acc. neutr.: oči imušte isplьnь ljubodêjce *2. petr. 2. 14.-šiš.; mit dem pl. nom. fem.:* hlêviny isplьnь bêahą pozorująštiihъ *sup. 444. 14; mit dem pl. gen. fem. ostrom. 71.* oblišь *mit dem sing. nom. neutr.:* oblišь by uže vъzderžanьe *izvêst. 10. 643.* priprьvь *mit dem sg. nom. fem.:* priprьvь byvajetь pogybêlь πρόχειρος γίνεται ἀπώλεια *prov. 11. 4.-triod.-mih. 104.* prêprostь *mit dem sg. gen. masc.:* žitije prêprostь otьca *sup. 199. 13.* različь *mit dem sg. dat. masc.:* mnogu i različь guêvu *sup. 222. 11; mit dem pl. gen. masc.:* stada različь volovъ *sup. 31. 10; mit dem pl. instr. fem.:* ježe (mÿro) jestъ različь vonjami ustrojeno *sup. 318. 23. (in 274. 5. ist* različь *ein adverb.);* raznoličь *mit dem pl. nom. neutr. und mit dem pl. acc. fem.:* raznoličь i plemena bêsę, raznoličь i volę imjahą *rost. 48.* svobodь *als sg. nom. masc.:* nêstь rabъ ni svobodь *sup. 76. 12. Vgl. 112. 13; 178. 19; 347. 10; 355. 20; 377. 7;* nêstь rabь ni svobodь *galat. 3. 28-šiš., wofür slêpč.* nêstъ raba ni svoboda; *mit dem sg. nom. fem.:* svobodь jestь (žena), ἐλευθέρα ἐστίν *rom. 7. 3.-šiš.;* svobodь bystь tvarь *mladên.; mit dem sg. acc. (gen.) masc.:* svobodь sego sъtvoriši *sup. 131. 6; mit dem pl. nom. masc. assem. sup. 369. 23. ostrom. 29. 79;* svobodь bêaste ἐλεύθεροι ἦτε *rom. 6. 20.-šiš.; mit dem pl. acc. masc.:* tъ raby ny sąštę grêhu svobodь avilъ *sup. 366. 6.* sugubь *mit dem sg. nom. neutr.:* sugubъ dьnesь prišьstvije gospodьnje *sup. 338. 13. Vgl. 338. 14; 338. 15; mit dem sg. acc. neutr.:* sugubь za jedьno vьzęšę *sup. 40. 7;* sugubь grêsi διπλᾶ τὰ ἁμαρτήματα *greg.-naz.* tregubь: tregubь bêahu τριπλαῖ ἦσαν *esai. 12. 6.-rost. 48. Einige von den hier behandelten wörtern finden sich auch decliniert:* ašte li rabi, ašte li svobodi *1. cor. 12. 13.-šiš.* svobodъ i raby τοὺς ἐλευθέρους καὶ τοὺς δούλους: svobodъ *ist wohl der gen. statt des acc. ippol. 75.* sugubê čьsti διπλῆς τιμῆς *1. tim. 5. 17-slêpč.* sugubьmъ *greg.-naz. Wenn Vostokov 48. mit den genannten wörtern* blizь, godê, trêbê, javê *in eine reihe stellt, so ist diess unrichtig. Ob ausser den angegebenen adjectiven auch* vêstь, izvêstь osobь, otьvrьnь, sъvrьstь *als indeclinable adjectiva behandelt werden, kann nur der asl. text des Gregorius von Nazianz lehren. Das auslautende* ь *dieser wörter entspricht altem* i, *nicht etwa* ia, *und diess erklärt einigermassen, wie es kam, dass die declination schwand: bei diesem auslaut war an die bezeichnung des genus nicht zu denken und der mangel der genusbezeichnung unterstützte das schwinden der casusbezeichnung. So möchte ich auch das indeclinable* sovraž *im nsl. erklären:* Erodijada je bila njemu silno sovraž *trub.* sovraž sta si bila *krell.*

VI. Consonantische stämme.

Die consonantischen stämme sind 1. v-*stämme. 2.* n-*stämme. 3.* s-*stämme. 4.* t-*stämme. 5.* r-*stämme.*

Teilweise consonantisch sind die bereits behandelten stämme des comparativs, des partic. praet. act. I. und des partic. praes. act.

1. v-stämme.

nom.	crъky	crъkъvi	crъkъve
voc.	crъky	crъkъvi	crъkъve
acc.	crъkъve	crъkъvi	crъkъve
gen.	crъkъve	crъkъviju	crъkъvъ
dat.	crъkъvi	crъkъvama	crъkъvamъ
instr.	crъkъviją	crъkъvama	crъkъvami
loc.	crъkъve	crъkъviju	crъkъvahъ.

Hinsichtlich der hieher gehörigen stämme vgl. 2. seite 59.

Es wäre vielleicht richtiger diese stämme als u-*stämme aufzufassen: die älteste erreichbare form lautet auf* ъ *für* u *aus:* ljubъ kuju kъ komu *aus einer quelle des XIII. jahrhunderts op. 2. 2. 305.* ne prêljubь sъtvoriši *matth. 19. 18-assem. In den casus, deren suffixe mit* m *oder* h *anlauten, tritt ein durch* a *erweiterter stamm ein:* crъkъva, *ein* ь-*stamm im sg. instr. und im dual. gen. loc.; derselbe stamm kann zur bildung des sg. nom. und loc. dienen: nom.* crъkъvь *neben* crъky *und loc.* crъkъvi *neben* crъkъve. *Der dual. kann nicht belegt werden. Der pl. nom auf* e *findet sich nur im ev.-buc.:* neplodъve, *sonst steht überall* i: crъkъvi. *Bei* krъvь (*nsl.* kri *d. i.* kry *neben* krv) *hat so wie* brъvь *keinen* a-*stamm: pl. gen.* krъvij. *dat.* krъvьmъ *sup. 162. 13.* krъvьmi *81. 24; 559. 10.* brъvьma *prol.-rumj.* *Sg. nom.* brady *op. 1. 105.* dьli *rost. für* dьly. žьli *rost. für* žьly. ljuby *assem. sup. šiš. ostrom. greg.-naz.* neplody *sup. ostrom.* smoky *sup. šiš. hom.-mih.* horugy *glag.* tretijaky *esai. 15. 15-proph.* crьky *cloz. I. sup. ostrom. hval.* jetry *krmč.-mih.* bradъvь *ephr.* bradovь *op. 1. 102.* ljubъvь *sup.* ljubovь *pat.-mih.* smokъvь *hom.-mih.* horugъvь *hom.-mih.* ljubvi *pat.-mih.* neplodъvi *luc. 23. 29-zogr.* smokъvi *sup. 255. 12.* smokъvi *pat. pent. op. 1. 97. hval. mladên.* crъkъvi *bon.* crьkъvi *šiš. krmč. Falsch:* svekrъve *luc. 12. 53-zogr.* *Sg. voc.* ljuby *rost.* neplody *proph.* *Sg. acc.* dьlъve *pat.-mih. 160.* dъlъve *io.-clim.* ljubъve *sup. ostrom. greg.-naz.* ljubve *pat.-mih.* svekrъve *zogr.* crъkъve *cloz. I. sup. sav.-kn. 51. greg.-naz.* crkve *zogr.* crkve *cloz. I. 121. sav.-kn. 51.* cêlъve *greg.-*

naz. ljuby *assem. sar.-kn. 24.* prêljuby *cloz. I. 130. 132. assem. sar.-kn. 24. ostrom.* crъky *assem.* žrъnovъ *zogr.* krъvь *cloz. I. 212. sup.* ljubъvь *sup.* ljubьvь *pat.-mih.* ljubovъ *slêpč.* crъkъvь *cloz. I. sup.* crьkvi *pat.-mih. 54.* *Sg. gen.* krъve *zogr. assem. cloz. I. 233. sup. ostrom. greg.-naz.* krъve *kruš.* ljubъve *sup.* smokъve *greg.-naz.* crъkъve *assem. sup.* krъvi *sup. ostrom.* smokъvi *sup.* *Sg. dat.* crьkъvi *greg.-naz.* *Sg. loc.* dlьve *pat.-mih. 145.* ljubъve *io. 15. 10-zogr.* ljubъve *ephes. 3. 17-slêpč., im šiš.* ljubьvi. tykьve *pat. 155.* crъkve, crъkьve, crkъve *zogr.* crъkve *nic.* krъvi *cloz. I. 237. 250.* ljubvi *sup.* ljubъvi *ostrom.* *Dual. Die casus des dual. sind nach der analogie gebildet.* *Pl. nom. acc.* neplodъve *ev.-buc.* bukvi (prosi u nego bukvi na listъ napisany) *slêpč.* bukvi *strum.* žrъnъvi *sup. 294. 14; 446. 15.* krъvi *sup.* ljubъvi *greg.-naz.* smokъvi *zogr. sup. ostrom.* horagъvi *sup.* crъkъvi *sup.* dlьvy *pat.-mih. 146. für* dlьvi. *Pl. gen.* bukovъ *šiš.* crъkъvъ *sup. 147. 12; 147. 27; 148. 1.* crьkьvъ *šiš. 106.* krъvij *zogr. ostrom.* krъvij *šiš. 38.* *Pl. dat.* neplodъvamъ. svekrъvamъ. horagvamъ *rost.* bukvamъ *zap. 2. 2. 99.* crъkъvamъ *cloz. II. sup.* crъkьvamь *šiš. 106. 252, dagegen* krъvьmъ *sup. 162. 13.* *Pl. instr.* bukvami *slêpč.* bukъvami *šiš. 158. 160, dagegen* krъvьmi *sup. 81. 24; 159. 10.* *Pl. loc.* bukъvahъ *georg.* žrъnъvahъ *assem. ostrom.* žrъnьvahъ *sar.-kn. 78.* žrъnъvahъ *ev.-tur.* žrъnьvahъ *pat. pent.* ljubъvahъ *šiš. 216.* crъkъvahъ *cloz. I. sup.* crъkьvahъ *šiš.*

2. n-stämme.

a) masc.

nom.	kamy	kameni	kamene
voc.	kameni	kameni	kamene
acc.	kamene	kameni	kamene
gen.	kamene	kameniju	kamenъ
dat.	kameni	kamenьma	kamenьmъ
instr.	kamenьmь	kamenьma	kameny
loc.	kamene	kameniju	kamenьhъ.

Im sg. voc. instr., dual. gen. loc. dat. instr., pl. dat. loc. tritt ein ь*-stamm ein; dasselbe kann im sg. nom. und sonst geschehen, daher* kamenь *neben* kamy *aus* kamen: *das deminut.* kamykъ *entsteht aus* kamenkъ. *Sg. nom.* kamy. plamy. jęčьmy *neben* kamenь *zogr. cloz. I. 777. 778. 782. 868.* plamenь. jęčьmenь *und* korę *rost. 31. neben* korenь *cloz. I. 594.* *Sg. voc.* kameni *rost. 31.*

Sg. acc. kamene *zogr. assem. cyr.-hier. neben* plamy *vost. 31. und* kamenь *assem.* *Sg. gen.* kamene *sup. 118. 6. assem.* korene *assem. io.-sin.* prъstene. stepene *krmč.-mih.* elene *greg.-naz.* jęčьmene *mat. 2. 569. und* kameni *sup. 36. 9. ev.-šiš. sabb.-vindob.* jęčьmeni *vost.* *Sg. dat.* plamenju *io.-sin. nach* konjъ. *Sg. instr.* kamenьmь *ippol. 24.* *Sg. loc.* kamene *sav.-kn. 12. 33. cyr.-hier. ostrom.* na semь kamene *matth. 16. 18-zogr.* korene *143.* kameni *ostrom.* koreni *ostrom.* *Dual. nom. acc.* kameni *cozm.-ind.* jeleni *sup. 163. 16; 164. 3; 164. 12. krmč.* *Dual. gen.* jeleniju *sup. 164. 3; 164. 14.* *Dual. dat. instr.* kamenьma *anth.* jelenьma *sup. 163. 28.* *Pl. nom.* elene *bon. greg.-naz. mladên.* kamenije. korenije *ostrom.* stepeni *barl. 64.* jeleni *proph.* *Pl. acc.* jelene *pat. 170. Falsch:* kamenę *dial.* *Pl. gen.* korenъ *man. 1350.* stepenъ *krmč. XIII.* kamenij *pent. rost. 32.* strъmenej *lam. 1. 24.* *Pl. instr.* stepenьmi *sup. 203. 13.* stepeny *io.-clim. XII.* *Pl. loc.* kamenihъ *marc. 4. 16-zogr.*

dьnь *wird auf folgende weise decliniert:*

nom.	dьnь	dьni	dьne
voc.	dьni	dьni	dьne
acc.	dьne	dьni	dьne
gen.	dьne	dьniju	dьnъ
dat.	dьni	dьnьma	dьnьmъ
instr.	dьnьmъ	dьnьma	dьny
loc.	dьne	dьniju	dьnьhъ.

Sg. acc. dьne *pat. rost.* *Sg. gen.* dьne *zogr. cloz. I. 427. sup. ostrom. šiš.: daneben* dьni *zogr. sup. ostrom. izvêst. 699.* *Sg. dat.* dьni *cloz. I. 31. assem. sup. ostrom.* dьnju *georg. šaf.* dьnevi *hom.-mih.* *Sg. instr.* dьnьmь *ostrom.* dьnemь *sup. cloz. I. 458.* noštiją i dьniją *sup. 214. 18:* dьniją *findet sich auch alleinstehend 419. 26.* *Sg. loc.* dьne *zogr. sav.-kn. 120. pat.-mih. ostrom.* dьni *zogr. sup. ostrom.* dьnevi *hval.* *Dual. nom.* dьni *assem. sup. ostrom.* *Dual. gen. loc.* dьnu *ostrom.* dьniju *sup.:* dьniją *ostrom. für* dьniju. *Dual. dat.* dьnьma *pat.* *Pl. nom.* dьne *zogr.* dьnije *sup. ostrom.* dьnie, dьnьe *zogr.* dьnьje *greg.-naz.* *Pl. acc.* dьni *sup. ostrom.* *Pl. gen.* dьnъ *zogr. cloz. I. 904. proph.* dьnij *zogr. sup. bon.:* dьnъi *sav.-kn. 77. für* dьnьi. dьnь *cloz. I. 901. sup. šiš.* *Pl. dat.* dьnemъ *cloz. I. 910. sup.* *Pl. instr.* dьnьmi *zogr. sup. ostrom.* dьny *zogr.* *Pl. loc.* dьnьhъ *zogr. ostrom.* dьnehъ *zogr. sup. ostrom.*

b) *neutr.*

nom.	imę	imeni	imena
gen.	imene	imenu	imenъ
dat.	imeni	imenьma	imenьmъ
instr.	imenьmь	imenьma	imeny
loc.	imene	imenu	imenьhъ.

Der asl. stamm ramen *ist selten:* ramo *sup. 71. 22. hom.-mih. dual. acc.* ramê *sup. 346. 3; 415. 23. loc.* ramu *sup. 431. 26; 432. 3; 431. 13. pat.-mih. pl. loc.* ramêhъ *sup. 346. 10. Sg. gen.* vrêmene *greg.-naz.* prêsmene *in* besprêsmene *mladên. 262. manchmal* i: brêmeni *ant.-hom.* imeni *sup. 431. 2. bon. šiš. 174. 205. cr.-šiš. ephr. pat.* têmeni *izvêst. 666, von einem* i-*stamme. Sg. dat. Spät:* brêmenju. vrêmenju. imenju *usw. dial.-šaf.* vrêmenevi *sabb.-typ. 27. Sg. instr.* imenьmь. imenemь *vost. 31. Sg. loc.* vrêmene: na dlъzê vrêmene ἐπὶ χρόνον *luc. 18. 4-sav.-kn. 51, das einzige beispiel eines locals auf* e, *der regelmässig auf* i *auslautet. Dual. nom.* imeni *sup. 86. 1. vost. 31.* rameni *pent.-mih. neben* imenê *zogr. cr.-šiš. Dual. gen.* plemenu *srjat. Dual. dat.* vrêmenьma *greg.-naz.* imenьma *greg.-naz.* imenema *vost.* plemenoma *cr. 1164. Pl. dat.* vrêmenьmъ *ippol. 80. Pl. instr.* imeny *ostrom. Pl. loc.* vremenьhъ *ippol. 63.* slêmenьhъ *srjat.-lam. 1. 103.* brêmenehъ *zogr.* brêmenêhъ *ostrom.*

3. s-stämme.

nom.	slovo	slovesi	slovesa
gen.	slovese	slovesu	slovesъ
dat.	slovesi	slovesьma	slovesьmъ
instr.	slovesьmь	slovesьma	slovesy
loc.	slovese	slovesu	slovesьhъ.

Die hieher gehörigen stämme können auch wie o-*stämme decliniert werden:* drêva *sup. 36. 9; 75. 25; 83. 24 usw. neben* drêvese *sup. 299. 19.* slova *sup. 100. 10; 100. 28; 332. 16 usw. neben* slovese *sup. 51. 18; 96. 9; 98. 8.* têla *sup. 23. 15; 49. 9; 63. 14 usw. neben* têlese *sup. 136. 1; 216. 28 usw.* nebomь, slovomь *zogr. Dasselbe gilt von* oko, uho: *sg. loc.* ocê *zogr. assem.;* ličese *sup. 247. 15. hängt mit einem stamme* ličes, *nom.* liko (*vgl.* dlъgolikъ), *zusammen:* licesa *op. 1. 101. steht für* ličesa. *Vgl.* licêse: ne podimi licêse ništago οὐ λήψῃ πρόσωπον πτωχοῦ *pent.-mih. Der stamm* istes *findet sich meist im dual. und pl.:* istesê *sup. 257. 15. pent.* istesa *sup. 224. 5. ant.-hom. sg. loc.* istesi *lev. 21. 20-pent. Alleinstehend ist* ljutese *sup. 251. 16.* udъ *hat im pl. acc.* udove *und* udesa *prol.-rad.* udesêhъ *rost.* sluhъ, slušesa *rost. 33.* divъ, divesa. *Vgl. auch* more, moresa *rost. 33. Sg. nom. Man merke* slove *für* slovo: čьto estъ slove se; τίς ἐστιν οὗτος ὁ λόγος; *io. 7. 36-zogr. Sg. gen. Häufig ist der auslaut* i: nebesi *zogr. bon. greg.-naz.* slovesi *šiš. 99. greg.-naz. cr.-sluck.* têlesi *pat.-mih. Sg. instr.* nebesьmъ *greg.-naz.* slovesemъ *greg.-naz.* dêlesemъ; nebesemь. slovesemь *rost. 32. Sg. loc. Auf* e: nebese *io. 3. 13-zogr. sav.-kn. 2. cloz. I. 44.* očese *sav.-kn. viermal.* têlese: priložiti têlese svoemь lakъtь edinъ *luc. 12. 25-zogr. neben dem später regelmässigen* i: têlesi *zogr. cloz. I. 434. ostrom.* slovesi *ostrom.* nebesi *sup. Dual. nom.* têlesi *sup. 198. 18. greg. naz.* čudesi *rost. 32.* istesê *sup. 257. 15.* têlesê *sup. 10. 17; 11. 1; 19. 7; 137. 27; 198. 16. Dual. gen.* istesu *greg.-naz.* têlesu *sup. 11. 4.* očesu *ostrom. Dual. dat.* têlesьma, têlesema *ostrom. Pl. dat.* čjudesemь *prol.-rad.;* dêlesomъ *bus. 274.* kolesomъ *op. 2. 3. 105. beruht auf einem stamme* dêleso *usw. Pl. instr.* slovesy *cloz. I. 52. assem.* ušesy *hom.-mih.* čudesmi *pat.-mih. 169. Pl. loc.* nebesehъ *zogr.* slovesehъ *zogr. greg.-naz.;* slovesyhъ *hral. ist* slovesêhъ.

oko, uho *bilden den dual. von einem fem.-stamm auf* ь:

nom.	oči	uši
gen.	očiju	ušiju
dat.	očima	ušima
instr.	očima	ušima
loc.	očiju	ušiju.

Seltener sind gen. wie očesu *ostrom. Falsch:* očiją, ušiją *ostrom. Für das genus fem. von* oči, uši *kann angeführt werden:* otъvrъstama očima *act. 9. 8. Sreznevskij, jus. 306.* otъvrьstama očima *šiš. 18.* očima bolêždama *greg.-naz.* očima raslablenama *greg.-naz., wofür auch vorkömmt:* očima roditelevoma *ephr.-syr. 1377 bei rost. 45.*

4. t-stämme.

nom.	tele	teleti	teleta
gen.	telete	teletu	teletъ
dat.	teleti	teletьma	teletьmъ
instr.	teletьmь	teletьma	telety
loc.	telete	teletu	teletьhъ.

Sg. dat. Spät: otročetu *georg.* otročetevi *barl.* otročętju *pat.* *Sg. loc.* žrěbęte *cloz. I. 37. sup. 240. 17. io. 12. 15-ostrom.* otročęte *sar.-kn. 135. ostrom. neben* žrěbęti *sar.-kn. 74. sup. 240. 24; 251. 21.* otročęti *sar.-kn. 137. ostrom.* *Dual. nom.* ovčęti *pat.-mih. 137.* otročeti *pat. neben* telętě *vost. 32.* *Falsch:* ovčętę *pat.-mih. 135.* *Dual. dat.* otročętъma *vost. 33.* dětę *bildet den pl. von einem stamme* dětь, *daher* děti, dětij *usw.*

5. r-stämme.

Die r-*stämme sind fem.*

nom.	mati	materi	matere
voc.	mati	materi	matere
acc.	matere	materi	matere
gen.	matere	materu	materъ
dat.	materi	materьma	materьmъ
instr.	materiją	materьma	materьmi
loc.	materi	materu	materьhъ.

Sg. voc. dъšti *sup. 239. 5; 248. 22. ostrom.* *Sg. acc.* matere *sup. 171. 29; 185. 8; 285. 10. sar.-kn. 10. lam. 1. 15.* dъštere *sup. 226. 14. sar.-kn. 10. o perer. 18. lam. 1. 15. pent.* materь *zogr. cloz. I. 88. assem. sar.-kn. 23. ostrom.* dъšterь *zogr. sup. 41. 16; 181. 23; 366. 27; 402. 10; 402. 20.* *Sg. gen.* matere *zogr. usw. Selten:* materi *sup. 6. 12; 177. 4.* *Sg. instr.* materiją *sup. 19. 13; 59. 29.* *Dual. nom.* dъšteri *pent. vost.* *Dual. gen.* dъšteru *pent. neben.* dъšteriju *ippol. 88. 111. vost.* *Dual. dat.* dъšterьma *vost.* *Pl. nom. acc.* dъštere *sabb.-vindob.* materi *sup. 71. 16. šiš.* dъšteri *sup. 2. 25; 7. 12; 96. 20. šiš. 4:* materę *I. tim. 5. 2-slěpč. 72. strum. für* matere. *Pl. gen.* dъšterъ *zogr. ostrom.* dъšterij *bon.* *Pl. dat.* materemъ *sup. 295. 23; 295. 29; 296. 3.* *Pl. instr.* dъšterьmi *cloz. I. 100.*

B) Declination der pronomina personalia.

Die Casussuffixe der declination der pronomina personalia weichen von denen der nominalen declination in den meisten formen nicht ab; die schwierigkeit besteht grösstentheils in der erklärung der den casusformen zu grunde liegenden stämme. Die sg. dat. loc. mъně, tebě, sebě, *die sg. instr.* mъnoją, toboją, soboją, *die dual. gen. loc.* naju, vaju, *die dual. dat. instr.* nama, vama, *die pl. dat.*

namъ, vamъ, *die pl. instr.* nami, vami *haben die entsprechenden suffixe der nominalen declination mit besonderer anlehnung an die a-stämme; wie jedoch die stämme* mъna, teba, seba, na, va *entstehen, ist eine ungelöste frage. In* toba, soba (toboją, soboją) *verdankt das* o *sein dasein dem folgenden* o: tobomь *lam. 1. 142 und* sobovъ *hom.-mih. 9. sind aus dem serb. eingedrungen. Dem dat* mъnê, tebê, sebê *entsprechen lit. manę, tavę, savę, genauer preuss. mennei, tebbei neben tebbe. Die sg. acc.* mę, tę, sę *stehen aind. mām, tvām, *svam, preuss. mien, tien, sien gegenüber. Die sg. gen.* mene, tebe, sebe *sind dunkel:* mene *mag aind. mama sein, woraus abktr. mana, lit. manęs, got. meina;* tebe *ist aind. tava, lit. tavęs: got. theina folgt dem meina;* sebe *ist lit. savęs: got. seina ist wie theina zu erklären. Die enklitischen formen des sg. dat.* mi, ti *entsprechen aind. mē, tē für und neben tvē: das reflexive* si *ist eine analoge bildung. Der dual. nom.* vê *kann wohl nicht mit aind. avam vermittelt werden: es ist lit. ve in ve-du, womit auch got. vi-t zu vergleichen. Der dual. acc.* na *entspricht dem aind. nāu aus nā, preuss. nou, griech. νώ; bei den dual. nom. und acc.* va *denkt man an aind. vām. Dass aus aind. acc. vas zunächst* vъ *und daraus der pl. acc.* vy, *der auch als nom. fungiert, hervorgeht, darüber kann kein zweifel entstehen; ebenso stützt sich* ny *auf den aind. acc. nas: das mittelglied ist* nъ. my *bleibt dunkel: es entspricht dem lit. pl. acc. mus, lett. mus, genauer dem mu im dual. nom. mu-du, das eigentlich asl.* my dva *ist. Die pl. gen.* nasъ, vasъ *sind pronominal, und entstehen aus na-sam, na-są; va-sam, va-są: vgl. preuss. nouson, lit. musu, lett. musu. Der pl. loc.* nasъ, vasъ *entspringt aus na-su, va-su.*

I.	*nom.*	azъ	vê	my
	acc.	mę	na	ny
	gen.	mene	naju	nasъ
	dat.	mъnê	nama	namъ
	instr.	mъnoją	nama	nami
	loc.	mъnê	naju	nasъ
II.	*nom.*	ty	va	vy
	acc.	tę	va	vy
	gen.	tebe	vaju	vasъ
	dat.	tebê	vama	vamъ
	instr.	toboją	vama	vami
	loc.	tebê	vaju	vasъ

III.	*nom.*	—
	acc.	sę
	gen.	sebe
	dat.	sebê
	instr.	soboją
	loc.	sebê.

Die sg. dat. mi, ti, si *und die pl. acc.* ny *und* vy *sind enklitisch; diese treten auch für den dat. auf:* ny *sup. 52. 9; 148. 4; 280. 26; 308. 21; 392. 19; 396. 5.* vy *sup. 52. 4; 105. 5; 190. 7; 272. 4; 301. 2; 307. 2; 382. 23; 386. 5; 422. 16. In demselben verhältniss wie* mi *zu* mъnê, *stehen* mę, tę, sę *zu* mene, tebe, sebe.

Dual. nom. vê *zogr. assem. sup. 155. 26; 156. 13; 217. 15; 217. 23. sav.-kn. 114. buc. ostrom. pat.-mih. šiš. 9. 23. 115. ev.-šiš. pent. prol.-rad. Für* vê *steht* ny: i ny podobna vamъ jesvê člověka *act. 14. 14-slêpč. 9. jus. 116. a, wo šiš.* vê *bietet.* va *sup. 55. 29; 154. 25.* radujta va sę *sav.-kn. 116. neben* vy *luc. 9. 55-zogr. assem. sav.-kn. 116. nic. strum. meth. 4. ostrom. Dual. acc.* na *sup. 10. 21; 155. 11; 156. 15; 217. 12. sav.-kn. 25. pat.-mih. ev.-šiš. Für* na *steht* ny: pomiluj ny, synu dvъ *sav.-kn. 18.* na *steht für den dat.:* obêštaj na sę *rost. 2. 27.* va *sup. 2. 5; 9. 11; 135. 11; 135. 12; 136. 12; 154. 26; 188. 13; 217. 26. sav.-kn. 11. pat.-mih. buc. ev.-šiš. nic. neben* vy *marc. 1. 17-zogr. marc. 14. 13-zogr.* va *steht für den dat. sup. 150. 6; 156. 3.*

Zweites capitel.

Pronominale declination.

Die pronominale declination umfasst die pronomina inъ, jъ, kъ, čь, ovъ, onъ, sь, tъ: kyj, čij: vьsь, samъ; jakъ, kakъ, takъ, vьsakъ, sikъ, sicь; moj, tvoj, svoj, našь, vašь; jedinъ, jedьnъ, dva, oba: dvoj, oboj, troj *und das adj.* tuždь; *dagegen ist* kъtoryj *nur der zusammengesetzten und das pannonische* jeterъ, *das vom tonlosen* kъto *genau so unterschieden ist, wie lat. quidam vom tonlosen quis, nur der nominalen declination fähig. Von* jeterъ *findet man jedoch auch, obgleich selten, zusammengesetzte formen: pl. n.* eterii *neben* eteri *zogr.* eterii *assem. dat.* jeterymъ *slêpč. 45. 73. pat.-mih.* jeterimъ *šiš. 108.* jeterymъ *167.*

Casussuffixe der pronominalen declination.

Die bildung des nom. und acc. aller genera und numeri weicht von der bildung derselben casus in der nominalen declination der ъ *(a)-,* o- *und* a-*stämme in keiner weise ab. Alle übrigen formen haben ihre besonderheiten, die teils in dem antreten eines i an den stamm, teils in einer eigentümlichen erweiterung des stammes, teils endlich in dem gebrauche eines eigenen suffixes bestehen. I. Ein i tritt an den stamm im sg. instr. m. n.* têmь, *im dual. dat. instr.* têma, *und im pl. dat. instr.* têmъ, têmi. *Im pl. gen. wird nicht nur an den stamm ein i gefügt, es findet auch ein der nominalen declination fremdes suffix seine anwendung, während im pl. loc. das suffix dasselbe bleibt, wie bei der nominalen declination, das i jedoch nicht bloss im masc. und neutr., sondern auch im fem. eintritt, oder wohl richtiger die masc. und neutr. form auch für das fem. gebraucht wird, was auch in mehreren casus in der zusammengesetzten declination statt findet. II. Der stamm wird erweitert im sg. gen. dat. instr. loc. fem.:* toję, toj, toją, toj *von einem stamme* toja *und im dual. gen. und loc.* toju *von einem stamme* tojъ. *Die bildung dieser casus weicht sonst von der nominalen nicht ab. Vgl. meine abhandlung: Über den ursprung einiger casus der pronominalen declination. Sitzungsberichte LXXVIII. seite 143. III. Ein eigenes casussuffix tritt im sg. gen. dat. loc. masc. und neutr. ein, so wie im pl. gen. Diese suffixe sind a) für den sg. gen. m. und n.* go, *wofür ehedem auch* ga: jega, koga, kojega, nêkoga *sup. Vgl. Vorrede XI, wie heutzutage im nsl. kroat. und serb., nicht im bulg.;* inoga *greg.-naz.; b) für den sg. dat. m. und n.* mu; *c) für den sg. loc. m. und n.* mь *und d) für den pl. gen.* hъ. *Dem suffix* mu *steht aind. smāi gegenüber:* u *verdankt sein dasein dem ausgang* u *in* rabu; mь *entspricht aind. smin;* hъ *hängt mit aind. sām mittelst sa̢ zusammen:* go *hingegen kann nicht mit aind. sja identificiert werden, obgleich es Bopp mehr als einmal aussprach und Schleicher wahrscheinlich zu machen suchte: mir scheint* go, ga *nichts anderes zu sein, als die aind. partikel gha, ghi. Vgl. meine abhandlung: Über die genitivendung* go. *Sitzungsberichte LXII. Benfey billigte die deutung, indem er* togo *aus* tosogo *entstehen liess, G. Meyer hingegen ohne eine solche vermittelung.*

Die pronomina sind lauter alte a-stämme: sie lauten demnach nach verschiedenheit des genus auf ъ, o, a *aus.*

Die declination wird durch den dem ъ, o, a *vorhergehenden consonanten beeinflusst.*

1. Den ъ, o, a *geht ein harter consonant vorher.*

Stamm tъ.

masc.	*nom.*	tъ	ta	ti
	acc.	tъ	ta	ty
	gen.	togo	toju	têhъ
	dat.	tomu	têma	têmъ
	instr.	têmь	têma	têmi
	loc.	tomь	toju	têhъ
neutr.	*nom.*	to	tê	ta
	acc.	to	tê	ta
	gen.	togo	toju	têhъ
	dat.	tomu	têma	têmъ
	instr.	têmь	têma	têmi
	loc.	tomь	toju	têhъ
fem.	*nom.*	ta	tê	ty
	acc.	tą	tê	ty
	gen.	toję	toju	têhъ
	dat.	toj	têma	têmъ
	instr.	toją	têma	têmi
	loc.	toj	toju	têhъ

kъto *hat das angehängte* to *nur im nom., daher nom.* kъto. *gen. acc.* kogo. *dat.* komu. *instr.* cêmь. *loc.* komь.

Hieher gehören die pronomina kolikъ, tolikъ *und wohl auch* selikъ, *jedoch nur in jenen casus, deren suffixe consonantisch auslauten:* tolicêmь; tolicêhъ *greg.-naz.* sь nêkolicêmi bratiami *sabb.-vindob. 141. Singulär ist der sg. gen. f.* tolikoję *luc. 7. 9-zogr. Man beachte den sg. instr. f.* ednu *und* ednou *mladên. 63. 69. und den dual. gen.* dvu *krmč.-mih. für* dvoju. dvu desętu *vost. 51. Man merke die jungen formen* dvêju *vost. 50.* dviju; obêju *vost. 50.* obiju *hval. für* dvoju; oboju. *pl. acc.* tę *cloz. I. 77. für* ty *halte ich wie* gredę *für* grędy *für einen archaismus:* te *marc. 8. 1. luc. 5. 35; 21. 23.* tej *luc. 6. 12-nicol. sind wohl serbischen ursprungs.*

Selten ist vъ kъ časъ *assem. für* vъ kyj časъ. cêmь imenemь ἐν ποίῳ ὀνόματι *šiš. 8.* komuždo sêmeni ἑκάστῳ τῶν σπερμάτων *94: daraus ergibt sich ein pronomen* kъ, ko: ka (pečalь) *steht jedoch vielleicht für* kaja. cêmь *sup. 179. 29. pat.-mih. hom.-luc. 14. 8-nic. mih. ant.-hom.* nêci *sup. steht wahrscheinlich für* nêcii.

2. *Dem* ъ *geht* j *und diesem ein vocal vorher. Da nach* j *der halbvocal* ъ *abfällt, so muss in* jъ *der consonant* j *vocalisiert werden, d. h. in* i *übergehen: der sg. nom.* i (iže) *ist demnach nicht* ji, *sondern* i *zu sprechen. Tritt der sg. acc.* i *an eine praeposition, so lebt die form* jъ *wieder auf, daher* na ńь *aus* na n jъ.

Stamm mojь.

masc.	*nom.*	moj	moja	moi
	acc.	moj	moja	moję
	gen.	mojego	moleju	moihъ
	dat.	mojemu	moima	moimъ
	instr.	moimь	moima	moimi
	loc.	mojemь	moleju	moihъ
neutr.	*nom.*	moje	moi	moja
	acc.	moje	moi	moja
	gen.	mojego	moleju	moihъ
	dat.	mojemu	moima	moimъ
	instr.	moimь	moima	moimi
	loc.	mojemь	moleju	moihъ
fem.	*nom.*	moja	moi	moję
	acc.	moją	moi	moję
	gen.	mojeję	moleju	moihъ
	dat.	mojej	moima	moimъ
	instr.	mojeją	moima	moimi
	loc.	mojej	moleju	moihъ

Stamm jъ.

masc.	*nom.*	i	ja	i
	acc.	i	ja	ję
	gen.	jego	jeju	ihъ
	dat.	jemu	ima	imъ
	instr.	imь	ima	imi
	loc.	jemь	jeju	ihъ
neutr.	*nom.*	je	i	ja
	acc.	je	i	ja
	gen.	jego	jeju	ihъ
	dat.	jemu	ima	imъ

4

	instr.	imь	ima	imi
	loc.	jemь	jeju	ihъ
fem.	*nom.*	ja	i	ję
	acc.	ją	i	ję
	gen.	jeję	jeju	ihъ
	dat.	jej	ima	imъ
	instr.	jeją	ima	imi
	loc.	jej	jeju	ihъ

Stamm kъjъ.

masc.	*nom.*	kъj	kaja	cii
	acc.	kъj	kaja	kyję
	gen.	kojego	kojeju	kъihъ
	dat.	kojemu	kъima	kъimъ
	instr.	kъimь	kъima	kъimi
	loc.	kojemь	kojeju	kъihъ
neutr.	*nom.*	koje	koi	kaja
	acc.	koje	koi	kaja
	gen.	kojego	kojeju	kъihъ
	dat.	kojemu	kъima	kъimъ
	instr.	kъimь	kъima	kъimi
	loc.	kojemь	kojeju	kъihъ
fem.	*nom.*	kaja	koi	kyję
	acc.	kają	koi	kyję
	gen.	kojeję	kojeju	kъihъ
	dat.	kojej	kъima	kъimъ
	instr.	kojeją	kъima	kъimi
	loc.	kojej	kojeju	kъihъ

Man merke vъsêkoogo (vъsêkoego dlъga) *ev.-buc. 98.* vьsakojego *prol.-vip. wie von einem erweiterten stamme* vьsêkojъ *wie* toju *von* tojъ.

Neben den auf erweiterten stämmen beruhenden formen findet man solche von unerweiterten stämmen: 1. sg. gen. f. moję: glavy moje *hom.-mih.* duše moje *hom.-mih.* moę *Sreznevskij, jus. 148. a. 164. a.* tvoję: pastvy tvoje *hom.-mih.* svoą *bon. Sreznevskij, jus. 134. a.* svoję: otъ gory svętyą svoą *bon.* otь gory svetyje svoje *mladên* svoje matere *hom.-mih. Vgl. Sreznevskij, jus. 134. a. 146. a.* ję: ne dostoitъ ti imêti ję *matth. 14. 4-zogr.* marty sestry ję τῆς ἀδελφῆς αὐτῆς *io. 11. 1-mariencod. Für* ję *bietet nic.* ej, *was ich nicht als eine verkürzung von* jeję, *sondern als eine verbindung von* ję *mit* i *auffasse:* ne dostoitъ tebê imêti ej *matth. 14. 4. marc. 1. 31; 14. 6; 16. 11. luc. 1. 38; 6. 48.* moję *sup. 93. 26. pat.-mih.* svoje *pat. 2. sg. dat. loc. f.* tvoi: branę drevle tvoi voli ἄνωθεν προαναστέλλων σου τῆς μανίας *cloz. II. 107.* svoi: prilêpitъ sę ženê svoi *matth. 19. 5-assem.* svoi *sup. 44. 17; 148. 1.* koi *sup. 395. 7, 8, 9, 10.* koiždo *proph.* i *für* jej: slava i estъ *slêpč. 3. instr. f.* koją *sup. 410. 10.* koju *ant.-hom.* jarostią tvoą. milostią tvoą *usw. Sreznevskij, jus. 135. a. 146. a. 4. dual. gen. loc.* moju *sup. 386. 28.* na ruku svoju *izv. 441.* svoju *pat.-mih. Dagegen findet man pl. acc. m.* svojeję: posъletъ anъgely svoeję *marc. 13. 27-zogr. sg. acc. f.* eju *prol.-rad.* (jeją) *für* ją.

Der sg. nom. m. von jъ *ist dem oben gesagten gemäss* i, *nicht* ji *zu lesen. Im sg. instr. m. n. hingegen entsteht aus* jêmъ *die form* jimъ, *daher nicht etwa* imъ. *Der dual. acc. f. lautet* i *matth. 28. 9-zogr. d. i.* ji *aus* jê, *nicht etwa* i.

Für den dual. gen. jeju, mojeju *usw. findet man* iju *(d. i.* jiju), moiju *usw.* iju *hom.-mih. sabb.-vindob. matth. 9. 29-nic.* niju *šiš. krmč.* otъ uyju *luc. 24. 31.* moiju *luc. 1. 44; 7. 45. io. 13. 8-nic.* tvoiju *hom.-mih. luc. 19. 42-nic.* svoiju *luc. 2. 28-nic.* vašiju *matth. 21. 42. marc. 12. 11. luc. 4. 21.-nic. Ähnlich ist sg. loc. m.* moimъ *bon. Sreznevskij, jus. 134. a.* svoimь, našymь *hral.*

Der stamm kъjъ *scheint aus* kъ *durch das suffix* ъ *gebildet zu sein:* j *hebt den hiatus zwischen* ъ *und* ъ *auf. Vor* j *und vor* ji *wird* ъ *meist zu* y *verstärkt, während es vor* je *in* o *übergeht:* kyj *sup. ostrom.* kyimь *sup. cloz. I. Doch findet man sg. nom. m.* nikъj *zogr. sav.-kn. 13.* nêkъj *sup.* kъj *greg.-naz. sg. instr. m.* kъimь *cloz. I. 458.* kъihъ *cloz. I. 919. pl. gen.* kъihъ *zogr. und sg. nom. m.* koj: koj otъ oboju τίς ἐκ τῶν δύο. nikojže *šiš. zogr. nic. sg. instr. m. n.* koimъ *slêpč.* koimь *hral. pl. gen.* koihъ *luc. 24. 19-zogr. pl. instr.* nêkoimi *hom.-mih. Einige formen gehören der zusammengesetzten declination an: dual. nom. m.* kaja. *pl. nom. m.* eii *qui relat., quidam sup. 37. 7; 48. 29; 66. 1. usw.* nêcii *sup. ostrom. pl. nom. n.* kaja *sup. neben* koê *hral. sg. nom. f.* kaja *sup. neben* koê *hral. acc. f.* kają *sup. cloz. I. 269. neben* koją, *das jedoch für* kają *steht (vgl. cloz. I. 29. II. 28.) in* koją viny imy *cloz. II., wofür hom.-mih.* koju vinu *bietet.* kyję *ist zusammengesetzt.*

4*

3. Dem ъ geht j und diesem ein consonant vorher.

Stamm sjъ.

masc.	*nom.*	sь	sija	si
	acc.	sь	sija	siję
	gen.	sego	seju	sihъ
	dat.	semu	sima	simъ
	instr.	simь	sima	simi
	loc.	semь	seju	sihъ
neutr.	*nom.*	se	si	si
	acc.	se	si	si
	gen.	sego	seju	sihъ
	dat.	semu	sima	simъ
	instr.	simь	sima	simi
	loc.	semь	seju	sihъ
fem.	*nom.*	si	si	siję
	acc.	siją	si	siję
	gen.	seję	seju	sihъ
	dat.	sej	sima	simъ
	instr.	seją	sima	simi
	loc.	sej	seju	sihъ

čьto *hat das angehängte* to *nur im nom. und acc., daher nom. acc.* čьto *gen.* čьso, česo *neben* čьsogo *und* česogo *dat.* čemu, čьsomu, česomu *instr.* čimь *loc.* čemь, čьsomь, česomь. čь *entspricht aind. ki:* so *in* čьso, *das demnach ursprünglicher ist als* česo, *ist das aind. casussuffix sja; in* čьsogo, čьsomu *und* čьsomь *tritt* čьso *als stamm ein, der in mehreren sprachen in der form* co *als nom. acc. auftritt.*

Stamm vьsjь, *lit. visas, apers. viça, aind. viçva, abktr. vīçpa. Dieser stamm substituiert im sg. instr. m. n. plur. gen. dat. instr. loc., also in allen casus, in denen sich dem stamme ein* i *beigesellt,* vьsъ, *das nach* tъ *decliniert wird.*

masc.	*nom.*	vьsь	vьsi
	acc.	vьsь	vьsę
	gen.	vьsego	vьsêhъ
	dat.	vьsemu	vьsêmъ

	instr.	vьsêmь	vьsêmi
	loc.	vьsemь	vьsêhъ
neutr.	*nom.*	vьse	vьsa
	acc.	vьse	vьsa
	gen.	vьsego	vьsêhъ
	dat.	vьsemu	vьsêmъ
	instr.	vьsêmь	vьsêmi
	loc.	vьsemь	vьsêhъ
fem.	*nom.*	vьsa	vьsę
	acc.	vьsą	vьsę
	gen.	vьseję	vьsêhъ
	dat.	vьsej	vьsêmъ
	instr.	vьseją	vьsêmi
	loc.	vьsej	vьsêhъ

štuždь, tuždь: *sg. gen. m. n.* štjuždego *zogr.* tuždego *nic.* čjužego *krmč.-mih. dat.* tuždemu *sup. 266. 2. bon. pat.-mih.* tuždemь *zogr. assem. pat.-mih. šiš. sav.-kn. 49. nic.* štąždemь *ostrom.* štuždemь *ev.-tur.* čuždemь *ev.-šiš. sg. loc. f.* štuždej *sup.* tuždej *cloz. I. pat.-mih. Daneben findet man nominale und zusammengesetzte formen: sg. gen.* štužda *sup. dat.* štuždu *sup. und sg. nom. m.* štuždij *sup. gen.* štuždaago *ev.-tur. pl. gen.* štuždiihъ *sup. Die pronominalen scheinen an die stelle der nominalen formen zu treten, was auch sonst vorkömmt. In späteren denkmälern findet man* sej *pat.-mih. 125. für* sij, sь. *Sg. acc. f.* siją, sьją *zogr.* sьją *cloz. I. 144. 273, selten* sju *prol.-rad., d. i.* sją. *Dat. loc. f.* si *in* si nošti *(ahd. hinaht, nhd. heint) hoc nocte men.-mih. verhält sich zu* sej *wie* i *zu* jej: si *ist wie* i *von dem unerweiterten stamme gebildet. Dasselbe gilt von* sej *in* ne vêste li pritče sej *marc. 4. 13 nic., das für* sę *steht. In* sije *sup. 34. 18. ostrom.; in* sijemь: vь sijemь vêcê *lam. 1. 166; in* sijej: čaši sijej *hom.-mih. 17.* na sijej trapêzê *8. kömmt* j *vor* ъ: sjъ *zur geltung. So ist wohl auch sg. nom. m.* sij *sup. neben* si *zu erklären. Dual. nom. f.* sii *sup. gen.* siju *ev.-šiš. steht für* seju. *Pl. nom. m.* sii *zogr. cloz. I. 249. 251. 253. sup. 246. 27. neben* si. *Acc. m. f.* siję, sьję *zogr. Sg. nom.* ničьže *greg.-naz.* ničьže *cloz. I. 122.* začь *miss.-vor.: vgl. nsl.* nič. *Sg. gen.* čьso *zogr. ostrom. zlatostr. XII.* česo *zogr. cloz. I. 271. II. 40. assem. greg.-naz.* čьsogo *sup. greg.-naz. pat. hom.-mih.* česogo *sav.-kn. 26. pat. io.-sin. Sg. dat.* čьsomu *zogr. pat.* česomь *zogr. assem. šiš. ostrom. greg.-naz. ippol. 53. Sg. loc.* čemь *pat.-mih.* čьsomь *proph.* česomь *sup. šiš. pat.-mih. pat. ostrom. ippol. 89.*

Das meist vernachlässigte j *kömmt bei* vьsjъ *dann und wann zum vorschein: Pl. nom. n.* vьsê, vsê *zogr.* vьsja *ostrom. Sg. acc. f.* vьsją *assem.*

Ausser den oben angeführten worten sind noch einige andere im sg. instr., pl. gen. dat. instr. der pronominalen declination fähig: drugъ: *pl. dat.* druzêmь *pat.* malъ *im plur. in der bedeutung pauci: dat.* malêmь *pat. instr.* malêmi *pat. io.-sin.* mъnogъ: *Sg. instr.* mnozêmь *sup. 283. 16; 284. 25. Pl. gen.* mnozêhъ *zogr. sup. 12. 4. Dat.* mnozêmъ *sup. 98. 10; 221. 8, 18; 281. 13; 323. 8; 426. 12; 438. 13. Instr.* mnozêmi *cloz. II. pat.* mъnozêmi *greg.-naz.* kolikъ: *Sg. instr. n.* kolicêmь *sup. 381. 15; 427. 20. Pl. gen.* kolicêhь *pat. krmč. Instr.* kolicêmi *pat.-mih. šiš. 148.* tolikъ: *Sg. instr.* tolicêmь *sup. 403. 20, 21. pat.-mih. Pl. gen.* tolicêhъ *sup. 404. 3. Dat.* tolicêmъ *sup. 409. 1. Instr.* tolicêmi *sup. 353. 13. Diese worte sind teilweise in demselben casus auch der nominalen und der zusammengesetzten declination fähig: Dat.* mъnogomъ, mъnogamъ *sup. 8. 24; 74. 3; 150. 23. neben* mъnogyimъ *sup. 410. 7; 445. 15. In jüngeren quellen können auch die adjectiva possessiva pronominal decliniert werden:* jegovêmь, jegovêmi *prol.-cip.* aaronovêhь *kruš.* apolonovêhь *ephr.* isakovêmi *pent.* isusovêma očima *hom.-mih.* pavьlovêmi *pat. usw. Seltener geschieht diess bei anderen adjectiven: Sg. pl. instr.* velicêmь. surovêmi *pat.-šaf.* tisêmь *pat.* nogami zabienêmi *pat.-mih. 19.* idolьskoje prêlьsti *krmč.-mih. in* drugoj: drugojci, drugojžde *greg.-naz. erblicke ich einen pronominalen sg. loc. f. Vgl. 2. seite 316. usw.* živogo *in:* ostavlьše i elê živogo sąšta otide (otidą) *sav.-kn. 41. hat die syntaktische function von* živa: *dagegen steht* svetogo *in:* židove svetogo stépana kameniemь pobiše *hval. für* svętaago. *Man beachte noch* drugomu *in:* glagolą semu: idi, idetъ, i drugomu: pridi, i pridetъ *sav.-kn. 34.* reče kъ drugomu: poidi vъ slêdъ mene *42. neben* drugago *in:* edinogo o desnają, a drugago o lêvają *112.*

Drittes capitel.

Zusammengesetzte declination.

Der zusammengesetzten declination fähig sind die adjectiva mit ausnahme der possessiven adjectiva und die partic. praes. act., praes. pass., praet. act. I. und praet. pass. Vgl. 4. seite 129.

Die formen der zusammengesetzten declination zerfallen in zwei classen, je nachdem das adjectiv und *das pronomen* jъ *decliniert werden oder das erstere in seiner stammform mit dem entsprechenden casus von* jъ *verbunden wird. Jenes findet statt im sg. gen. m. n.* dobrajego, *wenn es nicht richtiger ist* dobra *von* jego *zu trennen, woraus später durch zusammenrückung und assimilation* dobraago *und daraus durch zusammenziehung* dobrago; *sg. dat. m. n.* dobrujemu, dobruumy, dobrumu; *sg. loc. m. n.* dobrêjemь, dobrêêmь, dobrêamь, dobrêmь; *sg. acc. f.* dobrąją; *sg. loc. m. n.* veliimь *aus* velii *und* jemь; prêljubodêimь *aus* prêljubodei *und* jemь. *sg. dat. loc. f.* velii *aus* velii *und* i: vъ velii bolêzni *pat.-mih. 56. pl. gen.* veliihъ *aus* velij *und* ihъ; *sg. nom. m.* dobľij *aus* doblь *und* i; *sg. loc. m. n.* dobľiimь *aus* dobľi *und* jemь, *daneben das seltene* gorniemь: gorьńiemь *aus* gorńi *und* jemь; *sg. dat. loc. f.* imąštii *cloz. I. 231.* grędąštii *874. pl. gen.* dobľiihь *aus* doblь *und* ihъ *usw. Zu den casus, in denen das adjectiv in seiner stammform beharrt und das pronomen* jъ *allein decliniert wird, gehört der sg. instr. m. n.:* dobrъimь *aus* dobrъ *und* jimь, *überhaupt alle casus, deren suffixe in der nominalen declination consonantisch anlauten, daher dual. dat. instr. pl. dat. instr. loc.:* dobrъima, dobrъimъ, dobrъimi, dobrъihъ *aus* dobrъ *und* ima, imъ, imi, ihъ; *im dual. dat. instr.* veliima; *pl. loc.* veliihъ; *sg. instr. m. n.* dobľiimь; *pl. loc.* dobľiihъ *aus* velijь *und* ima, ihъ, *aus* dobljь *und* ihъ *usw. Der sg. instr. f. lautete ursprünglich auf* ają *aus, ein auslaut, der in späterer zeit durch den auslaut* oją *verdrängt ward, wodurch die nominale und die zusammengesetzte declination identisch geworden sind. Ein voc. fehlt, daher* o rode nevêrьnъj i razvraštenъj *sav.-kn. 40. Befremdend ist* ielme izbivъšija *matth. 23. 37-zogr. 6. An die stelle des* ъj *der glagolitischen und anderer älteren quellen tritt selbst in denselben denkmälern* yj *ein, indem vor* j *der schwache vocal* ъ *zu* y *verstärkt wird, daher* dobryj, dobryimь, dobryima *usw. aus* dobrъj, dobrъjimь, dobryjima *usw. Analog tritt an die stelle von* ь *das dem* y *entsprechende* i *ein:* tvoŕij *aus* tvoŕьj *usw.*

Die einführung des j in diesen formen ist sache der theorie, da die ältesten denkmäler ein zeichen für diesen consonanten nicht kennen.

Das den adjectiva oder participia angefügte pronomen jъ *ist nichts anderes als der artikel. Vgl. I. seite 124.*

Um alle besonderheiten der zusammengesetzten declination zur anschauung zu bringen, ist die aufstellung folgender paradigmen hin-

reichend: *1.* dobrъj. *2.* veliji. *3.* dobřij. *4.* dobrêji. *5.* tvořij. *6.* hvalęj.

1. dobrъj ὁ ἀγαθός.

masc.	*nom.*	dobrъj	dobraja	dobrii
	acc.	dobrъj	dobraja	dobryję
	gen.	dobrajego	dobruju	dobrъihъ
	dat.	dobrujemu	dobrъima	dobrъimь
	instr.	dobrъimь	dobrъima	dobrъimi
	loc.	dobrêjemь	dobruju	dobrъihъ
neutr.	*nom.*	dobroje	dobrêj	dobraja
	acc.	dobroje	dobrêj	dobraja
	gen.	dobrajego	dobruju	dobrъihъ
	dat.	dobrujemu	dobrъima	dobrъimъ
	instr.	dobrъimь	dobrъima	dobrъimi
	loc.	dobrêjemь	dobruju	dobrъihъ
fem.	*nom.*	dobraja	dobrêj	dobryję
	acc.	dobrają	dobrêj	dobryję
	gen.	dobryję	dobruju	dobrъihъ
	dat.	dobrêj	dobrъima	dobrъimъ
	instr.	dobrają	dobrъima	dobrъimi
	loc.	dobrêj	dobruju	dobrъihъ

2. veliji ὁ μέγας.

masc.	*nom.*	velii	velijaja	velii
	acc.	velii	velijaja	velijeję
	gen.	velijajego	velijuju	veliihъ
	dat.	velijujemu	veliima	veliimъ
	instr.	veliimь	veliima	veliimi
	loc.	veliimь	velijuju	veliihъ
neutr.	*nom.*	velijeje	velii	velijaja
	acc.	velijeje	velii	velijaja
	gen.	velijajego	velijuju	veliihъ
	dat.	velijujemu	veliima	veliimъ
	instr.	veliimь	veliima	veliimi
	loc.	veliimь	velijuju	veliihъ

fem.	*nom.*	velijaja	velii	velijęję
	acc.	velijają	velii	velijęję
	gen.	velijęję	velijuju	veliihъ
	dat.	velii	veliima	veliimъ
	instr.	velijają	veliima	veliimi
	loc.	velii	velijuju	veliihъ

3. dobľij ὁ γενναῖος.

masc.	*nom.*	dobľij	dobljaja	dobľii
	acc.	dobľij	dobljaja	dobljęję
	gen.	dobljajego	dobljuju	dobľiihъ
	dat.	dobljujemu	dobľiima	dobľiimъ
	instr.	dobľiimь	dobľiima	dobľiimi
	loc.	dobľiimь	dobljuju	dobľiihъ
neutr.	*nom.*	dobljeje	dobľii	dobljaja
	acc.	dobljeje	dobľii	dobljaja
	gen.	dobljajego	dobljuju	dobľiihъ
	dat.	dobljujemu	dobľiima	dobľiimъ
	instr.	dobľiimь	dobľiima	dobľiimi
	loc.	dobľiimь	dobljuju	dobľiihъ
fem.	*nom.*	dobljaja	dobľii	dobljęję
	acc.	dobljają	dobľii	dobljęję
	gen.	dobljęję	dobljuju	dobľiihъ
	dat.	dobľii	dobľiima	dobľiimъ
	instr.	dobľają	dobľiima	dobľiimi
	loc.	dobľii	dobljuju	dobľiihъ

4. dobrêji ὁ βελτίων.

masc.	*nom.*	dobrêi	dobrêjšaja	dobrêjšej	
	acc.	dobrêjšij	dobrêjšaja	dobrêjšęję	
	gen.	dobrêjšajego	dobrêjšuju	dobrêjšiihъ	*usw.*
neutr.	*nom.*	dobrêjšeje	dobrêjšii	dobrêjšaja	
	acc.	dobrêjšeje	dobrêjšii	dobrêjšaja	
	gen.	dobrêjšajego	dobrêjšuju	dobrêjšiihъ	*usw.*
fem.	*nom.*	dobrêjšija	dobrêjšii	dobrêjšęję	
	acc.	dobrêjšają	dobrêjšii	dobrêjšęję	
	gen.	dobrêjšęję	dobrêjšuju	dobrêjšiihъ	*usw.*

5. tvořij ὁ ποιήσας.

masc.	*nom.*	tvořij	tvořьšaja	tvořьšej
	acc.	tvořьšij	tvořьšaja	tvorьšeję
	gen.	tvořьšajego	tvořьšuju	tvořьšiihъ *usw.*
neutr.	*nom.*	tvořьšeje	tvořьšii	tvořьšaja
	acc.	tvořьšeje	tvořьšii	tvořьšaja
	gen.	tvořьšajego	tvořьšuju	tvořьšiihъ *usw.*
fem.	*nom.*	tvořьšija	tvořьšii	tvořьšeję
	acc.	tvořьšają	tvořьšii	tvořьšeję
	gen.	tvořьšeję	tvořьšuju	tvořьšuju *usw.*

6. hvalęj ὁ ἐπαινῶν.

masc.	*nom.*	hvalęj	hvalęštaja	hvalęštej
	acc.	hvalęštij	hvalęštaja	hvalęšteję
	gen.	hvalęštajego	hvalęštuju	hvalęštiihъ *usw.*
neutr.	*nom.*	hvalęšteje	hvalęštii	hvalęštaja
	acc.	hvalęšteje	hvalęštii	hvalęštaja
	gen.	hvalęštajego	hvalęštuju	hvalęštiihъ *usw.*
fem.	*nom.*	hvalęštija	hvalęštii	hvalęšteję
	acc.	hvalęštają	hvalęštii	hvalęšteję
	gen.	hvalęšteję	hvalęštuju	hvalęštiihъ *usw.*

Schon in den ältesten quellen kann ъ *vor* j *zu* y, *so wie* ь *zu* i *verstärkt werden, wodurch aus* ъj - yj *und aus* ьj - ij *entsteht:* sądьnъj. prêdavъj. svętъimь *zogr.* vêčьnъj. zemьnъj. prišedъj. slavьnъj. zakonnъimь. novъimь. nesъmyslьnъihъ. starъihъ *cloz. I.* pišemъihъ. svętъihъ *assem.* blaženъj. byvъj. ljutъj *sup.* blagъj. pogubivъj. ubivъj *sav.-kn.* naricajemъj. posъlavъj. prišьdъj. jedinoçędъj *ostrom.* priimъj *und* priimyj *ev.-tur.* rekyj. mьrtvyihъ *und daraus* mьrtvyhъ *ostrom.* vetъhъj. novъj *prag.-frag. Selten ist* svętoj *zogr.* věčьnoj *zogr. b.* prêmudroihъ *bus. 152. Fehlerhaft ist* vêrьnьmъ *cloz. I. 112.* vęštъj. grędąštъj. sъtvorъj *zogr.* udarъj. poslêdьnъj. bolъj *sav.-kn. 10. 22. 104.* doblъj. slovąštъj *greg.-naz.* onočij. *Man beachte* buii *greg.-naz. bei vost.-lex. 1. 375, d. i.* bujij, *aus* bujъj. upъvająštiimъ *zogr.* iskrьnimъ *cloz. II. aus* iskrьniimъ. bolij. udarij. poslêdьnij *sav.-kn.* negašąštej *marc. 9. 43; 9. 45.*

krêpľej *zogr.* ukrašej *cloz. I. 412. pat.-mih.* *Dasselbe tritt ein bei folgenden formen:* *Sg. loc. m.* kająšteimь sę, *d. i.* kająštjь imь sę *luc. 15. 10-zogr.* *Pl. gen.* sъsjąšteihъ *matth. 21. 16-zogr. b.* čająšteihъ *io. 5. 3-zogr.* pretykająšteihъ sę *tichonr. 2. 275.* *Pl. dat.* vъzležęšteimъ *io. 6. 11-zogr.* nadêjąšteimъ sę *luc. 18. 9-zogr.* slyšęšteimъ *marc. 4. 24-zogr.* čająšteimъ *luc. 2. 38-zogr.* posъlavъšeimъ *zogr.* ponesъšeimъ *mariencod.* imąšteimъ τοῖς ἔχουσιν *sup. 329. 2.* ištąšteimъ τοῖς ζητοῦσιν *28. 4.* *Sg. gen. m. n.* byvъšaego. bêsъnująštaego sę. vetъhaego. vyšьńêego. vêčьnaego. grędąštaego. drugaego. živaego. inočędaego. iskrьńêego. krêpъkaego. kuplьnaego. kuplenaego. neključimaego. novaego. posъlavъšaego. prozьrêvъšaego. prokaženaego. propętaego. prêdająštaego. slêpaego. stojęštaego. sêvъšaego. sądęštaego. umьrъšaego. cêńenaego. člověčьskaego *zogr.* prêdanaego *cloz. II.* blagaago. velikaago. galilejskaago *zogr.* posъlavъšaago. kÿprьskaago *cloz. I. 752.* prêdavъšaago *cloz. II.* vêčnaago. gyblęštaago. napisanaago *usc. pat.-mih.* drugago. živago. novago *zogr.* vêrnago. vêčьnago *cloz. I. 32. 50.* raspętago *sav.-kn. 116.* mnogago *prag.-frag.* *Selten* dobrogo *nic.* blaženoga. grêhovьnoga. greduštega *hval.* grêšnaogo *Sreznevskij, jus. 224.* *Sg. dat. m. n.* imąštjuemu, imąštuemu. iskariotьskuemu. icêlêvšjuemu. ląkavьnuemu. oslabľenuemu. poslavъšjuemu. slêpuemu. člověčьskuemu *zogr.* vъzirająštjujemu *greg.-naz.* lačęštuemu: mnogomu ląkavьstvu lačęštuemu ego *pat.-mih. 32.* dyhajuštuemy *hval.* bijąštjumu. bêsnumu. imąštjumu. nečistumu. oslabľenumy. otemľjąštjumu. prosęštjumu. prêêvъšumu. služęštjumu *zogr.* gospodьskumu *cloz. I. 914.* svętumu *111.* prosęštjumu *sav.-kn. 9.* rekšjumu. dъkuštumu *nic.* otvrьzšjumu *hom.-mih.* slêpoumu *mariencod.* vyšъnoomu. strašnoomu. čestnoomu *bon.* byvšoomu *ev.-trn.* blaženoomu. suštoomu. jedinoomu *io.-ev. op. 2. 1. 30.* sêąštoomu. sąštoomu. truždaąštoomu sę *ochrid. usc. Sreznevskij, jus. 97. a. 114. a. 131. a.* provedšeomu *bus. 90. zap. 2. 2. 37.* pročeemu *men.-buc.* vyšneemu *apost.-ochrid. 298.* iskrьneemu *bon.* drugomu. prъvomu *zogr. 6.* slêpomu *prag.-frag.* nahodęštemu *stich.-par. Sreznevskij, jus. 215.* vnêšnemu. drugomu. glagolęštomu. iskąštomu. kajęštomu sę. služęštomu. starêjšomu. sąštomu *usc. pat.-mih.* vъskresъšomu. vêrująštomu. mogąštomu *ochrid. usc. Sreznevskij, jus. 97. a. 114. a. 131. a.* drugomu. lukavomu. ništemu *nic.* byvšemu. slêpomu. strašnomu *hom.-mih.* pristojuštomu *prol.-rad.* *Sg. loc. m. n.* *Nach* dobrѣj: domovьnêemь. novêemь. crьk'vnêemь *zogr.* nepobêdimêemь *cloz. I. 780.* kamenьnêemъ *mariencod.* vъzvêštenêjemъ *sup.*

216. 26. tvrъdejômъ *157. 17.* nebesnêemь *sav.-kn. 15.* božьscêemь *srjat.* vêčьnêemь. galilejstêemь. istinьnêemь *ostrom.* adъstêemъ *sup. 348. 19.* amidъstêemъ *214. 3.* blaženêemъ *85. 29.* božьstvьnêemь *216. 9.* bêsovьstêemь *130. 6.* vesnêemь *397. 10. usw.* svoitьnêiêmь *srjat.* vêčьnêamъ. grêšnêamъ. nebesnêamъ. crkovьnêamъ *assem.* grobьnêamъ *sup. 337. 12.* adьstêamъ *348. 18.* nebesnêamъ *cr.-nor.* svętêamъ *kodr. psalt.-pog. bei vost. 47.* galilejscêmь, galilêjstêmь. druzêmь. nebesьscêmь *zogr.* heruvimьscêmь *cloz. I. 38.* vetъsêmь *354.* grobьnêmь *755.* blaženêmь. bêsovьstêmъ. nazêmь *sup.* vêčьnêmь. nebesьscêmь *sav.-kn. 22. 122.* omь *verdankt sein dasein der pronominalen declination:* vьtoromь. vêčnomь. grêšnomь *kral.* byvъšemь *šiš. 9. Nach* veliji. dobrij: ishodęštiimь. prêljubodêimь: vъ rodê semь prêljubodêimь *marc. 8. 38-zogr.* vъskrьsъšiimь *cloz. I. 725.* kająštiimъ sę *mariencod.* poslêdьniimь *sup. 247. 23.* prêispodьniimь *348. 17.* prêispodьniimь *sav.-kn. 18.* o viseštiimь molju *hom.-mih.* buduštiimь *mladên.* utrêšьniimь *vita-theod.* byvъšiimь. dolêšьniimь *srjat.* prêdьnimь *zogr.* bližьniimь *sup. 274. 9.* o sъblažnьšimь sę bratê *pat.-mih. 56. Selten:* gorniemь *cr.-luc. aus* gorьni jemь. o rovê prêispodnjemь *hom.-mih. Sg. loc. f. Die jungen formen* ljutoj. nedąžьnoj *dial.-šaf. sind pronominal. Sg. instr. f. Die älteste form ist* ają: obraćenają emu ženoją *luc. 2. 5-zogr.* nesytają *sup. 393. 28.* obyčьnają *128. 15.* prostają *235. 18.* tvoręštają *bon.* izlijavьšuju se krьviju *anth. 147.* nadъ sionomь, goru svetuju jego *mladên.* tverduu skrižaliju *greg.-naz.* setьnują nenavistьją *srjat. Vgl.* vьsakuju dobroju podobuju *danil. 61. Dual. gen. Spät sind die pronominalen formen:* obêšenoju *kral. neben* irodovêju *und* šьdьšyju *kral.* vrьhovnjeju. svetyju *šiš.* gospodьniju. rekъšiju. tekъšiju *hom.-mih.* svetyju i vьseslavьniju i vrьhovьniju apostolu *sim. 1. 9. Vgl.* dvêju. dviju *und* iju.

Zu 4. dobrêji. *Falsch: Pl. loc.* množêiihь *luc. 11. 53-nic. Sg. instr.* množaimь *hom.-mih. nach serbischer art.*

Zu 5. tvorij. *Falsch:* poslavyimь: da otvêtь damь poslavyimь ny τοῖς πέμψασιν *io. 1. 22-cr. luc.*

Zu 6. hvalej. *Der pl. nom. m. lautet auf* ej *und* ij *aus:* glagoljąštej. lačąštej. plačąštej *zogr.* vъzirająštej, mlъčęštej *greg.-naz. neben* sъmirêjąštij *zogr.* hodęštij. *Im pl. n. findet man neben* grędąštaja *ostrom.* smrьdeštija têlesa *izv. 487.* stoještija drêva *mladên.*

Zusammengesetzte formen der pronomina sind selten, finden sich jedoch schon in alten quellen: inuju *sg. acc. f. krmč.-mih.* (inъę raby *matth. 21. 36-zogr. 6.* vo inyja dni *izr. 701.* vъ tyję dъni *zogr. b. sav.-kn. 79.* taja *šiš. 9.* tii *sup. 11. 6; 166. 27.* tyję *sup. 157. 13; 158. 2; 420. 17 usw.* tyję *šiš. 8. pent.* takyję *sup. 21. 22.* onago *sav.-kn. 51. tichonr. 2. 166.* vsaky člověkъ *io. 2, 10-nic.* vъ vsěcěmь zlě stradanii *pat.-mih. 141. Nominal:* vsęky lъsti *sg. gen. strum. für und neben* vsakoję *und* vsjakami mukami *ippol. 110. Desgleichen:* kacě: blaženaa, iže kacě byti o sebě opovědavъši μακαρία, ὅστις εὕρῃ αὐτὴν καταρχηνῶσασα *prol.-rad. 70.* jedinyj *ist unicus,* jedinъ *unus:* jedinyj *sup. 386. 19; 414. 21. ostrom.* jedinoje *šiš.* jedinaago *šiš.* jedinuumu *sup. 388. 21. Man merke* edinąją na desęte *undecimam sav.-kn. 148. 149.* vъ edinyj na desęte časъ *undecima hora pat.-mih. für* prъvąją na desęte, prъvyj na desęte. *Auch bei* samъ *scheint in manchen fällen die zweifache bedeutung durch die declination ausgedrückt zu werden: sup. 332. 9; 377. 20. Vgl. 4. seite 96. 97. Ganz singulär ist:* sedmiję: sedmiję vъ četyri tysąštę τοὺς ἑπτὰ *marc. 8. 20-zogr. neben* sedmь tą hlěbъ τοὺς ἑπτὰ ἄρτους *marc. 8. 6-zogr. Ebenso:* slyšavъše desętii negodovašę ἀκούσαντες οἱ δέκα ἠγανάκτησαν *matth. 20. 24-mariencodex.* sedmiję *und* desętii *verdanken ihr dasein dem bestreben des alten übersetzers den griechischen artikel auch vor dem numerale cardinale auszudrücken. Für* posluša ję molęšti sę ihъ *audivit eos orantes sup. 58. 9. erwartet man nicht* molęštiihъ sę, *sondern* molęštę sę. *Über die nominale und zusammengesetzte form der numeralia ordinalia vgl. 4. seite 67.*

ZWEITER TEIL.

Lehre von der conjugation.

a) Von der einteilung der verbalformen.

Die analyse der verbalformen führt zur erkenntniss, dass dieselben nach dem ihnen zu grunde liegenden stamm in zwei kategorien zerfallen: während nämlich die einen von dem stamme plet, da *abgeleitet werden, beruhen die anderen auf dem stamme* plet-e, dad. plet-ъ πλέξας, da-v-ъ δούς *gehören zur ersten,* plet-e-ši πλέκεις, da(d)-si δίδως *zur zweiten kategorie. Da nun* plet, da *dem infinitiv,* plet-e, dad *hingegen dem praesens zu grunde liegen, so bezeichnen wir die formen der ersten kategorie als infinitivformen, die der zweiten kategorie hingegen als praesensformen.*

Nach dem infinitivstamme zerfallen die verba in zwei abteilungen, je nachdem sie die verbalsuffixe an die wurzeln unmittelbar anfügen oder dieselben an die wurzel oder an einen nominal- oder verbalstamm mittelst eines suffixes: ną, ê, i, a, na (ova) *antreten lassen. Demnach teilen wir die verbalstämme in sechs classen: I. Suffixlose stämme. II.* ną-*stämme. III.* ê-*stämme. IV.* i-*stämme. V.* a-*stämme. VI.* ova-*stämme.*

Die speciellen infinitivstämme sind: 1. Infinitiv. 2. Supinum. 3. Partic. praet. act. I. 4. Partic. praet. act. II. 5. Partic. praet. pass. 6. Aorist.

Die speciellen praesensstämme sind: 1. Praesens. 2. Imperativ. 3. Imperfect. 4. Partic. praes. act. 5. Partic. praes. pass. .

Nach dem praesensstamme zerfallen die verba in zwei abteilungen, je nachdem die einzelnen praesensformen mit hilfe des praesenssuffixes e *oder ohne dasselbe gebildet werden.*

Alle verbalformen sind entweder finit oder infinit: in den ersteren sind praedicat und subject zu einer einheit verbunden, was in den letzteren nicht der fall ist: plet-e-tъ *er flicht ist eine finite,* plet-тъ πλέξας *eine infinite verbalform. Dem ausdruck des subjectes in den verbalformen dienen die personalsuffixe.*

Es wird nun gehandelt: b) von den personalsuffixen; c) von dem bindevocal; d) von den suffixen der einzelnen infinitivstämme; e) von den suffixen der einzelnen praesensstämme. Den schluss bildet f) die darstellung der conjugation nach den einzelnen verbalclassen.

b) Von den personalsuffixen.

Die personalsuffixe sind voll oder stumpf.

Die vollen personalsuffixe, die nur im praesens eintreten, sind:

Sg.	*1.*	mь	vê	mъ
	2.	si	ta	te
	3.	tъ	te	ntъ

Die stumpfen personalsuffixe sind:

Sg.	*1.*	m	(vê)	(mъ)
	2.	s	(ta)	(te)
	3.	t	(te)	nt

Der unterschied zwischen den vollen und den stumpfen personalsuffixen ist demnach auf den sg. und auf die pl. III. beschränkt.

Die vollen personalsuffixe. Das personalsuffix тъ *fällt in der III. sg. häufig ab:* dostoi *marc. 3. 4-zogr.* sęde *assem.* ishaždaje *sup. 303. 5.* oslušaje *244. 11.* podobaje *276. 22.* propovêdaje *240. 6.* pytaje *304. 16.* podobaa *274. 9.* liknje *236. 4.* povêduje *240. 4.* posluhuje *238. 29.* početje *248. 3.* prazdьnuje *236. 29.* blêdêje *121. 24.* želêje *173. 2.* osyrêje *229. 16.* porêje *323. 11.* obudêje *241. 21.* bąde *26. 6; 228. 17; 378. 19; 436. 14.* hъšte *117. 1; 128. 22.* drъzne *435. 9.* povine *386. 6.* čьte *108. 17.* sêdi *389. 26.* obrêšte *matth. 26. 40-nic.* bude. dostane. može. podъime. prêštaje *greg.-naz.* bude. ima. nosi *svjat.* byvaje. može. načьne. hošte *ippol. 67. 138. Seltener fällt* тъ *in der III. pl. ab;* byvają. vêrują. prozirają *assem.* načьną *sup. 12. 15.* są *388. 3; 410. 15.* sijaju. są *greg.-naz.* počdaju. drьža *ippol. 44. 110. Häufig tritt* je *an die stelle von* jestь, jestъ: e *cloz. I. 46. 82. 87. 128 neben* estъ *31. 47. 89. 142. 260. 274 usw.* e *assem. greg.-naz.* nê *greg.-naz.* je, e, nê *svjat.* nê *ippol. 23.*

Sehr selten findet man mi *für* mь: jesmi *pat. 232. 236. Die ältesten pannonischen und die pannonisches bewahrenden quellen haben in der III. sg.* тъ, *daher:* da vъprositъj (въпроситъи) ἵνα ἐρωτήσωσιν αὐτόν *io. 1. 19 assem.* se ležitosь na padenie οὗτος κεῖται *assem.* utêšętъj (оутѣшѧтъи) *mariencod. Wenn in jüngeren quellen* i *steht, so rührt diess von der vermengung des* i *mit* y *her:* mnęti se δοκοῦσιν *matth. 6. 8.* obrêšteti *wohl vor* ju *matth. 18. 13. in einer serb. quelle nic. seite 38.* posleti ê *matth. 21. 8-nic.* isypljuti ju *luc. 14. 35-nic.* primuti me *luc. 16. 4-nic.* dovlyety (dovlêety) *matth. 6. 34-hval.* možety *matth. 7. 18-hval. gal. 4. 30-hval.* vъstanety *matth. 24. 7-hval.* tvority *marc. 4. 32-hval.* poslužity *marc. 10. 45-hval.* vъstaneti *marc. 13. 8-hval. luc. 21. 10-hval.* podobaety *luc. 21. 9-hval.* ishodity *io. 15. 26-hval.* rasuditi *1. cor. 6. 6-hval. Dagegen steht in einer russischen quelle* i: protešeti i. počьteti i *ippd. 164. Von dem ursprünglichen in* jesmi *erhaltenen personalsuffix der I. sg.* mi *fällt in den mit dem praesenssuffix* e *conjugierenden verben der auslaut* i *ab, worauf* m *mit dem demselben vorhergehenden* o *in den nasalen vocal* ą *übergeht, daher die I. sg. praes.* plet-ą *aus* plet-o-mi, plet-o-m *neben* jesmь. vêmь. damь. jamь *und die I. sg. aor.* pletъ *aus* plet-o-m *mittelst der form* pletą. *In den verben ohne das praesens-e sinkt* i *nach der regel zu* ь *herab:* prêdamь *cloz. I. 216. 229, daher* prêdamij *172. Das personalsuffix der II. sg. lautet ursprünglich* si, *das sich in den ohne das praesenssuffix* e *conjugierenden verben erhalten hat:* da(d)-si, *in den anderen verben jedoch durch* ši *ersetzt wurde:* i *ist vielleicht hier ebenso aufzufassen, wie im pl. instr. auf* mi, *nämlich als eine ausnahme von der allgemeinen regel, wenn es nicht, wie Schmidt, Vocalismus 12, meint, mit dem preuss. ai, ei in assai, assei, asl.* jesi, *in verbindung zu bringen ist, während* ši *unmittelbar aus* hi *hervorgegangen sein mag, wie Schleicher, Compendium 673, lehrt:* h *scheint vor allem zwischen vocalen für* s *einzutreten, wie im pl. loc. und im pl. gen. der pronominalen declination:* rabêhъ, têhъ *aind. -ēšu aus -ēsu und -ēšām aus -ēsām. Man denke auch an* byhomъ *neben* byste *und vergleiche das dieser regel widerstrebende* vъstasi *mit dem pl. loc. und pl. gen.* nasъ *aus na-su, nā-sām. Das ursprüngliche personalsuffix der III. sg. ti ist schon früh in* тъ *statt* ть *übergegangen: die russischen schreiber haben das* тъ *ihrer vorlagen durch ihr* ть *ersetzt.*

Das personalsuffix der I. dual. ist vê: prosivê, *ohne unterschied des genus: selten ist* va: prosiva. moževa *hval. Die personalsuffixe der II. und III. dual. sind in den ältesten denkmälern, gleichfalls ohne unterschied des genus,* ta, te *für aind. thas, tas, stumpf tam, tam; später tritt* ta *auch in der III. auf, bis endlich* ta *für das masc.*, tê *für das fem. und neutr. die oberhand gewinnt. Dass* ta *die personalendung der II*, te *der III. ist, soll hier aus den ältesten denkmälern nachgewiesen werden. Diese denkmäler sind I. pannonisch, unter denen die glagolitischen die erste stelle einnehmen; II. bulgarisch; III. serbisch; IV. kroatisch; V. russisch. I. a) zogr. II.* privedêta. vêsta. vъzvêstita. povêdita. vêrueta. iskašeta ἐζητεῖτε *luc. 2. 49 usw. III.* besêdovaašete ὡμίλουν *luc. 24. 14.* boêšete sę ἐφοβοῦντο *io. 9. 22.* bądete ἔσονται *marc. 10. 8.* byste. bêste ἦσαν *luc. 9. 30; 23. 12; 24. 13.* bêašete ἦσαν *matth. 4. 48. marc. 1. 16; 9. 4; 14. 40. luc. 1. 6; 1. 7; 7. 41.* vъvêste. (oči) vidite. (uši) slyšite *matth. 13. 16.* vъzvratiste sę. (kako ti sę) otvrêste (oči) πῶς ἀνεῴχθησάν σου οἱ ὀφθαλμοί *io. 9. 10.* otъvrъzoste sę (oči) *matth. 9. 30.* razvrъzoste sę (sluha) *marc. 7. 35.* vênite sę *matth. 10. 29.* vъzvêstiste *marc. 16. 13.* otvêštaste. glagolaste *matth. 9. 28.* ugotovaste *marc. 14. 16.* diviste sę *2. 48.* drъžaašete sę ἐκρατοῦντο. poznaašete *luc. 24. 16.* zьrêašete ἐθεώρουν *marc. 15. 47.* idete *aor. matth. 9. 27. io. 1. 37.* idoste *matth. 4. 20. marc. 1. 18; 1. 20; 10. 35; 11. 4.* vъnidoste. izidoste *14. 16.* pridoste *14. 16. io. 1. 40.* idêašete *matth. 28. 9. luc. 24. 28.* iskaašete. razlęčaašete sę *9. 33.* (onê) jęste sę (za nozê ego) ἐκράτησαν αὐτοῦ τοὺς πόδας *matth. 28. 9.* pomyšlêašete. propętaê ponošaašete emu *27. 44. marc. 15. 32.* nąždaašete *luc. 24. 29.* razumêste *2. 50.* vъpadoste. rêste *marc. 10. 37; 10. 39. luc. 9. 12; 9. 54. io. 1. 39; 9. 22.* obrêtoste *marc. 11. 4; 14. 16. luc. 19. 32; 22. 13.* otrêšaašete *marc. 11. 4.* staste *luc. 24. 4.* têste *matth. 28. 8.* hoždaašete *luc. 2. 41.* sъnêste *praes. io. 6. 53.* vênimê este. nêste. *Daneben* privedosta ἤγαγον *marc. 11. 7.* vidêsta εἶδον *io. 1. 40.* vъpadeta sę πεσοῦνται *matth. 15. 14. luc. 6. 39.* rekosta *7. 20.* rêsta *marc. 11. 6. luc. 22. 7.* ějusta. *zogr. b:* otvrъzete sę oči. sъvêštaete *matth. 18. 19.* prozьrêste oči. sędete *20. 21.* ěviste sę. este *18. 20. Daneben* idosta *20. 34.* glagolasta *20. 33.* sêdêsta *20. 30. b) cloz. III.* (obê pascê) bądete *I. 845.* (dva učenika) grędete *955.* (dъvê žrъtvê) dêašete sę *847.* razljučaete sę *133. c) assem. II.* vy glagoleta ὑμεῖς λέγετε *io. 9. 19.* ne bojta sę vy *f.* μὴ φοβεῖσθε *matth. 28. 5.* išteta ζητεῖτε. pridêta δεῦτε. vidita ἴδετε. rьcêta εἴπατε. radujta sę χαίρετε *28. 9.* idêta ὑπάγετε. vъzvêstita ἀπαγγείλατε *f. 28. 5, 6, 9, 10.* vêsta. možeta. ispieta. krъstita sę. hošteta. *III.* boêšete sę (roditelê) ἐφοβοῦντο *io. 9. 22.* byste u nego ἔμειναν *1. 40.* bêste lovca ἦσαν *matth. 4. 18.* oči bêašete zьręšti na nь ἦσαν ἀτενίζοντες *luc. 4. 20.* bądete oba vъ plъtь edinq ἔσονται *matth. 19. 5.* bądete dъva na selê *24. 40.* obiste

5

ἔδησαν *io. 19. 40.* vъzvratiste sę ὑπέστρεψαν *luc. 24. 33.* otvrêste sę oči ima ἀνεῴχθησαν *matth. 9. 30.* kako ti sę otvrêste oči *io. 9. 10.* onêma otvrъzoste sę oči *luc. 24. 31.* razvrъzoste sę sluha ego *marc. 7. 35.* ta povêdaaste ἐξηγοῦντο *luc. 24. 35.* otvêštaste imъ roditelê ἀπεκρίθησαν *io. 9. 20.* ašte dъva otъ vasъ sъvêštaete συμφωνήσωσιν *matth. 18. 19.* glagolaste λέγουσιν *20. 33.* udrъžaste sę ἐκρατοῦντο *luc. 24. 16.* da ego ne poznaste τοῦ μὴ ἐπιγνῶναι αὐτόν *ibid.* po nemъ idete ἠκολούθησαν *matth. 4. 20.* prêdъ nimъ idete προσπορεύονται *marc. 10. 35.* idoste. pridoste ἦλθον *io. 1. 40.* idêašete ἐπορεύοντο *luc. 24. 28.* jęste sę za nozê ego ἐκράτησαν *f. matth. 29. 9.* pryęste *io. 19. 40.* prêžde daže ne sъnęste sę πρὶν ἢ συνελθεῖν αὐτούς *1. 18.* pokloniste sę προσεκύνησαν *f. matth. 28. 9.* položiste ἔθηκαν *io. 19. 42.* egda vъznêste roditelê otročę ἐν τῷ εἰσαγαγεῖν *luc. 2. 27.* nąždaaste παρεβιάσαντο *24. 29.* vъzъpiste ἔκραξαν *matth. 8. 29; 20. 30.* ona vъpiêšete ἔκραζον *20. 31.* vešti, ejęže koliždo prosite πράγματος οὗ ἐὰν αἰτήσωνται *18. 19.* ona rêste εἶπον *marc. 10. 37. luc. 24. 19. io. 1. 39.* rêste kъ sebê *luc. 24. 32.* rêste roditelê *io. 9. 20.* sice rêste roditelê *9. 22; 9. 23.* obrêtete εὗρον *luc. 2. 46.* obrêtoste *24. 33.* sъrêtoste i dъva bêsna ὑπήντησαν *matth. 8. 28.* uslyšaste *io. 1. 35.* têste ἔδραμον *matth. 28. 8.* tečaašete ἔτρεχον *io. 20. 4.* hoždaašete roditelê ego ἐπορεύοντο *luc. 2. 41.* ne čjuste roditelê οὐκ ἔγνω *2. 43.* êviste sę imъ moisii i iliê ὤφθησαν *matth. 17. 3.* ne dъvê li ptici na asьrii vênimê este πωλεῖται *10. 29.* ideže este dъva li trie sъbъrani εἰσὶ συνηγμένοι *18. 20.* nêste dъva *19. 6. Daneben* besêdovaasta ὡμίλουν *luc. 24. 14.* vidêsta εἶδον *io. 1. 40.* andrea i filipъ glagoleta λέγουσιν *12. 22.* poznasta ἐπέγνωσαν *luc. 24. 31.* zьrêasta ἐθεώρουν *marc. 15. 47.* idosta pomolit(ъ) sę ἀνέβησαν *luc. 18. 10.* po isusê idosta ἠκολούθησαν *io. 1. 37.* da umlъčita ἵνα σιωπήσωσιν *matth. 20. 31.* uslyšasta ἤκουσαν *io. 1. 37. Dasselbe gilt d) vom mariencodex:* da otvrъzete sę (naju oči) *usw.: e) vom evang. ochridense:* otvrъzoste sę oči *usw. In beiden quellen ist die endung der III.* te. *f) Das evangelium Sabbae (Savina kniga) bietet in der III.* ta *und* te: prêdъ nimь idete ijakovъ i ioanъ, syna zevedeova. dvê na desęte godinê este vъ dne. otvrъzosta sę oči. *Daneben findet man für ein subject im fem. auch* tê: posъlastê sestrê ego kъ nemu. *g) Der codex suprasliensis bietet* ta. *II. a) bon. hat* te *und* tê, *selten* ta: ne iznemožete plesnê moi οὐκ ἠσθένησαν τὰ ἴχνη μου *psal. 17. 37.* ishodišta vodъ izvêste oči διεξόδους ὑδάτων κατέβησαν οἱ ὀφθαλμοί *psal. 118. 136.* vъzvêste sę oči moi ἐμετεωρίσθησαν οἱ ὀφθαλμοί μου *130. 1.* byste. *masc.* vъshvalita. ostavista *fem.* podvižastê sę nozê moi. rącê ego sъzdastê. vъzdrêstê ustnê moi ἐλάλησε τὸ στόμα μου *65. 14.* oči priziraetê *und* priziraete. kolênê moi iznemogostê. pomračistê sę oči ihъ. otrignetê ustьnê moi. oči utvrъždenê estê na nъ. ustьnê pohvalitê tę. dijavolъ i smŕtь išteznąstê. rącê čistê estê. varistê oči. oči iskonъčastê sę. rącê stvoristê. *b) pat.-mih. Die personalendung der III. ist* ta, te *und* tê, *so dass* ta *nur masc.,* te *masc. und fem. so wie neutr.,* tê *nur fem. und neutr. ist.* ta: besêdovasta. sъblaznista sę *150.* približista *131.* vъzъbnêsta *139.* bysta *39. 133. 138. 139. 151.* bêsta *135. 139. 142. 150.* bêžasta *52.* vidêsta *4. 11. 87. 134. 135.* obraštasta *156.* povêdasta *4.* pogrêsta *162.* sъžalista si *134.* ideta *86. 129.* idosta *175.* idêsta *136.* umrêsta *39.* rêsta *38. 87. 134. 150.* obrêteta *86. 131.* obrêtosta *150.* načęsta *47. 76. 138.* jazdêsta *129.* esta *87. usw. Im ganzen über neunzig mal.* te *masc.:* bêste *10. 56. 70. 129. 130. 139. 151.* byste *57.* prêbyste *11.* glagolaste *86.* pognaste *39.* vъdaste *129.* sъzdaste *11.* idete *4. 129.* otidete *118.* pridete *131.* imêaste *56.* poęste *125.* razląčiste *129.* pomudite *133.* vъprosiste *87.* rêste *10. 87. 129.* obrêtete. staste *129.* postaviste *39.* strêlъšete *für* strêljašete. tvoriste. te *fem. neutr.:* dvê bani bêste blizъ sebe. vêrovaste dvê čęsti otъ grada. oči ej izmêniste se. tê *fem. neutr.:* goritê têlesi vaju. da vnidetê ovьęti moi. ustnê tvoi obličêetê tę. ašte mi obê oči ispragnetê. sъčististê sę oči emu i bystê zdravê. *Auch in anderen bulg. quellen findet man* ta, te, tê. *III. a) nic. b) šiš. c) evang.-šiš. d) ant. e) anth. f) hom.-mih. kennen nur* ta. *V. a) ostrom. bietet* ta, *beim fem. neutr.* te, tê: cênimê jeste. bêste imъ oči otęgъčenê. vidêste oči moi. drъžaste sę. jeste. staste *und* radujtê sę. posъlastê sestrê. tekostê.

Das resultat dieser untersuchung ist folgendes: 1. Die personalendung der II. dual. ist ta *ohne unterschied des genus. 2. Die personalendung der III. dual. ist* te, *gleichfalls ohne unterschied des genus; daneben taucht* ta *auf. In jüngeren denkmälern wird mit dem subjecte im fem. und neutr.* tê *oder* te *verbunden. Die entwickelung scheint in der art stattgefunden zu haben, dass vor allem die III. dual. auf* te *der II. dual. auf* ta *gleich gemacht und dann* ta *durch den einfluss des auslautes des dual. nom. fem. und neutr.* ê *für diese genera in* tê *verwandelt wurde. Vgl. meine abhandlung: Beiträge zur altslovenischen grammatik. Sitzungsberichte LXXXI. seite 47 (125). Im impt. wird wie im sg. und in den bei weitem zahlreichsten fällen im pl. die III. dual. durch die II. mit ausgedrückt.*

Das ursprüngliche personalsuffix der I. pl. ist mъ, *aind.* mas, *indem as durch* ъ *ersetzt wird: neben* mъ *findet man* my, *indem* ъ *zu* y *verstärkt ward. Daneben kömmt* me *und* mo, *jenes in bulg., dieses in serb. denkmälern, aus* mas, *so wie das falsche* mi *vor:* uvêmy *cloz. I. 810. neben* uvêmъ *176. 812.* alъčamy *sup. 323. 1.* byhomy *324. 22.* imamy *326. 21; 422. 10.* prebądêmy *320. 24.* uvêmy *371. 13.* pozьrimy *283. 13.* naplъnjajemy *323. 10.* imêmy *283. 14.* priobręštamy *337. 3.* pomęnąhomy *330. 17.* uvêštaemy *sar.-kn. 116.* esmy. imamy. prêstanêmy *pat.-mih. 59. 69. 102.* otъpuštamy *lam. 1. 5.* vêmy *bon.* esmy *apost.-ochrid.* obrêtohomy *man.* imamy. jesьmy *šiš. 12. 35. 60. 66. 72. 82.* blagoslovimy. otъtresaemy *hral.* uvêmy. razumêjmy *hom.-mih.* sъtvorisьmy *sim. 1. 29.* razumêvajemy *greg.-naz.* pijmy *cyr.-hier.* imamy. umьremy. bądemy. proricahomy. razumêhomy. prijahomy *usw. zborn. 1073.*—jesme. imame. byhome *bon.* vêrueme. imame. esme *apost.-ochrid.* — živemo *šiš.* vêmo *šiš.-ev.* imahmo *pat.* jesmo. znajemo. imamo. svêmo *hom.-mih.* esmo. imamo. možemo *hral.* — liknjmi *sup. 236. 25.*

Die stumpfen personalsuffixe. In der III. sg. kann gegen die regel als personalsuffix tъ *eintreten, das nicht, wie vost. 70. meint, dlja blagoglasija angefügt ist, sondern vielleicht aus dem praesens stammt. Es findet diess bei den vocalisch auslautenden stämmen der ersten classe statt:* ubitъ *io.-sin.* povitъ *sar.-kn. 134. ostrom.* obitъ *assem. ostrom.* prolitъ *šiš. 25.* pitъ *zogr. assem.* pitъ *pat.-mih. 145. lam. 1. 26. šiš. hral.* pêtъ *pat.-mih. 118.* vъspêtъ *marc. 14. 68-nic. neben* bi *pat.-mih. 116.* razbi *151.* bi *ostrom. So auch von* živ, *dessen auslaut vor consonanten ausfällt:* prižitъ *sup. 368. 21.* žitъ *pat.-mih. 26. 149. 169. triod.-mih. ant.* žitъ *ostrom. neben* ži. oži. poži *sup. Man beachte* obityj (обитъи) *neben* vêmyj (вѣмыи) οἶδα αὐτόν *bis. assem. Da* ę *ein vocal ist, so nehmen dieses* tъ *auch die auf* ьm, ьn *auslautenden verbalstämme an:* prijętъ *zogr. cloz. I. 32. 225. 271. 432. 889. 901. 940.* načętъ *633.* propętъ *prag.-frag.* klętъ *pat.-mih.* raspętъ *anth.* vъzętъ *nic.* vъzętъ. podъjętъ. klętъ. načętъ *šiš.* jętъ. vъzętъ. najętъ. obętъ. pojętъ. prijętъ. začętъ. načętъ. klętъ *ostrom.* vъzętъ. prijętъ *greg.-naz.* prijętъ *ev.-tur. neben* klę. zaklę. proklę. raspę. načę. ję. vъnę. vъzę. obъję. otъnę. poję. podъję. prije. prêję *sup.* načę *pat.-mih.* vъzę *ostrom. Hieher gehört auch das pannonische* sętъ *dicit cloz. I. 49. 71. 170. 177. 178. 185. 241 usw.* sętъ reče *sup. 363. 23. pat.-mih. 33. 37. 40. 47, 58. 75 usw. Man merke* ety ἐκράτησε *matth. 9. 25-hral.* sęti *dicit cloz. I. 281. Diesen verben folgen hinsichtlich dieses* tъ *die auf* r *auslautenden, indem sie, sich an den inf. auf* rêti *anlehnend, vocalisch auslautende stämme bieten:* umrêtъ. prostьrêtъ *zogr.* umrêtь *cloz. I. 762.* umьrêtъ *assem.* umrêtъ *sav.-kn. 17. 67. 70.* umrêtь. prostrêtь *pat.-mih. Man merke* počrêtь: počrêtь vodą otъ iordana i obliê emu podъpętie *152. b.* ponъrêtъ. požrêtъ *bon.* umrêtь. prostritь *nic.* umrêtь. prostrêtь *šiš.* prostrêtь *hval.* umrêtъ. prostrêtъ *ostrom.* umrêtъ *greg.-naz. Vgl.* umrьtь *krmč.-mih. 5. d. für* umrêtь. *Doch auch* prêtrьtь *pat.-mih. 35. b. neben* umrê. prostrê *sup.* umrê. prostrê *nic. Man beachte* prijati: prijati bečьstije ἠτιμάσθη *hippol. 64. 164. Von den consonantisch auslautenden stämmen nimmt das einzige* jad *dieses* tъ *an:* êstъ *cloz. I. 282.* jastъ *sav.-kn. 61.* jastь *pat.-mih. 53.* sъnêstь *ostrom. neben* izê *sup.* naja sę *pat.-mih. 155. Für archaistisch sehe ich jene formen an, welche an den vocalischen stamm* stъ *anfügen, dessen* tъ *mit dem* tъ *von* jętъ *identisch, und dessen* s *das suffix des aor. ist: a)* bystъ *cloz. I. 213. 217. 255. 279. 376. 585. 639. 941. II. sav.-kn. 7.* bystь *ostrom. ev.-tur. b)* prêdastъ *zogr.* dastъ. prêdastъ *cloz. I. 185. 201. 210. 245. 472. 481. cloz. II.* prêdastъ *prag.-frag.* dastъ *sav.-kn. 2. neben* estь *2. 7.* estъ *3.* nêstъ *8. neben* zaby. izby. priby *usw. sup.* by *srjat.* vъda. vъzda. otъda *usw. sup. Man merke* dasti *nic.* vъzdasty *luc. 14. 14-hval. Auch in der III. sg. impf. tritt ein* tъ *auf:* možaašetъ *zogr. b.* zaprêštašetъ διεστέλλετο *marc. 8. 30-sav.-kn. 64.* hulašetь *ev.-vlk.* mъždašetь *ostrom.* podobašetь *op. 2. 2. 429.* bjašetь *nest. Noch häufiger in der III. pl.:* sъmatrêhątь *lam. 1. 25.* vъprašahutь *šiš. I.* moljaahutь, imêhutь *ev.-šiš.* povivahutъ. dajahutь. lizahutь. naricahutь. hotêhutь *prol.-mih.* vъprašahutь. cêlovahutь. pohulêhutь. molêhutь. prêtêhutь. hodêhutь *ev.-vlk.* byvahutь. bêhutь. izvêstvovahutь. dajahutь. imêhutь. možahutь. osveštahutь. stuzahutь. počitahutь *krmč.-mih.* drъžahutь *sab. 105.* otъgonjahutь. mьnjahutь *op. 2. 2. 429.* gnêtjahutь (gnetêahątь). zaušahutь *izv. 538. 540.* bjahutь *nest. Man merke* hotjaahutij (хотꙗахоутии) ἤθελον κτεῖναι *io. 16. 19-mstisl. ippol. 161.* sъrêtaahutij (сърѣтахоутии) *tur. Dieses* tь *findet sich im sg. und im pl. vor allem häufig in russischen quellen, aus denen es in die anderen übergegangen sein mag. Zweifelhaft ist es, ob* tъ *an die III. sg. aor. wie* sъpase *angetreten sei:* vêra tvoja sъpasetъ tę i sъpase sę žena otъ togo časa ἡ πίστις σου σέσωκέ σε καὶ ἐσώθη *usw. matth. 9. 22-sav. kn. 17.* vêra tvoja sъpasetъ tę *luc. 7. 50-sav. kn. 125, wo* tъ *über der zeile steht.* vêra tvoja sъpasetъ tę *luc. 17. 19-sav. kn. 47.* izvrъžetъ sę vъnъ jakože rozga, (i) isъšetъ ἐξηράνθη ἔξω ὡς τὸ κλῆμα καὶ ἐξηράνθη io. 15. 6-sav. kn. 4. umretъ ἀπέθανε marc. 9. 24-sav.-kn. 17, wo auch hval. umretъ hat. Ebenso zweifelhaft sind die III. pl. des einfachen aorists auf tъ: uvrъgutъ ἔβαλον luc. 21. 4-nic. pridutъ ἀπῆλθον luc. 23. 33. ἦλθον io. 4. 40; 4. 45-nic. vъzmogutъ ἴσχυσαν marc. 9. 18-nic. Ich führe diese formen an, weil ich grundsätzlich auch jene erscheinungen nicht übergehen zu dürfen glaube, die aller erfahrung spotten. Sehr selten ist eine eigene III. pl. impt.: bądą črêsla vaša prêpojasana ἔστωσαν αἱ ὀσφύες ὑμῶν περιεζωσμέναι luc. 12. 35-zogr. assem. sav.-kn. 44, wofür sonst die II. pl. steht: bądêtê usw. bon., oder die III. pl. praes. mit da: da bądątъ usw. ostrom. Falsch: bądątъ usw. cr.-und. jus. 383. Eine III. pl. impt. erblicke ich auch in postydętъ sę, wofür ich postydę sę lesen möchte: i postydętъ sę grъdii καὶ αἰσχυνθήτωσαν ὑπερήφανοι confundantur superbi psalt. 118. 78-sluck. jus. 159. Ohne die änderung lautet die übersetzung: et confundentur usw.

c) Von dem bindevocal.

Der bindevocal e tritt ein 1. im partic. praet. pass. der verba I. vor dem suffix nъ: ved-e-nъ. Dieses e ist verschieden von dem praesenssuffix e. 2. im einfachen aorist: ved-e aus ved-e-s und ved-e-t; ved-e-ta, ved-e-te. Im I. sg. tritt o für e ein: ved-ъ aus vedą, ved-o-m; dasselbe findet in der I. dual. und I. pl. statt: ved-o-vê, ved-o-mъ, so wie in der III. pl. vedą aus ved-o-nt. Der bindevocal erleidet demnach dieselben veränderungen, denen das praesenssuffix e unterworfen ist. Diese veränderung ist mechanisch-lautlicher natur, indem sie vor gewissen consonanten eintritt: sie ist analog der verlängerung des praesens-a im aind. vor m und v: tudâmi, tudâvas, tudâmas neben tudasi, tudati usw. Dass das praesens-e in der I. pl. nicht in o übergeht, scheint im differenzierungstrieb begründet zu sein: idemъ imus; idomъ icimus; ähnlich pridete venietis; pridote venistis glag.: letzteres ist nicht notwendig. 3. Im zusammengesetzten aorist I. mit s tritt vor ta, te kein bindevocal ein: vês-ta, vês-te; die III. pl. hat den bindevocal e: vêsę aus vês-e-nt. 4. Dasselbe tritt in zusammengesetzten aor. I. mit h ein, daher III. pl. vêšę aus vêh-e-nt. 5. Der zusammengesetzte aor. II. hat einen zweifachen bindevocal, den einen zwischen dem consonantischen verbalstamm und dem suffix des aorists h und den anderen zwischen dem suffix h und den personalsuffixen. Jener tritt in allen personen ein und lautet in der II. und

III. sg. e, *sonst* o: ved-e *aus* ved-e-ss, ved-e-st, *wenn nicht* vede *dem einfachen aor. angehört:* ved-o-hъ, ved-o-hovê, ved-o-sta, ved-o-ste, ved-o-homъ, ved-o-ste, ved-o-še. *Der zweite bindevocal tritt nur in der I. sg., I. dual. und I. und III. pl. ein und ist in den zwei ersten formen* o, *in der dritten* e: vedohъ *aus* vedoh-ą, vedoh-o-m; vedoh-o-vê; vedoh-o-mъ *und* vedoše *aus* vedoh-e-nt. *Bulg. tritt in der III. pl.* o *für* e *ein, daher* utvrьdihu *sup.* 2. 2. *31.* bihą. navykohą. lišihą. obrêtohą. ustrašihą. sъšhohą. ąhą (jehą) *jus. 134. a. 166. a.* utąhnąhą *pat.-mih. 175. Statt des ersten und des zweiten bindevocals findet man manchmal* ъ: priobrêtъhъ *matth. 25. 20-zogr.* byhъmъ *jus. 34. a.* byhъmъ, položihъmъ. položihъmъ *jus. 192. 193. a.* slyšahąmъ *assem. glag. 67. für* slyšahъmъ. pridąšę *marc. 5. 15-zogr. ist aus dem schwanken des schreibers zwischen* pridą *und* pridošę *hervorgegangen. Man merke als abweichungen* počesta *pat.-mih. 131. und* priideste *op.* 2. 2. *130. so wie* svêštasvê *pat.-mih. 87.* položisvê *sabb.-vindob. 124. und* vêdêsvê *vost. 83.* sъtvorisъmy *sim. 1. 29.* prêstasmъ: jakože prêstasmъ otъ dêaniê, prêstanêmy otъ pomyšleniê *pat.-mih. 69. 6. Im impf. gilt dieselbe regel wie im einfachen aor., daher* vedêahъ *aus* vedêa-h-ą, vedêah-o-m; vedêaše *aus* vedêah-e-s, vedêah-e-t; vedeah-o-vê; vedêašeta *aus* vedêah-e-ta; vedêašete *aus* vedêah-e-te; vedêah-o-mъ; vedêašete *aus* vedêah-e-te; vedêahą *aus* vedêah-o-nt. *In jüngeren quellen tritt vor* ta, te *kein bindevocal ein, daher* vedêas-ta, vedêaste. *1. Bindevocal* e: *in den ältesten glagolitischen und cyrillischen quellen.* besêdovaašete. boêašete sę. bêašete. drъžaašete sę. zьrêašete. idêašete. pomyšlêašete *marc. 9. 33.* ponošaašete. naždaašete. otrêšaašete *zogr.* vъpiêšete *mariencod.* boêšete sę *io. 9. 22.* bêašete. idêašete *luc. 24. 28.* tečaašete *io. 20. 4.* boždaašete *assem.* idêšete. naždašete *ochrid. 77.* zovêšete *apost.-ochrid. 116.* dajašete. idêašeta. nošaašeta. pomyšljaašeta. sъbiraašete *sup.* tečaašete *galat. 5. 7-slêpč., wofür šiš.* tečaaste *bietet.* strêlьšete *pat.-mih. 39. für* strêljašete. bolêjašete *mladên. 71.* vedyašete *1. cor. 12. 2.* možašete *1. cor. 3. 2.* tečašeta *gal. 5. 7-hval.* ispovêdašete *glag.* oči drъžašeta sę. besêdovašeta. idjašeta. nužašeta. povêdašeta *hank. Vgl. Dobrovsky, Institut. 680. 681.* voždaašete. jadjaašete. pijašete. idjašete. glagolašete. proričjašeta. imêašetê *Vostokovъ, Grammatika 69. 2. Bindevocal* o: *in den kroatisch-glagolitischen quellen:* glagolahota. nujahota *novak.* vedêhote *1. cor. 12. 2-šiš.* besêdovahota *luc. 24. 14.* zvahota *matth. 20. 31.* idêahota *luc. 24. 28-nic.* povêdahota *act. 15. 12.* propovêdahota *13. 5.* gredyahota *8. 36.* živiahota *15. 35.* živyahote *col. 3. 7.* poêhota *act. 16. 25-kral. Vgl. meine abhandlung: Das imperfect in den slavischen sprachen. Sitzungsberichte LXXVII. seite 143.*

d) Von den suffixen der infinitivstämme.

1. Infinitiv. *Das suffix des infinitivs lautet* ti: by-ti, i-ti, vesti *aus* ved-ti. byti *ist ein erstarrter casus obliquus eines durch* tь *gebildeten substantivs; formell kann es der sg. gen., dat. oder loc. sein: die wahrscheinlichkeit spricht für den dativ. Vgl. 2. seite 166, 4. seite 844. Neben dem inf.* byti *giebt es auch einen inf.* bytu: da ne mnetь novo čьto bytu *ne putent novi quid esse aut.-hom. 180.* ašte žena nečista se mnitь bytu *si mulier impura videtur esse 228. nsv.* ašte kъto mьnitь prosta bytu jestьstva. posъlanije bytu mьni ἀποστολὴν εἶναι νόμισον. prêdanъ bytu glagoljetь sę παραδεδόσθαι λέγεται. prijatu (prijętu) prêpьrętь προσδεχθῆναι πείθουσιν *greg.-naz. 113. 119. 201.* bytu *krmč. XIII. Vgl. 2. seite 165.*

2. Supinum. *Das suffix des supinum lautet* tъ: vidê-tъ. iska-tъ. lovi-tъ. *Es ist wahrscheinlich ein sg. acc. Vgl. 2. seite 165. Das supinum hängt mit der oben angeführten infinitivform auf* tu *zusammen.*

3. Partic. praet. act. I. *Das suffix des partic. praet. act. I. lautet* ъs: plet-ъ *aus* plet-ъs. bi-v-ъ. *Vgl. 2. 328. Bopp, Über die sprache der alten preussen 22. 53. Daničić, Oblici 58. 59. 60.*

4. Partic. praet. act. II. *Das suffix des partic. praet. act. II. lautet* lъ: ple-lъ *aus* plet-lъ. bi-lъ. *Vgl. 2. seite 94.*

5. Partic. praet. pass. *Das suffix des partic. praet. pass. ist* nъ *oder* tъ: plet-e-nъ, bi-j-e-nъ. otъvrъz-tъ.

6. Aorist. *Der aorist wird auf zweifache weise gebildet: A. werden mit dem infinitivstamm mittelst des bindevocals die stumpfen personalendungen verbunden: einfacher aorist:* vedъ *duxi aus* vedą, vedom. *B. wird durch anfügung des von dem verbum substantivum stammenden* s *ein aoriststamm gebildet, an welchen mittelst des bindevocals gleichfalls die stumpfen personalendungen angefügt worden: zusammengesetzter aorist. Der zusammengesetzte nimmt eine doppelte form an, je nachdem sich* s *erhält:* vêsъ *duxi aus* vêsą, vêsom, vedsom, *oder in* h *übergeht. Aber auch jene aoristformen, deren* s *in* h *übergeht, spalten sich in zwei kategorien, je nachdem zwischen verbalstamm und aoristsuffix kein bindevocal eingeschaltet wird:* vêhъ *duxi aus* vêhą, vêhom, vedhom; *oder eine solche einschaltung*

stattfindet: ved-o-hъ *duxi. Der zusammengesetzte aorist ist demnach I. ein aorist auf* s; *II. ein aorist auf* h *und dieser entweder 1. ohne bindevocal oder 2. mit bindevocal. Die aoristformen A. B. I. und II.* vedъ, vêsъ, vêhъ *sind archaistisch: sie finden sich in den ältesten denkmälern und haben aus diesen nicht in alle daraus fliessenden quellen eingang gefunden. Zu den archaistischen aoristformen gehört auch* bimъ *sammt der auf andere weise entstandenen III. pl.* bą.

A. Einfacher aorist.

Der einfache aorist kann nur von consonantisch auslautenden stämmen der ersten classe gebildet werden, ferners von jenen stämmen der zweiten classe, die vor ną *einen consonanten haben. Derselbe findet sich in der I. sg. und in allen drei personen des dual. und pl. Von der II. und III. sg. wird hier abgesehen, obwohl dieselbe von dem stamme* id *nicht anders lauten kann als von dem stamme* idoh *aus* idos, *da aus* id-e-t *ebenso wie aus* id-e-s-t *nur* ide *hervorgehen kann. I. a) zogr. Sg. I.* vъnidъ, vьnidъ; izidъ; pridъ. obrêtъ. *Dual. III.* idete *matth. 9. 27. io. 1. 37.* izidete *matth. 11. 8.* pridete *luc. 2. 11. Pl. I.* pridomъ. vъzmogomъ. obrêtomъ. *II.* izidete *matth. 11. 8. III.* otъvrъgą; privrъgą. užasą sę. idą; vъnidą, vьnidą; izidą; pridą; sъnidą. vъzmogą. obrêtą. prisvędą. prêêdą ἀνήχθησαν *luc. 8. 23. In jüngeren quellen des zogr.:* idją, otidją, obrêtją, sêdją. *b) cloz. I. Sg. I.* pridъ *282. Pl. I.* sêdomъ *350. III.* otъvrъgą sę *108.* privrъgą sę *778.* idą *179.* pridą *812.* proidą *301.* prêidą *840.* razidą sę *779.* padą *179.* sъrêtą *35.* potъką sę *776. 779.* išteząa *829. c) assem. Sg. I.* izidъ; pridъ; sъnidъ, sьnidъ. obrêtъ. *Dual. III.* po nemъ idete ἠκολούθησαν *matth. 4. 20.* obrêtete εὗρον *luc. 2. 46. Pl. I.* idomъ; pridomъ. vъzmogomъ. obrêtomъ εὑρήκαμεν *io. 1. 42; 1. 46. III.* u[ža]są sę. idą; vъnidą; vъzidą; izidą; obidą; otidą; pridą; sъnidą. vъskysą ἐζυμώθη. vъlêzą. padą. obrêtą. utopą. sъtręsą sę ἐσείσθησαν *matth. 28. 4-ev. 142. d) mariencod. Sg. I.* obrêtъ *Sreznevskij, Drevnie glagoličeskie pamjatniki 106. Pl. III.* idą *97. 101. 105. 110.* pridą *105.* padą *97. 105. e) ev.-ochrid. Pl. III.* obrêtą *77. f) sav.-kn. (Savina kniga). Sg. I.* vъnidъ *125.* izidъ *2. 5.* pridъ *5.* obrêtъ *15. Pl. III.* vъzdvigą *47.* idą *12. 118. 148.* vъnidą *39. 113.* izidą *39.* otidą *27. 134. 138.* poidą *22.* pridą *7. 12. 135. 137. 143.* mogą *22.* vъzmogą *10. 48.* padą *22.* pripadą *20.* obrêtą *34. 104. 135.* istopą *16.* potъką sę *12:* užahą sę ἐξίσταντο *luc. 2. 47 steht für* užasahą sę. *Dem cod. sup. ist der einfache aorist fremd.*

II. a) Bei Sreznevskij, Drevnie slavjanskie pamjatniki jusovago pisьma. Aus der einleitung. Sg. I. vъzdvigъ *24.* pribêgъ. otvrъgъ. uvęzъ. vъzdvigъ. izidъ. obidъ. pridъ. snidъ *59.* sъtręsъ sę *60.* obidъ *61.* obrêty *(soll für* obrêtъ *stehen) 100.* izydъ; pridъ *116.* obrêtъ *120.* stręsъ sę *133. Pl. I.* razvr'gomъ. proidomъ. obrêtomъ. sêdomъ *59.* padomъ *100.* postigomъ *116. III.* sêdą *24.* mogątъ *potuerunt 48.* pridą *49.* pribêgą; razbêgą sę. vъzvrъgą; otvrъgą sę; isprovrъgą. uvęzą. uglъbą. pogręzą. pogybą. vъzdvigą. idą; vnidą; vъzidą; izydą; obidą; otidą; pridą; prêidą; razydą (sę); snidą; prêvъzidą. vъskrъsą. vъzlêzą. umlъką. mogą; vъzmogą; prêmogą; prênemogą. omrъzą. vъzniką. umъzą. padą; vъpadą; nizъpadą; otъpadą; spadą. obrêtą; izobrêtą. postigą. sъsъhą sę. sêdą *59.* otъtręsę (-są). obrъmą. išteząą *60.* obrêtą. sêdą *73.* vъvrъgą. užasą są (sę). idą; vъnidą; pridą; sъnidątъ. vъzmogą *99.* napadą; otъpadą: popadą; spadąt(ъ). zatъką. êdą *wohl recti sunt 100.* otъvrъzą; otъvrъząt sę. pogybą. vъzdvigą. užasę *(für* užasą) sę. idą; vъnidą; vъzydą; izidą; pridą. padą; otъpadą; spadą. istopą *116.* priidą *120.* vъnidą; priidą *113. Einiges wird mit unrecht hieher gerechnet:* požrъ, *das die 1. sg.* požrъlъ *voraussetzt 59; für* požrъsę *59 ist wohl* požrъ sę *zu schreiben oder zu lesen.* otvrêsesą *99 ist an sich unmöglich und kann ausserdem mit der wurzel* vrg *nicht in verbindung gebracht werden.* povinų sę *und* strъgnę sę *59.* prêtъkną sę *116 können keine einfachen aor. sein. Zweifelhaft ist* namêtь *und* nebregomъ, izidemъ *183 aus dem russ.-slov. naz. b) pat.-mih. Sg. I.* pribêgъ *33. 117.* pri[bê]gъ *140.* otъvrъgъ *5. 142.* povrъgъ *90.* navykъ *71.* pogybъ *47.* vъzъdvigъ *30.* idъ *87.* vnidъ *30.* vъzydъ *27.* izidъ *31. 38. 120.* otidъ *44. 48.* pridъ *2. 30. 31. 55. 66. 117.* sъnidъ *52.* snidъ *171.* vъpadъ *80.* obrêtъ *57. 61. 87. 172. Dual. I.* otidovê *mit von jüngerer hand darüber geschriebenem* ho *135.* pridovê *150. II.* prideta *87. III.* ideta *39. 129.* doideta *130.* izydeta *138.* prideta *138. 150. 156.* idete *4. 129.* izydete *138.* otidete *118.* pridete *83.* možeta *151.* padeta *133.* obrêteta *86. 131. 138.* obrêtete *129.* sêdete *56. Pl. I.* navykomъ *69.* pogybomъ *101.* idomъ *20. 27. 75.* pridomъ *39. 58. 74.* proidomъ *10.* iznemogomъ *101.* obrêtomъ *156. II.* obrêtete *26. III.* vъvrъgą *156.* otъvrъgą *7. 120.* pogybą *1,* vъzъdvigą *169.* užasą sę *38. 75.* idą *50. 60. 72. 76. 159.* vъnidą *48. 77.* vъzydą *132.* izydą *50.* mimoidą *117.* obydą *122.* otidą *54. 59. 60. 71. 120. 121.* pridą *9. 25. 41. 42. 49. 50. 54. 58. 61. 62. 71. 74. 87. 117. 122. 123. 125. 129. 176.* mogą *38. 159.* vъzъmogą *39.* padą *8. 160.* ispadą *176.*

vъzьrastą *161.* obrêtą *25. 29. 46. 50. 56. 125. 138. 159. 162. 163.* postigą *82. 154.* uspą *obdormierunt 176.* ishą *124.* sêdą *54.* ištezą *122. 123. Falsch:* dvigną *80 für* dvigą. *c) bon. Sg. I.* otъvrъzъ. uglъbъ ἐνεπάγη. vъzdvigъ. izydъ; obidъ; pridъ. vъzmogъ. obrêtъ. sêdъ. ištezъ. *Pl. I.* proidomъ. obrêtomъ. *III.* uglъbą. pogręzą. vъzydą; izydą; obidą; pridą; proidą; prêidą; razydą sę; sъnidą sę; prêvъzydą. umlъką. mogą; vъzmogą; prêmogą; iznemogą. unъzą. padą; vъpadą sę; dopadą; napadą. obrêtą. sъlą. sêdą. ohrъmą. ištezą. *Sreznevskij, Drevnie slavjanskie pamjatniki jusovago pisьma 133 a. 134 a. d) slêpč. Pl. I.* postigomъ. *III.* (otvrъ)gą sę. užasę (-są) sę. otъpadą. *e) strum. Pl. I.* otъvrъgomъ. vъsêdomъ ἀνήχθημεν. *III.* vъvedą. vъvrъgę. vъzdvigę. vъzidą; izidą; pridą. vъkladą. vъzmogą. spadą. obrêtę *für* -gą, -tą. *f) Pl. III.* idą *ev.-trn.* obidą. vъskysą *ev.-buc. Vgl. cap. 2. 2. 99. 100. III. a) nic. Sg. I.* vъnidъ; vъzidъ; izidъ; pridъ; sъnidъ. obrêtъ; priobrêtъ. *Dual. III.* ideta; vъnideta; prideta. obrêteta: *falsch:* obrêšteta εὗρον *luc. 22. 13. Pl. I.* idomъ; pridomъ. vъzmogomъ. obrêtomъ. *II.* izidete, izydete. *III.* uvrъgu (vъvrъgu); izvrъgu; otъvrъgu; privrъgu se. užasu se. prozebu. idu; vъnidu; vъzidu; izidu; obidu ἐκύκλωσαν; otidu; pridu; proidu; prêidu; sъnidu. ukradu. vъlêzu; izlêzu. vъzmogu. padu; napadu. obrêtu; srêtu. isъlu. istopu. *Falsch:* obrêštu εὗρον *matth. 22. 10. luc. 8. 35; ebenso* obrêšte *für* obrête *matth. 26. 40; 26. 43. b) šiš. Sg. I.* izьbêgъ. idъ; vъzidъ, pridъ; prêidъ. obrêtъ. *Pl. III* vъvrъgu; otъvrъgu. pogybu. vъzdvigu. idu; vъnidu; vъzidu; vъzydu, izidu; naidu; otidu; pridu, priidu; proidu; prêidu; sъnidu, snidu. vъzьmogu. padu; napadu; spadu. postigu. sêdu. istopu. zatъku; prêtъku. jadu ἀνέπλευσαν; pojadu. *Falsch:* pogybnu, prisvenu *und* postignu *für* pogybą, prisvędą *und* postigą. *Vgl. Dobrovský, Institutiones 561. c) ev.-šiš. Sg. I.* izidъ. *Pl. III.* užasu se. pojadu ἀνήχθησαν; prêjadu. *d) hval. Sg. I.* izidъ; pridъ. obrêtъ. *Dual. III.* ideta *matth. 1. 20, 22. marc. 11. 4.* vъzydeta *act. 3. 1.* vъnideta *14. 21.* izideta *marc. 14. 16.* prideta *act. 1. 23.* prêdeta *luc. 2. 44.* snideta *act. 13. 1.* obrêteta *marc. 14. 16.* sêdeta *act. 13. 14.* slêzeta *act. 8. 38. Falsch:* obrêšteta εὗρον *marc. 11. 4. Pl. I.* otъvrъgomъ. pridomъ; prêidomъ. vъzmogomъ; iznemogomъ. obrêtomъ. postigomъ. vъsêdomъ. prêjadomъ *act. 28. 13. II.* izidete; pridete. *III.* vъvrъgu. užasu se. vъnidu; vъzydu. otъpadu. obrêtu. *e) mladên. Sg. I.* pridъ. *Dual. III.* ištezeta. *Pl. III.* vъzvrъgu; povrъgu; isprovrъgu. izidu; naidu; obidu; pridu; proidu; prêidu. omrъzu *wurden verfasst.* prêmogu. padu; otъpadu; spadu. obrêtu; priobrêtu. ištezu. *Falsch:* pogybnu, isъbnu *für* pogybu. isъbu. *f) ant. Sg. I.* obrêtъ. *Pl. II.* pridete. *III.* sъvrъgu. vъzidu; izidu: pridu. vъzmogu. napadu. *g) serl. Sg. I.* vъzidъ. *Dual. III.* ideta. *Pl. III.* vъvrъgu. idu; obidu; otidu; priidu. vъlêzą. *h)* sъnidomъ *chrys.-lab.* obrêtomъ *prol.-ruk.* idete. propadu *ev.-serb.* izidъ; pridъ. obrêtomъ. idu; vъnidu; obidju; pridu; sъnidu. vъlêzu. sъrêtu *aus einem serb. evangelium.* izbêgъ. izidъ. idu; pridu; sъnidu. padu *hom.-mih.* padu *triod.-mih. Einheimische quellen, etwa Dometian, kennen die form nicht. IV. glag. Sg. I.* otvrъzъ. idъ: pridъ. vъznesъ. obrêtъ. sêdъ. sъtresъ. *Dual. II.* pridota. *Pl. I.* idomъ. *III.* obidu; prêidu; prêvъzidu. iznemogu. vъznesu. padu; dopadu. obrêtu. *V. a) greg.-naz. Sg. I.* pridъ. istrъgъ. *Pl. I.* idomъ; priidomъ. obrêtomъ. *III.* isъhą. *b) parem. 1271. Sg. I.* pridъ. *Pl. III.* vъzdvigu. prozębu. mimoidu. padu. obrêtu *Vostokovъ, Gramm. 71. c)* idu *hank.* vъzidu *sborn.* obidъ *parem. saec. XIV.* pridъ. navyku. pridu. vъzmogu. sędu *für* sêdu. *Vgl. op. 1. 109; 2. 2. 429.* vъnidu. nalegu *mater. 46.*

Dem ostrom. sind formen des einfachen aor. unbekannt.

Ziemlich zahlreiche spuren dieses aoristes bietet das ačech.: Sg. I. předjid *praeveni.* popad *cepi. Pl. I.* jidom; pojidom. *III.* jidú; přijidú. nalezú. padú. vzdvihú. užasú se. poskytú *obtulerunt.* vyběhú. utekú. *Šafařík. Počátkové staročeské mluvnice seite 108. Sebrané spisy III. seite 589. 604.*

Nach Dobrovský, Institutt. 564, sind die einfachen aoriste aus den zusammengesetzten contrahiert: in prima persona singulari oh(ъ) *reiiciunt, in tertia plurali vero pro* oša (ošę) *omnisi* u (ą) *admittunt. Auch Šafařík, der später, Sebrané spisy III. seite 588, das richtige erkannte, spricht in den Počátkové staročeské mluvnice (1845) von příkladové smělého skracování seite 108. Derselben ansicht pflichtete noch 1863 Vostokovъ bei, indem er meinte, in den südslavischen dialekten habe eine zweifache zusammenziehung des ausgangs des aoristes bei gewissen verben stattgefunden: I. sei* ohъ *zu* ъ, ohomъ *zu* omъ, ošę *zu* ą *zusammengezogen werden:* pridohъ *zu* pridъ; sêdohomъ *zu* sêdomъ; idošę *zu* idą. *II. sei an die stelle* ohъ — hъ *oder* sъ, şъ, *an die stelle von* ohomъ — somъ, *an die stelle von* oste — ste *und an die stelle von* ošę — šę *oder* sę *getreten:* vъvlêhъ *aus* vъvlêkohъ, navêsъ *aus* navedohъ, sъnęsomъ *aus* sъnętohomъ, izvêste *aus* izvedoste *und* têšę *aus* tekošę, jasę *aus* jadošę. *Gramm. 70—73. Vostokovъ erblickte in diesen vermeintlich zusammengezogenen aoristen eine eigentümlichkeit des bulgarischen, karantanischen und čechischen dialektes. Zap. 2. 2. 99 zu vergleichen mit Gramm. 72. Auf demselben standpunkte steht der durch die herausgabe einer reihe von wichtigen denkmälern um die slavische philologie verdiente professor I. I. Sreznevskij: in* êsę, jęsę *steht nach ihm* s *statt* š; obrêtъ, padą *sind ihm verkürzte aoriste. Drevnie glagoličeskie pamjatniki, seite 73. 114. 152. Drevnie slavjanskie pamjatniki jusovago pisьma, seite 18. 46. 57. 99. 119. 164.*

B. Zusammengesetzter aorist.

I. Zusammengesetzter aorist auf s.

Der zusammengesetzte aorist auf s kann wie der einfache nur von consonantischen stämmen gebildet werden. Von denselben sind die I. sg., III. dual. und alle personen des plurals nachweisbar. I. a) zogr. Sg. I. privêsъ *marc. 9. 17. Dual. III.* vъvêste. rêste *dreimal.* rêsta têste. *Plur. I.* vъvêsomъ. *II.* privêste ἠγάγετε *io. 7. 45. Plur. III* probasę (bod). vêsę *fünfmal.* privêsę *viermal.* jęsę *neben* ješę, vъzęsę *neben* vъzęšę; priesę. vъznêsę *zweimal;* prinêsę. propęsę. načęsę. čisę. *im zogr b.* privêsę. ęsę prijęsę. *b) cloz. I. Plur. III.* vъznêsę *781.* procvisę *840. c) assem. Sg. I.* sъbljusъ. privêsъ προσήνεγκα. prijęsъ ἔλαβον. *Dual. III.* otvrêste (sę oči ima) *matth. 9. 30. io. 9. 10.* (kako ti sę) otvrêste (oči)? prijęste ἔλαβον *io. 19. 40.* vъznêste (roditelê otročę) *luc. 2. 27.* ona rêste *luc. 24. 19: 24. 32. io. 1. 39; 9. 22.* têste ἔδραμον *matth. 28. 8. Pl. I.* vъvêsomъ *introduximus.* prijęsomъ. *II.* vъvêste *introduxistis.* pr(iv)êste ἠγάγετε *io. 7. 45. III.* sъbljusę. probasę ἐξεκέντησαν. vêsę ἄγουσιν *io. 9. 13.* izvêsę *eduxerunt.* privêsę προσηνέχθη *matth. 18. 84.* (grobi) otvrêsę sę. otvrêsę (sę nebesa). otъvrêsę (sę usta). pogresę *sepelierunt.* jęsę *ceperunt.* vъzęsę. obęsę συνέκλεισαν *luc. 5. 6.* prijęsę. vъznêsę ἦραν *luc. 17. 12.* prinêsę ἤνεγκαν *io. 2. 8.* raspęsę. čisę. načęsę. êsę *ederunt. d) mariencod. Pl. III.* vêsę. ęsę; vъzęsę; pričsę. propęsę. čisę. *Sreznevskij, Glag. 99. 101. 111. 112. 113. e) ev.-ochrid. Pl. III.* prinêsą *für* prinêsę. raspęsę *77. 87. II. a) Bei Sreznevskij, Drevnie slavjanskie pamjatniki jusovago pisьma. Aus der einleitung. Sg. I.* sъmęsę *für* sъmęsъ sę. klęsę *für* klęsъ sę *24.* otvrêsъ *aperui.* vъzvêsъ. jęsъ; vъzęsъ; otъjęsъ; prijęsъ. vъznêsъ. jasъ *57. 58. 59.* êsъ *99.* vъzvêsъ *115. Dual. III.* vъzvêste (sę oči moi) ἐμετεωρίσθησαν *psal. 131, 1.* izvêste (oči moi) κατέβησαν *psal. 118. 136. 58. Pl. I.* prijęsomъ. sъbljusomъ. s'męsom(ъ) sę *57. 58.* êsomь *90. Pl. II.* privêste *47.* vьvêste; vъzvêste; izvêste *58.* izdrêste *59. III.* pojasê *56 für* pojasę *comederunt.* vêsę: vъzvêsę; navêsę. otъvrêsę. jęsę: zajęsę; prijęsę. vъzmęsę: sъmęsę, smęsę. vъznêsę; snêsę: prêvъznêsę. otъtręsę. počisę. jasę; najasę sę; pojasę *57. 58. 59. 60.* pojasê *56 für* pojasę. vêsą *für* vêsę; privêsę. vъzęsę: priąsą *für* prijęsę. raspęsę *99.* pricsъ *119.* jasę *142.* ąsę *für* ęsę; obьąsę *für* obъjęsę. jasę; pojasę *145. b) pat.-mih. Sg. I.* pogrêsь *109.* priąsь *63.* prinêsь *109. 120.* pricsь. raspęsь *88.* načęsь *82. 88 bis 172. Dual. III.* pogrêsta *162. Pl. I.* pogrêsomь *80.* priąsomь *75.* pricsomь *113. 172. III.* vьvêsę *123 bis.* dovêsę *156.* otьvrêsę *117.* vьzęsę *57. 123.* pricsę. sьnęsę (i sь drêva) *176.* prinêsę *121.* pronêsę; prênêsę *119.* propęsę. načęsę *53. 154. 158.* jasę *66. c) bon. Sg. I.* otvrêsъ. vъznêsъ. načąsъ *für* načęsъ. *Dual. III.* vьvêste. vъznêstê sę. vъzdrêstê (ustnê). *Pl. III.* navêsę (ved). otvrêsę. obęsę. vъznêsę. ištisę (čьt). jasę *ederunt. d) slêpč. Pl. III.* vêsę *act. 7. 8: im šiš.* vьvedoše. *e) strum. Sg. I.* prêęsъ. *Pl. I.* jasomь *act. 10. 41. III.* vêsę. *f)* privêsę, *wofür Vostokovъ, Zap. 2. 2. 100, wegen* rêšę — privêšę *setzen möchte.* nêsą *für* nêsę. vъznêsъ. vêsę; povêsę: privêsę *lam. I. 4. 5. 95. III. a) nic. Sg. I.* pricsь. *Dual. III.* otьvrêsta se; razvrêsta se. *Pl. I.* vьzesomь. *b) hval. Sg. I.* pricsь. jasь. *Dual. III.* otьvêsta (se) ἀπέπλευσαν *act. 14. 26: vez. Pl. I.* vьvêsomь συνήγομεν (ved). otьvêsomь (se) ἀνήχθημεν *act. 27. 2.* (vez). obьesomь: pricsomь. vьnêsomь. *II.* uvêste, *irrtümlich mit* d *über* ê, *wohl für* vьvêste *introduxistis συνηγάγετε matth. 25. 36: nic. hat* navedoste. vьzvêsta: ved. *Pl. III.* vьzese; poese. vьklase ἐπέθεντο *act. 28. 10:* klad. prinêse, *falsch:* prinese. *c) ant. Sg. I.* vьzvêsь. vьzesь. *Dual. III.* vьznêsta. têsta *cucurrerunt. Pl. II.* privêste. *III.* izvêse. obese. *d) evang.-vlk. Sg. I.* pricsь. *Pl. II.* privêste. *III.* vêse. *IV. glag. Sg. I.* izvêsь, otьesь. êsь *comedi. Pl. III.* otьvrêse. *V. greg.-naz. Sg. I.* navêsъ *235.* načęsъ *115. Sreznevskij stellt sich vor, diese aoriste seien dadurch entstanden, dass* s *für* š *eintrat:* s *vmêsto* š *vъ prošedšemъ:* prijęsomъ. jasę, *als ob ein* prijęšomъ *je existiert hätte. glag. 73. 114. 152. jas. 46a. 57a. 99a. 119a.*

II. Zusammengesetzter aorist auf h: 1. ohne bindevocal.

Der zusammengesetzte aorist auf h *ohne bindevocal unterscheidet sich von dem auf* s *nur durch das für* s *eintretende* h. *Von den hieher gehörigen formen haben sich selbst in späteren denkmälern* rêhъ *und* jahъ *erhalten. I. a) zogr. Pl. III.* oblêšę *marc.* 15. 17. sъvlêšę *marc.* 15. 20: vlêk. têšę: prêtêšę *marc.* 6. 55: tek. čišę *io.* 19. 29: čьt. êšę *io.* 6. 58: êd *edere. b) assem. Pl. I.* rêhomъ. *III.* izvlêšę *extraxerunt;* oblêšę: sъvlêšę. sъmęšę sę ἐταράχθησαν *matth.* 14. 26. êšę *comederunt neben* oblêkošę *usw. Die* 1. *Sg. lautet* rêhъ. têhъ. vlêhъ. sъmęhъ. êhъ *von den stämmen* rek. tek. vlêk. męt. êd. *c) mariencod. Sg. I.* rêhъ. *Pl. III.* rêšę 97. 109. 111. *Sreznevskij, Drevnie glagoličeskie pamjatniki. II. a) Bei Sreznevskij, Drevnie slavjanskie pamjatniki jusovago pisьma. Einleitung. Sg. I.* têhъ 24. 116. vъvlêhъ. slęh(ъ) sę. rêhъ 60. *Pl. I.* sъbljahomъ *aus einem psalt.-saec. XII. bei Vostokovъ, Grammatika* 71. *III.* izvlêšę; oblêšę. vъžêšę *incenderunt:* žeg. nalęšę; slęšę. vъzmęšę sę: męt. rêšę; narêšę. rasêšę: sêk. têšę; istêšę: potêšę 59. rêšą; narêšą 99. bêšą *fugerunt. b) pat.-mih. Sg. I.* povêhь *adduxi.* rêhь. pritêhь. *Dual. I.* otьrêhovê sę 135. *Pl. III.* pritêhą 78 *für* pritêšę. *c) bon. Sg. I.* rêhъ. têhъ. *Pl. III.* izvlêšą; oblêšą. vъžašą ἐνεπύρισαν *psal.* 73. 7: žeg. nalęšą, *neben* nalękošą, lękъ; sъlęšą *incurvarunt.* rêšą; narêšą. rasêšą. têšą. *III. a) nic. Pl. III.* probaše ἐξεκέντησαν *io.* 19. 37. vêše ἄγουσιν *io.* 9. 13. vъznêše; prinêše. vьniše εἰσῆλθον *marc.* 5. 13 *ist vereinzelt und steht wohl für* vьnidoše. *b) šiš. Sg. I.* rêhь; prorêhь. *Pl. I.* jahomь. *III.* narêše. pojaše. *c) evang.-šiš. Pl. I.* obrêhomь. jahomь. *III.* prinêše. *d) hval. Sg. I.* rêhь. têhь. *Pl. III.* vêše: ved. izvlêše. otьvrêše se ἀνεῴχθησαν *matth.* 27. 52. pritêše; prêtêše. počiše ἐτίμησαν *act.* 28. 10: čьt. *e) mladên. Pl. I.* lehomь *wohl für* legohomь: *statt* lehomь *erwartet man* lêhomь. *III.* prêrêše. *f) hom.-mih. Pl. III.* prinêše. *IV. glag. Sg. I.* sьmehь se *conturbatus sum. Pl. III.* naleše (nalęšę). vьzmeše (vъzmęšę). počše *comederunt.*

Nach Sreznevskij, jus. 18a., ist rêhъ *verkürzt für* rekohъ; *nach 164a. ist ê durch verengerung, sžatie, des stammes entstanden und* rêhъ — rekohъ, rьkohъ — *enthält in sich mit dem kurzen vocal einen der consonanten* k, g, t, d, s, z. *Nach dieser ansicht wäre* rekohъ *älter als* rêhъ, *was unrichtig ist.*

Diese bildung des aorists hat sich im serb. von den stämmen jêd, nes, rek *und* vêd *erhalten: Sg. I.* izih *exedi.* podnieh, ponih. rieh. vijeh, vih *scivi. II. III.* izije *exedit.* ponê, ponije, poni. *Pl. I.* jismo *exedimus: asl.* jasmo *aus* jêsmo. ponijesmo. rijesmo, rismo. *II.* riste: *asl.* rêste. *III.* jiše *ederunt.* donêše, doniješe, odniše. riješe, riše *Daničić, Istorija* 320.

II. Zusammengesetzter aorist auf h: 2. mit bindevocal.

Für vedъ, vêsъ, vêhъ *tritt* vedohъ *auf, dessen* o *als ein bindevocal aufzufassen ist, der weder bei den vocalisch auslautenden stämmen eingefügt wird, noch bei denjenigen, deren auslautendes* n, m *sich mit dem vorhergehenden vocal zu einem nasalen vocal verbindet, daher* dahъ *dedi,* klęhъ *incravi aus* klьnhъ, dąhъ *flavi aus* dъmhъ. *Diese form des aorists hat über die anderen den sieg davon getragen: die lebenden slavischen sprachen bieten keine spur von den angeführten archaistischen bildungsweisen. Wenn im vorstehenden die entstehung des zusammengesetzten aorists* vêsъ *d. i.* vedsъ *dadurch erklärt wird, dass an den verbalstamm* ved *das* s *des verbum substantivum und an den so gebildeten aoriststamm mittelst des bindevocals die stumpfen personalendungen angetreten seien, so ist diese darstellung in so ferne richtig, als in* vêsъ *tatsächlich die angegebenen elemente vorhanden sind, in so ferne jedoch unrichtig, als man wohl nicht daran denken kann, es sei diess der wirkliche vorgang bei der entstehung gewesen, als vielmehr anzunehmen ist, es sei mit dem verbalstamm* ved *ein praeteritum des verbum substantivum verbunden worden. Das praeteritum, das hiebei in frage kömmt, ist Bopp's einförmiges augment-praeteritum: sg. âsam, âsis, âst; dual. âsva, âstam, âstâm; pl. âsma, âsta, âsan, das im slavischen dadurch, dass es kein augment kennt und den vocalischen anlaut abwirft, so wie durch anwendung einigermassen abweichender personalendungen folgende form erhält: sg. sam, s, t; dual. svê, sta, ste; pl. smъ, ste, sent, daher sg. I.* vêsъ *aus* ved-sъ, ved-są, ved-som : *ved-sam; die II. und III. ist unbelegt; dual. I.* vê-sovê *aus* ved-sovê: *ved-svê:* vêsovê *ist aus* otьrêhovê *pat.-mih. erschlossen. Der bindevocal* o *ist aus der pl. I. herübergenommen, wo er nach dem verstummen des auslautenden* ъ *notwendig geworden. II.* vê-sta *aus* ved-sta; *III.* vê-ste *aus* ved-ste. *pl. I.* vê-somъ *aus* ved-somъ: *ved-smъ; II.* vê-ste *aus* ved-ste; *III.* vê-sę *aus* ved-sent. *Von diesen formen ist auszugehen. Der zusammengesetzte aorist auf* h *ohne bindevocal begreift sich durch die verwandlung des zwischen vocalen stehenden* s *in* h, *beziiglich* š, *daher sg. I.* vêhъ; *dual. I.* vêhovê; *pl. I.* vêhomъ; *III.* vêšę *aus* vêhent. *Aus diesen formen wird der zusammengesetzte aorist auf* h *mit bindevocal verständlich, der bewirkt, dass sich der verbalstamm unverändert erhält und sich von dem praeteritum des verbum substantivum in klarer weise sondert. Das imperfectum ist eine späte bildung: sie schliesst sich als eine zur bezeichnung der handlung in ihrer dauer bestimmte form an den praesensstamm an und weicht ausserdem vom zusammengesetzten aorist auf* h *dadurch ab, dass sie nach dem* h *auch dort einen bindevocal eintreten lässt, wo ihn der aorist nicht kennt: sg. II.* vedêše *aus* vedêšes; *III.* vedêše *aus* vedêšet; *dual. II.* vedêšeta; *III.* vedêšete; *pl. II.* vedêšete: *die pl. III. weicht ausserdem vom aorist durch die anwendung des gewichtigeren bindevocals* o *ab:* vedêhą *aus* vedêhont, *im gegensatze zu* vedošę *aus* vedohent. *Dieser umstand zeigt, dass der zusammenhang mit dem praeteritum des verbum substantivum sam, s, t usw. bereits zerrissen war, als diese verbalform entstand. Die aoristformen und das imperfect bilden eine glanzpartie der slavischen sprachen: durch diese formen kommen sie unter allen sprachen Europa's dem griechischen am nächsten.*

Vom aorist bimъ.

Zu den eigentümlichkeiten des pannonischen sloveniscb gehört der aor. des verbum by: bimъ, bimь, *der aus den pannonischen quellen in die der anderen slavischen völker zwar aufgenommen ward, jedoch, weil in den einheimischen sprachen nicht wurzelnd und daher unverständlich, sich nicht zu erhalten vermochte. Ursprünglich ein aorist, dient* bimъ *im erhaltenen zustande der sprache in verbindung mit dem partic. praet. act. II. zum ausdruck des conditionalis, und zwar scheint in der ältesten zeit diess die einzige ausdrucksweise jenes modus gewesen zu sein. Mit* bimъ *verbinde ich das zwar auf andere weise entstandene, aber derselben function dienende* bą, *III. pl. Vgl. IV. seite 815. Beide formen haben nur diese function. Wir begegnen ihnen vor allem häufig in den glagolitischen denkmälern. I. a. zogr. sg. I.* vъzęlъ bimъ ἐκομισάμην ἄν *matth. 25. 27.* da vъzveselilъ sę bimъ ἵνα εὐφρανθῶ *luc. 15. 29.* istęzalъ e bimь ἐγὼ ἂν ἔπραξα αὐτό *luc. 19. 23.* reklъ bimь vamъ εἶπον ἂν ὑμῖν *io. 14. 2.* ašte ne bimь prišьlъ εἰ μὴ ἦλθον *io. 15. 22.* ašte dêla ne bimь sъtvorilъ εἰ τὰ ἔργα μὴ ἐποίησα *io. 15. 24. sg. II.* ašte bi razumêlъ εἰ ἔγνως *luc. 19. 42.* ašte bi (vêdêla darъ božij), ty bi (prosila) εἰ ᾔδεις, σὺ ἂν ᾔτησας *io. 4. 10.* ašte bi bylъ sьde εἰ ἦς ὧδε *io. 11. 32. sg. III.* da bi sъ nimь bylъ ἵνα ᾖ μετ᾽ αὐτοῦ *marc. 5. 18.* da bi kъto čjulъ *marc. 7. 24.* da i bi pogubilъ ἵνα ἀπολέσῃ αὐτόν *marc. 9. 22.* ašte ne bi gospodь prêkratilъ dьnij, ne bi byla sъpasena vsêka plъtь εἰ μὴ κύριος ἐκολόβωσε τὰς ἡμέρας, οὐκ ἂν ἐσώθη πᾶσα σάρξ *marc. 13. 20.* dobrêe emu bi bylo, ašte ne bi rodilъ sę καλὸν ἦν αὐτῷ, εἰ οὐκ ἐγεννήθη *marc. 14. 21.* da bi ne ošьlъ τοῦ μὴ πορεύεσθαι *luc. 4. 42.* ašte bi bylъ prorokъ, vêdêlъ bi ubo εἰ ἦν προφήτης, ἐγίνωσκεν ἄν *luc. 7. 39.* kъto ihъ vęštij bi bylъ τίς ἂν εἴη μείζων αὐτῶν *luc. 9. 46.* poslušala bi vasъ ὑπήκουσεν ἂν ὑμῖν *luc. 17. 6.* da bi sę ihъ kosnąlъ ἵνα αὐτῶν ἅπτηται *luc. 18. 15.* ašte bogъ otьcь vašь bi bylъ, ljubili mę biste εἰ ὁ θεὸς πατὴρ ὑμῶν ἦν, ἠγαπᾶτε ἂν ἐμέ *io. 8. 42.* radъ bi bylъ, da bi vidêlъ ἠγαλλιάσατο, ἵνα ἴδῃ *io. 8. 56.* ašte sь ne bi otъ boga bylъ, ne moglъ bi *usw.* εἰ μὴ ἦν οὗτος παρὰ θεοῦ, οὐκ ἠδύνατο *usw. io. 9. 33.* ne bi moj bratъ umrьlъ οὐκ ἂν ἀπέθανέ μου ὁ ἀδελφός *io. 11. 32.* ašte ne bi bylъ (sь zlodêj) εἰ μὴ ἦν οὗτος κακοποιός *io. 18. 30.* *Pl. I.* ašte bimъ byli (vъ dьni otьcь našihъ), ne bimъ (obьštьnici imъ) byli εἰ ἤμεν ἐν ταῖς ἡμέραις τῶν πατέρων ἡμῶν, οὐκ ἂν ἤμεν κοινωνοὶ αὐτῶν *matth. 23. 30. im jüngeren teile. Neben* bimъ *findet man* bihomъ: ašte ne bi bylъ, ne bihomъ prêdali ego tebê εἰ μὴ ἦν οὗτος (κακοποιός), οὐκ ἄν σοι παρεδώκαμεν αὐτόν *io. 18. 30. Pl. II.* ašte biste vêdêli, ne biste osądili εἰ ἐγνώκειτε, οὐκ ἂν κατεδικάσατε *matth. 12. 7.* glagolali biste ἐλέγετε ἂν *luc. 16. 6.* ašte biste (vêrovali mosii), vêrą biste jęli (mьnê) εἰ ἐπιστεύετε Μωσῇ, ἐπιστεύετε ἂν ἐμοί *io. 5. 46.* ašte mę biste vêdêli, i otьca moego ubo biste vêdêli εἰ ἐμὲ ᾔδειτε, καὶ τὸν πατέρα μου ᾔδειτε ἄν *io. 8. 19.* ašte biste slêpi byli εἰ τυφλοὶ ἦτε *io. 9. 41.* ašte biste ljubili (mę), vъzdradovali sę biste εἰ ἠγαπᾶτέ με, ἐχάρητε ἂν *io. 14. 28. Daneben* byste: ašte čęda avramľê byste byli εἰ τέκνα τοῦ Ἀβραάμ ἦτε *io. 8. 39.* *Pl. III.* iskaahą, kako i bą pogubili ὅπως αὐτὸν ἀπολέσωσιν *marc. 3. 6; 11. 18.* da i bą oblьstili ἵνα αὐτὸν ἀγρεύσωσιν *marc. 12. 13.* da bą i nizrinąli εἰς τὸ κατακρημνίσαι αὐτόν *luc. 4. 29.* da bą slyšali slovo božie τοῦ ἀκούειν τὸν λόγον τοῦ θεοῦ *luc. 5. 1.* da bą i prêdali εἰς τὸ παραδοῦναι αὐτόν *luc. 20. 20.* kako i bą ubili πῶς ἀνέλωσιν αὐτόν *luc. 22. 2.* da bą imêli (čьto) na nь (glagolati) ἵνα ἔχωσι κατηγορεῖν αὐτοῦ *io. 8. 6.* da i bą ubili ἵνα ἀποκτείνωσιν αὐτόν *io. 11. 53.* ašte ne bimь prišьlъ, grêha ne bą imêli εἰ μὴ ἦλθον, ἁμαρτίαν οὐκ εἶχον *io. 15. 22; 15. 24. Neben* bą *wird* bišę *und* byšę *gebraucht:* da bišę sę avili ὅπως φανῶσιν *matth. 6. 16.* ašte bišę sily byly, drevľê pokaali sę bišę εἰ ἐγένοντο αἱ δυνάμεις, πάλαι ἂν μετενόησαν *matth. 11. 21.* ne umêahą, čьto biše otъvêštali οὐκ ᾔδεισαν, τί αὐτῷ ἀποκριθῶσι *marc. 14. 40.* čьto bišę sъtvorili isusovi τί ἂν ποιήσειαν τῷ Ἰησοῦ *luc. 6. 11.* ašte bišę sily byly, prêbyly byšę εἰ ἐγένοντο αἱ δυνάμεις, ἔμειναν ἂν *matth. 11. 23. b) cloz. Sg. III.* ijuda ne možaše ego prêdati, ašte ne bi samъ hotêlъ *I. 164.* i tako ne bi lučij bylъ οὐδὲ οὕτως ἔμελλεν ἔσεσθαι βελτίων *195.* koliko stvori, da bi luči bylъ ὅσα ἐποίησεν ὥστε αὐτὸν ἀναστήσασθαι *203.* da bi nečъstь byla ἵνα γένηται ἀδοξία *657.* *Pl. III.* da bą prêstali otъ zъloby svoeję i da bą uvêdêli *ut desisterent a malitia sua* καὶ ἵνα μάθωσιν *173. 175.* *c) assem.* *Sg. I.* vъzęlъ bimъ svoe sъ lihvoą *matth. 25. 27.* vъzveselilъ sę bimъ *luc. 15. 29.* istęzalъ bimъ *luc. 19. 23.* reklъ bimъ vamъ *io. 14. 2.* ašte ne bimъ prišelъ i glagolalъ imъ, grêha ne bą imêli *io. 15. 22; 15. 24.* *Sg. II.* ašte bi vêdêla darъ boži, ty bi prosila u nego *io. 4. 10.* *III.* dobrêe emu bi bylo *matth. 26. 24.* ašte bi vêdêlъ, ne bi dalъ podryti domu εἰ ᾔδει, οὐκ ἂν ἀφῆκε διορυγῆναι τὸν οἶκον *luc. 12. 39.* dalъ ti bi vodą živą ἔδωκεν ἂν σοι ὕδωρ ζῶν *io. 4. 10.* molêahą i, da bi prêbylъ u nihъ ἠρώτων αὐτὸν μεῖναι παρ' αὐτοῖς *4. 40.* ašte bogъ očь vašъ bi bylъ, ljubili mę biste *8. 42.* avraamъ radъ bi bylъ, da bi vidêlъ denъ moi *8. 56.* ne moglъ bi οὐκ ἠδύνατο *9. 33.* *Pl. I.* ne bimъ prêdali ego tebê *18. 30.* *II.* ašte biste verą imali (*für* imêli) moseovi, vêrą biste imêli i mьnê *5. 46.* ljubili mę biste *8. 42.* ašte mę biste vêdêli, i oča moego biste vêdêli *8. 19.* ašte čęda avraamlê biste byli, dêla avraamlê tvorili biste εἰ τέκνα τοῦ Ἀβραὰμ ἦτε, τὰ ἔργα τοῦ Ἀβραὰμ ἐποιεῖτε ἂν *8. 39.* ašte biste slêpi byli, ne biste grêha imêli *9. 41.* ašte mę biste znali, i oča moego znali biste ubo εἰ ἐγνώκειτέ με, καὶ τὸν πατέρα μου ἐγνώκειτε ἂν *14. 7.* *Pl. III.* bą: prosmraždajątъ lica svoê, da sę bą avili *usw.* ἀφανίζουσι τα πρόσωπα αὐτῶν, ὅπως φανῶσι *usw.* *matth. 6. 16.* da bą i nizъrinąli *luc. 4. 29.* sъvêštašę, da i bą ubili συνεβουλεύσαντο, ἵνα ἀποκτείνωσιν αὐτόν *io. 11. 53.* ašte ne bimъ prišelъ i glagolalъ imъ, grêha ne bą imêli *15. 22; 15. 24.* bišę: slugy moję podvizaly sę bišę, da ne prêdanъ bimъ bylъ ijudeomъ οἱ ὑπηρέται ἂν οἱ ἐμοὶ ἠγωνίζοντο, ἵνα μὴ παραδοθῶ τοῖς Ἰουδαίοις *18. 36.* bimь *ist auf den conditionalis beschränkt, daher* dъva otъ nihъ byste idąšta ἦσαν πορευόμενοι *luc. 24. 13, wo man* bêašete *erwartet.* byste u nego denet(ъ) ἔμειναν *io. 1. 40.* *d) mariencod.* vъzveselilъ se bimъ. *Sreznevskij, Glag. 108.* ašte bi sьde bylъ, ne bi bratrъ moj umrьlъ *110.* *Man beachte:* ašte ne bi ti dano sъ vyše εἰ μὴ ἦν σοι δεδομένον ἄνωθεν *io. 19. 11.* *Ebenso zogr., im ostrom.* by *für* bi. *e) sav. kn. (Savina kniga).* *Sg. I.* vъzęlъ bimъ *81.* *III.* bъdêlъ bi, i ne bi ostavilъ *78.* da bi êlъ *124.* sь ašte bi bylъ prorokъ, vêdêlъ bi ubo *125.* *In allen anderen fällen finden wir* byhъ, by, byste, byšę: reklъ byhъ vamъ *90.* da by sъ nimь bylъ *39.* bъdêlъ ubo by, i ne by dalъ podъkopati *45.* da i by potopilъ *66.* ašte by sьde bylъ, ne by bratъ moj umrьlъ *70.* dobrêe bylo by jemu, ašte sę by ne rodilъ *81.* ašte ne by bylъ zlodêj, ne byhomъ ego prêdali tebê *105.* ašte byste ljubili mę, vъzdradovali sę byste ubo *3.* ašte mę byste znali, i otьca moego znali byste *91.* da byšę sę javili *60.* *f) sup.* azъ istęzalъ bimъ sъ vъzvitiją *279. 19.* ašte i jedinъ bi bylъ čudimyj *62. 3.* koliko pače bi užasati sę namъ hristosa *113. 22.* bi ubo bojati sę pače boga *113. 25.* ašte i bi kto nynja ču učę grąby slovesy *300. 26.* *Regelmässig steht* by: moljaha sę, jako da by šelъ' *26. 7.* ašte by vêdêlъ *55. 10.* koliko sę by trudilъ, da by obrêlъ jednogo *71. 4 usw.* *Das öfter vorkommende* ašti *steht für* ašte bi, aštišę *für* ašte bišę. *Das befremdende dieser zusammenziehung wird einigermassen durch die häufigkeit der verbindung gemindert:* ašti sь ne bylъ zьlodêj, to ne byhomy ti ego prêdali *nisi hic maleficus esset usw.* aštišę jed'ni vojni pečatьlêli, mogli byšę glagolati *usw. si soli milites obsignassent usw. 331. 16. Vgl. Grammatik IV. seite 811. Man beachte jedoch, dass in krol.* ašti *für* ašte *vorkommt. Starine III. seite 77.* *II. a) slêpč.* ašte jedinače bim(ъ) člověkomъ ugaždalъ, hristu rabъ ne bimъ bylъ εἰ ἔτι ἀνθρώποις ἤρεσκον, Χριστοῦ δοῦλος οὐκ ἂν ἤμην *galat. I. 10, wofür im šiš. gelesen wird:* ašte jedinače bylь člověkomь ugaždalь, hristu rabь ne bylь bylь. *b) pat.-mih. Sg. I.* ašte ne sьblaznь ubo bi bylь, i člověkomь ubo ispovêdalь sę bimь *nisi scandalum fuisset, confessus essem 34.* dobro bi, ašte ne bimь hodila samo *3. Neben* bimь *findet man* bihь, *das wohl nicht statt* bylь *steht:* ašte bihь dostoinь prięti, bogь bi vložilь vь srьdьce bratu, i dalь mi by *si essem dignus, deus posuisset in corde fratri, et dedisset mihi 18.* a ne bihь izbêžalь *nisi effugissem 52.* *II.* glagola otьvrьgьšomu sę hrista: po čto vьčera ne otьvrьže sę, da ne bi raną prięlь? *cur heri non descivisti, ne vulnus acciperes? 5.* glagola emu: tako mni, jako umrêlь, ne bi li sę peklь sь sobonąediнь? *nonne sollicitus esses? 112.* *III.* ašte li bi kogda umьgnulь maly učenikь jego, zvaše i starecь *si quando paulum nictasset discipulus eius 11.* a ne bi bratь sego sьtvorilь *17.* mьžaše, da ne bi vidêlь, čto tvoritь *oculos claudebat, ne videret 27.* ašte ne bi bogь poslêdi pomoglь emu *33.* ašte bi agatonь bylь, tvorilь by zapovêdi i pobêždalь brani *36.* po čto izyde vь mniššstvo? ne da li bi trьpêlь skrьbi? *37.* ašte bi si vь istiną vidêlь, ašte bi i črьvij byla plьna kelie tvoê, i ašte bi v nihь do vyę bylь, trьpêlь bi ubo ne slabêą *43.* ašte ne bi gospodь izьvêstilь starcu, ne bi poslalь kь mnê *56.* ašte bi inamo ošelь, vъzьmoglь bi sьtvoriti *si alio abiisset, potuisset facere 68.* dobro bi svoima očima vidêniju *81.* kь vladycê bogu poemlę na nь, da by bez dêla prêbylь, i da ne bi vъzъmoglь ničesože sъtvoriti *assuso eum (diabolum), ut sine opera sit et ne quid possit perficere 89.* eša *(so ist wohl zu lesen)* da bi sego ne sъtvorilь *111.* ašte carь prizvalь vy bi, ne bista li nebrêgla sego imênię vašego? *si imperator vos vocasset, nonne contemneretis has facultates vestras? 132.* a ne bi eju razlączila i sъmrьtь *ne mors quidem separasset eos 112.* kako bo ašte ne bi se bylo, ne bi li javilo sę dêlo ego čjudesi byvaęštiimi *111.* egdaže bi ponê edina otъ mnimyhъ hoditii *(wohl* hotij) ego otъvrъgla sę ego, abie duhomъ razumêvaše, jako ljuby sъtvorila estъ *153.* ašte bi člověkъ minąlъ, na nъ hotêše napasti bêsъ *151.* ašte ne bi ihъ (dêvicь) bogъ iskrivilъ, prêspêly byšą blądomъ vsę ženy sÿrьskyę *nisi deus eas (virgines) curvasset, omnes feminas Syriae lenocinio superassent 154.* ašte bi ne vrъglъ dvê šesti, uigralъ bi bylъ *160.* *Dual. II.* ne bista li ne brêgla vsego imênię vašego *132.* *III.* ašte inomu bogu ostavila ę bista i kъ inomu išla rabotatъ, dobro ubo sę bista pekla za nę *132.* *Pl. III.* ašte sę ne bišą trudili zde svętii, ne pręli bišą čęsti pokoê *73.* molêhą sę, da bišą bêsni byle, druzii že vъ svętyj nedągъ da bišą vъpadali *108.* ašte bišą slyšali, ne bišą i smiêle sę εἰ ἤκουσαν, οὐκ ἂν προσεῖχον *128; die übersetzung weicht ab. Diese form ist auf den conditionalis beschränkt, daher* ęta bysta *5.* vъzętъ bylъ *108.* ugodъnici byšą namъ *111.* postrižena bysta *133.* bylъ dostoenъ *135.* tomь čêsê byšą (têla idolьskaê) jako i prahъ *174.* *Selten dient* bylъ *zur bildung des conditionalis:* dalъ mi by *18.* azъ bylъ radъ emu bylъ *172.* *c) bim. Sg. I.* pogyblъ bimъ *periissem.* ašte bi vъshotêlъ, žrъtvą dalъ bimъ ubo. *Daneben* bihъ: ašte bi velьrêčevalъ, ukrylъ sę ubo bihъ otъ nego. prêtrъpêlъ bimъ. sъmêrilъ bimъ. *III.* ašte ne gospodъ bi bylъ vъ nasъ, požrъli ny bišę εἰ μὴ ὅτι κύριος ἦν ἐν ἡμῖν, [ἄρα ζῶντας] ἂν κατέπιον ἡμᾶς *psal. 123. 1. 3.* ašte bi bylъ člověkosъ otъ boga, ne bi razarêlъ somboty. *Pl. III.* požrъli ny bišą *deglutissent nos. Nach bulgarischer art* bihą: ašte bihą poslušali. *Sreznevskij. Jos. 131 a.* *d) Bei Sreznevskij, Jos. Sg. I.* dalъ bimъ. prêtrъpêlъ bimъ. ukrylъ bimъ sę *55 a.* ašte bimъ člověkomъ ugaždalъ, boga rabъ ne bihъ bylъ *97 a. 100 a. Einmal* bymъ: pogyblъ bymъ *21 a.* *III.* bi vъshotêlъ. bi ponosilъ *55 a.* ašte bi bylъ na zemli, ne bi bylъ arhierej *97 a.* ašte bi bdêlъ, dalъ bi *136 a.* *Pl. II.* da biste pręli *97 a.* *III.* bišę poslušali. bišę ispravili sę *55 a.* ašte bišą razumêli, ne byšą gospoda raspęli *119 a.* jako da i bą ulovili. ašte bą slušali boga, ne bą lišili sę *56 a.* *III. a) nic. Sg. I.* da vъzveselilъ se bimь *luc. 15. 29.* istezalь bimь *luc. 19. 23.* rekalь bimь *io. 14. 2.* ašte ne bimь prišlь *15. 22.* ne bimь sьtvorilь *io. 15. 24.* *Da nic.* i *und* y *verwechselt, so ist die schreibung* bi *in der II. und III. sg. nicht entscheidend. Dasselbe gilt von* bihь, bihomь, biste: vьzelь bihь *matth. 25. 27.* *Pl. 1.* ašte bimь byli vь dьni otьcь našihь; ne bihomь obьštenici imь byli *matth. 23. 30.* ašte ne bi bylь sь zlodêj, ne bimь prêdali ego tebé οὐκ ἄν σοι παρεδώκαμεν αὐτόν *io. 18. 30.* *III.* bą *wird durch das unrichtige* bi *ersetzt, selten durch* byše: da bi se êvili *matth. 6. 16.* pokaêli se bi *matth. 11. 21.* prêbyli bi *matth. 11. 23.* kako i bi pogubili *marc. 3. 6.* čto byše stvorili isusu *luc. 6. 11.* *b) hrv. Sg. 1.* molylь ubo bimь boga *Starine III. seite 119.* *c) ant.* ašte biste vidêli, ne biste istьštili *170.* *d) hom.-mih.* jeda bimь i samogo poznalь. ašte bi raba imêlь hitra, ne bi jego prodalь hitrosti radi. ašte bi samь ne hotêlь, to i tako ne bi lučij bylь. koliko stvori jemu, da bi lučij bylь. hote stvoriti, da biše prêstali otь zloby svoje. *Vgl. die oben bei cloz. angeführten stellen.* *e)* ašte ne bihu imêli velikihь nadeždь, to ne biše trьpêli tolikihь mukь *sap. 2. 2. 31.* *IV. glag.* ašte bi mnê vragь ponosilь, prêtrьpêlь ubo bimь, i ašte bi nenavidej me velerêčevalь, ukrilь se bimь otь nego *psal. 54. 13.* *V. greg.-naz.* inъ bi javilъ sę ἄλλος ἂν ὤφθη *neben* ašte by vъzbranilъ, luče by bylo. *Vgl.* bymъ poštędêlъ *26.* ašte bymъ ljubilъ živъ byti εἰ ἐφιλοζώησα *aus einem codex des XIII. jahrh. op. 2. 2. 52.* *Ostromir kennt kein* bimъ, bą, *daher* reklъ bybъ. ašte by vêdêla, ty by prosila. ašte by bylo. ašte byste byli *usw.*

Dieselbe form findet sich in derselben bedeutung in den karantanisch- (neu-) slovenischen freisinger denkmälern: teh ze tebe mil tuoriv, da bim tacoga grecha pocazen vzel *asl.* têhъ se tebê milъ tvorją, da bimъ takoga *(vgl. sup. XI.)* grêha pokaznь vъzęlъ *de his me tibi humilio, ut talis peccati punitionem accipiam 1. 24.* da bim uzlissal na zodni den tuo milozt vueliu *asl.* da bimъ uslyšalъ na sądьny dьnь tvą milostь veliją *ut audiam in iudicii die tuam misericordiam magnam 1. 31.* da bim cisto izpoued ztuoril *asl.* da bimъ čistą ispovêdь sътvorilъ *ut puram confessionem faciam 3. 22.* da bim nezramen i neztiden na zudinem dine pred tuima osima ztoial *asl.* da bimъ nesramьnъ i nestydьnъ na sądьnêmь dьne prêdъ tvyma očima stojalъ *ut sine pudore et rubore in iudicii die ante tuos oculos stem. 3. 53.* *Dagegen:* bonese bui uvignan *asl.* ponježe by (bystь) vygnanъ *postquam expulsus est 2. 8.* *Auch im kroatischen findet sich* bimъ *in derselben function. Es wird gewöhnlich conjugirt:* bim (bih). biš (biše). bi; bimo. bite. bi. *Novice 1859. seite 394.* ako bim se kdê premrsil. *codex von 1463. Man vergleiche eine stelle aus einem volksliede aus Istrien:* ja bin (bim) rada, da mi oba dojdu *(der geliebte und der bruder).* koliko biš ti za koga dala? za draga bin desnu ruku moju, za brajna bin črno oko moje. koliko biš koga žalovala? brajna bin ja (žalovala), dok bin živa bila. *Die II. sg. lautet bei luč. 25* bisi *und* bi: o vilo, da bisi *(falsch, denke ich.* bi si) liposti tve znala, ne bi se bojala *wüsstest du, du würdest nicht fürchten.* bimъ *liest man auch in den monumenta serbica 51:* kako bimь ruku dalь. *Die form ist eigentlich kroatisch.*

Im asl. wurde bimъ *schon in alten quellen durch den regelmässigen aorist von* by *ersetzt, daher* byhъ, by *usw. Im nsl., das in den freisinger denkmälern* bimъ *kennt, ist der aorist* byhъ *zu* bi *(d. i.* by, *nicht* bi) *herabgesunken, das die function einer moduspartikel hat:* bi bil. *In einigen gegenden des nsl. sprachgebietes ist* besem, besi, be; besva, besta, besta: besmi, beste, beso *gebräuchlich. wie angegeben wird, nicht nur zur bildung des conditionalis, sondern auch des plusquamperfectum.* besem, besi *usw. ist eine verbindung des* by *mit dem praesens des verbum* jes, *es ist daher* besem, besi *usw. aus* by jesmь, by jesi *usw. entstanden. Im bulgarischen findet sich* bih. *Vgl. Gramm. 3. seite 241. Dasselbe tritt im serbischen ein:* bih dao; *die III. pl. lautet jedoch nicht* biše, *sondern* bi, *was manchmal schon im asl. vorkömmt. sup. 288. 10. Dieselbe entstehung wie dem nsl.* besem *muss dem klruss.* bym *aus* bysm *zugesprochen werden, wofür jedoch auch das partikelhafte* by *stehen kann, wenn die person des subjectes ausgedrückt erscheint:* bym, byś, by; bysmo. byste. by. *Dass* bym *aus* by jesmь *hervorgegangen ist, ergibt sich aus älteren formen wie* by jesy *für* byś: ayžly by jesy lovy i dań medovnju s nym na poly mil *act. 2. 162.* by jeste *für* byste: ažly by jeste vaše svjatytelstvo račył viryty *2. 358. Das russische kennt gegenwärtig nur die partikel* by: *alt besteht auch* by este: da by este vyêchali vsi kujazi *chron.-novg. 4. 101. Im čechischen findet sich sg.* bych; bys. *alt* bysi; by; *dual. alt:* bychova, bychva, bychvé; bysta; bysta; *pl.* bychom, bychomy, bychome, bychme; byste; by. *Die III. pl. kann im čech. auch* bychu *lauten. Falsch ist die schreibung* by ste *für* byste. *Daneben besteht die verbindung des* by *mit dem praesens von* jes *in der heutigen volkssprache;* dy bysem *(falsch* dyby sem) jo měla chodničky rachovać, musela bysem jo lokajička chovać *suš. 226.* a bysem našla *240.* ty bysi plakala *erb. III.* de besis bel vevolel královstvi boži, bel bes ho měl *čít. 48. slovak.:* či bisi bola hodná, že bisom ja taká pekná tebe vodu nosila *čít. 56. Polnisch bestand ehedem* bych, by, by; bychwa, bysta, bysta; bychom *und* bychmy, byście, bychą, *heutzutage* bym, byś, by; byśmy, byście, by. *Man merke* ruszyła sta by *ustaw. 135 für* ruszyła bysta. *Das oserb. verwendet den alten aorist* bych, by, by *usw. und das imperfectum* budžech, budžeše, budžeše *usw., jenes zur bildung des conditionalis praes., dieses zur bildung des conditionalis praet. Im userb. tritt an die stelle des* bych *die partikel* by; *das imperfectum* bužach *hat dieselbe function wie im oserb. das gleiche tempus. Nach dieser erklärung des pol.* bym *(denn das klruss. kann offenbar nichts beweisen) kann ich der ansicht Leskien's, Beiträge 6, seite 187, nach welcher* bimь *für* bymь *nichts anders sein soll als* by *mit der primitren endung der 1. sg., nicht beistimmen. Es wird demnach zur bezeichnung des conditionalis mit dem partic. praet. act. II. verbunden nach verschiedenheit der sprachen und zeiten 1. der alte aorist* bimь; *2. der jüngere aorist* byhъ; *3. die partikel* by; *4. die aus der partikel* by *und dem praes. des verbum* jes *hervorgegangene form* byjesmь.

Das pannonische bimь, bimь *glaube ich mit dem mittelst des hilfsvocales* i *gebildeten altindischen aorist zusammenstellen zu sollen, über welchen Schleicher, Compendium seite 812, handelt. Es wäre demnach II. sg.* bi *zu vergleichen mit avedis, III. sg.* bi *mit avēdīt, I. pl.* bimъ *mit avedisma, II. pl.* biste *mit avedišta. Die 1. sg.* bimь, bimь *bietet allerdings eine schwierigkeit wegen des auslautenden* mь *gegenüber dem altindischen avedim: das s ist schon im aind. ausgefallen. Derselbe ausfall ist in der 1. pl.* bimъ *eingetreten. Eine weitere schwierigkeit bietet die III. pl., indem man statt* bišę *etwa* bisę *erwartet:* š *dürfte auf der analogie mit* byšę *beruhen. Diese darstellung, durch welche dem* bimь, bimь *eine von* byhъ *verschiedene entstehung vindiciert wird, ist auf widerspruch gestossen. Sreznevskij meint, in* bimь, bi, bi *usw. stehe* i *für* y. *glag. 73. 114. jus. 16a. 55a. Derselben ansicht pflichtet Leskien bei, Beiträge 6, seite 187. Man kann sich zur unterstützung dieser ansicht auf formen wie* bihъ *berufen:* ukrylъ sę bihъ *hom. bei Sreznevskij jus. 131a. und auf formen wie* bymь: pogyblъ bymь *psalt.-sluck. 160;* ni sihrъ bymь poštędělъ *greg.-naz. 238. Wenn man jedoch bedenkt, dass sich* bimь *im laufe der zeit verloren hat, ferner dass die formen* bihъ *und* bymь *in massgebenden quellen gar nicht vorkommen, so wird man die der meinigen entgegenstehende ansicht wohl kaum wahr-*

scheinlich finden. Man beachte, dass bimъ *in denkmälern gebraucht wird, in denen von einer vermengung von* i *und* y *keine spur nachweisbar ist. Die meiner ansicht entgegenstehenden schwierigkeiten scheinen geringer zu sein als jene, die gegen die ansicht der gegner sprechen. Die III. pl.* bą *fasse ich als einfachen aorist auf und stelle es demnach zu aind. a-bhav-an; einem vorauszusetzenden bhu-ant entspräche* bą *vollkommen, da* bą *aus* bu-ant *entsteht: vgl. lat. fuant, Schleicher, Compendium seite 754. 758.*

7. Futurum. *In einigen denkmälern finden wir ein partic. fut. in der form* byšę, byšąšti, byšę *mit der bedeutung* ἐσόμενος, μέλλων, γενόμενος. byšę *ist eigentlich* bysjont, *woraus sich ein indicativ* byšą, byšeši, byšetъ; byševê, byšeta, byšete; byšemъ, byšete, byšątъ *erschliessen lässt. Vgl. altktr. stamm bušjant sg. acc. masc. bušjantem Schleicher, Compendium 818.*

e) Von den suffixen der praesensstämme.

1. Praesens. *Das suffix des praesens ist* e, *das vor* m *und* n *in* o *übergeht:* ved-e-ši. ved-e-tъ. ved-e-vê *für älteres* ved-o-vê. ved-e-ta. ved-e-te; *dagegen* vedą *aus* ved-o-mi, ved-o-m; ved-o-mъ; vedątъ *aus* ved-o-ntъ. vede *ist der allgemeine praesensstamm. Die verba II. 2. und IV. haben das suffix* e, o *nur in der I. sg. erhalten:* viždą *aus* vid-j-o-m, každą *aus* kad-j-o-m *neben* vid-i-ši. kad-i-ši *usw., nicht etwa* viždeši, každeši *usw.*

2. Imperativ. *Das aind. besitzt eine zweifache optativform: II. sg. tades aus tada-i-s und deiš ja-s. Der ersteren entspricht der impt. II. sg.* beri *aus* bere-i-s, *der zweiten* daždi, daždь *aus* dadjā-s, *eine verkürzung, die in* berąšti *aus* berąt-ja *ein analogon findet.* daždi *sin.* otъdaždi *pat.-mih.*

I. beri. *Der imperativ, ursprünglich ein optativ, besteht in der form* beri *aus dem praesensthema, dem modussuffix* i *und den personalendungen. Alle diese elemente sind vorhanden bei den verben I. 1.* vedête *d. i.* vede-i-te. *2.* nesête. *3.* grebête. *4.* pьcête. *5.* pьnête. *6.* mrête. *II.* dvignête. *V. 3.* berête. *Alle übrigen verba weichen in den meisten denkmälern von dieser regel ab: I. 7.* bijte. *III. 1.* umêjte. *2.* trъpite. *IV.* hvalite. *V. 1.* dêlajte. *2.* kolite. *4.* dêjte. *VI.* likujte. *Die erklärung dieser formen bietet mir schwierigkeiten dar. Man kann annehmen,* bijte *sei aus* bijête *d. i.* bije-i-te, kolite *aus* koljête, *d. i.* kolje-i-te *entstanden, indem* ê *wie sonst nach* j, *wie etwa im sg. und pl. loc. der* ъ*-declination, in* i *übergegangen. Man kann aber auch die formen durch die annahme erklären wollen, es sei an* bi, koľi *das modussuffix unmittelbar angefügt worden. Man kann schliesslich vermuten, dem* pijte, koľite *liege die II. sg.* pij, koľi *zu grunde, eine deutung, die insoferne mit der ersten verwandt ist, als* pij, koľi *wohl ohne zweifel als ältere formen* piji, koľi *aus* pijê, koľê *voraussetzen. Mir scheint die erste erklärung allein richtig, da man wenigstens für die verba I. 7. und V. 2. ältere formen wie* bijête, bijate *und* koľête, koljate *nachweisen kann, die wie* vedête *die elemente des imperativs vollständig enthalten. Für die übrigen verba findet man dergleichen formen allerdings nicht: mit einem* dêjate *könnte man sich vielleicht befreunden, da* dê *auch nach I. 7. conjugiert wird; nicht so leicht wird man imperative wie* umêjate, dêlajate, likujate, *geschweige denn* trъpijate, hvalijate *zulassen. Hinsichtlich der verba IV. geht die erklärung Schleicher's, Compendium seite 719, dahin, dass in* budi, budite *das optativelement im stammbildungselement verschwunden sei, indem* budi, budite *für* budié, budiête, *grundform* baudhaja-i-s *usw., stehe. Da die verba III. 2. und IV. nur in der I. sg. praes. das praesens-*e *haben, die verba IV. es ausserdem nur im imperfect voraussetzen, so wird es vielleicht richtig sein zu sagen, dass auch im imperativ kein* e *eintritt, daher* trъpite *aus* trъpiite, hvalite *aus* hvaliite; umêjte, dêlajte, likujte *dürften dagegen ebenso zu erklären sein wie* pijte, koľite.

Die älteren imperativformen werden von verben I. 7. und von verben V. 2. gebildet. I. Von verben I. 7. bijate *sup. zap. 2. 2. 26. izvêst. 10. 182.* bьjate *proph.-saec. XV.* izbijate *zap. 2. 2. 22.* ubiênъ *d. i.* ubijamъ *zogr.* ubьêmъ *d. i.* ubьjamъ *luc. 20. 14-zogr.* ubiêmo *d. i.* ubijamo *assem.* ubijamъ *ostrom.* vъzъpijate *proph.-saec. XV.* pokryête *luc. 23. 30-zogr.* sъkryjate sę. omyjate sę. pijamъ *proph.-saec. XV. sbor.-serast.* pijate *sav. 84. zap. 2. 2. 26. proph.-saec. XV.* napijamъ sę *op. 2. 2. 420.* vspojate *proph.-saec. XV. Von verben V. 2.* alъčamy *sup. 323. 1.* glagoľjamъ *sup.* vъzdeždate *bon.* vъnemljate *Sreznevskij, jus. 387.* ištate *zogr. slêpč. ostrom. ev.-stan. zap. 2. 2. 22. 26.* vъzyštate *bon. psalt.-pog.* vьzyštate *psalt.-deč.* nakažate *psalt.-pog.* pokažate *luc. 20. 24-zogr. sav. 47.* lъžate *strum.* plačate sę *sav.* vъspleštate *bon. psalt.-pog.* vьspleštate *psalt.-deč.* priobręštamy *sup.* sъręštamъ *sup.* usręštamъ *lam. 1. 26.* posteljamъ *sup.* svęžamъ *parem.-grig. psalt.-pog.* sъvęžate *assem. ostrom.* osęžate *assem.* ê *erhält sich nicht selten:* sъvęžête *ev.-tur. 194.* glagolête *zogr. sav.-kn. 50.* vъnemľête *zogr.* vъnemlête *zogr. assem.* vьnemlête *sav.-kn. 50 neben* vьnemête *aus* vьnemьête *126*. ištête *zogr. assem. sav. 11. 53. srezn., jus. 390*. zakolête *sav. 55*. pokažête *luc. 20. 24-zogr. sav. 27. ostrom.* lъžête *slêpč.* vъspleštête. sъręštête *greg.-naz.* i *für* ê, *a findet man schon in den ältesten quellen: I. 7.* biimъ, *vielleicht* bijmъ, *zlatostr.-saec. XII.* otъmyimъ, *vielleicht* otъmyjmъ, *ibid.* piite *zogr. V. 2.* glagolite *zogr.* pokažite *zogr.* ukažita *hom.-mih. Falsch ist* jaj *für* ja: vъnemljajte *ev.-deč. 387*. vьnemlajte *nic. 10. 17. 32. 198. 200*. vъspleštajte *apost.-ochrid. 275 aus* vъnemljate. vъspleštate.

II. daždi, daždь. *Im dual. und plur. hat sich* ja *zu* i *zusammengezogen, bevor die regel von der verwandlung des* d *vor praejotierten vocalen in* žd *durchdrang, daher* dadivê, dadita; dadimъ, dadite. *Damit kann vielleicht aind. dvišthas verglichen werden. Demselben gesetze folgen* vid, vêd, jad, *daher* viždь, vidita; vêždь, vêdita; jaždь, jadita; *ferners* mog *und* hot, *jedoch hat* hot *in dieser form nicht nur imperativische, sondern auch indicativische, mog nur die letztere function:* moži, možь *aus mogjās*, hošti, hoštь *aus hotjās*. *1.* hošti *impt.:* ne hošti jasti plъtьskyą pištą *noli edere cibum carnalem pat.-mih. 66*. ne vьshošti o sebê imene narešti o česomь *52*. ne vьshošti tuždemu *ne concupisce alienu 124*. ne hoštь *hom.-mih.* *2.* hosti *indicat.* čto hošti, brate, da bądetь? *quid vis, frater, ut fiat!* ašte hošti *neben* ašte hošteši *srjat.-op. 2. 2. 392*. hošti li *op. 2. 2. 51*. ne hošti li *cyr.-hier.* ašte mi sę hošti izvêstiti, prinesą ti, jegože vy glagolete krъsta *sup. 47. 25*. vidêti li kosti išteši, i hošti vidêti, ese togo dêlja rebro moje *387. 27*. *Der dual. und plur. lautet analog* hotivê, hotita; hotimъ, hotite, *doch findet man* hoštimъ. *Aus dem indicativischen* hošti *ist das praes.* hoštą *entstanden, so wie sich aus dem perfectivischen* vêdê *(got. vait) das praes.* vêmь *entwickelt hat.* hoštiši *in:* prosi u mene, emuže ašte hoštiši *marc. 6. 22-nic. setzt* hošti *voraus. Dem asl.* hošti, hoštь *entspricht nsl.* hoč: hoč li vin' *krell.* ne hôdi na Savo, na Dravo tud' ne, če dečlo (dečvo) hoč pravo, na Zilo pojdi (pojdê). *Aus Oberkrain. kroat. lautet* hoštь hoć *und abgekürzt* ć: neć viditi *non videbis Starine 3. 223*. ako hoć naučiti *si vis docere 226*. hoć umriti *morieris 228*. dać *für* da ćeš. nić *für* ni ćeš *Lučić, Index.* hoć *Gundulić, Osman, Index. klruss.* choč *und* chočte *statt* chotyte. *wruss.* choci *für* chočeš: *hinsichtlich des* c *für* č *vgl. das partic.* choćuči *neben* chočuči. *russ. lautet das praes. im plur.* chotimъ. chotite, *die zu* choču *nicht stimmen; die volkssprache kennt* chočemъ, chočete *und sogar* chočutъ *und andererseits* chotitъ *für* chočetъ. *1.* možь *ist als impt. nicht nachweisbar.* *2.* možь *indicativ:* eliko.

možь, vьzmi i moli za me *quantum potes, sume, et ora pro me sabb.-vindob. 273. kroat.* mož *Lučić, Index.* viditi oto mož najbolje ti sama *37. serb.* mož *Gundulić, Osman, Index. Die erklärung des* hoć, mož *aus* hoćeš, možeš *halte ich für unrichtig. Hinsichtlich der verwendung des einstigen optativs in indicativischem sinne vgl. man* hošti *mit got.* viljau, vileis, vili *usw., das dieselbe function hat:* bidei mik. thiswizuh thei vileis *lautet asl.* prosi u mene, jemuže ašte hošti *marc. 6. 22. Wenn meine ansicht richtig ist, so besteht in dem gebrauche des alten optativs eine bedeutsame übereinstimmung zwischen slavisch und germanisch.*

3. Imperfect. *Das imperfect, regelmässig eine praesensform, wird gebildet, indem das praesenssuffix* e *des praesensstammes zu* ê *verstärkt und an diese form das aus dem aoristischen* s *entstandene* h *gefügt wird:* pletêh-ъ. ê *für* e *bezeichnet nach meiner ansicht symbolisch hier wie beim iterativen* -plêtaję *neben dem durativen* pletą *die dauer der handlung. Ich will hier vor allem jene imperfecte aufführen, die sich in ihrer ursprünglichen form erhalten haben:* pletêhъ; *dann diejenigen erwägen, welche wie* pletêahъ *durch den einfluss der* a-*stämme entstanden sind, und endlich diejenigen untersuchen, welche, abweichend von der regel, infinitivformen sind, d. h. auf dem infinitivstamme beruhen:* gorêahъ.

1. Unerweiterte formen. I. classe. idêhъ. proidêhъ. živêhъ. rastêhъ. êdêhъ *sav.-kn.* idêhъ *cr.-ochrid.* jadêhъ *edebam sup.:* *jade. idêhъ. čьtêhъ *slêpč.* vezêhъ. gredêhъ. dadêhъ. êdêhъ *edebam.* rastyhъ (rastêhъ) *kral.:* živjaahъ. idjaahъ. êdjaahъ *ostrom. sind falsch. Mit unrecht erwartet Vostokovъ* rastjaahъ *für* rastêahъ. budêhъ *eram. lam. 1. 159.* možahъ *poteram cloz. 2. 163. sav.-kn.:* moge. strъžahъ *custodiebam nic.* strêžahъ *šiš.* vъpiêhъ *mariencod.* vъpьêhъ *clamabam.* pьêhъ *bibebam zogr.:* vъpьje. pьje. vъzъpьêhъ. poêhъ *canebam cloz. I. 351. 898:* vъzъpьje. myêhъ *nic.:* poje. pljuêhъ *assem.:* pljuje. bijahъ. pijahъ *sup.* bijahъ. znajahъ *noscebam. sav.-kn.:* znaje. poêhъ *pat.-mih. 92. 118.* bêhъ *eram setzt ein praes.* be *aus* bve *voraus:* bjaahъ *ostrom. ist falsch.* znahъ *cloz. I. 162.* znahъ *hom.-mih. ist aus* znaahъ, sъmêhъ *sav.-kn. 151.* smêhъ *kral. aus* sъmêjahъ *entstanden. II. classe.* vъzbъnêhъ *expergiscebar:* vъzъbnêsta *pat.-mih. 139:* -bъne *aus* -bъdne. pomênêhъ *recordabar:* pomênêsta *138:* pomêne. ostanêhъ *cessabam:* ostanêše *153:* ostane. *III. classe. 1.* imêahъ *cloz. I. mariencod.* imêahъ *šiš. nic.:* imêje. želêahъ *hom.:* želêje. *IV. classe.* divlahъ sę. krъštahъ. slavlêhъ *zogr.:* divlje. krъstje. slavlje nošahъ. učahъ *cloz. I. 169. 221.* krъmljahъ.

moljahъ. myšljahъ. slavьjahъ. tomьjahъ *sup.* divlêhъ sę. krêplêhъ sę. ljubljêhъ *6. 69.* molêhъ. taêhъ sę *149.* ohoždahъ *136. sav.-kn. für* -ljahъ *nsv.* vlьnêhomь sę ἐφερόμεθα *strum.* napravlêhъ. hoždahъ *bon.* divlêhъ sę. tvorêhъ. čjuždahъ sę *slêpč.* gonjahь. divljahь sę. množahь *šiš.* progonjahь. tvorjahь, tvorêhь *hom.-mih. Abweichend:* glumêhъ sę *bon.* mlьvêhъ *120.* mudêhъ *sav.-kn.* krotêhъ. ishodêhъ *slêpč.* kaznêhь *prol.-rad.* slavêhь *prol.* nosêhь *pat.-krk. V. classe. 1.* sъbljudaahъ. propovêdaahъ. otъvêštavaahъ. ględaahъ. prikasaahъ sę. prêtrьzaahъ. *zogr.:* sъbljudaje. propovêdaje *nsv.* byvaahъ. vъzimaahъ. klanêahъ sę. domyšlêahъ sę. padaahъ. obrêtaahъ. otrêšaahъ. pritêkaahъ *cloz. I.* sъbiraahъ. želaahъ *mariencod.* prêbyvaahъ. rastvarêêhъ *sup.* pobivaahъ. vъnimaahъ *slêpč.* vъprašaahь. poslušaahь. istezaahь. razumêvaahь. icêlêvaahь *šiš.* podobaahъ *ostrom.* ahъ *entsteht aus* aahъ: podobahъ *cloz. I. 194.* propovêdahъ. pobivahъ. vъnimahъ *slêpč.* vъprašahъ. lъžesъvêstovahъ. proêvêvahъ *prag.-frag.* 2. jemljahъ: ne jemljahu imь vêry *non credebant eis luc. 24. 11-ev. 1372:* jemlje. prêjemljahь *prol.-rad.* plačêhь: plačêhu mrêžu *ev.-mih. c.* stenjahь *gemebam mladên. 263.* skrьžeštahъ *act. 7. 54-slêpč., wofür šiš.* skrьztaahь *bietet.* ištahь: narodi ištahą ego *lam. 1. 13.* mažahь: mažaše hrizmoą *1. 14.* poričjašeta *parem. 1271-rost. 69.* borêhъ sę *pugnabam:* sь cêmь borêhą sę *pat.-mih. 65.* 3. zovêhą *vocabant act. 14. 11-slêpč., in šiš.* zvahu. zovêše. zovêšetь *krmč.-mih.:* zove. daêahъ *marc. 6. 7.* 4. prêdaahъ *zogr.* dêahъ. vъstaahъ *cloz. I:* daje. daêhъ. prêdaahъ. sêahъ *mariencod.* vъlaahъ sę *ostrom. VI. classe.* pokazuahъ *assem.* besêdujahъ. krasujahъ. radujahъ. trêbujahъ *sup.* vlьnujahъ sę *lam. 1. 5.* ljubočьstvuahь *prol.-rad.* besêduaše. krasuaše se *greg.-mon.* ispovêdujahь. povinujahь *prol.* likuahъ. poslêduahъ *aus verschiedenen quellen:* pokazuje.

2. *Nach analogie der a-stämme durch a erweiterte formen.* vedêahъ. grędêahъ. dadêahъ *luc. 1. 41.* idêahъ. êdêahъ *edebam.* êdêahъ ὑπῆγον *vehebar io. 6. 21-zogr.:* grędе-a. grędêahъ. živêahъ. idêahъ *assem.* grędêêhъ. idêahъ. kradêahъ. mętêahъ. rastêêhъ. jadêahъ, êdêêhъ *edebam.* načьnêêhъ *sup.* bądêahъ *jus. 183. a.* vezêahь. živêahь. žrêahь. idêahь, idêjahь. rastêjahь. čьtejahь. jadêahь *šiš.* žrêjahь *sacrificabam ev.-šiš.* vedêahь. gredêahь. dadêahь. živêahь. idêahь. rastêahь *nic.* vedêahь. idêjahь. jadêjahь *mladên.* bljudêjahь. idêjahь. kradêahь. čtêjahь živêahъ. idêahъ. êdêahъ *neben den falschen formen* živjaahъ. idjaahъ. êdjaahъ *ostrom.* vedêjahъ ἦγον *neben* dadjaahъ *greg.-naz.* možaahъ *cloz. I. 165.*

mariencod. tečaahъ *assem.* možaahъ. pečaahъ *sup.* vlêčaahъ. možaahъ. strêžaahъ *šiš.* možaahъ. tečaahъ *ostrom.* bьčahъ. vъpičahъ. pьčahъ *zogr.* vъpičahъ *assem.* moljaahъ *sup.* bijaahъ *ostrom.* pojaahъ ἀνέμελπον *irm.* bêahъ; bêêhъ *sup.* bejahъ *hom.-mih. eram setzt ein praes.* be *aus* bve *voraus:* be-a. *II. classe.* utъknêahъ sę *cloz. I.* utъkne-a. zadъhnêahъ. ostanêahъ. prestanêêhъ. sъhnêahъ, isъhnêahъ *sup.* pomênêahъ *slêpč.* zadъhnêjahъ se *hom.-mih.* *IV. classe.* blagovêštaahъ. divľêahъ sę. krêpľêahъ sę. razlęčaahъ. mlъvľêahъ. pomyšľêahъ. nąždaahъ. ponošaahъ, prinošaahъ. slavľêahъ. služaahъ. ostavľêahъ *zogr.:* blagovêstje-a. gotovľêahъ. obličaahъ. prošaahъ. tvorêahъ. prêhoždaahъ *cloz. I.* molêahъ. hoždaahъ. čjuždaahъ sę *assem.* molêahъ. ljublêahъ *mariencod.* moljaahъ, moľêahъ. myšljaahъ. paľêahъ *für* paľêahъ. strojajahъ. tvorjaahъ, tvorjajahъ, tvorêahъ, tvoréjahъ, toréêhъ, tvorjaêhъ *sup.* glumlêahъ sę *psalt.-sluck.* tvorêahъ *psalt.-pog.* voljaahъ *šiš.* vlačaahъ. glumêahъ sę. prinošaahъ. tvorêahъ *bon.* rąbêahъ ἐτελώνευον: knezi rubêahu vьse i vьdovicu (vьdovicę) i siroty i prišьlьce *mladên. 246.* tvorêahъ. cêljaahъ, cêlêahъ *ostrom.* *V. classe.* 2. gybljaahъ *peribam mladên.:* gyblje-a. prijemljaahъ. meštaahъ *iaciebam.* obręštaahъ *inveniebam sup.* dosęžaahъ *dial.-šaf.* prêjemljaahu κατὰ διαδοχὴν ἐδέξαντο *prol.-rad.* 3. ženêahъ *pellebam:* žene-a. židêahъ *neben* žьdêahъ *sup.*

3. *Infinitivformen.* *III. classe.* boêahъ sę: boja-a državahъ sę. zьrêahъ, zazьrêahъ. ležaahъ. mlъčaahъ. sъpaahъ *zogr.* imêahъ. stydêahъ sę. tъštaahъ sę. hotêahъ *cloz. I.* bolêahъ. vêdêahъ. imêahъ. naležaahъ. sêdêahъ. stoêahъ. hotêahъ *mariencod.* stoêahъ *assem.* bolêahъ. vidêêhъ. visêêhъ. dovьlêêhъ. vêdêahъ, vêdêêhъ. mьnêahъ. mьnêêhъ, trьpêêhъ *sup.* stoêahъ *sav.-kn.* želêahъ *bon.* vêdêahъ. imêjahъ. mnêjahъ. trpêahъ, trpêjahъ. hotêahъ, hotêjahъ *hom.-mih.* vidiahъ *luc. 4. 41.* hotyahъ. vedêjahъ ᾔδειν *greg.-naz.* ględjahъ *izv. 539.* *aus* ględêahъ. *Daneben findet man* boêhъ sę. stoêhъ. sêdêhъ *marc. 26. 58-zogr.* stoêhъ *mariencod.* vêdêhъ. stoêhъ *cloz. I.* bolêhъ. imêhъ. mьnêhъ. dostojahъ. stydêhъ sę. hotêhъ. spahъ *sav.-kn.* vêdêhъ *pat.-mih.* *hom.-mih.* vêdêhъ. imêhъ. mnêhъ *hval.* *Abweichend ist* hoštahъ: hoštaše ubêžati *lam. 1. 26.* *Falsch:* vidjaahъ. vêdjaahъ. imjaahъ. mьnjaahъ. pьrjaahъ. hotjaahъ *ostrom.* *für* vidêahъ. vêdêahъ. imêahъ *usw.* *Mit unrecht erwartet Vostokovъ* stydjaahъ *für* stydêahъ. *V. classe.* 2. zъdaahъ. iskaahъ. sъkazaahъ. metaahъ *zogr.:* iska-a. glagolaahъ. iskaahъ *assem.* iskaahъ. roptaahъ *mariencod.* mazaahъ *sup.* skrъžetaahъ *bon.* slahъ *mittebam hom.-mih.* glagolaahъ. iskaahъ *šiš.* iskaahъ. mazaahъ *ostrom.* ahъ *entsteht aus*

aahъ: iskahъ *cloz. I. 244.* skazahь. lobьzahь. pomazahь *138.* plęsahь *pat.-mih. 3.* vъzъvaahъ *marc. 10. 49-zogr.:* zъva-a. zъvaahъ *assem.* zъvahъ *sav.-kn.* ždaahь. zvahь. plъvahь *pat.-mih.* zvahь *šiš. nic.* ždahь *šiš.* zъvaahъ. plъvaahь *ostrom. hippol. 96.* žьdaahъ *greg.-naz. VI. classe.* besêdovahъ *zogr.:* besêdova. nepъštevaahъ *bon.* pomilovaahъ *triod.-grig.* vêrovahь *šiš.* besêdovahь *nic.* besêdovahъ: besêdovasta ὡμίλουν *ostrom.* besêdovahъ. trêbovahъ *greg.-naz. Vg. meine abhandlung: Über das imperfect. Sitzungsberichte 78. seite 143.*

4. Partic. praes. act. *Das suffix des partic. praes act. ist* nt, *das mit dem vorhergehenden praesenssuffix* o *in* ąt *übergeht. Im auslaut muss nicht nur* t *abfallen, sondern auch* ą *zu* ę *oder zu* y *geschwächt werden, zu jenem, wenn ein* j, *zu diesem, wenn ein anderer consonant vorhergeht:* piję *aus* piją; *ebenso* žьnję *aus* zьnją, mažę *aus* mažą *für* mažją; *dagegen* idy *aus* idą. *Hinsichtlich der partic. wie* piję, žьnję, mažę *tritt in den quellen keine verschiedenheit hervor: dagegen sind zwar partic. wie* idy *in allen denkmälern nachweisbar, daneben bieten jedoch die ältesten quellen auch formen auf* ę: idę *dar. Die form auf* ę *liegt dem partic. praes. act. aller lebenden sprachen zu grunde, denen formen auf* y *vollkommen unbekannt sind.* nesę. grędęj. živęj. sęj ὁ ὤν. êdęj *edens zogr.* grędęj *cloz. I.* sęj ὁ ὤν *sav.-kn. 1. 19.* živęj. čьtęj *maked.-listy.* sęj *bon.* vrьhej. mogej. jadej *šiš.* gredej. kradej. strьgej *custodiens hval.* gredej *148.* ide *luc. 14. 31.* idej *242.* mimoidej. êde, êdej *151. 233. 256.* klьnej se *52.* mogej *41.* padej *luc. 20. 18.* pekej se *172.* tlьkej *neben* gredy. mogy *usw. nic.* gredej. vsemogej *hom.-mih.* sęj *greg.-naz. 252.* grędęj *hippol. In russischen quellen späterer zeit tritt* a *an die stelle von* ę: tekaj. čьtaj. vsemogaj *usw. für* tekęj. čьtęj. vsemogęj. *Ob partic. praes. act. auf* ą *im asl. wirklich bestehen, ist nicht mit sicherheit festzustellen, da sie in massgebenden quellen fehlen:* mogąj ὁ δυνάμενος *matth. 19. 12-zogr. b.* gredą, grędąj, grjędąj. sąj ὁ ὤν *assem. ochrid. bon. pat.-mih. greg.-naz. 54. 117. 157.* pasąj *bon. usw.*

Dem gesagten gemäss besteht in den ältesten asl. denkmälern neben dem in späteren quellen allein gebräuchlichen grędy *die form* grędę. *Um* grędy *neben* grędę *einigermassen zu begreifen, muss man von* grędą (grędąt) *ausgehen, das in* grędąšti, grędąštь, grędąšta *usw. vorkömmt. Auslautendes* ą *hat in manchen formen die neigung sich zu schwächen, wobei es zu* y *oder zu* ę *herabsinkt. Jenes ist jedoch aus* ą *nicht unmittelbar hervorgegangen, sondern es ist* ą *zuerst in* ъ *verwandelt und dieses zu* y *verstärkt worden. Das herabsinken des* ą *zu* ъ *ist eine nicht seltene erscheinung, und was die verstärkung des* ъ *zu* y *anlangt, so tritt dieselbe nicht nur in* ljuby *und ähnlichen formen im auslaute, sondern auch im inlaute ein.* y *ist auf slavischem boden entstanden und stellt sich in allen fällen als eine verstärkung des* ъ *dar: es wird irrtümlich auf altindisches* u *zurückgeführt. Dass* ę *ein schwächerer laut ist als* ą, *ergibt sich aus dem verhältnisse des* e *zu* o, *aus dem verhältnisse der wurzel* ręg *zum subst.* rągъ, *wie aus dem polnischen* mąž, męža; ręka, rąk. *In der sprache der späteren denkmäler geht der auslaut des partic. praes. act.* ą *nur nach* j *und den ein solches in sich schliessenden consonanten in* ę *über, während in allen anderen fällen* y *eintritt, daher* bíję, mažę *und* grędy. *Die gleiche differenz besteht im pl. acc. der* ъ*-stämme und im sg. gen., wie im pl. acc. und in dem damit identischen pl. nom. der* a*-stämme; daher* raby *und* mążę, ryby *und* mrěžę. *Aus dem umstande, dass* grędy *und* mažę *dem* raby *und* mąžę, *wie dem* ryby *und* mrěžę *gegenübersteht, sind wir zu dem schlusse berechtigt, dass den letzteren formen eine auf* ą *auslautende urform zu grunde liegt:* rabą, mąžą *und* rybą, mrěžą. *Wenn man die dem asl. nächst verwandten sprachen, das nsl. und das serb. — das bulgarische hat die declination schon sehr früh fast ganz aufgegeben — prüft, so findet man bei den* ъ- *und* a*-stämmen auch nach den sog. harten consonanten das dem asl.* ę *entsprechende* e, *denn die pl. acc. lauten* rabe (robe) *und* ribe *aus* rabę, rybę, *und diese aus* rabą, rybą. *Es versteht sich von selbst, dass* ę *und* ъ (y) *von einander unabhängig aus* ą *entstanden sind. Dass* grędę *und* grędy *im asl. neben einander vorkommen, ist befremdend, allein dieses nebeneinander scheint sich dadurch zu erklären, dass man annimmt, im neunten jahrhunderte sei in Pannonien an die stelle von* grędę *die form* grędy *getreten, und es sei längere zeit hindurch in einigen fällen das weichende* grędę *neben* grędy *gebräuchlich gewesen. Derselbe wechsel von* y *und* ę *fand im partic. praes. act. und bei den* ъ- *und* a*-stämmen im karantanischen slovenisch des zehnten jahrhunderts statt, denn in den freisinger denkmälern lesen wir:* imugi (imy) *neben* vuede (vědę); *die pl. acc. von* ъ*-stämmen* grechi (grěhy), crovvi (krovy), vueki, vuęki (věky) *neben* greche (grěhę) *und* gresnike (grěšъnikę), *wie* te (tę) *für asl.* ty *(eos); den sg. gen. von* a*-stämmen* szlauui (slavy) *neben* zlodeine (zъloděinę). *Während im pannonischen slovenisch die endung* y *über die endung* ę *die oberhand gewann, trat im karantanischen slovenisch das umgekehrte ein: die participien wie* imugi (imy) *verschwunden. Aus den in den bei weitem meisten fällen die endung* y *bietenden pannonischen denkmälern kam diese form in die bulgarisch-,* so wie in die serbisch- und russisch-slovenischen quellen: sie herrscht in den ersteren ausschliesslich, während in den letzteren, den russischen, in späterer zeit die dem russischen eigene ę-form, wenn auch anfangs schüchtern auftritt. Hiebei ist auf einen unterschied hinzudeuten, dass, während im neuslovenischen das auslautende ursprüngliche ą in den oben angegebenen fällen durchgängig zu ę geschwächt wird, im russischen wohl der auslaut des partic. praes. act. in ę (ja, a) übergeht, die anderen hieher gehörigen formen jedoch die schwächung zu ъ, y darbieten. Daničić, Istorija 348, meint, in formen wie moge (mogę) habe eine vermengung der stämme auf reines a mit stämmen auf ja stattgefunden, d. i. es habe die analogie der ja-stämme auf die reinen a-stämme eingewirkt, eine ansicht, die ich aus dem grunde für minder richtig halte, weil dergleichen vermengungen, einmal begonnen, immer weiter um sich zu greifen pflegen, während wir doch sehen, dass im altslovenischen die endung ę durch die endung y ganz verdrängt wurde. Ein wechsel von ę und y tritt auch bei den subst. n-stämmen ein: kamy neben korę und vrêmę seite 40. 42.

Aus dem oben gesagten ergibt sich die unrichtigkeit der partic.-form steľęštę sup. 245. 15. für steljąštę vom stamme stelje. sъničęstę greg.-naz. stammt von sъniča III. 2, nicht von sъnica, das zu V. 1. gehört. darovęšti greg.-naz. setzt einen stamm darovi aus darъ voraus: vgl. žirovi aus žirъ. Die verba III. 2. und IV. haben das praesenssuffix mit dem i verschmolzen, daher gorę, goręšti. hvalę, hvalęšti. Die verba jes. vêd. dad. jad können es im partic. praes. act. nicht entbehren: sy, sę, sąšti aus s-o-nt. vêdy, vêdę, vêdąšti. dady, dadę, dadąšti. jady, jadę, jadąšti.

5. Partic. praes. pass. Das suffix des partic. praes. pass. ist mъ, dem das praesenssuffix als o vorhergeht: plet-o-mъ, bi-j-e-mъ aus bi-j-o-mъ. Minder genau ist zovemъ: zovemoe uho. zovemaja prijazyčnica, iže jestь laloka izv. 667. 669. Von den verba III. 2. und IV. und von vêd. dad. jad gilt das oben gesagte: vidimъ. hvalimъ; vêdomъ. dadomъ. jadomъ.

f) Conjugation nach den verbalclassen.

A. Conjugation mit dem praesenssuffix.

Erste classe.

Suffixlose stämme.

Um die verschiedenheiten der conjugation zur anschauung zu bringen, werden sieben paradigmen aufgestellt: 1. ved. 2. nes. 3. greb.

7

4. pek. 5. pьn. 6. mr. 7. bi. *Massgebend ist der auslaut des infinitivstammes. Vgl. 2. seite 120.*

1. ved.

α. *Inf.-stamm* ved. *Inf.* ves-ti. *Sup.* ves-tъ. *Partic. praet. act. I.* ved-ъ. *II.* ve-lъ. *Part. praet. pass.* ved-e-nъ.

Aor. einf.	*1.* ved-ъ	ved-o-vê	ved-o-mъ
	2. ved-e	ved-e-ta	ved-e-te
	3. ved-e	ved-e-te	ved-ą.
Aor. zsges. I.	*1.* vê-s-ъ	vê-s-o-vê	vê-s-o-mъ
	2. —	vê-s-ta	vê-s-te
	3. —	vê-s-te	vê-s-ę.
Aor. zsges. II.	*1.* ved-o-h-ъ	ved-o-h-o-vê	ved-o-h-o-mъ
	2. ved-e	ved-o-s-ta	ved-o-s-te
	3. ved-e	ved-o-s-te	ved-o-š-ę.

β. *Praes.-stamm* ved-e.

Praes.	*1.* ved-ą	ved-e-vê	ved-e-mъ
	2. ved-e-ši	ved-e-ta	ved-e-te
	3. ved-e-tъ	ved-e-te	ved-ątъ.
Impt.	*1.* —	ved-ê-vê	ved-ê-mъ
	2. ved-i	ved-ê-ta	ved-ê-te
	3. ved-i	ved-ê-ta	ved-ê-te.
Impf.	*1.* ved-êa-hъ	ved-êa-h-o-vê	ved-êa-h-o-mъ
	2. ved-êa-še	ved-êa-š-e-ta	ved-êa-š-e-te
	3. ved-êa-še	ved-êa-š-e-te	ved-êa-h-ą.

Partic. praes. act. ved-ę, ved-y. *Pass.* ved-o-mъ.

Plesti, vesti: plestъ, vestъ *stehen für* pletti, vedti; plettъ, vedtъ; plelъ, velъ *für* pletlъ, vedlъ; račrьlo *greg.-naz. 141: stamm* črьt, *woher auch* črъtąšti *98. Im inf. wird* ь *zu* i *verstärkt:* evisti *sup. 220. 10:* evьt. čisti *sup. 5. 27; 20. 22; 140. 27. usw. šiš. 56; selten ist* čьsti *pat.-mih.:* čьt. žlêd, žlad *compensare scheint eine w.* žld *vorauszusetzen: got. gildan: aind. grdh liegt seiner bedeutung nach weit ab. Der stamm* bąd *fieri, esse bildet nur das praes., impt., impf., partic. praes. act.* bąd-e: *praes.* bądą *ero, denn* bąd *ist perfectiv. impt.* bądi. *impf.* bądêahъ: budjaše *nest. partic. praes. act.* bądę; bądy *greg.-naz.* bąde *klingt mit* by *so zusammen, wie* ide *mit* i, jade *mit* ja *aus* jê. *Der stamm* gręd *ire bildet den inf., ferners praes., impt., impf., partic. praes. act.:* gręsti *greg.-naz. 196. 222. pat.-mih. izv. 643. 668.* gresti *krk.* gręde: *praes.* grędą. *impt.* grędi. *impf.* grędêahъ. *partic. praes. act.* grędę, grędy. *Der stamm* i, id *ire bildet ausser dem inf. und dem einfachen und zusammengesetzten aor. die praesensformen: inf.* iti (i); *sonst* id: *einf. aor.* idъ. *zsges. aor. II.* idohъ. ide: *praes.* idą. *impt.* idi. *impf.* idêahъ. *partic. praes. act.* idę, idy. *Der stamm* rêt *ire* (obrêt *invenire,* sъrêt *convenire) bildet die infinitivformen von* rêt: obrêsti. obrêtъ. obrêlъ *usw. Die praesensformen haben den stamm* obrętje *nach V. 2: praes.* obręštą. *impt.* obręšti. *impf.* obręštaahъ: obrêtaahъ *beruht auf dem stamme* obrêta *V. 1. In serb. quellen findet man* obrêtemъ *invenimus šiš. 144. Der stamm* sêd *considere hat als praesensstamm* sęde: *praes.* sędą. *impt.* sędi. *Der stamm* šьd *(aind. sjad laufen, fahren Fick 2. 503) ire bildet nur das partic. praet. act. I. und II:* šьdъ. šьlъ. *Das subst.* šьstije *setzt ein partic. praet. pass.* šьstъ *voraus. Der stamm* jad *edere bildet die praesensformen ohne* e: jamь *für* jadmь *usw. Die inf.-formen sind:* jasti. jastъ. jadъ. jalъ. jadenъ. *Zsges. aor. I. mit* s: *Sg.* jasъ. jastъ. jastъ. *Dual.* jasovê. jasta. jaste. *Pl.* jasomъ. jaste. jasę. *Zsges. aor. I. mit* h: *Sg.* jahъ. jastъ. jastъ. *Dual.* jahovê. jasta. jaste. *Pl.* jahomъ. jaste. jašę. *Zsges. aor. II.: Sg.* jadohъ. jade. jade. *Dual.* jadohovê. jadosta. jadoste. *Pl.* jadohomъ. jadoste. jadošę. *Die II. und III. sg. lautet* jastъ *zogr. und* ja. jadohъ *scheint nur in jüngeren quellen vorzukommen: der einf. aor.* jadъ *scheint unnachweisbar zu sein. Der stamm* jad *vehi bildet den einfachen und den zusammengesetzten aor. II. und das partic. praet. act. I. sammt den praesensformen: einf. aor.* jadъ. *zsges. aor. II.* jadohъ: prêjade *sav.-kn. 17. ostrom. partic. praes. act. I.* jadъ. jade: *praes.* jadą. *impt.* jadi: prêjadêmъ. vъzêdi *ostrom. impf.* jadêahъ. *partic. praes. act.* jadę, jady: êdąštę *marc. 6. 33-zogr.* jadąštemъ *ostrom. Das partic. praet. act. I. lautet auch* javъ *von* ja: prêêvъšu *marc. 5. 21-zogr.* prêavšju *nic. Von* jaha, *einem augmentativum von* ja, *liest man impt.* jahaj *luc. 5. 4-zogr. partic. praet. act. I.* priêhavъše *matth. 9. 53-zogr.* prêêhavъ *assem.* prêjahavъse *ostrom., so dass von diesem partic. drei formen existieren:* jahavъ. jadъ: priêdъše *act. 27. 5-hval. und* javъ: priêvъše *act. 27. 16; 28; 28. 12-hval.*

2. nes.

α. *Inf.-stamm* nes. *Inf.* nes-ti. *Sup.* nes-tъ. *Partic. praet. act. I.* nes-ъ. *II.* nes-lъ. *Partic. praet. pass.* nes-e-nъ.

Aor. einf.	*1.* nes-ъ	nes-o-vê	nes-o-mъ
	2. nes-e	nes-e-ta	nes-e-te
	3. nes-e	nes-e-te	nes-ą.
Aor. zsges. I.	*1.* nê-s-ъ	nê-s-o-vê	nê-s-o-mъ
	2. —	nê-s-ta	nê-s-te
	3. —	nê-s-te	nê-s-ę.
Aor. zsges. II.	*1.* nes-o-h-ъ	nes-o-h-o-vê	nes-o-h-o-mъ
	2. nes-e	nes-o-s-ta	nes-o-s-te
	3. nes-e	nes-o-s-te	nes-o-š-ę.

β. *Praes.-stamm* nes-e.

Praes.	1. nes-ą	nes-e-vê	nes-e-mъ
	2. nes-eš-i	nes-e-ta	nes-e-te
	3. nes-e-tъ	nes-e-te	nes-ątъ.
Impt.	*1.* —	nes-ê-vê	nes-ê-mъ
	2. nes-i	nes-ê-ta	nes-ê-te
	3. nes-i	nes-ê-ta	nes-ê-te.
Impf.	*1.* nes-êa-h-ъ	nes-êa-h-o-vê	nes-êa-h-o-mъ
	2. nes-êa-š-e	nes-êa-š-e-ta	nes-êa-š-e-te
	3. nes-êa-š-e	nes-êa-š-e-te	nes-êa-h-ą.

Partic. praes. act. nes-ę, nesy. *Pass.* nes-o-mъ.

Grysti, grystъ *steht für* gryzti, gryztь: *stamm* gryz. *Im inf. werden* r, l *zu* rê, lê *verstärkt:* otъvrêsti *zogr. assem. sup. 218. 27. ostrom.* otvrêsti *greg.-naz. 165.* razvrêsti *sup. 4. 25: stamm* vrъz. mlêsti: *stamm* mlъz. *Das partic. praet. pass. von* vrъz *wird durch* nъ *und* tъ *gebildet:* otъvrъzenъ *pat. 76, daher* razvrъzenije *sup. 435. 11, neben* otvrъstъ *zogr.* otъvrъstъ *sup. 12. 9; 145. 13; 238. 5; 341. 16. 348. 33. ostrom.* povrъstъ *ant.-hom. 146, daher* otъvrъstije *sup. 365. 5.*

3. greb.

α. *Inf.-stamm* greb. *Inf.* gre-ti. *Sup.* gre-tъ. *Partic. praet. act. I.* greb-ъ. *II.* greb-lъ. *Partic. praet. pass.* greb-e-nъ.

Aor. einf.	*1.*	greb-ъ	greb-o-vê	greb-o-mъ
	2.	greb-e	greb-e-ta	greb-e-te
	3.	greb-e	greb-e-te	greb-ą.
Aor. zsges. I.	*1.*	grê-s-ъ	grê-s-o-vê	grê-s-o-mъ
	2.	—	grê-s-ta	grê-s-te
	3.	—	grê-s-te	grê-s-ę.
Aor. zsges. II.	*1.*	greb-o-hъ	greb-o-h-o-vê	greb-o-h-o-mъ
	2.	greb-e	greb-o-s-ta	greb-o-s-te
	3.	greb-e	greb-o-s-te	greb-o-š-ę.

β. *Praes.-stamm* greb-e.

Praes.	*1.*	greb-ą	greb-e-vê	greb-e-mъ
	2.	greb-e-ši	greb-e-ta	greb-e-te
	3.	greb-e-tъ	greb-e-te	greb-ątъ.
Impt.	*1.*	—	greb-ê-vê	greb-ê-mъ
	2.	greb-i	greb-ê-ta	greb-ê-te
	3.	greb-i	greb-ê-ta	greb-ê-te.
Impf.	*1.*	greb-êa-h-ъ	greb-êa-h-o-vê	greb-êa-h-o-mъ
	2.	greb-êa-š-e	greb-êa-š-e-ta	greb-êa-š-e-te
	3.	greb-êa-š-e	greb-êa-š-e-te	greb-êa-h-ą.

Partic. praes. act. greb-ę, greb-y. *Pass.* greb-o-mъ.

Vor den suffixen ti, tъ *wird der auslaut des stammes abgeworfen:* počrêti *sup. 432. 23. pat.-mih. 119. 120. 150.* počrêtь *zogr.* počrêtь *pat.-mih. 13.* pogreti *zogr. assem. sup. 413. 29. sav.-kn. 14.* žiti: živ. plêti: plêv. šiti: šiv. *Falsch ist* pogrêti *op. 2. 2. 429. In jüngeren quellen wird vor* ti, tъ *ein* s *eingeschaltet:* počrьpьsti *pat.* pogrebьsti *pent.* izdlьbsti *misê. Die formen* testi *pat.-mih.* počrêsti *ant.* počrьsti *ant. pat. 91.* gresti *pat. ant. 224.* pogresti *pat.-mih. 132. nic. ev.-šiš. izv. 642. setzen die inf.* tepsti, črêpsti, črьpsti *dial.* grebsti *voraus.* v *wird auch vor dem suffix* lъ *ausgestossen:* žilъ.

plêlъ. šilъ: živ. plêv. šiv. *Der aor. von* živ *kann* žihъ *oder* živohъ *lauten:* ožihь *barl.* ži *sup. 401. 24.* žista *sup. 7. 11.* požista *šiš. 41.* žihomъ *sup. 52. 21.* žišę *pat.-mih. neben* oživę *ostrom. Man merke auch* šijaaše *pat. 153.* šijaahu *ant. wie von einem stamme* ši. *Im inf. wird* r *zu* rê *verstärkt:* počrêti *sup. 432. 23. pat.-mih.* počrêtъ *ostrom. Das partic. praet. pass. wird durch* nъ *und durch* tъ *gebildet:* iždivenъ *apost.-bulg. neben* ižditъ *barl. 110, daher* ižditije, prižitije. šiv *hat* šьvenъ *sup. 336. 22. pat. 113. 272. von dem wahren stamme* šiv, *selten* šivenъ *pent.*

4. pek.

α. *Inf.-stamm* pek. *Inf.* pešti. *Sup.* peštь. *Partic. praet. act. I.* pek-ъ. *II.* pek-lъ. *Partic. praet. pass.* peč-e-nъ.

Aor. einf.	*1.* pek-ъ	pek-o-vê	pek-o-mъ
	2. peč-e	peč-e-ta	peč-e-te
	3. peč-e	peč-e-te	pek-ą.
Aor. zsges. I. h *für* s:	*1.* rê-h-ъ	rê-h-o-vê	rê-h-o-mъ
	2. —	rê-s-ta	rê-s-te
	3. —	rê-s-te	rê-š-ę.
Aor. zsges. II.	*1.* pek-o-hъ	pek-o-h-o-vê	pek-o-h-o-mъ
	2. peč-e	pek-o-s-ta	pek-o-s-te
	3. peč-e	pek-o-s-te	pek-o-š-ę.

β. *Praes.-stamm* pek-e.

Praes.	*1.* pek-ą	peč-e-mъ	peč-e-mъ
	2. peč-e-ši	peč-e-ta	peč-e-te
	3. peč-e-tъ	peč-e-te	pek-ątъ.
Impt.	*1.* —	pьc-ê-vê	pьc-ê-mъ
	2. pьc-i	pьc-ê-ta	pьc-ê-te
	3. pьc-i	pьc-ê-ta	pьc-ê-te
Impf.	*1.* peč-aa-h-ъ	peč-aa-h-o-vê	peč-aa-h-o-mъ
	2. peč-aa-š-e	peč-aa-š-e-ta	peč-aa-š-e-te
	3. peč-aa-š-e	peč-aa-š-e-te	peč-aa-h-ą.

Partic. praes. act. peky. *Pass.* pek-o-mъ.

Vor e *gehen* k, g, h *in* č, ž, š, *vor* ê *und vor* i *für* ê *in* c, z, s *über:* pečeši, možeši, vrъšeši; pьcête, mozête, vrъsête;

pьci, mozi, vrъsi: *stämme* pek, mog, vrъh. *Im impf. geht nach den palatalen* ča *in* jaa *über, daher* pečaahъ, možaahъ, vrъšaahъ. kti, gti, hti *werden durch* šti *ersetzt:* pešti, mošti *und* vrêšti: *dasselbe gilt von* gtъ, ktъ, htъ, *dessen* ъ *nach* št *in* ь *verwandelt wird. Im inf. und auch sonst wird* l, r *zu* lê, rê *verstärkt:* vrêšti, vlêšti: *stämme* vrъg. vlk. tlêšti *luc. 13. 25-zogr. sav.-kn. 16:* tlk. vrêšti *ostrom.* otъvrêšti *sup. 33. 28; 43. 9; 157. 14 usw.* povrêšti *10. 17; 193 21; 263. 23; 101. 20. ostrom. ev.-tur. neben* vъvrъšti, otъvrъšti *pat.-mih. 55. 152. izv. 544:* vrъg. *In allen anderen formen gilt* vrъg. brêšti *nimmt meist die form* brêg *an:* brêgą *sup. 128. 17.* brêže *308. 20; 320. 1.* brêgъša *156. 1, doch* brъgъše *29. 16; 72. 13. Von* strêg *ist* strъg *selten:* strъgušte τηροῦντες *matth. 27. 54-nic.* strêšti *pat.-mih. 119.* privlêšti *sup. 132. 4; 132. 6; 305. 1.* privlêką *245. 7.* privlêče *305. 5; 308. 21.* sъvlêkъ *152. 13.* sъvlêkošę *assem. ostrom.* oblêci *35. 18; 47. 1.* oblêče *361. 22; 366. 12; 417. 24.* oblêčenъ *139. 7; 269. 28. ostrom. neben* oblъkъ *zogr. sup. 217. 9.* oblьkъ *pat.-mih. šiš. 148.* oblъklъ *sup. 356. 22.* oblьčenъ *zogr.* oblъčenъ *sup. 36. 21; 326. 13; 351. 6 usw. ostrom.* izvlъkъše *ostrom.* sъvlьkъše *zogr.* sъvlъkъ *sup. 46. 29; 67. 26; 119. 13; 361. 21.* sъvlъkъše *ostrom.* sъvlьkъ *šiš.* leg *substituiert als praes.-stamm* lęg-e: vъzlęgatь, vъzlęzi. oblęzi *ostrom.* e *der stämme* pek, rek, tek, žeg *sinkt im impt. und im partic. praet. pass. meist zu* ь *herab:* pьci *sup. 216. 17.* pьcête *213. 4; 365. 9; 428. 28. ostrom. zogr.* pci sę *pat.-mih.* popьci *sup. 451. 6.* rьci *zogr. sup. 15. 27; 106. 19; 117. 1 usw. cloz. I. 193. 340. ostrom.* rъci *cloz. I. 340. 361. 478.* rьcêta *zogr. ostrom.* rьcêmъ *sup. 53. 17.* rьcête *zogr. ostrom.* narьci *sup. 100. 16; 223. 24; 223. 28.* prorьci *zogr. ostrom.* tьcênъ *sup. 235. 16. pat.-mih.* potcênъ *hom.-mih.* sъtьcête sę *neben* tecênъ *pat.-mih. 100. 105.* vъžъžeši *sup. 345. 16.* vъžьženъ *18. 29.* zažьže *ostrom. bon.* požьže *sup. 16. 16; 16. 28.* raždьzi *105. 13; 257. 15.* raždьzête *120. 3.* raždьženъ *3. 11; 108. 29.* sъžьženъ *68. 2, daher* žьženьe *antch.*

5. pьn.

α. *Inf.-stamm.* pьn. *Inf.* pę-ti. *Sup.* pę-tъ. *Partic. praet. act. I.* pьn-ъ. *II.* pę-lъ. *Partic. praet. pass.* pę-tъ.

Aor. zsges. I.	1. pę-s-ъ	pę-s-o-vê	pę-s-o-mъ
	2. —	pę-s-ta	pę-s-te
	3. —	pę-s-te	pę-s-ę.

Aor. zsges. I. h *für* s.	*1.* pę-hъ	pę-h-o-vê	pę-h-o-mъ
	2. pę-tъ	pę-s-ta	pę-s-te
	3. pę-tъ	pę-s-te	pę-š-ę.

β. *Praes.-stamm* pьn-e.

Praes.	*1.* pьn-ą	pьn-e-vê	pьn-e-mъ
	2. pьn-e-ši	pьn-e-ta	pьn-e-te
	3. pьn-e-tъ	pьn-e-te	pьn-ątъ.
Impt.	*1.* —	pьn-ê-vê	pьn-ê-mъ
	2. pьn-i	pьn-ê-ta	pьn-ê-te
	3. pьn-i	pьn-ê-ta	pьn-ê-te.
Impf.	*1.* pьn-êa-h-ъ	pьn-êa-h-o-vê	pьn-êa-h-o-mъ
	2. pьn-êa-š-e	pьn-êa-š-e-ta	pьn-êa-š-e-te
	3. pьn-êa-š-e	pьn-êa-š-e-te	pьn-êa-h-ą.

Partic. praes. act. pьn-ę, pьn-y. *Pass.* pьn-o-mъ.

Der auslaut des stammes n, m *geht vor consonanten und im auslaute mit den ihm vorhergehenden vocale in einen nasalen vocal über:* pęti, jęti, dąti; pęhъ, jęhъ, dąhъ; pętъ, jętъ, dątъ; pę, ję, dą: *stämme* pьn, im, dъm: *dagegen:* pьną, im̨ą, dъmą *usw. Das partic. praet. pass. kann durch* tъ *und durch* nъ *gebildet werden:* otętъ *sup. 68. 3; 366. 5; 377. 20.* propętъ *286. 29; 369. 15.* raspętъ *62. 23; 118. 22; 194. 19. cloz. I. 416. 662. 665 usw. neben* nadъmenъ *sup. 88. 22. greg.-naz. 60, daher* dъmenije *178,* sъžьmenъ *psalt.-int.* obimenъ *bart.* proklьnenъ *georg.* raspьnenъ *ostrom. pat. 202, daher* požьnjenije *greg.-naz. 231. Der stamm* žьn *hat im praes. nicht* žьne, *sondern* žьnje : žьnją *sup. 273. 23.* požьnjątъ *269. 13. partic. praes. act.* žьnję *assem. ostrom. pass.* žьnjemъ *hom.-mih. Der stamm* im *beruht auf* jьm, *ist demnach denselben veränderungen unterworfen, wie das auf* jъ *beruhende pronomen* i: vъnьmetъ *sup. 283. 22.* vъnьmi *89. 12.* vъnьmъ *ostrom.* sъnьmъ *sup. 124. 23; 136. 24; 432. 15: vgl.* vъ ńь *in eum.* vъzьmą *ostrom.* vъzьmą *sup. 303. 27.* vъzьmeši *ostrom.* vъzьmetъ *sup. 31. 4; 154. 8; 226. 9 usw. ostrom.* vъzъmъ *sup. 443. 4.* vъzьmъ *130. 18.* izьmetъ *sup. 366. 15. ostrom.* obьmą *sup. 381. 22.* obьmъ *zogr. sup. 211. 4.* obьmetъ *bon.* ь *kann ausfallen oder in* e *übergehen:* vъzmi *sup. 326. 20; 394. 12 und* vъzemi *sup. 233. 10; 263. 15; 267. 11.* vъnemi *16. 4.* vъzemъ *18. 29; 20. 18; 32. 21 usw. Im anlaut des wortes oder der silbe steht* i *oder* je: imъ *sup. 142.*

28; 143. 24; 170. 28. ostrom. poimetъ *zogr.* poimъ *ostrom.* priimъ *sup. 132. 11; 140. 26; 143. 17 usw. cloz. I. 946.* vъspriimъ *sup. 150. 15; 184. 11.* prêimъ *sup. 66. 2; 138. 14; 209. 4 usw. und* jemъ *sup. 29. 17.* pojemъ *23. 20.* prijemъ *10. 19. cloz. I. 75. assem.; daneben liest man* obimetъ *ant.* obъimъ *ostrom.* otъimъ *sup. 375. 14. Man merke* priimati *und* priimają *neben* prijemlją. *Das partic. praet. act. I. lautet* pьnъ, imъ *usw.; daneben bieten jüngere quellen nach art der vocalischen stämme* zaklevъ *prol.-cip., d. i.* zaklęvъ. klevъ *pent.* načevъ *pat. 279.* propevъ *brev.-glag.:* ęvъ *52.* izęvъ *15.* obęvъ *247.* poęvъ *173.* vъzęvъ *129. 250.* zaklęvъ *65.* raspęvъ *148 finden sich jedoch schon in greg.-naz.*

6. mr.

α. *Inf.-stamm* mr. *Inf.* mrê-ti. *Sup.* mrê-tъ. *Partic. praet. act. I.* mьr-ъ. *II.* mrъ-lъ. *Part. praet. pass.* tr-e-nъ, trъ-tъ.

Aor. zsges.	*1.* mrъ-h-ъ	mrъ-h-o-vê	mrъ-h-o-mъ
	2. mrъ	mrъ-s-ta	mrъ-s-te
	3. mrъ	mrъ-s-te	mrъ-š-ę.

β. *Praes.-stamm* mr-e.

Praes.	*1.* mr-ą	mr-e-vê	mr-e-mъ
	2. mr-e-ši	mr-e-ta	mr-e-te
	3. mr-e-tъ	mr-e-te	mr-ątъ.
Impt.	*1.* —	mr-ê-vê	mr-ê-mъ
	2. mr-i	mr-ê-ta	mr-ê-te
	3. mr-i	mr-ê-ta	mr-ê-te.
Impf.	*1.* mr-êa-h-ъ	mr-êa-h-o-vê	mr-êa-h-o-mъ
	2. mr-êa-š-e	mr-êa-š-e-ta	mr-êa-š-e-te
	3. mr-êa-š-e	mr-êa-š-e-te	mr-êa-h-ą.

Partic. praes. act. mr-ę. mr-y. *Pass.* tr-o-mъ.

Im inf. wird r, l *zu* rê. lê *verstärkt:* mrêti. vъvrêti *sup. 2. 8.* žrêti *šiš.* mlêti *misc. Doch findet man auch* žrъti *zogr. sup. 16. 26; 50. 6; 79. 29; 96. 17; 99. 17; 101. 14 usw. slêpč.* žrьti *zogr.* požrъti *sup. 1. 24; 10. 14; 125. 8 usw. bon.* umrьti *ant.* sъtrъti *greg.-naz. 236. 252.* potrъti *128.* prêtrъti *prol.-cip.* prêtrъtь *pat.-mih.:* tryti *pat. 137. stammt von dem durch* y *erweiterten* try. *Der aor. kann auf dreifache weise gebildet werden: 1. nach art der vocalischen stämme und zwar a) vom unverstärkten stamme:* požrъhъ *sup. 80.*

12; 166. 13. hom. sъtrьlъ *pent.* požrъ *assem.* požrъ *mladên. pent.* otrъ *luc. 7. 44. io. 12. 1-assem.* otrъ *nic. hom.-mih. ev.-šiš.* sъtrъ *psal. 104. 16; 101. 33-glag. prol.* požrъlъ *mladên. 107.* požrъlomъ *hom.* žrъšę *sup. 106. 26.* požrъšę *80. 10.* požrъšą *hom.* umrъše *prol.* prêtrъšę *sup. 197. 11.* sъtrъšę *134. 26.* sъtrъše *pent. mladên. b) vom verstärkten stamme:* požrêlъ *jus. 61. a.* umrêlъ *šiš. 57. 144. pat-mih.* prostrêlъ *pat.-mih.* umrê *ostrom.* prostrê *pat.-mih. pat. greg.-naz. 98.* umrêsta *pat.-mih.* umrêste *šiš. 56.* prostrêste *ostrom.* provrêšę *sup. 190. 18.* umrêšę *assem.* umrêšę, umьrêšę *ostrom.* izmrêšę *ostrom.* umrêšą *pat.-mih.* uprêše *ev.-šiš.* prostrêše *pat. Die aor. auf* tъ *sind schon seite 68. angeführt. 2. nach art der consonantischen stämme:* opьrošę *ostrom.* oproše *ev.-šiš.* otьre *sup. 293. 20. ostrom.* sъtьre *sup. 8. 29; 229. 3. Im partic. praet. act. I. erscheint vor dem* r *ein halbvocal eingeschaltet: vgl.* koprъ *mit nsl.* koper. požьrъ *sup. 79. 4; 80. 13; 84. 6.* raskvьrъ *350. 2.* umьrъ *120. 13; 417. 29; 418. 2.* umьrъ *231. 18; 334. 8; 371. 13 nic.* umьrъšь *zogr.* umьrъši *šiš.* umьryj *ostrom.* umьrъša *ev.-tur.* opьrъ *sup. 440. 11.* prostъrъ *95. 23.* prostьrъ *zogr. sup. 133. 11; 260. 23; 356. 1. ostrom.* otьrъ *ostrom.* otьrъši *mariencod.* sъtъrъ *sup. 80. 18.* sъtъrъši *233. 16. Der halbvocal kann in* e *übergehen:* umerъšimi *cloz. I. 703.* umerъ *sup. 11. 9; 19. 12; 71. 19. cloz. I. 803.* umerъj. umerъšь *assem.* umeryj. umerъšago *mariencod.* prosterъ *sup. 20. 18; 25. 14; 322. 12. cloz. I. 696.* prosterъ *cloz. I.* oterъši *assem. 696.* umerъ. umeršu. prosterъ. sъterъše; ponerъšemъ *pat.-mih. 110. Daneben findet man jedoch auch* umrъšago *225. 21.* umrъša *sav.-kn. 124. nic. 149. 268.* umrъšu *nic.* umrъšiimъ *šiš. 259.* umrъša. umrъšu. rasprostrъ *prol.-cip.* prostrъ *nic. 11. 24. 29. 75. subb.-vindob. Nach art der vocalischen stämme gebildet sind die formen* prostrъvъ *sup. 228. 24.* trъvъ *prol.-mart.* otrъvši *nic. 248. Das partic. praet. act. II. wird selten und nur in jungen quellen vom verstärkten inf.-stamm gebildet:* prostrêlъ *psalt.-venet.* rasprostrêlъ *triod. neben* požrъlъ *sup. 318. 10.* umrъlъ *226. 5.* sъtrъlъ *359. 17.* umrъlъ *greg.-naz. 50. Das partic. praet. pass. wird durch* nъ *oder durch* tъ *gebildet:* žrenъ *šiš. 138. 229.* požьrenъ *sup. 348. 2.* potrenъ *pat. 117.* prêtьrenъ *sup. 197. 12.* prêtrenъ *šiš. 51. 221.* sъtьrenъ *sup. 358. 5.* sъtьrenъ *cloz. I. 781.* potьrenъ *greg.-naz. 81.* utьrenъ *141, daher* potьrenije *89.* sъtrenije *237. neben* požrъtъ *šiš. 98. barl.* prostrъtъ *sup. 107. 28. cloz. I. 566.* rasprostrъtъ *sup. 437. 3; 441. 20.* požrъtъ *greg.-naz. 165, daher* prostrъtije *67.* umrъtije *34. Im partic. praes. act. findet man* vręštemь *pat.-mih. 151.* vrěštej *lam. 1. 20.* vrešteje *prol.-rad.* *neben* vruštimь *prol.-rad.*: vry, vrąštь *ist wohl allein richtig.* žьremь *greg.-naz. 2. steht für* žьromъ. ml *hat den praes.-stamm* melje, *daher* meljąšti *ostrom.* meljaahъ *sup. 446. 18*: moljaahъ *stammt von* moli *zermalmen, daher* molitelь κεραυνός *greg.-naz.* vl *hat als praes.-stamm* vlje, *daher* dovьlětъ *zogr.* dovьljetъ *sup. 29. 28; 30. 20.* dovьletъ *cloz. I. 521. assem. sav.-kn. 11.* dovljetъ *slěpč.* dovьljetь *ostrom.* dovletь *pat.-mih. 24. 25. 26. 67. 102. 127.* dovьlętъ *zogr.*; *daneben findet man nach III. 1.* dovьlějetъ *sup. 76. 29; 85. 10; 157. 4; 185. 3; 273. 9.* dovьlějątь *ostrom.* dovlějetь *šiš. 137. 197. hom.-mih.*

7. bi.

α. *Inf.-stamm* bi. *Inf.* bi-ti. *Sup.* bi-tъ. *Partic. praet. act. I.* bi-v-ъ. *II.* bi-lъ. *Partic. praet. pass.* bi-j-e-nъ, bi-tъ.

Aor. zsges.	*1.* bi-h-ъ	bi-h-o-vê	bi-h-o-mъ
	2. bi	bi-s-ta	bi-s-te
	3. bi	bi-s-te	bi-š-ę.

β. *Praes.-stamm* bi-j-e.

Praes.	*1.* bi-j-ą	bi-j-e-vê	bi-j-e-mъ
	2. bi-j-e-ši	bi-j-e-ta	bi-j-e-te
	3. bi-j-e-tъ	bi-j-e-te	bi-j-ątъ.
Impt.	*1.* —	bi-j-a-vê	bi-j-a-mъ
	2. bi-j	bi-j-a-ta	bi-j-a-te
	3. bi-j	bi-j-a-ta	bi-j-a-te.
Impf.	*1.* bi-j-aa-h-ъ	bi-j-aa-h-o-vê	bi-j-aa-h-o-mъ
	2. bi-j-aa-š-e	bi-j-aa-š-e-ta	bi-j-aa-š-e-ta
	3. bi-j-aa-š-e	bi-j-aa-š-e-te	bi-j-aa-h-ą.

Partic. praes. act. bi-j-ę. *Pass.* bi-j-e-mъ.

Die stämme auf ursprüngliches ĭ *und* ŭ *verstärken diese vocale zu* i *und zu* u; *daher* biti, pluti. *Die verstärkten stämme erhalten sich in allen formen:* biją, plują; bilъ, plulъ; biję, pluję *usw. Das* j *dieser formen ist ein den hiatus aufhebender einschub.* i *kann vor praejotierten vocalen zu* ь *herabsinken, daher* bьją. bьjetъ *sup. 339. 5.* bьjąšta *36. 29.* pribьjenъ *356. 2.* pьjątъ *288. 17.* vъpьetъ *cloz. I. 394. 687.* vъpьjaše *sup. 363. 20.* vъzъpьěše *clamabat cloz. I. 898. neben* vъpijahą *sup. 2. 22; 37. 13 usw. Der annahme,* bь *sei eigentlich der stamm* bi, *scheinen formen wie* izbaviaše *sup. 260. 2.* pristavijenъ *entgegenzustehen, deren* i *nicht aus* ї *hervorgegangen ist und dennoch zu* ь *herabsinkt. Man könnte auch geneigt sein* bъją *dem* plovą *und* ъj *dem* ov *gleich zu stellen, eine ansicht, gegen welche der umstand eingewandt werden muss, dass* ь *dem* ъ, *nicht dem* o *entspricht. Von* či *gibt es kein* čьje. *Die stämme auf* u *haben einen zweifachen praesensstamm:* pluje *und* plove, *daher* pluješi, ploveši; pluj, plovi; pluahъ *pat. 193,* plovêahъ *usw.* rjuješi, reveši *aus* rjoveši *usw. Die stämme* u (obu) *und* ču *haben nur* obuje *und* čuje. ukovi *eude* (ukovi mi. vi. ǫdicъ *pat.-mih. 173).* raskovutъ *zap. 2. 2. 26.* kovonъ *sup. 123. 10.* plovy (plovuštuju rêku *prol.-rad.),* plovąšte *greg.-naz.* plovêahu *danil. 147.* rovy *sup. 426. 26. für* revy *pent.* slovy *sup. 15. 11.* slovąšte *greg.-naz. usw.* osnovetъ *1. petr. 5. 10-bulg.* natroveši *assem. psalt.-pog. neben* natruiši *bon. für* natruješi. pobitъ *sav.-kn. 28. steht wohl für* pobijetъ. *Das partic. praet. pass. wird durch* nъ *und durch* tъ *gebildet:* poznanъ *cloz. I. 863.* bijenъ *pat. 204.* izbijenъ *šiš. 221.* pribьjenъ *sup. 356. 2.* ubijenъ *ostrom.* obuvenъ *zogr. ostrom.* zabъvenъ *ostrom. d. i.* zabъ-v-e-nъ: *stamm* zaby *aus* zabъ. otъkrъvenъ *sup. 212. 1; 451. 10. ostrom.* pokrъvenъ *sup. 52. 11. ostrom.* sъkrъvenъ *cloz. I. 410. 950. sup. 109. 9; 180. 22; 342. 16 usw. und* kryvenъ *hval.* umъvenъ *zogr.* izmъvenъ *ostrom. šiš. 224, selten* izmyvenъ *pat. 158.* rъvenъ (vъ jamu rъvenu, juže izriše *mladên. 142): stamm* ry. vъzdênъ *sup. 437. 3.* odênъ *zogr. assem. sup. 198. 27; 377. 19; 429. 8, selten* odêvenъ *glag., daher* zabъvenije *sup. 74. 18.* otъkrъvenije *18. 9; 450. 17; 451. 3. ostrom.* umъvenije *ostrom.* nemъvenije *sup. 205. 25.* odênije *377. 16; 377. 21; 382. 1. ostrom. Vgl. ein dem* unynije *zu grunde liegendes* unynъ: *stamm* ny. istrovenъ λελυμασμένος *greg.-naz. 207:* tru. *Daneben* povitъ *ostrom.* sъvitъ *ostrom.* izlitъ *ant.* sъkrytъ *pat. 120.* prêpêtъ *179. 197.* sêtъ *greg.-naz. 155.* rasêtъ *proph., daher* obitije *fascia prol.* pitije; rasutije; plutije, slutije *greg.-naz. 10. 132.* vъpi *clamare scheint aus dem got. entlehnt: vopjan. Gegen die verbindung eines mit* pê *zusammenhangenden* pi *mit dem praefix* vъ *spricht vor allem die imperfective bedeutung des verbum. Dasselbe tritt bei dem einigermassen dunklen* sъmê *ein: sup. 31. 12; 312. 6; 331. 28; 345. 13; 385. 17. ostrom, das in den älteren quellen immer so, nicht* smê *geschrieben wird.* otъvê *und* otъvêšę *kömmt in der bedeutung respondit und responderunt sechsmal in assem. und einmal in sav.-kn. 62. vor; in sav.-kn. 115. ist über* otъvêvъ *šta geschrieben: Die wurzel* vê, *mit der* otъvêtъ *responsum zusammenhängt, ist später durch* otъvêšta *verdrängt worden. Ich mache hiebei aufmerksam auf* obêvati ὑπισχνεῖσθαι: obêvajaštemъ *greg.-naz. 139, dessen richtigkeit ich jedoch weder bejahen, noch verneinen möchte. Der stamm* da *bildet nur die inf.-formen:* dati. datъ. davъ. dalъ. danъ. *aor.* dahъ. dastъ. dastъ; dahovê. dasta. daste; dahomъ. daste. dašę. *Ein aor.* dadohъ, dade *usw. ist den älteren quellen unbekannt. Die praes.-formen beruhen auf dem stamme* dad, *der kein praesens-suffix annimmt.* dê *bietet in den inf.-formen keine abweichung von der regel:* dêti. dêtъ. dêvъ. dêlъ. dênъ. dêhъ: odêti *sup. 219. 13.* vъzdêvъ *16. 5; 32. 10; 108. 23 usw.* vьzdêhь *šiš. 63.* odêste. *ostrom.* zadêše *ostrom.* odênъ *zogr. assem. Die praes.-formen können jedoch nicht nur von* dêje, *sondern auch von dem reduplicierten stamme* -dedje *aus* ded(-e)je *nach V. 2. gebildet werden:* deždą. deždeši. deždetъ *usw. Das impf. und das partic. praes. von* dedje *sind unnachweisbar.* nadêją *sup. 261. 6; 406. 10; 131. 10.* odêetъ *assem.* odêjetь *ostrom.* pridêjąšte προσφέροντες *luc. 23. 36-zogr. und* deždą: deždu ἀποίσω *pent.* vъzdeždu *ant.* vъzdeždeši *assem.* odeždetь *pat.-mih. 177.* odeždate *greg.-naz. 209.* vъzdeždate *bon.* vъzdeždite *ostrom.* odeždą *sup. 262. 24.* odeždemъ *assem. ostrom.* odeždątъ *sup. 14. 8. Falsch ist die schreibung* dêždą. *In den inf.-formen kann auch der stamm* dêja *V. 4. eintreten.* pê *substituiert in den praes.-formen den stamm* poje: poją. poješi. pojetъ *usw.* pojaše *sup. 89. 11; 89. 28; 171. 24.* pojaasta *4. 16.* pojaahą *90. 1.* pojahą *51. 20; 237. 14; 313. 5.* ê *ist ein aequivalent von* oj: *vgl.* bêsъ *d. i.* bê-sъ *und* boj-ati sę. sta *bildet die praes.-formen von* stane: staną. staneši. stanetъ *usw.* ostanêahъ *sup. 309. 4. Wie* dê *kann auch* sê *die inf.-formen von* sêja *nach V. 4. bilden:* sêjati. sêjatъ. sêjavъ *usw. und* sêvъšjumu *zogr.* sêlъ *zogr. sav.-kn. 80.* vъsêno *marc. 4. 32-zogr.* sanoe, sêtъ *neben* sêanoje. vъsêavъ *zogr.* sêhъ *sav.-kn. 81. Eben so besteht* liti *neben* lijati, *im praes.* liją *und* lêją. *Vgl.* govêanije *šiš. 243. mit* govêti. by *bildet ausser den inf.-formen einiges ihm eigentümliche: 1. inf.* byti. *sup.* bytъ. *partic. praet. act. I.* byvъ. *II.* bylъ. *partic. praet. pass.* zabъvenъ. *aor.* byhъ. bystъ. bystъ; byhovê. bysta. byste; byhomъ. byste. byšę. by *für* bystъ *dient zum ausdruck des conditionalis:* pьsalъ by *scriberes und scriberet; es bezeichnet in verbindung mit einem partic. praet. pass. den passivischen aorist:* vedenъ by *ductus est sup. 215. 29; es entspricht dem griech.* ἐγένου, ἐγένετο: pečalьnъ by *tristis factus est sup. 207. 11:* bystъ *kann nur im zweiten und dritten falle eintreten. 2. Die beiden impf.-formen beruhen auf einem vorauszusetzenden praes.* by-e. *I.* bêahъ. bêaše. bêaše; bêahovê. bêašeta. bêašete; bêahomъ. bêašete. bêahą. *II.* bêhъ. bê. bê; bêhovê. bêsta. bêste; bêhomъ. bêste. bêšę. *Das impf. II. schliesst sich hinsichtlich der bildung der einzelnen personen an den aor. an:* bê. bêše ἦν. bêšę ἦσαν *cloz. I. 365. 384. 395.* bê *und* bêšę *stehen im ostromir an sieben stellen dem griech.* ἦν, ἦσαν, bêšę *an zwei dem griech.* ἐγένοντο *gegenüber.* *Über* bimь *s. seite 81.* *Von* by *wird das einzige partic. fut. der slavischen sprachen gebildet:* byšę, byšąšti, byšę *usw.* *Aus* bysję *usw.* ἐσόμενος, μέλλων, γενόμενος: ne aky ne vêdąštju bogu byšąštago *non ac si nesciat deus futura greg.-naz.* byšąštiimi *greg.-naz.* isъhnutь ryby ihъ ne byšąšti vodê ἀπὸ τοῦ μὴ εἶναι ὕδωρ *esai. 50. 2. aus einer quelle des XVI. jahrhunderts.* *Unrichtig ist* byšęštь: byšęštjuumu, byšaštiimъ *greg.-naz.* byšęšteje, byšašteje *sborn. 1073.* *Mit diesem partic. hängt* byšstvo (byšьstvo) ὕπαρξις *und das čech.* probyšúcený *aus štít. zusammen.* *Die partic. praes. act.* byję, *das nur einmal vorkömmt, und* bêję, *von denen das letztere so wie* bêšę *mit dem impf. zusammenhängt, verdanken ihr dasein wohl nur der kühnheit der übersetzer:* byję: byja *(richtig* byjaj) ὁ ὑπάρχων *bar. 4. 1. aus einer quelle des XV. jahrhunderts bei Vostokovъ, Grammatika 87.* bêjej ὁ ὢν *apoc. 1. 8. aus einem denkmal des XIV. jahrhunderts.* bêšęštemъ *aus einem denkmal des XVI. jahrhunderts.*

Zweite classe.

ną-stämme.

Vgl. 2. seite 423.

α. *Inf.-stamm* dvigną, dvig. *Inf.* dvigną-ti. *Sup.* dvigną-tъ. *Partic. praet. act. I.* dvigną-v-ъ, dvig-ъ. *II.* dvigną-lъ, dvig-lъ. *Partic. praet. pass.* dvignov-e-nъ, dviž-e-nъ.

Aor. einf.	1. dvig-ъ	dvig-o-vê	dvig-o-mъ
	2. dviž-e	dviž-e-ta	dviž-e-te
	3. dviž-e	dviž-e-te	dvig-ą.
Aor. zsges. II.	1. dvigną-h-ъ	dvigną-h-o-vê	dvigną-h-o-mъ
	2. dvigną	dvigną-s-ta	dvigną-s-te
	3. dvigną	dvigną-s-te	dvigną-š-ę.
Aor. zsges. II.	1. dvig-o-hъ	dvig-o-h-o-vê	dvig-o-h-o-mъ
	2. dviž-e	dvig-o-s-ta	dvig-o-s-te
	3. dviž-e	dvig-o-s-te	dvig-o-š-ę.

β. *Praes.-stamm* dvign-e.

Praes.	*1.* dvign-ą	dvign-e-vê	dvign-e-mъ
	2. dvign-e-ši	dvign-e-ta	dvign-e-te
	3. dvign-e-tъ	dvign-e-te	dvign-ątъ.
Impt.	*1.* —	dvign-ê-vê	dvign-ê-mъ
	2. dvign-i	dvign-ê-ta	dvign-ê-te
	3. dvign-i	dvign-ê-ta	dvign-ê-te.
Impf.	*1.* dvign-êa-h-ъ	dvign-êa-h-o-vê	dvign-êa-h-o-mъ
	2. dvign-êa-š-e	dvign-êa-š-e-ta	dvign-êa-š-e-te
	3. dvign-êa-š-e	dvign-êa-š-e-te	dvign-êa-h-ą.

Partic. praes. act. dvign-y. *Pass.* dvign-o-mъ.

Der inf. kann nur von dvigną *gebildet werden: serb. besteht* dići *(asl.* * dvišti) *neben* dignuti. *Das partic. praet. act. I. wird meist von dem mit* ną *unbeschwerten stamme gebildet, wenn dieser stamm consonantisch auslautet:* uvęzъ *sup. 82. 27; 307. 19.* pogybъ *8. 19; 255. 28; 286. 3 usw.* prozębъ *253. 15.* prikosь *ant.* prilьpь *pat.-mih. er.-šiš.* sъmrъzъ *sup. 66. 18; 67. 9.* mrъkъ *assem.* oslъpъ *sup. 370. 14.* postigъ *37. 9.* usъpъ *373. 20; 373. 23; 373. 24.* isъhъ *345. 6.* isьhь *pat.-mih.* osęgъ *sup. 345. 24.* isękъ *143. 9.* prêtrъgъ *39. 24; 40. 17.* ohrъmъ *greg.-naz. 235. Dasselbe gilt vom partic. praet. act. II:* navyklъ, obyklъ *sup. 150. 16; 277. 16; 283. 23 usw.* pogyblъ *mariencod.* isьhlь *pent.* prosmrъlъ: prosmrъla bê plъtь člověča *mladên. 301: stamm* * smrъdną, smrъd. vъsrъhlъ *greg.-naz. 178.* prêsъhlъ *80. und vom partic. praet. pass.:* gъbenъ: negъbenoje srьdьce *mladên.* prêgъbenuju vyju *mladên.* postiženъ *sup. 358. 25.* postiženъ *šiš. 140.* istrъženъ *bարl.* potъčenъ *greg.-naz. 149, daher* pogybenije *sup. 404. 29.* otъdъšenije *231. 24.* užasenije *447. 8.* prozębenije *380. 3.* vъskrъsenije *228. 21; 287. 1; 317. 24 usw. cloz. I. 741.* sъmrъzenije *sup. 67. 29.* postiženije *246. 19; 251. 4.* usъpenije *217. 12; 231. 14; 372. 20. ostrom.* potъčenije *sup. 96. 7.* prêtъčenije *šiš. 62.* isčezenije *šiš.* vъdъšenije *greg.-naz. 74. 278.* pomlъčenije *53.* užasenije *52.* ugasenije *79. Auf dieselbe weise wird der zusammengesetzte aor. gebildet:* vъzъbde *expergefactus est pat.-mih. 47:* bъną *aus* bъdną. otъbêgoste *sup. 364. 25.* razbêgošę sę *332. 27. 369. 3.* ubêže *69. 18.* navykohъ *96. 10; 185 1 usw.* izvędoše (izvedoše jako trava *mladên. 236.)* nvęzošę *sup. 187. 27; 235. 3.* ugase *320. 20.* izgybe *257. 9.* pogybe *203. 5; 354. 4.* izdъše *ostrom.* užase sę *sup. 29. 2.* prozębosta *18. 13.* kose sę *443. 8.* prêmlъkošę *241. 14.* omrъkohъ *398. 26.* omrъče *361. 22.* prisvęde *mariencod.* oslъpe *sup. 308. 27.* oslъpošę *238. 4.* prismędošę *izv. 6. 36.* usъpe *sup. 153. 2; 216. 12; 255. 5 usw.* usъše *mariencod.* istope *ostrom.* utopoše *zogr.* prêtrъže *sup. 312. 26.* utrъposta *48. 4.* obrъme *pent.* čezohъ (užasohъ se i čezohъ otъ straha *lam. 1. 142). Daneben findet man formen von* ną*-stämmen:* kosnąhъ *sup. 218. 8. Vocalisch auslautende stämme legen stets* ną *zu grunde:* plinąvъ, plinąvъše *zogr.* plinę *zogr. assem. Auf dem ursprünglichen* nu *für* ną *beruhen die partic. praet. pass. auf* nov-e-nъ, *das auf* nu-e-nъ *beruht:* ištezъnovenъ *slêpč.* pomênovenъ *slêpč.* pomenovenъ *mladên.* drъznovenъ *greg.-naz. 98.* izdrinovenъ *48.* otъrinovenъ *86, daher* plinovenie *zogr. assem.* pljunovenije *ostrom.* poplъznovenije τὸ ὀλισθηρόν *prol.-rad.* obinovenije *danil. 20.* vъdunovenъje *izv. 452.* kosnovenije *sup. 69. 21.* nepostignovenъje *izv. 467.* usêknovenije *ostrom.* sъčinovenije *greg.-naz. 56.* pokynovenije *20.* umlъknovenije *3.* trêsnovenije *3.* povinovenije *123. Man merke* vъskrъsovenie ἔγερσις *matth. 26. 32; 27. 53-nic. und die partic.* kosnenъ, usêknenъ *glag. aus* kosnvenъ, usêknvenъ, *so wie* vъspomênutъ *pat.* vъrinutъ *prol.-cip.* pometnutъ *prol.-cip., woher* gonъznutije *šiš. 43.* kosnutie, tъknutie *glag.: singulär ist* uvęstъ *sup. 247. 11.* pomęną *aus* pomъnną *folgt den vocalischen stämmen. Impf.* zadъhnêaše *sup. 353. 7.* ostanêahą *309. 4.* sъhnêaše *254. 24.* isъhnêaše *363. 1.* utъknêaše *cloz. I. 582. Partic. praes. act.* obiny sę *sav.-kn. 70.* gybnuštaja *mladên.* gybnuštiimъ *šiš. 159.* megnušti *izv. 667. Partic. praes. pass.* poplъznomъ *pat. 282.* istrъgnomъ *298. Man merke* negasomъ *298.* dvigomъ κινητός *prol.-rad.*

Dritte classe.

ê - s t ä m m e.

Vgl. 2. seite 430.

Erste gruppe.

umê.

α. Inf.-stamm umê. *Inf.* umê-ti. *Sup.* umê-tъ. *Partic. praet. act. I.* umê-v-ъ. *II.* umê-lъ. *Partic. praet. pass.* umê-nъ.

Aor. zsges.	*1.* umê-h-ъ	umê-h-o-vê	umê-h-o-mъ
	2. umê	umê-s-ta	umê-s-te
	3. umê	umê-s-te	umê-š-ę.

β. *Praes.-stamm* umê-j-e.

Praes.	*1.* umê-j-ą	umê-j-e-vê	umê-j-e-mъ
	2. umê-j-e-ši	umê-j-e-ta	umê-j-e-te
	3. umê-j-e-tъ	umê-j-e-te	umê-j-ątъ.
Impt.	*1.* —	umê-j-vê	umê-j-mъ
	2. umê-j	umê-j-ta	umê-j-te
	3. umê-j	umê-j-ta	umê-j-te.
Impf.	*1.* umê-a-hъ	umê-a-h-o-vê	umê-a-h-o-mъ
	2. umê-a-š-e	umê-a-š-e-ta	umê-a-š-e-te
	3. umê-a-š-e	umê-a-š-e-te	umê-a-h-ą.

Partic. praes. act. umê-j-ę. *Pass.* umê-j-e-mъ.

Imê *bildet die inf.-formen nach* umê; *dasselbe gilt von den praes.-formen: es kann jedoch das praes. und das partic. praes. act. auch von* ima *gebildet werden, daher praes.* imêją, imêješi *usw. und partic.* imêję *neben dem praes.* imamь. imaši. imatъ; imavê. imata. imate; imamъ. imate. imątъ *aus* imantъ *und dem partic.* imy *aus* imant. *Die neben* imamь, imaši *usw. vorkommenden formen* imaamь, imaaši *usw. weisen auf formen wie* imajemь, imaješi *usw. zurück. Dass* imątъ, imy *nicht von* im *abzuleiten sind, dafür spricht die imperfective bedeutung dieser formen:* da vêrą imątъ ἵνα πιστεύσωσιν *io. 1. 7.* vina ne imątъ οἶνον οὐκ ἔχουσιν *2. 3.* da životъ imątъ ἵνα ζωὴν ἔχωσιν *10. 10. neben* vêrą imete πιστεύσετε *5. 47.* vêrą imą πιστεύσω *9. 36-zogr., obgleich auch* vêrą imeši πιστεύεις *ostrom. vorkömmt. Formen wie* imamь, imaši *sind nicht selten in den älteren quellen:* poslušate *io. 10. 20-assem.* otъvêštavaši ἀποκρίνῃ *matth. 26. 62-sav.-kn.* podobatъ πρέπει *slêpč.* obêštavamь se *polliceor prol.-rad. 50. 92:* a *entsteht aus* aa, aje. imê *ist durativ, im perfectiv,* ima *V. 1. iterativ:* imêti *vgl. man mit lit. avêti fussbekleidung anhaben im gegensatze zu auti, avinêti fussbekleidung anlegen.* ima *in* imamь *ist verschieden von* ima *in* imają. govêti, *regelmässig im praes.* govêją, *hat auch nach IV.* govi: ugovitъ *greg.-naz. 120.*

Zweite gruppe.

tрьpê.

α. *Inf.-stamm* trъpê. *Inf.* trъpê-ti. *Sup.* trъpê-tъ. *Partic. praet. act. I.* trъpê-v-ъ. *II.* trъpê-lъ. *Partic. praet. pass.* trъpê-nъ.

8

Aor. zsges.	*1.* trьpê-h-ъ	trьpê-h-o-vê	trьpê-h-o-mъ
	2. trьpê	trьpê-s-ta	trьpê-s-te
	3. trьpê	trьpê-s-te	trьpê-š-ę.
Impf.	*1.* trьpê-a-hъ	trьpê-a-h-o-vê	trьpê-a-h-o-mъ
	2. trьpê-a-š-e	trьpê-a-š-e-ta	trьpê-a-š-e-te
	3. trьpê-a-š-e	trьpê-a-š-e-te	trьpê-a-h-ą.

β. *Praes.-stamm* trьpi-e.

Praes.	*1.* trьplją	trьpi-vê	trьpi-mъ
	2. trьpi-ši	trьpi-ta	trьpi-te
	3. trьpi-tъ	trьpi-te	trьpętъ.
Impt.	*1.* —	trьpi-vê	trьpi-mъ
	2. trьpi	trьpi-ta	trьpi-te
	3. trьpi	trьpi-ta	trьpi-te.

Part. praes. act. trьpę. *Pass.* trьpi-mъ.

Das impf. schliesst sich an den inf.-stamm an: trьpêahъ. *nicht* trьpljaahъ. *Das praes.-suffix* e *tritt nur in der 1. sg. praes. ein:* trьplją *aus* trьpiją, trьpьją, trьpją; *in den übrigen praes.-formen ist* ije *zu* ii, i *zusammengeschmolzen, daher wohl* bdiit. uzriitъ. vidiimъ. uzriite *hom.-mih. Vgl.* natruiši *nutries bon. für* natruješi. trьpętъ *ist* trьpintъ. *Der impt.* trьpite *beruht auf einer form* trьpi-j-ê-te. vidê *geht regelmässig, das partic. praes. act. und pass. können jedoch nach der ersten classe von* vide *gebildet werden:* vidąšte : vidušte βλέποντες *matth. 15. 31-nic., neben* vidęšte; vidomъ *neben* vidimъ. *Vgl. auch das wurzelhaft verschiedene* prêobidomъ *greg.-naz.: inf.* prêobidêti. *Der impt. folgt den verba ohne das praesenssuffix* e: viždь. viždь *und* viždi *bon.;* vidimъ, vidita, vidita; vidimъ, vidite, vidite. viždьmo *triod. ist falsch.* gorê *hat das partic.* gorąšte *zogr.* gorąštiimъ *greg.-naz. 101.* ugъ goruštь *ant.-hom.* gorušte *izv. 492. neben* goręštą *greg.-naz. 131.* vêdê *folgt in den praes.-formen den stämmen ohne das praesenssuffix* e. *Die inf.-formen sind regelmässig:* vêdêti. vêdêvъ. vêdêlъ. vêdênъ *sup. 216. 9; 449. 29.* vêdênije *109. 4; 206. 3. neben* vêstь *šiš. 46. ant.* vêdêhъ. vêdêahъ. zapovêdêvъ *zogr.* povêdê *pat.-mih. 167.* zapovêdê *zogr.* propovêdê *cloz. I. 21.* povêdêšę *zogr. Der aor.* povêhъ *izv. 674.* povêhъ *greg.-lab. 20. pat.-mih. 32.* povêše (povêšę) *krmč.-mih. 246 und* uvêšę *zlatostr. saec. XII. befremden weniger, wenn man die praesensformen* ispovêjetь, ispovêjntь *krmč.-mih. 358. 361. 365. erwägt.* propovê sę κηρυχθήσεται *luc. 12. 3-assem. steht für* propovêstъ sę *wie* vê *für* vêstъ *sejat. wie* je *für* jestъ. *Die wurzel* sъp *hat den inf.-stamm* sъpa, *daher* sъpati. sъpatъ. sъpavъ. sъpalъ. sъpahъ. sъpaahъ. *Die praes.-formen werden jedoch nach* trъpie *gebildet:* sъplją, sъpiši, sъpitъ. *impt.* sъpi. *partic. praes. act.* sъpę. *Vgl. russ. dial.* spê: sama ona spêla (usnula). priuspêla *Bezsonovъ, Kalêki 2. 141. 150. Die wurzel* hъt, hot *bildet die inf.-formen nach* trъpê: hotêti. hotêvъ. hotêlъ. hotênъ *in* hotênije *sup. 246. 16; 254. 19.* hotêhъ. hotêahъ; *die praes.-formen jedoch von* hotie *nach V. 2:* hoštą. hošteši. hoštetъ; hoštevê. hošteta. hoštete; hoštemъ. hoštete *und nach III. 2.* hotętъ, *nicht* hoštątъ. *impt.* hošti *sup. 1. 26; 197. 18.* vъshoštimъ *greg.-naz. 239. usw. partic. praes. act.* hotę *sup. 406. 16. nach III. 2. Unrichtig:* hoštaaše *lam. 1. 26. und* hoštąštimь *1. 5. für* hotêaše *und* hotęštimь. *Über* hošti *s. seite 91. Hieher gehört auch das durative* dviža, *das sich zu dem perfectiven* dvigną *und zu dem iterativen* dviza *so verhält wie* imê *zu* im *und* ima: podvižati se *mladên.* podviža *aor. cloz. II. šiš. 184.* podvižasta *mladên. neben* podvižitь *mladên.* podvižętъ *marc. 13. 25-zogr.* dvižešte se σαλευόμενοι *psal. 108. 10-mladên.* dvižimь *partic. hom.-mih.;* dviži *in:* ne dviži μὴ σκύλλε *luc. 8. 49-nic. hängt wohl mit dem iterativen* dviza *zusammen nach 4. seite 791.*

Vierte classe.

i-stämme.

Vgl. 2. seite 435.

hvali.

α. *Inf.-stamm* hvali. *Inf.* hvali-ti *Sup.* hvali-tъ. *Partic. praet. act. I.* hvalь, hvali-v-ъ. *II.* hvali-lъ. *Partic. praet. pass.* hvalj-e-nъ.

Aor. zsges. 1.	hvali-h-ъ	hvali-h-o-vê	hvali-h-o-mъ
2.	hvali	hvali-s-ta	hvali-s-te
3.	hvali	hvali-s-te	hvali-š-ę.

β. *Praes.-stamm* hvali-e.

Praes. 1.	hvalją	hvali-vê	hvali-mъ
2.	hvali-ši	hvali-ta	hvali-te
3.	hvali-tъ	hvali-te	hvalętъ.

8*

Impt.	*1.* —	hvali-vê	hvali-mъ
	2. hvali	hvali-ta	hvali-te
	3. hvali	hvali-ta	hvali-te.
Impf.	*1.* hvalj-aa-hъ	hvalj-aa-h-o-vê	hvalj-aa-h-o-mъ
	2. hvalj-aa-še	hvalj-aa-š-e-ta	hvalj-aa-š-e-te
	3. hvalj-aa-še	hvalj-aa-š-e-te	hvalj-aa-hą.

Partic. praes. act. hvalę. *Pass.* hvali-mъ.

Das praesenssuffix e *tritt nur in der 1. sg. praes. ein:* hvalją *d. i.* hvalĭą *aus* hvaliją, hvalьją, hvalją: *in den übrigen praes.-formen ist* ije *zu* ii, i *zusammengeschmolzen, daher* sъmotriimъ *impt. sup. 39. 17.* provodiimь, svobodiimь, shodiitь *hom.-mih., doch auch* svobodii *aor. und* pohotьniikь *hom.-mih. In allen formen, in denen* ľ *eintritt, wird auch* r, n *erweicht und tritt für* t, d   št, žd: *für* p, b, v, m — pľ, bľ. vľ. mľ; *für* z, s -- ž, š *ein, daher* tvoŕь, tvorjenъ, tvorją, tvorjaahъ: tvori; čińь. činjenъ, činją, činjaahъ: čini; mlaštь, mlaštenъ, mlaštą, mlaštaahъ: mlati; každь. každenъ, každą, každaahъ: kadi; kuplь, kupljenъ, kuplją, kupljaahъ: kupi; lomľь, lomljenъ, lomlją, lomljaahъ: lomi: nošь, nošenъ, nošą, nošaahъ: nosi *usw. aus* tvorijь, tvorьjь; tvorijenъ, tvorьjenъ, tvorjenъ *usw. So sind auch folgende formen zu deuten:* primyšlь *cloz. I. 649.* myšljenъ, myšlją, myšljaahъ: mysli; blažnjenъ, blažnją: blazni; trêžvlją: trêzvi *usw.* sъmoštrą *sup. 245. 15. für* sъmoštrją. *Vgl.* rasmaštrêhъ *sup. 220. 25. für* rasmaštrjaahъ. obęštrenije *sup. 243. 29. für* obęštrjenije *neben* sъmatraahъ *sup. 66. 11.* sъmotraahъ *sup. 69.* 2. sъmotrenije *sup. 230. 18.* sъmotrenьe *cloz. I. 794.* sъmotrь *šiš. 23. 28. für* sъmoštŕь. umądrenъ *sup. 55. 6.* umrьštvljenъ *šiš.* 52. umrъštvenъ *sup. 379. 27; 387. 23; 443.* 7. umrъštvenije *sup. 182. 13; 365. 15; 445.* 2. *und* umrъštenъ *sup.* 257. *21; 344. 15; 366. 4.* umrъtvenije *sup. 442. 12. Von* blagoslovestvi *sup. 14. 9; 255. 26; 409. 23 usw. findet man* blagoslovestvenije *sup. 378. 6. neben* blagoslověštenъ *sup. 391. 8.* blagoslověštenije *402. 3; 406. 16; 150. 5: jedoch liest man auch* blagoslovesti *sup. 235. 20; 235. 23. Unrichtig:* proslъzь *sup. 345. 20. für* proslъžь. ugobьzь *ant. für* ugobьžь. nizvêsь, obêsь, isprosь *šiš. für* nizvêšь, obêšь, isprošь. *Das partic. praet. pass. entbehrt in den ältesten quellen häufig des* l *nach* p, b, v, m: izbavenie *zogr.* ąjazvenъ *sup.* vъzljubenъ. proslavenъ. blagoslovenъ *sav.-kn. 2. 7. 118. 138.* poslavenъ *psalt.-pog.* vъzljubenъ *bon.* raslabenъ *slêpč.* iskrivenь. vъzljubenь. posramenь.

javenie *pat.-mih.* zadavenь *prol.-rad.* blagoslovenь *šiš. hom.-mih. neben* blagoslovljenь *šiš. 136. Ältere formen sind* avьenьe *stichir. nor.* krъmьjenъ *in* krъmьjenikъ *sup.* vъzljub'enъ *zogr. b. Meist in jüngeren quellen kommen von der regel abweichende impf.-formen vor:* vьshodêhъ. slьzêhъ. pokusêhъ. prinosêhъ *pat.* slavêhъ *prol., sogar sup. 450. 3.* prihodêahъ : radêahъ *curabam sup. 134. 17. scheint so gebildet, um die vermengung mit* raždaahъ *pariebam zu vermeiden. Von den beiden formen des partic. praet. act. I.* hvalь *und* hvalivъ *ist* hvalь *die ältere,* hvalivъ *die jüngere: diese hat ihren ausgangspunkt in jenen verben, in denen dem auslautenden* i *ein* j *vorhergeht, von denen eine form wie* hvalь *nicht gebildet wird. Dass diese die ältere ist, ergibt eine durchforschung der denkmäler, indem man daraus ersieht, dass die form* hvalivъ *in den ältesten quellen so selten ist, dass sie als eine ausnahme von der regel angesehen werden muss, dass sie jedoch, im laufe der zeit immer häufiger auftretend, endlich allein herrschend wird. Ich halte die form* hvalь *für eine eigentümlichkeit des pannonischen slovenisch, von der sich in den anderen varietäten der slovenischen sprache keine spur findet, die man daher noch weniger in den lebenden slavischen sprachen erwarten wird. Im zogr. liest man die form auf* ivъ *etwa fünfmal:* blagoslovivъ. udarivъ. pustivъ. pristąpivъ. rastočivъ *neben* izbavlšemъ sę. ulъždьše sę. vъzvraštьše sę. obraštь sę. vraštьšę sę. vъzglašь. vъzgnêštьšemъ. ugoždьši. pogublь. udarьj. divьše sę. razdêlь, razdêlьše. poklonь sę, poklonьšamъ sę. priključьšju sę. sъkrušьši. krьštь, krьštьša sę, krьštьšu sę, kreštьše sę. kuplь. priložь. prêlomь. omočь, omočij, omočьj. nošьšee. vъoražь sę. isplьnь. naplьnь. sъpodobьšej sę. poštь sę. zaprêštь. puštь. otъpuštьše. otrêš'ša. ostavь, ostavьša, ostavьše. stąplьša. pristąplь, pristąplь, pristąpь, pristąpьše, pristąplьše. tvorь. zatvorь, sъtvorь, sъtvorьj, sъtvorьšąją. učь sę. cêlьše. oštjuštь. avьšę sę, avьša sę. *Das jüngere fragment bietet:* zabląždьšeję. oženь sę. vъzložь. ostavъ. pristąpь, pristąpьšę *neben* pristąpivъ. *In cloz. fehlt die form auf* ivъ *ganz:* razdêlьše *I. 301.* vъskrêšъ *646.* položъ *619.* prêlomь *378.* vъzljubь *II.* primyšlъše *I. 649.* prêmênь *717.* plênьšej *358.* roždъ sę *889.* razdrêšъ *784.* ostavlьše *648.* stvorь *570. 705.* stvorьšago *306.* naučъ *707.* očištъše *542.* êvlь *714. 716. 814. In sav.-kn. habe ich gleichfalls kein* ivъ *angemerkt. In sup. gewinnt die form auf* ivъ *die oberhand; dasselbe gilt vom greg.-naz., wo man neben zahlreichen* ivъ *liest:* sъblažnь *144.* očištь *117.* vъčinь *62.* razdêlь *238.* javlь *196.* poklonь *267.* prêklonь *14. 227.* ukrêpъšej *258.* sъvъkuplь *279.*

otъložь 2. *111.* vъložь *115.* vъzložь *86.* prêlьstь *266.* sъmêšь *209.* moħь sę *276.* nuždь *115.* vъspęštь *213. 215.* naplъnь *100.* sъpodoblь *238.* poražь *52.* sąždь *231.* vъselь *100.* ostavlь *18. 62. 181. 216. 222. 239.* nasyštь *42.* ušarь *141.* istrêzvlь *207.* sъtvorь *5. 9. 208. 211. 230. 231. 238. 243. 252. 282.* izvolь *116.* obraštь *237.* *Schon der schreiber der sav.-kn. scheint die form* poštь sę *nicht verstanden zu haben, indem er seite 145 bei* poštь sę *über der zeile* sti *setzt, daher offenbar* posti *lesen will. Wenn* ustroišemь *greg.-naz. 125. kein schreib- oder druckfehler ist, dann ist es das einzige beispiel einer* ъs-*form von einem verbalstamme auf* ji: ustrojiъs *würde entweder* ustrojs *oder* ustrois, *d. i.* ustrojis, *ergeben. Vgl. meine abhandlung: Beiträge zur altslovenischen grammatik. Sitzungsberichte LXXXI. seite 5 (83). Bopp, Über die sprache der alten Preussen 22. 53. Daničić, Oblici 58. 59. 60. Istorija 370.*

Fünfte classe.

a-stämme.

Vgl. 2. seite 454.

Erste gruppe.

dêla.

α. *Inf.-stamm* dêla. *Inf.* dêla-ti. *Sup.* dêla-tъ. *Partic. praet. act. I.* dêla-v-ъ. *II.* dêla-lъ. *Partic. praet. pass.* dêla-nъ.

Aor. zsges. 1.	dêla-hъ	dêla-h-o-vê	dêla-h-o-mъ
2.	dêla	dêla-s-ta	dêla-s-te
3.	dêla	dêla-s-te	dêla-š-ę.

β. *Praes.-stamm* dêla-j-e.

Praes. 1.	dêla-j-ą	dêla-j-e-vê	dêla-j-e-mъ
2.	dêla-j-e-ši	dêla-j-e-ta	dêla-j-e-te
3.	dêla-j-e-tъ	dêla-j-e-te	dêla-j-ątъ.
Impt. 1.	—	dêla-j-vê	dêla-j-mъ
2.	dêla-j	dêla-j-ta	dêla-j te
3.	dêla-j	dêla-j-ta	dêla-j-te.
Impf. 1.	dêla-a-h-ъ	dêla-a-h-o-vê	dêla-a-h-o-mъ
2.	dêla-a-š-e	dêla-a-š-e-ta	dêla-a-š-e-te
3.	dêla-a-š-e	dêla-a-š-e-te	dêla-a-h-ą.

Partic. praes. act. dêla-j-ę. *pass.* dêla-j-e-mъ.

Hieher gehören auch einige verba auf ova, yva: vojevaje *prol.-rad.* vьspretovajetь *hom.-mih.* potъštevajuštimъ *tichonr.* 2. 2. vьmnoževaetь se *misc.-šaf.* poslêdovaj *šiš.* 200. cêlyvajątъ *sup.* 121. 13, *die sonst nach* VI. *flectiert werden. Vgl. auch aus späteren, vorzüglich russischen quellen* pokidyvajte *bus.* 748. umnoživajetь *tichonr.* 2. 401. uničiživaetь *op.* 2. 1. 161. ispravlivaja *zap.* 2. 2. 96. vъprovaživajeta *izv.* 668. *von* pokydyva, umnoživa, uničiživa *usw. Man merke auch* obštevaj *pat.-mih.* 73. aje *geht, wie im sg. gen. m. n. der zusammengesetzten declination, in den älteren quellen häufig in* aa *über:* razbivaatъ *marc.* 9. 18-*zogr.* podobaatъ *zogr.* sъkonьčaatъ *zogr.* prąžaatъ *luc.* 9. 39-*zogr.* byvaatъ. vъžizaatъ. vъzlagaatъ. sъzyvaatъ *mariencod.* byvaatъ *sup.* 263. 23. vьmêštaat' 347. 3. vъskrêšaatъ 355. 15. podobaa 274. 9 *usw.* naricaatъ. sovaatъ 170. 27. nasêvaatъ *sup.* zaziraatъ; *ebenso* poznaatъ *ev.-op.* 2. 1. 30, *häufig in der III. sg. Dasselbe tritt in der II. sg. ein:* gnêvaaši *sup.* 300. 22. prêbyvaaši 36. 15. sьvêštaaši 393. 21. vъstaaši *cyr.-hier; in der II. pl.* pomyšľêate *luc.* 8. 17-*zogr. Aus* aa *entsteht* a: klanête sę. poslušate *assem.* otъvêštavaši *sav.-kn.* 88. podobatъ 1. *tim.* 2. 10-*slêpč.* nasyštamь se χορέννυμαι. obêštavamь se *polliceor prol.-rad.* 50. 92. *Vgl.* ustraješi *für* ustrajaješi. *Viele verba werden nach* V. 1. *und nach* V. 2. *flectiert:* sъvęzaetъ *cloz.* I. 824. sъvęzają *sup.* 339. 24. *und* sъvęžą 176. 21; 264. 15. vъziskają 170. 10; 267. 29. *ostrom. und* vъzištą *sup.* 381. 21; 381. 28; 385. 8. *ostrom.* pokazają. prêstradajetъ ὑπομένει 1. *cor.* 13. 7-*slêpč.* zavezajušte *nic.* iziskajušte. oklevetajušta *mladên.* sъvęzajątъ *greg.-naz.* privęzaja. pokazaja *ippol.* 50. 100. pokazaju *izv.* 430. ispisajetъ *tichonr.* 1. 86. vpisajetь 1. 183. *Die formen nach* V. 1. *sind regelmässig imperfectiv, die nach* V. 2. *perfectiv. Vgl.* 4. *seite* 329. *Bei anderen tritt eine solche differenz nicht ein:* vladajetъ *neben* vlaždetъ *hom.-mih.* vlaždemъ: my vsêmь rodomь vlagemь *mladên.* 55: *vgl. slovak.* ne vládzem už po vrškách chodit *sbor.* 30. uvędajetъ *neben* uvęždetъ *slêpč.* 82. uvęždetъ *hom.-mih.* ugasaetъ *zogr. neben* negašąštimъ ognemь *luc.* 3. 16-*zogr.* vъ ognь negašąštej *marc.* 9. 43; 9. 45-*zogr.* ognьmь negašąštimъ *sav.-kn.* 144. *Falsch:* negasuštago *marc.* 9. 43-*nic.* naricają *und* naričą; proricają *und* proričą. *Vgl.* mrъžustamь vodamь *mladên.* 392: *stamm* mrъza, mrъzje. *Nach* V. 1. *werden auch die verba auf* isa *flectiert:* vlasvimisaetъ. vlasvimisajątъ *zogr.* skanъdalisaetъ *zogr.* b. vlasimisaetь *nic.* 80. 171. skanьdalisaetъ 37. *Der stamm* mêta *hat diese form neben* meta *in* V. 1, *in den nach* V. 2. *gebildeten praesensformen jedoch regelmässig* metie: pomêtajte *zogr.* otъmêtati *sup. 281. 5.* primêtati *112. 20 usw. neben* vъmetajątъ *zogr.* metająšte *assem.* otъmetaję *sup. 305. 15.* otъmetaasta *105. 16.* pometaahъ *28. 19; 438. 6. und* meštemъ *ostrom.* meštemь *nic.* meštete *ostrom. nic.* meštąšte *ostrom.* izmeštetъ *sup. 97. 25.* pomeštate *18. 6.* pomeštę *104. 16; 434 22. Neben* pita *findet man* pitê: pitêetъ *zogr.* upitênъ *mariencod.*

Zweite gruppe.

kla.

α. *Inf.-stamm* kla. *Inf.* kla-ti. *Sup.* kla-tъ. *Partic. praet. act. I.* kla-v-ъ. *II.* kla-lъ. *Partic. praet. pass.* kla-nъ.

Aor. zsges.	*1.* kla-h-ъ	kla-h-o-vê	kla-h-o-mъ
	2. kla	kla-s-ta	kla-s-te
	3. kla	kla-s-te	kla-š-ę.

β. *Praes.-stamm* koli-e.

Praes.	*1.* kolj-ą	kolj-e-vê	kolj-e-mъ
	2. kolj-e-ši	kolj-e-ta	kolj-e-te
	3. kolj-e-tъ	kolj-e-te	kolj-ątъ.
Impt.	*1.* —	kolj-a-vê	kolj-a-mъ
	2. kolĭ-i	kolj-a-ta	kolj-a-te
	3. kolĭ-i	kolj-a-ta	kolj-a-te.
Impf.	*1.* kolj-aa-h-ъ	kolj-aa-h-o-vê	kolj-aa-h-o-mъ
	2. kolj-aa-še	kolj-aa-š-e-ta	kolj-aa-š-e-te
	3. kolj-aa-še	kolj-aa-š-e-te	kolj-aa-h-ą.

Partic. praes. act. kolj-ę. *Pass.* kolj-e-mъ.

In allen formen, in denen ľ *eintritt, wird auch* r, n *erweicht und tritt für* t, d — št, žd; *für* p, b, v, m — pľ, bľ, vľ, mľ; *für* c, z, s — č, ž, š *ein, daher* orją, orješi, orjemъ; stenją, stenješi, stenję; klevęštą, klevęšteši, klevęštemъ; straždą, strażdeši; kaplją, kaplješi, kapljemъ; drêmlją, drêmlješi; kličą, kličeši; češą, češeši *usw. Den inf.-stämmen* kla. stla. bra. pra *entsprechen die praes.-stämme* kolje. stelje. borje. porje, *daher* kolją. stelją. borją sę. porją: *singulär ist* beretь sę *pugnat lam. 1. 24.* kla *hat im partic. praet. pass.* klanъ: zaklanъ *sup. 169. 16; 315. 20. ostrom.*

180. neben koljenъ: zakoljenъ *sup. 244. 23; 315. 19.* iskolenъ *zogr. b. ostrom., daher* koljenije *sup. 41. 23; 41. 26.* zakoljenije *326. 5; 348. 4; 367. 7. šiš. 192. greg.-naz. 20. usw.* vъsporenъ *fissus:* vъsporena jazdrъ. *Vgl.* sъmlenъ *Vostokovъ, Grammatika 62. Ganz anders deutet J. Schmidt, Vocalismus 2. 160 die formen wie* koljenъ, *wo zugleich von* kolêahъ (koljaahъ) *eine falsche erklärung gegeben wird.* ima *bildet die praes.-formen entweder von* ima *nach V. 1. oder von* jem, *praes.-stamm* jemlje, *nach V. 2:* poemľetъ. priemľetъ. vьzemľjątъ. priemľątъ. emlęj. priemľę *zogr.* priemlą. priemlątъ. vъzemlę *cloz. I. 74. 441. 680.* vъzemlją. vъzemlęj. vъspriemlevê. priemletъ. sъnemljątъ *und mit dem* l *über der zeile:* emlete. emlę. izemleši. priemlją. priemletъ *assem.* vьzemęj *sav.-kn. 145.* jemljetь *ostrom.* jemljete *ostrom.* jemljątъ *sup. 102. 18. ostrom.* jemljç *sup. 132. 12; 280. 5.* prijemljaaše *201. 16. Ein inf.-stamm* jema *findet sich selten:* emati *sav.-kn. 27.* jemati *šiš. 154.* prijemati *38. Man merke* vъnъmati *zogr. und* otimljuštago *luc. 6. 30-nic.* iska *kann nach V. 2. und nach V. 3. flectiert werden:* ištą *assem. ostrom. šiš.* ištątь *ostrom.* ištutь *šiš. 63. 138.* ištę *sup. 121. 29; 223. 19; 255. 19 usw.* ištemъ *partic. 232. 11; 327. 27.* ištemь *šiš. 144. neben* isky *greg.-naz. 243.* iskąšte *zogr. assem. pat.-mik. 97.* iskąšti *sup. 80. 13.* iskušti *šiš. 39. 43. 49 usw.* iskątь. iskomь *pat.-mik. 62. 106.* iskomъ *greg.-naz. 30.* zьda *und* pьsa *verstärken im praes.-stamme* ь *zu* i: zьda, zъda *sup. 150. 13; 208. 14; 324. 7.* zьdanije, zъdanije *82. 25; 139. 28; 208. 13 usw.* sъzъdati *ostrom. und* ziždetъ *sup. 283. 8.* ziždątь *283. 3.* ziždete *ostrom.* ziždemъ *partic. sup. 434. 28.* sъziždą *marc. 14. 58-zogr. assem. ostrom.* sъziždetъ *sup. 150. 11.* sъziždątъ *286. 2.* sьziždete *šiš. 11.* ziždąštej *ostrom. und* nazidajetь *šiš. 93.* sьzidajete *šiš. 157.* sъzidaję *ostrom.* psano. napsati *usw. zogr. neben* pisano *zogr. b.* pьsati *sav.-kn. 160.* psa, pьsa *sup. 264. 24.* napsahomъ *nest.* psavъ, pьsavъ *sup. 183. 7.* psanъ *362. 15.* psanije *195. 19; 195. 21; 223. 21.* psanъ *bon.* psanije *cloz. I. 673. bon.* vъpsano *cloz. I. 83. 87.* psati *nest.* napьsati *sup. 24. 3.* sъpsati *39. 20; 221. 19.* napsanъ *67. 27; 381. 3; 382. 2. cloz. I. 688. bon.* sъpsanъ *sup. 94. 14.* sъpsavъ *cloz. I. 711. Doch findet man auch inf.-formen wie* napisa *sup. 116. 14; 439. 20.* napisavъ *140. 4; 147. 13.* napisalъ *64. 14.* napisanъ *247. 24; 253. 25; 425. 9: dagegen stets* pišetъ *cloz. I. 146 usw.* dê *kann die praes.-formen vom stamme* dedje *bilden. Vgl. seite 109. Ein irrtum ist es, wenn Vostokovъ, Grammatika 81. 82, verba II. mit verben V. 2. in zusammenhang bringt:* pogybnąti *und* pogybletъ, *das vom stamme* pogyblje, pogyba *abzuleiten ist: ebenso* prozębnąti *und* prozębletъ; uglьbnąti *und* uglьblją. prilьpnąti *und* prilьpljetъ. potonąti *und* potopletъ. usъnąti *und* usъpljąть. pogręznąti *und* pogręžetъ. ugasnąti *und* ugašetъ. *Die verstärkung des wurzelvocals kann unterlassen werden, daher* prilьpa *und* prilipa, *so wie* usъha *neben* usyha *usw.*

Dritte gruppe.

bra.

α. *Inf.-stamm* bra. *Inf.* bra-ti. *Sup.* bra-tъ. *Partic. praet. act. I.* bra-v-ъ. *II.* bra-lъ. *Partic. praet. pass. II.* bra-nъ.

Aor. zsges.	*1.* bra-h-ъ	bra-h-o-vê	bra-h-o-mъ
	2. bra	bra-s-ta	bra-s-te
	3. bra	bra-s-te	bra-š-ę.

β. *Praes.-stamm* ber-e.

Praes.	*1.* ber-ą	ber-e-vê	ber-e-mъ
	2. ber-e-ši	ber-e-ta	ber-e-te
	3. ber-e-tъ	ber-e-te	ber-ątъ
Impt.	*1.* --	ber-ê-vê	ber-ê-mъ
	2. ber-i	ber-ê-ta	ber-ê-te
	3. ber-i	ber-ê-ta	ber-ê-te
Impf.	*1.* ber-êa-hъ	ber-êa-h-o-vê	ber-êa-h-o-mъ
	2. ber-êa-š-e	ber-êa-š-e-ta	ber-êa-š-e-te
	3. ber-êa-š-e	ber-êa-š-e-te	ber-êa-h-ą.

Partic. praes. act. ber-y. *Pass.* ber-o-mъ.

Den inf.-stämmen bra. gna. dra. pra. zva *stehen die praes.-stämme* bere. žene. dere. pere. zove *gegenüber.* žьda (žьdati, požьdati *sup.* prêžьdavъ *greg.-naz.) verstärkt im praes.-stamme* ь *zu* i: požidête *zogr.* židą *šiš. 95.* požidą *greg.-naz. 90.* židеši *pat.-mih. greg.-naz. 80.* židetь *78. 170.* židetъ *bon.* požidi *sup. 196. 20; 232. 10.* židêmъ *greg.-naz. 80. 242.* židy *302. 16.* židąšte *ostrom.* židеši. požidi *pat.-mih. 67. 154.* židutь *bus. 87. hom.-mih. Selten ist* žьdi *izv. 547.* požděši *618.* ždutь *hom.-mih.* ždomь *šiš. 241.* žьdy *greg.-naz. 274.* žьdomъ *109:* žditь *mladên. šiš. 192.* ždiitь *hom.-mih. scheint nach III. 2 gebildet: ein* žьždą *findet sich allerdings nicht.*

ožidaą *pat.-mih.* *88.* *gehört zu V. 1.* *Der inf.-stamm* dera: razdera se ἐσχίσθη *matth.* *27.* *51.* *marc.* *15.* *38-nic.* *ist serb.:* razdьra *ostrom.:* odrьtъ *antch.* *vgl. mit nsl.* odrêti se. *Hieher gehören auch die inf.-stämme* rъva, sъsa, kova, snova, žьva, klьva, blьva, plьva *mit den praes.-stämmen* rъve, sъse, kove *neben* kuje, snove *neben* snuje, žьve *neben* žuje, klьve *neben* kljuje, bljuje, pljuje: izbljujemъ *sup.* *369.* *28.* pljują *ostrom.* zapljujutь *nic.* pljuję *sup.* *435.* *27.* pljuvaahъ *assem.* *pat.* *153.* plьvaahъ *ostrom.* poplьvahъ *pat.-mih.*

Vierte gruppe.

dêja.

α. *Inf.-stamm* dêja. *Inf.* dêja-ti. *Sup.* dêja-tъ. *Partic. praet. act.* *I.* dêja-v-ъ. *II.* dêja-lъ. *Partic. praet. pass.* dêja-nъ.

Aor. zsges.	*1.* dêja-h-ъ	dêja-h-o-vê	dêja-h-o-mъ
	2. dêja	dêja-s-ta	dêja-s-te
	3. dêja	dêja-s-te	dêja-š-ę.

β. *Praes.-stamm* dê-j-e.

Praes.	*1.* dê-j-ą	dê-j-e-vê	dê-j-e-mъ
	2. dê-j-e-ši	dê-j-e-ta	dê-j-e-te
	3. dê-j-e-tъ	dê-j-e-te	dê-j-ątъ
Impt.	*1.* —	dê-j-vê	dê-j-mъ
	2. dê-j	dê-j-ta	dê-j-te
	3. dê-j	dê-j-ta	dê-j-te
Impf.	*1.* dê-j-aa-hъ	dê-j-aa-h-o-vê	dê-j-aa-h-o-mъ
	2. dê-j-aa-š-e	dê-j-aa-š-e-ta	dê-j-aa-š-e-te
	3. dê-j-aa-š-e	dê-j-aa-š-e-te	dê-j-aa-h-ą.

Partic. praes. act. dê-j-ę. *Pass.* dê-j-e-mъ.

Die iterativen verba daja, staja *wurden ursprünglich wahrscheinlich nach V. 1. flectiert:* dajają, *jetzt* dają *usw.* *Das mit* li *zur einleitung einer frage dienende* dêêši, ἦ, *steht für* dêješi, *lat.* *an'.* lija *und* smija *steigern in den praesens-formen* i *zu* ê: vъlijati *sup.* *149.* *1;* *334.* *15.* *ostrom.* vъlijašę *sup.* *198.* *11.* vъzlijati *193.* *29.* vъzlija *304.* *25.* *ostrom.* vъzlijavъšija *ostrom.* izlija *sup.* *197.* *4;* *377.* *29.* *šiš.* *2.* *61.* *246.* izlijašę *sup.* *5.* *4.* izlijanъ *329.* *7.*

nalijavъ *172. 6.* polijati *13. 9.* polija *419. 3.* polijatъ *243. 6.* polijanъ *88. 21.* prolijati *41. 10; 287. 18; 310. 6.* prolijalъ *410. 17.* prolija *92. 26.* prolijavъ *250. 15; 345. 11.* prolijanъ *172. 8.* razlija *47. 15.* smijati se *263. 9; 263. 12; 263. 21.* vъsmijaše sę *101. 29.* vъsmijavъ sę *99. 22; 128. 26.* posmijati sę *263. 13.* prosmija sę *3. 28.* usmijavъ sę *142. 22: dagegen* lêjemo *318. 20.* izlêja *šiš. 4.* prolêjetъ *bon.* prolêjątъ *358. 22.* sъlêjnъ *317. und* smêješi sę *99. 25.* smêjątъ sę *99. 27.* smêję sę *291. 11.* vъsmêjete sę *ostrom.* posmêjetъ sę *sup. 336. 29. Vom inf.-stamm* prija *liest man im praes.* prijają *sup. 156. 2. neben dem partic.* prêję: bêše sladъkъ slovesy i prêja *pat.-šaf. 193. für* prêją, prêję *und vom inf.-stamm* zija *im partic.* zêję *sup. 353. 6; 396. 3. greg.-naz. 192. neben* zijaje *hom.-mih. Hieher mag ursprünglich* rija *gehört haben: vgl.* vъzlivati *sup. 133. 25; 345. 10.* polivati *88. 1; 123. 1. mit* otъrivati *95. 17. und* otъrêją *321. 12.* otъrêjetъ *bon.* urêjetъ *ephr.* otrêę *pat.-mih. 166.* otъrêjąšte *greg.-naz. 89.* otъrêjemъ *124. neben dem inf.-stamme* rêja.

Sechste classe.

ova (u-a)-stämme.

Vgl. 2. seite 480.

likova.

a. *Inf. stamm* likova. *Inf.* likova-ti. *Sup.* likova-tъ. *Partic. praet. act. I.* likova-v-ъ. *II.* likova-lъ. *Partic. praet. pass.* likova-nъ.

Aor. zsges.	1. likova-hъ	likova-h-o-vê	likova-h-o-mъ
	2. likova	likova-s-ta	likova-s-te
	3. likova	likova-s-te	likova-š-ę.

β. *Praes.-thema* liku-j-e.

Praes.	1. liku-j-ą	liku-j-e-vê	liku-j-e-mъ
	2. liku-j-e-ši	liku-j-e-ta	liku-j-e-te
	3. liku-j-e-tъ	liku-j-e-te	liku-j-ątъ.

Impt.	1. —	liku-j-vê	liku-j-mъ
	2. liku-j	liku-j-ta	liku-j-te
	3. liku-j	liku-j-ta	liku-j-te.

Impf.	*1.* liku-j-aa-hъ	liku-j-aa-h-o-vê	liku-j-aa-h-o-mъ
	2. liku-j-aa-še	liku-j-aa-š-e-ta	liku-j-aa-š-e-te
	3. liku-j-aa-še	liku-j-aa-š-e-te	liku-j-aa-h-ą.

Partic. praes. act. liku-j-ę. *Pass.* liku-j-e-mъ.

Manche ova-*stämme werden, namentlich in jüngeren denkmälern, nach V. 2. mit dem praes.-stamm* ovaje *flectiert. Vgl. seite 119. Im greg.-naz. bildet dies, wie es scheint, die regel:* prêobidovajemъ *85.* sъdêlovajetь *142: ebenso 26. 58. 107. 125. 152. 248. 259. 272. 277. 279. 280.* doglagolevająštiihъ *122: ebenso 240.* oglagolovają *172.* pomilovajemi *60: ebenso 84.* prêminovajemomъ *65.* obradovająštemъ *193.* obrazovaemi *224.* vъrьvьnovajetь *147.* vъseljevajemi *284.* rasypovajemъ *63.* uvračevajemъ *231.* naznamenovaę *25. An einen unterschied der bedeutung, wie etwa an denjenigen, der nach 4. seite 329. zwischen* sъvęzają *und* sъvęžą *eintritt, kann wenigstens bei* sъdêlovają *und* sъdêlują *nicht gedacht werden, da auch das letztere unzweifelhaft imperfectiv ist.*

B) Conjugation ohne das praesenssuffix.

Die stämme ohne das praesenssuffix sind: 1. vêd. *2.* dad. *3.* jad *edere. 4.* jes. *5.* obrêt. *6.* vъsta.

1. vêd.

Praes.	*1.* vê-mь	vê-vê	vê-mъ
	2. vê-si	vês-ta	vês-te
	3. vês-tъ	vês-te	vêd-ętъ.
Impt.	*1.* —	vêd-i-vê	vêd-i-mъ
	2. vêždь	vêd-i-ta	vêd-i-te
	3. vêždь	vêd-i-ta	vêd-i-te.

Vêdętъ *ist ohne praes.-suffix gebildet, mit welchem es* vêdątъ *lauten müsste. Die partic. sind* vêdy *neben* vêdę *sup. 224. 4. und* vêdomъ *neben* vêdimъ. *Impt.* vêdita *sup. 220. 7.* vêdite *ostrom. Falsch ist* vêždivê, vêždvê. *Für* vêmь *ist sehr häufig das rätselhafte* vêdê *zogr. assem. sup. ostrom. šiš. hom.-mih. greg.-naz. 203. nest. usw.* povêdê *izv. 618.* ispovêdê *sup.* sъvêdê *šiš.* sъpovêdê *sup.* uvêdê *sup. usw., das auch im karantanischen slovenisch der freisinger denkmäler vorkömmt:* vêdê. ispovêdê. *Über die inf.-formen s. seite 114.*

2. dad.

Praes.	*1.* da-mь	da-vê	da-mъ
	2. da-si	das-ta	das-te
	3. das-tъ	das-te	dad-ętъ.
Impt.	*1.* —	dad-i-vê	dad-i-mъ
	2. daždь	dad-i-ta	dad-i-te
	3. daždь	dad-i-ta	dad-i-te.

Dadętъ *und* dady *sup.* *206. 21; 308. 12.* dadąštja *greg.-naz. 261. sind wie* vêdętъ *und* vêdy *zu beurteilen. Neben* dady *bestand ursprünglich wohl* dadę, *daher* dadja *nest.* dada *srjat.-op. 2. 2. 392;* dadomъ *setzt einen stamm* dade *voraus: dasselbe gilt von* dadêahъ *sup. 152. 13. Über die inf.-formen s. seite 109.*

3. jad.

Praes.	*1.* ja-mь	ja-vê	ja-mъ
	2. ja-si	jas-ta	jas-te
	3. jas-tъ	jas-te	jad-ętъ.
Impt.	*1.* —	jad-i-vê	jad-i-mъ
	2. jaždь	jad-i-ta	jad-i-te
	3. jaždь	jad-i-ta	jad-i-te.

Jadętъ *und* jady *sind bereits erklärt. Neben* jady *findet man* jadę. jadêahъ *setzt ein* jade *voraus. Über die inf.-formen s. seite 99.*

4. jes.

Praes.	*1.* jes-mь	jes-vê	jes-mъ
	2. je-si	jes-ta	jes-te
	3. jes-tъ	jes-te	sątъ

Sątъ *hat wohl das praesenssuffix* o; *dasselbe gilt vom partic.* sy *neben* sę. *Über* bąde *s. seite 98. und über* by *seite 109.*

5. obrêt.

Von obrêt *findet man ohne praesenssuffix die II. sg. praes.* obrêsi *pat. 261. 301. für das regelmässige* obręšteši, *worüber seite 99. gehandelt ist. Vielleicht ist auch serb.* obrim *invenium für ein asl.* *obrêmь *eine hieher gehörige form: vgl.* jamь *und* jad *mit* obrêmь *und* obrêt.

6. vъsta.

Auch von vъsta *findet man ohne praesenssuffix die II. sg. praes.* vъstasi: i rêšą (rêšę) starêjšinê svoemu: ne vьstasi pokloniti sę knęzu? *pat.-mih. 122. 6. et dixerunt hegumeno suo: nonne surges, ut inclines te coram principe? Vgl. auch* vъstatъ: otъ neliže ubo vъstatъ gospodь domu i zatvoritъ dvьri ἀφ' οὗ ἂν ἐγερθῇ ὁ οἰκοδεσπότης καὶ ἀποκλείσῃ τὴν θύραν *luc. 13. 25-sav.-kn. 46:* ne *kann ausgefallen sein. Ähnlich ist auch* pobitъ *zu erklären:* zъlyję zьlê pobitъ i vinogradъ prêdastъ inêmъ *sav.-kn. 28.*

Anhang.

Umschriebene verbalformen.

1. Perfect. act. *Das perfect. act. wird ausgedrückt durch die verbindung des partic. praet. act. II. mit dem praes. des verbum* jes: prišьlъ esi ἐλήλυθας *assem.* položilъ jesi ἔθηκας *ostrom.* jesmь obidêlъ ἐσυκοφάντησα *ostrom.* jestь gonezlъ *hom.-mih. Vgl. 4. seite 800. Das partic. praet. act. II. ohne* jes *hat aoristische bedeutung:* izbralъ *šiš.* vьskrêsilъ *šiš. Vgl. 4. seite 801.* 2. Plusquamperfect. act. *Das plusquamperfect. act. wird ausgedrückt durch die verbindung des partic. praet. act. II. mit dem imperf. I. oder II. des verbum* by: pogyblъ bê ἀπολωλὼς ἦν. bêahą prišьli ἦσαν ἐληλυθότες *ostrom.* oblьklъ bê *pat.-mih. Selten ist:* mati jego zavêsila byla okъnьce *mater eius velaverat fenestram zlatostr. XII. Russ.:* posolъ svoj poslalъ esmь bylъ. posъlalъ bylъ jazъ kъ vamъ igumena svoego *Vostokovъ, Grammatika 91. Vgl. 4. seite 804. 805.* 3. Fut. act. *Das fut. act. wird ausgedrückt durch das praes. der verba perfectiva:* naučitъ διδάξει; *doch auch* vêrujete *credetis ostrom. Vgl. 4. seite 772. 2. Durch die verbindung des inf. a) mit dem praes. des verbum* imê: glagolati imatъ *loquetur sup. Vgl. 4. seite 863. b) mit dem praes. des verbum* vъčьn, načьn: imêti vъčьnetъ *habebit cloz. I. 400.* neroditi načьnetъ *non curabit ostrom. Vgl.* nasnem delati *fris.: asl.* načьnemъ dêlati. jegda načьnetъ hotêti svьnuti ἐπειδὰν ἡμέρα μέλλῃ γίνεσθαι *zlatostr. XII. Vgl. 4. seite 865. c) mit dem praes. des verbum* hotê: javiti sę hošteši μέλλεις ἐμφανίζειν σεαυτόν *ostrom.* nebo i zemlja bêžati hošteta *ephr.-syr. XIV. Vgl. 4. seite 863. Man merke folgende verbindungen:* ašte bądetъ obrêsti ją *ostrom., wofür im assem.* ašte obręštetъ sę, ἐὰν γένηται εὑρεῖν αὐτό *matth. 18. 13.* lêpo bi prisno plakati se *hom.-mih. 87.* by dovesti *greg.-naz.* hotêaše umrêti. rimjanьsko ešte ne bê bylo, nъ bjaaše emu byti *greg.-naz.* *4.* Fut. exact. act. *Das fut. exact. act. wird ausgedrückt durch die verbindung des partic. praet. act. II. mit dem praes. des verbum* bąd: ašte grêhy budetъ stvorilъ, otъdadetъ se jemu ἐὰν ἁμαρτίας ᾖ πεποιηκώς, ἀφεθήσεται αὐτῷ *iac. 5. 15-šiš., wo auch* sъtvoritъ *stehen kann.* ašte kto ne bądetъ pričlъ takovąą (takovyję) napasti *pat.-mih. 138.* bylo bude *svjat. op. 2. 2. 392. Vgl.* otęlъ bądetъ *greg.-naz. 25.* bądetъ vъzlêzlъ *74.* bądetъ prijelъ *96.* bądetъ sъbralъ *99.* bądeši razorilъ *107.* imêli bądemъ *206.* bądetъ pomoglъ 282. *Vgl. 4. seite 806.* *5.* Condit. act. *Der condit. act. wird ausgedrückt durch die verbindung des partic. praet. act. II. mit dem aor.* bimь *oder mit dem aor.* bychъ: *jene ausdrucksweise ist pannonischen ursprungs: a.* ašte ne bimь prišьlъ, grêha ne bą imêli εἰ μὴ ἦλθον, ἁμαρτίαν οὐκ εἴχον *io. 15. 22-zogr.* *b.* ašte by vêdêlъ knęzь silą raspętaago, to ostavilъ by kumirьskąją lьstь *si princeps nosset virtutem crucifixi, desereret errorem idolorum sup. 55. 10.* ašte ne byšę prêkratili sę. *Vgl. 4. seite 808. 815.* *6.* Passivum. *Das passivum wird ausgedrückt 1. durch die verbindung des act. mit dem reflexivpronomen* sę: narečetъ sę *vocabitur ostrom. Vgl. 4. seite 99. 264.* *2. Durch die verbindung des partic. praes. oder praet. pass. mit den formen der verba* by, byva, bąd, jes: *a.* znajemi byšę *cogniti sunt sabb.-vindob.* struženъ bêaše *radebatur sup. 122. 24.* nesomъ bjaaše *greg.-naz. 71.* vêdomi bêahą *20.* gonimъ byvaaše *pellebatur ostrom.* mučimi budutъ *excruciabuntur ant.* sъpasajemi sątъ *salvantur sup. 268. 1.* bijemъ bądetъ *greg.-naz. 120.* vъzdviženъ byvajetъ *exaltatur hom.-mih.* *b.* rastežemъ byvajetъ τείνεται *prol.-rad.* vъzvedenъ bystъ *ductus est ostrom.* bê napisano ἦν γεγραμμένον *ostrom.* prêdanu byvъšu *postquam traditus est sup. 343. 26.* vъzdviženъ byvaatъ *tollitur sup. 344. 17.* izgnanъ byvajetъ *greg.-naz. 116. 251.* napisanъ byvaješi *120.* pokazanъ byvajetъ 230. izgъnanъ bądetъ *eiicietur ostrom.* bijenъ bądi *greg.-naz. 120.* vênьčanъ bądi *121.* osąždenъ jesi *condemnaris ostrom.* prêdanъ imatъ byti *tradetur. Vgl. 4. seite 830. 840. Man merke* obraslъ bystъ λη ἐγένετο *greg.-naz. 208, wo* obraslъ *die function eines adjectivs hat.*

II. NEUSLOVENISCH.

ERSTER TEIL.

Lehre von der declination.

Erstes capitel.

Nominale declination.

A) Declination der substantiva usw.

Der sg. acc. der männlichen namen belebter wesen ist dem sg. gen. gleich: môža, ptiča; *doch:* za môž dati *vraz. 64.* v zamuž dati *kuk. 204. Derselben regel folgen die männlichen namen lebloser gegenstände, wenn sie von belebten wesen gebraucht werden:* vidiš štora; *bei einigen schriftstellern sogar die neutra:* je za druziga dekleta zdaj ljubezen tvoja vneta *preš. 33.* za peseta *preš. 40. Der sg. voc. masc. und fem. ist dem sg. nom. gleich; spuren des voc. sind selten:* kriste *in* kriste, usliši nas *und im volksliede:* adame *nar. 2. 54.* krištofe *2. 26; 2. 28.* poglavare *2. 54.* sine *2. 31.* brate, bože, človeče, gospodine, gospone *kroat.* rabe *fris.* oče *pater ist wahrscheinlich aus dem asl. sg. voc.* otьče *gebildet: so dürfen auch* jože, tone *und ähnliche namen gedeutet werden: vgl.* dêdo *avus und anderes analoge im bulg. Der sg. loc. masc. und neutr. ist vom sg. dat. meist nicht unterschieden:* bobu, mêstu, *meist* bobi, mêsti *gesprochen: in älteren denkmälern findet man den sg. loc. masc. und neutr. einigemal auf* ê *und auf* ej *für asl.* ê: zuete (svêtê) *fris.* po sojim duome je zdihavu. par potoce *apud virum.* na praze.

bodila sta po sviete. na trebuse *venet.* okej, blagej, *wofür auch* blaze (blazê) *bei skal.*, duhej, listej, mesej *und sogar* morjej, srcej *trub.* ej, i *ist durch die im asl. auf die* u-*stämme eingeschränkte endung* u *verdrängt worden; trub. hat im sg. loc.* u *und* i, *im sg. dat. consequent* u; k večeri *bei boh.* 154. *und synt.* 13. *ist aus dem fem.* večer *zu erklären. Im dual. werden gen. und loc. durch den pl. gen. und loc. ersetzt:* imétek mojih dvêh bratov: pri mojih dvêh bratih: ob dvêma *für* ob dvêh *ist daher falsch; ebenso* pri nama, pri njima *dain.-ev.* 50; *man beachte* pri vaju, pri naju *bei trub.: in den älteren denkmälern, namentlich bei trub., liest man einigemal den dual. gen. und loc.:* v tiju (tiu, *asl.* toju, *wofür auch* têju) dvéju listu. od dvêju sinu *neben* od dvêju dolžnikov, v le tih dvêju zapovedih. od obêh kraju *alterutrinque lex.* meč od obêju platu oster *trub.; das alte* dvoju: dvoju korunu *habd. Das bei trub. öfters vorkommende* mladiu: od mladiu *a prima aetate dürfte auch als dual. gen.* mladuju, *etwa* nogu, *zu fassen sein; vgl. den pl. gen.* mladiuh: nit ljubiti mladiuh junaka *kuk.* 130. *Die kroat. Slovenen haben den dual. fast ganz eingebüsst: sie sprechen* dva lugari *prip.* 96. dva sini *prip.* dva drage 233. 234. dragi dva. 247. *neben* dva draga *kuk.* 222. dve leti *prip.* 12. *In älteren denkmälern liest man* dva spola, dva groba, prva človcka besta stvorjena, po dveju mesecu, z dvema popoma, dve lete. *Auch bei den Bêli Kranjci stirbt der dual. immer mehr aus: man gebraucht noch den nom. voc. acc. der masc., sehr selten der neutr., nie der fem., daher* dva môža, fanta, dvê lêti (*vom neutr. vielleicht das einzige beispiel*), *dagegen* dvê žene, dva pera *und, wenigstens bei folgendem praedicat, gewöhnlich auch* dva moži, dva fanti. *Die Bêli Kranjci grünzen an ein sprachgebiet, wo der dual nicht vorkömmt.*

Das vor dem endconsonanten stehende e *wird, wenn das wort am ende wächst, ausgestossen: 1) wenn es einem asl. halbvocal* ъ, ь *entspricht:* oven *asl.* ovьnъ, orel *asl.* orьlъ, kupec *asl.* kupьcь, osel *asl.* osьlъ, nohet *asl.* nogъtь, senjem *und* semenj *asl.* sъnêmъ, cérkev *asl.* crъkъvь, jarem *asl.* jarьmъ, krêpek *asl.* krêpъkъ, volhek *asl.* vlъgъkъ, górek, gorák *asl.* gorьkъ, *sg. gen.* ovna, orla, osla *usw.: so hat auch das dunkle* ženscv *cognominis* žensva. *Dasselbe widerfährt unter denselben umständen dem* a: lekat *asl.* lakъtь, lehti: *ausgenommen sind die einsilbigen subst.:* mah *asl.* mъhъ, meč *asl.* mьčь, vas *asl.* vьsь *vicus*, lan *asl.* lьnъ, laž *asl.* lъža, lev *asl.* lьvъ, *sg. gen.* maha, meča, vasi *usw.; doch* ves *asl.*

vьsь *omnis*, vsa, pes *asl.* pьsъ, psa, sel *asl.* sъlъ, sla, šev *asl.* šьvъ, šva *trub. krell.; von* san *asl.* sъnъ *liest man* sna *sir. boh. und sg. loc.* sni *sir., doch auch* sanêh *trub. Der wohlklang bewahrt manches* e: mrtvec, mrtveca; jazbec, jazbeca. *Auch in deminutiven bleibt* e *manchmal:* peseka. sineka *vraz.* 67. *kuk.* 207. 246. *neben* sinka *vraz.* 82. *Für* gôdca. dêdca *von* gôdec. dêdec *liest man hie und da* gôsca. dêsca; *so auch* pasca *skal. von* padec: *trub. schreibt* dêjca: *dain.-er.* 33. 67. jêšca *für asl.* jadьca. hvalen *asl.* hvalьnъ *hat* hvalna, hvaljen *asl.* hvaljenъ, hvaljena; 2) *wenn* e *euphonisch eingeschaltet erscheint:* oder *asl.* odrъ, ogenj *asl.* ognь, vôgelj *asl.* oglь, vôgel *asl.* ąglъ, vêter *asl.* vêtrъ, kozel *asl.* kozlъ, koper *asl.* koprъ, kosem *asl.* kosmъ, pekel *asl.* pьklъ, basen *asl.* basnь, misel *asl.* myslь, pêsem *asl.* pêsnь, prijazen *asl.* prijaznь, sedem *asl.* sedmь, mogel *asl.* moglъ, rekel *asl.* reklъ, oster *asl.* ostrъ, dober *asl.* dobrъ, mrtev *asl.* mrъtvъ, topel *asl.* toplъ. *sg. gen.* odra, ognja, vôglja *usw.;* viharja *preš.* 22. 78. 106. *von* vihar *asl.* vihrъ *findet man neben* vihra *von* viher; 3) *ausnahmsweise auch, wenn* e *asl.* e, ê, ę *gegenübersteht:* kamen *asl.* kamenь, kamna; prijatelj *asl.* prijatelь, prijatlja; *trub. boh. schreiben noch* kamena, prijatelja: *letzteres hat sich im osten erhalten;* zabel *asl.* *zabêlъ, zabla *und* zabela; kôpel *asl.* kąpêlь. kôpli *met.* 47. *neben* kôpeli *im osten, wie* vrzel *asl.* *vrъzêlь, vrzêli *überall;* zajec *asl.* zajęcь, zajca; mesec *asl.* mêsęcь, mêsca *neben* mêseca *vraz.* 80. 22 *im osten, im venet.* mjesac, mjesaca; dvajsti *asl.* dva desęti *neben* dvajseti *habd.,* dvanajsti *und* dvanadeste *er.-zagr. habd. asl.* dvanadesęte *neben* dvanajseti *habd. Im venet. finde ich neben* brat *die formen* bratra, bratri *angegeben.*

Im pl. gen. der fem. und neutra wird zwischen zwei consonanten im auslaut regelmässig ein euphonisches e *eingeschaltet:* igla. deblo. duplo. sedlo. bradlja. teslo. kvoklja. zemlja. grablje. kaplja; ikra. iskra. bedra. vitra. sestra. rebro; okno. gumno. platno. črêšnja: gostnja *ist* gostinja, *für* pêsterna *ist* pêstunja *vom asl.* pêstunъ *zu schreiben;* pismo; dvojka. kavka. hruška. klêtka; služba. sôdba; statve. cesarstvo; jajce, *pl. gen.* igel. debel. dupel *usw.; in einigen gegenden* igál, ováć *von* igla, ovca. *Ungetrennt bleiben die consonanten, wenn der erstere von ihnen ein sibilant, der zweite ein guttural oder dental ist:* vojska. gosposka; usta. glista. krasta. nevêsta. uzda. brazda. brzda. zvêzda *usw., pl. gen.* vojsk. gosposk. ust *usw.; ebenso* klêšče. tašča. toporišče, *pl. gen.* klêšč, tašč, toporišč; *doch* gôska *asl.* gąsьka, gôsek; trska, *wofür auch* trêska *gesprochen wird hat* trsek *und* trsák. *Es versteht sich von selbst, dass* rj *und* lj *nicht zu trennen sind:* zarj, polj.

In den westlichen teilen des nsl. sprachgebietes wird am, ama *für* om, oma *gesprochen:* rakam, rakama; *bis vor kurzem schrieb man auch so; im XVI. jahrh. jedoch bildete* om, oma *die regel:* otrokom *krell. Vgl.* vuernicom *asl.* vêrьnikomъ. glagolom. muсenicom *asl.* mąčenikomъ. zopirnicom *asl.* sąprьnikomъ. stolom. zelom *asl.* zъlomъ. delom *asl.* dêlomъ *und* crilatcem *asl.* krilatьcemъ. zlodeiem, zlodgem, *asl.* zъlodêjemъ, *fris.*

I. ъ (*a*)-stämme.

1. Subst. stamm robъ.

nom.	rob	roba	robi
acc.	roba	roba	robe
gen.	roba	(robov)	robov
dat.	robu	roboma	robom
instr.	robom	roboma	robi
loc.	robu	(robih)	robih.

2. *3. Subst. stamm* konjъ.

nom.	konj	konja	konji
acc.	konja	konja	konje
gen.	konja	(konjev)	konjev
dat.	konju	konjema	konjem
instr.	konjem	konjema	konji
loc.	konju	(konjih)	konjih.

Rob *liest man bei habd. Der pl. gen. ohne* ov *kömmt nur ausnahmsweise vor:* čebar: sto čebar *stapl.* otrok. voz. vol. dan. zôb. konj. las. lonec. môž. pas *canum.* piščenc *vraz. 70. neben* piščencov *66;* zaconnik (zakonьnikъ) *und* greh (grêhъ) *neben* grechov (grêhovъ) *fris.* pênez *bedeutet pecuniae,* pênezov *preš. 30. 41. nummorum. Die pl. gen.* lasi *capillorum,* môži *virorum,* zôbi *dentium lex. sind nach der ь-declination gebildet. Der pl. loc. hat häufig den ausgang* êh: zidêh (zideih) *lex.* darêh. *Einige einsilbige subst. mit gedehntem vocal können im sg. gen.* ú *für* a *annehmen:* olú. valú. volú. vratú. darú. dolgú. glasú. godú. gostú. gradú. zidú. zobú.

klasú. kvasú. kosú *frusti.* lanú. lasú. listú *trub.* medú. mirú. mostú. mehú *von* mêh. potú *viae, sudoris.* prahú. sledú. smradú. stanú. strahú. tatú. spolu *skal. von* spol *sexus.* tirú. sadu *stapl.* trakú *usw.; auch das zweisilbige* nohet *kann* nohtu *bilden: daraus geht hervor, dass die im asl. auf die stämme auf* ъ *für* u *eingeschränkte endung* u *einen weiteren umfang gewonnen hat, jedoch in anderer richtung als im klruss., russ., čech. usw. Auffallend ist der dual. nom.* dva sinu *und* na dva plati *trub., wofür man* sini, *asl.* syny, *erwartet, das gleichfalls vorkömmt; alt ist der sg. voc.* zinu (*asl.* synu) *fris. Man merke den sg. dat.* domov οἴκαδε *trub. dalm. krell., wofür heutzutage im osten* domó, *im westen* domú, *im süden* dimo *prip., doch auch* domov *cvêt. prip. 14. 38, bei nest.* domovi *13. 9; 23. 20; 23. 21 usw. und* domovь *26. III:* domom (čredo ovac domom tira *kroat.* odišla domom *prip. 7.) beruht auf* domov. *Das im westen vorkommende* dam *domum stützt sich zunächst auf* damu *stapl., das aus* domovi *entstand.*

Nach robъ *gehen auch a) die masc. auf* a: oproda *(aus dem magy. apró parvus).* vojvoda. starejšina. *gen.* oproda. *dat.* oprodu, *als ob das thema* oprod *wäre; kroat. bewahrt* sluga *die* a-*declination; auch* oča, *wie trub. krell. stapl. schrieben, und woher das adj. possessivum* očin, *wird in manchen gegenden im sg. nach* riba *decliniert: gen.* očê. *dat.* oči *neben* oču *trub. acc.* očo *trub. neben* očê *wie im gen. instr.* očo *neben* očom *hung. loc.* oči; *pl. nom.* očovi *stapl.* očeve, očev, očevóm, očevmi *hung.; habd. bietet* otec, otac; *krell. hat den pl. nom.* poglavice *und ähnliches; nar. 1. 122. den acc.* slugo; priča *testis bewahrt das genus fem., daher* dvê krivi priči *trub. Manche subst. auf* a *bilden ihre casus nach dem muster der stämme auf* ęt: matija. toma, *gen.* matijata. tomata; *ebenso* jože. tone, *gen.* jožeta. toneta *und* benko. verjanko, *gen.* benkota. verjankota; *doch auch* marko. marka. marku *vraz. nar., wie bei nest.* vasilьka *109. 29; 109. 36; 110. 9. von* vasilьko *109. 17; 109. 35; 110. 6.* jehu *hat im gen.* jehuta *und* jehua; noe, noeta: *bei trub. liest man* tiga noe, *bei den kroat. Slovenen* noema *krist. 17: vgl.* stotnik. stotina *von* sъto *und* ἀγάδες. καναπέδες *von* ἀγᾶς *und* καναπές *im ngriech. b) regelmässig jene, die im asl. der* ь-*declination folgen:* golôb. črv. gost. zet. laket, *das auch fem. ist,* nohet. pečat. pôt. tat. test. gospod. medved: *von den ausnahmen unten; c) jene, die im asl. consonantisch nach VI. 2. a. decliniert werden:* kamen. koren. kremen. plamen. prsten. remen. jelen; *doch* prstanj, prstanja *bei dain. 91.*

Die gutturalen werden nur ausnahmsweise in sibilanten verwandelt: sg. loc. jezici. dolzi. lôzi; *pl. nom.* otroci. turci *nar.* zinzi (synьci) *fris.* voleje; *dat.* volcêm; *loc.* rozich *venet.* otrocih. travnicih. trzih. volcêh. dolzêh *und sogar im instr.* otroci, *asl.* otroky.

Die subst. auf an, *asl.* aninъ, *haben im pl. nom. hie und da noch* e *für* i: dobrušane. vodičane *kop. 458.* kristjane *preš. 50.* babilonjane. kristjane. rimljane; *daneben aus der asl.* ь-*declination* je: kristjanje. lakničanje. ločanje, *welches* je *auch sonst neben* i *häufig vorkömmt:* očetje. bratje. gostje. knetje. profetje. svatje. soldatje. tatje. fantje. farje. ajdje. gospodje. sosêdje. judje. kopunje. sršenje. golôbje. zôbje. črvje. škofje. lasje. môžje; *ebenso* voleje *krell. skal. stapl. meg.* volce *lex.* vucjé *venet. von* volk: *vgl.* vlьcie *matth. 7. 15-nic.; bei den ungr. Slovenen auch* narodje. bogatinje. poganje. talijanje. židovje *von* židov. fotivje *nothi.* angelje. apoštolje. neprijatelje. roditelje. zidarje. pasterje. môžje. lampašje. vitezje. klobučarje. komarje *dain. 87; nicht selten* ovje, *indem* ъ *in* ov *übergegangen:* bratovje, popevje *sacerdotes zum unterschiede von* popovje *gemmae arboris. Nach* c, s, č, š *geht* j *in* k *über:* učenicke. vucke *lupi.* poglavnicke. svedocke. siromacke. potocke. prorocke. vlaske *capilli.* pisačke. ribičke. publikanuške, *doch* kurvešje. lampašje. in *muss nicht abgeworfen werden:* turčini *nar.* turčine *preš. 18.* poganini *habd. Merkwürdig ist die declination der ortsnamen auf* ane: *pl. nom.* goričane. svêčane; *acc.* goričane, goriče. svêčane, svêče; *gen.* goričan. svêčan; *dat.* goričanom, goričam. svêčanom, svêčam; *instr.* goričami. svêčami; *loc.* goričah. svêčah. *Vgl. seite 15.*

Die subst., die im sg. gen. a *betonen oder* ú *haben, können im dual. dat. und instr. und im pl. dat. und loc. auf* êma, êm *und* êh *auslauten:* tatêma, tatêm, tatêh; psêma, psêm, psêh; plotêh. voglêh; *dieselben substantiva können den pl. instr. auf* mi: tatmi *bilden. Diese formen sind im tone gegründet und meist neueren ursprungs. Dagegen lassen sich die pl. acc. auf* i, i *mit den asl. formen auf* y *zusammenstellen:* gradi *trub.* dari *stapl.* listí *litteras lex.* mosti *venet.* dari. listi. vlati *hung.* lasi. voli *prip. 6. 50. 207. 208,* ógledi *rvaz. 51.* zlati *51.* mostí *92.* svati *64. 87. 89; asl.* grady. dary. *Dagegen sind die pl. acc. auf* e *auf nasal auslautende formen zurückzuführen, die sich im asl. nur nach palatalen erhalten haben. In den freisinger denkmälern ist* e *selten:* greche (grêhę), gresnike (grêšьnikę) *neben* grechi (grêhy). crovvi (krovy). obeti (obêty). vucki, vugki (vêky). *Bei den kroat. Slovenen besteht ein pl. gen. auf* ih *für* i: zubih *ev.-zagr.* groši: šest groši; môži *bei den Bêli Kranjci.* zlati *vraz. 196. ist asl.* zlatyihъ: zlatih *preš. 80. Die nicht seltenen formen für den pl. instr. auf* mi *sind unorganisch:* angelmi. oblakmi. sinmi. zubmi *kroat.* môžmi. *Man merke den pl. dat.* môžim.

Kamen. kôt. pôt *können im pl. der declination der neutra folgen:* kamna. kôta. pôta *preš. 15. 77. 108. Den pl.* bratje *ersetzt im kroat. das collectivum* bratja *kuk. 211. fris.* bratriia, bratria. *Für den pl.* gospodje *kann überall das collect.* gospoda *gebraucht werden.*

Mal, *aus dem deutschen entlehnt, ist meist indeclinabel:* do sega mal *conf.-gen.* do sega mao *hung.* od sêh mal. po sêh mal, po têh mal. *Ob die schreibung* kmalu *richtig, darf daher bezweifelt werden: gewiss unrichtig ist* kmalo. *Für* koliko krat *liest man* koliko kratov *preš. 136. 187.*

Aus dem sg. gen. neutr. zlega *hat der unverstand den nom.* zleg *herausgeklügelt, woher der sg. instr.* zlegom *trub.;* blagor, *asl.* blago že ѥсть, *als subst. anzusehen, ist den leuten erst in der jüngsten zeit eingefallen:* blagrov *ravn.*

Nach konjь *gehen manche subst. auf* rъ, *die im asl. dem ersten paradigma folgen:* vihar, viharja; komar, komarja; sever, severja *usw.; dagegen* car, cara *vraz. 24. und* carja *nar. 1. 63; 1. 74. Die auf* c *werden heutzutage meist nach* robъ *decliniert; trub. hat* vrabcev. dêlavcev. znancev *neben* slêpcoma; *die auf* z, *asl.* zь, *gehen stets nach* robъ: vitezov. knezov. pênezov; dež *hat im westen* dežja. *Die auf* elj *auslautenden, meist offenbar entlehnten subst. nehmen* n *an und folgen dann dem paradigma* robъ: apostelj. brencelj. durgelj. žalbelj. kavelj. kapelj. kembelj. krancelj. krempelj. meželj. nagelj. porungelj. pramelj. rabelj. tempelj. škratelj. fuželj *boh. 59, gen.* apostеljna. brenceljna. durgeljna *usw. Dagegen* žebelj. kašelj. krhelj. parkelj. prôgelj. rêcelj. rogelj. smrkelj. čavelj. črevelj *und das gleichfalls entlehnte* šapelj, *gen.* žeblja. kašlja. krhlja *usw.; trub. schreibt* templa, templom *neben* rabeljna; *in stapl. liest man* perl, perelnov: tempelna. *Die an der kroatischen gränze wohnenden Slovenen sprechen im sg. nom.* štamfljin, *gen.* štamfljina, *deutsch stumpfel, Levstik 9. 10.* evangeli. zlodi. juri *stehen im nom. für* evangelij. zlodêj, *daher sg. dat.* zlodêju *fris.,* jurij, *sg. instr.* zlodêjem *trub. und* zlodjem *fris., sg. gen.* evangelja. zlodja. jurja.

Stariši, *nach dem deutschen eltern gebildet,* mlajši *posteri und* duhoven *sacerdos, wofür im osten stets* duhovnik, *sind adjectiva, werden jedoch jetzt in der regel nominal decliniert, ehemals auch adjectivisch:* starišev *und* stariših *sir.* mlajših *trub. krell.;* môžki *jedoch und* ženska *werden als adj. angesehen.*

II. o-stämme.

1. Subst. stamm selo.

nom.	selo	seli	sela
acc.	selo	seli	sela
gen.	sela	(sel)	sel
dat.	selu	seloma	selom
instr.	selom	seloma	seli
loc.	selu	(selih)	selih.

2. *3. Subst. stamm* poljo.

nom.	polje	polji	polja
acc.	polje	polji	polja
gen.	polja	(polj)	polj
dat.	polju	poljema	poljem
instr.	poljem	poljema	polji
loc.	polju	(poljih)	poljih.

Man merke den sg. loc. dele (dêlê), lacomztue (lakomьstvê) *fris.* na tnale, par diele *venet.* okej *trub.* blase (blazê) *fris.* tla, *pl. gen.* tli *neben* tal *venet.* sto *ist jetzt indeclinabel:* dve sto *ist aus dem asl.* dvê sъtê *zu erklären, das im ältern kroat.* dve ste *vorkömmt: in Kärnten wird* pet set, šest set *usw. gesagt. Auch* jezer, *das aus dem magy.* ezer *entlehnt, ist bei trub. indeclinabel:* štiri jezer, štirim jezer; *ebenso* jezero: dvê jezero, pet jezero, deset jezero *hung.* štiri jezero *dain., doch auch* dvê jezeri *steierm.* deset jezer, z deset jezermi *hung.* četiri jezera, pet jezer *und* z desetimi jezermi *ev.-zagr. krell hat den pl. gen.* sreá, *womit* gorá *und ähnliche formen zu vergleichen. pl. instr.* deli (dêly). uzti (usty) *fris.* vustmi *kroat. Im X. jahrh. scheint noch* nije *gesprochen worden zu sein, wo jetzt* nje *gesprochen wird:* pomislenie (pomyšljenije), zcepasgenige (sъpasenije), ugongenige (ugojenije, *asl.* ugoždenije) *fris.; in demselben denkmal lautet der sg. loc. auf* i, *nicht auf* ii *aus, was jedoch vielleicht minder genaue schreibung ist:* liehogedeni, lichopiti, poglagolani; *daselbst ist* vvosich *asl.* vąžilъ. tlo *boden ist nur im pl. gebräuchlich:* tla, tal, tlom *und* tlêm, tlêmi, tlêh.

III. a-stämme.

1. Subst. stamm ryba.

nom.	riba	ribi	ribe
acc.	ribo	ribi	ribe
gen.	ribe	(rib)	rib
dat.	ribi	ribama	ribam
instr.	ribô	ribama	ribami
loc.	ribi	(ribah)	ribah

2. 3. Subst. stamm volja.

nom.	volja	volji	volje
acc.	voljo	volji	volje
gen.	volje	(volj)	volj
dat.	volji	voljama	voljam
instr.	voljô	voljama	voljami
loc.	volji	(voljah)	voljah.

An die stelle des ô im sg. instr. tritt im osten oj: riboj; *die ungr. Slovenen sprechen* ov *und* om *aus* ov, *die kroat.* om, um *und* oj: ribov, ribom, ribum, riboj. ribô *entspricht dem asl.* rybą, riboj *dem asl.* ryboją: *jenes liest man in fris.* vueruu (vêrą), vuolu (volją), nevuolu (nevolją). *Im dual. nom. erhält der ton ê für asl.* ê: vodê. dvê ženê. rocê *pêsm. 47, daher* sestrê *preš. 84. und* séstri *130; so sind auch die sg. loc.* vodê. gorê *kuk. 209. 251.* vodê. suchê *hung.* dike. hvale. mrhe. zime. duše *kroat.* dobe (k dobe prispevati *adolescere) habd. zu erklären.* rote, tatbe *fris. ist asl.* rotê. tatьbê. *Die subst., die im sg. gen.* e *betonen, können, an das serb. mahnend, den pl. gen. auf* á *bilden:* solzá *skal.* vodá. gorá. glavá. željá. kosá. nogá. petá. strehá; *den loc. auf* êh: vodêh. gorêh. gospá *domina, aus* gospoja, *asl.* gospožda, *woher der sg. gen.* gospoje *nar. 2. 57, zusammengezogen, wie* pas. bati. stati *aus* pojas. bojati. stojati, *hat acc.* gospô, *gen.* gospê, *dat.* gospê, *bei den kroat. Slovenen* góspi *kuk. 198, instr.* gospô, *loc.* gospê; *dual. nom.* gospê, *dat.* gospêma; *pl. nom.* gospê, *gen.* gospá, *nach einigen* gospij, *dat.* gospêm, *instr.* gospêmi, *loc.* gospêh *neben* gospama, gospam, gospami, gospah. *Der pl. gen. von* besêda *lautet* besêd *und* besedi: *bei trub. findet man* vodi, prošnji, službi, *im venet.* kosi, ovci, vodi, suzi *neben* suz; *im kroat.* dekli, divojki *neben* divojak, peldi; igli: devet igli *prip. 10. Die kroat. Slovenen schreiben* dobh, nogh, školh, *als ob* dob *aus* dobih *abzuleiten wäre. Selten ist der pl. nom. und acc. auf* i: roki, solzi *vraz. 180. 181;* roti (roty) *fris.* nogi (zdigniti se na nogi) *bei den Bêli Kranjci.* tisoč, *asl.* tysąšta, *ward im sechzehnten jahrh. als indeclinabel angesehen. Der sg. gen. auf* i *für asl.* y (szlaui *fris. asl.* slavy) *findet sich in der sprache der Bêli Kranjci bei jenem subst., die in anderen teilen des sprachgebietes in einigen formen die endsilbe betonen:* rôki (ispod rôki prodati). sestri (moje sestri sin). krmi (krmi, bog je očuvaj, imam dosti). kopi (izmlatil je pol kopi pšenice). gori (pršel je pijan iz gori). vodi (vodi mi se baš ne če piti): *dagegen nur* ribe, mize, kače *usw.*

Die nominale declination der adjectiva ist auf den sg. nom. masc. beschränkt: dober, *indem die übrigen casus meist nur in adverbialen redensarten vorkommen: so der sg. gen. neutr.* z davna, davnaj, z dobra, lohka, lohkaj, z lêpa, za prva. skoraj, dosta (do syta), s težka (s težkega *krell.*); cêla (plahta iz cêla, iz-cel), z lahka *wohlfeil,* s tiha *neben* s tihega *Bêli Kranjci.* do ista. s tiha *prip.; der sg. dat. neutr.* po malu: *der sg. loc. neutr.* na nagli *subito hung. Im vz.-tirn. und im vz.-zagr. liest man jedoch auch* dobra sada, zla sada; dobra *bei kuk. 203. 209.* ti bi zapil vrana konja srebrom kovana 227. po ladnu vodu svemu vranu konju, jondi mi je našla svega vrana konja 238. sira kruha davala 202. *bei habd.* po zlu dati *pessundare. An die durchführung der syntaktischen regel ist nicht zu denken, daher* pravica, ka je bogu adama dragoga činila *habd., wo man nach 1. seite 124.* draga *erwartet. In Kärnten wird häufig* ega *in* a *zusammengezogen:* marija se vklonila pohlêvna srca *pêsm. 32.* bô rodila nam božja sinu *ibid.; es sind diess zusammenziehungen, veranlasst durch die in Kärnten gewöhnliche schwache aussprache des* g. *In fris. findet man sg. gen. acc.* bozza (bosa), lasna (lačьna), mrzna (mrъzьna), naga, slzna (slьzьna), stranna (stranьna), zueta (svęta), segna (žęjna, *asl.* žęždьna); *instr.* bosigem (božijemь), *pl. dat.* bosiem (božijemъ), *loc.* zelezneh (želězьněhъ), *instr.* selezni (želězьny): božij *ist jedoch auch der zusammengesetzten declination fähig: dual. dat.* bosima (*božiima, *asl. nur* božijema); *pl. gen.* bozih (*božiihъ, *asl. nur* božij): *wahrscheinlich ist der sg. gen. fem.* bosigę *asl.* *božiję *für* božiję.

IV. ъ (u)-stämme.

Subst. stamm synъ.

nom.	sin	sini	sinovi
acc.	sinu	sini	sine
gen.	sinu	sinu	sinov
dat.	sinovi	sinoma	sinom
instr.	sinom	sinoma	sinmi
loc.	sinovi	(sinih)	sinih.

Der sg. gen. acc. sinu *ist alt; dual. nom.* sini *bietet dalm. und stapl.:* ta dva moja sini *matth. 20. 21. neben* sinu *trub.; als pl. acc. findet man* sini *luc. 19. 44-stapl. 182. Die silbe* ov, *die im asl. meist nur im sg. dat. und im pl. nom. und gen. vorkömmt, findet man im nsl. auch in anderen casus einsilbiger, seltener zweisilbiger subst.: sg. gen.* sinova *kastel.* zvonova *nar. 1. 70.* glasova *preš. 70. und sogar* blagodarova *preš. 95; dual. nom.* sinova *trub. dalm.* bogova *preš. 130; pl. nom.* vêtrovi *krell.* dolovi. zlodjevi. sinkovi *trub.* labudovi *kuk. 232. Die von kop. 232. neben* tatovi *angeführte kaum zu rechtfertigende dativform* tatovu *bietet auch met. 178. 179.* svêtovi *krell. stapl.* stanovi *sir. 197.* sinovi *sir. 141. trub.;* pes *hat im osten stets* psovi, *im westen auch* psu. *Im pl. nom. liest man manchmal das alte* ove *für* ovi: ukove. valove. duhove. zidove. mêhove. stanove. tresove *trub.* tresove. valove. vêtrove *stapl.* vêtrovam *stapl.* vêtrove. godove *krell.* glasove. repove. rogove. vrhove *neben* bratovje. dolovje. sinovje. štirovje *scorpiones.* vetrovje *hung.* duhovje; *in fris.* zinoune *asl.* synove. *Nach den palatalen und den weichlauten steht* ev *für* ov: daževi *krell. Formen wie* sinova *beruhen auf stämmen wie* *synovъ. *Man merke pl. acc.* sini *hung.*

V. ь-stämme.

1. *masc.*

Die im asl. nach pątь *declinierenden subst. gehören in die erste classe und folgen in der regel dem paradigma* robъ; *doch sg. instr.* pôtem: gre svojim pôtem, têm istim pôtem *krell.* jest sem z ravnim pôtem šel *sir. Spuren der alten* ь*-declination sind jedoch, abgesehen vom sg. loc.* ogni *fris., nicht selten: man spricht noch heutzutage im pl. nom.* gostje. kmetje. tatje. gospodje *neben dem* *collectivum* gospoda. ljudje (ljudi *kroat.*), *wofür stapl. auch* člověki, golôbje; *ehemals sprach man auch* črvje *trub. und im sg. gen. und acc.* gospodi *dat.* gospodi *voc. dat.* gospodi *fris., im pl. acc.* gospodi *trub.; im pl. acc.* pečati *trub., das bei habd. f. ist;* na dva plati *trub.* pôti *vias trub., welche beide subst. ehemals masc. waren; man findet den pl. acc.* lahti *trub., das gleichfalls, wie aus dem sg. instr.* lahtom *sir. 181. hervorgeht, masc. war: im westen ist* laket *im sg. masc., im dual. und pl. fem.:* lehtú *für* laktú; dvê lehti, tri lehti, *wofür im osten* dva lakta, trije lakti *gesprochen wird.* gostje *und* ljudje *(wofür* ljudi *kuk. 246.) folgen auch in den anderen casus des pl. der* ь*-declination: acc.* gosti, ljudi *gen.* gosti, ljudi *aus* gostij, ljudij *dat.* gostem, ljudem *instr.* gostmi, ljudmi *loc.* gosteh, ljudeh. *Man bemerke den acc.* gostje: v gostje priti *nar. 237, wofür auch* gosti *vraz. 15: man beachte* gosti su minule. opet su bile gosti. na gosti pozvati *prip. 51. 56. pl. acc.* tati *krell. Eine spur der alten* ь*-declination gewahren wir auch darin, dass mehrere der im asl. derselben folgenden subst. als fem. gebraucht werden können oder müssen; die declination hat die veränderung des genus verursacht:* laket, lekat *ist im westen fem., im osten masc.;* pôt *in den meisten gegenden, auch bei stapl., nach willkür masc. oder fem.;* zvêr *überall und schon bei boh. fem.; ebenso* gosti *in der bedeutung epulae.*

Trije *und* štirje *haben mit ausnahme des der pronom. declin. nachgebildeten gen. die alte declin. bewahrt: nom. masc.* trije, trje, štirje *acc.* tri, štiri *gen.* treh, štirih *dat.* trem, štirim *instr.* tremi, štirimi, štirmi *loc.* treh, štirih: *für* treh *hat trub. einigemal* trijeh.

2. *fem.*

nom.	nit	niti	niti
acc.	nit	niti	niti
gen.	niti	(niti)	niti
dat.	niti	nitma	nitim
instr.	nitjô	nitma	nitmi
loc.	niti	(nitih	nitih.

Diejenigen subst., die im sg. gen. den auslaut betonen, ersetzen ima, im *und* ih *durch* êma, êm *und* êh: kostêma, kostém, kostêh: *es ist dies eine wirkung des accentes, der nach dem oben gesagten selbst* a *in* ê *verwandelt. Die ungr. Slovenen bilden den sg. instr. auf* om, *die kroat. auf* um: kostjom, kostjum *wie* kostjô *von* *kostja:

sonst stets kostjô: strastiu, zanistiu *fris.; eigentümlich ist* nocoj, nicoj *hac nocte. Der pl. gen. lautet im osten stets auf* i *aus:* dver, zapoved *trub.* misel *preš. 59. für* dveri. zapovedi. misli *sind minder richtig:* bolêzni *trub.* misli *krell. venet.* reči *skal.* moki, *usl.* moštij, *reliquiarum fris. Man bemerke* na obêju strani *trub.;* ljubezni (lubesni *skal.) als sg. acc.;* prsi *ist ein pl.;* tri, četiri *sind neutr. und fem.*

Die numeralia pet. šest. sedem. osem. devet. deset *haben den sg. mit ausnahme des nom. und acc. eingebüsst: der pl. geht mit ausnahme des aus der pronominalen declination entlehnten gen. nach* nit *oder* kost: *nom. acc.* pet *gen.* petih, petêh *dat.* petim, petêm *instr.* petimi, petêmi *loc.* petih, petêh. *In* dvajseti *trub. aus* dva deseti *hat sich der dual. nom. und acc., in* trideseti *trub. und* štirideseti *trub. der pl. nom. und acc. erhalten;* deset *in* pet deset, šest deset *usw. ist der asl. pl. gen.* desętъ. *Die asl. formen* jedinomu na desęte, dvêma na desęte, sedmiją na desęte *usw. werden im nsl. durch* enajstim, dvanajstim, sedemnajstimi *usw., ebenso* dvêma desętьma, tremъ desętemъ *usw. durch* dvajsetim, tridesetim *ersetzt; sogar* dosti, *asl.* do syti, *wird decliniert:* z dostimi besêdami *multis verbis,* v dostih mêstih *multis locis trub.*

VI. Consonantische stämme.

1. v-stämme.

Die im asl. hieher zu rechnenden subst. gehen nach riba, *nur der sg. nom. acc. und instr. stimmen in der regel mit dem asl. überein: sg. nom.* cêrkev, *seltener* cêrkva *krell. boh. acc.* cêrkev *neben* cêrkvo *gen.* cêrkve, cêrkvi *hung. dat.* cêrkvi *instr.* cêrkvijo, *seltener* cêrkvo *loc.* cêrkvi *usw.* circuvah (crьkъvahъ) *fris. Eben so gehen* bukev *(sg. gen.* bukvi *sir. pl. nom.* bukvi *trub.),* brêskev, retkev *und die durch* tev *gebildeten subst.:* obutev. britev. ženitev. žetev. kletev *neben* kletva *trub. sir.* ločitev *(sg. gen.* ločitvi *trub.).* molitev. plêtev *usw.: jetzt wird neben* britve *usw. nur im sg. instr.* britvijo *gesprochen: asl. nur* britva. ženitva. žętva. kri, *im osten* krv, *asl. nur* krъvь, *acc.* kri, krv *gen.* krvi *dat.* krvi *instr.* krvjô *loc.* krvi: *es folgt demnach dem* nitь. kri *wird von trub. boh. 56. als indeclinabel angesehen: sg. acc.* kri *stapl. gen.* kri *trub. loc.* na tej tekôči kri *trub.; der sg. instr. lautet* krijô *trub., das nur unrichtige schreibung für* krvjô *ist, bei habd.* krvjum. *Im venet. findet man* kri, *gen.* karvé, karví.

2. n-stämme.

a) masc.

Die im asl. hieher gehörigen substantiva folgen im nsl. dem paradigma robъ: kamen, kamna *usw. asl.* kamene. dan, den *dies wird so decliniert: gen.* dne, dneva. *dat.* dnevi, dnevu, *in fris.* dini. *instr.* dnem, dnevom; dnom *hung. loc.* dnevi; dnevu *kroat.* dne: kak po noči tak po dne *vraz. 81.* po dne je tekel *cvêt. 17.* vu dne *hung.* dine *fris. dual. nom.* dni, dneva. *acc.* dni, dneva. *gen.* dni, dnev, dnevov. *dat.* dnema, dnevoma. *loc.* dneh, dnevih. *pl. nom.* dnevi. *acc.* dni, dneve *und* dnove *krell. stapl. gen.* dan *krell.* dni, dnev, dnevov. *dat.* dnem, dnevom. *instr.* dnemi, dnevi. *loc.* dneh, dnevih. *Für* dneva, dnevom, dnevi *usw. kömmt auch* dnova. dnovom, dnovi *preš. 187. vor.*

b) neutr.

nom.	ime	imeni	imena
acc.	ime	imeni	imena
gen.	imena	(imen)	imen
dat.	imenu	imenoma	imenom
instr.	imenom	imenoma	imeni
loc.	imenu	(imenih)	imenih.

Dvêj imeni *duo nomina lex.; kroat.* rame, ramena *usw.*

3. s-stämme.

nom.	slovo	slovesi	slovesa
acc.	slovo	slovesi	slovesa
gen.	slovesa	(sloves)	sloves
dat.	slovesu	slovesoma	slovesom
instr.	slovesom	slovesoma	slovesi
loc.	slovesu	(slovesih)	slovesih.

So werden decliniert oko, *gen.* očesa. uho, *gen.* ušesa. drêvo, kolo, nebo, pero, slovo (slovesa ne jemlje *nar. 3. 48. er nimmt nicht abschied;* mojga slovesa *skal. Vgl. 2. seite 321.),* telo, čudo, črevo; *doch hört man auch* oka, uha *usw.* nebo *palatum hat nach met. 183.* nebesa, nebesu *usw.,* nebo *caelum hingegen* neba, nebu *usw., im pl.* nebesa, nebes *usw.*

Oko *hat im pl.* očesa, očes *usw. oder nom. acc.* oči *und* dvej očesi *stapl. gen.* oči *wohl aus* očijn, *das krell gebraucht;* očih *kroat. dat.* očém. *instr.* očmi. *loc.* očéh. oči *ist der asl. dual.* oči; *ein dem* oči *entsprechendes* uši, *asl.* uši, *kömmt nicht vor. Bei trub. dalm. und im kroat. liest man noch* očima: pred našima očima *trub.* pred svojima očima, veselima očima *sir.* s tvojima očima ino s tvojima ušesi *krell.* ozima, osima (očima) *fris. Der nom.* oči *ward schon im XVI. jahrh. als ein pl. fem. angesehen:* da se naju oči odprô; oči sô polne spanja bile; oči sô zaprte *trub.; für* ušesa *stapl.* ušesih *liest man ein monstrum* ušete *rês. 20.* ušeteh *59, bei janež.* ušeta *25; an die stelle des zum pl. gewordenen dual.* oči *tritt ein unorg. dual.* očesa, očesov: kar mu obêtate očesa nje *preš. 79.* bila mirû sta men' očesa tata *105.* od dvêh očesov *132.*

Man beachte jigo, jižesa, priprava za vpreganje volov *in Kärnten Novice 1865. 19:* oje *deichsel,* ojesa, *im osten* oja; *das nur im westen bekannte* ulo *geschirr,* ulesa; *das bei trub. nur einmal vorkommende* poljesa *campi und in fris.* nebeze (nebese), teleze (têlese) *sg. gen.;* zloueza (slovesa), zlouuez (slovesъ), zlouuezi (slovesy), telez (têlesъ).

4. t-stämme.

nom.	tele	teleti	teleta
acc.	tele	teleti	teleta
gen.	teleta	(telet)	telet
dat.	teletu	teletoma	teletom
instr.	teletom	teletoma	teleti
loc.	teletu	(teletih)	teletih.

Hieher gehören dekle, dête, junče, kozle, pišče, prase, tele, ščenje *usw.: im pl. wird hie und da für* žrebeta *lieber* žrebci *gesagt, für* piščeta *krell.* piščenci, pišanci, *für* praseta prasci, *für* teleta telci, *für* ščenjeta ščenci *trub. Der pl. von* dête *wird durch das deminutive collectivum fem.* deca *aus* dêtьca, *gen.* dece, *dat.* deci *usw. ersetzt;* deca, dee, decam *bei janež. 25. ist ebenso unrichtig, als* teletov *bei dain. 109.*

5. r-stämme.

nom.	mati	materi	matere
acc.	mater	materi	matere

gen.	matere	(mater)	mater
dat.	materi	materama	materam
instr.	materjô	materama	materami
loc.	materi	(materah)	materah.

Der sg. acc. lautet auch matere. hči, *asl.* dъšti, *hat im sg. nom. auch* hčer *trub. und im sg. gen.* hčeri *eraz 184. nar. 1. 82; 1. 89; 2. 88. neben* čere *prip., im pl. acc.* čere, čeri *prip., im pl. nom.* sčere *trub., gen.* hčeri *eraz. 105. krell., bei dem man auch 66.* vsêh materi običaj *liest,* hčerá *nar. 4. 24. und* čer *hung., und im pl. instr.* hčermi *kop. 254: kroat. liest man sg. dat. loc.* matere, *instr.* materjum, *acc.* kčere.

B) Declination der pronomina personalia.

I.	*nom.*	jaz	midva	mi
	acc.	me	naju	nas
	gen.	mene	naju	nas
	dat.	meni	nama	nam
	instr.	menô	nama	nami
	loc.	meni	naju	nas
II.	*nom.*	ti	vidva	vi
	acc.	te	vaju	vas
	gen.	tebe	vaju	vas
	dat.	tebi	vama	vam
	instr.	tebô	vama	vami
	loc.	tebi	vaju	vas
III.	*nom.*	—		
	acc.	se		
	gen.	sebe		
	dat.	sebi		
	instr.	sebô		
	loc.	sebi.		

Für jaz *krell. wird häufig* ja *conf.-gen.,* jez *und* jest, *bei krell. auch* jast *gelesen. Enklitisch lauten die sg. dat.* mi, ti, si. *Die sg. acc.* me, te, se *werden, wenn ein nachdruck darauf ruht, durch die gen.* mene, tebe, sebe *ersetzt. Der sg. dat. lautet in fris.* tebe, *im älteren kroat. sg. dat. und loc.* mene, tebe, sebe. *Der dual. nom. und acc. ist verloren gegangen: jener wird durch die verbindung des pl.* mi, vi *mit* dva, *wofür auch* miva, viva; mija, vija; *dieser durch den dual. gen.* naju, vaju; naji, vaji; naj, vaj *ausgedrückt. An die stelle des pl. acc. tritt gleichfalls der pl. gen. Die sg. instr. lauten auch* máno, tábo, sábo *neben* mъnój, tebój, sebój; *anderwärts* ménoj, tóboj, sóboj; *bei den ungr. Slovenen* menov *und* menom, *bei den kroat.* menom *und* menum, tobum, sobum; *in stapl. liest man* manoj, taboj. *In einigen gegenden des westens lebt neben* mi, vi *für das fem. ein den älteren denkmälern wie den schwestersprachen gleich unbekanntes* me, ve: sme poštene me kranjice *preš. 30.* ve kranjice ste košate *29.* hudobe turške ve grdé *nar.*, *und daher auch* medvê, vedvê, *wofür boh. 109.* vi dvê; *im osten stets* vi: tak glih ste vi dekline *vraz. 107.* dojile bôte sinke vi *183. Statt* midva, vidva *kann auch* mija *vraz. 79. und* vija *und* mi, vi *gesagt werden:* mi sva tukaj *trub.*

Zweites capitel.

Pronominale declination.

Stamm tъ.

masc.	*nom.*	ta	ta	ti
	acc.	ta	ta	te
	gen.	tega	(têh)	têh
	dat.	temu	têma	têm
	instr.	têm	têma	têmi
	loc.	tem	(têh)	têh
neutr.	*nom.*	to	tê	te
	acc.	to	tê	te
	gen.	tega	(têh)	têh
	dat.	temu	têma	têm
	instr.	têm	têma	têmi
	loc.	tem	(têh)	têh
fem.	*nom.*	ta	tê	te
	acc.	tô	tê	te
	gen.	te	(têh)	têh
	dat.	ti	têma	têm

10

instr.	tô	têma	têmi
loc.	ti	(têh)	têh.

Da in den freisinger denkmälern die pronomina im sg. masc. neutr. an dem o *des gen. dat. loc. festhalten, so ist es nicht unwahrscheinlich, dass im heutigen nsl. das* e *in den genannten casus dem einfluss der zusammengesetzten declination sein dasein verdankt. Im westen kam* e *und* ê *durch die metathese oder verschärfung des tons in* ъ *übergehen:* tъgá, tъm *für* tega, *wofür auch* têga, *und* têm, tejm; tъ *für* ti, tej, têj, tê *sg. dat. loc. fem. Betontes* ê *lautet oft* i: tim, vsim. e *geht im osten und süden in* o *über:* toga, tomu, tom. *Heutzutage ist der dual. gen.* tiju *trub. boh. neben* têju *trub. boh. 75, asl.* toju, *später* têju, *nicht mehr in gebrauch:* dvoj (z ti dvoj) *hung. ist* dvoju. *Der dual. nom. masc.* tiva (tiva dva môža) *hung. ist* ti dva; tivi (tivi dvê ribici) *hung.* tô dvê. *Der pl. nom. und acc. neutr.* ta *trub. sir. boh. wird durch das fem.* te *ersetzt. Ein sg. nom. masc.* ti *wird nirgends gehört und widerstreitet auch den lautgesetzen, die für asl.* ъ *entweder* a *oder* e *fordern; daher* ta *im westen,* te *im osten und nach guts. 10. und rês. 17. 21. 51. auch in Kärnten:* tačas, tečas: ti *kömmt nur in der zusammensetzung* toti *und kroat. in* tičas *prip. 8. vor. Für* ti *im sg. dat. und loc. fem. schreibt man auch* tej *trub., asl.* toj. *Selten ist* toga *im sg. gen. masc. und neutr.,* tom *im sg. loc. masc. und neutr.:* po tem toga *trub.* po tom *conf.-gen.* po tom tega *trub.; falsch ist* pri temu *preš. 104.* v temu *120. Dem* ta *wird zur verstärkung der demonstrativen bedeutung* le *(verkürzt aus* gledaj, glej *ecce) vor- oder nachgesetzt:* ta-le; le-ta, *wofür* ete *hung., im neutr.* oto *ecce kroat.; im venet.* s telim odpustakam, par telim živenj. toti *folgt der zusammengesetzten declination, daher sg. instr. masc. und neutr.* totim; *ebenso* tisti, taisti; tistim, taistim, *asl.* tъ *und* istъ *certus: dieses erscheint in der älteren zeit nie zusammengesetzt, daher* tega istega, têm istim, v tiju istiju, *asl.* vъ toju istuju, *trub. usw. in der bedeutung idem, das auch durch* on isti *habd. ausgedrückt wird.*

Dem parad. ta *folgen: 1)* on, *das nur im nom. als die dritte person angesehen werden kann, denn in den übrigen casus bedeutet es quidam, certus* ἐκεῖνος: pri onêh je bil: *in dieser bedeutung lautet es im sg. nom. masc.* on, oná *oder* oni. *Aus* on *hat sich* uni *ille,* uni-le, le-uni *entwickelt, das der zusammengesetzten declination folgt. Man merke* onêdva *neben* ojêdva, onêja *steierm.* onêdva, onêva *hung. für* onadva; *2)* ves, *asl.* vьsь; *3) das asl.* sь, *wovon sich der sg. gen.* sega (siga): do sega malu *skal.*, se, *der sg. instr.* sem *in* semuč, *asl.* têmь vęšte, *der sg. loc.* sem (sim), *der sg. loc. fem.* se, *asl.* sej, *und der pl. gen. und loc.* sêh (sih), *asl.* sihъ, *in* do sêh mal, po sêh mal *erhalten hat:* sega svêta *krell.* do se dobe, od se dobe *habd.* na sem svetu *krell.* po sem životu (po zym sywoty) *conf.-gen.* dó-si dobi, ó-si dobi *Bêli Kranjci.* o se dobi: se noči *kuk. 226, wofür* snoči, *bulg.* snošti: *im serb.* sinoć *ersetzt der acc. den praepositionslosen loc.* do sêh mal, do sêh dob, po sêh mal; *4)* kdo, *das das alte* o *gerettet: acc.* koga, *gen.* koga, *wofür auch* čiga *trub.* in čiga sin si? čiga je on sin? *stapl. dat.* komu. *instr.* kim, *asl.* kyimь, *wie im osten gesprochen wird, neben* kom *im westen, das gegen alle analogie streitet; loc.* kom: *ebenso a) das relative* kdor *aus* kъto-že, kogar, čigar; komur; kimur *für* kim-že, kim-re; komur; *b)* nikdor *krell., asl.* nikъtože, *wofür auch das dunkle* nihče, nišče, nihčer; nikogar; nikomur *usw.; c)* nêkdo *und* marsikdo, malokdo *usw. 5)* dva, oba; dvê obê, *gen.* dvêju, obêju *trub.: asl.* dvêju *für* dvoju; *wofür auch* dvu, obu *dain. 149.* dvuh, obuh *und* dvêh, obêh, *dat.* dvêma, obêma, *loc.* dvêh, obêh. *In* obadva, *bei stapl. vraz. 160. 162. ev.-zagr.* obêdva, *wird meist nur* dva *dekliniert:* obadvêma *dalm., doch auch* obema dvema *kroat.*

2. *Stamm* mojь.

masc.	*nom.*	moj	moja	moji
	acc.	moj	moja	moje
	gen.	mojega	(mojih)	mojih
	dat.	mojemu	mojima	mojim
	instr.	mojim	mojima	mojimi
	loc.	mojem	(mojih)	mojih
neutr.	*nom.*	moje	moji	moje
	acc.	moje	moji	moje
	gen.	mojega	(mojih)	mojih
	dat.	mojemu	mojima	mojim
	instr.	mojim	mojima	mojimi
	loc.	mojem	(mojih)	mojih
fem.	*nom.*	moja	moji	moje
	acc.	mojo	moji	moje
	gen.	moje	(mojih)	mojih

10*

	dat.	moji	mojima	mojim
	instr.	mojô	mojima	mojimi
	loc.	moji	(mojih)	mojih

Stamm jь.

masc.	*nom.*	(i)	(ja)	(i)
	acc.	i	(ja)	je
	gen.	njega	(njiju)	njih
	dat.	njemu	njima	njim
	instr.	njim	njima	njimi
	loc.	njem	(njiju)	njih
neutr.	*nom.*	(je)	(ji)	(je)
	acc.	je	(ji)	je
	gen.	njega	(njiju)	njih
	dat.	njemu	njima	njim
	instr.	njim	njima	njimi
	loc.	njem	(njiju)	njih
fem.	*nom.*	(ja)	(ji)	(je)
	acc.	njô	(ji)	je
	gen.	nje	(njiju)	njih
	dat.	nji	njima	njim
	instr.	njô	njima	njimi
	loc.	nji	(njiju)	njih.

Der nom. wird durch on *ersetzt: nur in* njidva, njiva *hung.* jedva, *woher* jedvin *in* jedvina mati *eorum (duorum) mater steierm., hat sich der pl. nom. masc. erhalten, wofür jedoch auch* onêdva, *im fem.* onêdvi *neben* onêja *vraz. 107.* onjêdva *118, im fem.* onjêdvi *123. zu lesen. Der sg. acc.* i *kömmt nur nach praepos. vor:* na-nj, va-nj, čež-nj : čeženj *skal. neben* va-njga, za-njga *aus* v njega, za njega. *In Unterkrain hört man im sg. fem.* njeje, *asl.* jeję. *Für* ji *im sg. dat. und loc. fem. liest man auch* jej *trub. und* joj *krell.: der sg. acc. neutr.* je *findet sich in den denkmälern des XVI. jahrh. und heutzutage noch bei den ungrischen und görzischen Slovenen. Der dual. gen. lautet bei trub.* ujiju, *bei preš. 49.* niju *für* njiju *aus asl.* jeju, *genauer* *jêju. *Für den pl. acc.* je, *bei trub. regelmässig angewandt und im osten und süden jetzt noch lebend, wird der pl. gen.* jih *gesetzt:* vidili smo je, vidili smo jih; *doch nach* *praepositionen:* va-nje, za-nje; *der dual. acc.* njedvi *vraz. 135. ist ein asl.* ję dvê. *Im asl. steht* njega, njemu *usw. nur nach praepositionen, im nsl. ausserdem dann, wenn auf diesen wörtern der redeton ruht*; *da man für* jega, jemu *in der enklise die blossen casussuffixe* ga *und* mu *stehen, so kommen* jega, jemu *wohl nicht vor:* vidili smo ga, dali smo mu; njega smo vidili, njemu smo dali. *Im kroat. liest man sg. gen. dat. fem.* je *und sg. acc. fem.* ju, *im pl. gen. dat.* ih, im: da bi ti ih dal. da su im hasnile *habd.* su ji glavu lizale. su jim služile *prip. Man liest* nja *als sg. gen. für* njega *cvêt. 31. pêsm. 50. 51. 120; ebenso* ta *für* tega *pêsm. 100. 141;* naša *für* našega: *die erklärung ist seite 138 gegeben.*

Dem parad. jъ *folgen 1) das specifisch nsl. den guttural statt des palatals bietende* kaj *(aus* ka, *wie im osten* kie *und* da *und im venet. gesprochen wird, und dem auch in* davnaj, skoraj, kdaj, tedaj *angefügtem* j). *gen.* česa: čes *trub. dat.* čemu. *instr.* čim *trub. krell. kast. ev.-zagr. loc.* čém *trub.; ebenso das relative* kar *(aus* ka *und* že). *gen.* česar. *dat.* čemur. *instr.* čimur. *loc.* čemur; *ferner* nič, *in älteren denkmälern häufig* ništer, *asl.* ničьtože, *bei den kroat. Slovenen* ništar *und folgerichtiger* nikaj, *gen.* ničesar. *dat.* ničemur *usw. Für den sg. nom. und acc. wird in gewissen fällen falsch* koga: koga na vrhu tak grmi? *vraz. 13.* koga te tak žali? *preš. 82.* koga sem primolila? *59.* v koga si tak zamišljen? *72. angewandt met. 203. 2) Das bei den kroat. Slovenen vorkommende relative* ki, ka, ko *ist das asl.* kyj, kaja, koje; *auch bei krell. lesen wir zweimal* v kim mestu; *in der conf.-gen.* kemer *für* kimir, *asl.* kyimiže: ja se dolžen dam vsêmi grêhi, s kemer ta človek more grešiti. *Das heutzutage gebräuchliche* ki, *das mit dem demonstrativen* i *verbunden als relativum gebraucht wird* (mož, ki smo mu dali *vir, cui dedimus*) *findet sich in den älteren denkmälern nicht: statt dessen gebrauchen trub. und seine zeitgenossen das mit* kъde že *zusammenzustellende* kir *(aus* kjer, kder *(vgl.* de, *für* kъde, deto *im bulg.:* nožь-t, deto ga kupih včera; knigъ tъ, deto jъ četete *usw. und das neugr.* ὁποῦ, ποῦ.) Roti, choise ih ne pazem *fris. ist wahrscheinlich* roty, kyže *(heutzutage* kir) ihъ ne pasemъ *iura iuranda, quae non servamus: andere erklären* choise *durch asl.* hoždьše. *Die anderen im asl. pronominal declinierenden wörter gehen nach der zusammengesetzten declination:* eden, *vor substantiven* en: enega, *sg. instr. masc. neutr.* enim, *asl.* jedьnêmь, *usw.* obeden *aus* nijeden *krell.; das nur im osten bekannte* ov; vsak; inak *met. 98;* kak; koj *kroat.;* nêki; njegov *(falsch* njegovi); sam; tak; tvoj; troj; čij *usw. In* koj, moj, tvoj, svoj *können die kroat. Slovenen* oja, oju *usw. in* a, u *zusammenziehen:* ma *für* moja; mu *für* moju; moj *für* mojoj; *dagegen* svomu, *nicht* svemu, *für* svojemu *usw. kuk. Die freisinger denkmäler bieten* me, mega, memu, mô, tva, tvô, svem *für* moje, mojega, mojemu, mojo, tvoja *usw. neben* moja, moju.

In den freisinger denkmälern ist der unterschied zwischen pronominaler und zusammengesetzter declination wie im asl. aufrecht erhalten: ich führe hier alle pronominalen formen an. Nom. masc. chisto (kyjždo). si *(asl.* sь, sij). t (tъ: po t den, *asl.* po tъ dьnь). *Sg. acc. f.* zio (siją). *Gen. masc. neutr.* togo. inoga. takoga. mnogoga. iego, gego, iega (jego, jega). uzego, uzega (vьsego, vьsega). mega (mojega). *Dat. masc. neutr.* tomu, tomuge *(asl.* tomužde). vzacomu (vьsakomu). comu (komu). comusdo (komuždo). gemu (jemu). memu (mojemu). *Loc. masc. neutr.* tom. zem, sem (semь). uzem (vьsemь). *Instr. masc. neutr.* imse (imьže). nasim. zuoim (svoimь). nikise *nullo modo* (nikymьže). *Pl. acc. masc. fem.* je (ję). nasse (našę). *Gen.* ineh (inêhъ). teh (têhъ). mnozeh (mnozêhъ). zih (sihъ). uzeh (vьsêhъ). *Dat.* uuizem, vzem, uzem (vьsêmъ). *Instr.* temi (têmi). tvoimi, zuoimi. *Das enklitische* ga *scheint in folgender stelle zu stehen:* caco mi ie ga potreba, *d. i.* kako mi je ga potrêba.

Das kroat. besitzt neben kteri, koteri *ein pronomen interrogativum und relativum* ki, ko, ka:

masc.	*nom.*	ki	ki
	acc.	ki	ke
	gen.	koga	keh
	dat.	komu	kem
	instr.	kem	kemi
	loc.	kom	keh
neutr.	*nom.*	ko	ka
fem.	*nom.*	ka	ke
	acc.	ku	ke
	gen.	ke	keh
	dat.	ke	kem
	instr.	kum	kemi
	loc.	ke	keh

Drittes capitel.

Zusammengesetzte declination.

Der unterschied zwischen alt- und neuslovenisch besteht darin, dass im asl. in den meisten casus der nominale casus des adjectivs mit dem entsprechenden casus des pronomen jъ *verbunden wird, während im nsl. an die stammform des adjectivs der casus des pronomens* jъ *gefügt wird. Der auslaut des thema* ъ *verbindet sich mit dem anlaut des pronomens* i *zu* i, *asl.* y, yj: dobrim *aus* dobrъ-im; *vor* ja, je *usw. geht* ъ *wie im asl.* kъjъ *(seite 50) in* o *über und* oja *zieht sich in* a, ojô *in* ô, oje *in* e *zusammen:* dobra *aus* dobroja *(wie* tva *fris. aus* tvoja *und noch heutzutage* gospá *aus* gospoja, *asl.* gospožda; bati se *aus und neben* bojati se); dobrô *aus* dobroją *(wie* mô *fris. aus* mojô, gospô *aus* gospojo); dobrega *aus* dobro-jega, dobremu *aus* dobro-jemu, dobrem *aus* dobro-jem. *Dieselbe verkürzung findet statt in* gospe *aus* gospoje *und in dem im ersten der freisinger denkmäler vorkommenden formen* me, mega, memu *aus* moje, mojega, mojemu. *Abweichend ist der sg. nom. n.* dobro, *in welchem* oje *in* o *übergeht: der grund scheint in dem auslaut der substantiva neutr. gesucht werden zu sollen. Die verkürzung zu* e *ist indessen auch im sg. nom. n. nicht unbekannt:* vêčne (vuečne *fris.) steht für asl.* vêčьnoje *und das substantivierte adjectiv lautet bei den kärntnerischen Slovenen auf* e *aus:* to dobre *das gute. O. Gutsmann, Windische sprachlehre. Klagenfurt 1829. 23. Der pl. nom. m. scheint wie im asl. gebildet zu sein:* dobri, *asl.* dobrii: *aus* oji *würde schwerlich* i *entstehen: der sg. dat. von* gospa *lautet* gospê *aus* gospoji, *wohl in folge des accentes. Der annahme, die zusammengesetzte declination im neuslovenischen sei mit der pronominalen identisch, beruhe daher nicht auf zusammensetzung, steht der umstand entgegen, dass in den freisinger denkmälern die pronomina ihre alten, von der zusammengesetzten declination verschiedenen formen bewahrt haben. Die pronominalen formen sind seite 150 angeführt worden, hier mögen die zusammengesetzten platz finden: sg. nom. masc.* miloztiuui. miloztiuvi (milostivyj), zlovuezki (člověčьskyj), zodni (sądьnyj), vuecsni (vêčьnyj); *neutr.* vuecsne (vêčьnoje) *neben* dobro, liubo, zlo, *vielleicht doch asl.* dobro *usw. acc. fem.* cisto (*wohl* čistąją); *gen. masc. neutr.* diniznego (*asl.* dьnьšnjaago), nepraudnega (*asl.* nepravьdьnaago); *fem.* zlodeino (zlodêjnę, *asl.* *zlodêjnęję); *sg. dat. masc. neutr.* zuetemu (svętemu, *asl.* svętuumu), vuirchnemo (vrъhnjemu), uzemogokemu (*asl.* vьsemogąštuumu); *fem.* zuetei (svętej *aus* svętojej, *asl.* svętêj.); *instr. masc.* starim (starymь); *fem.* praudnu (*asl.* pravьdьnają), vuelico (*asl.* velikają); *loc. masc. neutr.* zudinem (sądьnemь *aus* sądьnojemь, *asl.* sądьnêjemь); *fem.* nepraudnei (nepravьdьnej); *pl. gen.* minsih (mьnьšiihъ), nepraudnih (nepravьdьnyihъ), znetih (svętyihъ), vuensih (vęštьšiihъ), uclepenih (uklepenyihъ): mirzcih *weicht ab: asl.* mrъzъkyihъ; *dat.* praudnim (pravьdьnyimъ), zuetim, zvetim (svętyimъ), siuuim (živyimъ); *loc.* lisnih (lъžьnyihъ), zpitnih (spytьnyihъ).

1. dobrъjь.

masc.	*nom.*	dobri	dobra	dobri
	acc.	dobri	dobra	dobre
	gen.	dobrega	(dobrih)	dobrih
	dat.	dobremu	dobrima	dobrim
	instr.	dobrim	dobrima	dobrimi
	loc.	dobrem	(dobrih)	dobrih
neutr.	*nom.*	dobro	dobri	dobre
	acc.	dobro	dobri	dobre
	gen.	dobrega	(dobrih)	dobrih
	dat.	dobremu	dobrima	dobrim
	instr.	dobrim	dobrima	dobrimi
	loc.	dobrem	(dobrih)	dobrih
fem.	*nom.*	dobra	dobri	dobre
	acc.	dobro	dobri	dobre
	gen.	dobre	(dobrih)	dobrih
	dat.	dobri	dobrima	dobrim
	instr.	dobro	dobrima	dobrimi
	loc.	dobri	(dobrih)	dobrih.

2—6. vraštij.

masc.	*nom.*	vrôči	vrôča	vrôči
	acc.	vróči	vrôča	vrôče
	gen.	vrôčega	(vrôčih)	vrôčih *usw.*

neutr. nom.	vrôče	vrôči	vrôče
acc.	vrôče	vrôči	vrôče
gen.	vrôčega	(vrôčih)	vrôčih *usw.*
fem. nom.	vrôča	vrôči	vrôče
acc.	vrôčo	vrôči	vrôče
gen.	vrôče	(vrôčih)	vrôčih *usw.*

Sehr selten ist der sg. loc. masc. und neutr. auf om: pri galilejskom morju *krell. Für* ega, emu, em, *wie man im osten spricht, ward ehedem* iga, imu, im *geschrieben:* dobriga, dobrimu, dobrim; *doch findet man in den älteren denkmälern regelmässig* zlega *trub. boh. Im sg. dat. und loc. fem. liest man manchmal* ej, oj: dobrej, farizejskoj *krell.; die kroat. Slovenen schreiben* oga, omu, om, oj. *Nach* j *weicht* o *dem* e: tuje, srêduje, rdeče. *Der pl. nom. und acc. neutr. auf* a, *in fris. allein herrschend:* nepriiaznina, sotonina, *war im sechzehnten jahrhundert und noch später regel:* ôzka vrata; vsa svoja dêla *trub.;* suha mêsta; *eben so* vsa kralevstva, vaša srca *stapl.; nur selten trat das fem. ein:* vsaka vrata so se bile odprle *trub.* mlade jagnjeta *sir.* nebesa so se nad njim odprle *krell. Die schriftsprache ersetzt heutzutage das neutr. durch das fem.:* ôzke vrata. *Das neutr. lebt jedoch noch bei den ungr. und kroat. Slovenen: man vergleiche hiebei das ital. le poma, und bemerke, dass das neutr. gern in das fem. übergeht:* neba, jezera *hung. für* nebo, jezero; vratam, vratami, vratah *im osten für* vratom, vrati, vratih. *Vor* i *gehen die gutturalen hie und da in die sibilanten über:* globocih, drazih, susih, ubozim, *asl.* glębokyihъ, dragyihъ, suhyihъ, ubogyihъ. *Wenn der sg. acc. des subst. durch den gen. ersetzt wird, muss auch das adj. im gen. stehen:* lêpega konja, *dagegen* lêp hrast. *Der dual. nom. fem. lautet auf* i *aus, wenn der ton nicht auf dem auslaute ruht:* dvê bôte mlêli *trub.* dvê krivi priči *trub.* dvê vbogi, priprosti ženi *krell.* kaj sta storili le tê dvê (dvi) ženi *krell.* dol ste pritekli jelenki dvê *nar.* črni kiti dvê *nar.* onjêdvi sta dorasli zraven bêle cèrkvice, tam pa sta se ošepili, no rasli v sveto nebo *vraz. 123. Minder richtig ist daher* e *an folgenden stellen:* dvê sami zvêzdi ste zmotile, dvê sami zapeljale mi zvêzdi umno glavo *preš. 94.* dvê sestri vidile sô *130. Der dual. nom. wird bei den ungr. Slovenen auf* va *masc. und auf* vi *für* vê *fem. und neutr. gebildet:* drugiva, etakšiva, zevčeniva, mojiva, metajôčiva, svojiva, stoječiva, šteriva *(qui, asl.* kъterii): *dass* va, vi *für* dva, dvi (dvê) *steht, geht aus den doppelformen* onêdva, onêva; njidva, njiva *klar hervor.* drugiva *ist daher asl.* druziidva, onêdva *für* ona dva, têva *für* ta dva, tivi *für* tê dvê. *In dain. evang. 11. 18. 19. liest man die formen* onija *und* oniva. *Die comparative bleiben im nom. aller genera und numeri unverändert und lauten auf* i *aus: ebenso im sg. fem., daher* lêpši ženska, lêpši dête, lêpši hrasta, lêpši gorice, lêpši vrata; lêpši ženske, *asl.* lêpêjšeję ženy *usw. Diess ist jedoch auf den westen des sprachgebietes beschränkt, im osten werden die comparative wie die adjectiva decliniert:* lêpša ženska, lêpše dête, lêpša hrasta *usw.; so schreiben auch trub, und dalm.: dass dies jedoch schon damals gegen den sprachgebrauch in Krain war, bezeuget boh. Unorganisch sind die hie und da gebräuchlichen comparative auf* êji, êjega *für* êjši, êjšega: hitrêji, hitrêjega *für* hitrêjši, hitrêjšega, *asl.* hytrêjšij, hytrêjšaago: za bolji rabo *preš.* 23. boljiga srca 27. boljiga žita *158.* Rad *hat nur die nominative aller genera und numeri. Andere adj. können gar nicht decliniert werden:* všeč *(partic. praes. act. von* vôšiti, vôščiti *in der bedeutung optatus: man vgl.* veruječ *credibilis und* vedeč *notus:* vsêm ljudêm vedeča kurva *trub.):* to mi je všeč; vsi drugi svatje sô mi všeč *cvêt.;* sovraž: ofertnim sô sovraž bog ino ljudje *sir.* vojvodi, kateri sô nam sovraž *sir.* pêš *zu fusse pedes;* rês *verus; ähnlich ist* prhpogača *vraz. 89. für* prhka pogača *118;* žal: žal besêde v ustih ni *preš. 15. neben* beseda žala *166. und* žalc misli v srcu ni *15; ebenso mehrere aus dem deutschen entlehnte adj.:* žleht, nidig, falš: za voljo njegovega žleht veljanja *sir.* zmisli, da je nezvêsto oko nidig *sir.* ja se dolžen dam falš priseganjem *conf.-gen.* tvojo falš misel *sir.* veliko falš prorokov *trub.: vgl. im bulg. das türk.* kara: pestotin (petstotin) kara grošjove *volksl. 30. Sollen solche adj. declinierbar werden, so müssen sie ein slav. suffix erhalten:* glihen, falšen. Carigrad *hat im sg. gen.* carigrada, *asl.* cêsarja grada. *Aus dem adv.* popolnoma *haben unkritische schreiber das adj.* popolnom *gebildet, das schon trub. hat; bei den ungr. Slovenen findet man* popoln, popolna.

Die nominale declination der adj. hat sich nur im sg. nom. masc. erhalten: nov, novi *für asl.* novъ, novyj. *Wenn jetzt zwischen* velka cêsta *die hauptstrasse und* velika cêsta *eine grosse strasse unterschieden und* velka *dem asl.* velikaja, velika *dem asl.* velika *gleichgestellt wird, so ist dieser unterschied unorganisch und beweist, dass die sprache neue mittel schafft, um jene begriffe auszudrücken, für die ihr der organische ausdruck abhanden gekommen: hier ist der ton dieses mittel. Ebenso entsprechen die formen der ein- und zweisilbigen adj., wenn sie im sg. nom. und acc. und instr. fem., im dual. nom. und acc. und im pl. nom. und acc. die auslautenden vocale* a, o, e *und* i *betonen, den formen der nominalen, wenn sie hingegen den ton auf der ersten silbe haben, den formen der zusammengesetzten declination: daher* sladkó vino *für asl.* sladъko vino; sládko vino *für asl.* sladъkoje vino; svetá môža *für asl.* svęta mąža; svéta moža *für asl.* svętaja mąža *usw. Ähnlich wird auch unterschieden zwischen* pod zelénim (zelenomь) drevesom *und* pod zelênim (zelenyimь) drevesom *met. 193. 194.*

ZWEITER TEIL.

Lehre von der conjugation.

a) Von der einteilung der verbalformen.

Wie im asl. seite 62.

b) Von den personalsuffixen.

Voll.	*1.*	mь	va	mo
	2.	šь	ta	te
	3.	tь	ta	ntъ.
Stumpf.	*1.*	m	(va)	(mo)
	2.	s	(ta)	(te)
	3.	t	(ta)	nt.

Das mь *der I. sg. ist nach analogie von* jesmь *usw. und der übrigen praesensformen mit ausnahme der III. pl. auch in der conjugation mit dem praesens-*e *eingetreten:* hvali-m, *asl.* hvalją *aus* hvali-o-mь; dêla-m, *asl.* dêlają *aus* dêla-j-o-mь; reče-m *nach* rečeš, reče, *asl.* reką. *Das* i *der II. sg. erscheint nur noch in* si, *asl.* jesi; *schon in fris.* zadenes, *d. i.* zadêneš. vzovues, *d. i.* vzoveš. prides, vuez (*wohl* vêš) *neben* postedisi *d. i.* poštędiši. *Das* t *der III. sg. erscheint nur in* jest, *asl.* jestъ, *wofür auch* jeste. *In der I. dual. wird das organische* vê, *asl.* vê *für das fem., das unorganische* va *für das masc. verwandt: unorganisch ist auch* ma *für* va: sedma *consīdamus vraz.* hodma, boma, sma *neben* porinjva *steierm.* hodma, *fem.* hodmi; *in der II. und III. dual. hat sich für das fem.* tê, *unbetont* ti, *gebildet: daher* stê *estis, sunt und* gresti, vzdigneti; prideti; zraven tečeti dvê primorski deklici, in rožce trgati, in jih v morje mečeti, ribčem nagajati, jim ribe zganjati *nar. 3. 9. Im*

XVI. jahrh. diente ta *auch dem fem., wie noch heutzutage in Oberkrain und im osten:* dvê bôdeta mlêle *hung.* ka nam kvazuvata (ukazuvata) le-te dvie zapoved (zapovedi)? *venet.* obêdve imata prav *skal.* kaj sta storili le tê dvê (dvi) ženi *krell. Im X. jahrh. galt in der I. pl.* mъ *für* mo: imam; clanam ze, *asl.* klanjajemъ sę; oclevuetam, *asl.* oklevetajemъ; modlim ze, *asl.* molimъ sę; mosem, *asl.* možemъ; nezem, *asl.* nesemъ; pazem, *asl.* pasemъ, *servamus;* pigem, *asl.* pijemъ; naresem ze, *asl.* narečemъ sę; ozstanem, *asl.* ostanemъ; prestopam, *asl.* prêstąpajemъ; tuorim, *asl.* tvorimъ. *In der III. pl. wird* n *mit dem vorhergehenden vocal zu einem vocal verschmolzen:* dêlajo, storé. *Die personalendungen* ta, te *werden auch mit* na *verbunden:* na, nata, nate *cape, capite. Die Bêli Kranjci gebrauchen den dual. nur in der II. person, und selbst da nicht häufig:* kê sta bila? *und* kê ste bili (vi dva)? kê sô bile pa one dvê? dva môži sô pršli. kaj pa dêlajo Mare i Katarina?

c) Von dem bindevocal.

Der bindevocal tritt ein 1. im partic. praet. pass. der verba I. vor dem suffix nъ: plet-e-n. 2. *In den spärlichen überresten des zusammengesetzten aorists II. und des imperfects:* pojd-o-sta, činjaš-e.

d) Von den suffixen der infinitivstämme.

1. Infinitiv. *Das suffix des infinitivs lautet* ti: plesti *aus* plet-ti.

2. Supinum. *Das suffix des supinum ist* tъ: pi-tъ; zodit, *asl.* sądit, *fris.* peč: onda je išel peč kovač *prip. 184.*

3. Partic. praet. act. I. *Das suffix des partic. praet. act. I. ist* ъs. *Dieses partic. hat sich in einer auf* ši *auslautenden form erhalten, aber auch diese form ist im munde des volkes selten geworden: man hört* oprimši, omedlêvši, rekši, skrivsi *neben* skrivav *clam lex.* oziravši se *vraz. 28. und das unrichtig gebildete* pozabljivši *(nach dem adj.* pozabljiv), *wofür bei krell.* pozabivši. *Man liest I.* padši *krell.* opadši *evang.-zagr.* došedši, našedši, prišedši, sešedši *evang.-tirn. evang.-zagr.* rekši; zlekši (izvlêkъše), pretekši, odvrgši *evang.-zagr.* vzamši *krell.* vzemši *evang.-tirn. evang.-zagr. neben* vzevši, prijavši *hung. und* počevši *evang.-zagr.* umrši *met. 139.* odprêvši *evang.-zagr.* strvši *hung.* II. podigši, poklekši, zniknuvši *evang.-zagr.* III. omedlêvši; hotêvši *evang.-zagr.* IV. pozabivši; zdramši *nar.*

2. 58. *mahnt an* -mljьše *von* -miti. zvêdši *ravn.* popadši, došedši, rekši *videlicet,* vzemši, zabivši, čuvši, znavši; podignuvši nagnuvši; zvedevši, previdevši; nakanivši *habd.* *Unrichtige bildungen sind* odidovši *evang.-zagr.* začnovši *hung.* slekevši, rekevši, spletivši, padivši, najdivši, sedevši (sésti), vstanivši, ostanivši *usw. in dain. lehrb. 123. evang. 17. 31. 33. 45. 64.* ši *steht in diesem falle für asl.* še, *wie* či *für* če *in* inači, drugači. *Dass die partic. praes. act. und praet. act. I. auf* šte *und* še *im asl. als gerundia gebraucht werden, erhellt aus folgenden stellen:* sladъka ti jestъ vъkušająšte ⟨ἐν τῇ γεύσει⟩ *sup. 259. 1.* povedê Anthÿpatъ sъnemъše i otъ skovrady na hlъmъ vъzvedъše mečemь glavą jemu otъsêšti *sup. 89. 25. 26. Vgl. 4. seite 828. 837.* prizzuause *fris. ist asl.* prizvavъše. umerši, umeršega, *richtig* umrši, *kann wohl nicht mehr zum leben erweckt werden.*

4. Partic. praet. act. II. *Das suffix des partic. praet. act. II. ist* lъ: rekel, napisal.

5. Partic. praet. pass. *Das suffix des partic. praet. pass. ist* nъ *oder* tъ: ubijen, razpet.

6. Aorist. *Dieses tempus ist nur in wenig zahlreichen überresten nachweisbar:* navrnu se, genu se, začu, rodi *peperit,* pojdosta, odprêše se *aperti sunt evang.-tirn.* dojdoše, donesoše, pomoriše *evang.-zagr.* pokazah, namazah, ispeljah, poznamenuvah; dojde, izne *extulit,* priši, poče, zače, prije, vze, zakle, začu; vuerknu, pregriznu, zmeknu, strgnu, obrnu, sta, posta, obdrža; prekrši, spuli, pokaza, skaza, poveda, pozva, zazva; dobismo, dobavismo, pogubismo, videhmo; začeše, pomreše, odpreše, postaše, zarazíše, hasneše *habd.* *Im X. jahrh. war, wie die freisinger denkmäler bezeugen, der aorist noch in regelmässigem gebrauche:* briplisaze, *asl.* približašę; da *dedit;* delase, *asl.* dêlaše; pride *venisti;* uzliubise. *asl.* vъzljubišę; vzedli, *asl.* vъseli; zuori *für* ztuori, *asl.* sъtvori; stuorise, *asl.* sъtvorišę; uznenavidesse, *asl.* vъznenavidêšę; bih, *asl.* byhъ; bui, *asl.* by, *mit partic. praet. pass.* *Überraschend ist der einfache aorist* boido, *asl.* poidą, *venerunt:* po tom na narod zlovuezki strazti i petzali poido, *asl.* po tomь na narodъ člověčьskyj strasti i pečali poidą.

e) Von den suffixen der praesensstämme.

1. Praesens. *Das suffix des praes. ist dem nsl. abhanden gekommen in III. 1. V. 1. und in der I. sg. in III. 2. und IV, daher*

umêm, dêlam, držim *für asl.* umêją, dêlają, drъžą, vodim *für* voždą, dêm *für asl.* dêją; smêm *audeo neben* smêjem *met.* 206. spêm *für asl.* spêją; štêm *im osten neben* stêjem *allgemein; singulär ist* pim *für* pijem *kuk.* 225. *Im XVI. jahrh. schrieb man noch regelmässig* hočo *trub. krell., dieses liest man sogar noch in stapl.* hočo, nečo *und bei kastel.; bei den Bêli Kranjci crêt.* 24, *und bei den kroat. Slovenen hört man noch heutzutage* hočo, hoču; *ehedem sprach man auch* reku. *Ausserdem liest man bei trub.* mogo, verujo *für asl.* mogą, vêrują; *in der conf.-gen. begegnet man folgenden formen:* prošo (prosso *dreimal, asl.* prošą), odpušco (odpuscho, *asl.* otъpuštą) *und* obljubljo (oblubljo, *asl.* *obljublją); *im Gailtale soll noch jetzt* pravljo, *asl.* pravlją, *für* pravim *fortleben: befremdend ist* ejon *volo venet. Im X. jahrh. war der ausgang* ą *regelmässig:* bodo, *asl.* bądą; vueruiu, *asl.* vêrują; zaglagolo, *asl.* zaglagolją; izco, *asl.* iską; caiu ze, *asl.* kają sę; pomngu, *asl.* pomьnją; poronso, poruso, *asl.* porąčą; tuoriv, *asl.* tvorją; choku, chocu, *asl.* hoštą. *Die III. pl. praes. hat mit ausnahme der verba V. 1. zwei formen, von denen die eine mit dem asl. übereinstimmt, während die andere dadurch entsteht, dass an den praesensstamm ein zweites praesenssuffix gefügt wird:* gnjetô *aus* gnjet-o-nt *neben* gnjetejo *aus* gnjete-j-o-nt; *ähnlich* govoré *aus* govori-nt *neben* govorijo *aus* govori-j-o-nt. *Man liest in trub. krell.:* pletô, rastô, bôdô *erunt,* gredô; nesô, tresô, grizô; vlekô, rekô, tekô: *falsch ist* morô *hung. für* mogô, *da man nicht* možô *sagen kann;* vzamô, primô, verjamô, začnô; umerjô, odprô; bijô, pijô, pojô; *II.* pobegnô, obrnô, poginô; *III. 1.* umejô; *III. 2.* bežé, sedé, trpé; *unrichtig ist* bojô se *timent skal.,* brečô; *IV.* dobé, govoré, časté, misle, prave, prose, služe, hvale; *unrichtig ist* gorô, zvonô *crêt. 18.* veselô, govorô, razsrdô *pêsm.* 127. 138. zakuru *kuk.* 225; *V. 2.* kažô, kličô, pišô, jemljô; *V. 3.* berô, žgô; *V. 4.* dejô *faciunt,* sejô; *VI.* verujo, gospodujo, darujo, iskušujo, pridigujo, psujo, svetujo, prešestujo *usw. in stapl.* gredô, predô, rekô; trpé; zberô. praznüjo *hung.* biju, idu, vzemu, zažgu, mogu, odpru, povedu; postanu; zadrže; vele; čine, čude, diče, hode, love, muče, pograbe, postave, taje, trude; lamlju, išču, odrežu, zažižu; zovu; veruju *kroat. Heutzutage wird im allgemeinen die längere form vorgezogen, namentlich existiert die kürzere in III. 2. und in IV. nur von solchen verben, deren* i *betont ist: daher wohl* trpé, časté, *weil* trpim, častím, *allein nicht* vide, prose, *weil* vidim, prósim; *doch* nóse *neben* nósjo *venet. Bei den Bêli Kranjci sind die kürzeren formen selten:* popasu (pastiri vse popasu). požeru (svinje vse požeru). beru (grah beru). *Man sagt nur gredu. jedu, aber pridejo; neben bôdô hört man auch* bôjo: bôdejo *wird nicht gesagt. Im volksliede heisst es noch* tičice pojô, rožice cvetô, mojga veselja nazaj več ne bô. *Zwischen* d *und dem* t *der personalendung wird der praesensvocal nicht selten ausgestossen:* bôste, greste *aus* bôdete, gredete, *asl.* bądete, grędete; s *hat sich auch in andere verba eingedrängt:* razveseliste, želiste, spoznaste, imaste, mudiste *usw. kastel.* dějste *trub.* znaste, smêste *krell. stehen unorganisch für* razveselite, želite *usw.* znaste *setzt demnach eine form* znadete *voraus, die das serb. darbietet. Die Haložani sprechen* pletedo, hvalido, dêlado, kupujedo.

2. Imperativ. I. beri. *Asl.* ě *geht durchgängig in* i *über:* pletite, *asl.* pletěte, *jenes erhält sich im X. jahrh.:* bodete, *asl.* bądête; postete, *asl.* počьtête; pridete, *asl.* pridête; primete, *asl.* primête; pomenem ze, *asl.* pomênêmъ sę: *ein* glagoljate *findet sich nicht:* glagolite; *im kroat.:* recemo, recete *neben* budimo, budite *habd.* II. daždi, daždь. *Vgl. seite 91. In Innerkrain hört man* vъž, vъžte, *wofür man* vij, vijte *erwartet, asl.* viždь, vidite *Glasnik 1860. II. 46. Befremdend ist in fris.* mosim, *das unrichtig durch* možemъ *erklärt wird: dass es indicativisch aufzufassen ist, ergibt der sinn der stelle:* toic mosim ztoriti, ese oni stuorise, *asl.* tožde mozimъ sъtvoriti, ježe oni sъtvorišę *idem possumus facere, quod illi fecerunt. Im kroat.:* vidj, jedj *habd. Über* hoči *in:* hoči (hozi), de gremo, nu te iste un zberemo? θέλεις οὖν ἀπελθόντες συλλέξωμεν αὐτά; *matth. 13. 28-stapl. vgl. seite 91.*

3. Imperfect. *Das impf. ist in einigen seltenen formen nachweisbar:* bê obsêden *obsessus erat skal. krell.* stojahu *für* stojaho *krell.* bêše včinil, bêhu, odavahu, kupuvahu, mérkahu *evang.-tirn.* bêše prêšel, vidjaše, govorjaše, ideše, pozdravljaše, nosaše, *asl.* nošaše, *evang.-zagr.* besta *vramec.* be, beše, nemaše *non habebat;* činjaše; oblevaše; behmo, behu *habd.* bêše ti dojti, bêše platiti *hört man noch bei den kroatischen Slovenen. Im X. jahrh. scheint dieses tempus noch in regelmässigem gebrauche gewesen zu sein:* uvedehu, *asl.* vъvedêhą, *introducebant, fris. 2. 52.* tepechu, *asl.* tepêhą, *verberabant 2. 98.* natrovuechu, *asl.* natrovêhą, *cibabant 2. 46.* pecsachu. *asl.* pečahą, *torrebant 2. 100.* obuiachu, *asl.* obujahą, *calceabant 2. 47.* zigreachu, *asl.* sъgrêjahą, *calefaciebant 2. 51.* odeachu *asl.* odêjahą, *vestiebant. 2. 48.* tnachu, *asl.* tьnêhą, *decollabant 2. 101:* tьn. vuesachu, *asl.* vêšahą, *suspendebant 2. 102.* naboiachu, *asl.* napojahą, *potionabant 2. 46.* bozzekacho, bozeckachu, *asl.* posêštahą,

visitabant 2. 50. 55. raztrgachu, *asl.* rastrъgahą, *lacerabant.* utessahu, *asl.* utěšahą, *consolabantur* 2. 56. stradacho, *asl.* stradahą, *patiebantur* 2. 98. *Hieher gehört auch* be, *asl.* bě, bese, *asl.* běšę. *Vgl. meine abhandlung über das imperfect in den slavischen sprachen. Sitzungsberichte 77. seite 5.*

4. Partic. praes. act. *Das suffix des partic. praes. act. ist* nt, *dessen* n *mit* o *in* ą, ę, e *übergeht:* gredé, delaje; gredôč, delajôč; *eine form auf* y, *nsl.* i, *gibt es nur in fris.:* imugi, *asl.* imy: starosti ne prigemlioki, nikoligese petsali ne imugi, *asl.* starosti ne prijemljąšte, nikolěže pečali ne imy. *Das partic. praes. act. erscheint meist nach der asl. regel gebildet:* gnjetuč, cvetuč *kroat.* bodôč *neben* bodejôč *lex. futurus,* gredôč, pojdôč, kraduč *furtive habd.* nesôč, plevôč *trub.* živôč *krell.* rekôč, tekôč, mogôč; menôč *terens hung.* ženjuč *evang.-zagr.* vpijôč; vrôč *(als adj.),* derôč, vmerjôč *(als adj. mortalis); II.* minôč *transiens, caducus; III.* 2. boječ, bučeč, bleščeč, rdeč (rъděti, *als adj.),* skeleč, sloveč, speč; *IV.* učeč, govoreč, doječ, všeč *für* vošeč *(als adj.) von* vôščiti, vôšiti *ahd. wunscan, nhd. wünschen; V. 1.* prebivajôč, kušajôč, nalivajôč; imajuč *evang.-zagr. neben* imejôč *kastel.; V.* 2. iščôč; mečuč, plešuč. plačuč, jemljuč *kroat.; V. 3.* berôč; *VI.* zdihujôč, praznujôč, pričujoč *von einem verlorenen* pričevati *(adesse:* priča, *qui adest, testis),* praznuvajôč *preš.* vedôč *krell. Daneben kommen auch eigentümliche a) teils nach analogie der erweiterten form der III. pl. praes. gebildete, teils b) nicht zu rechtfertigende formen vor: a)* padejôč *boh.* plevejôč *met. 214.* vzemejôč *trub.* minejôč, pišejôč *boh.* plačejôč *krell.* berejôč; vidijôč *visibilis preš. 150.* gledijôč *77.* ljubijôč *182. b)* bodeč *(pungens, als adj.),* grizeč *boh.* hrzgetôč *vraz. 73.* vlečuč (*asl.* vlěkąšte) *kroat.* mineč, klečôč, sedôč *und* ležôč *krell.* spajôč *dormiens hung.* goruč *und* smrduč *kroat.* hotejuč *kroat.* dereč *(als adj.:* dereča rêka), režeč (na oba kraja režeč) *nar. 1. 104.* vedeč, vedejôč *notus trub.* čujeječ *vigilans.* slišaječ. vpiječ *stapl.* prajôč *lavans hung.* žgeč *(als adj.) neben* žgôč *ravn.* veruječ *credibilis,* plakaječ, hrzaječ *kuk. 203:* padejôč *und ähnliches verstösst gegen den genius der sprache, der diese form nur von verbis imperfectivis zulässt: nur* pojdôč *und* rekôč *hört man allgemein;* pohitôč *bei den ungrischen Slovenen.* buduči, iduči, štuči *legens asl.* čьtąštь, tekuči, tukuči, vlekuči, živuči, pojuči, hoteči *neben* hteči *und* hotejuči, videči, gledeči: gledim, gledati; goruči; noseč, noseči, delajuči, ispisivajuči, kažuči, pišuč, plačuč, plešuč, skačuč; šetujuč, potrebujuč *habd. Ich habe hier das der declination zu grunde*

liegende thema angeführt (skeleča rana), *das mit jedem nominativ verbunden werden kann:* pojdôč sem to storil; pojdôč smo mu rekli. *Der form auf* ôč *entspricht in fris.* oki: prigemlioki, imoki *asl.* prijemljąšte, imąšte. *Vgl. 4. seite 828.* uzemogoki, uzemogokemu, malomogoncka *lauten asl.* vьsemogąštij, vьsemogąštuumu, malomogąšta. *Daneben besteht eine dem asl. sg. nom. masc. und neutr. auf* ę *entsprechende, der obigen syntaktisch gleichbedeutende form auf* e: bde, zpe, *asl.* bъdę, sъpę, *fris.* klečé, molčé, stojé, sedé, razmišljáje, skriváje *clam trub.* (skrivaj) *für* klęčę, mlъčę, razmyšljaję, sъkryvaję: *eigentümlich sind* jokáje, lizáje *und* kupováje *für asl.* *jąčę, ližę *und* kupuję. *Wenn man in* vidi, vêdi *in:* hodil sem, sam ne vidi kôd; govoriš ne vêdi kaj; enako kometu, ki pride, ne vêdi od kôd, *die asl. partic.* vidy, vêdy *entdeckt zu haben glaubt, so ist die sache noch genauer zu prüfen Lerstik 100. Ich möchte eher an den im slav. so vieldeutigen imperativ denken, worüber IV. seite 790. So viel ist sicher, dass in* bežati moraš, ôti al' ne ôti *du musst laufen, du magst wollen oder nicht wollen, Letopis matice slovenske 1875 seite 177,* oti *ein impt. ist. Vgl. dem bösewicht wird alles schwer, er tue, was er tu'. Die formen auf* č *entsprechen asl. formen auf* šte, *die in sup. häufig als gerundia gebraucht werden, daher* rjoveče: žena vsa omamljena je rjoveče klicala *cvêt. 41.* e *ist nämlich abgefallen wie in* več, dalеč, pač *asl.* vęšte (veče *krell.*), daleče, pače *usw.; die formen auf* e *hingegen sind versteinerte asl. sg. nom. neutr. auf* ę: *die benennungen gerundium und transgressiv, jene für* gredé, *diese für* gredôč, *sind weder in der form, noch in deren syntaktischem gebrauche gegründet, daher ganz willkürlich. Bei den Bêli Kranjci ist dieses partic. nur von wenigen verben gebräuchlich:* gredôč. speč. padeča nevolja. bili smo govoreč. saj sô pršle jedôč le sem. jôkajôč je pršla prêd-me. ne bôs molčeč. molčeč bôdi. zagledal sem devojčico z vrtom (*asl.* vrъtomь) šetajôč *volksl. Aus dem partic. praes. act. entsteht ein bei den kroatischen Slovenen in der bedeutung eines gerundium vorkommendes adverbium auf* ečki: zabečki (zabiti *oblivisci),* nevidečki, ležečki, mučečki *tacendo,* sedečki, stoječki *usw.* bejžečki. klečečki *und analog* skrivečki *clam prip. 17. 116. 214. Bei dem Bêli Kranjci findet man* klečečki. ležečki. stoječki *und* na spečkem govori. na stoječkem. na držečkem, brez držečka, držečkega nese kobel vodi. na gredôčkem spi: *ähnlich* na prskočkem *für* na prskakci. *Die Haložani haben für* gredôč, pojdôč *das adverbial gebildete* idoma, *das wie* hipoma, mahoma *zu beurteilen.*

5. Partic. praes. pass. *Dieses partic. ist der sprache abhanden gekommen.*

f) Conjugation nach den verbalclassen.

A. Conjugation mit dem praesenssuffix.

Erste classe.

Suffixlose stämme.

1. plet.

α. *Inf.-stamm* plet. *Inf.* ples-ti. *Sup.* ples-t. *Partic. praet. act. I.* (plet-ši). *II.* plet-e-l. *Partic. praet. pass.* plet-e-n.

β. *Praes.-stamm* plet-e.

Praes.	*1.* plet-e-m	plet-e-va	plet-e-mo
	2. plet-e-š	plet-e-ta	plet-e-te
	3. plet-e	plet-e-ta	plet-ô.
Impt.	*1.* —	plet-i-va	plet-i-mo
	2. plet-i	plet-i-ta	plet-i-te
	3. plet-i	plet-i-ta	plet-i-te.

Partic. praes. act. plet-ôč.

Im osten des sprachgebietes wird t, d *vor* l *ausgestossen:* plel, bol *von* plet, bod. šed *büsst überall sein* d *ein:* šel. *Im 16. jahrhundert liest man beides bei demselben schriftsteller:* cvel, kral, pal, jêl *und* padel, jêdel. t *geht im westen meist in* d *über:* bredel, spledel: bôm vodo prebredel, si šibic nabral, si korbico spledel, jô ljubici dal *volksl.* spledli, pomedli *skal.* sredel: sredla ga hudoba *im Gailtal und zwar auch im praes.* cvedem, sredem *für* cvetem, sretem *usw.* postenih *fris. ist asl.* počьtenyihъ. bôd, bôd-e *bildet das praes.* bôdem *ero,* bôdeš, bôde *usw. neben* bôm, bôš, bô *usw. kroat.* bum, buš, bu *usw.* dobôdem *accipiam trub., in der III. pl.* dobô *nar. 2. 83; 2. 84. preš. 17,* znebôdem se, *wofür jetzt meist unorganisch* dobim, znebim se *usw. impt.* bôdi. *partic. praes. act.* bodôč *futurus.* gred *kömmt nur im praes. und im partic. praes. act. vor:* gredé, gredôč; *das praesens-e kann ausfallen:* grem, greš, gre *usw. neben* gredem, gredeš, grede *usw. die III. pl. kann auch* grejo *lauten.* id: idem, ideš, ide *usw.;* idôč, pojdôč; iti. *Für* rastem,

11*

rasteš, raste *usw. spricht man selbst im westen häufig* rasem, raseš, rase *usw.* rasite *krell.: die form* rasem *mag aus* rasel *preš. 46. neben* rastel *145. entstanden sein: asl.* raslъ *aus* rastlъ. rêt *hat sich nur in* srêl *obviam factus erhalten; daneben findet man* srečal *nach V. 1: aus* srêl *hat sich* srêje *vraz. 6. entwickelt, wie etwa* plêje *aus* plê (plêti), *asl.* plêvetъ. sêd *lautet im praes.* sêdem, *im impt.* sedi *für asl.* sędą, sędi. šьd: prišedši, prišel *und* našest *inventus evang.-zagr.* obnašest *kroat. und die subst.* našestek *inventio,* prišestje *adventus. Falsch:* najdel *preš. 22. 28. 85. und* pridši. išel, išal, *asl.* šьlъ, *habd.* jêd, *asl.* jad, *bildet das praes. und den impt. ohne* e. *Partic. praes. act.* jedôč. *Inf.* jêsti. *Sup.* jêst. *Partic. praet. act. I.* (najêdši se). *II.* jêdel (jêl). *pass.* jêden.

2. nes.

α. *Inf.-stamm* nes. *Inf.* nes-ti. *Sup.* nes-t. *Partic. praet. act. I.* (nes-ši). *II.* nes-e-l. *Partic. praet. pass.* nes-e-n.

β. *Praes.-stamm* nes-e.

Praes.	*1.* nes-e-m	nes-e-va	nes-e-mo
	2. nes-e-š	nes-e-ta	nes-e-te
	3. nes-e	nes-e-ta	nes-ô.
Impt.	*1.* —	nes-i-va	nes-i-mo
	2. nes-i	nes-i-ta	nes-i-te
	3. nes-i	nes-i-ta	nes-i-te.

Partic. praes. act. nes-ôč.

Neben mlêsti *besteht* molsti. Nesen *ist richtiger als* nešen; *so ist auch* spašen, odrašen *vraz. 170. und* odraščen *zu beurteilen.* iznel *habd. wird beim serb. erklärt.*

3. greb.

α. *Inf.-stamm* greb. *Inf.* greb-s-ti. *Sup.* greb-s-t. *Partic. praet. act. I.* (greb-ši). *II.* greb-e-l. *Partic. praet. pass.* greb-e-n.

β. *Praes.-stamm* greb-e.

Praes.	*1.* greb-e-m	greb-e-va	greb-e-mo
	2. greb-e-š	greb-e-ta	greb-e-te
	3. greb-e	greb-e-ta	greb-ô.

Impt. 1. —	greb-i-va	greb-i-mo
2. greb-i	greb-i-ta	greb-i-te
3. greb-i	greb-i-ta	greb-i-te.

Partic. praes. act. greb-ôč.

Im inf. und sup. wird vor t *ein* s *eingeschaltet:* tepsti, grebsti: tepst, grebst; v *wird in diesem falle ausgestossen:* plêti *für* plêvti: siti (žiti) *fris. Der stamm* živ *wird regelmässig durch* živê *nach III.* 2. *ersetzt: doch liest man* živem *kuk.* 225. živeš *sir.* žive *in der III. sg. sir. hung.* živôč *hung. Für* plêvem *sagt man auch* plêjem. *Der stamm* šiv *wird stets durch* ši *ersetzt.* sp (*asl.* sъp), *praes.* spem, speš, pospeš *stapl.* 93. *usw. hat im inf.* suti, *indem* p *ausgestossen und* ъ *in* u *verwandelt wird: vgl. das serb.* naspem, nasuti.

4. pek.

α. *Inf.-stamm.* pek. *Inf.* peči. *Sup.* peč. *Partic. praet. act. I.* (pek-ši). *II.* pek-e-l. *Partic. praet. pass.* peč-e-n.

β. *Praes.-stamm* pek-e.

Praes. 1. peč-e-m	peč-e-va	peč-e-mo
2. peč-e-š	peč-e-ta	peč-e-te
3. peč-e	peč-e-ta	pek-ô.
Impt. 1. —	pec-i-va	pec-i-mo
2. pec-i	pec-i-ta	pec-i-te
3. pec-i	pec-i-ta	pec-i-te.

Partic. praes. act. pek-ôč.

Vor e *geht der guttural in den palatal, vor* i *in den sibilanten über:* pečem, peci. pekel *für asl.* peklъ; mogal, mogel *habd. Der guttural und* t *gehen in* č *für asl.* št *über:* peči, peč: pečti *und* pečt *sind missgeburten; im impt. hört man den sibilanten neben dem palatal:* peci, peči. mog *hat im praes.* morem *für* možem, *in der III. pl.* mogô *und* morejo; *im impt.* mozi: *im trinkspruch* mazi ti bog! vrъg *hat im inf.* vrêči, tlъk- tlêči *und* tolči. leg *in* vlegla je steza *vraz.* 47. 77. 97. *und kuk.* 197. *gehört vielleicht zum stamme* lêz: *vgl. das serb. Im Gailtale soll* vilengla *vorkommen gegen die asl. regel, die* legla *fordert: vgl. jedoch das klruss.* lahla, *als ob das asl.* lęgla *lautete.*

5. pьn.

α. *Inf.-stamm* pьn. *Inf.* pe-ti. *Sup.* pe-t. *Partic. praet. act. I.* vzam-ši. *II.* pe-l. *Partic. praet. pass.* pe-t.

β. *Praes.-stamm* pn-e.

Praes.	*1.* pn-e-m	pn-e-va	pn-e-mo
	2. pn-e-š	pn-e-ta	pn-e-te
	3. pn-e	pn-e-ta	pn-ô.
Impt.	1. —	pn-i-va	pn-i-mo
	2. pn-i	pn-i-ta	pn-i-te
	3. pn-i	pn-i-ta	pn-i-te.

Partic. praes. act. men-ôč.

Žn *erweicht* n: žnjem, žanjem; žnjeti *kuk. 254. für* žeti, menoti *hung. für* meti, *asl.* męti, odpnêti *krell., asl.* otъpęti, *sind unorganisch; ebenso* pričme *kuk. 233. für* prične; razpe, razpi, razpil *hung. für* razpne, razpni, razpel; popriješ *hung. für* poprimeš. im *hat im praes. a)* imem: obimem, poimem *trub.; b)* jmem: zajmem; *c)* mem: izmem *dalm.* otmem; *d)* jamem: jamem, jameš *usw.* unamem, unameš *usw.* verjamem, *richtig* vêro jamem, *asl.* vêrą imą; vêrjem *ist nicht etwa zu* verjeti, *sondern zu* verovati *zu stellen, denn es steht für* verujem. mьn *hat im praesens* manem. *Für* kolnem *kömmt ein aus* kleti *gebildetes* klejem, kleješ *usw. vor.* najmen *conductus kroat., asl.* najętъ, ožmen *expressus lex., asl.* ožętъ, *und* kolnenje *krell. vgl. man mit asl.* razpьnenъ.

6. mr.

α. *Inf.-stamm* mr. *Inf.* mr-ê-ti. *Sup.* mr-ê-t. *Partic. praet. act. I.* (umr-ši). *II.* mr-l. *Partic. praet. pass.* tr-e-n.

β. *Praes.-stamm* mr-e.

Praes.	*1.* mr-e-m	mr-e-va	mr-e-mo
	2. mr-e-š	mr-e-ta	mr-e-te
	3. mr-e	mr-e-ta	mr-ô.
Impt.	*1.* —	mr-i-va	mr-i-mo
	2. mr-i	mr-i-ta	mr-i-te
	3. mr-i	mr-i-ta	mr-i-te.

Partic. praes. act. vr-ôč.

L *und* r *werden im inf. und sup. durch* ê *verstärkt:* mlêti, mrêti; *doch auch* trti *evang.-zagr.* ml *bewahrt* ê *auch im partic. praet. act. II. und im partic. praet. pass.:* mlêl, mlên. ml *hat im praes.* meljem; mr, mrem *und* merjem; *krell. hat* odperje *und* zaperje *für* odpre *und* zapre; tr *hat* tarem *und* terem. *Das partic. praet. pass. lautet* mlêt, vrt, cvrt *usw., daher* drtje, žrtje *trub. und* mlên, zatren *trub.* stren *contritus krell. attritus lex.* cvren. mlênje *neben* mlêtje *Bêli Kranjci. Im osten des sprachgebietes hört man* pre *dicunt:* on je pre prišel *venisse eum dicunt, das nicht als III. sg. praes. von* prêti *aufgefasst werden kann: es ist eine verkürzung von* pravi, pravijo: *vgl. čech.* prý, prej *usw. Vgl.* di *im kroat. bei Lučić 104. 107.*

7. bi.

α. *Inf.-stamm* bi. *Inf.* bi-ti. *Sup.* bi-t. *Partic. praet. act. I.* ubi-v-ši. *II.* bi-l. *Partic. praet. pass.* bi-j-e-n.

β. *Praes.-stamm* bi-j-e.

Praes.	*1.* bi-j-e-m	bi-j-e-va	bi-j-e-mo
	2. bi-j-e-š	bi-j-e-ta	bi-j-e-te
	3. bi-j-e	bi-j-e-ta	bi-j-ô.
Impt.	*1.* —	bi-j-va	bi-j-mo
	2. bi-j	bi-j-ta	bi-j-te
	3. bi-j	bi-j-ta	bi-j-te

Partic. praes. act. vpi-j-ôč.

Den hiatus hebt j *auf:* bijem, *in anderen fällen* v: obuven, dêven. rju, slu, plu *verwandeln* u *in* ov: rjovem, *woher* rjovê *nach III. 2 neben* arjujem *venet.* slove *significat krell. und* plovuči kamen *pumex;* zna, smê, spê *haben im praes.* znam *nach V. 1,* smêm *und* smêjem *sir.* spêm; dê *hat im praes.* dênem *ponam und* dêjem *facio, dico boh., woraus* dêjm *trub. boh. und* dêm *krell. nar. 3. 53.* dêješ, dêjš *trub.,* dêje *sir.* vardêje *sir.* nadêje *evang.-tirn., und daraus* dêj *trub.* razodêj *trub. und* dê *nar.,* dejô *trub.* dié *dicit venet.* zdeti, zdevati *ime habd. ist asl.* vъzdê. da *bildet die inf.-, teilweise auch die praesensformen.* sta *entlehnt das praes. aus II:* stanem, staneš *usw. Man hört auch* stanoti *vraz. 115.* stanol *kuk. 228.* pê *hat im praes.* pojem, *selten* pêjem *vraz. 134. Das partic. praet. pass. wird gebildet a) mittelst* t: bit, brit, posut, razodêt *usw. b) mittelst* n: neobriven *irrasus*, razodiven *detectus*, pokriven *constratus*, vmiven *lotus*, štiven *computatus lex.* obuven, dêven, uživen, skriven, umiven; bijen, povijen; *ohne bindevocal:* znan *nach V. 1; man bemerke* rjovenje *sir.* 224. *und* spojen *nar.* 1. 7; 1. 8; 1. 10; 1. 12. *für* spêt, pêt, *woraus* pêtje. by *bildet* biti (*fris.* biti, buiti), bivši (beusi, *d. i.* byvši, *fris.*), bil; *die moduspartikel* bi, *asl.* by, *beruht auf dem aor.* byhъ, *von dem in fris. mehrere formen vorkommen:* bui, *asl.* by: bui uvignan *expulsus est.* bih, *asl.* byhъ: bih vuuraken. xpen bih *baptizatus sum.* bim *dient dem ausdruck des conditionalis:* bim vzel *acciperem.* bim uzlissal *audirem.* bim ztuoril *facerem.* bim ztoial *starem.* bi doztalo *deceret.* bi otel *eriperet.* bi zegresil, *asl.* bi sъgrêšilъ, *peccasset. Noch bei krell. findet man* bih *mehrere male zum ausdruck des conditionalis verwendet. Von impf.-formen finden sich in fris.* be: be siti, *asl.* bê žiti. bese, *asl.* bêšę; *kroat.* be, beše; besta; behmo, behu *und* beho. bêsem, bêsi *usw., worüber seite 87, ist nach Janežič noch jetzt im Gailtale üblich.*

Zweite classe.

nq-stämme.

α. *Inf.-stamm* dig-no. *Inf.* dig-no-ti. *Sup.* dig-no-t. *Partic. praet. act. I.* podig-no-v-ši. *II.* dig-no-l. *Partic. praet. pass.* dig-nj-e-n.

β. *Praes.-stamm* dig-n-e.

Praes.	*1.* dig-n-em	dig-n-e-va	dig-n-e-mo
	2. dig-n-e-š	dig-n-e-ta	dig-n-e-te
	3. dig-n-e	dig-n-e-ta	dig-n-ô.
Impt.	*1.* —	dig-n-i-va	dig-n-i-mo
	2. dig-n-i	dig-n-i-ta	dig-n-i-te
	3. dig-n-i	dig-n-i-ta	dig-n-i-te.

Partic. praes. act. (mi-n-ôč.)

Im osten hat sich o *erhalten; auch bei den kroat. Slovenen ist es nicht selten:* razgrnoti, zginoti, struhnoti *usw. kuk.* 200. 206. 221; *sonst ist es dem* i, *seltener dem* u *gewichen:* digniti; minuti. *Das partic. praet. act. II. verliert manchmal* no: ogrdel (ogrdno) *volk.* 39. usehel (usehno) *trub.* pobegel (pobêgno). zastigel *habd.* omrzel *guts.* vehel *kuk.* 203. *von* vehnuti *für* venuti, *asl.* vęnąti;

pobegla. vgrezla *sank ein.* pokel: obruč je pokel. znikla *prip., wo man jedoch auch den inf.* pobeči *61. liest. Ebenso* podigši, poklekši *evang.-zagr. Das partic. praet. pass. wird wie von den verbis auf* niti *gebildet:* nadehnjen, vukradnjen, pognjen *habd.* crknjen, preleknjen *gekrümmt Bêli Kranjci.* zaklenjen, preobrnjen *stapl.* vzdignjen; *doch* trnutje oka *krell. neben* trnjenje *trub.*

Dritte classe.

ê - s t ä m m e.

Erste gruppe.

štê.

α. *Inf.-stamm* štê. *Inf.* štê-ti. *Sup.* štê-t. *Partic. praet. act. I.* naštê-v-ši. *II.* štê-l. *Partic. praet. pass.* štê-t.

β. *Praes.-stamm* štê-j-e.

Praes.	*1.* štê-j-e-m	štê-j-e-va	štê-j-e-mo
	2. štê-j-e-š	štê-j-e-ta	štê-j-e-te
	3. štê-j-e	štê-j-e-ta	šte-j-ô.
Impt.	*1.* —	štê-j-va	štê-j-mo
	2. štê-j	štê-j-ta	štê-j-te
	3. štê-j	štê-j-ta	štê-j-te.

Partic. praes. act. šte-j-ô-č.

Den hiatus hebt j, *im partic. praet. pass.* v *auf:* štêjem; štêven *trub.; für* štêjem *hört man im osten auch* štêm, *kroat.* šteš, *statt* umêjem *überall* umêm, *doch* umêje *sir., woraus* umêj *trub. und* umê; žele *cupit kroat.* imêti *hat im praes.* imam, imaš *usw., in der III. pl.* imajo, *im impt. regelmässig:* imêj; *im partic. praet. act. II.* imêl, *im kroat. auch* imal *Man merke das auf asl.* trêbê, *bei habd.* trebe je, *beruhende* trbêti, trbêlo *hung.*

Zweite gruppe.

gorê.

α. *Inf. stamm* gorê. *Inf.* gorê-ti. *Sup.* gorê-t. *Partic. praet. act. I.* pogorê-v-ši. *II.* gorê-l. *Partic. praet. pass.* (grmê-n-je.)

β. *Praes.-stamm* gori-e.

Praes.	*1.* gori-m	gori-va	gori-mo
	2. gori-š	gori-ta	gori-te
	3. gori	gori-ta	goré.
Impt.	*1.* —	gori-va	gori-mo
	2. gori	gori-ta	gori-te
	3. gori	gori-ta	gori-te.

Partic. praes. act. goreč.

Gledim *lautet im inf.* gledati, *nicht* gledêti. htê, hotê *hat im praes.* hčem, hočem: *asl.* hoštą; *in der III. pl.* hoté *trub. kroat. krell. und* hočejo; *im impt.* hoti *preš. 185. In fris. liest man* choteti, chotelo, choku, chocu. *Bei den Bêli Kranjci:* čo, češ, če; čemo, čete, čedo *neben* čejo *und mit* ne: néču, néčeš, néče; néčemo, néčete, néčedo *und* néčejo. *Nach* ne *wird* hčem, hočem *überall enklitisch, in folge dessen es* h, ho *verliert: ähnlich verhält es sich mit* nêmam *aus* nejmam *non habeo und mit* nêsem *aus* nejesem *non sum. Die einschaltung des* lj *im partic. praet. pass. ist unorganisch, doch* trpljenje, življenje *neben* trpênje, živênje *und* grmênje, kipênje, sopênje, srbênje, šumênje; poželênje *ist demgemäss dem* poželjenje *vorzuziehen. Hieher müssen auch* spa *und* sca *gezählt werden:* spim, ščim; *ebenso* zdêti se *videri:* zdi se, *das auf asl.* sъdêti *oder* sъdêjati *beruht, und* smejati se *ridere:* smejim se, *asl.* smijati sę, smêją sę: se zmiram smeji, k' se ji dobro zdi *volksl.* stoja *wird zu* sta *zusammengezogen:* stati *stare durativ;* ztoial *fris., jetzt* stal. *Bei den kroat. Slovenen hat sich in* vidj *habd.* vidjte *der asl. impt.* viždь, *doch* vidite, *erhalten; auch sonst dürfte man noch* vijte *für* vidite, *doch nie* vij *für* vidi *hören: ein impt.* viži, vižite *ist erdichtet.* vidjen *habd. lautet asl.* vidênъ. *Man merke* kipuči (vu kipučem mleku *prip. 11.*); imêti *hat* imam, imêj.

Vierte classe.

i-stämme.

hvali.

α. *Inf.-stamm* hvali. *Inf.* hvali-ti. *Sup.* hvali-t. *Partic. praet. act. I.* pohvali-v-ši. *II.* hvali-l. *Partic. praet. pass.* hvalj-e-n.

β. *Praes.-stamm* hvali-e.

Praes.	*1.* hvali-m	hvali-va	hvali-mo
	2. hvali-š	hvali-ta	hvali-te
	3. hvali	hvali-ta	hvale.
Impt.	*1.* —	hvali-va	hvali-mo
	2. hvali	hvali-ta	hvali-te
	3. hvali	hvali-ta	hvali-te.

Partic. praes. act. noseč.

Der ausgang e *der III. pl. ist jetzt auf die verba mit betontem* i *beschränkt, daher* hvalijo *für* hvale. *Im partic. praet. pass. werden* l *und* n *erweicht:* bêljen, branjen; *nach* r *wird zum ersatze der verlorenen erweichung* j *eingefügt:* udarjen, stvoren *neben* stvorjen *habd.* t *und* d *gehen in* č *und* j *für asl.* št *und* žd *über:* nasičen *gesättigt skal.* kračen. zmôčen *verwirrt.* vkročen *gezähmt.* tračen *verwüstet:* stračena njiva. sprijen *verderbt:* spriditi. rêjen *geordnet, und* rején *genährt.* zaplojen: zaploditi. vojen: voditi. zapečajen *versiegelt:* zapečaditi. glajen, *doch* gaten, ukroten *preš. 184,* časten *113. neben* češčen, češen *im gebete und ähnliches; man hört auch* stratjen: vse je stratjeno, čutjen, spridjen, zagvozdjen *und* zagvožen. *Die ungr. Slovenen schreiben* j *neben* dj: zablôdjen, sôdjen; *im kroat. liest man* hičen *iactus,* zvračen; rodjen, zasadjen, osudjen *habd.:* bbgeni *fris. ist wahrscheinlich* begeni *zu lesen, das dann asl.* bêždeni, *stamm* bêdi, *lauten würde.* crisken *fris. lautet jetzt* krščen. *Nach* p, b, v, m *wird* lj *eingeschaltet:* kropljen, vabljen, lovljen, krmljen: ugotovleno *fris. Man merke* zabrêven *von* zabrtviti *bei den Bêli Kranjci.* z *und* s *gehen in* ž *und* š *über:* vožen, vêšen.

Fünfte classe.

a-stämme.

Erste gruppe.

dêla.

α. *Inf.-stamm* dêla. *Inf.* dêla-ti. *Sup.* dêla-t. *Partic. praet. act. I.* pridêla-v-ši. *II.* dêla-l. *Partic. praet. pass.* dêla-n.

β. *Praes.-stamm* dêla-j-e.

Praes.	*1.* dêla-m	dêla-va	dêla-mo
	2. dêla-š	dêla-ta	dêla-te
	3. dêla	dêla-ta	dêla-jo.

Impt. *1.* —	dêla-j-va	dêla-j-mo
2. dêla-j	dêla-j-ta	dêla-j-te
3. dêla-j	dêla-j-ta	dêla-j-te.

Partic. praes. act. dêla-j-ô-č.

Zweite gruppe.

pisa.

α. *Inf.-stamm* pisa. *Inf.* pisa-ti. *Sup.* pisa-t. *Partic. praet. act. I.* napisa-v-ši. *II.* pisa-l. *Partic. praet. pass.* pisa-n.

β. *Praes.-stamm* pisi-e.

Praes. *1.* piš-e-m	piš-e-va	piš-e-mo
2. piš-e-š	piš-e-ta	piš-e-te
3. piš-e	piš-e-ta	piš-ô.
Impt. *1.* —	piš-i-va	piš-i-mo
2. piš-i	piš-i-ta	piš-i-te
3. piš-i	piš-i-ta	piš-i-te.

Partic. praes. act. (lizá-je).

Kla *und* pla *haben im praes.* koljem, poljem; stla, sra — steljem, serjem. t *und* d *werden im praes. in* č, j *für asl.* št, žd *verwandelt:* mečem, glojem; *nach* p, b, m *wird* lj *eingeschaltet:* kapljem, gibljem, drêmljem; *im osten hört man auch* davljem, vlêvljem, umivljem, popêvljem, šivljem *vraz. 53. 54. 58. 94. 98. 101. 125. für und neben* davam, vlêvam, umivam, popêvam, šivam. *Die gutturalen und sibilanten gehen in die palatalen über:* mičem, lažem, dišem; kličem, vežem, brišem. *Viele verba werden nach* dêla *und nach* pisa *conjugiert:* sipa, tipa, ščipa; giba, zoba, ziba; drêma: sipam *und* sipljem; tipam *und* tipljem; *ebenso* beketa, blesketa, gogota: beketam *und* bekečem; blesketam *und* bleskečem *usw. Auch* pelja *hat* peljem *und* peljam *vraz. 29.*

Dritte gruppe.

bra.

α. *Inf.-stamm* bra. *Inf.* bra-ti. *Sup.* bra-t. *Partic. praet. act. I.* zbra-v-ši. *II.* bra-l. *Partic. praet. pass.* bra-n.

β. *Praes.-stamm* ber-e.

Praes.	*1.* ber-e-m	ber-e-va	ber-e-mo
	2. ber-e-š	ber-e-ta	ber-e-te
	3. ber-e	ber-e-ta	ber-ô.
Impt.	*1.* —	ber-i-va	ber-i-mo
	2. ber-i	ber-i-ta	ber-i-te
	3. ber-i	ber-i-ta	ber-i-te.

Partic. praes. act. ber-ô-č.

Bra, gna, pra *haben im praes.* berem, ženem, *wofür in Innerkrain* renem, perem; zva — zovem; žga, *asl.* žeg *nach I,* žgem: tka — tkem *und nach V. 1.* tkam. uvignan *fris. ist* vygnan, *asl.* izgnanъ.

Vierte gruppe.

sêja.

α. *Inf.-stamm* sêja. *Inf.* sêja-ti. *Sup.* sêja-t. *Partic. praet. act. I.* poseja-v-ši. *II.* sêja-l. *Partic. praet. pass.* sêja-n.

β. *Praes.-stamm* sê-j-e.

Praes.	*1.* sê-j-e-m	sê-j-e-va	sê-j-e-mo
	2. sê-j-e-š	sê-j-e-ta	sê-j-e-te
	3. sê-j-e	sê-j-e-ta	se-j-ô.
	1. —	sê-j-va	sê-j-mo
	2. sê-j	sê-j-ta	sê-j-te
	3. sê-j	sê-j-ta	sê-j-te.

Partic. praes. act. se-j-ô-č.

Neben bljuva, dja *aus* dêja, lêja, *asl.* lija, rva, snova, suva, trova *existieren nach I.* blju, dê, li, ru, snu, su *und* tru; *in den praesensformen schwindet der unterschied zwischen* bljuva *und* blju, *zwischen* dja *und* dê *usw., daher* dêjem, dêjo *dieunt usw. Für* smêjem, smêješ *vraz. 134, asl.* smêją, smêješi, *hört man auch* smêjam, smêjaš *vraz. 20. preš. 19. 27. 34. nach V. 1. und* smejím, smejíš *vraz. 10. nach III. 2. Für* sijem, sije, *wofür* seje *preš. 163, spricht man auch* sijam, sija *vraz. 120, daher* sijaj *cvêt. 77;*

für sêjem *hört man* sêjam; *für* bljujem, kljujem, pljujem, sujem *auch* bljuvam, kljuvam *usw.*: *vgl.* kmetujem *und* kmetvam.

Sechste classe.

ova (u-a)-stämme.

kupova.

2. *Inf.-stamm* kupova. *Inf.* kupova-ti. *Sup.* kupova-t. *Partic. praet. act. I.* nakupova-v-ši. *II.* kupova-l. *Partic. praet. pass.* kupova-n.

3. *Praes.-stamm* kupu-j-e.

Praes.	*1.* kupu-j-e-m	kupu-j-e-va	kupu-j-e-mo
	2. kupu-j-e-š	kupu-j-e-ta	kupu-j-e-te
	3. kupu-j-e	kupu-je-ta	kupu-j-o.
Impf.	*1.* —	kupu-j-va	kupu-j-mo
	2. kupu-j	kupu-j-ta	kupu-j-te
	3. kupu-j	kupu-j-ta	kupu-j-te.

Partic. praes. act. kupu-j-ô-č.

Neben verujem *hört man* veruvam, verovam. vári se, várite se *ist* varuj se *usw.*

B) Conjugation ohne das praesenssuffix.

1. vêd.

Praes.	*1.* vê-m	vê-va	vê-mo
	2. vê-š	vês-ta	vês-te
	3. vê	vês-ta	ved-ô.
Impt.	*1.* —	vêd-i-va	vêd-i-mo
	2. vêd-i	vêd-i-ta	vêd-i-te
	3. vêd-i	vêd-i-ta	vêd-i-te.

Für vêm *bieten die freisinger denkmäler* vuede, uuede (vêdê): izpovuede, izpouuede (ispovêdê). *Für* vedô *wird auch* vêjo, *für* vêsta, vêste *auch* vêta, vête *gesprochen. Man merke* vêj, *asl.* vêždь, *in* povêj *neben* povêdi *volksl.*, *im pl. meist* vêjta, vêjte *wie* dajta, dajte *und* jêjta, jêjte. *Die kroat. Slovenen sprechen* poveč, povečte *prip.*: *asl.* povêždь, povêdite.

2. dad.

Praes. *1.* da-m	da-va	da-mo
2. da-š	das-ta	das-te
3. da	das-ta	dad-é.

Impt. *1.* —	daj-va	daj-mo
2. daj	daj-ta	daj-te
3. dej	daj-ta	daj-te.

Für dadé *wird auch* dadô *dalm. und* dajo, *für* dasta, daste *auch* data, date *gesprochen. Im westen ist* dej-daždь, daj *hingegen* daj, *dieses von* daja.

3. jêd.

Praes. *1.* jê-m	je-va	jê-mo
2. jê-š	jês-ta	jês-te
3. jê	jês-ta	jed-ô.

Impt. *1.* —	jêj-va	jêj-mo
2. jêj	jêj-ta	jêj-te
3. jêj	jêj-ta	jêj-te.

Man liest auch jedete *editis*, jêjo *edunt. kroat.* jedj *habd.*

4. jes.

Praes. *1.* s-e-m	s-va	s-mo
2. si	s-ta	s-te
3. jes-t	s-ta	s-ǫ.

Für sem *bietet fris.* jesem, gezm, iezem, gezim; *später schrieb man neben* sem *auch* sam, sim *und sogar* sum *krell.*, *d. i.* sъm. *Neben* si *findet man* jesi *habd.* st *von* jest *kann abfallen, daher* je, *neben dem auch* jest *fris. und* jeste *trub. vorkömmt. Die III. pl. lautet in fris.* sunt, *asl.* sǫtъ; jeso *und* sô *hung.*, jesu *und* su *kroat.* nêsem, nêsi, nê *ist* nejesem, nejesi, neje; ne (nê) *fris.*; *doch auch* nèso, *asl.* ne sǫtъ.

Anhang.

Umschriebene verbalformen.

1. Perfect. act. *Das perfect. act. besteht aus dem partic. praet. act. II. und dem praes. des verbum subst.:* prišel sem. 2. Plusquamperfect. act. *Das plusquamperfect. act. besteht aus dem partic. praet. act. II. und dem perfect. des verbum subst.:* je bil začel lih mrêti; kader je vina bilo zmankalo *stapl.* bil sem prišel. *Hie und da wird mit dem genannten partic.* besem *verbunden:* sem bila stara sedem lêt, bêste me djali v klošter lêp *volksl.: asl.* bêste dêjali. *Wenn meine ansicht von dem ursprunge von* besem *richtig ist, für welche die II. sg.* besi *spricht, dann gilt hier das, was 4. seite 814. über die anwendung des conditionalis zum ausdrucke der vergangenheit gesagt ist: indessen kann dieses* bêste *mit dem asl.* bêste *identisch sein: vgl.* obrnu se devica k meštrije, ku je *(für* kąją jej *d. i. asl.* jąže jej) duh sveti be nadehnul *habd.* 3. Fut. act. *Das fut. act. wird bezeichnet a) durch das praes. einiger mit* po *zusammengesetzten, eine bewegung anzeigenden verba perfectiva:* pobežim, povlêčem, podirjam, poženem, pojdem, polêzem, poletim (poletim na široko polje, tam se nazobam *vraz. 140.*), ponesem, popeljem, potečem, *so auch* porečem *und* bôdem *ero. Dass nicht alle verba perfect. durch ihr praes. das fut. bezeichnen, ist dem einflusse des deutschen zuzuschreiben, welcher sich im XVI. jahrh. selbst bei den sonst so arg und meist ohne not germanisierenden schriftstellern jener zeit noch nicht so geltend machte wie heutzutage. Krell sagt noch:* ti bôš počela in porodiš, *Truber:* kako jest to spoznam? γνώσομαι *sciam;* sveti duh pride v te, ino ta moč tebe obsênči ἐλεύσεται, ἐπισκιάσει *superveniet, obumbrabit. Der einfluss des deutschen ist auch bei den ungr. Slovenen nicht so massgebend wie im westen des sprachgebietes, wie aus einer vergleichung des ersten capitels des evang. Lucae bei Kuzmič und bei Truber hervorgeht: Kuzmič sagt:* žena tvoja porodi sina tebi, *Truber:* tvoja žena bôde tebi rodila eniga sinú, *Kuzmič:* svetim duhom se napuni, *Truber:* on bôde svetim duhom napolnjen; *Kuzmič:* vnoge obrne k bogi, *Truber:* bôde preobrnil k bogu. *Die oben aus krell. citierte stelle lautet bei Kuzmič:* popriješ *(für* poprimeš), i porodiš sina; *bei Truber:* bôš počela, ino bôš rodila eniga sinú; *ebenso im evang.-zagr. richtig:* ja dojdem, i zvračim njega *veniam, curabo matth. 8. 7. b) Durch verbindung des inf. z. mit dem praes. von* imêti: na njih sadu jih imate spoznati ἐπιγνώσεσθε *cognoscetis matth. 7. 16. bei trub. stapl.* in iz njih sadov imate nje spoznati *7. 20;* njega ime ti imaš imenovati Joannes καλέσεις *vocabis trub.;* oni te imajo na rôkah nositi *krell.;* moj kelih vi imate rês piti *dalm., wofür krell:* moj pehar resnično bôste pili; β. *mit dem praes. von* hotêti: jest hočo priṭi ino njega ozdraviti ἐγὼ ἐλθὼν θεραπεύσω αὐτόν *ego veniam et curabo eum matth. 8. 7. bei trub.;* tako če zdrav biti moj hlapčič *krell.;* tadajci mu če križ v gostje priti *krell.;* ar vsakomu, ki ima, hoče se dati, i obilen bude; a onomu, ki nêma, i kaj se vidi iméti, hoče se vzeti od njega *dabitur, auferetur evang.-zagr.;* hote se spuniti vsa *ibid.* *c) in der regel durch verbindung des partic. praet. act. II. mit* bôdem: bom dêlal, bom prišel. Imêti *mit dem inf. bezeichnet heutzutage stets den begriff des sollens. In fris. liest man* eccę tage dela nasnem delati, *asl.* ašte tažde dêla načьnemъ dêlati *si faciemus, nicht, wie Kopitar meint, si coeperimus facere.* 4. Fut. exact. *Das fut. exact. fehlt im nsl., da* bôdem padel *nicht cecidero, wie im asl.* padlъ bądą, *sondern cadam ausdrückt.* 5. Condit. *Der condit. act. wird durch die verbindung der aus dem asl. aorist* byhъ *entstandenen partikel* bi *mit dem partic. praet. act. II. ausgedrückt:* bi dêlal, bi prišel. *Für* bi *kann* bêsem, besi *usw. eintreten, das aus* by jesmь *hervorgegangen ist, wie sich aus dem seite 87 gesagten ergibt.* 6. Passivum. *Das passivum wird bezeichnet a) durch verbindung des allen zahlen und personen dienenden* se *mit dem activum:* govori se; *b) durch verbindung des partic. praet. pass. mit dem verbum subst.:* smo hvaljeni; zaručena be *habd.*

III. BULGARISCH.

ERSTER TEIL.

Lehre von der declination.

— —

Als die Slovenen sich im VI. jahrh. in den Haemusländern niederliessen, fanden sie dieselben nicht menschenleer. Sprachliche gründe bestimmen uns anzunehmen, dass zu jener zeit mit den heutigen Škipetaren (Albanesen) verwandte stämme die thracische halbinsel inne hatten. Aus der verschmelzung dieser zwei völker entwickelte sich das bulgarische volk, aus der mischung ihrer sprachen die bulgarische sprache, wie die meisten romanischen sprachen aus der verbindung des lateinischen mit dem deutschen entsprangen, das rumunische speciell aus der mischung des lateinischen mit der dem škipetarischen wahrscheinlich gleichfalls verwandten thracischen sprache hervorgieng. Die später in diese länder eingedrungenen Bulgaren haben zwar dem volke und der sprache den namen gegeben, ihre sprache hat jedoch auf die des unterworfenen volkes keinerlei einfluss geübt, wie das slavische selbst den bau des rumunischen unberührt gelassen. Wie die romanischen sprachen, hat auch das bulgarische die declination grossenteils eingebüsst. Wenn eine sprache diese wichtige veränderung erleidet, taucht eine form des nomens auf, die teils in verbindung mit praepositionen, teils ohne dieselben die casusformen zu ersetzen bestimmt ist, und die man daher füglich casus generalis nennen kann. Wir werden nun, dem eigentümlichen bau des bulgarischen rechnung tragend, von der in den übrigen sprachen beobachteten methode abweichend handeln I. von der form des casus generalis; II. von dessen erklärung aus dem vorhergehenden zustande der sprache; III. von der bildung des pl.; IV. von der art, wie das bulg. die casus bezeichnet; V. von den überbleibseln der declin., die die sprache noch nachzuweisen vermag; und VI. vom artikel.

I. Die form des casus generalis ist verschieden, je nachdem das nomen mit dem artikel verbunden wird oder nicht. a) Ohne artikel bietet es die asl. form, so weit diess die lautgesetze der sprache zulassen: meso, ime, slovo, tele, *asl.* męso, imę, slovo, telę; *asl.* ъ *und* ь *fallen ab, und* a *geht bei subst. und bei einigen pronominal declinierenden wörtern in* ъ *über:* rob, dobъr, dlan, *asl.* robъ, dobrъ, dlanь: pênъ, muhъ, *asl.* pêna, muha; tъzi, onъzi, ednъ, golêma, sinja. *asl.* ta, ona, jedьna, golêma, sinja; moja, tvoja, svoja, koja; naše, vaše, kakva, čija, sička, sêka; *doch hie und da auch* golêmъ, sinь. *In* vlъfъ, *asl.* vlьhvъ, *fur steht* ъ *für asl.* v, *denn* f *ersetzt nicht etwa* hv, *sondern* h *allein, wie in* mufъ, praf *für* muha, prahъ. *Nach den palatalen und nach den weichlauten steht das wie* e *auszusprechende, aus* jъ *hervorgegangene* ь *für asl.* ja: mrežь, dušь, volь, *asl.* mrêža, duša, volja. a *hat sich in mehreren subst. erhalten:* ujka, baba, bašta, dêdá, dъšterê, žena, zlъva, krъsnica, lelê, majka, svekrъva, sestra, snъha, strijka, tъšta *usw.;* dêdo *avus und einige andere wörter auf* o *dürften als sg. voc. aufzufassen sein, wie im nsl.* jože, tone. *b) Das nomen mit dem artikel bewahrt* ъ *oder ersetzt es durch* o: dolъ-t; dolo-t; ъ *und* o *erhalten sich auch nach abfall des* t: dolъ, dolo ἡ κοιλάς. *Die erscheinung, die uns in* dol, dolъ-t *entgegentritt, gewahren wir auch im rumun., wo das ohne artikel stehende nomen das auslautende* u *abwirft, mit dem artikel verbunden dasselbe bewahrt: lup lupus, lupu-l; čerb cervus, čerbu-l.*

II. Wenn man erwägt, dass rob, dobъr, dlan *im asl. auch acc. sein können; dass* pênъ, mrežь *ebenso leicht aus den acc.* pêną, mrêžą *als aus dem nom.* pêna, mrêža *abgeleitet werden; wenn man sich erinnert, dass in den romanischen sprachen dem casus generalis meist der alte acc. zu grunde liegt (Diez II. 5—9), so dürfte man auch im bulgarischen denselben nicht mit dem nom. zu identificieren geneigt sein. Doch sprechen für den nom. folgende gründe: 1) die noch erhaltenen offenbaren nominative* ujka, baba, bašta *usw.; 2) die pluralformen* vlъci, sinove, gostije, *asl.* vlъci, synove, gostije *usw.: der pl.* konce *neben* konci *ist vielleicht aus* koncije *zu erklären. Gewisse männliche eigennamen und andere wörter, die zwei oder drei casus haben, bieten allerdings auch accusativformen; allein bei diesen kann nicht von einem casus generalis gesprochen werden.*

12*

III. Der pl. hat im masc. und fem. den auslaut i, *im neutr. den auslaut* a: zъbi, bašti, babi, kravi, vrъvi; sela, jejca *von* zъb, bašta, baba, kravъ, vrъv; selo, jejce; lozija *von* loze *für* lozije; *die adj. haben* i *in allen genera*: dobri volove, dobri kravi, dobri teleta. *vor* i *stehen im masc.* c, z, s *für* k, g, h: junaci, polozi, kožusi; *doch* raci *und* raki *von* rak; *die im auslaute abgefallenen dentalen treten wieder ein:* kosti, zločesti, dъždove *von* kos, zločes, dъž. vreme, ime, ramo *haben nach VI. 2.* vremena, imena, ramena; breme, vime *aber bilden nach VI. 4.* bremeta, vimeta; dъšti *(VI. 5.) hat* dъšteri *von* dъšterê; svekry, crъky, jętry *(VI. 1.) haben* svekrъvi, črъkvi, etrъvi *com sg. auf* -vъ; čjudo *und* nebe *(VI. 3.)* čjudesa *und* nebesa; *die subst. VI. 4. sind zahlreich vertreten: nach* žrêbę *bilden den pl. nicht nur worte wie* agne, tele, *sondern auch* drъvo, drъveta; vъže, more, pole; breme, vime *und sogar* prane, hodene: praneta, hodeneta, *asl.* pranije, hoždenije; eta *kann vor dem artikel* ta *sein* t *ausstossen:* agnea ta *für* agneta ta. *Ausserdem ist folgendes zu bemerken: 1) die einsilbigen subst. masc. bilden den pl. auf* ove: volove, popove, stolove; bojove, nožjove; zetjove *usw.* rakovi, zverovi *pulj.; 2) die männlichen eigennamen bekommen* ovi, ovci *von* ov, ovec: draganovi, draganovci; dragojovi, dragojovci; nikolovi, nikolovci; dobrjovi, dobrjovci *von* dragan, dragoj, nikola, dobri. *Wörter wie* kradljo *fur,* mamljo *fraudator erhalten* ovci: kradljovci, mamljovci; dêdo, neni, tati *haben* dêdovi, nenjovi, tatjovi; *3) die weiblichen eigennamen bekommen* ini: krъstinini, ratkini *von* krъstinъ, ratkъ; kaka, têtê: kakini, têtini; *4)* in *fällt ab:* blъgari, boleri, srъbi *von* blъgarin, bolerin, srъbin; turci *von* turčin; in *kann auch im sg. abfallen:* gradinarin *und* gradinar; *5) einige subst. haben* ije, *das in* e *übergehen kann:* mъže, care; mъžije, carije *und* konije, kralije; gostije, robije *neben* gosti, robi; dene, lahte, nohte; konce *neben* konci; *6) einige masc. und fem. bilden den pl. abweichend, indem sie a)* a *oder b)* išta *oder c)* ija *annehmen, das in* ê *übergehen kann: a)* kraka, roga *von* krak, rog; *b)* drumišta, krajišta, pъtišta, trapišta *von* drum, kraj, pъt, trap; gradišta, dolišta *neben* drumove, gradove, dolove; c) bivolija, blъgarija, bratija, vlasija, grъčija, ženurija *(vgl. den rumun. pl. auf -uri),* knižija, kravija, nivija, turčija, cvetija, čifutija *und* bivolê, blъgarê, bratê *usw. neben* bivoli, blъgari, vlasi *usw. von* bivol, blъgarin, brat *usw.* kъšta *hat* kъštija *neben* kъšti; detedečija *neben* dêca; čjolêk *ersetzt den pl. durch* hora; *7)* kamъk *und* kremъk *haben im pl.* kamъci, kremъci *und* kamъni, kremъni.

Vom dual. gibt es nur wenige spuren. Bei der bildung des pl. wird das vor dem endconsonaten stehende e, ъ, ь *ausgestossen a) wenn es asl.* ъ, ь *entspricht:* ovni, orli, konci, molci *von* oven, orel, konec, molec; *b) wenn es euphonisch eingeschaltet worden ist:* ognjove, odrove, kosmi, kotli, misli, vethi *von* ogъn, odъr, kosъm, kotel, misъl, vetъh. *Dasselbe geschieht auch sonst, wenn das wort am ende wächst:* dobra *von* dobъr, malka *von* malъk, gladničьk, težičьk *von* gladen, težьk. kamъk *und* kremъk *stehen für* kamykъ *und* kremykъ, *daher* kamъci, kremъci. *Eigentümlich ist* lucъk, lucki *für ein asl.* ljudьskъ, ljudьskyj. *Der vocal wird jedoch nicht ausgeworfen a) wenn vor dem artikel* ъ *oder* ь *wieder aufgenommen wird:* selenecъ-t; *daher auch nicht vor dem* o *des voc.:* selenecо; *b) vor dem* a *in* kogo seleneca *und ähnlichen verbindungen.*

IV. Der gen. und dat. wird dadurch bezeichnet, dass dem nomen die praeposition na *vorgesetzt wird:* pejene-to na slavijъ-t *cantus lusciniae;* daj slivъ-tъ na momiče-to *da prunum puellae;* na dobъr vol *boni bovis;* na dobri volove *bonorum boum.*

V. Das bulg. hat noch folgende reste der declination, und zwar: A) der nominalen declination aufzuweisen: 1) den sg. voc. a) der auf consonanten auslautenden männlichen eigennamen: stojene *von* stojan; *ebenso hat* dobri, dobre; *und* bog, brat, kum, krъsnik, lib, *asl.* ljubъ, neni, pobratim, starec, sin, tati, čjolêk, junak *usw.*: bože, brate, kume, krъsniče, libe, nene, pobratime, starče, sine, tate, čjoleče, junače *usw.* gospod *hat* gospodi. *Die meisten subst. masc. haben jedoch im sg. voc.* o: svato, sino,ratajo, mъžjo, svinarjo; vlъfo *von* vlъfъ: o *ist in diesen formen nicht etwa asl.* e *gleich, sondern es ist identisch mit dem* o *in* svato-t *für* svatъ-t, *wie aus den rumun. vocativen lupu-le, omu-le hervorgeht. Dem voc. auf* e *wird in volksliedern* le, *denen auf* o *-* ljo *angefügt:* bože le, libe le, male le *mater;* buljo ljo. *b) der subst. fem. auf* a, ь: majko *von* majka, marijo, nedeljo *von* marijъ, nedelь; *die eigennamen auf* kъ *und alle subst. auf* cъ *haben* ke *und* ce: stojke, carice *von* stojkъ, caricъ; *so auch* prъvoskinkъ *die erstgeborne; 2) den sg. acc. auf* a *a) nach der auf* go *auslautenden form eines pronominal oder zusammengesetzt declinierenden wortes:* kogo seleneca, na kogo seleneca; kogo zetja, na kogo zetja; *ebenso im sg. gen., dat. und acc. nach* svetogo: na svetogo ivana *und nach den im sg. acc. ein* a *annehmenden adj. possess.:* na vladova sina; *b) von den männlichen eigennamen auf consonanten und auf* i: dragana, dobrê *für* dobrija *von* dragan, dobri: *ebenso von allen subst. masc. auf* o:

plačka, prъvančê *von* plačko, prъvančjo; *endlich von* bog, gospod: boga, gospodê; *3) den dual. masc. auf* a *nach den numeralia* dva *und darüber:* dva vola; sto konê; *ebenso nach den allgemeinen numeralia:* kolko stola; nêkolko garvana. *Man beachte* pet konê beli *neben* pet beli konije; *4) den sg. dat. von subst. masc., häufig in volksliedern:* družinъ dumat ivanu *bog. 3.* stankъ si duma stojanu *6.* sultanъ-t duma stojanu *10.* junaci dumat radoju *14.* radoju srъdce ne traja *14. 50.* ta si radoju dumaše *17.* radoju sabь vrъteše *17.* majka stojanu dumaše *31.* bogu se moleše *36.* jankolu žalno ostanъ *47.* majka jankolu dumaše *48.* majka jankolu govori *48.* jankolu glavъ otrêza *50.* sluga carju si dumaše *51:* prêkalen svetec i bogu ne je drag *61.* stojanu habъr doftasa; ednъ-tъ dade stojanu: a či stojanu dumaše *volksl. Seltener ist der sg. dat. von subst. fem.:* jankol dumaše mami si *bog. 48.* stojan majci si dumaše *volksl.; 5) Man beachte folgende einzelheiten: sg. gen.* doma, u doma; dosta *aus* do syta: iz leka, *asl.* lьgъka věera; ot zadê; *sg. loc.* zimê *hieme,* lêtê *aestate,* utrê *cras,* vrъhu *supra,* dolu *infra,* gorê, vъtrê *intus,* snošti, *asl.* si (*für* sej) nošti; *sg. instr.* denê i noštê, *asl.* dьnija i noštiją; *dual. nom.* dva dni, *doch auch* tri dni; dvê stê, *asl.* dvê sъtê; *pl. gen. in* pet stotin *bog. 30;* kъštъ *lautet* kъšti *nach den praepos.* iz, okol, ot, u, vъz, zad, pred: iz kъšti, okol kъšti *usw. Verwandtschaftsnamen wie* brat, mъž, sin; baba, bašta, dъšterê, sestra *usw. haben im sg. acc.* ъ, ь, *wenn ihnen ein enklitisches pronomen* mi, ti si, i *im sinne eines possessivum folgt:* brat mi *frater meus.* bratъ mi *fratrem meum.* na bratъ mi *fratris mei;* sestra mi *soror mea,* sestrъ mi *sororem meam;* na sestrъ mi *sororis meae;* dъšterê mi, dъšterь mi; *hie und da wird* a *und* ê *für* ъ *und* ь *gesprochen. Es haben daher a) die männlichen eigennamen auf consonanten und auf* i *im sg. drei casus: nom.* dragan; *voc.* dragane; *acc.* dragana, na dragana; *nom.* dobri; *voc.* dobre; *acc.* dobrê, na dobrê. *Dasselbe gilt von* neni *frater und* tati *pater:* nene, tate; nenê, tatê; *und von* bog, gospod: bože, gospodi; boga, gospodê; *b) die subst. masc. auf* o *haben zwei casus: nom.* plačko; *acc.* plačka, na plačka; *c) die subst. fem.* kaka, têtê *soror haben drei casus: nom.* kaka, têtê: *voc.* kako, têtjo; *acc.* kakъ, têtь, na kakъ, na têtь; *d) die weiblichen eigennamen auf* ъ *haben zwei casus: nom.* stojkъ; *voc.* stojke; *ebenso die weiblichen subst. wie* plačkъ, lъžkъ *von den männlichen* plačko, lъžko: *nom.* plačkъ; *voc.* plačko. *Die pronomina person.* az ti *werden auf folgende weise decliniert: sg. nom.* az, ti; *acc.* menê, tebê: *dat.*

menê, tebê; *pl. nom.* ni, vi; *acc.* ni, vi; *dat.* nam, vam. *Das pronomen reflexivum lautet im acc.* sebê si. *im dat.* na sebê si. *Im sg. dat. wird neben* menê. tebê, na sebê si *gesprochen* menъ, men. na menê, na men, *enklit.* mi; tebъ, teb, na tebê, na teb, *enklit.* ti; na sebъ, *enklit.* si; *im sg. acc.* menъ, men, *enklit.* mъ, *asl.* mę; tebъ, teb, *enklit.* tъ, *asl.* tę; sebъ si, *enklit.* sъ, *asl.* sę. *Die pl. nom.* ni, vi, *wofür durch anfügung von* ja: nija. vija *und* nij. vij, *sind die asl. acc.* ny, vy: *sie bezeichnen auch den acc. und, wie im asl., auch den dat. Für* nam, vam *kann auch* na nas, na vas: na nazi, na vazi *für* na nas zi, na vas zi; *im acc. für* ni, vi-nъ, vъ; nas, vas; nazi, vazi *gesagt werden. B) Überbleibsel der pronominalen declination. Diese finden sich bei den asl. pronomina* i, tъ, onъ, kъto, jedinъ; *a) von* i: *sg. dat.* nemu, nej; *acc.* nego. nejъ; *pl. dat.* im; *acc.* gi. *Für* nemu, nej *kann auch* na nego, na nejъ *gesagt werden. Für* nemu, nego. nej. nejъ *(vgl. asl.* ję *für* ją) *steht enklitisch* mu, go, i, jъ. gi *ist asl.* ihъ. *b) von* tъ: *sg. masc. nom.* toja; *acc.* togozi; *pl.* tija. *woraus* tê, te *in* tezi, têva; *acc.* têh. toja *ist aus asl.* tъ *und der silbe* ja *entstanden; ebenso* tija *hi: vgl.* nija. *Der sg. fem. nom. lautet* tijá, *wofür auch* tê. *Das neutr.* to. *Für* na têh *kömmt auch* têm *vor.* toj, tijá *und* tê. to *und die angeführten pluralformen bezeichnen die dritte person.* togozi *ist bloss demonstr.;* têh, na têh. têm *sind nachdrucksvoller als* gi. im. tъ *kann nicht nur mit* ja, *sondern auch mit* va *und* zi *verbunden werden:* tija, tova, têva *für* tijava; tezi *für* têzi *aus* tijazi: *c) von* onъ: *sg. nom.* onzi. onoj: *acc.* onogozi. onogova; *d) von* kyj. kъto: *sg. nom.* koj *quis*; koj-to *qui; acc.* kogo. kogo-to: na kogo. na kogo-to; *ohne substantiv lautet der dat.* komu. *Ebenso* nikogo, nêkogo, edikogo; nikomu, nêkomu, edikomu; *e) von* jedinъ: *sg. nom. masc.* edin; *acc.* ednogo. Togozi, onogozi, kogo-to, ednogo *können nur von substantiven, die einen mann bezeichnen, gebraucht werden; dasselbe gilt von* drugigo *und* sekigo. *C) Überbleibsel der zusammengesetzten declination: 1)* drugi *in* edin na drugi; drugi den; prokleti, čestiti *mit sg. vocativen; 2) wahrscheinlich* sekigo, *asl.* vьsjakogo, drugigo, *asl.* drugaago, drugimu, *asl.* druguumu: drugimu dava *bog. 59.* sekimu. *asl.* vьsjakomu. *In bulg.-lab. findet man* drugygo, drugymu *neben* dobromu *1. 5. 41. So nach Cankof. Dagegen liest man in den von den brüdern Miladin bekannt gemachten volksliedern den auslaut* ego *und* emu: šarenego *141.* bьrzego *130. 175. 179. 206.* starego *122.* svetego *51. 67.* surego *179.* malego *32. 303.* drobnego *303.* mьrtvego *318.* silnego *338.* dobrego *441.*

višnego 7. zdravega 473. svêtemu 55. ego, ega *findet man auch in der pronom. declination:* onego 66. 67. onega 41. edinego 38. 75. ednego 91. 92. edinega 41. *neben* ogo, oga, omu: togo 258. ednoga 26. edinomu 148. *Da in* drúgigo, drúgimu i *aus tonlosem* e *entstanden sein kann, so ist für die heutige sprache in Bulgarien* ego, emu *anzusetzen: in Vinga in Ungern spricht man jedoch* svêtugu, drúgugu *neben* svetójgu *aus* sveto-jego, drugumu *und* nékugu, sêkugu, nikumu *aus* svetogo, drugogo, drugomu. *Die formen auf* ago *bei Miladin sind von den aufzeichnern der lieder aus der kirchensprache aufgenommen worden:* drobnago 40. strebernago 41. edinago 41. *usw. Die Nauka kristianska, Rom 1869, bietet* nego. kogo, jedinoga, našega, svetoga *und* svemogukiga. *Schon in urkunden des XIII. jahrh. findet man* črьnogo, svętomu; *in der Priča trojanska* bêlogo, vysokogo, zlatogo *usw., sg. dat. masc. neutr. auf* omu, *fem. auf* oj, *sg. instr. masc. neutr. auf* êmъ, *sg. loc. masc. neutr. auf* omъ *neben formen, die mit den asl. übereinstimmen.*

VI. Als artikel wird das pronom. demonstrativum tъ *verwendet:* nosъ-t, rebro-to, pilъ-tъ; nosove-te, rebra-ta, pili-te. *Der artikel wird dem nomen nachgesetzt, wie im rumunischen und im škipetarischen: lup lupus, lupu-l ὁ λύκος; kjэn canis, kjэn-i ὁ κύων. Diese eigentümlichkeit hat in den wahrscheinlich mit dem škipetarischen zusammenhangenden sprachen des alten Thraciens ihren grund. Man bemerke, dass die meisten verwandtschaftsnamen weder im bulg. noch im rumun. den artikel annehmen:* brat, *frate;* mъž, *bэrbat;* svekъr, *sokru;* majka, *mumэ usw. Das mit dem pronom.* i *unzusammengesetzte adj. kömmt in allen casus vor:* star selenec, na star selenec; stara selênkъ, na stara selênkъ *usw. Ob jedoch das fem.* stara *für asl.* stara *oder für* staraja *steht, ist zweifelhaft: für jenes spricht die syntaktische geltung von* stara, *für dieses der umstand, dass sonst* starъ *natürlicher wäre; ebenso kann gezweifelt werden, ob* staro *asl.* staro *oder* staroje *ist. Die mit* i *zusammengesetzten adjectiva liest man ohne verbindung mit dem artikel* tъ *sehr selten: wird hingegen ein adj. mit dem artikel verbunden, so* m u s s *im masc. die zusammensetzung mit* i *vorhergegangen sein:* dobrijъ-t *aus* dobryj *und* tъ; *nur die adj. possessiva können* tъ *unmittelbar anfügen:* draganovъ-t *und* draganovijъ-t; sestrinъ-t *und* sestrinijъ-t; negovъ-t *und* negovijъ-t; našь-t, vašь-t *und* našijъ-t, vašijъ-t; *doch* nejnijъ-t, tehnijъ-t, *nicht* nejnъ-t, têhnъ-t; *ebenso* mojъ-t, tvojъ-t, svojъ-t. edin *hat* edinъ-t *und* edinijъ-t. *Die adj. possessiva können auch ohne artikel stehen:* do ilin den *bog. 3.* stojanov bratec *3. Hiebei ist zu bemerken, dass* tъ *abfallen kann:* sivia (sъkol) *milad. 191. für* sivijъ-t. *und dass der nach ausfall des* tъ *entstehende hiatus durch* n *vermieden wird:* žeško-no sъnce *die glühende sonne milad. 448. aus* žeško o sъnce, žeško to sъnce; svitlo-no zlato *38.* morska-na lamia *225.* silni-ne vetroi *18.* kleti-ne vlasi *237: vgl. das oben erwähnte* agnea ta, *asl.* jagnęta ta. *In einem in der sprache der macedonischen Bulgaren geschriebenen werke: Rečnik od tri jezika, napisao Dj. M. Puljerski. U Beograd II. 1875, finde ich den hiatus nicht nur durch* n, *sondern auch durch* v *gemieden: I.* more-no ἡ θάλασσα. slnce-no, sunce-no, željezdo-no *neben* željezdo-to, reka-na *und* goljemo-no more ἡ μεγάλη θάλασσα; ljudi-ne, zvezdi-ne, knjigi-ne, crkvi-ne *und* toplji-ne pojasi *die warmen klimate. II.* sljubo-v ἡ ἀγάπη. srce-vo. videlo-vo *die welt: vgl. asl.* svêtъ. duša-va. voda-va. zemja-va. našijo-v jazik. desna-va raka *die rechte hand.* oči-ve. uši-ve. prsti-ve. usti-ve.

Paradigma A) ohne artikel.

I. Mit einem casus.

A) Sg. nom. zъb *voc.* zъb *acc.* zъb *gen.* na zъb. *Pl. nom.* zъbi *voc.* zъbi *acc.* zъbi *gen.* na zъbi.

B) Sg. nom. brъdo *voc.* brъdo *acc.* brъdo *gen.* na brъdo. *Pl. nom.* brъda *voc.* brъda *acc.* brъda *gen.* na brъda.

II. Mit zwei casus.

A) Sg. nom. svat *voc.* svato *acc.* svat *gen.* na svat. *Pl. nom.* svatove *voc.* svatove *acc.* svatove *gen.* na svatove.

B) Sg. nom. dêdo *voc.* dêdo *acc.* dêda *gen.* na dêda. *Pl. nom.* dêdovi *voc.* dêdovi *acc.* dêdovi *gen.* na dêdovi.

C) Sg. nom. knigъ *voc.* knigo *acc.* knigъ *gen.* na knigъ. *Pl. nom.* knigi *voc.* knigi *acc.* knigi *gen.* na knigi.

III. Mit drei casus.

A) Sg. nom. dragan *voc.* dragane *acc.* dragana *gen.* na dragana. *Pl. nom.* draganovci *voc.* draganovci *acc.* draganovci *gen.* na draganovci.

B) Sg. nom. kaka *voc.* kako *acc.* kakъ *gen.* na kakъ. *Pl. nom.* kakini *voc.* kakini *acc.* kakini *gen.* na kakini.

Paradigma B) mit artikel.

I. Ohne adjectiv.

A) Masc. sg. nom. robъ-t *acc.* robъ-t *gen.* na robъ-t. *Pl. nom.* robove-te *acc.* robove-te *gen.* na robove-te.

B) Neutr. Sg. nom. rebro-to *acc.* rebro-to *gen.* na rebro-to. *Pl. nom.* rebra-ta *acc.* rebra-ta *gen.* na rebra-ta.

C) Fem. Sg. nom. ribъ-tъ *acc.* ribъ-tъ *gen.* na ribъ-tъ. *Pl. nom.* ribi-te *acc.* ribi-te *gen.* na ribi-te.

II. Mit adjectiv.

A) Masc. Sg. nom. dobrijъ-t vol *acc.* dobrijъ-t vol *gen.* na dobrijъ-t vol. *Pl. nom.* dobri-te volove *acc.* dobri-te volove *gen.* na dobri-te volove.

B) Neutr. Sg. nom. dobro-to tele *acc.* dobro-to tele *gen.* na dobro-to tele. *Pl. nom.* dobri-te teleta *acc.* dobri-te teleta *gen.* na dobri-te teleta.

C) Fem. Sg. nom. dobra-tъ kravъ *acc.* dobra-tъ kravъ *gen.* na dobra-tъ kravъ. *Pl. nom.* dobri-te kravi *acc.* dobri-te kravi *gen.* na dobri-te kravi.

ZWEITER TEIL.

Lehre von der conjugation.

a) Von der einteilung der verbalformen.

Wie im asl. seite 62.

b) Von den personalsuffixen.

Voll.	*1.*	mь	mъ
	2.	šь	te
	3.	tъ	ntъ
Stumpf.	*1.*	m	me
	2.	s	te
	3.	t	nt

Das mь *der 1. sg. findet sich in den jüngeren formen von V. 1:* delam, kupuvam, *neben denen auch* dlъbajъ, kopajъ *vorkömmt: in allen anderen fällen schmilzt* m *für* mь *mit dem praesenssuffix zu* ъ *zusammen:* pletъ, krojъ, *asl.* pletą, kroją; *nach* č, ž, š *steht* ь: pišь, *asl.* pišą: *dasselbe tritt ein im jüngeren* svetь *aus* svetjъ, *asl.* svêštą: *seltener ist* svetъ. *Neben* pekъ, mogъ, vrъhъ *findet man* pečь, možь, vrъšь *nach* pečeš, možeš, vrъšeš. *Hie und da hat sich das* tъ *der III. sg. erhalten:* zaidit, kradit, vezit, *asl.* zaidetъ, kradetъ, vezetъ *pentagl.* imenuvat *nominat.* miluvat, upravuvat *pulj.* mi *in der 1. pl. ist nicht asl.* my, *sondern steht für* me: dêlami, kupuvami *neben* pletem, krojim: *eben so* trъgnemi, hvanemi, borimi *bog. 3. 9. 54.* nije ne sme loši ljude, toku sme tvoji ovčare, si ideme ot planina, ti nosime blagina -ta *milad. 258. Das* n *von* nt *der III. pl. gibt dasselbe resultat wie das* mь *der 1. sg.:* pletъt, krojъt: svetьt, *seltener* svetъt, pišьt: pekъt, mogъt, vrъhъt *neben* pečьt, možьt, vrъšьt. *Neben* dlъbajъt, kopajъt *hört man* dêlat *operantur,* kupuvat *emant.* čekajat *exspectant: asl.* čakajątъ. davajet *dant.* letajet: *asl.* lêtajątъ. slušajet: *asl.* slušajątъ. imenuvajet. imenuvajat: *asl.* *imenovajątъ. veruvajet *pulj.* tъ *fehlt in formen wie* palejъ *für* palijъ *dod.* *10. 11.* *Das* n *von* nt *der III. pl. geht im aor. und impf. mit dem bindevocal* o *in* ъ *über, das aus* ą *geschwächt ist:* pletohъ, pletêhъ, *asl.* pletošę. *pletohą. pletêhą.

c) Von dem bindevocal.

Der bindevocal tritt ein 1) im partic. praet. pass.: plet-e-n. *2) im zusammengesetzten aor. II. und im impf.:* pek-o-hte, pečeš-e; *asl.* pek-o-ste.

d) Von den suffixen der infinitivstämme.

1. Infinitiv. *Der inf. ist der sprache abhanden gekommen, derselbe wird durch ganze sätze ersetzt: die eigentümlichkeit, an die stelle des inf. einen ganzen satz treten zu lassen, die wir auch im neugr. und nicht selten im serb. gewahren, dürfte aus der sprache der alten Thracier eingedrungen sein, wofür der umstand spricht, dass auch das škipetarische (Hahn's Albanesische studien. II. 62. 85) den inf. durch einen satz ausdrückt: potestis mihi credere lautet daher bulg.* možete, da mi vêruvate? *d. i. potestis, ut mihi credatis! ebenso im serb., jedoch nicht notwendig:* ću još jednu godinu da te služim *prip. 51. An den inf. mahnt jene bulg. form, welche mit* štъ (*asl.* hoštą, hъštą) *zur bildung des fut., seltener ausserdem verwendet wird:* nabada štъ: možeš li ispi? *asl.* možeši li ispiti? *potesne ebibere! cank.* 77. ne mogъ ze, *asl.* ne mogą vъzęti *non possum sumere cank. 122. Diese form unterscheidet sich vom asl. inf. durch den abfall des suff.* ti: *ähnlich sind im rumun. die inf. kънta, fače, auzi aus den lat. cantare, facere, audire durch abwerfung der re entstanden; dasselbe findet in einigen mundarten des ital. statt, namentlich in der römischen und in der piemontesischen. Diez II. 123.*

2. Supinum. *Das sup. ist von der sprache aufgegeben worden.*

3. Partic. praet. act. I. *Auch dieses findet sich im bulg. nicht mehr.*

4. Partic. praet. act. II: dal, plel *aus* pletl, rekъl. *Eigentümlich sind dem bulg. auf dem impf. beruhende formen des partic.*

praet. act. II: bodêl, pišêl *aus* bodêh, pišêh *cank. 86.* bъdêl *aus* bъdêh *eram 91, asl.* bądêahъ.

5. Partic. praet. pass.: pleten, klet, bit.

6. Aorist. *Der aor. hat sich im ausgedehntesten gebrauche erhalten. Die bildung ist von der im asl. in einigen punkten abweichend: der bindevocal zwischen* h *und dem personalsuffix fehlt in der 1. pl., daher* pletohme, *asl.* pletoh-o-mъ; *die II. pl. beruht nicht auf dem zusammengesetzten aor. I, sondern auf dem zusammengesetzten aor. II:* pletohte, *nicht wie asl.* pletoste; *die III. pl. hat den bindevocal* o, *nicht den bindevocal* e: pletohъ *aus* pletohą *und dieses aus* pletohont, *nicht wie asl.* pletošę *aus* pletohent.

e) Von den suffixen der praesensstämme.

1. Praesens. *Das praesenssuffix kann fehlen in V. 1:* dêlam, *asl.* dêlają; *doch findet man* igrajъ, *asl.* igrają; kupuvam; dêlat *operantur,* kupuvat *emunt. Für* o *kann* e *eintreten:* pekъ *neben* pečь, *asl.* peką; pekъt *neben* pečьt, *asl.* pekątъ. *Neben* veselьt, *asl.* veselętъ, *liest man* veselejъ, *das dem nsl.* veselijo *entspricht und wie dieses zu erklären ist. Vgl. seite 159.* moleet: kalugeri, kako što reko'e, denje nošte boga si moleet *milad. 54: nsl.* molijo: (turci) mene da me grabeet *105: nsl.* grabijo. (sejmeni) ajdutska glava noseet *332: nsl.* nosijo. moleet *ist eigentlich* molejъt *aus* *molijątъ.

2. Imperativ. *I.* beri. *asl.* ê *steht* e *aus* ê *gegenüber:* pletete *aus* pletête; e *aus* ê *tritt auch in IV. ein:* svetete, krojete, *asl.* svêtite, kroite. e *fehlt in* bežte, drъžte, *womit* bež, drъž *zu vergleichen. II.* daždi, daždь: viž, vižte, *asl.* viždь, vidite; jež, ježte, *asl.* jaždь, jadite.

3. Imperfect. *I.* bodêh *pungebam,* idêh *ibam,* zemêh *sumebam,* početêh *paulum legebam;* vrъšêh *triturabam,* možêh *poteram,* strižêh *tondebam;* pijah *bibebam;* gasnêh *exstinguebar:* gasneše *milad. 22.* bodnêh. legnêh. umêah *intelligebam priča 20;* valjah, krojah, nosêh, pravêh, svetêh; badah, bivah *eram,* dêlah; igraah *priča 14. 16.* igrajeh: oči te igracha *verk. 18.* ištêh *colebam,* brišêh: brišeše *verk. 216.* pišêh *scribebam:* pišjah *I was writing Morse 64.* češêh *pectebam:* češeše *verk. 25.* plačeše *milad. 23. 259. 302.* berêh: bereše *milad. 107. 138. 247. neben* brah, braše. zovêh: zoveše *priča 12.* raduaše sę *priča 34. II.* branêah *priča 36.* svaždaah

inugebam 14. pogublêah *30.* hoždaah *14.* *III.* gorêh: goreše *milad. 313.* stoješe *60.* sedeše *211.* *Vgl. seite 92—94.*

4. Partic. praes. act. *Dieses partic. wird notdürftig durch eine form auf* eškom *ersetzt, die die function des lat. gerundium hat:* igreškom *ludendo*, oreškom *arando*, peješkom *canendo*, pleteškom *plectendo*, *womit nsl.* zabečki, nevidečki *seite 162 zu vergleichen. Im volksliede findet man jedoch noch ältere formen:* ta ne mi sê menê zlodealo ramni dvorje, brate, metecšti, tebe bolno, brate, gledaešti, rani, bolki tebê vъrzecšti i ponadi (ponъdi, *serb.* ponude) tebê gotvecšti *in der schreibung der herausgeber milad. 126: asl.* *metająšti, ględająšti, *vrъzająšti, *gotovająšti. plačecšti, pištecšti *128.* *In anderen gegenden tritt* k, *d. i. wohl* ć, *an die stelle von* št: plačecki *243.* eli ti sê veke (veće, *serb.* već, *asl.* vęšte) zlodealo mene bolen, sestro, gledacki, ili dvorje, sestro, metecki? *242.* *Man beachte:* a Markoê mu sê zlodealo sedeckjum, vino pijeckjum *148.*

f) Conjugation nach den verbalclassen.

A. Conjugation mit dem praesenssuffix.

Erste classe.

Suffixlose stämme.

1. bod.

α. *Inf.-stamm* bod. *Partic. praet. act. II.* bo-l. *Partic. praet. pass.* bod-e-n.

Aor.	*1.*	bod-o-h	bod-o-h-me
	2.	bod-e	bod-o-h-te
	3.	bod-e	bod-o-h-ъ.

β. *Praes.-stamm* bod-e.

Praes.	*1.*	bod-ъ	bod-e-m
	2.	bod-e-š	bod-e-te
	3.	bod-e	bod-ъt.

Impt.	*2.*	bod-i	bod-e-te.

Impf.	*1.*	bod-ê-h	bod-ê-h-me
	2.	bod-e-še	bod-ê-h-te
	3.	bod-e-še	bod-ê-h-ъ.

t, d *fällt vor* lъ *aus:* plel, bol *von* plet, bod. bъd, *asl.* bąd. *bildet praes., impt., impf.:* bъdъ, bъdeš; bъdi, bъdete; bъdêh. bъdeše; *an* bъdêh *schliesst das partic.* bъdêl *an. Von* id *hat man praes., impt., impf.:* idъ. idi. idêh. *Von* rêt *existiert die form* srešnъ *II.* (sreštnah *milad. 140, d. i.* sreštnъh), *die auf dem asl.* sъręštą *beruht.* šьd *bildet nur das partic.* šel, šla; otišel, otišla. dad *und* jad *bilden die aor.* dadoh, jadoh, *die impf.* dadêh, jedêh, *das partic. praet. act. I.* jal: dal *beruht auf* da, *das partic. praet. pass.* jeden; dan *stammt von* da. *Vom praes. und impt. beider verba wird später gehandelt.*

2. nes.

α. *Inf.-stamm* nes. *Partic. praet. act. II.* nes-ъ-l. *Partic. praet. pass.* nes-e-n.

Aor.	*1.*	nes-o-h	nes-o-h-me
	2.	nes-e	nes-o-h-te
	3.	nes-e	nes-o-h-ъ.

β. *Praes.-stamm* nes-e.

Praes.	*1.*	nes-ъ	nes-e-m
	2.	nes-e-š	nes-e-te
	3.	nes-e	nes-ъt.
Impt.	*2.*	nes-i	nes-e-te.
Impf.	*1.*	nes-ê-h	nes-ê-h-me
	2.	nes-e-še	nes-ê-h-te
	3.	nes-e-še	nes-ê-h-ъ.

Für nesъl *wird auch* nêl *gesprochen bog. 4. 6.* ta na tri strъni raznelo, i 'se vo usta donele *milad. 201. Diese mit dem asl. aor.* nêhъ *zusammenhangende form findet im serb. ihre erklärung.*

3. greb.

α. *Inf.-stamm* greb. *Partic. praet. act. II.* greb-ъ-l. *Partic. praet. pass.* greb-e-n.

Aor.	*1.*	greb-o-h	greb-o-h-me
	2.	greb-e	greb-o-h-te
	3.	greb-e	greb-o-h-ъ.

β. *Praes.-stamm* greb-e.

Praes.	*1.*	greb-ъ	greb-e-m
	2.	greb-e-š	greb-e-te
	3.	greb-e	greb-ъt.
Impt.	*2.*	greb-i	greb-e-te.
Impf.	*1.*	greb-ê-h	greb-ê-h-me
	2.	greb-e-še	greb-ê-h-te
	3.	greb-e-še	greb-ê-h-ъ.

4. pek.

α. *Inf.-stamm* pek. *Partic. praet. act. II.* pek-ъ-l. *Partic. praet. pass.* peč-e-n.

Aor.	*1.*	pek-o-h	pek-o-h-me
	2.	peč-e	pek-o-h-te
	3.	peč-e	pek-o-h-ъ.

β. *Praes.-stamm* pek-e.

Praes.	*1.*	pek-ъ	peč-e-m
	2.	peč-e-š	peč-e-te
	3.	peč-e	pek-ъt.
Impt.	*2.*	peč-i	peč-e-te.
Impf.	*1.*	peč-ê-h	peč-ê-h-me
	2.	peč-e-še	peč-ê-h-te
	3.	peč-e-še	peč-ê-h-ъ.

5. klъn.

α. *Inf.-stamm* klъn. *Partic. praet. act. II.* kle-l. *Partic. praet. pass.* kle-t.

Aor.	*1.*	kle-h	kle-h-me
	2.	kle	kle-h-te
	3.	kle	kle-h-ъ.

β. *Praes.-stamm* klъn-e.

Praes.	*1.*	klъn-ъ	klъn-e-m
	2.	klъn-e-š	klъn-e-te
	3.	klъn-e	klъn-ъt.
Impt.	2.	klъn-i	klъn-e-te.
Impf.	*1.*	klъn-ê-h	klъn-ê-h-me
	2.	klъn-e-še	klъn-ê-h-te
	3.	klъn-e-še	klъn-ê-h-ъ.

Im *tritt ein in* zemъ, zajemъ, otnemъ, podjemъ, prijemъ, *wofür auch* zemnъ, zajemnъ, podjemnъ, prijemnъ *und* snemnъ *nach II. gesprochen wird; ebenso liest man neben* raspeh, *asl.* *raspęhъ, *auch* raspъnъh, *asl.* *raspьnąhъ. *Man merke das nach serbischer art gebildete* zedohme *milad. 259; asl.* vъzęhomъ.

6. mr.

α. *Inf.-stamm* mr. *Partic. praet. act. II.* mr-ê-l. *Partic. praet. pass.* —.

Aor.	*1.*	mr-ê-h	mr-ê-h-me
	2.	mr-ê	mr-ê-h-te
	3.	mr-ê	mr-ê-h-ъ.

β. *Praes.-stamm* mr-e.

Praes.	*1.*	mr-ъ	mr-e-m
	2.	mr-e-š	mr-e-te
	3.	mr-e	mr-ъt.
Impt.	2.	mr-i	mr-e-te.
Impf.	*1.*	mr-ê-h	mr-ê-h-me
	2.	mr-e-še	mr-ê-h-te
	3.	mr-e-še	mr-ê-h-ъ.

7. bi.

α. *Inf.-stamm* bi. *Partic. praet. act. II.* bi-l. *Partic. praet. pass.* bi-t.

13

Aor.	*1.*	bi-h	bi-h-me
	2.	bi	bi-h-te
	3.	bi	bi-h-ъ.

β. *Praes.-stamm* bi-j-e.

Praes.	*1.*	bi-j-ъ	bi-j-e-m
	2.	bi-j-e-š	bi-j-e-te
	3.	bi-j-e	bi-j-ъt.
Impt.	*2.*	bi-j	bi-j-te.
Impf.	*1.*	bi-j-a-h	bi-j-a-h-me
	2.	bi-j-e-še	bi-j-a-h-te
	3.	bi-j-e-še	bi-j-a-h-ъ.

Pê *hat im praes.* pejъ *für* pêjъ, *asl.* pojẹ; *doch* poj *dod. 39;* zna: znajъ *und nach V. 1.* znam, *in der III. pl.* znajъt. *Von* dê *findet man den impt.* dej, dejte *für* dêj, dêjte: ne dej pisa, ne dejte pisa *noli, nolite scribere und in der zusammensetzung das praes.* dodejъ; dobъ *lucrari hat* dobijъ. *Die subst. verbalia von* kri, pi *und* ši *lauten* krite, pite, šite *und* krijene, pijene, šijene. bi, *asl.* by, *hat den aor.* bih, bi, bi; bihme, bihte, bihъ; *das impf.* bêh, beše, beše; bêhme, bêhte, bêhъ; *für* beše *kann auch* be *gesagt werden.*

Zweite classe.

nẹ-stämme.

α. *Inf.-stamm* dignъ. *Partic. praet. act. II.* dignъ-l. *Partic. praet. pass.* dignъ-t.

Aor.	*1.*	dignъ-h	dignъ-h-me
	2.	dignъ	dignъ-h-te
	3.	dignъ	dignъ-h-ъ.

β. *Praes.-stamm* dign-e.

Praes.	*1.*	dign-ъ	dign-e-m
	2.	dign-e-š	dign-e-te
	3.	dign-e	dign-ъt.

Impt.	2.	dign-i	dign-e-te
Impf.	*1.*	dign-ê-h	dign-ê-h-me
	2.	dign-e-še	dign-ê-h-te
	3.	dign-e-še	dign-ê-h-ъ.

Stanъ *bewahrt stets* nъ: stanъh, stanъl *bog. 12. 39. 49, asl.* stahъ, stalъ.

Dritte classe.

ê-stämme.

Erste gruppe.

želê.

α. *Inf.-stamm* želê. *Partic. praet. act. II.* želê-l. *Partic. praet. pass.* želê-n.

Aor.	*1.*	želê-h	želê-h-me
	2.	želê	želê-h-te
	3.	želê	želê-h-ъ.

β. *Praes.-stamm* želê-j-e.

Praes.	*1.*	žele-j-ъ	žele-j-e-m
	2.	žele-j-e-š	žele-j-e-te
	3.	žele-j-e	žele-j-ъt.
Impt.	2.	žele-j	žele-j-te.
Impf.	*1.*	želê-h	želê-h-me
	2.	žele-še	želê-h-te
	3.	žele-še	želê-h-ъ.

Zweite gruppe.

gorê.

α. *Inf.-stamm* gorê. *Partic. praet. act. II.* gorê-l. *Partic. praet. pass.* vrъt-ê-n.

Aor.	*1.*	gorê-h	gorê-h-me
	2.	gorê	gorê-h-te
	3.	gorê	gorê-h-ъ.

13*

β. *Praes.-stamm* gori-e.

Praes.	*1.*	gorь	gori-m
	2.	gori-š	gori-te
	3.	gori	gorьt.
Impt.	*2.*	gori	gori-te.
Impf.	*1.*	gorê-h	gorê-h-me
	2.	gore-še	gorê-h-te
	3.	gore-še	gorê-h-ъ.

Štê, *asl.* hъtê, *lautet im praes.* štъ, šteš, šte; štem, štete, štъt: spa: spь *und* spъ, spiš, spi; spim, spite, spьt *und* spъt. vidê *hat im impt.* viž, vižte, *asl.* viždь, vidite.

Vierte classe.

i - stämme.

hvali.

α. *Inf.-stamm* fali. *Partic. praet. act. II.* fali-l. *Partic. praet. pass.* fal-e-n.

Aor.	*1.*	fali-h	fali-h-me
	2.	fali	fali-h-te
	3.	fali	fali-h-ъ.

β. *Praes.-stamm* fali-e.

Praes.	*1.*	falь	fali-m
	2.	fali-š	fali-te
	3.	fali	falьt.
Impt.	*2.*	fali	fale-te
Impf.	*1.*	falê-h	falê-h-me
	2.	fale-še	falê-h-te
	3.	fale-še	falê-h-ъ.

Nach j *steht* ъ, *daher* krojъ, krojъt. *Die veränderungen des* t, d *finden im bulg. nicht statt:* vratь, vratêh, vraten, *asl.* vraštą, vraštaahъ, vraštenъ. *In einigen gegenden spricht man* pozlaken *milad.* 65. *d. i. wohl* pozlaćen *für asl.* pozlaštenъ. *Das* e (ê) *in* falete *stammt wohl aus verben wie* bod, nes, greb: bodete, *asl.* bodête *usw. Dasselbe findet sich im dacisch-slovenischen:* falete. karstete. nancsete.

Fünfte classe.

a - s t ä m m e.

Erste gruppe.

dêla.

α. *Inf.-stamm* dêla. *Partic. praet. act. II.* dêla-l. *Partic. praet. pass.* dêla-n.

Aor. 1. dêla-h — dêla-h-me
2. dêla — dêla-h-te
3. dêla — dêla-h-ъ.

β. *Praes.-stamm* dêla-j-e.

Praes. 1. dêla-m — dêla-me
2. dêla-š — dêla-te
3. dêla — dêlat.

Impt. 2. dêla-j — dêla-j-te

Impf. 1. dêla-h — dêla-h-me
2. dêla-še — dêla-h-te
3. dêla-še — dêla-h-ъ.

Die verba auf ê (ja) *haben* e *für* ê: baneš, baneme, banete *neben* banêm, banê, banêt, *asl.* banjają, banjaješi *usw. Manche verba* V. 1. *nehmen das praesens-*e *an:* venčê, dlъba, igra, kopa, sedla: venčejъ, dlъbajъ, igrajъ, kopajъ, sedlajъ; venčejъt, dlъbajъt, igrajъt, kopajъt, sedlajъt *usw. wie im asl.*

Zweite gruppe.

pisa.

α. *Inf.-stamm* pisa. *Partic. praet. act. II.* pisa-l. *Partic. praet. pass.* pisa-n.

Aor.	*1.*	pisa-h	pisa-h-me
	2.	pisa	pisa-h-te
	3.	pisa	pisa-h-ъ.

β. *Praes.-stamm* pisi-e.

Praes.	*1.*	piš-ь	piš-e-m
	2.	piš-e-š	piš-e-te
	3.	piš-e	piš-ьt.
Impt.	2.	piš-i	piš-e-te.
Impf.	*1.*	piš-ê-h	piš-ê-h-me
	2.	piš-e-še	piš-ê-h-te
	3.	piš-e-še	piš-ê-h-ъ.

Die veränderungen der dentalen und labialen treten nicht ein: kleveth, kleveteš, *asl.* klevešta, klevešteši; zobь, zobeš, *asl.* zoblja, zoblješi. kla *hat* kolь, stla: stelь; ora: orъ, *asl.* orją; pra: porь, *asl.* porją; iska *neben* ištь *auch* iskam.

Dritte gruppe.

bra.

α. *Inf.-stamm* bra. *Partic. praet. act. II.* bra-l. *Partic. praet. pass.* bra-n.

Aor.	*1.*	bra-h	bra-h-me
	2.	bra	bra-h-te
	3.	bra	bra-h-ъ.

β. *Praes.-stamm* ber-e.

Praes.	*1.*	ber-ъ	ber-e-m
	2.	ber-e-š	ber-e-te
	3.	ber-e	ber-ъt.
Impt.	2.	ber-i	ber-e-te.
Impf.	*1.*	bra-h	bra-h-me
	2.	bra-še	bra-h-te
	3.	bra-še	bra-h-ъ.

Vierte gruppe.

zêja.

α. *Inf.-stamm* zêja. *Partic. praet. act. II.* zeja-l. *Partic. praet. pass.* (zeja-n).

Aor.	*1.*	zeja-h	zeja-h-me
	2.	zeja	zeja-h-te
	3.	zeja	zeja-h-ъ.

β. *Praes.-stamm* zê-j-e.

Praes.	*1.*	ze-j-ъ	ze-j-e-m
	2.	ze-j-e-š	ze-j-e-te
	3.	ze-j-e	ze-j-ъt.
Impt.	*2.*	ze-j	ze-j-te
Impf.	*1.*	ze-j-a-h	ze-j-a-h-me
	2.	ze-j-e-š-e	ze-j-a-h-te
	3.	ze-j-e-š-e	ze-j-a-h-ъ.

Blъva *hat im praes.* blъvam, *doch wohl auch* bljujъ. *Vgl.* pljuva: pljujъ.

Sechste classe.

ova *(u-a)*-stämme.

Diese classe entfällt, da der inf.-stamm auf uva *den praesensstamm* uva-j-e *hat:* kupuvam, *asl.* kupuja.

B) Conjugation ohne das praesenssuffix.

1. dad.

Praes.	*1.*	da-m	dad-e-m
	2.	dad-e-š	dad-e-te
	3.	dad-e	dad-ъt.
Impt.	*2.*	daj	daj-te

2. jad.

Praes.	*1.*	ja-m	jed-e-m
	2.	jed-e-š	jed-e-te
	3.	jed-e	jad-ъt.
Impt.	2.	jež	jež-te.

Statt jedeš *spricht man auch* ješ *bog. 58.*

3. jes.

Praes.	*1.*	s-ъ-m	s-me
	2.	si	s-te
	3.	je	s-ъ

Mit dem partic. praes. act. sy, sąštь *hangt das adj.* sъštijъt *idem, verus zusammen, das eig.* ὁ ὤν *bedeutet:* sъšta-li je prezmorjanka ili sъšta pogorjanka *milad. 194.*

Anhang.

Umschriebene verbalformen.

1. Perfect. act. *Das perfect. act. besteht aus dem partic. praet. act. II. und dem praes. des verbum subst.:* bil sъm. *In der III. können* je *und* sъ *fehlen:* na rъce ga nosili *bog. 3; auch* sъm bil *mit dem partic. praet. act. II. verbunden bezeichnet das perf.:* pisal sъm bil *cank. 87.* 2. Plusquamperfect. act. *Das plusquamperfect. act. besteht aus dem partic. praet. act. II. und dem impf. oder aor. des verbum subst.:* pisal bêh *oder* pisal bih; *im dacisch-slovenischen* besse napisal, besse umral. 3. Fut. act. *Das fut. act. wird ausgedrückt, indem man mit dem praes. das unveränderliche* štъ *verbindet:* štъ pišь, štъ pišeš, štъ piše *scribam, scribes, scribet; oder indem man zu dem seite 188 erwähnten abgekürzten inf. das praes. des verbum* štê *setzt:* pisa štъ, pisa šteš, pisa šte *usw. Dieser inf. wird gebildet, indem man das infinitivsuffix* ti *und den schlussconsonanten des verbums abwirft:* ple, ne, gre, pe, kle, bi, dignъ, želê, gorê, fali, dêla, pisa, bra, zeja, kupuva *für* plet, plesti; nes, nesti; greb, greti; pek, pešti; biti, bi *usw. Für* do štъ *veniam cank 92. erwartet man* doi štъ, *wie* oti štъ *abibo gesagt wird; neben* da štъ *dabo hört man auch* dade štъ. *Es können auch beide bestandteile conjugiert werden:* pri nejъ štъt sъ sъberъt *apud eam congregabuntur bog. 31.* 4. Fut. exact. act. *Das fut. exact. act. wird bezeichnet durch die verbindung des partic. praet. act. II. mit dem fut. des verbum subst.:* štъ bъdъ pisal *oder* štъ sъm pisal *scripsero.* 5. Condit. act. *Der condit. act. wird durch den indicativ ausgedrückt:* da imam mastilo, pisuvam *si haberem atramentum, scriberem;* ispival sъm sičko to vino, ako da sъ go bile dali *ebibissem omne vinum, si id dedissent. Die verbindung des* bih *mit dem partic. praet. act. II. bezeichnet das plusquamperfect: doch* prodal bih *dod. 41.* razveselil se bih *35.* 6. Pass. *Das passivum wird wie im nsl. bezeichnet:* falъ sъ, bit sъm.

Dieses buch handelt zuerst von der altslovenischen, d. i. der sprache der pannonischen, dann von der sprache der karantanischen und der bulgarischen Slovenen: es erübrigt nun nur noch die sprache der dacischen Slovenen darzustellen, so weit diess das einzige wenig umfangreiche denkmal gestattet, das uns in dieser sprache erhalten ist. Es ist diess die aus dem vorigen jahrh. stammende abschrift eines protestantischen katechismus, welcher für die in den letzten jahrzehenten rumunisierten Slaven von Cserged in Siebenbürgen bestimmt war: die übersetzung dieses katechismus kann viel älter sein. Der text des denkmals, dessen schreiber der sprache nicht mächtig war, ist im höchsten grade verwildert. Vgl. meine abhandlung: Die sprache der Bulgaren (richtig: Slovenen) in Siebenbürgen. Denkschriften VII. seite 105. und Formenlehre der altslovenischen sprache in paradigmen seite X. Die abweichungen der sprache dieses denkmals von der bulgarischen sind so bedeutend, dass sie für sich behandelt werden muss, und wenn man die einzelnen slovenischen sprachen nach der aus der laut- und wortbildungslehre sich ergebenden nähe ihrer verwandtschaft reiht, so erhält man folgende ordnung: altslovenisch (pannonisch-slovenisch), karantanisch-slovenisch, dacisch-slovenisch, bulgarisch-slovenisch. I. Declination. Sg. gen. 1. Nominal. a) masc. subst. apostola. boga. duha. gosspodina. gyaula (*asl.* dijavola). karstiana. szina (*asl.* syna). trupa. zandetza (*asl.* sądьca). *adj.* dobra. draga. goliama. prava. ssventa (*asl.* svęta). uboga. viaknita (*asl.* *vêkovita). *pronom.* tvoia (tvoia szina, *asl.* tvojego syna). nasa (nasa gosspodina, *asl.* našego gospodina. 2. *Zusammengesetzt:* kotrago (*asl.* kotaraago). szventiago (*asl.* svętaago). *b) Fem.* dussi (*asl.* duše). veri (*asl.* vêry). *adj.* pravi. *Sg. dat.* 1. *Nominal. a) masc. subst.* angelu. bogu. duhu. giaulu. gosspodinu. karsstianu. karstu. ssvetu. *adj.* ssventu. *pronom.* muju (*asl.* mojemu). 2. *Zusammengesetzt:* drugimu; kotrumu. szventumu. *b) Fem.* szlugii. *Sg. voc. masc. subst.* bose (*asl.* bože). eslecse (*asl.* člověče). *adj.* viacnite (*asl.* *vêkovite). *Pl. dat. masc. subst.* angelin-tem. apostolen-tem. basten-tem. gressim. gressin-tem. gresson-tem. karstienem, karsstenem. ligem (*asl.* ljudemъ). pastiren-tem. sidoven-tem. slugim (*asl.* slugamъ). ssiracin-tem. *adj.* dobrien-tem. gluhien-tem. horomien-tem. ludien-tem. (*asl.* * ludyimъ). mutien-tem *den stummen.* neharnem. neharnien-tem *den undankbaren.* sslabien-tem. ssleptien-tem (*asl.* slêpyimъ). umarlien-tem (*asl.* umrъlyimъ). vernien-tem. *pronom.* tvujem, tuiem (*asl.* tvoimъ). tiam, tem, tim (*asl.* têmъ). *Fem.* shenien-tem (*asl.* ženamъ). *Neutr.* szartzem (*asl.* srъdьcemъ). *Der pl. dat.* dobrien-tem *würde asl.* dobryimъ têmъ *lauten: die endung der zusammengesetzten declination* yimъ *hat auch in die declination der substantiva eingang gefunden:* gressim. ssiracin-tem *würde asl. lauten:* *grêhyimъ. *sirakyimъ têmъ. *Dasselbe scheint in den serb. formen wie* grjesima, siromasima *statt gefunden zu haben, trotz des* s *aus* h: *asl.* grêhomъ, siromahomъ. *II. Conjugation. 1. pl. Das personalsuffix ist fast stets* me: bandeme: *asl.* bądemъ. dobandeme. dodeme: *asl.* doidemъ. giemene (veara): *asl.* imemъ (vêrą). darsime: *asl.* drъžimъ. falime: *asl.* hvalimъ. glendame. fatame. banuvame *maeremus.* comendaluvame: *dancben* мъ: nimam kan da ssa danam. *asl.* imamъ, dêmemъ. *III. pl. praes. Der nasale vocal erhält sich:* iedant *eunt: asl.* idątъ. giemant *habent: asl.* imątъ. nimant *non habent.* mogant: *asl.* mogątъ. passant *custodiunt: asl.* pasątъ. ssnant: *asl.* znajątъ. panant *cadunt: asl.* padnątъ. dumant *loquuntur.* natisskant *opprimunt.* bogativant *ditant.* banuvant *maerent.* trebuvant *opus habent.* darsent: *asl.* drъžętъ. golement *magnificant: vgl. asl.* golêmъ. habent *pessumdant.* fallent *laudant: asl.* hvalętъ. patent *patiuntur.* sstorent *faciunt: asl.* sъtvorętъ. tensent *maerent: asl.* tąžętъ. vadent *dicunt: asl.* vadętъ. *Man merke* bibent *feriunt für* bibant, bijant: *asl.* bijątъ. esnien *sentiunt für* esnient, esniant: *asl.* čujątъ *und* buiunt *timent für* buient: *asl.* bojętъ.

vidant: *asl.* vidętъ. hant: *asl.* hotętъ. hъtętъ. *Abweichend* reku *dicunt. Der nasale vocal hat sich auch im partic. praes. act. erhalten:* idanste i ottidanste i ssluvanste i tumuvanste *euntes et abeuntes: für* ssluvanste *ist vielleicht* possluvanste *zu lesen, asl.* *posъlująšte: *vgl. serb.* poslovati *operari;* tumuvanste *ist vielleicht: in carcere degentes, asl.* *tьmьnująšte: *vgl. serb.* tamnovati *in vinculis esse. Man merke* pazenste *pascentes: asl.* pasąšte.

IV. SERBISCH.

ERSTER TEIL.

Lehre von der declination.

Erstes capitel.

Nominale declination.

A) Declination der substantiva usw.

Der sg. acc. der subst. masc., die belebte wesen bezeichnen, ist dem sg. gen. gleich: muža. *Der sg. loc. fällt in der regel mit dem sg. dat. zusammen:* jelenu, selu, ženi *von* jelen, selo, žena; *bei manchen subst. jedoch begründet der accent einen unterschied: dat.* grâdu, ȍblâku, glàvi, zȅmlji, stvâri, *loc.* grádu, obláku, glávi, zèmlji, stvári; *im kroat. hat der sg. loc. auch im masc. und neutr.* i: dvori, sviti (*asl.* svêtê), sni, ulnici, jeruzalemi, dili, misti, nebi, polji *rinod. luč. und pist.* časi, sunci *hung.-kroat.* mjesti *gund. Daničić, Istorija 47. Die älteren formen des sg. loc. in serb. quellen wie* gradê, grêšьnicê, obêtê *sind wohl asl. Der dual. ist begrifflich ausgestorben; die vorkommenden dualformen dienen dem pl.:* očiju, ušiju, gostiju, kostiju, noktiju *usw.; selbst in der älteren litteratur werden nur bei kroatischen schriftstellern beispiele des dual. gefunden:* pušćaj naju do naju mile majke; dva mi sta kraljevića od bojka ne dobegla, ali sta ubijena, ali sta živa odvedena; nisu ti ubijena, da nisu ti ubijena, da živa sta odvedena *hekt. 52. Ein rest des dual. ist* hrasta *in* dva hrasta: *diese form steht auch nach* tri *und* četiri, *ist jedoch auf das masculinum eingeschränkt: Vgl. das klruss. und russ. Daničić, Istorija* 221. *Der auslaut des pl. gen. ist mit ausnahme der* ь-*stämme* a, *vor welchem zwei consonanten durch* a *getrennt werden: der umstand, dass in Montenegro und der nachbarschaft* ah, ъh *statt* a *gesprochen wird, hat die vermutung veranlasst, es habe hiebei eine verwechselung des gen. mit dem alten loc. stattgefunden, wofür sich die in einigen fällen eintretende identität beider casus anführen liesse:* prêžde sihъ četyrehъ dъuchъ, o têlesъnyihъ svoihъ potrêbъ. *Vgl. Daničić, Istorija* 89. *Dagegen spricht jedoch a) die einschaltung des* a, ъ: rebarah, rebъrъh, *asl. loc.* rebrêhъ: *b) der umstand, dass* ah *auch im masc. und neutr. eintritt:* robah, djelah; robъh, djelъh, *asl. loc.* robêhъ, dêlêhъ. *Bei der erklärung ist von der form asl.* rebrъ *serb.* rebar, *auszugehen, an die* a *gefügt ward, wie in anderen fällen, etwa in* robima: *ferners in* na dvora *foras*, u reda *continuo usw. Daničić, Istorija* 27. h *ist aus der pronominalen oder zusammengesetzten declination eingedrungen:* ihъ, dobryihъ. *Man merke das singuläre* tleha *in* pružila grane do tleha *volksl. Die Kroaten bilden den plur. gen. wie im asl.:* otac, brav, ded, žakan, pop; molstirov, svedokov: zemalj, libar, erikav; goved, guman *vinod.* otac, dan; učenikov, valov: ovac, zemalj, muk; ust, godišć, nebes *usw. pist. Der unterschied zwischen* dan *dies und* dan *dierum, zwischen* otac *pater und* otac *patrum liegt darin, dass im pl. gen. der letzte vocal gedehnt wird. Die pl. gen. auf* ъ *und auf* ovъ *wie* apustolь, vlahь, robъь, vjetar, grijeh, psalam: apostolovъ, darovъ, popovъ, vikov, vrtlov, grihov *sind teils dem asl., teils dem kroat. zuzuweisen. Die formen auf* a *beginnen schon im vierzehnten jahrhundert:* apustola, otaca; grijehova, darova, krijesova. *Daničić, Istorija* 67, 70. *Der pl. dat. instr. und loc. lautet auf* ma *aus:* robima, selima, ženama: *auf eine asl. dualform könnte nur* ženama *als dat. zurückgeführt werden, nicht aber als instr. und als loc.; die formen* robima, selima *können auf diese weise in keinem casus erklärt werden: das* i *in* robima, selima *stammt aus der pronominalen oder zusammengesetzten declination:* imъ, dobryimъ, *während das* a *an den alten auslaut* m *gerade so angetreten ist wie im pl. gen. Das kroat. schliesst sich auch hier an das asl. an: dat.* robom, selom, ženam, *instr.* robi, seli, ženami, *loc.* robih, selih, ženah; *vor dem* i *stehen* c, z, s *für* k, g, h *auch im instr.:* roci, bozi, uzdasi *für asl.* roky, bogy, vъzdъhy. *Dem pl. dat. auf* om *haben die Serben selten:* gavranom, turkom *volksl.* selom, momkom prijateljem, *minder selten nach* ov: volovom, sokolovom, carevom, *in der Bačka: sonst wird* volovim *und* volovma *vorgezogen. Daničić,*

Istorija 92. In älteren quellen findet man als pl. dat. zakonemъ; vikoma *saeculis;* grijesim, duhovim, sinovim, rugaocim *96.* dušami, ženami, zloćami *99.* milostim *101. Hie und da hört man den instr. auf* i: za vrati, s jeleni, s hajduci, s koli; *häufiger liest man es in älteren quellen:* vjetri, cviti, čini; kopiti, krili; meči *und* mči, starci; gradovi; dobitьci; *ferners auf* mi: kraljmi, darmi; jeziemi; listovmi; medjami, bližikami, vodami, ustimi, pinezimi; *auf* im: grijesim, darim, jezicim. *Daničić, Istorija 113; auf* m: besjedam, divicam, diklam *123; und den pl. loc. auf* h: volovijeh, gradovijeh; kućah, livadah, novinah, po veziljah, po terzijah, po brdina, po dolina; brdijeh, kolijeh, selijeh, ustijeh. *In älteren quellen findet man* trьgohь, inokohь; vrьsêhь, dlьzêhь *und* zakonijehь *neben* dvorihь, zakonihь, postijeh, brdijeh, gradovijeh, dielie, ustije, listi, gradi, rusazi, rusaljah, sestrah, ludostih, nemoćih *und wie im pl. dat.* mirisim, naucim, gradovim; poslima, zabavam, tugam; rukami, nemoćim, napastima. *Daničić, Istorija 130.*

Das vor dem endconsonanten stehende a *wird, wenn das wort am ende wächst, mit ausnahme des pl. gen., ausgestossen: 1) wenn es einem asl. halbvocal* ъ, ь *entspricht:* ovan (ovьnъ), orao *für* oral, kupac, žetelac, krvopilac, jaram, nasap, krepak: ovna, orla, kupca, žeteoca, krvopioca *und* krvopilca *usw.* kolac, koca *aus* kooca; *ausgenommen sind die einsilbigen nomina:* baz *sambucus mik.*, lav, laž, mah *mucor,* mač, panj, raž (*wofür auch* rž), sat (sьtъ): baza, lava, laži *usw., doch* pas *canis,* san, šav: psa, sna, šva; zao (*asl.* zьlъ) *bewahrt häufig* a: zala, zale, zali, zalih *und* zla, zlo, zlu *luč.* dan *hat* dana *und* dne. *Der wohlklang erhält* a *in* mrtvac, mrtvaca; *dem nsl.* jazbec *entspricht* jazavac, jazavca. hrbat *hat* hrpta *und* hrbata; *2) wenn es euphonisch eingeschaltet erscheint:* odar (odrъ), oganj, ugal, ugalj, vjetar, kopar, djuradj, porat *portus,* pakao *für* pakal (*asl.* pьklъ), misao *für* misal (*asl.* myslь), mogao *für* mogal (*asl.* moglъ), sedam (*asl.* sedmь), topal (*asl.* toplъ): odra, ognja, ugla *usw.* rat (*peninsula Ponta: vgl. asl.* rьtъ, *nsl.* rt) *hat im sg. gen.* rata, *doch* rćanin, rćanski; vihar (*asl.* vihrъ) *hat* vihara, *bei Della Bella* vihra. *Man beachte* kakav, kakva; takav, takva *neben* kakov, kakova; takov, takova. *asl.* kakovъ, takovъ. pogibao, izrastao *und ähnliche subst. sind nicht etwa mittelst* êlь, *wie das asl.* pogybêlь (*wofür* pogibio, -bjeli *pist. gund.*), *sondern wie das asl.* lêtoraslь *mittelst* lь *gebildet:* pogibli, izrasli; *3) in einigen formen, wo* a, e *für asl.* ę *steht, in* zajac, *für das gewöhnliche* zec, *und in* dvanaest, dvanaeste *mik. für* dva na desęte: *vgl.* pamtiti (*asl.* pamęt). *Man beachte* iguman ἡγούμενος, -mna *und* -mana *und das kroat.* djabal, djabla *diabolus*, žakan, žakna *diaconus*.

Im pl. gen. wird zwischen zwei consonanten ein euphonisches a *eingeschaltet:* igla, metla, sedlo, diple, stablo, zemlja, veslo; ikra, sestra, bedro, rebro; kladnja, grivna, gumno, trešnja; karta, lubarda, vlinta, pavta; torba, kletva, crkva, ošve: pismo; žutovoljka, birka, bajka, pritka, trmka, plovka, daska, kruška, dvojka; naranča, koljence, ovca, jajce: igala, metala, sedala *usw.* zd, st *und* št *werden nicht getrennt:* uzda, brazda, gnijezdo; krasta, lasta, mjesto; ognjište: uzda, brazda, gnijezda *usw.*

I. ъ *(a)*-stämme.

1. *Subst. stamm* robъ.

nom.	rob	robi
voc.	robe	robi
acc.	roba	robe
gen.	roba	roba : rob
dat.	robu	robima : robom
instr.	robom	robima : robi
loc.	robu	robima : robih.

2. 3. *Subst. stamm* konjь.

nom.	konj	konji
voc.	konju	konji
acc.	konja	konje
gen.	konja	konja : konj
dat.	konju	konjma : konjem
instr.	konjem	konjma : konji
loc.	konju	konjma : konjih.

Die an zweiter stelle stehenden formen sind kroat. Nach diesem paradigma gehen ausser den im asl. nach rabъ und konjь *usw. declinierenden subst. a) die eigennamen auf* o *und* e *für* ъ: Mirko, *gen.* Mirka; *man merke* orlo: tute orlo s gavranom se bije *kroat. volksl. Es sind hypocoristica. Daničić, Istorija 6. Der sg. voc. ist dem nom. gleich.* Jove *hat nach Vl. 4. im sg. gen.* Joveta *osn. 7. 57, im dat.* Jovetu *luč. 28. 34. 35, im osn. 7. 55.* Jovu: *b) in der regel jene subst., die im asl. der ь-declination folgen:* golub, gost, črv *usw. und c) jene, die im asl. consonantisch nach*

VI. 2. a. declinieren: kamen, koren, kremen *usw. Die sg. nom.* kam, krem, plam *sind den themen der auf* y *auslautenden asl. formen gleichzustellen:* kam *beruht auf einem asl.* kamъ, *das dem* kamy *so wie dem* kamênъ *zu grunde liegt.* kami *kömmt in pist. osm. als sg. nom. und acc. vor: man vgl.* remik; kremičak, pramičak, ječmičak; *ferner* korečak *von* korek *aus dem asl.* korę *und* kamik, plamik, pramik *im kroat. Kolo 3. 88.* kam *und* kami *haben im sg. gen.* kamena, *im dat.* kamenu *usw.; doch hat* pram *für* pramen, prama: dva prama suva zlata *volksl.; so verfährt gund. mit* pram *und mit* plam: *osm. 8. 94; 10. 40; 4. 104; 7. 4; 13. 6. usw. Die gutturalen erleiden die entsprechenden veränderungen:* junače, bože, grieše; junaci, bozi, grijesi; junacima, bozima, grijesima, *im kroat.* junacih, bozih, grisih, *im pl. instr.* junaci, bozi, grisi *von* junak, bog, grijeh. *Die subst. auf* dak, tak, čak, *die* a *ausstossen und im sg. voc. selten vorkommen, bilden diesen casus auf* u: patak, patku; mačak, mačku. *Eigentümlich ist die declination der subst. auf* ije *für* ijeh, *asl.* êhъ: mije *und* mijeh, *gen.* mija *und* mijeha, *dat.* miju *und* mijehu, *voc.* miju *und* mieše, *instr.* mijom, mijem *und* mijehom; *pl. nom.* mijovi *und* mjehovi, *gen.* mijova *und* mjehova, *dat.* mijovima *und* mjehovima *usw. Auch* z *von* knez *kann in* ž *übergehen: sg. voc.* kneže, *sg. dat.* kneževi *und* knezovi, *asl.* kъnęže, kъnęzu. francuz *hat in den liedern* francuzu; *die übrigen entlehnten subst. auf* z *hingegen haben* ze: ugursuze. *Von* sin *liest man den sg. voc.* sinu *pist. osm. 1. 15; von* život, životu *osm. 5. 85; 6. 6. Die subst. auf* in *werfen diese silbe im pl. ab:* gradjani *von* gradjanin; turčin *hat* turci; e *hat sich erhalten in pist. und sonst im kroat.:* babilonjane, izraelićane, krstjane; *petr. 71. liest man* jude *iudaei. In älteren serb. denkmälern findet man* boljare, velьmožane, gradjane, blaćane *neben* dubrovčani, hraštani. *Daničić, Istorija 61. Die pl. dat.* gradjamь, dubrovьčamь, dêtьčamь *sollen aus* grdjanmь *usw. entstanden sein 95; in gleicher weise* bošnami, dubrovčami *118.* visočahь, gradjahь, *asl.* *graždahъ, dêčahь, zaborahь, paprakjahь, komarahь, hraštahь *aus* visočanhь *usw. 135: vgl. seite 15. 134.* gospodin, vlastelin *und* brat *ersetzen den pl. durch die collectiva fem.* gospoda, vlastela *und* braća, *asl.* bratija, *doch* devet brata. *Für asl.* člověci *spricht man* ljudi *Die Kroaten können den pl. gen. auf* i *bilden:* kmeti, knezi, muži, popi, porotniki *usw. vinod.* zubi, pastiri *usw. pist.* didi, zubi, konji, muži, vuci, orlovi *luč.* likari, miseci, pinezi *usw. Vgl. Daničić, Istorija 74. Auch die pl. acc. auf* i *(Kolo 3. 90.) scheinen als pl. gen. gefasst* *werden zu dürfen:* voli, *denn die subst., die lebende wesen bezeichnen, bilden wie in anderen sprachen den pl. acc. dem pl. gen. gleich; heutzutage scheint in beiden casus ih gesprochen zu werden Kolo 3. 90. Auch die Serben bilden, jedoch nur ausnahmsweise, den pl. gen. auf* i: mravi, *das vielleicht auf einem alten* mravь *beruht, daher* mrávi *wie* stvárî, hvati, crvi; gosti *neben* gostiju, dinari *neben* dinara, ljudi, nokti *neben* noktiju *und* nokata, prsti *neben* prstiju *und* prsta *und* sahati *neben* sahata. *Die pl. gen.* mlêkjani *veneti,* paprakjani, dubrovčani *sind zu erklären nach seite 14.* i *vor* ma *wird ausgestossen in* zubma *und* ljudma *neben* zubima *und* ljudima. *Nach* konj *gehen auch die eigennamen auf* je: stanoje. *Die auf* r, *asl.* rъ, *schwanken zwischen dem ersten und zweiten paradigma: sg. voc.* gospodaru; pisaru *und* pisare; care *instr.* gospodarem, gospodarom; pisarem, pisarom; carem: *das in alten denkmälern vorkommende* pastirja *ist asl. Man bemerke auch* zecom, mjesecom, zecovi *neben* zečevi; ježom *von* jež. put *hat im sg. instr. ohne praepos.* putem, *mit praepos.* putom: ode putem; ja sam za putom. kralj *hat im sg. voc.* kralju, *in den liedern auch* kralje. *Die subst. auf* c *haben* če: striče, *doch* konjicu; *die eigennamen auf* je *bilden diesen casus gleich dem sg. nom.:* stanoje. *In älteren quellen liest man als pl. acc.* roditelji, kaleži, zeci, pinezi *und* gnjivi, dari, zaklopi, popovi, gradjani. *Daničić, Istorija 105. Der pl. gen. kann von* mjesec *und* put *auf* i *auslauten:* mjeseci *neben* mjeseca, puti *neben* puta. i *vor* ma *wird ausgestossen in* konjma. *Die silbe* ov *kömmt vornehmlich im pl. einsilbiger subst. vor: nom. voc.* robovi *acc.* robove *gen.* robova *dat.* robovima: robovom *instr.* robovima: robovi *loc.* robovima: robovih. kraljevi *usw. Im kroat. findet man den pl. nom. auf* e: valove, židove, popove, sinove *pist. Die alten formen des serb. auf* e *wie* popove, sudove, sьtove *sind asl.; dasselbe gilt von formen wie* vlastelije, mučitelie, praroditelije *und* prijatelje, roditelje, svêdêtelje. *Daničić, Istorija 58. 60. Die form* ovi *für den pl. nom. ist überall eine neubildung. Dem sg. instr. wird häufig* e *hinzugefügt:* bogome, grobome, domome. *Daničić, Istorija 44.*

II. o-stämme.

1. Subst. stamm selo.

nom.	selo	sela
acc.	selo	sela
gen.	sela	sela : sel

dat.	selu	selima : selom
instr.	selom	selima : seli
loc.	selu	selima : selih.

2. 3. Subst. stamm polje.

nom.	polje	polja
acc.	polje	polja
gen.	polja	polja : polj
dat.	polju	poljima : poljem
instr.	poljem	poljima : polji
loc.	polju	poljima : poljih.

Sto *hat im pl.* sta; dvje sta *ist asl.* dvê sъtê, *wofür bei mik.* dvi sti, *der auch* šest sat, deset sat *bietet. Lučić hat als pl. gen.* usti, kopji. *Man füge hinzu* liti, *asl.* lêtъ, njedri, bogatstvi *und* zeli, *das wie* zelji, zeli, zelij, *asl.* zelij, *lauten kann. Daničić, Istorija 78.*

III. a-stämme.

1. Subst. stamm ryba.

nom.	riba	ribe
voc.	ribo	ribe
acc.	ribu	ribe
gen.	ribe	riba : rib
dat.	ribi	ribama : ribam
instr.	ribom	ribama : ribami
loc.	ribi	ribama : ribah.

2. 3. Subst. stamm volja.

nom.	volja	volje
voc.	voljo	volje
acc.	volju	volje
gen.	volje	volja : volj
dat.	volji	voljama : voljam
instr.	voljom	voljama : voljami
loc.	volji	voljama : voljah.

k, g, h *gehen im sg. dat. und loc. in* c, z, s *über:* ruka, noga, snaha *haben daher* ruci, nozi, snasi; dici, kuzi, musi *usw. Im sg. gen. hört man bei den Kroaten* i (y) *und* e (ẹ): vodi, vode;

ruki: ne spružaj ruki svoje Krk. Das in alten serb. quellen vorkommende glavi ist das asl. glavy. Das e in sile ist das e der wörter wie volje, jedoch nicht von diesen entlehnt: i und e sind hier zu beurteilen wie im partic. praes. act. y und ę: grędy, grędę. Vgl. seite 95. doba, im asl. fem., ist neutr. und indeclinabel. Von den eigennamen haben den sg. voc. auf o nur die zweisilbigen, deren erste silbe den accent ' hat, welcher im voc. in ˆ übergeht: Mára, Mâro; Rúža, Rûžo: alle übrigen eigennamen haben a: Rȕža, Rȕža; Sȁva, Sȁva; Mȉlija, Mȉlija. Auch die subst. wie Stane, sele haben keinen voc. e haben die subst. von drei und mehr silben auf ca: aginice, banice, banovice usw. einige appellativa haben e und o: zaručnico, kukavico, nesretnjico usw. der sg. instr. lautet in alten denkmälern auf ovь, seltener auf omь aus: vêrovь, lozovь, obьkinovь, vsakovь, pravovь, volovь, povelovь für asl. poveljeją; božiovь, božijevь, kojevь für asl. božiješą; veromь, moiomь für asl. vêroją, mojeją. Bei den Kroaten stand in älterer zeit u für asl. ą, oją: svoju dobru volju, rotu vinod.; ungr.-kroat. gilt vodum, ženum, zi svojum vojskum. asl. besteht rybą neben ryboją von einem stamme ryboja; aus ryboją ist serb. ribov und aus diesem — wie kroat.-slov. domom aus domovь — ribom hervorgegangen. Vgl. meine abhandlung: Über den ursprung einiger casus der pronominalen declination 150, 10. Sitzungsberichte LXXVIII. 143. Daničić, Istorija 37. 38. An das m tritt oft ein e an: babome, vojskome, glavome. ruka, noga, sluga haben im pl. gen. a und das vom alten dual. stammende u: ruka, ruku; noga, nogu; sluga, slugu; aspre hat aspri; vŕsta hat vŕstî und vŕstâ; ladja, lâdjî, lâdjâ; mlâdî von mlâda ist wohl asl. mladyihъ. Bei den Kroaten findet man uri horarum, tisući milium und regelmässig wie pet tisuć, asl. pętь tysąštь. Der ausgang ć so wie c ist wohl asl. Vgl. Daničić, Istorija 22.

Die nominale declination der adj. masc. ist auf den nom. gen. dat. acc. loc. sg. und auf den nom. und acc. pl. beschränkt: sg. nom. acc. dobar, gen. dobra, dat. dobru, loc. dobru, pl. nom. dobri, acc. dobre. Die auslaute des pl. nom. und acc. i und e sind in der nominalen declination kurz, in der zusammengesetzten hingegen lang: dobri, dobre; dobrî, dobrê aus dem asl. dobrii, dobryję. Die nominale declination der adj. neutr. ist im sg. nom. acc. gen. dat. und loc. und im pl. nom. und acc. erhalten: sg. nom. acc. dobro, gen. dobra, dat. dobru, loc. dobru, pl. nom. und acc. dobra. Die auslaute o und a im sg. nom. und acc. und im pl. nom. und acc. sind hier kurz, in der zusammengesetzten declination lang: dobrô, dobrâ aus dem asl.

dobroje, dobraja. *Ebenso scheiden sich* vruće, vruća *und* vrućê, vrućâ. *Selten ist der sg. loc. neutr. auf* i: v skroviti, u sakriveni *in occulto pist.* na puni *rinod.* u brzi, u skori *luč. Die nominale declination der adj. fem. ist im sg. und pl. nom. und acc. erhalten: sg. nom.* dobra, *acc.* dobru, *pl. nom. acc.* dobre *mit kurzen endvocalen, dagegen* dobrâ, dobrû, dobrê *für* dobraja, dobrają, dobryję. *Auch im ungr.-kroat. findet man nominale adjectivformen:* do mala, smrt mlada i stara pobira, ubogoga i bogata, od grišna svita. *Vgl.* stanova *von neuem, bei Lučić* istanovice, *wofür andere* stonova, istonovice *schreiben.*

IV. ъ *(u)*-stämme.

Die alten ъ *(u)-stämme folgen der declination der* ъ *(a)-stämme. Das kroatische kennt noch den sg. voc.* sinu, *asl.* synu. *Spuren der declination der* ъ *(u)-stämme gewahren wir im sg. dat. und im sg. voc. und in der silbe* ov *der* ъ *(a)-stämme.* domom домовѣ *ungr.-kroat. ist* domovь, domovi.

V. ь-stämme.

1. masc.

Die spärlichen überreste der männl. ь*-declination sind bereits angeführt worden: sg. instr.* putem *pl. gen. auf* i *und* iju: gosti, nokti *und* gostiju, noktiju *usw. nom.* ljudi *für* ljudije *acc.* ljude *für* ljudi *gen.* ljudi *dat. instr. loc.* ljudima, ljudma. glad *und* zvijer *sind masc. und fem.: das letztere genus ist dem einflusse der declination zuzuschreiben. Die älteren sg. gen.* gospodi, gosti, grьtani, zeti, puti, tati *sind asl.; dasselbe gilt von den pl. nom.* gostije, kmetije, ljudije. tri *und* četiri *werden nur mit subst. fem. decliniert, wenn sie nicht von einer praepos. abhangen: nom. acc.* tri, četiri *gen.* triju, četiriju *dat. instr. loc.* trima, četirima.

2. fem.

nom.	kost	kosti
voc.	kosti	kosti
acc.	kost	kosti
gen.	kosti	kosti
dat.	kosti	kostima : kostim
instr.	košću	kostima : kostmi
loc.	kosti	kostima : kostih.

Im sg. instr. auf u *gehen jene veränderungen vor sich, die vor praejotierten vocalen eintreten müssen:* solju, zelenju; kaplju, zoblju, krvlju; smrću, gladju; mišlju, pliješnju, mašću *von so für* sol, *asl.* solь. zelen, *asl.* zelenь. kap, *asl.* kapь *usw.* krmelju, pomoću, čadju *von* krmelj, pomoć, čadj; *derselbe casus kann auch auf* i *auslauten:* kosti, stvari, krvi *wohl aus* kostiją *durch abfall des* u. *Daničić, Istorija 41. Vom fünfzehnten jahrhundert an findet man* smrtim, ričim, dragostim *nach dem vorbilde von* robom; *schon im vierzehnten jahrhundert begegnet man formen wie* milostiomь, kripostjom, noćom. *Daničić, Istorija 42, die sich zu* milostiją *so verhalten wie serb.* ribom *zu asl.* ryboją. *ungr.-kroat. besteht* zapovidjum, ričum; noćun *für* noćum *Krk. Im pl. gen. haben* i *und* iju *die substantiva* uš (vaš), kokoš, kost *und* prsi: uši, ušiju *usw.* pleći *hat* pleći *und* pleća; niti : nita; gusli : gusala; jasli : jasala; *für* gusli *und* jasli *lautet der nom. auch* gusle, jasle. ima *kann nach* r *sein* i *einbüssen:* stvarima, stvarma. *Die collectiva auf* ad *wie* momčad, telad *können den dat. instr. loc. auch pl. bilden, daher* teladma *neben* teladi, teladju, teladi. *Die numeralia* pet, šest *usw. sind indeclinabel.*

VI. Consonantische stämme.

1. v-stämme.

Die im asl. nach crъky *declinierenden subst. gehen nach* riba: *im kroat. findet man jedoch* crikav *im sg. nom. und acc.;* ljubav *hat sg. gen.* ljubavi *und* ljubave, *im sg. instr.* ljubvom *luč. 83;* ljubi *dilecta, selten amor osm. 12. 85. für asl.* ljuby *ist indeclinabel: im osm. findet man es als sg. nom. 8. 77; 15. 104; 15. 119; als sg. gen. 4. 75; 5. 23; 12. 85; als sg. acc. 2. 64; als sg. loc. 8. 18; als sg. instr. 2. 89; 15. 171; als pl. nom. 2. 84; 12. 7 und als pl. acc. 16. 61 usw. Als sg. nom. acc. und gen. ist* ljubi *auch sonst gebräuchlich:* al dotrča ljubi nevijerna. izvede ljubi pred dvore. ne ljepše ljubi od moje. *Daničić, Oblici VII. izd. 25. Nach Kolo 3. 88. sprechen die Kroaten auch* buki, loki, smoki, tiki *asl.* tyky. krv *geht wie sonst nach* kostь.

2. n-stämme.

a) masc.

Die subst. kamen, plamen *usw. gehen nach* rabъ. *Die älteren sg. gen. wie* kamene, korene *sind asl. Die gen.* plama, prama *gund. beruhen auf* plamъ. pramъ, *woraus asl.* plamy, pramy. dan *wird so dekliniert: sg. nom. acc.* dan *gen.* dana, dne, dni *alt*, dnevi, dneva *dat.* danu, dne, dnevi *instr.* danom, danju *und* dnevlju (*interdin asl.* dьniją), danjom, dnevom *loc.* danu, dne (omadne *für asl.* onomь dьne), dnevi, dnevu, *alt* dneve, dnevie *aus* dnevê. *pl. nom.* dani, dni, dnevi *acc.* dane, dni *osm. 1. 43; 1. 70; 8. 42; 8. 47; 8. 74.* dnevi, dneve *knež. gen.* dana, dneva *knež. dat. instr. loc.* danima. *Ein alter dual. ist* dni *in* dva dni *und* tri dni. četiri dni. *Man füge hinzu* v dne *interdin verant.* u svitlom dnevi *ungr.-kroat. Sg. gen.* dnevi *usw. kann mit dem sg. gen.* synovi *von* synovь *verglichen werden.*

b) neutr.

nom.	ime	imena
acc.	ime	imena
gen.	imena	imena : imen
dat.	imenu	imenima : imenom
instr.	imenom	imenima : imeni
loc.	imenu	imenima : imenih.

So gehen breme, vime, vrijeme, pleme, rame, *wofür auch* ramo. *Man beachte den sg. gen.* plemene *vinod.; kroat. besteht auch* ramen. *Die alten sg. gen.* imene, imeni *usw. sind asl.*

3. s-stämme.

nom.	tijelo	tjelesa
acc.	tijelo	tjelesa
gen.	tijela	tjelesa : tiles
dat.	tijelu	tjelesima : tilesom
instr.	tijelom	tjelesima : tilesi
loc.	tijelu	tjelesima : tilesih.

So gehen auch nebo *und* čudo; *im sg. gehen alle nach* selo. tijelo *und* čudo *können auch im pl.* tijela *und* čuda *bilden.* oko *und* uho *verwenden als pl. den alten dual.:* oči, uši; očiju, ušiju: očima, ušima; *in pist. liest man* oči moji *neben* oči moje: *der gen. figuriert auch als loc.:* v očiju naših *pist.* očiju *osm. 5. 27; 7. 11; 15. 150; 16. 68; 18. 25; ebenso* ušiju *osm. 12. 29. Im osm. liest man* oči *auch als gen. 4. 99; 6. 2; 6. 11 usw.; ebenso* uši *18. 73. Die sg. loc.* kolesi, nebesi, têlesi *sind asl.;* nebi, *das bei gund. im reim als sg. gen. und als sg. instr. vorkommt, kann durch berufung auf* ljubi *nicht gerechtfertigt werden: man liest* nebi *als sg. gen.:* s nebi *osm. 1. 3; 17. 33; 20. 85; als sg. instr.:* pod nebi *3. 33; 4. 59; 7. 73 usw. ausser dem reim steht* s neba *7. 77:* na nebi *20. 119. ist kroat. Dem reim zu gefallen wich gund. auch sonst von der grammatik ab:* sred vašega rodna mjesti *15. 184. Beim sg. instr.* nebi *denken manche an sg. instr. wie* kosti.

4. t-stämme.

nom.	tane	taneta
acc.	tane	taneta
gen.	taneta	taneta : tanet
dat.	tanetu	tanetima : tanetom
instr.	tanetom	tanetima : taneti
loc.	tanetu	tanetima : tanetih.

Hieher gehören viele subst. auf e, *von denen manche entlehnt sind:* burc *dolium,* gondže *rosa recens,* debe *vas ligneum,* grne, klupče, prase, tele, jare *usw. Die subst. auf* e, *die junge von menschen und tieren bezeichnen, substituieren im pl. entweder subst. masc.:* prase, prasci; tele, teoci; jare, jarići *oder collect. fem.:* telad. dijete *hat für den pl. das deminutive collectivum* djeca, *d. i.* dêtьca, *wovon aserb.* dêcami *chrys.-duš. 9. neben* dêtiju *27. 36, dem das dem* dêtьca *zu grunde liegende* dêtь *f. ist auch ein collectivum. Vgl. 2. seite 54. 315.* uže *und* jaje *haben im sg. gen.* užeta, jajeta *und* uža, jaja *usw., im pl. nur* uža, jaja. drvo *hat im pl.* drveta *fustes und* drva *ligna;* pseto *canis hat im sg. gen.* pseta (*vgl. asl.* pьsę) *und unorganisch* pseteta. *Hieher gehören personennamen wie* andre, andreta; jake, jaketa *usw. Daničić, Istorija 12. 18.*

5. r-stämme.

nom.	mati	matere
acc.	mater	matere
gen.	matere	matera : mater
dat.	materi	materama : materam
instr.	materom	materama : materami
loc.	materi	materama : materah.

Kći *hat im sg. acc.* kćer, *sonst folgt es dem paradigma* kostь: *sg. voc. gen. dat. loc.* kćeri *instr.* kćerju, kćeri *pl. nom. gen.* kćeri *dat. instr. loc.* kćerima. *Im sg. nom. liest man auch* mater *und* kćer *vinod. Vgl. Daničić Istorija 13. Der sg. gen.* mäterê *ist vielleicht nicht identisch mit asl.* matere: *vgl. jedoch* dnê.

B) Declination der pronomina personalia.

I. nom.	ja	mi
acc.	me	nas
gen.	mene	nas
dat.	meni	nama, nam : nam
instr.	mnom	nama : nami
loc.	meni	nama : nas.

II. nom.	ti	vi
acc.	te	vas
gen.	tebe	vas
dat.	tebi	vama, vam : vam
instr.	tobom	vama : vami
loc.	tebi	vama vas.

III. nom.	—
acc.	se
gen.	sebe
dat.	sebi
instr.	sobom
loc.	sebi.

Der sg. gen. lautet auch me, te, se; *der acc. auch* mene, tebe, sebe; *der sg. dat. auch* mene, tebe, sebe, *asl.* mьnê, tebê, sebê. *Im pl. dat. hört man auch* ni, vi; *im pl. acc. auch* ne, ve. *Daničić, Oblici VII. izd. 27. Dualformen sind* naju *luč. 50. 75. 97. 109. hekt. 52. und* vaju *luč. 71. 75. Die sg. dat.* mi, ti *und das wenig gebräuchliche* si *sind enklitisch. Für* si *findet man* se: tu se tice tabor učiniše *petr. 269. Dasselbe gilt von den acc.* me, te, se *und von* ni, vi *sowie von* ne, ve. om *in* mnom *usw. ist auch hier aus* ov *entstanden:* jaže meždu sobovь imamo *hom.-mih.* s tobomь *lam. 1. 142; dafür ungr.-kroat.* manum, tobum, sobum; sobun *aus* sobum *Krk.*

Zweites capitel.

Pronominale declination.

Ein unterschied zwischen pronominaler und zusammengesetzter declination ist erhalten a) im sg. nom. masc.: ta, taj *neben* dobri, *asl.* тъ, dobryj; *b) in mehreren anderen casus, in denen länge und kürze der den casussuffixen vorhergehenden vocale beide declinationen scheidet:* svăkoga, njèga, òvoga, ònoga, čèga, kòjega, čijega, mòjega, svèga *neben* žûtôga, vrûćêga: dvóga *steht für* dvòjega; mòjêga, nàšêga *neben* mòjega, nàšega *sind den* vrûćêga *nachgebildet;* tòmu, kòmu, njèmu, čèmu, mòjemu, svèmu *neben* žûtômu, vrûćêmu; mòjêmu *neben* mòjemu *ist wie* mòjêga *zu deuten;* òni, òna, òne; svî, svă, svĕ *neben* žûtî, žûtâ, žûtê *usw. Dieser regel entziehen sich nur* sam *und* jedan: *sg. gen.* sámôga, jèdnôga; sam *hat auch das eigene, dass es der nominalen declin. fähig ist:* teško mi je samu; on me je sama ostavio; *dass es im sg. nom. masc. nach art der zusammengesetzten adj.* sami *lautet, befremdet weniger: vgl.* dvoji, koji, ovi, oni. *Formen wie* inogo, kogo, togo *sind asl. Das casussuffix lautet schon im asl. manchmal* ga. *Vgl. seite 47. Formen wie* mojeje *sg. gen. f. haben sich im kroat. erhalten.*

1. Stamm тъ.

masc.	*nom.*	taj	ti
	acc.	taj	te
	gen.	toga	tijeh : tih
	dat.	tomu	tijema : tim
	instr.	tijem : tim	tijema : timi
	loc.	tom	tijema : tih.
neutr.	*nom.*	to	ta
	acc.	to	ta
	gen.	toga	tijeh : tih
	dat.	tomu	tijema : tim
	instr.	tijem : tim	tijema : timi
	loc.	tom	tijema : tih.
fem.	*nom.*	ta	te
	acc.	tu	te
	gen.	te	tijeh : tih

dat.	toj	tijema : tim
instr.	tom	tijema : timi
loc.	toj	tijema : tih.

Die zweiten formen wie tim *usw., im kroat. allein herrschend, finden sich auch im serb. Im sg. nom. masc. entspricht* a *dem asl.* ъ: *in* taj *ist dem* ta j *angefügt, wie in* saj, *asl.* sь; taj, *asl.* ta; toj, ovoj *usw.; a im sg. gen. masc. und neutr. kann abfallen:* tog; u *im sg. dat. masc. und neutr. kann in* e *übergehen oder abfallen:* tome, tom; tom, *wofür auch* tome, *ist asl.* tomь; ije *weicht dialektisch dem* i: tijem *und* tim; tijeh *und* tih; *pl. dat. instr. und loc.* tima. *In Ragusa spricht man* tega, temu *Budmani 56;* tega, ovega, onega, tvega *aus* tvoga *für* tvojega, temu, ovemu, onemu, tvemu *aus* tvomu *für* tvojemu *findet man in älteren quellen. Daničić, Istorija 159. 163. Im pl. kann* zi *angefügt werden:* tizi, *welches* zi *nicht selten als bestandteil des stammes angesehen wird:* tizijeh, tizijem (*vgl.* njezin); *so auch* ovizijeh, onizijeh *und* nikojzi. *Nach* taj *declinieren* ovaj, onaj (*wofür auch* ovi, oni, *asl.* ovъ, onъ): onom *in* onom lani *und in* onomadne *ist asl.* onomь; sam: *sg. loc. masc. neutr.* samom, samome; tko, ko *(aus* kto: *gen. acc.* koga *dat.* komu *instr.* kim *für asl.* kyimь *loc.* kom; *falsch ist* tkoga, tkomu *usw.) und die zusammensetzungen* niko, njeko, svako, kojeko, kogod; svak; dvije *(asl.* dvê: *gen.* dviju *dat. instr. loc.* dvjema, dvima); obje, *asl.* obê; obadvije, *wofür auch* obje dvije, *und das bei den Kroaten vorkommende* in. *Die dualformen* dviju, obiju *entsprechen asl.* dvêju *für* dvoju.

Stamm mojъ.

Masc.	*nom.*	moj	moji
	acc.	moj	moje
	gen.	mojega	mojih
	dat.	mojemu	mojima : mojim
	instr.	mojim	mojima : mojimi
	loc.	mojem	mojima : mojih.
Neutr.	*nom.*	moje	moja
	acc.	moje	moja
	gen.	mojega	mojih
	dat.	mojemu	mojima : mojim

	instr.	mojim	mojima : mojimi
	loc.	mojem	mojima : mojih.
Fem.	*nom.*	moja	moje
	acc.	moju	moje
	gen.	moje	mojih
	dat.	mojoj	mojima : mojim
	instr.	mojom	mojima : mojimi
	loc.	mojoj	mojima : mojih.

Stamm jъ.

Masc.	*nom.*	(i)	(ji)
	acc.	(i)	nje
	gen.	njega	njih
	dat.	njemu	njima : njim
	instr.	njim	njima : njimi
	loc.	njemu : njem	njima : njih.
Neutr.	*nom.*	(je)	(ja)
	acc.	njega	njih
	gen.	njega	njih
	dat.	njemu	njima : njim
	instr.	njim	njima : njimi
	loc.	njemu : njem	njima : njih.
Fem.	*nom.*	(ja)	(je)
	acc.	nju	nje
	gen.	nje	njih
	dat.	njoj	njima : njim
	instr.	njom	njima : njimi
	loc.	njoj	njima : njih.

Die nom. von jъ *kommen nicht vor, sie werden durch* on, ono, ona; oni, ona, one *ersetzt. Das im asl. nur nach praepos. zu setzende* n *kann nur in den enklitischen formen* je (ję), joj (jej), je *eam, eig. sg. gen.*, ju *eam*, ih (ihъ), im (imъ), ih *eos, eas, ea, bei den Kroaten* jih, jim, *entbehrt werden. An die stelle von* ju *tritt regelmässig* je, *asl.* ję, jeję, *doch:* tražio ju je. *Für* njega *und* njemu *lauten die enklitischen formen* ga *und* mu. *Dem sg. instr. kann* e *angefügt werden:* njime, njome. *Für den sg. gen. fem.* nje (*asl.* ję, jeję) *liest man* njeje *pist. luč. 12. 13. 14 usw. osm. 7. 100. Der sg. acc. masc.* i *aus* jъ *erscheint nach praepos. als* jъ: ponj, nanj, *asl.* po ńь, na ńь *usw. Daneben* ponjga, nanjga. *Eine dualform ist* njiju *luč. 9. 10. 30. rinod.: asl.* jeju. *Der pl. acc. masc. und fem.* nje, *der mit praepos. im osm. 11. 192. knež. 101. 106. und korčež. 94. ohne praepos. bei kaniž.-rož. 55. und als* je *bei relkor. vorkömmt, wird regelmässig durch den pl. gen. ersetzt. Im süden wird* mojijem, mojijeh *neben* mojim, mojih *gesprochen. Nach* moj, jъ *werden decliniert* što, šta, *asl.* čьto, *bei den Kroaten* ča *neben* če, čo, *nach praepos. auch* č: zač, nač; *ebenso* nič *neben* nišće (*gen.* čega *und* česa, *wofür auch* šta *in* odašta, *dat.* čemu, *instr.* čim, *loc.* čem) *und* išto, ništo; tvoj, svoj, naš, vaš; koji; čij, *wofür auch* čiji, ičij, ničij, svačij; sav, *wofür auch* vas, *asl.* vьsь (*gen.* svega, sve; svemu, *pl. gen.* svijeh *usw.*) *und die sg. neutr.* dvoje, oboje, obodvoje, troje, *gen.* dvoga, *zusammengezogen aus* dvojega, obojega *milut.-crnoj. 58.* obodvojeg *kaniž.-rož. 81.* trojega *dat. loc. instr.* dvoma, troma: *die pluralendung scheint auf der pluralbedeutung des folgenden wortes gegründet zu sein:* dvoma djece *duobus liberis.* svakoji: sa svakoje strane *volksl.* ima majka dobra svakojega *pjesm.-kač. 122.* svakojega izvadiše živa *volksl.* saj, se, sa *und* sej, *asl.* sь, se, si, *kömmt bei den westlichen schriftstellern älterer zeit in den meisten casus vor: im sg. nom.; im acc.* na saj svit *pist.; im gen.:* sega, segaj *osm. 8. 133.* sega svita; do sega doba *luč.* do sega dne *pist.; im loc.* sem *osm. 17. 73; 20. 106.* na sem svitu *pist.; im pl. nom. fem.:* sej *osm. 9. 42; im acc. f.* sej *osm. 8. 66; 8. 102; im gen.:* sih dan *pist.* sjeh *für* sih *osm. 11. 22.* sinoć *ist asl.* si nošti *seite 53. Auf asl.* kyj *ist das im westen gebräuchliche* ki *zurückzuführen, dessen gewöhnliche formen durch zusammenziehung entstehen: sg. nom.* ki, ko, ka *gen.* koga, koga, ke *dat.* komu, komu, koj *usw. So entsteht auch* momu *aus* mojemu, moj *aus* mojoj, mu *aus* moju *usw.:* moja *für* mojega *ist singulär:* kudê bude moja vladanja *urkunde von 1368. mon.-serb. 178. Auffallend ist der sg. gen.* sama.

Drittes capitel.

Zusammengesetzte declination.

Statt der der südlichen mundart eigenen formen für den pl. gen. dobrijeh *und den pl. dat., instr. und loc.* dobrijema *finden sich sonst die formen* dobrih, dobrima; *der sg. instr. m. n. lautet dann* dobrim. *Der sg. instr. f.* dobrom *ist aus dem älteren* dobrovъ (pravovъ *mon.-serb. 2. 47.) und dieses aus* dobro-jovъ *entstanden, wonach* o *in* vêrovъ *kurz, in* pravovъ *hingegen lang gewesen sein dürfte;* jov *glaube ich aus* jou *für* joją, *asl.* ję, *erklären zu sollen. Die zusammengesetzten formen zerfallen in zwei classen, indem die einen aus der verbindung des adjectivischen thema mit dem entsprechenden casus des pronomen* jъ *entstehen, andere nach der pronominalen declination gebildet werden: I.* dobroga: dobro-jega; dobromu: dobro-jemu; *sg. instr. f.* žutom: žutojom; dobro: dobro-je *usw.; sg. nom. m.* dobri, *asl.* dobryj: dobrъ-jъ *usw. Die durch contraction entstandenen vocale sind sämmtlich lang und zwar werden sie mit dem sogenannten gewundenen, durch ^ bezeichneten ton ausgesprochen, daher der unterschied zwischen* toga *und* dobrôga, tom *und* dobrôm *usw. Demnach ist die ansicht, die zusammengesetzte declination sei der pronominalen gleich gemacht, unrichtig. Der pl. nom. m. ist abweichend wie im asl. gebildet:* dobri *mit* î, *asl.* dobrii. *II.* dobrijem, dobrijeh *entsteht aus* dobrъ *wie* tijem, tijeh *(asl.* têmь, têmъ, têhъ) *aus* tъ. *Wie alt diese pronominalen adjectivformen sind, ist aus dem grunde schwer zu entscheiden, dass die altserbischen sprachdenkmäler wie in anderen dingen so auch in der bildung der zusammengesetzten adjectivformen zwischen asl. und serb. vielfach schwanken und dass nicht selten* ê *für* i *und daher auch für* y *steht. Man findet z. b. neben dem serbischen sg. gen. auf* oga *nicht nur den altslovenischen* ago, *sondern auch den bulgarischen* ogo: svêtogo *mon.-serb. 36.* svetogo *37.* visokogo *37; im sg. instr. m. n. neben* dobrymь *mon.-serb. 41.* pravêmь *210.* čistêmь *25. 47; im pl. dat.* vêrnêmь *225, im loc.* dobrêhь, starêhь *217. und im instr.* imenovanêmi, krьstnêmi *219. Auch im asl. werden namentlich die adjectiva possessiva pronominal decliniert, allein diese altslovenischen formen unterscheiden sich syntaktisch nicht von den nominalen, während die entsprechenden serbischen syntaktisch den zusammengesetzten gleich stehen. Freilich ist zu bedenken, dass* ê *auch aus* oj *hervorgehen kann, wie namentlich* pêti *aus* poiti, *praes.* poją, *zeigt. Auch im kroat. tritt an das thema des adjectivs der entsprechende casus des pronomen* jъ: dobroga: dobro-jega; dobroj *aus* dobro-j *usw. Der pl. nom. m. ist wie im asl. gebildet:* dobri, *asl.* dobrii: *bei der entstehung des* dobri *aus* dobro-ji *wären die formen* velici, ubozi, glusi *unerklärbar: allerdings wird auch* velicim *sg. instr. masc.*, velicih *pl. loc. gesprochen: asl.* velikyimь, velikyihъ. Duhovnoje (kîm drago jest moje viditi duhovnoje blago *budin. 52) ist asl.: dasselbe gilt von* strašьnago, svetago, novago *der älteren serb. quellen, die daneben und zwar regelmässig* svetoga, zьloga, grьčьkoga *bieten.*

1. dobrъj.

Masc.	*nom.*	dobri	dobri
	acc.	dobri	dobre
	gen.	dobroga	dobrijeh : dobrih
	dat.	dobromu	dobrijema : dobrim
	instr.	dobrijem : dobrim	dobrijema : dobrimi
	loc.	dobrom	dobrijema : dobrih.
Neutr.	*nom.*	dobro	dobra
	acc.	dobro	dobra
	gen.	dobroga	dobrijeh : dobrih
	dat.	dobromu	dobrijema : dobrim
	instr.	dobrijem : dobrim	dobrijema : dobrimi
	loc.	dobrom	dobrijema : dobrih.
Fem.	*nom.*	dobra	dobre
	acc.	dobru	dobre
	gen.	dobre	dobrijeh : dobrih
	dat.	dobroj	dobrijema : dobrim
	instr.	dobrom	dobrijema : dobrimi
	loc.	dobroj	dobrijema : dobrih.

2—6. vrąštij.

Masc.	*nom.*	vrući	vrući
	acc.	vrući	vruće
	gen.	vrućega	vrućijeh : vrućih *usw.*
Neutr.	*nom.*	vruće	vruća
	acc.	vruće	vruća
	gen.	vrućega	vrućijeh : vrućih *usw.*
Fem.	*nom.*	vruća	vruće
	acc.	vruću	vruće
	gen.	vruće	vrućijeh : vrućih *usw.*

In oga *und* ijema *kann* a *abfallen:* dobrog, dobrijem. omu *kann durch* ome *und* om *ersetzt werden:* dobrome, dobrom. *Im sg. dat. und loc. fem. merke man kroat.* v veliki žalosti *pist.; einzeln ist serb.* u zelene trave *volksl., asl.* vъ zelenê travê. *Im pl. loc. wird hie und da* ijeh, ih *für asl.* êhъ *gesprochen:* u gradovijeh primorskijeh, po okolnijeh selijeh, na seoskijeh volovijeh, po nedri svileni *statt* po nedrih svilenih *Im kroat. gehen vor* i *die gutturalen in die sibilanten über:* tanci, drazi, razlicih, druzim *usw. luč.* glusih *pist.;* nici *ist pl. nom. masc. von* niki *quidam.*

Manche entlehnte adj. sind indeclinabel: uz košulju srmajli maramu; pa ga pokri srmajli košuljom; kad vam manem srmari maramom *usw.;* kara haber a u kara doba; sinoć mene kara haber dodje; kupiću ti lal papuče. *Vgl. das nsl. seite 154.*

Unorganisch sind formen wie boljega, boljemu, boljih *usw. für asl.* bolьšaago, bolьšuumu, bolьšiihъ *usw.*

ZWEITER TEIL.

Lehre von der conjugation.

a) Von der einteilung der verbalformen.

Wie im asl. seite 62.

b) Von den personalendungen.

Voll	*1.*	mь	mo
	2.	šь	te
	2.	tъ	ntъ.
Stumpf	*1.*	m	(mo)
	2.	s	(te)
	3.	t	nt

Über die spuren des dual. vgl. Daničić, Istorija 297. 316. 334. 346. Das mь *der I. sg. praes. ist nicht das asl.* mь: *man findet neben* pletem, djelam *die formen* mogu, hoću, velju, vidju, *asl.* mogą, hoštą, velją, viždą, *formen, deren* u *aus* ą, o-mь *hervorgegangen. Das kroat. hat* mь *und, mit ausnahme von V. 1,* u: budu, kladu, lizu (*asl.* lêzą), reku, kunu, poju; minu; mnju, stoju; molju, činju, sloboju (*asl.* svoboždą), nošu, pravlju; pišu, šadju (*asl.* sъdją), nadiju se, haju; viruju, prikazuju *luč.* reku, teku, mru, piju, viju (*asl.* viždą), suju (*asl.* sąždą), očišću, prošu, blagoslovlju, lažu (*asl.* lъžą), išću, mažu, beru, blaguju *pist.* bljudu, vidju, stoju, uhiću (*asl.* uhyštą), sejenju, izbiru (*asl.* *izbirą, izbirają). *Daničić, Istorija 258. gund. Das* tъ *der III. sg. und pl. ist abgefallen:* plete, *asl.* pletetъ, pletu, *asl.* pletątъ. *Das* u *und* e *der III. pl. entspricht asl.* ą, ę. *Es befremdet selbst in späteren quellen formen zu begegnen wie* imat, vržet, poginet; izdadut, primogut, ubijut. *Daničić, Istorija 274. 290. Im kroat. dient die II. impt. auch der III:* svrhu mene budi to proklestvo *sit maledictio pist.* najdi porotnike, kako bolje more *inveniat vinod.* svak začni misliti, ter umom poziraj *drž.* služite tebi puci i klanjajte se tebi narodi *serviant.* budite boci vaši pripasani *sint pist.* kmeti i popi umijte jedan zakon *sciant vinod.* blagoslovite te svi angeli *benedicant. Daničić, Istorija 335. Eigentümlich ist die verbindung des personalsuffixes* te *mit* ovamo *und anderen worten:* ovamo te, braćo! za mnom te, braćo! s mirom te, ljudi! *Oblici 61.*

c) Von dem bindevocal.

Der bindevocal tritt ein 1) im partic. praet. pass.: plet-e-n; *2) im zusammengesetzten aor. II. und im imperf.:* pek-o-ste, pecijaš-e; *kroat.* poslah-o-mo, krstih-o-mo *in älteren quellen;* bijah-o-mo *mik.* bih-o-mo *luč. 68.* mnjah-o-mo, mogah-o-mo *čubr.* vapjah-o-te, grdjah-o-te, sudjah-o-te *gund.* znah-o-te *pist.* bjeh-o-ta, *wofür serb.* bijasmo, sudjaste *ohne bindevocal. Man spricht noch* mnjahmo *und* dodjomo, uzémo, kupljamo, bijamo *für* -hmo. *Daničić, Oblici 56. Vgl. meine abhandlung: Das imperfect in den slavischen sprachen. Sitzungsberichte LXXVIII. 143. Daničić, Istorija 304. 606. 307. 309. 310. 312. 313. 315. 317.* hojahota *ibant kann auch heutzutage gehört werden Krk. Hier mag erwähnt werden, dass im ungr.-kroat. das impf. des verbum subst. lautet* bišem *eram,* biše *erat,* bišu *erant; ebenso findet man* stašu *stabant,* govorašu *loquebantur und* prebivaše *manebant,* dogovoraše se *colloquebantur neben* stahu *stabant,* vigahu *d. i.* vidjahu *videbant, spectabant. Eine abweichung von der regel ist auch in den aor.* zabihu, pihu, odgovorihu, počehu *eingetreten. Daničić, Istorija 329.*

d) Von den suffixen der infinitivstämme.

1. Infinitiv. *Das suffix lautet* ti: da-ti.

2. Supinum. *Das supinum ist der sprache abhanden gekommen.*

3. Partic. praet. act. I. *Das suffix ist* ъs, *woraus ein auf* i *auslautender casus obliquus gebildet wird:* čuvši, tonuvši, vidjevši, nosivši; *consonantisch auslautende stämme fügen* a-v *statt eines* ъ *ein:* pletavši, vezavši, grebavši, pekavši, *asl.* pletъše, vezъše, grebъše, pekъše. *Kroat. findet man* vidiv *luč. 26. 45.* utopiv *31.* uzgrabiv *28 usw.* pristrašiv se, otvoriv, začudiv se *usw. pist. und* padši

pist. opadši *luč. 3.* rekši *hekt. 45. luč. 71. 90. osm. 18. 84; 19. 204.* vazamši *hekt. 76.* otvrgši, potekši, prinesši, ulizši *(asl.* vъlězъše), prostrši *pist. und* vazam *osm. 19. 198.* počan *(asl.* počьnъ) *luč. 73. 105.* raspan *(asl.* raspьnъ) *102.* izašad *23.* iznašad *74.* došad *37. 106. osm. 2. 18; 20. 79. und* rekav *gund.* razasapši, *asl.* rasъpъ, (grade) *kroat. Im serb. findet man* došav, pošav *neben* došavši, pošavši. *Daničić, Istorija 370.*

4. Partic. praet. act. II. *Das suffix ist* lъ: dao *aus* da-lъ.

5. Partic. praet. pass. *Das suffix ist* tъ *oder* nъ: kle-t, zategnu-t; plete-n, drža-n. *Die verba V. kömen im serb. auch* tъ *annehmen*: kupat *pjes. 2. 121.* isprat *2. 28.* sakuhat *1. 483.* udat, ukopat *1. 298.* izderat *1. 320.* trgat *1. 321. Das subst. verbale hat nur eine form:* kupanje. *Daničić, Istorija 392.*

6. Aorist. *Die bildung des aor. B. II. 2. wie im asl.*

e) Von den suffixen der praesensstämme.

1. Praesens. *Das praesenssuffix fehlt in III. 2. IV. V. 1:* gori-m, hvali-m, djela-m, *dagegen* plet-e-m, pij-e-m, umij-e-m, ber-e-m, kupuj-e-m *usw. Viele vocalisch auslautende verbalstämme haben im praes. doppelformen, indem sie dem stamm ein* d-e *anfügen:* djedem, *asl.* *dědą, *stamm* dě; imadem: *stamm* ima; mnidem, *asl.* mьnją, *stamm* mьni; znadem: *stamm* zna; znadem, znadeš, znade; znademo, znadete, znadu. *Der praes.-stamm* znad-e *stützt sich auf verba, deren praes.-stamm schon in alter zeit durch anfügung des auf dem verbalstamm aind. dhā beruhenden* d-e *gebildet ward:* ide, *stamm* i; jade, *asl.* jadą *vehor, stamm* ja; bąde, *stamm* by: *auf reduplicierende verba, deren* d *der seines auslautes verlustig gewordene stammconsonant ist:* dade, *stamm* da; dežde, *stamm* dě; *endlich auf verben wie asl.* jamь *neben* jadętъ, *serb.* ijem *neben* jedem, *stamm* jad; *asl.* věmь *neben* vědętъ: *ungr.-kroat.* *zapovim *iubeo neben* zapovidu *iubent, stamm* věd; *serb.* grem *neben* gredem, *stamm* gręd. *In einzelnen gegenden kömmt in dieser bildung namentlich die III. pl. häufig vor:* vididu (da vididu črne oči moję *volksl.*), moradu, moredu, ponavljadu, poslušadu, ćedu *volunt,* zimljedu *sumunt ungr.-kroat. Dieser erweiterte stamm findet sich ziemlich selten im impt.:* znadi: znadi poklon ovaj od koga je; *vgl.* dadi: te glas dadi u ćeliju crkvu *volksl. Nicht volkstümlich scheint das partic. praes. act.:* znadući. *Häufig ist dieser stamm im impf.:* dadijah, imadijah, mnidijah, mlidijah *putabam: ein* mnidem, mlidem *kömmt nicht vor.*

smjedijah *audebam ohne* smjedem, znadijah, *kroat.* znadih; *für* šćadijah *volebam erwartet man* šćedijah, *das auf* hъtê *beruht:* šćadijah *stützt sich auf das impf.* šćah. *Der erweiterte stamm tritt ausser den praesensformen im aor. ein:* djedoh, imadoh, smjedoh, stadoh, znadoh; *anders* dadoh. *Die inf.* djesti *und* isti (to na dobro izisti ne može) *beruhen auf den durch* d *erweiterten stämmen. Diese erweiterung taucht erst im XVII. jahrh. bei den stämmen* zna, ima, *asl.* imê, *und* smê *auf. Daničić, Istorija 264. 269. 274 usw. 334. Sie findet sich in der III. pl. praes. auch im nsl., wohl nur in irgend einer grenzgegend:* govorido, nesedo, vprašado *Levstik 102. Damit hangen zusammen formen wie* dêste *dicitis,* znaste, govoriste *67; ungr.-kroat. kennt* loviju, misliju, nosiju *so wie* plačeju *neben* činu, molu, prosu.

2. Imperativ. I. beri. ê *geht in* i *über:* pletite. i *kann ab- und ausfallen:* bljud', vrz', rec'; podj'mo, poj'mo; dones'te, pomoz'te, rec'te. *Daničić, Istorija 341.* II. daždi, daždь: vidji, vidj *neben* vidi.

3. Imperfect. I. *Kroat.* bodih *pungebam, asl.* bodêhъ. vedih *ducebam.* vezih *vehebam.* grizih *mordebam.* gredih, idih *ibam.* pridih *veniebam.* dobudih: gdi me san moraše i dobudiše, ondi padih i ležih na golu zemlju *jerol. 229.* kad se napasiše, doma ga doreniše *satiabatur. pellebat 231.* otmih *sumebam, asl.* *otъmêhъ. kladih *ponebam luč.* kunih *iurabam, asl.* kъnêhъ. lizih *repebam.* metih *verrebam.* nesih *ferebam.* padih *cadebam.* pasih *pascebam.* plovih *hekt., asl.* *plovêhъ. rastih. tresih se *luč.* slovih *luč., asl.* *slovêhъ. cvatih *florebam.* počnih *incipiebam, asl.* *počьnêhъ: počnih kantati *jerol. 230.* sterih. steriše (ni simo ni tamo oči ne steriše) *luč. 69: vgl. praes.* stereš: sve što više stereš krila *osm. 1. 1.* jidih *edebam.* dadih *dabam.* znadih *sciebam.* imadih *habebam.* vucih *trahebam.* vrzih *iaciebam.* žezih *urebam.* pecih *assabam. Weiter östlich tritt* ije *an die stelle des* i *für asl.* ê: bodijeh. grizijeh. gredijeh. idijeh. kladijeh. plovijeh. slovijeh. caftijeh *florebam.* jedijeh *edebam.* budijeh *eram; ebenso* tecijeh *und* kladeh. *Nach* j *tritt* a *ein:* vapijah *clamabam.* pijah *bibebam.* smijah *audebam.* čujah, začujah: kako koji začujaše svata *petr. 117; ebenso* vršah *triturabam.* žežah *urebam.* tečah *currebam. kroat.* brinih se *curabam.* venih *marcescebam, asl.* *vęnêhъ. dvignih *movebam.* prionih *adhaerescebam.* panih *cadebam.* stanih, pristanih: ne pristanih bijući se u prsi, dokle koli ne pridiše pomoć *cessabam, veniebat jerol. 230 und* venijeh. sahnijeh, *asl.* *sъhnêhъ. tonijeh. zelenijeh.

15*

umijeh. veselih. uhitih *und* plodijeh *neben* vodjah. vožah. kupljah. *Die impf.* pisah, čuvah *unterscheiden von den aor.* pisah, čuvah *nur durch die quantität des* a. koljah *mactabam*, šaljah *neben* šaljih *mittebam.* berih, beriše *luč. 69.* zovih, zoviše *pist.* zovihu *luc. 58.* perih *lavabam pist.* derih. rvih. verih se *abscondebam me luč.* doreniše *jerol, asl.* *doženêše. II. vezijah. grebijah. grizijah. gredijah *neben dem falschen* grejah. idijah. kunijah. kradijah. pletijah. predijah. rastijah. slovijah; *ebenso* dadijah. znadijah. imadijah. mnidijah *putabam.* smjedijah *audebam.* šćadijah *volebam und* obucijah *vestiebam.* žezijah *urebam.* pecijah *assabam.* strizijah. tecijah. tucijah, *asl.* tlъčaah, *kein* tlъcêjahъ; *daneben* idjah. imadjah. kunjah. jedjah. *und* grebah. idah. pletah. jedah, pekah, tukah. venjah. tonjah. ćeznjah. berijah *neben* berah *und* brah. zovijah *neben* zovah, zvah. III. vidijah. gorijah. grmijah. želijah. sjedijah. trpijah. hotijah, htijah, stijah, ktijah, tijah *für asl.* hotêahъ, hъtêahъ; *ähnlich ist* vrištijah *clamabam, dem ein altes* vrištêti *zu grunde liegt, neben kroat.* vidih. velih. želih. imih. mnih. sjedih. hotih, htih *und sogar* ležih *von einem einstigen* ležêti *und* vidijeh. letijeh. hotijeh, htijeh, *so wie* grmljah. lećah. sjedjah. trpljah. *Das impf.* kupovah *ist vom aor.* kupovah *nur durch accent und quantität:* kȕpovâh *emebam und* kupòvah *emi verschieden. Vgl. meine abhandlung: Das imperfect in den slavischen sprachen. Sitzungsberichte LXXVIII. 143.*

4. Partic. praes. act. *Das partic. praes. act. hat die endung* ći, *kroat.* ć, *wahrscheinlich für das asl.* št: pletući. noseći; vapijuć. delajuć *vinod.* pasuć, znajuć, mneć, hteć, gledeć, ufajuć *luč.* glaseć, leteć, misleć *gund. Daneben findet man kroat. die endung* e *für asl.* ę: grede *Krk.* vide, leže, muče (*asl.* mlъčę), govore, gledaje, poziraje, pomišljaje *luč.* čekaje, ufaje *drž.* podiraje *čubr.* pase, poje (*asl.* poję), hote, hode. *Vgl. Daničić, Istorija 346. Die abweichungen in der bildung beziehen sich vornehmlich auf den vocal, indem* e *für asl.* ą *und* u *für* ę *stehen kann:* dmeći, kuneći, gineći, *asl.* dъmąšti, klъnąšti, gybnąšti; hotući, jizdući, stojući, *asl.* hotęšti, jazdęšti, stojęšti *368.* gorušt *luč. 5. osm. ist asl.* gorąštь; *eben so* svemogi *pist. asl.* vьsemogy. pletići. spavaći. stajaći *sind keine partic. Vgl. 2. seite 171. Dasselbe gilt natürlich von* svjetlušti, vjekušti, njemušti *II. seite 204. Vgl. Daničić, Istorija 369.*

f) Conjugation nach den verbalclassen.

A. Conjugation mit dem praesenssuffix.

Erste classe.

Suffixlose stämme.

1. plet.

α. *Inf.-stamm* plet. *Inf.* ples-ti. *Partic. praet. act. I.* plet-a-v, plet-a-vši. *II.* ple-o. *Partic. praet. pass.* plet-e-n.

Aor.	*1.*	plet-o-h	plet-o-h-om
	2.	plet-e	plet-o-s-te
	3.	plet-e	plet-o-š-e

β. *Praes.-stamm* plet-e.

Praes.	*1.*	plet-e-m	plet-e-mo
	2.	plet-e-š	plet-e-te
	3.	plet-e	plet-u
Impt.	*1.*	—	plet-i-mo
	2.	plet-i	plet-i-te
Impf.	*1.*	plet-ija-h	plet-ija-h-o-m
	2.	plet-ija-š-e	plet-ija-s-te
	3.	plet-ija-š-e	plet-ija-h-u

Partic. praes. act. plet-ući.

t, d *fällt vor* l *aus:* pleo *für* plel; *doch* rastao, rasla *wie* vezao *für asl.* vezlъ, *neben* raso *gund.* bud, *asl.* bąd, *hat das praes.* budem, *den impt.* budi, *das partic. praes. act.* budući. jed, *asl.* jad, *bildet das praes. und den impt. urspr. ohne* e: *die übrigen formen sind:* jesti; jedavši; io, jela; jeden, jedoh *und* jedah, jedući. Sret *hat* srio *und* sreo, srela; sril *hekt.* 65. susritoh 47, *im praes. nach II.* sretnem *und abweichend vom asl.* sretem, susritem *pist., asl. aus* sъrętie *nach V.* 2. sъręštą. pad *hat im praes. auch* padnem *usw.* sjed *auch* sjednem *usw.; für* sjedem *erwartet man* sedem, *asl.* sędą. gred *lautet im praes.* gredem *und* grem; gredeš *und* greš *usw.*

gredijah, gredih, gredući *pist.* id *hat im inf. im kroat.* iti, *im serb. regelmässig* ići, *selten und unorganisch ist* isti: *ähnlich steht* djesti *für asl.* dêti; *im praes.* idem *und* idjem; ć *für* t *und* dj *für* d *sind aus praefixierungen in das verbum eingedrungen:* doći *aus* dotji *für* dojti; dodjem *aus* dodjem *für* dojdem. šad, *asl.* šьd, *hat, wenn es nicht praefixiert ist, im partic. praet. act. II.* išao, išla; došao, došla; *im partic. praet. act. I. unorganisch* išavši, došavši; *bei mik. das partic. praet. pass.* iznašast *inventus;* prošast *praeterlapsus, woher* došastje *luč.* izašastje *gund.* izšastje *rinod. und* iznašasten *luč. 43: jenes* i *von* išao *ist nach einigen der stamm* i *von* iti; *ich möchte vielmehr meinen, dass es das* i *des praefixes* pri *ist, das aus dem verbum* prišьlъ, *serb.* prišao, *in das praefixlose* šьlъ *eingedrungen sei: vgl.* idjem *und* dodjem *aus* dojdem. *Für* cvat *findet man* cvati, cavti, cti *und sogar* capti *gund. Im impf. kann* a *für* ija *stehen:* pletah *und* pletijah; *man merke* idah *und* jedah *neben* idjah *pjesm. 1. 304. und* jedjah. *Partic. praet. act. I.* idavši *prip. 120. Selten ist das partic. praet. pass.* nadjen *aus* najden. *kroat.* vid, *asl.* vêd, *bildet die praes.-formen ohne* e: *befremdend ist der aorist* vih. *Daničić, Istorija 321.*

2. pas.

α. *Inf.-stamm* pas. *Inf.* pas-ti. *Partic. praet. act. I.* pas-a-v, pas-a-vši. *II.* pas-a-o. *Partic. praet. pass.* pas-e-n.

Aor.	*1.*	pas-o-h	pas-o-s-mo
	2.	pas-e	pas-o-s-te
	3.	pas-e	pas-o-š-e

β. *Praes.-stamm* pas-e.

Praes.	*1.*	pas-e-m	pas-e-mo
	2.	pas-e-š	pas-e-te
	3.	pas-e	pas-u
Impt.	*1.*	—	pas-i-mo
	2.	pas-i	pas-i-te
Impf.	*1.*	pas-ija-h	pas-ija-s-mo
	2.	pas-ija-š-e	pas-ija-s-te
	3.	pas-ija-š-e	pas-ija-h-u

Partic. praes. act. pas-ući.

Für asl. vrêsti *und* mlêsti *hat das serb.* vrsti, musti. Nes, *in der regel nur mit praefixen gebräuchlich, kann mit ausnahme des praes., des impt. und des partic. praet. act. I.* (nesem, nesi, nesav, nesavši) *durch* nije *ersetzt werden: aor.* nesoh *und* nijeh; *in der II. und III. sg. nur* nese, *bei den Kroaten jedoch auch* ni *für* nije: odni *luč.* 28. 31. 37. 102. doni 28. 96. poni 109. *im osm.* ni, nije, nje: doni 2. 16; 10. 56; 10. 146. prini 3. 13; 19. 12. odnije 11. 212. donje 6. 42; 10. 8; 17. 128 *usw.* nesosmo *und* nijesmo *usw. partic. praet. act. II.* nesao *und* nio, nijela. *partic. praet. pass.* nesen *und* nijet. *inf.* nesti *und* nijeti. nije *ist identisch mit dem stamme des asl. aor.* nêhъ, *das aus* neshъ *hervorgegangen. Vgl. seite 80. Der aor.* nijeh *liegt dem inf.* nijeti *zu grunde, der dem asl. fremd ist. Daničić, Istorija 246. 320. 321. 387. Das impf. kann* a *für* ija *annehmen:* tresah *und* tresijah. *Unorganisch ist das partic. praet. pass.* nešen: donešen *pjesm. 1. 121.* prenešen *1. 308. Man merke den aor.* ljegoh *für* ljezoh *pjesm.* 2. 57; 2. *131*; 2. *191*; 2. *195. Dasselbe finden wir im bulg.*

3. greb.

α. *Inf.-stamm* greb. *Inf.* greb-s-ti. *Partic. praet. act. I.* greb-a-v, greb-a-vši. *II.* greb-a-o. *Part. praet. pass.* greb-e-n.

Aor.	*1.* greb-o-h	greb-o-s-mo
	2. greb-e	greb-o-s-te
	3. greb-e	greb-o-š-e

β. *Praes.-stamm* greb-e.

Praes.	*1.* greb-e-m	greb-e-mo
	2. greb-e-š	greb-e-te
	3. greb-e	greb-u
Impt.	*1.* —	greb-i-mo
	2. greb-i	greb-i-te
Impf.	*1.* greb-ija-h	greb-ija-s-mo
	2. greb-ija-š-e	greb-ija-s-te
	3. greb-ija-š-e	greb-ija-h-u

Partic. praes. act. greb-ući.

Inf. dubsti, skubsti *neben* skusti, sopsti *sugere,* hropsti, crpsti. *Daničić, Istorija 246.* živ *lautet im inf.* živsti, *älter* žiti; *gebräuchlicher jedoch ist* živjeti *nach III. 2, daher im praes.* živem *und* živim. pljev *hat im inf.* pljeti, *im praes.* plijevem, *im partic. praet. pass. bei mik.* pleven *und* plet. *Auch der stamm* sp (*asl.* sъp, *woher* sypa) *stösst* p *mit ausnahme des praes. und des impt. aus, und verwandelt das ursprüngliche* ъ *in* u: uspem, uspi; usuh, usuvši, usuo, usuti, usut: *vgl.* suti *mit* sospohъ (*asl.* sъsъpohъ) *bei Nestor; allerdings erwartet man im aor.* spoh *für* suh. *Bemerkenswert ist der inf. von* dlъb: dlist, *asl.* *dlêsti, *praes.* delbem, *richtig wohl* dlbem, *auf Veglia. Das impf. kann* a *für* ija *annehmen:* grebah, grebijah.

4. pek.

α. *Inf.-stamm.* pek. *Inf.* peći. *Partic. praet. act. I.* pek-a-v, pek-a-vši. *II.* pek-a-o. *Partic. praet. pass.* peč-e-n.

Aor.	*1.* pek-o-h	pek-o-s-mo
	2. peč-e	pek-o-s-te
	3. peč-e	pek-o-š-e

β. *Praes.-stamm* pek-e.

Praes.	*1.* peč-e-m	peč-e-mo
	2. peč-e-š	peč-e-te
	3. peč-e	pek-u
Impt.	*1.* —	pec-i-mo
	2. pec-i	pec-i-te
Impf.	*1.* pec-ija-h	pec-ija-s-mo
	2. pec-ija-š-e	pec-ija-s-te
	3. pec-ija-š-e	pec-ija-h-u

Partic. praes. act. pek-ući.

Der inf. von vrh *lautet* vrijeći, *von* vrg *jedoch* vrći, *asl. von beiden* vrêšti; *ähnlich im kroat. hie und da* vlići, tlići, *serb.* vući, tući, *asl.* vlêšti, tlêšti. *Kolo, 3. 89.* vrići (vrg) *pist.* vrići, vlić', slić'. *Daničić, Istorija 247.* ž *von* mog *kann in* r *übergehen:* moreš *und* možeš. rek *kann im westen des sprachgebietes durch das aus dem asl. aor.* rêhъ *entstandene* rije *in jenen formen ersetzt werden, in denen dem stamme* nes *der stamm* nije *substituiert werden kann: inf.* rijeti, riti *aor.* rijeh, rih; riješe, riše. *Daničić, Istorija 247. 320. 321: ein dem* nio *entsprechendes* rio *kömmt nicht vor.* rek, leg *decumbere und in der praefixirung mit* po, pod *auch* mog *können im praes. nach II. conjugiert werden:* reknem, rečem; mog *mit* za, iz *usw. verbunden, geht nur nach II:* zamognem. vik, klik, klek, lek, mak, mrk, muk (mlъk), nik, puk, tak, crk; bjeg, vrg, dig, ljeg, preg, stig, seg *bilden das praes. und, mit ausnahme von* bjeg *und* vrg, *den impt. nach II:* obiknem, obikni; kliknem, klikni; kleknem, klekni *usw. Im inf. gelten beide formen:* obiknuti, obići; kliknuti, klići; kleknuti, kleći *usw. Das impf. kann* ja *für* ija *annehmen: daher* tečah, žežah *neben* tecijah, žezijah; vršah, *wie es scheint, ohne* vrsijah; *in* mogah *pjesm. 1. 39. 362. ist* a *gleich asl.* a. moj *in* ne moj *noli steht für asl.* mozi. *Der impt. bietet im westen des sprachgebietes häufig den palatal statt des sibilanten:* peči, leži *für* peci, lezi. vršu *steht in pjesm. 1. 513. fehlerhaft für* vrbu, *asl.* vrъhą. *Ungr.-kroat. ist* reču *dicunt,* ležu: ovce ležu janjce, zliču *exuunt neben* žgu *urunt.* pekao *setzt* pekъlъ *voraus: vgl. kroat.* rekel, nasikel *neben* rekol, nasikol *Krk.*

5. klьn.

α. *Inf.-stamm* kle. *Inf.* kle-ti. *Partic. praet. act. I.* kle-v, kle-vši. *II.* kle-o. *Partic. praet. pass.* kle-t.

Aor.	*1.*	kle-h	kle-s-mo
	2.	kle	kle-s-te
	3.	kle	kle-š-e

β. *Praes.-stamm* klьn-e.

Praes.	*1.*	kun-e-m	kun-e-mo
	2.	kun-e-š	kun-e-te
	3.	kun-e	kun-u
Impt.	*1.*	—	kun-i-mo
	2.	kun-i	kun-i-te
Impf.	*1.*	kun-ija-h	kun-ija-s-mo
	2.	kun-ija-š-e	kun-ija-s-te
	3.	kun-ija-š-e	kun-ija-h-u

Partic. praes. act. kun-ući.

Die stämme dъm, žьm, im, klьn, čьn, žьn, pьn *lauten im praes.* nadmem, zažmem, uzmem, *asl.* vъzьmą, kunem, začnem, žnjem *und* žanjem, *in Montenegro* žnijevem, penjem, *mit praefixen* pnem *neben* penjem: ispnem, ispenjem; popnem, popenjem; pripnem, pripenjem *usw.*; *für* žeti, žeh, žeo,ževši *hört man auch* žnjeti, žnjeh, žnjeo *pjesm. 1. 171.* žnjevši *gund., im praes. neben* žnjem *und* žanjem *auch* žnjevem *pjesm. 1. 4. 75. Das partic. praet. pass. von* nadъm *lautet* nadmen *mik. osm. 13. 8. und daher* dmenje *osm.*: naduven *stammt von* du, *nicht von* dъm; *von* žьn-žet, žnjen *und* žnjeven; *das impf. von* žьn-žnjah *und* žanjah, *von* klьn-kunijah *und* kunjah, *von* dъm-dmah: *ein* dmijah *scheint unnachweisbar.* čьn *wird nicht selten durch* čьm *ersetzt:* čmem. im *wird in der verbindung mit* pri, na *durch* imi *nach IV. ersetzt:* primiti, najmiti, *doch* primati, naimati: *die Kroaten haben nicht nur* prijeti, najeti, *sondern auch* jati *capere, incipere für* jęti: jamem: ja jah teći *luč. 21.* prijati *luč. ivaniš. drž.*; *ebenso* počati *ivaniš., asl.* počęti.

6. mr.

α. *Inf.-stamm* mr. *Inf.* mr-ije-ti. *Partic. praet. act. I.* mr-v, mr-vši. *II.* mr-o. *Partic. praet. pass.* tr-e-n.

Aor.	*1.* mr-ije-h	mr-ije-s-mo
	2. mr-ije	mr-ije-s-te
	3. mr-ije	mr-ije-š-e

β. *Praes.-stamm* mr-e.

Praes.	*1.* mr-e-m	mr-e-mo
	2. mr-e-š	mr-e-te
	3. mr-e	mr-u
Impt.	*1.* —	mr-i-mo
	2. mr-i	mr-i-te
Impf.	*1.* (pr-a-h)	(pr-a-s-mo)
	2. (pr-a-š-e)	(pr-a-s-te)
	3. (pr-a-š-e)	(pr-a-h-u)

Partic. praes. act. mr-ući.

Die praes. vom ml, dr *und* tr *lauten* meljem, derem *in verbindung mit* iz, na, od: derem *und* drem: izaderem, izadrem, tarem *und* trem. *Der inf. verstärkt den vocal* r *zu* rije *für asl.* rě: vrijeti: zavrijeti *abdere*, drijeti, ždrijeti, mrijeti, prijeti *fulcire*, strijeti, zazreti, preti *accusare*, *bei mik.* zriti, priti; *und* je: mljeti, *asl.* mlěti; *die verstärkung unterbleibt in* trti; *von* cvr *liest man bei mik. 53.* cvrti *und* cvrijeti. *Daničić, Istorija 250:* podrijeti, odriti; poždrijeti; umrijeti; podapriti: prostrijeti, prostriti; mliti *neben* trti, odrti, požrti. *Man merke das impf.* meljah *vom praes.-stamme* melje *und* prah *und* trah *von* pr *accusare und* tr, *und die partic. praet. pass.* mljeven, pret *accusatus und* trven *neben* tren; zastrt; zr *und* pr *accusare haben in den partic. praet. act.* zrevši, prevši *und* zreo *und* preo; *man beachte den aor.* trh, *asl.* trъhъ, tr, tr: trsmo, trste, trše: utr suze od bijela lica *volksl.; daneben auch vom inf.* trijeti: trijeh *usw.:* kakve sile satrije vrijeme *contrivit;* mnoga mu se stada utriješe. *Daničić, Oblici 88. In älteren quellen* odrije, proždrije, umrije, zaprije, prostrije. *Istorija 324. Das impf. lautet* tr-ah *zweisilbig, indem* r *vocalisch ausgesprochen wird; auch* tr-o *und* mr-o *sind zweisilbig.*

7. bi.

α. *Inf.-stamm* bi. *Inf.* bi-ti. *Partic. praet. act. I.* biv, bivši. *II.* bi-o. *Partic. praet. pass.* bi-t.

Aor.	*1.* bi-h	bi-s-mo
	2. bi	bi-s-te
	3. bi	bi-š-e

β. *Praes.-stamm* bi-j-e.

Praes.	*1.* bi-j-e-m	bi-j-e-mo
	2. bi-j-e-š	bi-j-e-te
	3. bi-j-e	bi-j-u
Impt.	*1.* —	bi-j-mo
	2. bi-j	bi-j-te
Impf.	*1.* bi-j-a-h	bi-j-a-s-mo
	2. bi-j-a-š-e	bi-j-a-s-te
	3. bi-j-a-š-e	bi-j-a-hu

Partic. praes. act. bi-j-ući.

Zna *hat im praes.* znam *und* znadem, *in der III. pl.* znaju *und* znadu; *in der III. sg. steht* znaje *als reim auf* sjaje: nek se sjaje, nek se moje znaje *pjesm. 82;* sta-stanem, *selten auch im inf.* stanuti *nach II;* slu *im praes.* slovem *luč. 82. 93;* ku-kovem *duš.-zak. 180. 182;* dje *ponere* djenem *nach II. und* djedem, *verschieden vom asl.* deždą; *doch* odijem, zadijem *kroat.:* dje *dicere hat bei den Kroaten* dim, diš *usw.;* di *wird im kroat. wie* pre *im nsl. gebraucht;* zre-zrem *und* zrim *pjesm. 1. 287, in der III. pl.* zru; pje-pjeti, pojem, *impf.* pojah, pojući: *selten ist* pje *im aor. und im partic. praet. act. II. für* pjevah, pjevao. spje, smje-spijem *und* smijem *für asl.* spêją *und* smêją: vapi, upi *geht bei gund. auch nach IV:* vapi *osm. 18. 147.* vape *10. 63.* vapeć *5. 35; 8. 183; 16. 24 usw. neben* vapije, vapiju, vapijuć. zna, sta, dje, smje *lauten im aor.* znah, stah, djeh (dih *dixi,* di *kroat.*), smjeh *und* znadoh, stadoh, djedoh, smjedoh. *Selten ist* stanuo *pjesm. 1. 41. für* stao. zna *hat im impf.* znah *pjesm. 2. 586.* znadijah *und* znadjah; smje-smijah *luč. und* smedijah. *Der inf.* djesti *neben* djeti (odjeti) *ist wie* isti *von* i *unregelmässig: jenes beruht auf* djedem, *dieses auf* idem. *Man merke die partic. praet. pass.* bjen *luč. 88.* bijen *pjesm. 2. 155. neben* biven *ivaniš. und* bit; piven, pijen; liven *pjesm. 2. 46. ivaniš.* ljeven (*vgl. asl.* lê *in* lêją), lijen, lit *und nach mik.* ljet; umiven; dobijen, dobiven *und* dobit; pokriven, pokrit; riven; nadiven, dospiven *von* kri, di (dê), spi (spê); šiven, šven *und* šit; izuven, izut *osm. 2. 36;* čuven; znan *nach V;* okni *fucare, ein verbum denominativum von* kna, *daher zu IV. gehörig, hat nach* bi *im praes.* oknijem *und im partic. praet. pass.* okniven. bi, *asl.* by, *hat im praes.* budem; zabiti *oblivisci,* zbiti se *fieri,* probiti *prodesse,* zabudem, zbude se, probude; dobiti *dagegen* dobijem, *ebenso* snebiti se, snebijem se; *doch* dobudem *osm. 4. 107; 133. 33. Das impf. von* bi (by) *lautet* bjeh, bješe *usw.*

Zweite classe.

nǫ-stämme.

z. Inf.-stamm tonu. *Inf.* tonu-ti. *Partic. praet. act. I.* tonu-v, tonu-vši. *II.* tonu-o. *Partic. praet. pass.* tegnu-t.

Aor. 1. tonu-h	tonu-s-mo
2. tonu	tonu-s-te
3. tonu	tonu-š-e.

β. *Praes.-stamm* ton-e.

Praes.	*1.* ton-e-m	ton-e-mo
	2. ton-e-š	ton-e-te
	3. ton-e	ton-u.
Impt.	*1.* —	ton-i-mo
	2. ton-i	ton-i-te.
Impf.	*1.* ton-ja-h	ton-ja-s-mo
	2. ton-ja-š-e	ton-ja-s-te
	3. ton-ja-š-e	ton-ja-h-u.

Partic. praes. act. ton-ući.

Die praesensformen mognem, dadnem, htjednem *oder* htjenem, smjednem *werden nur in abhängigen sätzen angewandt:* ako mogne *usw. Der aor. wird häufig von einem mit dem suffix* nu *unbeschwerten stamme gebildet, wenn dieser consonantisch auslautet:* bjegoh, vrgoh, vikoh; giboh *von* ginu *aus* gybną; poginoh *pjesm. 1. 415. von* poginu; izdahoh *von* izdъhną; nagoh, naže *für* nagboh, nagbe *von* nagnu *aus* nagъbną; grtoh *von* grnu *aus* grъtną; skidoh *pjesm. 1. 400. von* skinu *aus* sъkydną; okretoh *1. 547. von* okrenu *aus* okrętną; vaskrsoh *2. 89. von* vaskrsnu; prskoh, pršte *aus* prsče; sviskoh, svište; otiskoh, otište *pjesm. 2. 452. von* prsnu, svisnu, otisnu: *w.* prsk, svisk, tisk; usahoh, usaše *drž.* usahnu *usw.;* obiskoh *pjesm. 2. 499. von* obisnu (*w.* vis) *ist unorganisch. Ebenso entsteht das partic. praet. act. II.* uveo *von* uvenu (*w.* vęd); uvehao *gund. von* uvehnu; prozukao *von* prozuknu; srkao *von* srknu; usahao *gund. von* usahnu; otisla *pjesm. 1. 404. von* otisnu; iščezao *von* iščeznu; pogibao *von* poginu *ist weniger gebräuchlich als* poginuo. istruo *von* istrunu *und* podbno *neben* podbunuo *sind die einzigen formen dieser art von vocalisch auslautenden stämmen. Das partic. praet. pass. wird gebildet: a) durch* t: ustaknut *pjesm. 2. 565.* metnut *3. 240; 3. 242. b) durch* n: popridižen *milut.-serb. 102.* raskiden; stišten *osm. 13. 19.* potišten *19. 183.*

Dritte classe.

ê-stämme.

Erste gruppe.

umê.

α. *Inf.-stamm* umje. *Inf.* umje-ti. *Partic. praet. act. I.* umje-v, umje-vši. *II.* um-i-o. *Partic. praet. pass.* šti-v-e-n.

Aor.	*1.* umje-h	umje-s-mo
	2. umje	umje-s-te
	3. umje	umje-š-e.

β. *Praes.-stamm* umij-e.

Praes.	*1.* umi-j-e-m	umi-j-e-mo
	2. umi-j-e-š	umi-j-e-te
	3. umi-j-e	umi-j-u.
Impt.	*1.* —	umi-j-mo
	2. umi-j	umi-j-te.
Impf.	*1.* umi-ja-h	umi-ja-s-mo
	2. umi-ja-š-e	umi-ja-s-te
	3. umi-ja-š-e	umi-ja-h-u.

Partic. praes. act. umi-j-ući.

In umije, *asl.* umêjetъ, *steht wie in* umio, *asl.* umêlъ, i *für* ê; *dialektisch lautet die 1. sg.* umim, umem; *ungr.-kroat.* štem, šteš *usw. lego. Man merke* želijem. *Die Kroaten haben* imiti *für asl.* imêti *neben* imati. *daher* imih *und* imah; *die Serben sprechen nur* imati, *woron* imam *und* imadem, ìmah *und* imadoh, imâh *und* imadijah *neben* imadjah. *Man merke* šteći *luč. 89. nach IV. für* štijući *luč. 27. und das partic. praet. pass.* štiven *mik.; von* šti *findet man nach IV.* štim *osm. 15. 3.* šti *hekt. 101. osm. 9. 169; 10. 136; 19. 7.* šte *osm. 1. 79. für* štijem, štije, štiju. zreti *maturescere, asl.* zrêti, zrêją *usw., hat im praes.* zrim, zriš *usw., doch in der III. pl.* zru: zru jabuke; *sonst* zreo, zrevši *usw.* vreti, *asl.* vrêti. vrją. vriši *usw., fervere hat in der III. pl. praes.* vru *und entsprechend im partic. praes.* vrući: *nsl.* vrêti, vre *usw.*

Zweite gruppe.

gorê.

α. *Inf.-stamm* gorje. *Inf.* gorje-ti. *Partic. praet. act. I.* gorje-v, gorje-vši. *II.* gori-o. *Partic. praet. pass.* vidje-n.

Aor.	*1* gorje-h	gorje-s-mo
	2. gorje	gorje-s-te
	3. gorje	gorje-š-e.

β. *Praes.-stamm* gori-e.

Praes.	*1.* gori-m	gori-mo
	2. gori-š	gori-te
	3. gori	gore.
Impt.	*1.* —	gori-mo
	2. gori	gori-te.
Impf.	*1.* gori-ja-h	gori-ja-s-mo
	2. gori-ja-š-e	gori-ja-s-te
	3. gori-ja-š-e	gori-ja-h-u.

Partic. praes. act. goreći.

Im impf. verschmilzt meist je *mit* a *zu* ja, *daher* gorah *luč. 69. für* gorjah *aus* gorijah *pjesm. 2. 11, dialektisch* goreah; vrćah, sjedjah *pjesm. 1. 495. aus* sjedijah *2. 608.* vidjah *1. 465.* kipljah, svrbljah, življah. vr, *inf.* vreti, *hat in der III. pl.* vru *und im partic. praes. act.* vrući *nach der I. classe: auch für* goreći *drž. luč. findet man* gorući *mik. gund. Man merke* zvečijaše *pjesm. 1. 42.* htje. htjeti, *wofür auch* ćeti, kteti, teti, *hat im praes.* hoću, hoćeš, hoće; hoćemo, hoćete, hoće *und* hote, *asl.* hotętъ; *im impt.* htij *luč. 19. 31.* hotij *51.* htjej, hotjej: *im aor.* htjeh, šćeh, ćeh, kteh, teh *und* htjedoh, šćedoh, ktedoh, tedoh: *im impf.* hotijah *pjesm. 2. 43.* hotih *luč. 105.* htijah *105.* ćah, ktijah, tijah, otijah, hoćah *pjesm. 2. 14.* šćah *pjesm. 2. 220. und* ćadijah, šćadijah *2. 376; im partic. praes. act.* hote *mik.* hoteći. htєć *luč.; im partic. praet. act I.* hotjev, hotjevši *und im partic. praet. act. II.* hotio. htio. i *in* hotijah *und in* htio *steht für asl.* ê: *für* htijah, htio *wird auch* stijah, stio *gesprochen; im praes. steht* ću *enklit. für* hoću. velje *und* muje. *asl.* velê, mьnê, *kommen nur im praes. und im impf. vor:* velim, mnim *und* mlim: veljah, mnijah *luč. 21.* mnjah, mnidijah, mljah *pjesm. 1. 346.* mlidijah *1. 300; 2. 64; bei luč. liest man das praes.* mnijem *65. 73, den impt.* mnij *102. und das partic.* mnijući *45.* vidje *hat im impt.* vidi *und* vidji, vidj, *bei den Kroaten* viji, vij, vijte. stoja *ist in den infinitivformen durch das von* sta *mittelst* a *abgeleitete* staja *verdrängt worden:* stojim, stoj *aus* stoji, stojeći; stàjah, stàjâh, stajavši, stajao; *man merke* steći *für* stojeći *luč. Dass* stajati *aus* stojati *durch assimilierung des* o *an das* a *der folgenden silbe entstanden sei, ist wenig wahrscheinlich. Man findet auch das aus* stojati *wie im nsl. entstandene* stati: bojno koplje u planini staše.

Aus dem asl. obrêt *hat sich ein stamm* obre *nach III. 2. entwickelt:* obrim se, obreh se *usw.: das mittelglied ist der asl. aor.* obrêhъ: *vgl.* nijeti *und* rijeti *seite 231, 233; das praes.* obrim *ist unregelmässig: ebenso das als eigenname vorkommende partic. praet. pass.* obren *neben* obreten; *im aor. hört man auch* obretoh: što obrete, to omete. *Das asl.* sъrêt *gehört bei luč. 21. zu IV: III. pl.* srite. spati *hat* spim, spiš *usw. Vgl. seite 150. Für* broji, taji *nach IV. hört man auch* broja, taja *nach III. 2. Neben dem partic. praet. pass.* držan *findet man* držat.

Vierte classe.

i - s t ä m m e.

hvali.

α. *Inf.-stamm* hvali. *Inf.* hvali-ti. *Partic. praet. act. I.* hvali-v, hvali-vši. *II.* hvali-o. *Partic. praet. pass.* hvalj-e-n.

Aor.	*1.* hvali-h	hvali-s-mo
	2. hvali	hvali-s-te
	3. hvali	hvali-š-e.

β. *Praes.-stamm* hvali-e.

Praes.	*1.* hvali-m	hvali-mo
	2. hvali-š	hvali-te
	3. hvali	hvale.
Impt.	*1.* —	hvali-mo
	2. hvali	hvali-te
Impf.	*1.* hvalj-a-h	hvalj-a-s-mo
	2. hvalj-a-š-e	hvalj-a-s-te
	3. hvalj-a-š-e	hvalj-a-h-u.

Partic. praes. act. hvaleći.

Im impf. und im partic. praet. pass. erleiden die consonanten die entsprechenden veränderungen: bijeljah, bijeljen; varah, varen *aus* varjah, varjen; branjah, branjen; vraćah, vraćen; budjah, budjen: *bei den Kroaten* bujah, bujen; kropljah, kropljen; vabljah, vabljen; gotovljah, gotovljen; krnljah, krnljen; vožah, vožen; gašah, gašen; mišljah, mišljen; pražnjah, ispražnjen; gnježdjah;

krštah *für* kršćah. *Man beachte die impf.* jezdijah *pjesm. 1. 416.* cavtijah *1. 230.* nosijah *1. 420.* resijaše, slidijaše *osm. 7. 44; 10. 91. und* dolazah *pjesm. 1. 235. neben* prelažah *1. 576;* nosah *1. 197. gehört zu* nosa *nach V. 1. Unrichtig ist die III. pl. praes.* nosu *osm. 11. 51.*

Fünfte classe.

a - s t ä m m e.

Erste gruppe.

čuva.

α. *Inf.-stamm* čuva. *Inf.* čuva-ti. *Partic. praet. act. I.* čuva-v, čuva-v-ši. *II.* čuva-o. *Partic. praet. pass.* čuva-n.

Aor.	*1.* čuva-h	čuva-s-mo
	2. čuva	čuva-s-te
	3. čuva	čuva-š-e.

β. *Praes.-stamm* čuva-j-e.

Praes.	*1.* čuva-m	čuva-mo
	2. čuva-š	čuva-te
	3. čuva	čuva-j-u.
Impt.	*1.* —	čuva-j-mo
	2. čuva-j	čuva-j-te.
Impf.	*1.* čuva-h	čuva-s-mo
	2. čuva-š-e	čuva-s-te
	3. čuva-š-e	čuva-h-u.

Partic. praes. act. čuva-j-ući.

Länge und kürze der vocale scheidet die buchstäblich zusammenfallenden formen: III. sg. praes. čùvā *aus* čuvajetъ, *II. und III. sg. aor.* čúva: *I. sg. aor.* čúvah, *I. sg. impf.* čùvāh *aus* čuvaahъ: *I. pl. aor.* čúvasmo, *I. pl. impf.* čùvāsmo *aus* čuvaasmo: *II. pl. aor.* čúvaste, *II. pl. impf.* čùvāste *aus* čuvaaste. *Das partic. praet. pass. kann auch durch* tъ *gebildet werden:* čuvat. gleda *hat im praes.* gledam *und* gledim. gledeći: *asl.* ględéti. *russ.* gljadêtь. *Ursprünglich war* ględêti *durativ,* ględati *iterativ: vgl.* sêdêti *und* sédati *usw.* sija *splendere hat* sijam, sja *hingegen neben* sjam *auch* sjajem, *wie im asl.* sijają, sijaješi; zija, zja *hat* zijam, zjam.

Zweite gruppe.

pisa.

α. *Inf.-stamm* pisa. *Inf.* pisa-ti. *Partic. praet. act. I.* pisa-v, pisa-v-ši. *II.* pisa-o. *Partic. praet. pass.* pisa-n.

Aor.	*1.* pisa-h	pisa-s-mo
	2. pisa	pisa-s-te
	3. pisa	pisa-š-e.

β. *Praes.-stamm* pisi-e.

Praes.	*1.* piš-e-m	piš-e-mo
	2. piš-e-š	piš-e-te
	3. piš-e	piš-u.
Impt.	*1.* —	piš-i-mo
	2. piš-i	piš-i-te.
Impf.	*1.* pisa-h	pisa-s-mo
	2. pisa-š-e	pisa-s-te
	3. pisa-š-e	pisa-h-u.

Partic. praes. act. piš-ući.

Im praes., impt. und im partic. praes. act. erleiden die flüssigen, dentalen, labialen consonanten und die sibilanten die vorgezeichneten veränderungen: koljem, koljah; orem *aus* orjem, *asl.* orją; lijećem, glodjem; kapljem, zobljem, zazibljem, hramljem; kvočem, vežem, brišem; *die gutturalen gehen in* č, ž, š *über:* gučem, lažem, mašem; čem *gilt neben* tkam *von* tka; *unregelmässig ist* guričem *von* gurita. sk *geht in* št, *kroat. in* šć *über:* ištem, išćem; ht *in* šć: dašćem *von* dahta. sla *hat* šljem *und* šaljem; kla-koljem. *Man merke* pisat *neben* pisan. *Für* jektijah *pjesm. 1. 42. erwartet man* jektah *von* jekta: *vgl.* drhtati, *praes.* drhtim, drhteći.

Dritte gruppe.

bra.

α. *Inf.-stamm* bra. *Inf.* bra-ti. *Partic. praet. act. I.* bra-v, bra-v-ši. *II.* bra-o. *Partic. praet. pass.* bra-n.

Aor.	*1.* bra-h	bra-s-mo
	2. bra	bra-s-te
	3. bra	bra-š-e.

β. *Praes.-stamm* ber-e.

Praes.	*1.* ber-e-m	ber-e-mo
	2. ber-e-š	ber-e-te
	3. ber-e	ber-u.
Impt.	*1.* —	ber-i-mo
	2. ber-i	ber-i-te.
Impf.	*1.* bra-h	bra-s-mo
	2. bra-š-e	bra-s-te
	3. bra-š-e	bra-h-u.

Partic. praes. act. ber-ući.

Gna *hat im praes.* ženem, *wofür auch* renem, *und unorganisch* gnam.

Vierte gruppe.

sêja.

α. *Inf.-stamm* sija. *Inf.* sija-ti. *Partic. praet. act. I.* sija-v, sija-v-ši. *II.* sija-o. *Partic. praet. pass.* sija-n.

Aor.	*1.* sija-h	sija-s-mo
	2. sija	sija-s-te
	3. sija	sija-š-e.

β. *Praes.-stamm* si-j-e.

Praes.	*1.* si-j-e-m	si-j-e-mo
	2. si-j-e-š	si-j-e-te
	3. si-j-e	si-j-u.
Impt.	*1.* —	si-j-mo
	2. si-j	si-j-te.
Impf.	*1.* si-j-a-h	si-j-a-s-mo
	2. si-j-a-š-e	si-j-a-s-te
	3. si-j-a-š-e	si-j-a-h-u.

Partic. praes. act. si-j-ući.

16*

I *steht hier für asl.* ê. dava *hat im praes.* dajem, *im westen* davam; poznava-poznajem. *So beurteile man auch* obećaje, obećavati; vjenčaje, vjenčavati; zaključaje, zaključavati; zamotaje, zamotavati *usw. Daničić, Oblici 109.* kovati *lautet im praes.* kujem *und* kovem. *Das partic. praet. pass. lautet auch auf* tъ *aus:* kovat.

Sechste classe.

ova *(u-a)*-stämme.

kupova.

α. *Inf.-stamm* kupova. *Inf.* kupova-ti. *Partic. praet. act. I.* kupova-v, kupova-v-ši. *II.* kupova-o. *Partic. praet. pass.* kupova-n.

Aor.	*1.* kupova-h	kupova-s-mo
	2. kupova	kupova-s-te
	3. kupova	kupova-š-e.

β. *Praes.-stamm* kupu-j-e.

Praes.	*1.* kupu-j-e-m	kupu-j-e-mo
	2. kupu-j-e-š	kupu-j-e-te
	3. kupu-j-e	kupu-j-u.
Impt.	*1.* —	kupu-j-mo
	2. kupu-j	kupu-j-te.
Impf.	*1.* kupova-h	kupova-s-mo
	2. kupova-š-e	kupova-s-te
	3. kupova-š-e	kupova-h-u.

Partic. praes. act. kupu-j-ući.

Hieher gehören nicht nur die inf.-stämme auf ova, *sondern auch die auf* iva: dovikiva, dokaziva, zamahiva *usw.*

B) Conjugation ohne das praesenssuffix.

1. vêd.

Praes.	*1.* vi-m	vi-mo
	2. vi-š	vi-te
	3. vi	vi-ju.
Impt.	*1.* —	vij-mo
	2. vij	vij-te.

Der III. pl. viju *ist unnachweisbar;* zapovidu *iubent ungr.-kroat.;* povijedu *usw. in älteren serb. denkmälern. Daničić, Istorija 292. Der impt. ist nach dem praefixierten* povêd *gebildet:* povij *luč.* odpovij *pist. impf.* spovidjah *confitebar luč. 34: richtig wohl* spovijah *als reim auf* smijah. *Im serb. ist das unpraefixierte* vêd *jetzt wenigstens unbekannt; das praefixierte gehört zu IV:* povjedim, zapovjedim *usw. III. sg. praes.* zapovije, spovije *osm., asl.* zapovêstь; *impt.* povjedj, odpovidji, povij, povidi. *Daničić, Istorija 336.* spovjedj, *asl.* vêždь; *aor.* zapovidje *osm.*

2. dad.

Praes.	*1.* da-m	da-mo
	2. da-š	da-te
	3. da	dad-u
Impt.	*1.* —	daj-mo
	2. daj	daj-te

Das praes. lautet auch dadem, dadeš *usw. Der impt. stammt von* daja, *steht daher nicht für* daždь. *Selten ist* dadi: te glas dadi u ćeliju crkvu *volksl.*

3. jêd.

Praes.	*1.* ije-m	ije-mo
	2. ije-š	ije-te
	3. ije	ij-u.
Impt.	*1.* —	jedj-mo
	2. jedji	jedj-te.

Ijem *entspricht einem älteren* jêmь *mit betontem* ê; *kroat.* jim *ist gleichfalls auf ein* jêmь *zurückzuführen.* jêd *geht auch nach* plet, *daher* jedem, jedeš *usw. und die III. pl.* jêdû, *während* jêdû *dem asl.* jadętъ *entspricht. Daničić, Oblici VII. izd. 119. Der impt. lautet auch* jedj, jij, *nsl.* jêj.

4. jes.

Praes.	*1.* jes-a-m	jes-mo
	2. je-si	jes-te
	3. jes-t	jes-u

Für jesam, jesi *usw.* *spricht man enklitisch* sam, si, je; smo, ste, su; *mit der negation* nijesam, nijesi *usw.* nisam, nisi *usw.* nesam, nesi *usw.* *Neben* jest *wird* jeste *gesprochen:* nju mi jeste drugi preprosio *volksl.*

Anhang.

Umschriebene verbalformen.

1. Perfect. act. *Das perfect. act. besteht aus dem partic. praet. act. II. und dem praes. des verbum subst.:* pisao sam. *Das verbum subst. kann in der III. sg. fehlen:* bio jedan car, pa imao tri sina i jednu kćer *prip. 8.* nadje lisicu, gde se uhvatila u gvoždja *26.* 2. Plusquamperfect. act. *Das plusquamperfect. act. besteht aus dem partic. praet. act. II. und dem impf. oder perf. des verbum subst.:* bjesmo *oder* bijasmo došli; bili smo došli; *vgl. rum. cŭ am fost kqntat. ungr.-kroat.* je bil pokazal. je preminulo bilo. *Man begegnet auch verbindungen wie* ja bih bio napisao. *3.* Fut. act. *Das fut. act. wird bezeichnet: a) durch verbindung des inf. mit dem praes. von* htjeti: hoćem poći. *Wenn das praes. von* htjeti *dem inf. folgt, so wird das suffix des inf. abgeworfen:* hvalićeš, plešćeš; *doch auch* plesti ću *pjesm. 2. 635; unverändert bleibt der inf. in den verben I. 1:* peći ćeš *und bei* ići: ići ćeš. *b) durch verbindung der des auslautenden* i *entkleideten inf.* dati, znati, imati, smjeti *und* htjeti *mit dem praes.* budem *des verbum subst.:* znadbudem; *diese form steht nach* ako *bei zweifeln:* ako znadbudem; *von* moći *lautet dieses futurum* mogbudem. *Vgl. IV. 775. c) durch zusammensetzung der verba imperfectiva mit der praepos.* uz, *wodurch das verbum perfectiv wird: diese form steht nach* ako *und* kad: ako uzpišem, kad uskosimo. *Vgl. IV. 775. Die verba perfectiva bezeichnen durch ihr praes. nur in abhängigen sätzen das fut.:* kad nadjem *quando invenero; bei den Kroaten tritt diess auch in hauptsätzen ein, wie aus folgenden beispielen hervorgeht: omne regnum in se divisum desolabitur, et domus supra domum cadet lautet kroat.:* svako kraljestvo, ko je samo v sebi neskladno, razaspe se, i hiža svrhu hiže pade *pist. und serbisch:* svako carstvo, koje se razdijeli samo po sebi, opustjeće, i dom propašće; *omnis plantatio, quam non plantavit pater meus caelestis, eradicabitur, kroat.:* svako vsejanje, ko ni vsadil otac moj nebeski, iskoreni se *pist. und serb.:* svako drvo, koje nije posadio otac moj nebeski, iskorijeniće se; *nobis annunciabit omnia, kroat.:* on nam svaka navisti *pist., serb.:* kazaće nam sve. *Dass im serb. durch das praes. eines verbum perfectivum ein wahres praes. bezeichnet werde, ist unrichtig, dieses dient: α) zur bezeichnung des fut. in abhängigen sätzen; β) als praes. historicum, in welchem falle es durch den aor. ersetzt werden kann:* to rekavši baci novčić u potok, a novčić odmah potone na dno, onda se on sagne, te izvadi novčić iz vode, pa ga odnese gospodaru natrag *prip. 50. So wird auch das praes.* budem *gebraucht:* kad bude v jutru *21; γ) zur bezeichnung dessen, was gewöhnlich geschieht, da das praes. eines verbum imperfectivum, das in der gegenwart wirklich geschehende anzeigt: wenn daher in luc. 11. 22.* αἴρει, διαδίδωσι *bei Vuk durch* uzme, razdijeli *übersetzt wird, so sind die griechischen verba in der bedeutung von: pflegt zu nehmen, pflegt zu verteilen, oder vielmehr: nimmt, verteilt in jedem vorkommenden falle aufgefasst worden: im kroat. stehen* odnese *und* razdili *für die fut. der lat. vulgata: auferet und distribuet. d) bei den Kroaten kann das fut.: α) durch verbindung von* budem *mit dem inf. ausgedrückt werden:* budem imiti; blažen, koj joj bude grlit grlo i vrat bil i gladak *luč. 14; β) durch verbindung von* imam *mit dem inf.:* imam piti *bibiturus sum pist.; γ) durch verbindung von* hoću *mit dem inf.:* okuplji se, i hoćeš se očistiti *lavare et mundaberis pist. Vgl. IV. 770. Wenn gegen die lehre, das serb. habe einst mit dem praes. der verba perfectiva das fut. bezeichnet, eingewandt wird, dass im pol. und in den demselben am nächsten verwandten slavischen sprachen die bedeutung des praes. der bezeichneten verba als praesens historicum älter sei als die bedeutung des fut., so ist diess nicht erwiesen: sicher ist dagegen, dass im asl. eine solche verwendung des praes. der verba perfectiva ganz unbekannt ist; für eben so sicher halte ich es, dass in den sprachen, in denen das praes. perfectiver verba futurbedeutung hat, dem durch ein verbum perfectivum ausgedrückten praesens historicum meist ein praeteritum vorhergeht, das die ganze handlung in die vergangenheit versetzt. IV. seite 778. Vgl. C. W. Smith. De verbis imperfectivis et perfectivis in linguis slavonicis. Kjöbenhavn. 1875. Seite 5.* 4. Fut. exact. act. *Das fut. exact. act. fehlt, da die verbindung* pao budem *im serb. nicht vorkömmt, im kroat. hingegen das fut. simplex bezeichnet:* da me budeš za Ivana dala *pjesm. 1. 242; selten sind verbindungen wie* biće poginuo: strah je mene, biće poginuo *pjesm. 1. 466.* 5. Condit. act. *Der condit. act. wird durch die verbindung des aorist* bih *mit dem partic. praet. act. II. ausgedrückt:* pisao bih; *in der III. pl. steht jedoch* bi, *nicht* biše:

pisali bi; *doch liest man:* ne bi li se kako sjetovali, ne biše li zakon prihvatili *petr. 4.* bio doći *heisst: er hätte kommen sollen.* 6. Passivum. *Das pass. wird bezeichnet: a) durch verbindung des pronomen reflexivum* se *mit dem act.:* govori se. *b) durch verbindung des partic. praet. pass. mit dem verbum subst.:* bio sam karan; *kroat.* ubijen bi; *ungr.-kroat.* bišem združena, ulovljen biše, poslani bišu; da je prehinjen postal. *Mit dem letzten satze können pol. ausdrucksweisen des passivum verglichen werden.*

V. KLEINRUSSISCH.

ERSTER TEIL.
Lehre von der declination.

Erstes capitel.

Nominale declination.

A) Declination der substantiva usw.

Die subst. masc., die personen bezeichnen, bilden im sg. und im pl., diejenigen, die tiere bedeuten, im sg. den acc. durch den gen.: brata *fratris und fratrem,* brativ *fratrum und fratres, ebenso* molod'at *iuvenum und iuvenes;* volka *lupi und lupum; doch auch* voliv *pl. acc. paul. 2. 70. 79. neben* voly, *und* bojary *wes. 82. neben* bojariv *83.* hošti *53. 143; auch viele baumnamen werden wie tiernamen behandelt:* buk, dub, hrab, klen, javir, jašiń, *daher* st'al duba; *ebenso* hryb *und* rubel: najšol hryba *loz. 47.* maje rubla. *Man beachte den sg. acc.* muž *in:* za muž daty, za muž pijty, *ferners den sg. acc.* meča *in:* śidlaj mu końa bystroho, meča ostroho *paul. 1. 165. und das neutr.* d'it'atka: pytaj svoho d'it'atka *wes. 70. Auch wruss.* muž *in:* za muž davać, za muž pošla. *Der sg. loc. wird nicht selten durch den sg. dat. ersetzt:* koli *und* kolu; poly *und* polu, *asl.* kolê, kolu; poři, polju; *ebenso:* v čornomu mori, na bilomu kamńi, na čornomu morju, u peršomu u tabori, na bystromu ozeri, pry jomu, v jomu *osnov. 15. 44. 80. 81. 112.* po tomu *postea prip. 75.* u peršomu brod'i *paul. 1. 44. Vom dual. haben sich einige spuren erhalten:* dvi holovi, *asl.* glavê; dvi prostyrali, *asl.* prostiralê, *loz. 42.* dvi vorońi *paul. 1. 15.* ruči *2. 57.* dorożi *volksl.* dvi d'ivońči *paul. 1. 24.* dvi nevist'i *prip. 24.* dvi škyri *37.* dvi korovi *49.* obi noži *123.* dvi kumi *wes. 84.* dvi jahodočči *123.* dvi slovi *54.* dvi śt'i *maks. 88, asl.* dvê sьtê; tvoji bili lyći *paul. 1. 59, asl.* bêlê lici. *Der dual. findet sich auch nach* try, četyry: try doroži *paul. 2. 7.* try dononči *23.* try hodyńi *44.* try derevyńi *56.* štyri hńižd'i *prip. 122.* čerez try seli *wes. 89: vgl.* try brata *maks. 9; auch* z mołodu, z novu *scheinen als dual. gen. gedeutet werden zu können. Vgl. serb. seite 204. Wruss.:* dva bracika, tri hroša, tri soldacika, čotyre rybi, *asl.* rybê, *neben* dva dvory, dva litviny, tri hroši. *Im pl. dat., instr. und loc. treten in der regel die von den* a-*stämmen entlehnten endungen* am, amy, ach *ein:* hrobam, hrobamy, hrobach, *asl.* grobomъ, groby, grobêhъ; *selten sind die pl. dat. auf* om: vołom, końom *wes. 89. 90. 106; eben so selten die pl. loc. auf* ich, och: lišich, voloch, końoch, *und die mit dem dual. zusammenhangenden pl. instr. auf* ma *statt der wahren pluralendung* my: virly kryłma zemlu zbyly; večerońka na stoli, a smert' za plečyma; stojit' pid dveryma *paul. 2. 118.* očyma *prip. 52. 84. wes. 98.* s troma verchoma *paul. 1. 9: von dem pl. instr. auf* y *wird unten gesprochen.*

Das vor dem endconsonanten stehende e *oder* o *wird, wenn das wort am ende wächst, ausgestossen: 1) wenn das* e *oder* o *einem asl. halbvocal* ь *oder* ъ *entspricht:* orel, *asl.* orьlъ, deń, *asl.* dьnь, pes, *asl.* pьsъ, chłopeć, lev, len, šev; hoden, sylen, spokojen: *gen.* virla, dńa, psa, lnu *und* lenu; *fem.* hodna, sylna, spokijna; pisok, vinok, moch, son; lubov, cerkov; išoł, kripok: *gen.* pisku, vinka; *fem.* išla, kripka *usw.;* horneć, žneć, černeć, mertveć, šveć *haben* horća, ženća, černa, merća, ševća; rot, rota, *russ.* rotъ, rta; *2) wenn* e *oder* o *euphonisch eingeschaltet worden:* oheń, ohoń, *asl.* ognь; uhel, *asl.* ąglь: uhel, *asl.* ągłъ; kozel, kotel; švitel, chyter: *gen.* ohńu, uhla, uhla; *fem.* švitla, chytra; mozoh, svekor: *gen.* mozhu, svekra *usw.; einem asl.* člъnъ *entspricht* čolen, *gen.* čolnu.

Im pl. gen. fem. und neutr. wird zwischen consonanten im auslaute häufig e *oder* o *euphonisch eingeschaltet:* mitla, zemla, veslo, vedro, rebro, vołokno, stehno, dno, humno, hryvna, sosna; sud'ba, bytva, korčma; barylka, nańka, dohadka, lavka, dojka, družka, natcha, skazka; jajce, vivća, *asl.* ovьca: *gen.* miteł, zemel, vołokon, stehon *usw.* o *tritt meist dann ein, wenn einer der beiden consonanten ein guttural ist. Keine einschaltung findet statt in* olcha; kryvda, uzda, hńizdo, misto *usw.;* molytv *und* pochv *maks. 10. 21. von* molytva, pochva; *in anderen darf sie unterbleiben:* izb *und* izdeb: *vgl.* istъba *bei Nestor aus dem isl. stofa, deutsch stuba;* ihl *und* ihol; ihr *und* ihor; sestr *und* sester *usw.*

Das aus dem e *entstandene* i *geht, wenn das wort am ende einen zuwachs erhält, in* e *über:* lid, *asl.* ledъ; mid, *asl.* medъ; viz, *asl.* vezlъ; pik, *asl.* peklъ: berih, *asl.* brêglъ; sterih, *asl.* strêglъ: *gen.* łedu, medu; *fem.* vezla, pekla; berehla, sterehla *usw.* *Unter denselben umständen wird das aus* o *entstandene* i *durch* o *ersetzt:* vil, *asl.* volъ; sokil, *asl.* sokolъ; dvir, *asl.* dvorъ; vin, *asl.* onъ; bib, *asl.* bobъ; mih, *asl.* moglъ: *gen.* vola, sokola; *fem.* ona, mohła *usw.* *Analog ist* pil, *asl.* polь, *von* pole; hir, *asl.* gorъ, *von* hora; nih, *asl.* nogъ, *von* noha *usw.* *Bei einigen zweisilbigen worten geht* o *in* i *über, wenn das wort am ende wächst:* oves, orel, konéć: *gen.* vivsa, virla, kińća; nič, *asl.* noštь, *und* sil, *asl.* solь, *haben im sg. instr.* ničju, silju *prip. 88. oder* nočyju, sołyju.

Die gutturalen weichen vor i, *asl.* ê, *den sibilanten:* čołovići, boži, duši *von* čołovik, bih, duch; muci, služi, muši *von* muka, sluha, mucha; mołoći *von* mołoko.

Dem asl. lje, nje *entspricht entweder* łe, ne *oder* lo, ńo: *sg. instr.:* kovalem, kovalom: *vgl.* len *und* lon, *asl.* lьnъ; konem, końom; polem, polom; *sg. dat.* kovalevy, kovalovy; konevy, końovy; *sg. voc.* dole, dolo; *sg. instr.* dolev, dolov; *sg. gen. m. n.* syneho, synemu *und* syńoho, syńomu; *ähnlich ist* morem, morjom; skopcem, skopćom; sonсem, sonćom; ludech, lud'och; seho, semu *und* śoho, śomu *neben* soho, somu; sem, śom *und* som *neben* sim; *auch nach den palatalen kann* o *stehen:* hajem, hajom; jeho, jemu *und* joho, jomu; duše, dušo; dušeju, dušoju; našeho, našemu *und* našoho, našomu; čeho, čemu *und* čoho, čomu *usw.* *Auch* i *und* y *wechseln mit einander; ich habe jenen vocal geschrieben, den ich für organisch halte, daher im sg. loc.:* poly, soncy, doly, zemly, matery, dušy; *pl. nom.:* očy *usw. für asl.* poli, slъnьci *usw.*, *wofür auch* poli *paul. 2. 12.* sonci *131.* doli, zemli *9. 39.* materi *18. osnov.* duši *osnov.* oči *prip. 5. 17. osnov.; ebenso schreibe ich* i, *jedoch ohne erweichung des vorhergehenden consonanten, für* o, *nicht* y, *im sg. loc. masc. und neutr.:* tim *für asl.* tomь, žoltim, peršim, čystim *usw.; doch findet man häufig* tym, odnym, tychym, ubohym *usw.*

I. ъ(*a*)-stämme.

1. Subst. stamm panъ.

nom.	pan	pany
voc.	pane	pany
acc.	pana	paniv

gen.	pana	paniv
dat.	panu	panam
instr.	panem	panamy
loc.	pańi	panach

2. 3. *Subst. stamm* konjъ.

nom.	kiń	końi
voc.	końu	końi
acc.	końa	końi
gen.	końa	końiv
dat.	końu	końam
instr.	konem	końamy
loc.	kony	końach

Nach diesem parad. gehen auch die masc. auf o: d'ido, tato, bat'ko, vujko, stryjko, Petro, Osnovjaneńko, Ševčeńko: *gen.* d'ida, tata, Petra *usw. und* holub, červ, *asl.* golǫbь, črъvь. *Vgl. seite 33. Die endung* u *im sg. gen., die im asl. auf die* u-*stämme eingeschränkt ist, im nsl. bei einigen einsilbigen subst. eintritt, und die von einigen mit unrecht für das* u *des sg. dat. erklärt wird, hat im klruss., čech., pol., oserb. und nserb. einen grossen umfang gewonnen, denn sie tritt in der regel bei allen lebloses bezeichnenden subst. ein:* bib *faba,* hńiv *ira,* hrib *sepulcrum usw.;* haj, haju; korovaj, korovaju; kraj, kraju *usw. Manche subst. nehmen* a *und* u *an:* hricha, hrichu; naroda, narodu; roda, rodu; śmicha, śmichu *usw.* do kuma treba rozuma; ne pozyčaj u suśida rozuma; bih (*asl.* bogъ) do urody rozumu ne pryvjazał; durnyj i v Kyjevi ne kupyt' rozumu *prip. 6. 29. 30. 66. Sammelnamen haben* u, *daher* horochu, medu, pisku *usw. Einzelnes bietet Osadca 58. Zwischen* doma *und* domu *besteht derselbe unterschied wie im asl. Der sg. voc. lautet auf* e *aus:* chłope; čołoviče, vraže, duše *von* chłop; čołovik, vrah, duch; u *tritt ein: a) bei den guttural auslautenden subst., die nicht eine person bezeichnen:* vołku, śńihu *von* volk, śńih; *b) bei allen subst. auf* o: bat'ku, bateńku, vujku *von* bat'ko, bateńko, vujko; *c) seltener bei anderen:* synu *maks. 55. 61. 86. usw. paul. 1. 60. koll. neben* syne *maks. 39; vojinu 123; komaru lew. 24; svatu paul. 1. 110. wes. 142. koll.;* strilec, kńaž *haben* strilče, kńaže; *dagegen* paleć, kołod'až-paléu, kołod'ažu; mišać, mišače *und* mišaću. *Wruss.* e: dube, ivane, pope; u: synku, svatku, synu, boru. *Der sg. loc. hat* i, *asl.* ě: chłopi; śvit'i (vsake na śvit'i tam było *alles mögliche war dort); u ziehen die guttural auslautenden vor:*

čoloviku, vrahu, duchu, *die seltener* čolovići, vraži, duši *haben. Wruss.* dvorê, šatrê, prudzê *und* času, koniku. *Der pl. nom. ist durch den pl. acc. ersetzt:* vitry, *asl.* vêtry, *daher auch* koni, *asl.* konję: *aus* koni *wäre* kony *entstanden; dasselbe gilt vom wruss.* žydy, syny. *Der pl. gen. ohne* ov *steht häufig nach den numeralia cardinalia:* pjat' aršyn, desat' sah, sto raz *usw., doch auch sonst:* do ščastje upało, tam i pryjatel mało; do nimec *wes. 61.* do uhor *nach Ungern,* do vloch *nach Italien; ferner* do susid, do tych čas. chrystyjan *paul. 1. 153.* bojar *75.* tatar *maks. 77.* bojar, halyčan, miščan *und überhaupt bei jenen subst., die im pl.* yn *abwerfen. Der pl. instr. auf* y *ist selten:* obrazy *wes. 68.* berehy *85.* svaty, šaty, časy *paul. 1. 79. 111. 135. 136. Der pl. loc. geht manchmal auf* ich *aus:* lisich, *asl.* lêsêchъ: bida ne chodyt' po lisich, ale po lud'och. lisoch, vołoch; konach *neben* konich *und* konoch; chłopćach *neben* chłopćich *und* chłopćoch. *Wruss. kömmt manchmal ein pl. dat. auf* om *vor:* kopačom, hospodarëm, *d. i.* hospodarjom. *Die subst. auf* anyn *werfen im pl.* yn *ab und nehmen im nom.* e *an:* halyčanyn, halyčane; tataryn, tatare *maks. 77;* bojaryn, bojare; rusyn *hat nur* rusyny, *das in der alten sprache unerhört, die nur das collective* rusь *kennt: dieses hat sich erhalten in* tverda Ruś vse perebude *prip. 91. Wruss.* bojary, bojare *von* bojarin. *Einige nehmen im pl. nom.* a *an:* volosa, lisa *von* volos, lis; horoda *maks. 47. von* horod; rukava *osnov. 76. von* rukav; vivsa *agri avena consiti;* jačmena *agri hordeo consiti usw.* kamiń, kamińa *und die entlehnten wie* akt, dekret; *andere haben* ja: brus, bruśa; kłyn, kłyńa; koł, kiła *usw.; neben* a *und* ja *ist die regelmässige endung gleich gebräuchlich. Der pl. von* brat *wird meist durch das collectivum fem.* brat'a *ersetzt:* bratyj, brat'am, brat'amy *und* brat'my, brat'ach *neben* braty, *doch* brativ, bratam, bratamy *osnov. 11. 12.* bratach. Velykden *schaltet in den casus, in denen* e *aus* deń *ausfällt, zwischen* k *und* d *ein* o *ein:* velykodńa, velykodńu *usw.; im loc. gilt* velykodny *neben* velyći dny, *asl.* velicê dьni. Chrystos *wirft bei einer vermehrung am ende* os *ab:* Chrysta, Chrystu *usw. Dem parad.* kiń *folgen ausser den auf weichlaute und auf palatale auslautenden subst. die auf* ar, *asl.* rь: hospodarja *und die subst. auf* ь *für* i *und die* n-*stämme:* hiśt', *asl.* gostь: łokot', *asl.* lakъtь; kmet', medvid', žvir, žat', łebid' *cygnus, das wie* put' *auch fem. ist usw. und* kamiń, koriń *usw.* Hiśt' *hat im pl. acc.* hośt'i: v hośt'i chodyty *prip. 11. paul. 2. 8. 21. 68.* pava hośt'i čestuje *paul. 2. 99. Im sg. instr. spricht man* konem *und* końom, *ebenso* chlopcem *und* chlopćom, krajem *und* krajom *usw.* nožem, *im westen* nožom; *analog im pl. dat.* koňam, koňom. *Der pl. gen. kann auf* yj, *minder genau* ej, *auslauten:* hrošyj, konyj, mužyj. *Im pl. instr. mancher wörter kann* a *ausfallen:* hrišmy *für* hrošamy; kiňmy *für* koňamy; pryjatelmy *für* pryjatelamy; hištmy, *asl.* gostumi, *für* hošťamy *jedoch und* puťmy *für* puťamy *sind organisch.*

Die silbe ov *kann vorzüglich bei den namen belebter wesen eintreten: 1) im sg. dat.:* kovalu, kovalovy, kovalevy; koňu, koňovy, konevy; nožovy, *im osten* noževy; skopću, skopćovy, skopćevy; žaťovy *wes. 118.* plašču, plaščovy, plaščevy; psovy *und* psu; *die sg. loc* sadkovy, svitovy *loz. 48.* na baťkovy *paul. 2. 18. sind eigentlich dat.; im osten wird unorganisch* ovi *für* ovy *gesprochen:* sotnykovi, moskalevi, Łymanovi *maks. 126. 127. 131:* ovi *gilt dort, wo der einfluss des russ. am stärksten ist. Auch* doliv *und* domiv *prip. 122, wofür* domu *duchn. 67, sind als sg. dat. anzusehen für* dołovy, domovy. *2) selten im pl. nom.:* volove, vitrove, doždžove, žydove *volksl.* panove, tatarove *maks. 45. 51.* bojarove *wes. 79.* hospodynove. *3) regelmässig tritt* ov *ein im pl. gen.: wruss.* dolov, domov; *pl. nom.* mužove, panove, svatove, žydove, *minder richtig* kumovy, *daneben* kumovja, svatovja.

II. o-stämme.

1. Subst. stamm selo.

nom.	selo	sela
acc.	selo	sela
gen.	sela	seł
dat.	selu	selam
instr.	selom	selamy
loc.	seli	selach.

2. 3. Subst. stamm polje.

nom.	pole	pola
acc.	pole	pola
gen.	pola	pil
dat.	polu	polam
instr.	polem	polamy
loc.	poły	polach.

Sto *geht regelmässig nach* selo: *hie und da wird es indeclinabel gebraucht:* pjat' sto *duchn. 10. 28. Selten ist der pl. instr. auf* y *für* amy: voroty *wes.* 37. *Die formen* četverha, četverhu, četverhom, četverži *werden von* četvero *abgeleitet, was offenbar unrichtig ist: diese casus hangen mit* četver *für* četverh (*vgl. russ.* četvergъ) *zusammen, indem* h *abgefallen; es kömmt auch ein sg. loc.* dviži *vor:* my to zrobyly v dviži, *der vielleicht von einem thema* dvojeh, dvijha *abzuleiten. Im sg. dat. findet sich auch hier* ovy *neben* u: mołokovy, mistovy, uchovy *usw. Der sg. loc. der subst. auf* ko, ho, cho *hat* u *für* i, *d. i.* ě: v uchu, *jedoch auch* v uši. *Der pl. gen. der nach* pole *declinierenden subst. kann auch auf* yj *auslauten:* pil, połyj; horodyšč, horodyščyj; plеč, płečyj. podvirje *hat* podviryj; chlopysko *und ähnliche subst. haben* chlopyskiv. *Im pl. instr. kann* a *manchmal ausfallen:* pilmy *für* polamy, plečmy *für* plečamy. *Manche neutr. können im ganzen pl. masc. werden:* ďityšče *pl. nom.* ďityšča *und* ďityšči, *gen.* ďityšč *und* ďityščiv *usw., wobei jedoch zu bemerken, dass* dětištь *im asl. masc. ist. Wruss. sg. loc.:* bolocê, rêšecê; polu. *pl. loc.* lêcêch, vorocêch. *Man merke die pluralformen* drovy, hnězdy, sełу, voroty *und* kolesy.

III. a-stämme.

1. Subst. stamm ryba.

nom.	ryba	ryby
voc.	rybo	ryby
acc.	rybu	ryby
gen.	ryby	ryb
dat.	rybi	rybam
instr.	ryboju	rybamy
loc.	rybi	rybach.

2. 3. Subst. stamm dynja.

nom.	dyńa	dyńi
voc.	dyne	dyńi
acc.	dyńu	dyńi
gen.	dyńi	dyń
dat.	dyny	dyńam
instr.	dyneju	dyńamy
loc.	dyny	dyńach.

So geht auch pańi: *stamm* panja. *Deminutiva wie* Maryśa, dońa *haben im sg. voc.* u: Maryśu, dońu; roža *hat* rože *und* rožo.

Der sg. gen. dyńi *beruht auf asl.* dynję. *Im sg. instr. gilt neben* oju, eju *im osten* oj. ej, *im westen* ov, ev: ryboju, ryboj, rybov; dołeju, dołej, dolev, dolov *von* ryba, doła; z svojov žonov *kaz. 18. Im pl. gen. findet man bei den nach* dyńa *declinierenden wörtern* yj *neben der regel:* vyšeń *und* vyšnyj; zemel *und* zemłyj *von* vyšńa *und* zemla. *Unorganisch ist im pl. gen.* iv: vojniv *von* vijna; *ebenso im pl. instr.* svyńmy, šyjmy *für* svyńamy, šyjamy. *Viele masc. auf* a *gehen im pl. nach der ersten classe:* starosta, starosty *pl. nom.* starosty *gen.* starostiv *usw.; andere folgen auch im pl. dem parad.* ryba *oder* dyńa: słuha, słuhy, sluh *usw. Wruss. besteht fast nur der sg. instr. auf* ej: ulicej. *sg. loc.* dorozê; *pl. instr.* slezmi.

Die nominale declination hat sich bei einigen adj. masc. im nom. sg. und pl. erhalten: hoden, hodny, *wofür auch* hodńi: droben dožd ne ide *wes. 112.* a byšmo vesoły buły *54; auch die adj. possessiva haben mit ausnahme des nom. nur die zusammengesetzte declination:* vdovyn: vdovynoho syna *maks. 133. paul. 2. 3; 6.* vdovynoha dvora *paul. 2. 57.* popovoho Jandruśa *8.* žinčynoho otća *17.* vdovynomu synu *2. 6, nicht* vdovyna, vdovynu. *Wenn adj. possessiva als ortsnamen auftreten, so werden sie ihrer eigenschaft als adj. entkleidet und als subst. behandelt:* Peremyšl *vom personennamen, asl.* *prêmyslъ, Peremysł: *vgl. čech.* Přemysl; Lviv *usw. Wenn ein adj. teil eines ortsnamens ist, wie in* Bił Horod, Bił Kamiń, Kńaž Dvir *usw., so wird es mit ausnahme des sg. instr. meist nominal decliniert:* Biła Kameńa, Biłu Kameńu *usw.* v Bili Kameny *neben* Biłoho Kameńa, Biłomu Kameńu *usw.; man merke* velyći *in:* po velyći dny *neben* po velykodny. *Selten sind nominale formen der adj. ausser diesem falle:* sytu łyš spaty *satiato nonnisi dormiendum est;* ščo chodyt po biłu śvitu *maks. 85;* nelub *wird als subst. behandelt:* za nelubom *paul. 2. 111.* nelubovy *112. Die nominale declination der adj. neutr. hat sich im sg. und pl. nom. erhalten:* hodno; *der pl. nom. ist identisch mit dem masc.* hodny; *der sg. gen. taucht in bildungen wie* piltora, piłdruha, piltretja, piłpjata *usw. asl.* polъ vъtora *usw. auf; aber auch sonst:* mnoho zła, koły na jednoho dva *prip. 53.* ne zaznavšy bidy ne bude dobra *62.* chto ne zaznał zła, ne umije šanovaty dobra *102.* tepła ne bude *77; in adverbialen redensarten:* s tycha *81. paul. 2. 22. wes. 87.* z ridka *106.* iz davna *wes. 59. kotl.* s husta, do syta, do čysta, s tychońka *wes. 41. 58. 90.* z dałeka *89.* z nyzeńka *90.* s časta *140;* po prostu *paul. 2. 99.* po mału *wes. 55. Die nominale declination der adj. fem. hat sich im sg. und pl. nom. und *acc. erhalten:* hodna, hodnu, hodny: ješče moloda Maryśa ślubojku ne brała *wes. 66.* łcfily bily husy 27. zanese mežy čorny bałońky 78. v dałeku storonojku 48. každomu otčyna svoja myła *act. 1. 329.* velyki *in:* na velyki žali *kol. 11. 17. steht für* vełykij. *Wruss. masc.* da bogat tatka tvoj. a moj mužičok ne dobër. mnê užo tvoj chlêb gorek. ka b naš korovaj byl jasen, krasen. ja molod ovdovêl. rumjan budzeć korovaj. vus moj siv ne stał. urodzil sja moj konopel tonok, dołoh, voloknist *zap. 239.* či moj chlêbec pušon? či moj muž ne veseł? ne ženat chožu. *Ebenso:* otkul jasen mêsjaček uzojdzeć *wo der helle mond aufgehen wird 227.* sołodok medok dla jeho dêtok *süsser met für seine kinder.* vesël posol idzeć. na tom boku šińa morja *usw. Man merke:* vjalik dzeń, velika dńa. prieêchal sam dzesját *182. pl.* čemuž vy ne vesely? zastavajce śa zdrovy. *Dagegen:* korovaj budzeć velikij. moje domy dalekie. *Neutr.* poltora. *Adverbial:* po malu. do pjana. po polsku. s prosta. po cichu. po cichońku. s cicha. *Fem.* jak ja mała była. została śa i slêpa i hlucha. ka b była veselá. ka b naša rutočka była zelená. *Häufig ist der nominale sg. acc., der jedoch in vielen fällen durch zusammenziehung entstanden:* poscel bêlu slaci *115, asl.* postelją bêlą stlati. rusu kosu rasčesyvała. na horu vysoku, na rêku široku. moloda, *in den liedern braut, wird als ein subst. angesehen:* ne čeho mołodzê vênca zvić *186.*

IV. ъ *(u)*-stämme.

Die ъ *(u)-stämme folgen der declination der* ъ *(a)-stämme. Spuren der alten declination finden sich im sg. gen. auf* u, *das regelmässig bei den lebloses bezeichnenden subst. vorkömmt; im sg. dat. und loc. auf* u *und in der in mehreren casus eintretenden silbe* ov.

V. ь-stämme.

1. masc.

Die ь*-stämme gehen in der regel nach* konjъ: hiść. *asl.* gostь. łokoť. *asl.* lakъtь: *gen.* hośťa. likťa *usw. asl.* gosti. lakъti *usw.* hospodь *hat den sg. voc.* hospody. *asl.* gospodi. lud. *im sg. nur im gen. gebräuchlich:* takoho tam luda było *loz. 51, hat im pl. nom. acc.* ludy, *bei osnov. 69. und sonst* lude, *gen.* ludyj *dat.* ludem *instr.* ludmy *loc.* ludech. *Wruss. sg.* hosć, hosća *pl. nom. acc.* hosci *gen.* hoscej *und* hoscěv *dat.* hoscem; ludzi, ludzej, ludzem *neben* ludzěm, ludźam, ludźmi, ludźach. *Man merke* susêdzi, susêdźami.

Die numeralia try, čotyry (štyry) *haben im gen.* trech, čotyrech: troch, čotyroch, *nach analogie der pronominalen declination, dat.* trem, čotyrem; trom, čotyrom, *instr.* trema, čotyrma; troma, čotyroma, *nach dem dual., loc.* trech, čotyrech; troch, čotyroch. *Wruss.* tremja, trjoch.

2. *fem.*

nom.	kisť	kosty
voc.	kosty	kosty
acc.	kisť	kosty
gen.	kosty	kostyj
dat.	kosty	kostem
instr.	kostyju	kisťmy
loc.	kosty	kostech.

Hieher ist auch stepeń *zu rechnen, das im asl. masc. ist, im klruss. fem. sein kann, daher sg. gen.* stepeny *und* stepeńa *dat.* stepeny *und* stepeńu *usw. So werden auch* lebeď, puť, polomiń *usw. behandelt, wenn sie fem. sind: sie sind jedoch auch masc. und gehen dann nach* konjь. *Osadca 76. Der sg. voc. geht nach loz. 59. und nach holov. 80. auf* e *aus:* huse; *nach lev. 54. ist er dem nom. gleich: ich schreibe das organische* y *für das lautlich so nahe* e: kosty. *Für* yju *kann* eju, ju, yv *eintreten:* kosteju. kostju. kostyv: *für* yv *schreiben andere* ev. *Der pl. dat., instr. und loc. kommen meist nach III. gebildet vor:* kosťam, kosťamy, kosťach. *Wruss.* dzveri, dzverej *usw.* grudzěch, sêněch.

Die numeralia pjať, šisť, śim, viśm, devjať *und* deśať *folgen dem paradigma* kisť; *im dat. gilt jedoch* deśaťom *prpp. 32. neben* deśaty; *im instr.* pjaťma *neben* pjaťju *und im loc.* pjaťoch *neben* pjaty; *so gehen auch die composita* odynadćať, *asl.* jedinъ na desęte, dvanadćať, *asl.* dva na desęte *usw.* dvadćať, *asl.* dva desęti, trydćať, *asl.* tri desęte. deśať *bleibt auch nach* pjať, šisť *usw., wo asl.* desętъ: *doch* pjať deśat *prpp. 123. paul. 1. 165. Nach anderen hat* pjať *im gen.* pjaťu, *im dat.* pjaťu *und* pjaťom, *im instr.* pjaťma *und* pjaťoma, *im loc.* pjaťu *und* pjaťoch: *diese letztere art die numeralia zu declinieren scheint aus dem poln. entlehnt zu sein. Eigentümlich ist* devjanosto *für und neben* devjať deśať, *asl.* devętь desętь, *das wie* sto *decliniert wird. Wruss.* masła z vośmi korov. na pjaccěch.

VI. Consonantische stämme.

1. v-stämme.

Mit ausnahme des sg. nom. acc. und instr. und pl. gen. werden alle casus nach III. gebildet, als ob der stamm auf va *auslautete: sg. nom.* cerkov *neben* cerkva *acc.* cerkov, cerkvu *instr.* cerkovju *neben* cerkvoju: *gen.* cerkvy *dat.* cerkvy *pl. gen.* cerkov *und* cerkvyj. *So gehen* brukov, lubov, morkov *usw.* krov *hat im sg. instr. hie und da* krivlu *neben* krovju *und* krovyv.

2. n-stämme.

a) masc.

Die im asl. hieher zu rechnenden subst. folgen dem paradigma konjъ: koriń, koreńa, koreńu *usw. An ein ehemaliges* remy *erinnert das deminutivum* remyčko. deń *im sg. regelmässig* (dńa, dńu *usw., doch sg. gen.* dńa *und* dne: seho dne *loc.* dńi *und* dny) *hat im pl. nom. acc.* dny *pryp. 94. und* dńi, *im gen.* dnyj, deń *und* dńiv *pryp. 7. 101;* dńam, dńamy, dńach. *Wruss.* dzeń *gen.* dńa: sjahońńa *aus* *sego dъnja *und* dni: sehodni, sjanni *pl.* dni, dzněv *usw.*

b) neutr.

nom.	imja	imena
acc.	imja	imena
gen.	imeny	imen
dat.	imeny	imenam
instr.	imenem	imenamy
loc.	imeny	imenach.

So gehen beremja, veremja, vymja, znamja, plemja, ramja, śimja, fimja; *nach holov. 19. 83. auch* polomja *neben* polomiń *und* stremja *neben* stremiń *paul. 1. 97: asl.* plamenь, strъmenь, *beide masc.: die declination hat hier wie in anderen fällen das genus verändert. Von* pyśmja *ist nur der pl.* pyśmena *gebräuchlich.* imje *gen.* imja *dat.* imju *usw. sind unorganische formen, die der ausgang des sg. nom. auf* je *veranlasst hat: vgl.* imińe, imińa, imińu *usw. Der sg. gen.* imene *verdankt seine entstehung der so häufigen verwechslung des* e *und* y, *wie das beide laute genau unterscheidende russ. zeigt: so sind auch* matere *und* telate *zu beurteilen. Der sg. instr. kann auch* imenom *lauten.*

17*

3. s-stämme.

nom.	čudo	čudesa
acc.	čudo	čudesa
gen.	čuda	čudes
dat.	čudu	čudesam
instr.	čudom	čudesamy
loc.	čuďi	čudesach.

Im sg. gehen alle hieher gehörige subst. nach selo. *Nach* čudo *werden* dyvo *und* nebo *decliniert: alle drei können jedoch auch im pl. dem paradigma* selo *folgen. Aus dem stamm* koles *ist* koło *und* koleso *entstanden: gen.* koła, kolesa *usw.* oko *und* ucho *haben im pl. neben* oka *und* ucha *die alten dualformen* očy, ušy *gen.* očyj, ušyj *dat.* očem, očam *pryp. 61.* ušam *instr.* očyma *paul. 2. 38.* očamy *1. 102.* vičmy 2. *32.* ušyma, ušamy, ušmy *loc.* očech 2. *90.* očach *osnov. 86. paul. 2. 142.* ušech, ušach. *Auch* pleče *hat* plečy, plečyj *usw. Wruss.* voči, vuši *gen.* vočej *instr.* vočami, vušami, vočmi. kolesy, koły prostaja telêžka.

4. t-stämme.

nom.	tela	telata
acc.	tela	telata
gen.	telaty	telat
dat.	telaty	telatam
instr.	telatem	telatamy
loc.	telaty	telatach.

Im sg. gen. dat. besteht auch unorganisch telaťa, telaťu, *im instr.* telaťom, *selten ist* telatem. ďiťa *hat im pl. nach* kisť: ďity, ďityj, ďitem, ďiťmy, ďitech *neben* ďiťam, ďiťamy, ďiťach, *asl.* dêti, dêtij *usw. Wruss. sg.* dźaćë, dźaća, dźaću *neben* dzêćaci, *asl.* dêtęti, *instr.* dźaćëj *loc.* dzjaćê *Dah. 56. pl.* dzêci, dzêcej, dzêcëm, dzêcjam, dzêćmi.

5. r-stämme.

nom.	maty	matery
voc.	maty	matery
acc.	maťir	matery

gen.	matery	materyj
dat.	matery	materem
instr.	mafirju	mafirmy
loc.	matery	materech.

Mafir *kommt auch im sg. nom. neben* maty, maf *vor. Für* mafirju *wird auch* materju, *besser* materyju, *und* materyv *gesagt. Im pl. dat. instr. und loc. gelten auch* materjam, materjamy *und* materjach. *Aus dem asl.* dъšti *ist durch das mittelglied* doč-dočka *entstanden. Wruss. nom. acc.* maci: *dieses kömmt auch als sg. gen. und dat. vor:* užo tobê tvojej maci vêk no vidaci. k mojej rodnoj maci *zap. 258.*

B) Declination der pronomina personalia.

I. nom.	ja	my
acc.	mja	nas
gen.	mene	nas
dat.	mńi, meńi	nam
instr.	mnoju	namy
loc.	mńi, meńi	nas.
II. nom.	ty	vy
acc.	fa	vas
gen.	tebe	vas
dat.	tobi	vam
instr.	toboju	vamy
loc.	tobi	vas.
III. nom.	—	
acc.	śa	
gen.	sebe	
dat.	sobi	
instr.	soboju	
loc.	sobi.	

Für mńi, *asl.* mъnê, *spricht man auch* meńi, myńi *osnor. Neben* mnoju, toboju, soboju *besteht* mnov, tobov, sobov. *Im nachdruck werden die acc.* mja, fa, śa *durch die gen.* mene, tebe, sebe *ersetzt.* fa *ist auch gen.:* hišt do fa ide *paul. I. 164.* žal my ťa *wes.* 74. *Die sg. dat.* my, ty, sy *sind enklitisch. Für* śa *kann enklitisch* ś *eintreten:* boju ś, myju ś.

Zweites capitel.

Pronominale declination.

Der unterschied zwischen pronominaler und zusammengesetzter declination ist fast vollständig verwischt.

1. Stamm tъ.

Masc.	*nom.*	toj	ťi
	acc.	toj	ťi
	gen.	toho	tych
	dat.	tomu	tym
	instr.	tym	tymy
	loc.	tim	tych.
Neutr.	*nom.*	to	ťi
	acc.	to	ťi
	gen.	toho	tych
	dat.	tomu	tym
	instr.	tym	tymy
	loc.	tim	tych.
Fem.	*nom.*	ta	ťi
	acc.	tu	ťi
	gen.	toji	tych
	dat.	tij	tym
	instr.	toju	tymy
	loc.	tij	tych.

Neben toj, to, ta; tu; tym, toju; ťi *bestehen die verstärkten formen* toť, toto, tota; totu; totym, totoju; toťi; *neben* to, ta; tu; ťi *die zusammengesetzten* toje, taja; tuju; tyji *und* totyji, *neben* toji, *asl.* toję, tojeji, *das asl.* tojeję *lauten würde, und* tyjeji *osnov.* 67. 95; *für* to *kann* te, *für* toje-teje *und* toteje *prgp.* 105. *gesagt werden: das* e *in* te *ist aus* oje *entstanden und daher ist* teje *eigentlich* tojeje. tim *ist asl.* tomь, tij *asl.* toj. *Man merke sg. instr. fem.* tieju, *d. i.* tojeju: tieju doroheju. *So gehen folgende wörter:*

dva, in (*meist* inn *geschrieben*), ov; odyn, jedyn (*fem.* odna *neutr.* odno, *daher vielleicht* oden, jeden *prgp. 122. paul. 1. 23. duchn. 28. zu schreiben*), on (*wofür auch* noj, noje, naja *aus* onoj, onoje, onaja), sam *und* kto, *meist* chto *gesprochen*. Dva *kann* i *für asl.* ѣ *bewahren: nom. acc. masc.* dva *neutr. fem.* dvi *gen. loc.* (dvich), dvoch *dat.* (dvim), dvom *instr.* dvima dvoma: *so werden auch* oba, obi; obadva (obydva), obidvi *paul. 1. 28.* (obydvi) *decliniert.* oba *hat nach holov. 114. im gen. loc.* obich *und für das fem. und neutr.* obijich (obêichъ): *das letztere ist jedoch eine fiction der russ. grammatiker.* dva *hat auch den numeralia auf* erъ *zum muster gedient: pl.* četveroch *dat.* četverom *instr.* četverma *neben* četverych, četverym, četvermy. *Der sg. nom. und acc. lauten* četvero, *womit man* pjat, šist *usw. vergleiche, die im nom. und acc. singular sind, im dat., instr. und loc. auch plural sein können.* Kto, *meist* chto *gesprochen, hat im gen. acc.* koho *dat.* komu *instr.* kym *loc.* kim: *so gehen auch die composita* ktože, hdekto, nykto, ktoś *usw.: aus dem asl.* kъžьdo *hat sich* koždeн *und* koždyj *entwickelt:* kožnoho, koždoho *für* kogožьdo *usw.* sam *hat im sg. nom.* sam, samo, sama *und* samyj, samoje, samaja *neben* same, *im sg. acc. fem.* samu *und* samuju, *im pl. nom.* samy *und* samyji.

Wruss. hat toj, *wofür auch* tej, *im sg. loc. masc. neutr.* tom, *im sg. nom. fem.* toja *und* taja *acc.* tuju *gen.* tyje *dat. loc. instr.* tej. *im pl. nom. aller genera* tyje; *man beachte sg. gen. fem.* taej, *d. i.* tojej: ne beri taej *ne sume illam.* hetot, hetyj *hat im sg. nom. fem.* heta. chto *hat im sg. instr.* kim.

2. *Stamm* mojъ.

masc.	*nom.*	mij	moji
	acc.	mij	moji
	gen.	mojeho	mojich
	dat.	mojemu	mojim
	instr.	mojim	mojimy
	loc.	mojim	mojich.
neutr.	*nom.*	moje	moji
	acc.	moje	moji
	gen.	mojeho	mojich
	dat.	mojemu	mojim
	instr.	mojim	mojimy
	loc.	mojim	mojich.

fem.	*nom.*	moja	moji
	acc.	moju	moji
	gen.	mojeji	mojich
	dat.	mojij	mojim
	instr.	mojeju	mojimy
	loc.	mojij	mojich.

Stamm jъ.

masc.	*nom.*	(i)	(ji)
	acc.	(i)	(ji)
	gen.	jeho	jich
	dat.	jemu	jim
	instr.	jim	jimy
	loc.	jim	jich.
neutr.	*nom.*	(je)	(ji)
	acc.	(je)	(ji)
	gen.	jeho	jich
	dat.	jemu	jim
	instr.	jim	jimy
	loc.	jim	jich.
fem.	*nom.*	(ja)	(ji)
	acc.	ju	(ji)
	gen.	jeji	jich
	dat.	jij	jim
	instr.	jeju	jimy
	loc.	jij	jich.

Im sg. nom. acc. instr. und loc. und im pl. bestehen neben sej, se, śa *reduplicierte formen:* seś, seso, seśa; seś, sese, seśu; sesym, sesym, seseju; sesim; sesy; sesych; sesym; sesymy; *oder* sośo, sośa, sośu, sosym, sosoju, sosy, sosymy. *Eine andere verstärkung ist* otsej, otśa *und* otśaja, otse *und* otseje: ot *ist russ.* эto, *daher* otsej *eig. ecce hic. Im osten decliniert man* śoj, se, śa; śoj, se, śu; śoho, śoho, śoji; śomu, śomu śij (*wohl auch* śoj); śim, śim, śoju; śom, śom, śoj (*wohl auch* śij). śaja *entspricht dem* taja, seje *dem* toje. *Für* śa, se, su *gelten auch die formen* syja, syje, syju; *für* sej - śoj, *für* sy - syji. *Der pl. nom. lautet* śi *und* syji. *So gehen* tvij, svij; veś; naš, vaš; čyj; ščo, kyj. jъ *ersetzt den sg. nom.*

durch vin, ona, ono, *den pl. nom. durch* ony. ho *und* mu *stehen enklitisch für* joho, jemu: *für* ju *gilt auch* jeju *wes. 479. und die gen.* jeji *und* ji. *Den von einsilbigen praepos. abhängigen casus wird* n *vorgesetzt:* bez neho, k nemu, na nem, dla nych, nad nymy: *im osten wird dieses gesetz häufig vernachlässigt:* do joho, z joho, k jomu, pry jomu, v jomu *maks. 44. 46. 71. 81. 116. 123. 126. 137 usw. Das zusammengesetzte* iže *hat sich als* že *erhalten:* dobre tomu kovalevy, že na obi ruky kuje *prip. 28.* koždyj maje svoho mola, že ho hryze *43.* ne toj zloďij, že ukral, ale toj, že schovał *67. Für* mojeho *und* mojemu *wird auch* moho *und* momu, *und hie und da* ma, me, mych, mym *für* moja, moje, mojich, mojim *gesprochen: der sg. loc. und instr. masc. und neutr. lautet* mojim, *im loc. auch* mojem *für* mojom; *häufig hört man* mojho, mojmu. dvoje, oboje *als pl. und masc. anzusehen ist unrichtig: beides ist in sätzen wie* radi buly oboje *osnov. 73.* poberim śa oboje *paul. 1. 29. zu beurteilen wie* četvero; oboch, obom, oboma *gehören zu* oba, *nicht zu* oboj; dvojima *neben* dvojimy *ist nach dem dual. gebildet.* čyj, čyje, čyja; čyj, čyje, čyju; čyjeho, čyjeho, čyjeji; čyjemu, čyjemu, čyjij *usw.* ščo, *wofür auch* što *und* šo *vorkömmt, hat im gen.* čeho, čoho *dat.* čemu, čomu *instr.* čym, *loc.* čim, *asl.* čemь. *Ebenso gehen die composita:* ščože, hdeščo, nyščo, *wofür auch* nyč, ščoś *usw.* kyj *wird nur im nom. gebraucht:* kyj, kyji. *Die meisten eigenheiten der pronom. decl. hat* veś *bewahrt: sg. nom.* veś, vse, vśa. *acc.* veś, vse, vśu. *gen.* vseho, vseho, vseji. *dat.* vsemu, vsemu, vsij. *instr.* vśim, vśim (*asl.* vьsêmь), vseju. *loc.* vsim, vsim, vsij *für* vsom, vsom, vsoj. *asl.* vьsemь, vьsemь, vьsej. *Pl. nom acc.* vśi *aus* *vьsê *wie* ti *aus* *tê. *gen. loc.* vśich (*asl.* vьsêchъ). *dat.* vśim. *instr.* vśimy; vśima *ist nach dem dual. gebildet. Ein sg. nom. neutr.* vseje *kotl. und ein acc. fem.* vśuju *paul. 2. 26. ist im asl. eben so unmöglich als die zusammengesetzten formen* našaja, našeje, našuju. *Im osten* (vśoj), vśo, vśa; vśoho, vśoho, vśoji; vśomu, vśomu, vśoj *usw.* kyjś *scheint nur im sg. nom. masc. vorzukommen. Wruss. liest man* svoho *und* mojho, mojmu. jъ *wird so decliniert: sg. masc. gen. acc.* jaho, jeho. *dat.* jamu, jemu. *instr.* im. *loc.* jem. *fem. gen. acc.* jaje, jeje, *asl.* jeję. *dat. loc.* jej, joj. *instr.* jej *usw. Die einschaltung des* n *wird unterlassen:* do jeho; k jej; pod im, pered im, za im, z im *cum eo;* na jom, po jom, ob jom; pri ich. vьsь *hat* i *für asl.* ê: usich, usimi, *asl.* vьsêchъ, vьsêmi. sь *ist selten:* semu, tomu *zap. 89.* što, *asl.* čьto, *hat* čaho, čeho; čamu, čemu: čim; čem.

Drittes capitel.

Zusammengesetzte declination.

In der mehrzahl der casus wird der stamm des adjectivs mit dem entsprechenden casus des pronomen jь *verbunden:* dobroho *aus* dobro jeho; dobrym *aus* dobro im *usw.*

1. dobrъjь.

masc.	*nom.*	dobryj	dobryji
	acc.	dobryj	dobryji
	gen.	dobroho	dobrych
	dat.	dobromu	dobrym
	instr.	dobrym	dobrymy
	loc.	dobrim	dobrych.
neutr.	*nom.*	dobroje	dobryji
	acc.	dobroje	dobryji
	gen.	dobroho	dobrych
	dat.	dobromu	dobrym
	instr.	dobrym	dobrymy
	loc.	dobrim	dobrych.
fem.	*nom.*	dobraja	dobryji
	acc.	dobruju	dobryji
	gen.	dobroji	dobrych
	dat.	dobrij	dobrym
	instr.	dobroju	dobrymy
	loc.	dobrij	dobrych.

2–*6.* sinij.

masc.	*nom.*	synyj	synyji
	acc.	synyj	synyji
	gen.	syneho	synych
	dat.	synemu	synym
	instr.	synym	synymy
	loc.	syńim	synych

neutr.	*nom.*	syneje	synyji
	acc.	syneje	synyji
	gen.	syneho	synych
	dat.	synemu	synym
	instr.	synym	synymy
	loc.	syńim	synych
fem.	*nom.*	syńaja	synyji
	acc.	syńuju	synyji
	gen.	syneji	synych
	dat.	syńij	synym
	instr.	syneju	synymy
	loc.	syńij	synych

Für dobroje *besteht auch* dobre *und* dobreje: pjate, pjateje *maks.* 23. 27. ji *im sg. gen. fem. kann* i *abwerfen:* dobroj, synej. oji, eji *entstehen aus asl.* yję, ję *für* oja, eja: *vgl. sg. gen.* palći *für* palća, hostynći *für* hostynća *paul.* 2. 29. serći *für* serća 2. 40. kuritamy *für* kurjatamy. śvitoji *für* śvjatoji. kamini *paul.* 1. 105. *für* kameńa. vzyl *für* vźał *paul.* 2. 21. *So ist auch* dyńi *im sg. gen. und im pl. nom. für* dyńa, *asl.* dynję, *zu erklären: in älteren quellen liest man* oe *d. i.* oje: do suchoe dorohve, otъ svjatoe hory *vol.-lět.* 30. 31. *Im sg. instr. findet man auch hier* oj, ej; ov, ev *für und neben* oju, eju: dobroj, dobrov; synej, synev. eju *für* oju: večeraty pryslala čy jasneju zoroju, čy ridneju sestroju *volksl. Die durch* ijъ *abgeleiteten adj. ziehen die kürzeren formen vor:* rybja, rybje, rybju *für* rybjaja, rybjeje, rybjuju. yj *fällt oft aus:* boža, bože (božeje), božoho, božych *von* božyj. *Neben den oben im paradigma angeführten formen findet man* syńij, syńoje; syńij, syńoje; syńoho, syńoho, syńoji; syńomu, syńomu, syńij *usw. Die zusammengesetzten formen stehen nicht selten dort, wo man die nominalen erwartet:* a by był korovaj krasnyj, a jak sońeńko jasnyj *paul.* 1. 67. *neben:* a by naš korovaj krasen buł 105; ne daj sestryj vźaty, bo sestra dorohaja, kosa zołotoja 121. tvoja dońka chorošaja, tvoja vira prokłataja 132. *neben:* že bym bula krasna 87; povidała nam synyća: połnaja pyva pyvnyća *neben:* povidała nam vorona: połna pyrohiv komora *wes.* 53; *selbst bei den partic.:* ščo by byly końi kovanyji, samyji mołodyji prybranyji *wes.* 82. *Umgekehrt findet man nicht selten die nominalen statt der zusammengesetzten formen angewandt:* rozvij (*asl.* razvêj) rusu kosu. starost'i dostala śa mołoda svanejka *wes.* 65. let'ily biły husy 27. pokažy nam čorny očy 45. za talary nezmireńi *volksl. Wruss. Neben* luboho *liest man* bêlaho, bujnaho, strekataho: *die formen auf* aho *verdanken jedoch ihr dasein unkritischer schreibung. Im sg. loc. masc. neutr. findet regelmässig* ym: u klenovym lêsu. na sivym koniku; *selten* om: u čarvonom vozočku. *Im fem. lautet der sg. gen. auf* yje *aus:* staryje, *der dat. loc. instr. auf* ej: starej. *Der pl. nom. aller genera hat den ausgang* yje: staryje, *das eigentlich der pl. acc. masc. und fem. ist: asl.* staryję.

ZWEITER TEIL.

Lehre von der conjugation.

a) Von der einteilung der verbalformen.

Wie im asl. seite 62.

b) Von den personalsuffixen.

Voll.	*1.*	mь	mъ
	2.	šь	te
	3.	tь	ntь
Stumpf.	*1.*	m	mъ
	2.	s	te
	3.	t	nt

Das mь *der I. sg. geht mit dem vorhergehenden vocal in* u *über:* pletu; *die verba V. 1. haben* aju *und* am: hadaju. hadam. *Das* t' *der III. sg. hat sich nur in einigen gegenden, namentlich im osten des sprachgebietes, erhalten:* sydyt', vydyt' *paul. 1. 9. Osadca 107. Sonst steht* t: sydyt, vydyt. *Nach dem vocale* e *fällt* t *in Galizien ab:* pytaje, *selten ist* pytajet *paul. 2. 25.* kyvajet, pohladajet *paul. 1. 132; in manchen gegenden wird* t *auch nach* y *abgeworfen:* vydy, chody *wag. XVI. Das* mъ *der I. pl. weicht hie und da dem* mo, *in den Karpaten dem* me: vydyme, zveme *wag. XIX. 79. Die III. pl. hat in manchen gegenden, namentlich im osten* t': horjat' dadut', skubut'; *in anderen* t, *das in Galizien häufig fehlt:* vydja, chodja *wag. XVI.* e *kann in der II. pl. impt. abfallen:* orit, vjažit, smotrit, chvalit. *Wruss. III. sg.* hrebeć, budzeć, êdzić, *asl.* grebetъ, gądetъ, jazditъ *neben* budze, płyve, byvaje, *asl.* bądetъ, plovetъ, byvajetъ; bêhuć *fugiunt,* revuć *rugiunt.*

c) Von dem bindevocal.

Der bindevocal tritt ein im partic. praet. pass.: plet-e-n.

d) Von den suffixen der infinitivstämme.

1. Infinitiv. *Das suffix des inf. ist* ty: bra-ty. *Neben* ty *findet man im osten* f: čy myńi tebe oženyf, či vijško urjadyf *maks. 138. Die inf. auf* tky, točky, teńky, tońky, ońky *gehören der kindersprache an:* spatky, jistočky, spateńky, jistońky, jichatońky, lefitońky, lulońky; *davon* jisteńkaju, jisteńkaješ *usw. wag. 102. Ähnliche deminutive inf.-formen finden sich im wruss.:* spaćki *dormire*, êsciúki *edere*. *Der inf. hat hier neben* ć *das volle suffix* ci: horêci, *asl.* gorêti, chodzici, ici *ire*, êsci *edere*, pici, plyci, tušici *exstinguere*, vesci *ducere neben* êsć *usw.*

2. Partic. praet. act. I. *Das suffix des partic. praet. act. I. lautet* ъs. *Erhalten hat sich eine auf* šy *auslautende form:* brav-šy. *Wruss.* upivši śa, otdavši; prilehši: prilehši k kosê holosić *zap. 254.* peremokši: stojić żać doždžem peremokši *183.* evivši, *asl.* evьtъši, perepavši, *asl.* prêpadъši, prinjavši, *asl.* priimъši, vzjavši, *asl.* vъzьmъši, začovši, *asl.* začьnъši. v *vor* ši *kann in* m *übergehen:* pohodzëmši, *asl.* pogodivъši; posolëmši, *asl.* posolivъši; složomši; pojomši (poëmši), *asl.* poivъši.

3. Partic. praet. act. II. *Das suffix des partic. praet. act. II. ist* lъ: bra-l.

4. Partic. praet. pass. *Das suffix des partic. praet. pass. ist* nъ *oder* tъ: plete-n, bra-n; by-t.

5. Aorist. *Vom aorist hat sich im auxiliären* bych *und in der moduspartikel* by *eine spur erhalten.*

e) Von den suffixen der praesensstämme.

1. Praesens. *Das suffix* e *kann in den verben V. 1. fehlen, daher* hadam *neben* hadaju. *In* pečuf *für und neben* pekuf *ist* č *aus* pečeš, pečef *usw. eingedrungen. Die III. pl. der verba III. 2. IV. bietet oft* u *für asl.* ę: hońuf, dzvonuf, sušuf *maks. 111. 138.* robluf *osnov. für asl.* gonętъ, zvonętъ, sušętъ, *robętъ. *Ebenso wruss.* chodźuć, prośuć, położuć, *asl.* hodętъ, prosętъ, položetъ.

2. Imperativ. 1. beri: *auslautendes* i *wird durch* ь, *d. i. durch die erweichung des consonanten ersetzt, wenn es unbetont ist und dem-*

selben nicht zwei consonanten vorhergehen: buď, hlań, nesý, dvýhny; *diese form erhält sich im inlaute:* buďte, hlańte *usw.* plefite, kleńite, dvyhńite, *asl.* pletête, klьnête, dvignête. *Die III. impt. wird durch die III. praes. mit vorhergehendem* nechaj, chaj, ńaj, naj, nej *ersetzt; im sy. kann dafür die II. eintreten:* prybuď ščaštje. rozum bude *veniat pryp. 79.* ďij śa vola boža. již koza łozu, koły śina ne maje *edat.* *Wruss. asl.* i *und* ê *kann in* ь *übergehen:* êdź *fahre.* śadź *conside.* bav́ (bavь) *cunctare.* budź *esto.* pozvol. udaŕce (udarьce). pošlić *mittite, asl.* posьlête. *II.* daždi, daždь. viž *scito,* již *ede.* *Wruss.* êž, *asl.* jaždь.

2. Imperfect. *Das impf. ist dem klruss. abhanden gekommen.*

3. Partic. praes. act. *Das suffix des partic. praes. act. ist* nt, *dessen* n *mit* o *in* u, *asl.* ą, *mit* e *in* ja, *asl.* ę, *übergeht. Als gerundium wird eine auf* čy *auslautende form gebraucht:* molačy *pryp. 34.* myślačy *paul. 2. 98.* chodačy *2. 8.* u *steht hier nicht selten für asl.* ę, *was unorganisch ist:* ležučy *osnov. 112. neben* ležačy *116.* syďučy *82.* choďučy *13. paul. 2. 78.* kažučy. horjačyj *posl. 119. Gegen die sonst geltende regel tritt manchmal* šč *für* č *ein:* bihuščyj: bihuščaja voda *posl. 103.* vyduščyj *73. 110.* mutaščyj: voda ne mutašča uma *8.* poseduščyj: nyhde mistća ne zahrije, takyj ne poseduščyj *87.* spluščyj pes *112. Ein partic. praes. act. ohne* čy *ist selten:* leža: to by jil čolovik leža *iacens, asl.* ležę; moha, *asl.* mogy: jak moha, u boha vse moha *pryp. 95.* i ne chota pravdu skaže *posl. 104.* *Wruss.* či: iduči, bêhuči, êduči *fahrend, reitend,* češuči. žduči *exspectans,* chočuči; *mit* u *für asl.* ę: sêdźuči, stojuči, hovorjuči. vychodźuči. *Ohne* či: moha: kori śa mužu, jak moha *zap. 211. Man merke:* na sinim vozerê śadzêla lebedka, krylkami opuśća śa, pertikom osypja śa *217.*

4. Partic. praes. pass. *Spuren:* jidomyj. *Wruss.* nevêdomyj *und ähnlich* neznakomyj.

f) Conjugation nach den verbalclassen.

A. Conjugation mit dem praesenssuffix.

Erste classe.

Suffixlose stämme.

1. plet.

α. *Inf.-stamm* plet. *Inf.* ples-ty. *Partic. praet. act. I.* pli-v-šy. *II.* pli-l. *Partic. praet. pass.* plet-e-n.

β. *Praes.-stamm* plet-e.

Praes.	*1.*	plet-u	plet-e-m
	2.	plet-e-š	plet-e-te
	3.	plet-e	plet-uť.
Impt.	*1.*	—	pleť-i-m
	2.	pleť-y	pleť-i-te
	3.	pleť-y	—

Partic. praes. act. plet-učy.

Im partic. praet. act. II. sg. masc. gehen o *von* rost *und* e *in* i *über:* vyris *pryp. 91. neben* dorosla *pryp. 62;* bril *neben* brela; zvil *paul. 2. 28.* izvil *pryp. 82. neben.* pryvela *82.* vely *paul. 2. 47;* plil, plela *von* rost *und* bred, ved, plet. *Im impt. kann* y *in* ı *übergehen:* jiď *pryp. 112.* buďmo *46.* buďte *4.* jiďte *paul. 2. 13. Der inf. von* cvet (cvete *pryp. 46.*). *asl.* cvьt, *lautet* cvysty, *asl.* cvisti, *nach lew. 160.* cvisty, *praes.* cvitu *osnov.*, cvetu: *der inf. von* bred *ungenau* brysty *paul. 2. 123. 127.* śid *hat im praes.* śadu, *asl.* sędą; śade *pryp. 16. paul. 2. 30. im impt.* śaď. *Das partic. praet. act. I. ist* vivšy, mivšy *von* ved, met *bei loz. 111,* śivšy *von* śid *87. und* sklavšy *osnov. 97. von* sklad, *wobei das partic. praet. act. II. eingewirkt zu haben scheint.* vid, *asl.* vêd, *hat im inf.* povisty, *asl.* vêdêti, *partic. praet. act. I.* povivšy, *II.* povil, *partic. praet. pass.* poviden. jid *(asl.* jad *für* jêd) *edere:* jisty, jivšy, jil, jiden *neben* jidžen, jižen, *daher* jidžeńe, jižeńe. Jiď *(asl.* jad *für* jêd) *rehi entlehnt die inf.-formen von* jicha: *praes.* jidu *impt.* jiď; *inf.* jichaty *partic. praet. act. II.* jichal *usw.* Id *hat im inf.* ity: *falsch ist* idty, *eben so* itty *maks. 55: die partic. praet. act. werden durch* šьd *ersetzt:* pryšedšy *osnov. 173. 273. neben dem unorganischen* išovšy *wag. 120. holov. 204;* išol, išla. *Von* čьt *findet man praes.* čtu *impt.* čty *partic. praes.* čtučy *lew. 159: die andern formen werden von* čty *nach IV. entlehnt:* čtyš, čtyt; čtyl; čtyvšy. *Auf* rit, *asl.* rêt, *ist* pryobrilo *pryp. 117. und* zustrila *paul. 2. 16. zurückzuführen: gangbare inf.-formen sind* strityty *pryp. 28.* zostrityty *paul. 2. 173.* zostrinuty *osnov. 281.* postričaty *77.* povstričaty *kotl.;* obrity, pryobrity *sind aus einem asl. aor.* rêtь *zu erklären: vgl. das serb.; im praes. hört man* obritu, obriteš *Osadca 118. Neben* husty *spricht man* huďity. *asl.* gąsti. *Von* bąd *stammen praes.* budu, budeš *neben* beš, bude *neben* be; budem *neben* bemo, budete *neben* bete, budut; *impt.* buď, *partic. praes. act.* budučy. *Wruss. hat* ved vêl *zap.* 235. *Asl.* cvьt *entspricht* cvêt: cvêceć *floret usw.* sêd *hat im praes.* śadu, *asl.* sędą. bądą *ist* budu, *daher* dobudu *accipiam.* jêd *edere bildet das praes. ohne* e: *das partic. praet. act. I. ist* êvši, *II.* êl. dad *hat im praes.* dam, dasi *usw.*: *befremdend ist* dadzenyj *datus.* skłanyj *von* klad *steht für* składzenyj. rêt (sъrêt) *ist in* vstrêla *obviam facta est zap.* 11. *erhalten.* šьd *hat im partic. praet. act. II.* šel. šol: vyšel, pošoł *neben* podyšoł *und* išla, išli, pojšla, zajšla. jêd *vehi hat im praes.* êdu, êdzeš *impt.* êdź, êdźce, *sonst* êchać, êchal *usw.*

2. nes.

α. *Inf.-stamm* nes. *Inf.* nes-ty. *Partic. praet. act. I.* ńis-šy. *II.* ńis. *Partic. praet. pass.* nes-e-n.

β. *Praes.-stamm* nes-e.

Praes.	*1.*	nes-u	nes-e-m
	2.	nes-e-š	nes-e-te
	3.	nes-e	nes-ut'.
Impt.	*1.*	—	neś-i-m
	2.	nes-y	neś-i-te.
	3.	nes-y	—

Partic. praes. act. nes-učy.

Partic. praet. act. II. ńis, nesła; viz, vezla *lev.* 159. *Partic. praet. act. I.* vizšy *holov.* 165. ńisšy 208. *osnov.* 87. *Wruss.* prinës, *asl.* prinеslъ.

3. hreb.

α. *Inf.-stamm* hreb. *Inf.* hreb-s-ty. *Partic. praet. act. I.* hreb-šy. *II.* hreb. *Partic. praet. pass.* hreb-e-n.

β. *Praes.-stamm* hreb-e.

Praes.	*1.*	hreb-u	hreb-e-m
	2.	hreb-e-š	hreb-e-te
	3.	hreb-e	hreb-ut'.
Impt.	*1.*	—	hreb-i-m
	2.	hreb-y	hreb-i-te.
	3.	hreb-y	—

Partic. praes. act. hreb-učy.

18

Neben dem stamme žyv (žyve *pryp.* 33. 77. 83. *pawl.* 2. 30. žyvut 2. 16. žyvučy *osnov.*) *gilt* žy: žyjuť *pryp.* 33. 72. lê *von* plêv *geht in* olo *über:* polovu, polovy, polovučy, polovšy, polol, poloty *für* plêvą, plêvi *usw. neben* polu, poleš *usw. holov.* 192. čerp *hat nach holov.* 138. *im inf.* čerpsty *und* čerety *neben* čerty: *vgl. asl.* črêti. *Im wörterbuche zu kotl. finde ich die inf.* sopty, chropty *und* čolpty, *das letzte in der bedeutung* rozbiratь. *Wruss. ist zu merken III. sg. praes.* obsypeć (jadrenym ovsom obsypeć *zap.* 182.) *und partic. praes. act.* osypja (persikom osypja śa 217.)

4. pek.

α. *Inf.-stamm* pek. *Inf.* pečy. *Partic. praet. act. I.* pik-šy. *II.* pik. *Partic. praet. pass.* peč-e-n.

β. *Praes.-stamm* pek-e.

Praes.	*1.*	pek-u	peč-e-m
	2.	peč-e-š	peč-e-te
	3.	peč-e	pek-ut'.
Impt.	*1.*	—	peč-i-m
	2.	peč-y	peč-i-te.
	3.	peč-y	—

Partic. praes. act. pek-učy.

Kty *und* hty *gehen in* čy *über; im osten bleiben diese verbindungen unverändert:* rekty, tekty. berehty, bihty *wag. XXI.* tekty *osnov.* 338. 339. tolkty 101. berehty 144. 186. bihty 250. pomohty 163. pidstryhty 17. sterehty 128. *Osadca* 122. *Unorganisch sind infinitivformen wie* bihčy, lihčy, prjahčy *von* bih. leh. prjah: verh *bildet* verečy, *asl.* vrêšti. *Unorganisch sind ferner* peču, pečut: stryžu, stryžut *für* peku, pekut; stryhu, stryhut; *ebenso die impt.* pečy, pečim *für* pecy, pecim. bih, *asl.* bêg, *bildet ausser den inf.-formen die I. sg. und die III. pl., alles andere wird von* bêža *nach III. 2. entlehnt:* bihu, bižiš *usw.* bihut; bičy; bih, bihla; bihšy. leh *hat im praes. und im impt.* lah, *asl.* lęg; žeh *hat* žhu *und* žehu, žžeš *und* žežeš, žhut *und* žehut; žhučy *und* žehučy; žehl; žehšy: zažžen. pek, tek, leh *bilden im partic. praet. act. II.* pik *lew.* 159. tik, utik *pryp.* 87. *osnov.* 224. lih *pryp.* 56. *kotl.* 1. 21; *im fem.* pekla, tekla, lehla; moh *hat* mih *pryp.* 97. spomih

88, im fem. mohla. pikšy *ist wie* poberihšy *pryp. 66. gebildet: vgl.* vizšy, ńisšy *von* vez, nes. *Unorganisch ist* lahty *maks. 55.* połahla *57.* rozlahla *28.* obłahla *127. für asl.* lešti, legla; *ebenso* lahaty *pryp. 101. 121.* polahaty *kotl. 1. 20. für organisches* lihaty *paul. 1. 77. pryp. 105. 122, asl.* lêgati. *Wruss.* lahu, *asl.* lęgą. *Man merke* pjakeš, pjakeć, pjakěča *Dalь, O narěčijachъ 56;* mohim *1. pl. praes. für asl.* možemъ *ist eigentlich ein impt. Vgl. seite 91.*

5. pьn.

α. *Inf.-stamm* pьn. *Inf.* pja-ty. *Partic. praet. act. I.* pja-v-šy. *II.* pja-ł. *Partic. praet. pass.* pja-t.

β. *Praes.-stamm* pьn-e.

Praes.	*1.*	pn-u	pn-e-m
	2.	pn-e-š	pn-e-te
	3.	pn-e	pn-ut'.
Impt.	*1.*	—	pń-i-m
	2.	pn-y	pń-i-te.
	3.	pn-y	—

Partic. praes. act. pn-učy.

Dъm *bildet im inf.* duty, *asl.* dąti; *die übrigen hieher gehörigen stämme haben* jaty, *asl.* ęti: žaty, mjaty, jaty, *asl.* žęti, męti, jęti. *Nach holov. 189. gilt für* jaty *auch* imyty: pryjmyty *steht für* pryjaty *wie serb.* primiti; ujmyty *lesen wir pryp. 95. für* ujaty, *wovon* ujme *pryp. 101; ebenso* spenyty *osnov. für* spjaty. klen *kann im inf.* s *annehmen:* klasty *neben* klaty, *asl.* klęti; *ebenso* pn, pjasty *kotl. neben* pjaty, *asl.* pęti: *vgl.* plysty *für* plyty. *Die formen* mnul, mnuvšy *lew. 158. für* mjal, mjavšy *und* pnuty *für* pjaty *gehören zur II. classe.* žьn *hat im praes.* žnu, žneš, žne *für asl.* žьnją, žьnješi, žьnjetъ *usw. Für* imu, imeš *wird nach wag. 99. auch* jamu, jameš *usw. gesagt: vgl.* stati, staną, staneši *usw. Wenn im zur bildung des fut. verwandt wird, so verliert es den anlaut:* mu, meš, me; mem, mete, muť. *Wruss.* dmi śa *zap. 74. asl.* dъmą, dąti.

6. mr.

α. *Inf.-stamm* mer. *Inf.* mer-ty. *Partic. praet. act. I.* mer-šy. *II.* mer. *Partic. praet. pass.* (ter-t).

18*

β. *Praes.-stamm* mr-e.

Praes.	*1.*	mr-u	mr-e-m
	2.	mr-e-š	mr-e-te
	3.	mr-e	mr-ut'.
Impt.	*1.*	—	mr-i-m
	2.	mr-y	mr-i-te.
	3.	mr-y	—

Partic. praes. act. mr-učy.

Der inf. lautet auf -erty *aus, wofür auch* -erety: derty, derety *wag. 82.* žerty, žerety *lem. 157.* merty, perty, terty *Osadca 128. Vgl. asl.* mrъti *und* mrêti. ml *hat* moloty, *asl.* mlêti, *im praes.* melu, meleš *usw.* mlyn mele *kaz. 23. Ähnlich ist* połoty, *asl.* plêti, *im praes.* polu, poleš *usw.* dr *hat im praes.* dru *und* deru *pryp. 25. 53. 59.* žr-žru, žeru. molol *steht für asl.* mlêlъ, molovšy *für ein zu vermutendes* mlêvъši: *ein dem* mrъši, mьrъši *entsprechendes* mlъši, mьlъši *ist unnachweisbar. Das partic. praet. pass. lautet* molot *und* melen *holov. 192. Wruss.* chvostom mele *zap. 105. Der inf. lautet auf* erci *aus:* umerci, cerci, *asl.* umrêti, trêti: *partic. praet. act. II.* otper *asl.* otprъlъ: voroty otperla *zap. 122.*

7. bi.

α. *Inf.-stamm* by. *Inf.* by-ty. *Partic. praet. act. I.* by-v-šy. *II.* by-ł. *Partic. praet. pass.* by-t.

β. *Praes.-stamm* by-j-e.

Praes.	*1.*	b-j-u	b-j-e-m
	2.	b-j-e-š	b-j-e-te
	3.	b-j-e	b-j-ut'.
Impt.	*1.*	—	by-j-m
	2.	by-j	by-j-te.
	3.	by-j	—

Partic. praes. act. by-j-učy.

Bju *steht für* byju, pju *für* pyju: byju *und* pyju *hört man im Sanokerkreis: asl. findet man* bьją, pьją *neben* biją, piją. lju, lje prup. 30. ljut (ľjut) paul. 2. 131. stehen für lyju, lyje, lyjut; vy, asl. vy, hat vju, vje neben vyje pryp. 40; bry-briju, russ. brêju, neben bryju; ply bildet im praes. plyvu, sly-slyvu, ru-ruju neben revu pryp. 10. 47. 83. 107. paul. 2. 148, di-diju neben dinu; pi, asl. pê, piju, asl. poją; sta-stanu, daher auch der inf. stanuty; ply hat im inf. plysty pryp. 95. neben płyty; bu, asl. by, hat buty, buvšy, buł, im aor. bych in verbindung mit dem partic. praet. act. II; auch in der zusammensetzung wird bu im praes. durch bud-e ersetzt: zabudu, perebudu, zbudu usw. popluvšy pryp. 52. deutet auf einen inf. pluty neben pluvaty. da: daty, davšy, dał, dan. Wruss. vьeć d. i. vjeć; pьjuć d. i. pjuć, asl. vijetъ, pijątъ neben vьjetъ, pьjątъ; plyveć und płyl; pêć, asl. pêti; pêjuć, asl. pojątъ: man beachte pêjal zap. 264. und obšiić (jadrenym ovsom obsypeć, červonym suknom obšiić) zap. 182. für asl. obъšijetъ, also ii für ije, ein übergang, der zwischen hvališi und dem vorauszusetzenden hvaliješi in der mitte liegt.

Zweite classe.

nạ-stämme.

2. *Inf.-stamm* dvyhnu. *Inf.* dyhnu-ty. *Partic. praet. act. I.* dvyhnu-v-ši. *II.* dvyhnu-l. *Partic. praet. pass.* dvyhnu-t.

3. *Praes.-stamm* dvyhn-e.

Praes.	*1.*	dvyhn-u	dvyhn-e-m
	2.	dvyhn-e-š	dvyhn-e-te
	3.	dvyhn-e	dvyhn-ut'.
Impt.	*1.*	—	dvyhń-i-m
	2.	dvyhn-y	dvyhń-i-te.
	3.	dvyhn-y	—

Partic. praes. act. (pachń-učy).

Das partic. praet. act. II. wird von consonantisch auslautenden stämmen häufig ohne nạ *gebildet:* navyk *pryp. 107.* zhasla *37.* zabrjaz *34.* tabły *95.* vytrislo *73.* uvjaz *96.* zmerzly *35.* pryschlo *80.* zastyhlo *4.* ošlip *19.* bih, svys, bas, kys, merz, mok, pach, soch, chryp *von* -nu *holov. 189.* revla *koll. 1. 31.* vjal *wag. 79. holov. 165. paul. 2. 143. neben* zasnul, kryknul, svysnul, zivjanul *usw. Wruss.* zdochla, usochla *zap. 254.*

Dritte classe.

ê-stämme.

Erste gruppe.

umê.

α. *Inf.-stamm* umi. *Inf.* umi-ty. *Partic. praet. act. I.* umi-v-šy. *II.* umi-l. *Partic. praet. pass.* umi-n.

β. *Praes.-stamm* umi-je.

Praes.	*1.*	umi-j-u	umi-j-e-m
	2.	umi-j-e-š	umi-j-e-te
	3.	umi-j-e	umi-j-ut'.
Impt.	*1.*	—	umi-j-m
	2.	umi-j	umi-j-te.
	3.	umi-j	—

Partic. praes. act. umi-j-učy.

Dem asl. imê *entspricht* ma *nach V. 1: praes.* maju *(wie im asl.* imają *prehendo),* maješ, maje *und* ma *in* ne ma *maks. 44.* ma buty *paul. 2. 39.* maj, majučy, mavšy, mal, maty. *Wruss.* maju, maješ *usw. neben* mił, *asl.* imêlъ.

Zweite gruppe.

gorê.

α. *Inf.-stamm* hori. *Inf.* hori-ty. *Partic. praet. act. I.* hori-v-šy. *II.* hori-l. *Partic. praet. pass.* (zahor-e-n.)

β. *Praes.-stamm* hori-e.

Praes.	*1.*	hor-j-u	hory-m
	2.	hory-š	hory-te
	3.	hory-t .	horjat'.
Impt.	*1.*	—	hor-i-m
	2.	hory	hor-i-te.
	3.	hory	—

Partic. praes. act. horjačy.

In der 1. sg. praes. treten veränderungen der vor i *stehenden consonanten ein:* leču, vižu *von* letie, vydie; vyšu *von* vysie; terplu, hremlu *von* terpie, hremie: l *pflegt auch in der III. pl. eingeschaltet zu werden:* terplať, hremlať, *asl.* trъpętъ, grъmętъ. volê *hat im praes.* voliju *und* volu; *ebenso* bolê-boliju *maks. 45. und* bolu; hladê-hladiju *und* hlažu *nach III. 1. und III. 2. Man beachte die partic. praet. pass.* terpen *pryp. 104.* smotren *hołov. 179.* zahoren *193. und* vydîn *wag. 122; doch* sydženje *pryp. 35. 106.* Chotê *hat im praes.* choču, chočeš, choče; chočem, chočete, chofat *und* chočut, *im impt.* choč, chočte *neben* choty, chofite; *im partic. praes. act.* chofačy; *alles andere regelmässig: partic. praet. act. I.* chofivšy *pryp. 105 usw.* Sъpa *hat im inf.* spaty, *im praes.* splu, spyš, *in der III. pl. bei paul. 2. 9.* spjut *für* spjat *oder* splať, *asl.* sъpętъ, *im partic. praes. act.* spluščij *pryp. 87, nach Osadca 134.* spjačyj, *nach lew. 158.* spjaščyj *für asl.* sъpęštij. *Wruss.* chocêć *hat* choču, chočeš, chočeć; chočem, chočete, chočuć; *impt.* choci (*das für* chočeš *gebraucht wird:* jazyk v rocê, meli, što choci) *und* choć (*in der bedeutung etsi:* choć mjaso jeho rêž, ne słuchaje *du magst sein fleisch schneiden, er gehorcht nicht*); *partic. praes. act.* choća (choća, nechoća, musiš dzêlać, što kažuć) *und* chočuči, choćuči. chocež *etsi beruht auf dem impt.* choci, *woraus* choća, *wie pol.* dzisia *aus* dziś: *mit* chocež *gleichbedeutend ist* chočej *und* choča, chočaj.

Vierte classe.

i-stämme.

hvali.

α. *Inf.-stamm* chvaly. *Inf.* chvaly-ty. *Partic. praet. act. I.* chvaly-v-šy. *II.* chvaly-l. *Partic. praet. pass.* chval-e-n.

β. *Praes.-stamm* chvali-e.

Praes.	*1.* chval-u	chvaly-m
	2. chvaly-š	chvaly-te
	3. chvaly-t'	chvalat'.
Impt.	*1.* —	chval-i-m
	2. chvaly	chval-i-te.
	3. chvaly	—

Partic. praes. act. chvalačy.

In der I. sg. praes. und im partic. praet. pass. treten consonantenübergänge ein: hovorju *prip. 41. neben* hovoru *paul. 2. 133.* žuru śa *2. 43.* koroču, chožu: *nach wag. XXI. sprechen die Huculen* -tju *und* -dju; hrožu, kvašu; myšlu *von* myslie; kroplu, hrablu, hotovlu, hlumlu: *das euphon.* l *tritt gegen die asl. regel auch in der III. pl. und im partic. praes. act. ein:* hotovlat', movlačy *prip. 59: asl.* gotovętъ, mlъvęšte. l *wird in manchen gegenden nicht eingeschaltet:* lovjat *prip. 50.* lubju, lubjat *holov. 185.* y *in der II. und III. sg. und* i *in der II. pl. impt. werden in den Karpaten durch* ь *ersetzt:* chod', chod'te *holov. 185. Wrass.* radžu *ich rate.*

Fünfte classe.

a - s t ä m m e.

Erste gruppe.

dêla.

ɑ. *Inf.-stamm* d'iła. *Inf.* d'iła-ty. *Partic. praet. act. I.* d'iła-v-šy. *II.* d'iłal. *Partic. praet. pass.* d'iła-n.

β. *Praes.-stamm* d'iła-j-e.

Praes.	*1.*	d'iła-j-u	d'iła-j-e-m
	2.	d'iła-j-e-š	d'iła-j-e-te
	3.	d'iła-j-e	d'iła-j-ut'.
Impt.	*1.*	—	
	2.	d'iła-j	d'iła-j-m
	3.	d'iła-j	d'iła-j-te.

Partic. praes. act. d'iła-j-učy.

In den Karpaten kann im praes., mit ausnahme der III. pl., der praesensvocal ausfallen: śpivam, śpivaš, śpivat *und* śpiva; śpivame, śpivate *holov. 185.* śpivajut. prosycha *für* prosychaje; *dasselbe gewahren wir in der III. sg. bei osnov.:* hra *für* hraje, *in wes. 44. 79. 100. 137.* litat zazulejka; zbyrat: oj ńaj śa zbyrat, ńaj śa ne zbyrat. *Wrass.* prohońaiš, *asl.* proganjaješi; posvécajeć, *asl.* posvêštajetъ.

Zweite gruppe.

pisa.

ɑ. *Inf.-stamm* pysa. *Inf.* pysa-ty. *Partic. praet. act. I.* pysa-v-šy. *II.* pysa-ł. *Partic. praet. pass.* pysa-n.

β. *Praes.-stamm* pysi-e.

Praes.	*1.* pyš-u	pyš-e-m
	2. pyš-e-š	pyš-e-te
	3. pyš-e	pyš-ut'.
Impt.	*1.* —	pyš-i-m
	2. pyš-y	pyš-i-te.
	3. pyš-y	—

Partic. praes. act. pyš-učy.

Manche verba können nach V. 1. und nach V. 2. gehen: metaju *und* meču; struhaju *und* stružu. *Im praes., impt. und im partic. praes. act. gehen veränderungen der consonanten vor sich:* orju, oreš, ore *usw.* klokoču, hłožu; kaplu, koliblu, drimlu; plaču, dvyžu, dyšu; vjažu, tešu *usw.* kolo, sła (*asl.* stla), sla (*asl.* sъla), boro, poro *haben im praes.* kolu, koleš; stelu *paul.* 2. 119, *das jedoch auch von* stely *nach IV. prip.* 117. *paul.* 2. 14. 55. *abgeleitet werden kann;* šlu, šleš, šle; borju śa; porju. *Die partic. praet. pass. lauten nach holov.* 192. borot, kołot, porot *und* boren, kolen, poren: *unorganisch, vielleicht auch unrichtig, sind die participia* dyšen, hložen, klopočen *holov.* 193. *für* dychan, hlodan, klopotan. *Wruss. partic. praet. pass.* iskolot.

Dritte gruppe.

bra.

α. *Inf.-stamm* bra. *Inf.* bra-ty. *Partic. praet. act. I.* bra-všy. *II.* bra-l. *Partic. praet. pass.* bra-n.

β. *Praes.-stamm* ber-e.

Praes.	*1.* ber-u	ber-e-m
	2. ber-e-š	ber-e-te
	3. ber-e	ber-ut'.
Impt.	*1.* —	ber-i-m
	2. ber-y	ber-i-te.
	3. ber-y	

Partic. praes. act. ber-učy.

Stena, stona *hat im praes.* stenu *oder* stonu, stoneš, stone *usw.: asl.* stenją, stenješi *usw.* žra-žeru *oder* žru, žereš *oder* žreš; zva-zovu *oder* zvu, zoveš *oder* zveš; *im impt.* zovy *und* zvy *prip. 117. holov. 188;* obizvet' śa *steht maks. 59; für den impt.* ždy *osnov. liest man* ždaj *prip. 76. duchn.; ähnlich* tku *oder* tkaju, tčeš *oder* tkaješ. *Wruss.* ždže *exspectat:* nechaj za muž idze, a mene nechaj ne ždže *ne exspectet zap. 118. neben* ždué *exspectant:* cebe lebedki ždué *217. partic. praet. pass.* rozdratyj.

Vierte gruppe.

sêja.

2. *Inf.-stamm* śi-j-a. *Inf.* śi-j-a-ty. *Partic. praet. act. I.* śi-j-a-v-šy. *II.* śi-j-a-l. *Partic. praet. pass.* śi-j-a-n.

3. *Praes.-stamm* śi-j-e.

Praes. *1.*	śi-j-u	śi-j-e-m
2.	śi-j-e-š	śi-j-e-te
3.	śi-j-e	śi-j-ut'.
Impt. *1.*	—	śi-j-m
2.	śi-j	śi-j-te.
3.	śi-j	—

Partic. praes. act. śi-j-uč y.

Das praes. lju, lješ, lje (lьe *prip. 30.*) *kann auf asl.* lijetъ *und* lêjetъ *zurückgeführt werden, während das praes.* lije (lêe) *duchn. und der impt.* lij (lêj) *notwendig mit* lija, lêje *zusammenhängt.* daju, daješ *usw.* dajuči *gehört zum asl. inf.* dajati; davaj, davajuči, davati *zum stamme* dava *nach V. 1;* znavati, stavati, *nur mit praefixen gebräuchlich, bilden* piznajú, distajú; piznaješ, distaješ; piznavaj, distavaj *und* piznavajuč y *neben* diznajuč y *und* distavajuč y *neben* ustajuč y; piznaty *hat* piznáju, piznaj, piznajuč y; distaty, distanu.

Sechste classe.

ova (*u-a*)-stämme.

kupova.

2. *Inf.-stamm* kup-ov-a. *Inf.* kup-ov-a-ty. *Partic. praet. act. I.* kup-ov-a-v-šy. *II.* kup-ov-a-l. *Partic. praet. pass.* kup-ov-a-n.

β. *Praes.-stamm* kupu-j-e.

Praes.	*1.* kup-u-j-u	kup-u-j-e-m
	2. kup-u-j-e-š	kup-u-j-e-te
	3. kup-u-j-e	kup-u-j-ut'.
Impt.	*1.* —	kup-u-j-m
	2. kup-u-j	kup-u-j-te.
	3. kup-u-j	—

Partic. praes. act. kup-u-j-učy.

Man merke vyhryvaju *neben* vyhrajú; skazyvaju *neben* skazuju.

B) Conjugation ohne das praesenssuffix.

1. vêd.

Praes.	*1.* vi-m	vi-mo
	2. vi-sy	vis-te
	3. vis-t'	vid'-at'.
Impt.	*1.* —	viž-mo
	2. viž	viž-te.
	3. viž	—

Neben visy, *asl.* vêsi, *besteht* viš *und* viś : poviś. *Im impt. ist* ž *auch in den pl. eingedrungen:* vižte, *asl.* vêdite, povidž. *Der stamm ist nur mit dem praefix* po *gebräuchlich.*

2. dad.

Praes.	*1.* da-m	da-mo
	2. da-sy	das-te
	3. das-t'	dad-ut'.
Impt.	*1.* —	daj-mo
	2. daj	daj-te.
	3. daj	—

Für dasy, daś, *asl.* dasi, *spricht man auch* daš. dadut' *steht dem asl.* dadętъ *gegenüber.* daj *stammt von* daje *praes.-stamm,* daja *inf.-stamm V. 4. Wruss.* dam, dasi, daść; dadzim, daścë, dadué.

3. jêd.

Praes.	*1.* ji-m	ji-mo
	2. ji-sy	jis-te
	3. jis-t'	jid'-at'.
Impt.	*1.* —	již-mo
	2. již	již-te.
	3. již	—

Neben jisy, *asl.* jasi, *gilt* jiš. jižte *steht asl.* jadite *gegenüber. Wruss.* êm, jasi *neben* zъêsi, êsé; jadzim, jasćë *und* jadzićë, jadué: *impt.* êz, êžce.

4. jes.

Praes.	*1.* jeś-m	jeś-mo
	2. je-sy	jeś-te
	3. jes-t'	jesut'.

Neben jesy *besteht* jeś, *asl.* jesi. ś *in* jeśmo, jeśte *ist unorganisch: vgl.* vijśko, moldavśko. *Wird* jeśm *usw. mit dem partic. praet. act. II. verbunden, so steht* jem, jeś, *nach vocalen* m, ś; śmo, śte. *Für* jest' *wird auch* je *gesprochen, das mit* ne-ńi, ńitu, ńit *bildet. Wruss.* ësć, *asl.* jestъ, *neben* je *in* nêtu *aus* ne je tu.

Anhang.

Umschriebene verbalformen.

1. Perfect. act. *Das perfect. act. besteht aus dem partic. praet. act. II. und dem praes. des verbum substantivum in der abgekürzten form:* oral em, oral eś; oraly śmo, oraly śte; *doch auch* kazał jesy *paul. 2. 136.* pustyl jesy, posłał jesy, zabuly jeste. *Osadca 149. Die formen des verbum* jes *können auch an andere worte gefügt werden:* koly m pysal, kudy ś chodyl, ty ś hovoryl, vy ste chodyly. *In der III. sg. und pl. steht das partic. allein:* oral, oraly. *Nach vocalen stehen* m *und* ś *für* jem *und* jeś: oralam, oralaś. *Wird das subject besonders ausgedrückt, so fehlt das verbum subst.*

in allen personen: ja oral, ty orał, my oraly, vy oraly. 2. Plusquamperfect. *Das plusquamperfect. act. besteht: a) aus dem partic. praet. act. II. und dem perfect. des verbum subst.:* dal em bul *oder* ja dał bul; *oder b) aus dem praes. und dem unveränderlichen* bulo *oder* buvalo*:* buło pišu; bulo pysalem, buvalo pysal em. *Osadca 150. Vgl. jedoch das grossruss. Wruss.* ja byl zanemoh. 3. Fut. act. *Das fut. act. wird ausgedrückt: a) durch das praes. der verba perfectiva:* pijdu, oj pijdu ja v čyste pole, oj hlanu ja, podyvlu śa *volksl.* včuje maty, bude byty *volksl.; b) durch verbindung des inf. von verba imperfectiva α) mit* budu: budu pysaty. *Wruss.* lhaci budze, budu žebrovaci. β) *mit dem praes. des verbum* im: mu, meš, me *usw. für asl.* imą, imeši, imetъ *in der bedeutung incipere:* pysaty mu, pysaty meš, pysaty mut *paul. 2. 137. wag. XVI. łoz. 109; im westen kann* mu, meš, me *dem inf. vorhergehen:* mu chodyty, memo žalovaty *holov. 157; c) durch verbindung des partic. praet. act. II. mit* budu: budu pysal. 4. Fut. exact. act. *Dieses tempus fehlt.* 5. Conditionalis act. *Der conditionalis act. wird gebildet durch verbindung des partic. praet. act. II. mit dem aus* by jesmь *entstandenen* bym, byś *usw. vgl. seite 87.* pysal bym, pysal byś, pysal by; pysały byśmo *und* bychmo, pysały byste, pysały by. *Für die vergangenheit gilt* był bym pysal, byl byś pysal *usw. Wenn das subject durch ein besonderes wort ausgedrückt wird, so kann in allen personen* by, b' *stehen:* ja by pysal, ty by pysal, vy by pisaly; luče b' ty zrobyła *maks. 52.* 6. Passivum. *Das passivum wird bezeichnet: a) durch verbindung des act. mit dem reflexivum* śa: pyše śa; dim buduje śa; drova rubajut śa; šino kosyło by śa *usw. b) durch verbindung des partic. praet. pass. mit dem verbum subst., das im praes. fehlt, wenn das subject durch ein besonderes wort ausgedrückt wird:* buvaješ chvalenyj, ja byval chvalenyj, zistałem pochvałenyj, ja napysan.

VI. RUSSISCH.

ERSTER TEIL.

Lehre von der declination.

Erstes capitel.

Nominale declination.

A) Declination der substantiva usw.

Der sg. voc. ist ausgestorben; aus dem asl. entlehnt sind die voc. bože, vladyko, gospodi, Iisuse, Christe, otče; *doch* synu *im volksl.:* poterjatь tebê, synu, bujnu golovu *sach. 209. tibi, fili, nicht tibi filio. Masculina, die belebte wesen bezeichnen, ersetzen den sg. acc. durch den gen.:* volka *lupi, lupum; doch auch* čada: blagoslovljaje svoego čada milago *altes volksl.; im pl. gilt diese regel für alle genera:* volkovъ *luporum, lupos;* knjaginь *principum, principes;* čadъ *liberorum, liberos;* idolъ *folgt dieser regel ebenfalls, während die gleichdeutigen* istukanъ *und* kumirъ *den acc. dem nom. gleich bilden. Auch bei den lebende wesen bezeichnenden subst. ist der acc. in gewissen redensarten dem nom. gleich:* iti za mužъ: ego proizveli vъ generaly; zvatь, puskatь vъ gosti; vъ kozaki najmu sь *stud.-ol. 83;* zapisanъ vъ kupcy; vyšelъ vъ ljudi; zapisali vъ draguny *skaz. 234;* otdanъ vъ soldaty; vъ soldatuški otdatь *stud.-vol. 20;* ty chotêla nasъ sъ soboj vzjatь, kotoruju vo kljušnicy, kotoruju vo larešnicy *sach. 144. Vom dual. gibt es nur spärliche überreste; hieher rechne ich die auf* a *auslautenden formen der masc. nach* dva, tri, četyre: dva rublja, tri časa, četyre dnja; *im fem. und neutr. steht nach diesen numeralia der pl.:* dva pera, tri knigi: *doch* dvêsti, *asl.* dvê sъtê: *vgl.* stimъ *mit dem asl.* têmь: *selten ist* dva sta *skaz. 179. stud.-vol. 95; auch* smolodu, sъ molodu *sach. 175. scheint als dual. gen. aufgefasst werden zu sollen. Im pl. dat., instr. und loc. treten regelmässig die von der dritten classe entlehnten endungen* amъ, ami *und* achъ *ein:* rabamъ, rabami, rabachъ, *asl.* rabomъ, raby, rabêchъ; putjamъ, putjami, putjachъ, *asl.* pątemъ, pątьmi, pątechъ; vorotamъ, vorotami, vorotachъ, *asl.* vratomъ, vraty, vratêchъ. *Selten sind im pl. instr. die asl. bildungen auf* y *und* ьmi: *a)* batogi *skaz. 173.* draguny *sach. 232.* molodcy *251. skaz. 39. 40. 41.* mužiki *skaz. 39.* nevodočki *sach. 251.* nosy *skaz. 82.* plemenniki *156. 172.* tovarišči *154. 156. 160 usw.* cvêtočki *sach. 213.* boloty *233.* voroty *35. 58. 118 usw.* rebjaty *221; b)* gvozdьmi *259.* dverьmi, knutьmi *stud.-vol. 146.* lošadьmi, ljudьmi, pletьmi, plečьmi *sach. 242. Im volksliede fällt manchmal das auslautende* i *ab:* sъ soboljamъ, so kistjamъ, sъ cvêtamъ *stud.-vol. 106. 108.* beru svoimъ rukamъ, koletъ vilamъ *neben* idetъ kъ nami, dactъ ovsa lošadьmi. *Dalь, O narêčijachъ 21. 25. 26. Noch seltener als die asl. instr.-formen sind im pl. loc. die formen auf* êchъ: vo gorodêchъ, vo selêchъ, vъ godêchъ *skaz. 161. 167. 171.*

Das vor dem auslautenden consonanten stehende e *oder* o *wird, wenn das wort am ende wächst, ausgestossen: 1) wenn es einem asl.* ь *oder* ъ *entspricht:* ovenъ, *asl.* ovьnъ, orelъ, *asl.* orьlъ, levъ, *asl.* lьvъ, lenъ, penъ, agnecъ, tjažekъ, gorekъ: ovna, orla, lьva, tjažkij, gorьkij *usw.* sonъ, *asl.* sъnъ, lobъ, *asl.* lъbъ, mochъ, *asl.* mъhъ, lokotь, nogotь. krêpokъ: sna, lba, mcha *neben* mocha. *eben so* mchu, mchomъ *neben* mochu, mochomъ, krêpkij *usw. Die fem. der vierten classe bewahren* o *im sg. instr.:* vošь, vši, vošьju; ložь, lži, ložьju *usw.;* vosemь, osьmi, vosemьju; *ebenso die subst. VI. 1:* ljubovь, ljubvi, *im volksl.* ljubovi *sach. 113,* ljubovьju; cerkovь, cerkvi, cerkovьju; bozъ *hat* boza, *pol.* bez, bzu; mečъ, meča; krotъ, sotъ. *asl.* krъtъ, sъtъ: krota, sota; *neben* pesecъ *vom asl.* pьsъ *besteht dialekt.* psecъ. *Die auf* decъ, drecъ, zvecъ, tvecъ, tecъ *auslautenden subst. bewahren* e: gordeca, mudreca, jazbeca *dialekt.,* mertveca *usw.; 2) wenn* e *oder* o *euphonisch eingeschaltet erscheint:* kotelъ, *asl.* kotlъ, oderъ, *asl.* odrъ, vêterъ *neben* vêtrъ, *asl.* vêtrъ, bolizenъ *dialekt.,* tepelъ, svêtelъ: kotla, odra, vêtra, bolizni, teplyj, svêtlyj *usw.* ugolъ, *asl.* ąglъ, bagorъ, *asl.* bagrъ, polonъ, dologъ: ugla, bagra, polnyj, dolgij *usw.* ugolь *hat im pl. nom.* ugli *und* ugolja; vichorъ, *im gen.* vichrja *und* vichorja *sach. 144. 151. 203. 211;* svekorъ-svekra *und* svekora *150; 3) in* kamenь, *asl.* kamenь, korenь, *asl.* korenь, perstenь, *asl.* prъstenь: kamnja *neben* kamenê *sach. 183.* kornja, perstnja, persnja *94;* ledъ, *asl.* ledъ, lьda *neben* ledu *stud. 75;* pepelъ, *asl.* pepelъ, pepla; zajacъ, *asl.* zajęcь, zajca, zajačina *und* zajčina; zovъ, *asl.* -zovъ, zva *und* zova; rovъ, *asl.* rovъ, rva, *pol.* row, rowu: *man vgl.* ikly *dialekt. mit* kolъ, kola (*verschieden von dem asl.* kolъ) *und dem pol.* kiel, kla; korь, krja *mit* kierz, krza. *In der volkssprache hört man* stolobъ *für* stolbъ, *asl.* stlъbъ, *gen.* stolba *usw.: neben* dolgъ *hört man* dologъ, *fem.* dolga. *Unrichtig ist die ansicht,* vidênъ *habe im fem. und neutr.* vidna, vidno.

Im pl. gen. der fem. und neutr. wird zwischen zwei consonanten im auslaute ein euphonisches e *oder* o *eingeschaltet*: metla, sêdlo, kaplja, zemlja, veslo, spalьnja, sudno, brevno, gumno, bašnja, sosna, dno, okno; svadьba, tjažba, tjurma, tьma, korčma, tesьma; palka, ručka, ložka, denьga, čeremcha; serdce, odêjalьce: metelъ, sêdelъ, kapelь, spalenъ, bašenъ, donъ, serdecъ *usw. Vor* r *ist die einschaltung nicht notwendig:* igrъ, ikrъ, vedrъ, rebrъ, sestrъ, jadrъ *neben* igorъ, ikorъ, vederъ *usw. Vgl.* vichrъ *und* vichorъ, veprъ *und* veperъ, vêtrъ *und* vêterъ; *ebenso gilt* iglъ *neben* igolъ. zd, sk, st *und* stv *bleiben ungetrennt:* uzdъ, vojskъ, nevêstъ, čuvstvъ; *ebenso* ln, rn, *wenn* el, ol, er *den asl. vocalischen* l, r *entsprechen:* želnъ, volnъ, sernъ; *doch* sotъ *von* sto, *asl.* sъto; jajco *hat* jaicъ; ubijca-ubijcъ, izba, *alt* istba, istobka, *hat* izbъ *und* izebъ. *Man beachte den pl. nom.* donьja *von* dno, *den sg. instr.* sotьju *von* sto, *das demin.* vêterokъ *usw.*

Die masc. auf ej, *asl.* ij, *lassen vor praejerierten vocalen* e *zu* ь *herabsinken:* solovej, solovьja, *asl.* slavij, slavija.

Die gutturalen behaupten sich vor ê *und vor* i: rukê, ruki; duchê, duchi, *asl.* rącê, ręky: dusê, dusi.

I. ъ (a)-stämme.

1. Subst. stamm rabъ.

nom.	rabъ	raby
acc.	raba	rabovъ
gen.	raba	rabovъ
dat.	rabu	rabamъ
instr.	rabomъ	rabami
loc.	rabê	rabachъ.

2. 3. *Subst. stamm* konjъ.

nom.	konь	koni
acc.	konja	konej
gen.	konja	konej
dat.	konju	konjamъ
instr.	konemъ	konjami
loc.	konê	konjach.

Nach dem zweiten paradigma gehen auch jene subst., die im asl. zu V. 1 und zu VI. 1. gehören: bolь *dialekt.*, golubь, gostь, želudь, zjatь, kmetь, lebedь, lokotь, medvêdь, tostь; kamenь, korenь: bolja, golubja, gostja; kamnja, kornja: *von den ausnahmen unten. Nach* z *und* s *stehen praejerierte vocale, daher* knjazja, kolodezja, *richtiger* kolodjazja: *asl.* knęza, kladęza: losja *von* losь: doždь *hat* doždja, *asl.* dъžda. *Nach den palatalen und* c *schreibt man jetzt im sg. instr.* e *nur dann, wenn es nicht betont ist:* továriščemъ, mésjacemъ; nožómъ, *was inconsequent ist. An die stelle des asl. pl. acc.* kraję *ist* krai *getreten; auch* y *im pl. nom.:* raby *ist aus der verdrängung des alten pl. nom. durch den acc. zu erklären:* raby, *asl. pl. nom.* rabi *acc.* raby.

Subst., die teilbares bezeichnen, haben im sg. gen. häufig u: anisъ, gorochъ, pesokъ, snêgъ, čaj *usw.; ebenso einige andere namen unbelebter gegenstände, die im sg. gen. und im sg. nom. dieselbe silbe betonen:* vidъ, vídu; kraj, kráju; zápachъ, zápachu *usw.; doch besteht auch der gen. auf* a; *zwischen beiden waltet ein unterschied ob: ist nämlich die quantität das vorwiegende moment, so steht bei den subst. erster art der gen. auf* u, *sonst der auf* a: kupitь anisu *und* prjanostь anisa; byvalo mnogo snêgu *und* bêlêe snêga *vostok. 31. Manchmal modificiert die endung die bedeutung auch auf andere weise:* dolga *officii*, dolgu *debiti;* ducha *spiritus*, duchu *odoris;* doma *domi*, domu *domus stud.-vol. 75. Ferner ist nach puchm. 211.* a *mehr dem höheren stile,* u *der volkssprache eigen: jener schmiegt sich nämlich enger an das die endung* u *auf eine sehr geringe anzahl von worten beschränkende asl. Die ansicht, die gen. auf* u *seien eigentlich dat., ist unrichtig, da in diesem falle die verbindung eines gen. auf* u *mit einer den gen. regierenden praepos. oder mit einem solchen verbum unmöglich wäre: die gen.-endung* u, *ursprünglich nur den* ŭ*-stämmen eigen, hat im russ. einen grösseren umfang gewonnen, als sie im asl. hat. In* sego gody *hoc anno dialekt. neben* sego godu *steht* y *für* u; polъ *hat* pola: emu žitь sъ pola gorja, *und* polu: *gen.* poludnja, polugoda *usw. Einige ein- und zweisilbige subst., von denen viele einen ort oder eine zeit bezeichnen, haben im sg. loc. nach den praepos.* vъ *und* na *die endung* u *mit dem ton:* bokъ, verchъ, kraj: vъ boku, na verchu, vъ kraju; o bokê *usw.; andere bilden diesen casus auf* ê *und auf* u: glazъ, dolgъ, domъ: glazê *und* glazu; *so besteht auch* borê *sach. 259. und* boru *198. 205. 207;* teremê *sach. 147. 148. und* teremu *146. 149. Auch der loc. auf* u *ist auf den asl. loc. auf* u *zurückzuführen, daher einem umsichgreifen der* u-*stämme zuzuschreiben, und nicht aus einer verwechslung mit dem dat. zu erklären. Der pl. gen. ohne* ovъ *kömmt vor a) bei folgenden subst.:* grenaderъ, dragunъ, kadetъ, rekrutъ, soldatъ, turokъ; sapogъ, čulokъ, vólosъ *(im pl. gen.* volósъ), glazъ, cyganъ, *ebenso* gospodъ; *b) nach den numeralia cardinalia von* pjatь *an bei* altynъ, aršinъ, pudъ, razъ, sažénь *(pl. gen.* sáženь), čelovêkъ, *und in der volkssprache bei* denь *(pl. gen.* denъ), *selten sonst:* tьmy nevêrnychъ vragъ *skaz. 235; endlich c) bei jenen subst., die im pl.* inъ *abstossen:* mêščanъ, bojarъ *von* mêščaninъ, bojarinъ. *Die subst. auf* aninъ *werfen im pl.* inъ *ab und nehmen im nom.* e *an:* mirjaninъ, mirjane; *die auf* inъ *werfen ebenfalls* inъ *ab, nehmen aber im pl. nom.* e *oder* y *an:* tatarinъ, tatare *und* tatary; bolgarinъ, bolgare *und* bolgary; *die subst. auf* itinъ *bilden den pl. von einem thema* itjaninъ: moskvitinъ, moskvitjane; *dialekt. fehlt* inъ *auch im sg.:* bojarъ *für* bojarinъ: gruzinъ *hat* gruziny; bojarinъ, barinъ, gospodinъ, chozjainъ *und* šurinъ *werden unten erwähnt werden. Die ansicht,* e *in* bojare *stehe für* ja, *ist falsch, da das asl. stets* e, *nie* ę *oder* ja *bietet. Folgende subst. haben im pl. nom. ein betontes* a: beregъ, bokъ, večerъ, golosъ, gorodъ, žernovъ, kolokolъ, lugъ, lêsъ, povarъ, pogrebъ, pologъ, rukavъ, storožъ, teterevъ *(pl. gen.* teterevej), tormazъ, šelepъ; *andere haben, manchmal mit modificierter bedeutung, neben* a *die regelmässige endung:* borovъ, volosъ, vêkъ, garusъ, glazъ, godъ, domъ, korpusъ, kuzovъ, medъ, mêchъ, obrazъ, okorokъ, otkupъ, ostrovъ, parusъ, potrochъ, pojasъ, rogъ, snêgъ, stogъ, strugъ, teremъ, chlêbъ, chlêvъ, cvêtъ, jastrebъ; *ebenso* kraj, lêkarь, pisarь, učitelь, jakorь *und die entlehnten auf* l, r, n: kapolъ, šompolъ, vekselь, krendelь, fligelь, štempelь; doktorъ, kaperъ, katerъ, kiverъ, kolerъ, kučerъ, masterъ, priorъ, professorъ, rektorъ, faktorъ, fljugerъ, egerъ; mičmanъ, ordenъ: berega, boka, večera; borova, vereda, volosa *und* borovy, veredy, volosy *usw. Hieher gehört auch* sudъ, *asl.*

sъsądъ: suda, sudovъ, *das mit dem sg.* sudno *zusammengestellt wird;* gospodinъ *hat* gospoda, gospodъ; bojarinъ-bojara *und* bojare; barinъ-bara *und* bare; chozjainъ *nimmt* ev *an:* chozjaeva, chozjaevъ: *die übrigen casus werden regelmässig gebildet:* beregovъ, beregamъ *usw. Die von einigen dieser subst. im nom. vorkommenden regelmässigen formen haben eine andere bedeutung:* obraza *imagines.* obrazy *modi;* mêcha *pelles,* mêchi *folles usw. Die asl. formen haben nur den regelmässigen pl.:* glasъ, gradъ *für* golosъ, gorodъ: glasy, grady. *Zu den obigen füge man hinzu:* nevodъ, nevoda *stud.-ol. 88.* kraja *vol. 174.* mêščana *in* gospoda mêščana *ol. 19. Folgende nehmen im pl. nom.* ьja *an:* bratъ, brusъ, glazъ *dialekt.,* klinъ, klokъ, kolъ, kolosъ, komъ, kopylъ, kočanъ, loskutъ, lubъ, povodъ, polozъ, prutъ, strukъ, stulъ, sukъ, čerenъ; *andere haben neben* ьja *die regelmässige endung:* batogъ, zubъ, knutъ, krjukъ, listъ, obodъ, strupъ, čerepъ; voldyrь, kamenь, korenь, puzyrь, pupyrь, ugolь: bratьja *(doch* dva brata, semь bratovъ), brusьja, klinьja; kločьja; batožьja *und* batogi *usw.* drugъ *hat* druzьja. *Hieher gehören auch* deverь, devertьja *sach. 145. 196. 201. stud.-vol. 160. 161. 162;* knjazь, knjazьja; mužь, mužьja *und* muževьja *stud.-ol. 66;* cholopъ, cholopьja *sach. 222;* šurinъ, šurьja; kumъ. svatъ, synъ *haben* kumovьja, svatovьja, synovьja; zjatь-zjatja *und* zjatevьja; svekorъ-svekrovьja *dialekt.;* ulanъ-ulanovьja *sach. 249. 260. Die übrigen casus haben* ьevъ, ьjamъ *usw.:* zubьevъ, zubьjamъ *usw.* druzьja, knjazьja, mužьja *und die auf* ovьja, evьja *bieten im gen.* ej, *im dat.* ьjamъ *usw.:* druzej, druzьjamъ *usw. Die regelmässige pluralform hat auch bei diesen subst. meist eine andere bedeutung:* zubьja *dentes pectinis,* zuby *dentes hominis;* mužьja *und* muževьja *mariti,* muži *viri usw. Die asl. formen haben nur den regelmässigen pl., daher* klasъ *für* kolosъ: klasy. *Die frage, ob die hier behandelten bildungen auf* a *und* ьja *wahre pluralformen generis neutr. seien, ist schwierig: dass das adj. im pl. steht, ist kein beweis für den pl. des subst., da auch* Rusь *mit dem adj. im pl. verbunden werden kann:* bezbožьnychъ Rusi *nest. 9. 20.* prichodjaščimъ Rusi *13. 11; 21. 4.* prichodjaščii Rusь da vitajutь *13. 12.* suščichъ Rusi *14. 4.* o rabotajuščichъ vъ Grecêchъ Rusi *15. 25.* vъchodjašče Rusь *21. 10; dasselbe gilt von* bratija: po sichъ bratii *post hos fratres 5. 1. Das asl.* bratija *ist offenbar ein collectivum fem., obgleich formen wie* bratijamъ, bratijami *auftauchen: mit* bratija *hangen die bei Nestor vorkommenden bildungen* merja, polja, morъdva, muroma *zusammen. Auch die russ. formen wie* batožьja, bratьja, kumovьja, chozjaeva

19*

und gospoda *sind als collectiva, und daher als sg. aufzufassen. So scheinen auch die bulg. bildungen auf* a *und* ija, *wie* kraka, roga *und* bivolija, blъgarija *von* krak, rog *und* bivol, blъgarin *usw. und die klruss. formen auf* a: volosa, holosa, lisa *usw. gedeutet werden zu sollen. Es muss jedoch zugegeben werden, dass im pl. nicht selten ein wechsel des genus eintritt: so ‚macht, nach Bopp's vgl. gramm. I. seite 456, das abstr. jedes nomen im pl. gerne zum neutrum: die ersetzung der pl. masc. durch neutra beruht auf einem tiefen sprachgefühl, denn in der mehrheit tritt geschlecht und persönlichkeit offenbar sehr in den hintergrund; die persönlichkeit des einzelnen geht unter in der abstracten endlosen todten vielheit‘. So werden im griech. nicht selten masc. im pl. neutra:* σῖτος. σῖτα: σταθμός *statera* σταθμά; ἐρετμός *und* ἐρετμόν, ἐρετμά *usw.; dasselbe geschieht im lat.:* iocus, ioca *und* ioci; locus, loca *und* loci; tartarus, tartara *usw.; im ital. werden manche masc. im pl. gerne fem.:* dito, le dita *und* i diti; pugno, le pugna *und* i pugni; *am häufigsten scheint diess bei jenen masc. einzutreten, die einem alten neutrum entsprechen:* braccio *brachium,* le braccia *und* i bracci; corno *cornu,* le corna *und* i corni; *auch im rumun. haben viele masc. einen pl. fem. auf* urĭ *und auf* e: kъmp *campus,* kъmpurĭ; lukru *lucrum,* lukrurĭ, fir *filum,* fire, lemn *lignum,* lêmne *usw. Im asl. bemerken wir die pl.* divesa *und* udesa *von den stämmen* dives, udes, *sg.* divъ *und* udъ. *Auch die neusl. pluralformen* kamna. kôta, pôta *von* kamen, kôt, pôt *sind neutra; ebenso im čech.* hona *neben* hony *von* hon; oblaka *neben* oblaky *von* oblak; hrana *neben* hrany *von* hrana: luka *neben* louky *von* louka *usw.* Sosêdъ, cholopъ *und* čertъ *haben im pl.* i, ej, jamъ *usw.:* sosêdi, sosêdej, sosêdjamъ *usw. Hieher gehört auch* dvojni, dvojnej; gospodь *geht nach* rabъ; *nur der sg. voc. lautet nach der* ь-*declin.* gospodi. Christosъ *verliert* osъ: Christa, Christu *usw.* Poldenъ *wird so decliniert: sg. gen.* poludnja (poludni *sach. 137) dat.* poludnju *instr.* poludnemъ *loc.* poludni *pl. nom. acc. nach vostok. 68.* poldni, *nach anderen* poludni *gen.* poludnej *(nach vostok. auch* poludenъ) *dat.* poludnjamъ *instr.* poludnjami *loc.* poludnjachъ; *so geht auch* polnočь. *Die declin. von* polgoda *ist folgende: sg. gen.* polugoda *dat.* polugodu *instr.* polugodomъ *loc.* polugodê *pl. nom. acc.* polugody *gen.* polugodovъ *dat.* polugodamъ *instr.* polugodami *loc.* polugodachъ; *so gehen auch* polvedra, polrublja, polsta *dialekt.*, polminuty: *diese worte werden jedoch auch als wahre composita behandelt:* do polnoči *stail.-vol. 100.* poltora. *asl.* polъ vъtora, *f.* poltory, *beides auch für den sg. acc. geltend, geht so: sg. gen. m. n.* polutora, *f.* polutory *dat. m. n.* polutoru, *f.*

polutorê *instr. m. n.* polutorymъ, *f.* polutoroju *loc.* polutorê *pl. nom. acc.* polutory *gen. loc.* polutorychъ *dat.* polutorymъ *instr.* polutorymi: *vostok.* 69. *weicht hievon in mehreren punkten ab. Überall viel befremdendes: von dem compositum* poldenь *erwartet man den sg. gen.* poldnja, *nicht* poludnja; *wenn aber hier* u *ein ursprüngliches* u *in der composition ebenso zu ersetzen bestimmt wäre, wie* o *für ursprüngliches* a *eintritt, dann müsste schon der sg. nom.* poludenь *lauten, wie* polubarinъ, polubogъ, poludvorъ *usw. gesagt wird; von dem unzusammengesetzten* polgoda, *richtig* polъ goda, *erwartet man im sg. dat. und loc.* polu goda *und im instr.* polomъ goda; *ähnlich sollte der sg. dat. und loc. von* poltora - polu tora, *der instr.* polomъ tora *lauten. Dass in allen diesen fällen* polu *der sg. gen. ist, erhellt aus der declination von* sorokъ, sto; *der sg. gen.* polu *kommt auch sonst vor:* sъ polu dorogi voročala sь *sach.* 39. sorokъ, *aus dem ngriech.* σαράντα *verunstaltet, wird alleinstehend nach* rabъ *decliniert; mit dem namen des gezählten gegenstandes verbunden, hat es im nom. und acc.* sorokъ, *in allen übrigen casus* soroka: soroka rublej, soroka rubljamъ, soroka rubljami, soroka rubljachъ; *nur nach* po *steht auch in diesem falle der dat.:* po soroku rublej.

Ov *tritt ein im pl. gen. der* ъ-*stämme:* rabovъ; *ein sg. dat.* rabovi *und pl. nom.* rabove *kömmt nicht mehr vor. Aus* domovi *ist* domovь *bei nest. und dialektisch* domoj *hervorgegangen: dialektisch findet man auch* domóu *Dalь, O narêčijachъ* 24. *So ist auch* dolovь, doloj *zu deuten. Im liede heisst es noch* ulanove *sach.* 249, *im märchen* tatarove *skaz.* 97. 141. 143. ov *tritt in pluralformen wie* kumovьja *ein und erhält sich dann in allen casus.*

II. o-stämme.

1. Subst. stamm selo.

nom.	selo	sela
acc.	selo	sela
gen.	sela	selъ
dat.	selu	selamъ
instr.	selomъ	selami
loc.	selê	selachъ.

2. Subst. stamm poljo.

nom.	pole	polja
acc.	pole	polja

gen.	polja	polь
dat.	polju	poljamъ
instr.	polemъ	poljami
loc.	polê	poljachъ.

Derevo, dno, zveno, krylo, pero, polêno, pomelo, šilo *bilden den pl. auf* ьja: derevьja; plutevьja *steht für* plutivьja *stud.-ol. 88. Die übrigen casus lauten auf* ьevъ, ьjamъ *usw. aus:* derevьevъ, derevьjamъ *usw.; neben* derevьja *gilt auch* dereva, *neben* zvenьja-zvena, *neben* donьja *auch* dny *usw.* kolêno *hat* kolêni, kolênej *in der bedeutung genu;* koléna, kolênъ *in der bedeutung generatio, und* kolênьja, kolênьjevъ *in der bedeutung articulus plantae. Viele subst. neutra gehen im pl. wie die masc.:* machalo, solnce, *pl. nom.* machaly, solncy *gen.* machalъ, solncevъ *usw. Nach* machalo *gehen die subst. auf* ko, *vorzüglich die deminutiva, wenn dem* ko *die palatalen* č *oder* š *vorhergehen, namentlich alle deminutiva auf* iško, *die von subst. masc. abstammen; diesen folgen die auf* o *auslautenden männliche personen bezeichnenden subst., wie* obъêdalo, voronko, *ferner* dno, sudno *und* čudo *monstrum; im volksliede liest man auch* boloty *sach. 137. skaz. 35.* vesly *sach. 119. 224.* voroty *156. 162. stud.-vol. 16. ol. 62. skaz. 13. 110. 114.* okny *sach. 213. 221; dialekt. gilt* kopyty. *Der pl. gen. ohne* ovъ *ist häufiger als der auf* ovъ: kolečki, kolečekъ; obъêdaly, obъêdalъ. *Der pl. gen. auf* ovъ *tritt nach Vostokovъ 38. bei jenen subst. ein, die* ko *betonen:* očkó, uškó; očkovъ, uškovъ; jábloko *hat* jablokъ *und* jablokovъ. *Der pl. gen. der von subst. masc. abgeleiteten augmentativa lautet* -ščevъ *und* -ščej, *der von subst. neutr. abstammenden hingegen* -ščъ *und* -ščej: domiščevъ, domiščej; ličiščъ *und* ličiščej. serdce *in der bedeutung ira hat im pl. gen.* serdcovъ. *Der pl. gen. auf* evъ *wird auch von deminutiven auf* ce *gebildet:* vladênьice, imênьice, platьice, pomêstьice; serkalьce, odêjalьce; polotence: vladênьicevъ; polotencevъ. *Auch manche auf* ьe *können den pl. gen. auf* ьevъ *bilden:* varenьevъ, kušanьevъ *und* varenij, kušanij *usw. von* varenьe, kušanьe.

Sto *hat alleinstehend* sto, sta, stu, stomъ, stê *usw.; mit dem namen des gezählten gegenstandes verbunden hat es im nom. und acc.* sto, *in allen übrigen casus* sta: sto rublej, sta rubljamъ *usw. Nach* po *jedoch steht* stu: po stu rublej. *Steht* sto *nach anderen numeralia, so wird es regelmässig decliniert:* dvê sti, dvuchъ sotъ *usw.* tri sta, trechъ sotъ *usw.* pjatь sotъ, pjati sotъ *usw. Ebenso* nêskolьko sotъ, nêskolьkichъ sotъ *usw. Nach* po: nêskolьku sotъ. *Nach* sto *richtet sich auch* devjanosto. sta *und* soroka *sind als gen. anzusehen: der gen. hat den dat., instr. und loc. verdrängt. Dasselbe gewahren wir im čech. bei* sto (mezi sta kusy *für asl.* meždu sъtomь), před sta lety *und bei* mnoho, kolik, několik, tolik *für ehemaliges* koliko, několiko, toliko: od mnoha let, s kolika dušemi, po mnoha letech; *doch in der volkssprache* po koliku kopách, *ehedem* po několiku měsících *und* od nekoliku let. *Im poln. hat der gen. auf* u, *dem das alte* dwu *für asl.* dvoju *zum vorbilde gedient, in gewissen fällen sogar nom. und acc. verdrängt, worüber an seinem orte.*

III. a-stämme.

1. Subst. stamm ryba.

nom.	ryba	ryby
acc.	rybu	ryby
gen.	ryby	rybъ
dat.	rybê	rybamъ
instr.	ryboju	rybami
loc.	rybê	rybachъ.

2. 3. Subst. stamm dynja.

nom.	dynja	dyni
acc.	dynju	dyni
gen.	dyni	dynь
dat.	dynê	dynjamъ
instr.	dyneju	dynjami
loc.	dynê	dynjachъ.

Der sg. instr. kann das auslautende u *abwerfen:* ryboj; *nach* dynja *gehen auch mehrere masc.:* batja, djadja *usw. Das dialekt.* kutja (*canis: vgl. das magy. kutya*) *ist fem. Die subst. auf* ja *haben im sg. dat. und loc.* i *für* ê: molnii. *Unorganisch ist der pl. instr. auf* i *für* ami: budu vasъ žalovatь zlatomъ, serebromъ, da i ženki prelestnymi *sach. 251.* sъ zolotymi prjažki *stud.-vol. 26; ebenso unorganisch ist der pl. instr.* slezьmi *stud.-vol. 147. stud.-ol. 41. 42. Dialektisch sind die sg. loc. auf* i *für* ê: rêčenьki, seredi *sach. 115.* Dyra *hat im pl.* dyry *und* dyrьja; sljuna *hat* sljuni, sljunej. *Jene subst., die vor* č, ž, š *oder* šč *einen consonanten haben, bilden den pl. gen. auf* ej: parčej, chanžej, veršej, tolščej; *doch* vekošъ, obežъ *von* vekša, obža; *dieselbe endung* ej *haben die subst. auf* ьja *und mehrere subst. auf* lja, rja *und* nja, *namentlich auf* ernja: gostej, sudej *von* gostьja, sudьja; kozulej, razprej, vonej, četvernej: *andere haben* ь *und* ej: rošča; dolja, tonja; steza *usw. Nach* n *tritt häufig* ъ *für* ь *ein, namentlich bei den subst. auf* jnja, lьnja, rnja, dnja, žnja, znja, snja, tnja, chnja, šnja: boenъ, spalenъ *usw. Die asl. subst. auf* čija *werden im russ. adj. masc., und folgen der zusammengesetzten declination:* kormčij, kormčago, *asl.* krъmьčij, krъmьčiję *usw.*

Die nominale declination der adj. im masc. hat sich meist im sg. und pl. nom. erhalten: novъ, novy; Chapilovъ, Chapilovy. *Die adj. possessiva bilden auch den sg. gen. und dat. nominal:* otcevъ, otceva, otcevu: *selten ist der sg. loc.* carevê: vo carevê kabakê *stud.-vol. 76. 166. Treten die adj. possessiva als personennamen auf, so ist auch der sg. loc. nominal:* Orlovъ, Orlova, Orlovu, Orlovê, *der instr. jedoch* Orlovymъ; *derselben regel folgt* novъ *in* Novgorodъ, *eigentlich* Novъ Gorodъ: Nova Goroda, Novê Gorodê, *instr.* Novymъ Gorodomъ. božij *geht im sg. ebenso:* božij, božija, božiju; *der instr. lautet* božiimъ, *der loc.* božii *und* božiemъ; gospodenь *hat im sg. instr.* gospodnimъ, *im loc.* gospodni, *meist jedoch* gospodnemъ. *Als ortsnamen bilden die adj. possessiva häufig auch den instr. nominal:* Gdovomъ, Jaroslavlemъ *neben* Kašinymъ, Caricynymъ: *bei den zwei ersten namen ist man sich ihres adj. ursprungs nicht mehr bewusst, dasselbe tritt bei allen jenen ein, deren stämme oder deren ableitung verdunkelt ist:* Kievъ, Rostovъ *usw.; auch* carь, *asl.* cêsarь *caesareus, bewahrt in* Carьgradъ, *eigentlich* Carь Gradъ, *durchgehends die nominale declination:* Caremъ Gradomъ: *der ton bestimmt die russischen grammatiker,* Novgorodъ, Carьgradъ *und ähnliche ortsnamen als zusammensetzungen anzusehen. Der nominalen declination folgt auch* drugъ *in verbindungen wie* drugъ druga, drugъ o drugê *usw. In einigen in der syntax näher bestimmten fällen wird auch von anderen als den hier genannten adj. ein nominaler sg. dat. und acc. angewandt:* svêtelъ mêsjacъ izъ oblakovъ, kakъ že emu ne svêtlu bytь? veselъ siditъ Ivanъ, kakъ že emu ne veselu bytь? *sach. 109.* kručinnu bytь *223.* nagu, bosu nachoditь sja *222.* atamanu bytь poimanu, Esaulu bytь povêšenu *224.* ne bytь dobru molodcu *stud.-vol. 175.* pervoe sčastьe, sъ malago kusočka sytu bytь *sneg. 321.* povergъ ego mertva *puchm. 223: doch auch* nagomu bytь *sach. 223.* vêrno lьvu ne bytь živomu *kryl. Die numeralia ordinalia, die in der regel nur der zusammengesetzten declination folgen, kommen mit* samъ *verbunden, im sg. nom. in nominaler form vor:* samъ drugъ *cum altero, selbander;* samъ tretej, *asl.* tretij, *verschieden von* tretii; samъ četvertъ; samъ devjatъ *sach. 183.* samъ pjatъ, samъ šestъ *lex. sub voce* samъ; samъ semъ; samъ pjatidesjatъ: samъ sotъ; *doch auch* samъ šestyj, samъ vosьmyj *sach. 163.*

Die nominale declination der adj. im neutr. hat sich meist im sg. und pl. nom. erhalten: novo, novy. *Die adj. possessiva bilden auch den sg. gen. und dat. nominal:* otcevo, otceva, otcevu. *Wie* novъ *in* Novgorodъ *wird auch* bêlo *in* Bêloozero, *eigentlich* Bêlo Ozero *behandelt:* Bêla Ozera, Bêlê Ozerê, Bêlymъ Ozeromъ. božie *geht im sg. wie das masc.* božij; gospodne *wie* gospodenь. *Mit* polъ *verbunden, haben auch die numeralia cardinalia einen nominalen sg. gen. neutr.:* poltora, *asl.* polъ vъtora, poltretьja *usw.; mit* samo *auch den nom.:* samo tretьe, samo četverto, samo sto. *In adverbialen redensarten finden wir den sg. gen., dat. und loc. nominal gebildet: a) gen:* dopolna, *besser* do polna, do pьjana, dosucha, dosyta, dotonka, dočista, izdavna, izdaleka, izzelena, izlegka, izmlada, izrêdka, izsêra, iztolsta, snova, so glupa *stud.*, sperva. *Man merke* s malku, s molodu. *b) dat.:* po malu, po množku *volksl.*, po pustu, po roznu *dialekt.*, po tichonьku *volksl.*, po chudu *sach. 99. 130. 145. c) loc.:* vdavnê, vkorotkê, vkratcê, vkrutê, vlêvê, vnovê, vpolnê, vpravê, vpustê, vravnê, vtajnê, vcêlê, vêužê *usw.:* nevdolgi *dialekt. für* nevdolgê. e *in* ptičьe, tretьe *usw. steht für* ee.

Die nominale declination der adj. im fem. lebt noch im sg. und pl. nom. fort: nova, novy. *Ausser diesen formen haben auch die adj. possessiva nur den sg. acc. nach der nominalen bildung aufzuweisen:* otceva, otcevu. *Der sg. gen. und dat. folgen der zusammengesetzten declination:* otcevoj *für* otcevoja *und für* otcevêj. božija *hat im sg. gen.* božija, *asl.* božiję, *und nach der zusammengesetzten declination* božiej, *im sg. loc.* božii; gospodnja *hat im sg. gen., dat. und loc.* gospodni, *meist jedoch* gospodnej. *Unter bestimmten umständen kann von jedem adj. der sg. acc. fem. nominal gebildet werden:* čto ty dverъ polu ostavilъ *dialekt.* uvidêlъ ubitu korolevišnu *sach. 231.* našelъ ee bodru, našelъ ee veselu *vostok. 343: in* lastočky svoju onъ viditъ na polu zamerzšuju *kryl. würde für* zamerzšuju *auch* zamerzšu *stehen können. Die numeralia ordinalia haben mit* sama *verbunden einen nominalen sg. nom.:* sama druga, sama tretьja, sama četverta, sama sta *usw. In worten wie* ptičьja, ptičьju; tretьja, tretьju *stehen* ja, ju *für* jaja, juju.

Die volkssprache macht in poesie und prosa von der nominalen declination viel ausgedehnteren gebrauch, doch ist auch ihr der begriffliche unterschied zwischen beiden formen abhanden gekommen, und sie bedient sich derselben im liede nach massgabe des bedürfnisses kürzerer und längerer formen. I. masc. 1. sg. a) nom.: u krasnoj dêvicy zelenъ ogorodecъ *sach. 38.* podlê rêčki stojalъ častъ rakitovъ kustъ *37. 38.* vzjalъ sja maldъ jasenъ sokolъ *55.* povyrostetъ bêlъ gorjučъ kamenь *stud.-ol. 42. b) acc.:* vo vysokъ teremъ vvodila *sach. 36.* ja posêju bêlъ lenъ i tonokъ i dologъ *43.* ty skuj mnê vênecъ i zlatъ i novъ *neben* skuj mnê vênecъ zolotoj, dorogoj *18. c) voc.:* knjažij synъ choroberъ *37.* milъ serdečnyj drugъ *35.* ty vzojdi, svêtelъ mêsjacъ *123. d) gen.:* provodi menja do vysoka terema *sach. 45.* daj, bože, sъ vysoka terema dočerej vydavatь *16.* iživajutъ menja bêdnuju, budto voroga izъ goroda, ljuta zvêrja izъ temna lêsa *200. e) acc.:* čêmъ opušimъ jasna sokola *sach. 14.* mila druga najdu *19.* vorona konja vyvoditъ *117. f) dat.:* poplovi, utja, po tichu Dunaju *39.* ko bêlu svêtu ona syna porodila *132.* synovьjamъ pošletъ po dobru konju, dočerjamъ pošletъ po černu soboljn *17. g) Nur einmal fand ich einen nominalen sg. instr.:* syromъ boromъ bystra rêka protekala *stud.-ol. 79. 2. pl. a) nom.:* na têchъ skamьjachъ dobry molodcy *16.* želty peski serdce vysosali *17. b) acc.:* pošli dêvki vъ syry bory *44.* dosaditъ tebê vъ pervy dni *144. II. neutr. 1. sg. a) nom.:* vo vtoromъ teremê krasno solnyško *16. b) acc.:* svoe sizo peryško perebirala *39.* osêdlaj vъ dorogo sêdlo *110. c) gen.* my za rublь vozьmemъ zelena vina *35.* sъ sinja morja *203.* do černa morja *227. d) dat.:* poskači po čistu polju *39.* krovь pustilъ po sinju morju *32. 55.* prikatila ko sinju morju *119. 2. pl. a) nom.:* široki voroty zaskripêli *skaz. 13.* bêlodubovy drova razgorajutъ sja *26. b) acc.:* raztvorjaj široki vorota *sach. 33.* vychodila za novy vorota *87. III. fem. 1. sg. a) nom.:* kuda ja moloda, tuda rožь gusta *20.* drognula syra zemlja *skaz. 6. b) voc.:* ne chvali sja, krasna dêvica *sach. 113. c) acc.:* budetъ deržati šelkovu pletь *32.* išču ja laskovu teščn *29.* privezъ menja molodu vъ čužu dalьnju storonu *39. 2. pl. a) nom.:* časty zvêzdy, to maly dêtuški *17. und* častyja zvêzdy, to dêti ichъ *16.* skory nogi podgibajutъ sja, bêly ruki opuskajutъ sja *113. b) acc.:* bêly ruki podožmite *32.* ty beri za bêly ruki suženago *34.* vchoditъ vo sêni kosjaščaty *skaz. 28. Der volkssprache sind auch nominale formen der numeralia ordinalia zuzuweisen:* pervu *skaz. 69 73.*

drugu *121.* četvertъ *199. 211. 212.* četverta *stud.-ol. 27.* pjatъ, šestъ *skaz. 200. 210.* devjatu *stud.-ol. 79.*

Der unterschied zwischen svételъ, jásenъ, krásno, sine, bêly *und* svêtélъ, jasénъ, krasnó, siné, bêlý *(Vostokovъ II. 62.) und daher auch der unterschied zwischen* okončanie sprjagaemoe *und* okončanie usêčennoe *ist unorganisch: die ersteren formen werden als praedicate ohne subst. gebraucht, die letzteren bestimmen das subject:* mêsjacъ svêtelъ *luna est splendida;* svêtélъ mêsjacъ *splendida luna: für letzteres gebraucht die schriftsprache* svêtlyj.

IV. ъ *(u)*-stämme.

Spuren der declination der ъ *(u)-stämme sind der sg. gen., sowie der sg. dat. und loc. auf* u; *desgleichen der pl. gen. auf* ovъ.

V. ь-stämme.

1. masc.

Die im asl. hieher zu rechnenden subst. gehen nach I. 2: gostь, gostja; bolь *dialekt.* bolja; *reste der alten* ь*-declination sind der pl. acc.* gosti *in redensarten wie* vъ gosti iti; *der sg. gen., dat. und loc.* puti *von* putь, *das dialekt. auch fem. ist; der sg. voc.* gospodi *von* gospodь; *der pl. von* ljudъ: ljudi, ljudej, ljudjami, ljudьmi, ljudjachъ; *endlich der pl. der subst.* sosêdъ, cholopъ, čertъ: sosêdi, sosêdej *usw., denen wohl auch* dvojni *gemini,* dvojnej *usw. beizufügen ist.*

Tri, četyre *haben im gen. und loc.* trechъ, četyrechъ, *im dat.* tremъ, četyremъ; *der instr.* tremja, četyrьmja *ist dem dual.* dvumja *nachgebildet; im volksliede findet man auch das organische* četyrьmi *sach. 215.*

2. fem.

nom.	kostь	kosti
acc.	kostь	kosti
gen.	kosti	kostej
dat.	kosti	kostjamъ
instr.	kostьju	kostjami
loc.	kosti	kostjachъ.

Der sg. instr. auf iju *ist notwendig nach* šč *und überhaupt nach mehreren consonanten:* veščiju, pomoščiju, vêtviju; *ausserdem im höheren stile, d. i. asl.:* vlastiju; dverь, lošadь *und* pletь *haben im pl. instr. meist* ьmi *für* jami: dverьmi; *andere, wie* kostь, rêčь, strastь, *haben ebenso oft* ьmi *als* jami: kostьmi, kostjami; rêčьmi, rêčami. *Von* zelenь *und* ščelь *bestehen dialekt. die pl.* zelenьja *und* ščelьja.

Die numeralia cardinalia von pjatь *bis* trideatь *gehen regelmässig nach* kostь: *nom. acc.* pjatь *gen., dat., loc.* pjati *instr.* pjatьju. vosemь *hat im instr.* vosemьju, *sonst* osьmi. desjatъ *in* pjatь desjatъ, šestь desjatъ *usw. ist pl. gen.;* -catь *steht teils für* desętе, *teils für* desęti: odinnadcatь, *asl.* jedinъ na desęte; dvadcatь, *asl.* dva desęti; *doch* dvadcati *stud.-vol. 178. die declination von* odinnadcatь, *asl.* jedinъ na desęte, *und von* tridcati, *asl.* tri desęti, *gen.* odinnadcati, tridcati, *instr.* odinnadcatьju, tridcatьju *(doch auch* sъ odinnadcatьmi *skaz. 221.) für* jedinogo na desęte, trij desętъ, jedinêmь na desęte, trьmi desęty *ist unorganisch; ebenso unorganisch ist die declination von* pjatьdesjatъ, *richtig* pjatь desjatъ *gen., dat., loc.* pjatidesjati, *instr.* pjatьjudesjatьju *neben dem häufigeren* pjatidesjatьju. *Dialektisch ist* vosьmêchъ: na vosьmêchъ stolbachъ *Dalь, O narêčijachъ 48.*

VI. Consonantische stämme.

1. v-stämme.

nom.	cerkovь	cerkvi
acc.	cerkovь	cerkvi
gen.	cerkvi	cerkvej
dat.	cerkvi	cerkvamъ
instr.	cerkovьju	cerkvami
loc.	cerkvi	cerkvachъ.

So gehen auch svekrovь *und das nur im sg. gebräuchliche* ljubovь; *dialekt. gilt* cerkva; *aus* chorągъvь *ist dialekt.* korogva *entstanden; dialekt. lebt auch* svekry, *asl.* svekry; *hieher mögen ursprünglich auch die dialekt.* bosovь *und* botovь *gehört haben.* žrъnъvь *ist masc. geworden:* žernovъ.

2. n-stämme.

a) masc.

Die im asl. hieher zu rechnenden subst. gehen nach I. 2: kamenь, korenь, olenь, remenь, jačmenь, *gen.* kamnja, kornja, olenja, remnja, jačmenja; plamenь *ist nach dem lexicon der akademie fem., nach Vostokovъ 31. hingegen richtiger masc. (gen. dat. loc.* plameni, *instr.* plamenemъ), *und als* plamja, polomja *neutr.; auch dem asl.* strъmenь *entspricht* stremja; stepenь *und* stupenь *sind fem.*

Denь *geht nach I. 2:* dnja, dnju *usw., doch auch sg. gen.* dni *stud.-vol. 148.* sedni *für* segodni *stud.-vol. 59. 70.* koego dni *dialekt., sg. loc.* dni *in* onomedni, *asl.* onomь dьni, *serb.* onomadne; *im pl. gen.* denъ *und* dnej; *selten im pl. instr.* dni: peredъ zlymi dni *sach. 224. Dialektisch* sjadniča *für* segodnja *Dalь, O narêčijachъ 48.*

b) neutr.

nom.	imja	imena
acc.	imja	imena
gen.	imeni	imenъ
dat.	imeni	imenamъ
instr.	imenemъ	imenami
loc.	imeni	imenachъ.

Hieher gehören bremja, vymja, golomja, znamja, plamja *im sg.,* plemja, stremja, sêmja, temja, šolomja *dialekt. für* solomja *alt, und die pl.* pisьmena *und* ramena. vymja, znamja, polomja *und* temja *werden in der volkssprache im sg. unorganisch nach II. decliniert: sg. nom. acc. gen.* vymja, *dat.* vymju, *instr.* vymemъ, *loc.* vymê. vymja *hat auch im pl. eine unorganische form, jedoch nach III: nom. acc.* vymi, *gen.* vymь *und* vymej, *dat.* vymjamъ, *instr.* vymjami, *loc.* vymjachъ. vremё, *gen.* vremja, *dat.* vremju, *instr.* vremёmъ, *loc.* vremê *Dalь, O narêčijachъ 43.* sêmja *soll im pl. gen.* sêmjanъ *haben, zum unterschiede vom eigennamen* Semenъ: jan *für* en *beruht jedoch auf falscher speculation:* stremjana *stud.-ol. 5.* stremjanъ *sach. 225.*

3. s-stämme.

nom.	čudo	čudesa
acc.	čudo	čudesa
gen.	čuda	čudesъ
dat.	čudu	čudesamъ
instr.	čudomъ	čudesami
loc.	čudê	čudesachъ.

So geht auch nebo; nebo *in der bedeutung palatum und* čudo *in der bedeutung monstrum haben* neba, čuda; nebъ, čudъ *usw. In der volkssprache findet man auch den sg. loc.* nebesi *sach. 18. und den pl.* slovesa *119. 197. stud.-vol. 9. skaz. 115. 116. 130. 178.*

Oko *und* ucho *haben* očesa, ušesa; očesъ, ušesъ *usw. und nom. acc.* oči, uši, *gen.* očej, ušej, *dat.* očamъ, ušamъ, *instr.* očami, ušami, *loc.* očachъ, ušachъ: očьju *hört man dialekt. in* za očьju *sach. 147. und in* voččju, *asl.* vъ očiju. *Für das dialekt.* kolo *erkennt die schriftsprache nur* koleso *an: asl.* kolo, kolese.

4. t-stämme.

nom.	žerebja	žerebjata
acc.	žerebja	žerebjata
gen.	žerebjati	žerebjatъ
dat.	žerebjati	žerebjatamъ
instr.	žerebjatemъ	žerebjatami
loc.	žerebjati	žerebjatachъ.

Im sg. nur bei ditja *gebräuchlich, das jedoch im sg. instr.* ditjateju *hat, von einem thema* ditjatь *f. und* diteju *von einem thema* ditja, *wie* djadja: *von demselben thema stammt auch der sg. gen. dat. und loc.* diti *her. Nicht selten ist diese form im pl., indem* vnukъ, židenokъ, kalmyčenokъ, medvêženokъ, rebenokъ, telenokъ, ščenokъ *im pl.* vnučata, židenjata, kalmyčata, medvêžata, rebjata, teljata, ščenjata *und* vnuki, medvêženki, ščenki *lauten.*

Ditja *hat im pl.* dêti *nach* kostь: dêtej, dêtьmi, *doch auch* ditjatami *sach. 32. 55.*

5. r-stämme.

nom.	matь	materi
acc.	materь	materej
gen.	materi	materej
dat.	materi	materjamъ
instr.	materiju	materjami
loc.	materi	materjachъ.

So geht auch dočь, *asl.* dъšti: *beide haben im sg. nom. auch* materъ *und* dočerь, *dialekt. ist* mati *sach. 227. und* doči; *von diesem lautet der pl. instr.* dočerьmi.

B) Declination der pronomina personalia.

I.	*nom.*	ja	my
	acc.	menja	nasъ
	gen.	menja	nasъ
	dat.	mnê	namъ
	instr.	mnoju	nami
	loc.	mnê	nasъ
II.	*nom.*	ty	vy
	acc.	tebja	vasъ
	gen.	tebja	vasъ
	dat.	tebê	vamъ
	instr.	toboju	vami
	loc.	tebê	vasъ
III.	*nom.*	—	
	acc.	sebja	
	gen.	sebja	
	dat.	sebê	
	instr.	soboju	
	loc.	sebê	

Die enklitischen formen mja, tja: mi, ti *fehlen:* si *kömmt nur in* svoja si *vor;* sja *kann nach vocalen durch* sь *ersetzt werden:* divlju sь *neben* naplaču sja *sach. 112.* divitъ sja: *vgl.* zimusь *für* zimu sju *aus* siju; *für* tebê *kennt die volkssprache* tê, *das auch* te *geschrieben wird, das nicht etwa für* ti *steht, sondern durch ausstossung des* b *aus* tebê *entstanden ist:* tê bogъ na pomočъ *stud.-vol. 5.* doganutь li tê semь zagadokъ *ib.* kto tê pomilêe *stud.-vol. 16.* kakovo tê, ryba, žitь bezъ vody, takovo mnê bezъ mila družka 88. *So ist auch* tja *zu erklären:* pro tja sprošu *stud.-vol. 21. Auch die mittelglieder* seja, seê *für* sebja, sebê; teja, teê *kennt die volkssprache.*

Zweites capitel.

Pronominale declination.

Die pronominale und die zusammengesetzte declination scheinen durch den sg. gen. m. n. geschieden: togo, dobrago; *da jedoch auch* ago *wie* ovo *lautet, so existiert der unterschied nur für das auge.*

Einen wahren unterschied begründen jene casus, die in der pronominalen declination vor dem casussuffix ein ê darbieten: têmъ, têchъ *und* dobrymъ, dobrychъ. *Statt des casussuffixes* mi *und* mъ *findet man häufig in der volkssprache* mja, ma: sъ imja govorilъ. vsêma *ryb. 4. 299.* moima *usw. Aus der declination des* jъ *kam dieses suffix in die zusammengesetzte declination:* chvastali ony tovarany zamorskima, kunicamy, lisicamy sibirskima *ryb. 2. 113.* ulivala sja slezami gorjačima *2. 149.* smêšalъ by zemnychъ so nebesnyma *3. 2. Vgl. dialektisches* gorьmja goritъ, drugomja *alio modo.*

1. Stamm tъ.

masc.	*nom.*	totъ	tê
	acc.	totъ	tê
	gen.	togo	têchъ
	dat.	tomu	têmъ
	instr.	têmъ	têmi
	loc.	tomъ	têchъ
neutr.	*nom.*	to	tê
	acc.	to	tê
	gen.	togo	têchъ
	dat.	tomu	têmъ
	instr.	têmъ	têmi
	loc.	tomъ	têchъ
fem.	*nom.*	ta	tê
	acc.	tu	tê
	gen.	toja	têchъ
	dat.	toj	têmъ
	instr.	toju	têmi
	loc.	toj	têchъ.

Totъ, *wofür dialekt.* toj, *ist* to-tъ. *nsl.* toti, totega *usw. Nachdrücklicher ist* ɔtotъ, ɔto, ɔta; *dialekt. hört man auch* ɔvtotъ, ɔvto, ɔvta *für* ɔvototъ *usw.; zusammengesetzt sind* taja, tuju, ɔtaja *und* toe. votъ *ist aus* voto, *dieses aus* oto *nest. für asl.* *jeto: *vgl. asl.* jese. *Der pl. nom.* tê *ist aus dem acc.* tyja *(vgl.* tê *aus* teja, teê *für* tebê) *hervorgegangen; dialekt. besteht für* tê, têchъ *usw.* ty, tychъ, tymъ, tymi, *womit dialekt.* ony *zu vergleichen. Selten ist der sg. gen.*

fem. tye *stud.-vol. 148. für* tyja *nach der zusammengesetzten declin.* ɔtotъ *kann* i *für* ê *annehmen:* ɔtimъ, ɔtichъ *usw. und* ɔtêmъ, ɔtêchъ *usw. In der volkspoesie kömmt* tъ *dann und wann in einer verbindung vor, die an den bulgarischen artikel erinnert:* kumъ-otъ: cholostoj-otъ; moj-otъ milenkoj; moj-otъ miloj; nerodnoj-otъ svekorъ; popъ-otъ *stud.-vol. 76. 85. 103. 124. 150. 154. ol. 31. Vgl. Dalь, O narêčijachъ* 22. 24. 25. 28. *Für die erklärung des* o *in* otъ *aus dem auslautenden* ъ *des vorhergehenden wortes sprechen die verbindungen wie* cholmotъ *nest. neben* cholmъ otъ *nest., die bedeutung ist jedoch vom bulg. artikel verschieden. Vgl. 4. seite 128. Nach* totъ *gehen* dva, kto, odinъ, samъ. Dva, *fem.* dvê, *hat im gen. und loc.* dvuchъ, *im dat.* dvumъ, *im instr.* dvumja: *dem unorganischen casus obliqui liegt ein dual. gen.* dvu *für asl.* dvoju *zu grunde;* dvumja *ist hinsichtlich des* mja *aus dem aind. drābhjām zu erklären: das asl. stiess* j *aus, dessen erhaltung die form* dvêmlja *für* dvêma *veranlasst hätte, das russ., gegen praejerierte vocale weniger empfindlich, bewahrte* j; *das auslautende* m *von drābhjām ist spurlos abgefallen.* mja *finden wir auch in* tremja, četyrьmja *und dialekt. im pl. dat.* imja *eis: man vgl. die nsl. adv.* vidoma, vêdoma, mahoma *mit* voločmja, stojmja, livmja *und dem dialekt.* drugomja: *doch kann die zusammengehörigkeit von* vidoma *und* voločmja *in zweifel gezogen werden. Anders A. Leskien, Archiv für slavische philologie I. seite 56. Dialekt. sind ferner* dvumъ, dvychъ; *eben so* oby, obychъ: *damit vgl. man das dialekt.* vzdytь *für* vzdêtь, *in welchem gleichfalls* y *für* ô *eingetreten.* Kto: *gen. acc.* kogo, *dat.* komu, *instr.* kêmъ, *loc.* komъ. nêkto *gebraucht die schriftsprache nur im sg. nom., die übrigen casus durch* kto-to *ersetzend:* kogo-to, komu-to *usw., in den volksliedern findet man jedoch auch* nêkogo *sach. 212.* nêkomu *65. 150. 153. 175. 217. Bei* nikto *wird die praeposition zwischen* ni *und* kto *gesetzt:* ni kъ komu. *Hieher gehört auch* vsjakъ, *asl.* vьsakъ, *das nach Vostokovъ 77. nur im sg. masc. gebräuchlich:* vsjakogo (vsjakago *hängt mit dem zusammengesetzten* vsjakij *zusammen:* vsjakъ dobrъ, da ne do vsjakago). vsjakomu, vsjakimъ, vsjakomъ; *doch auch* vsjako: ne vsjako lyko vъ stroku; vsjako licho sporo ne minuetъ skoro *sneg. 46.* Oba, *fem.* obê, *entlehnt alle casus obliqui von* oboj: *die bei puchm. 225. angeführten formen* obu, obuchъ, obumъ, obumja *sind nicht gebräuchlich.* Odinъ, odno, odna, *gen.* odnogo, odnogo, odnoja, *dat.* odnomu, odnomu, odnoj, *acc.* odinъ, odno, odnu, *instr.* odnêmъ *und* odnimъ, odnêmъ *und* odnimъ, odnoju, *loc.* odnomъ,

20

odnomъ, odnoj; *pl. nom.* odnê, odni, *gen. loc.* odnêchъ, odnichъ, *dat.* odnêmъ, odnimъ, *instr.* odnêmi, odnimi: *der unterschied zwischen* odnê *und* odni, odnêchъ *und* odnichъ *usw. (jenes soll fem., dieses masc. und neutr. sein) ist erdichtet. Der sg. instr.* edinymъ *sach. 149. 204. gehört zu* edinyj. Samъ *nimmt im pl.* i *für* ê *an: sg. instr. masc. neutr.* samimъ *und* samêmъ; *pl. nom.* sami, *gen. loc.* samichъ, *dat.* samimъ, *instr.* samimi; samago, samymъ, samychъ, samymi *gehören zu* samyj. *Die durch* akъ *gebildeten worte entlehnen in der regel die nom. von der zusammengesetzten declination:* takoj, takoe, takaja, *gen.* takogo, takogo, takoja, *dat.* takomu, takomu, takoj; *pl. gen. loc.* takichъ, *dat.* takimъ, *instr.* takimi. *So gehen* kakoj, nikakoj, nêkakoj, stakoj. *Der pl. acc.* taki (taki rêči pogovarivaetъ *stud.-vol. 67.* taki rêči govorila *stud.-ol. 91.*) *gehört zur pronominalen declination.*

Stamm mojъ.

Masc.	*nom.*	moj	moi
	acc.	moj	moi
	gen.	moego	moichъ
	dat.	moemu	moimъ
	instr.	moimъ	moimi
	loc.	moemъ	moichъ
Neutr.	*nom.*	moe	moi
	acc.	moe	moi
	gen.	moego	moichъ
	dat.	moemu	moimъ
	instr.	moimъ	moimi
	loc.	moemъ	moichъ
Fem.	*nom.*	moja	moi
	acc.	moju	moi
	gen.	moeja	moichъ
	dat.	moej	moimъ
	instr.	moeju	moimi
	loc.	moej	moichъ

Stamm jъ.

Masc.	*nom.*	(i)	(i)
	acc.	(i)	(ja)

	gen.	ego	ichъ
	dat.	emu	imъ
	instr.	imъ	imi
	loc.	emъ	ichъ
Neutr.	*nom.*	(e)	(ja)
	acc.	(e)	(ja)
	gen.	ego	ichъ
	dat.	emu	imъ
	instr.	imъ	imi
	loc.	emъ	ichъ
Fem.	*nom.*	(ja)	(ja)
	acc.	(ju)	(ja)
	gen.	eja	ichъ
	dat.	ej	imъ
	instr.	eju	imi
	loc.	ej	ichъ.

Nach moj *gehen* tvoj, svoj, koj, dvoj, oboj, troj, čej. Koj, *das nach Vostokovъ 75. im sg. nom. und acc. nicht gebräuchlich ist, nach anderen überhaupt wenig und meist in verbindung mit anderen pronomina angewandt wird* (koj-to, koe-čto), *entspricht dem asl.* kyj, koje, kaja. *Man beachte dialekt.* o ku poru. nêkoj *geht nach dem asl.* kyj: *sg. nom.* nêkij, nêkoe, nêkaja *acc.* nêkij, nêkoe, nêkuju *gen.* nêkoego, nêkoego, nêkoeja *dat.* nêkoemu, nêkoemu, nêkoej *instr.* nêkiimъ, nêkiimъ, nêkoeju *loc.* nêkoemъ, nêkoemъ, nêkoej *pl. nom. acc.* nêkija *gen. loc.* nêkiichъ *dat.* nêkiimъ *instr.* nêkiimi. oboj *hat alle casus beider numeri, mit ausnahme des sg. nom. und acc. masc. und fem., welche durch* oba, obê *ersetzt werden.* Dvoj *und* troj *haben im sg. nur den nom. und acc. neutr.:* dvoe, troe, *im pl. jedoch alle casus; der sg. loc. neutr. ist in der redensart* vdvoemъ, vtroemъ *üblich. Was von* dvoe, troe, *gilt auch von* četvero, pjatero *usw., die jedoch mit ausnahme des nominalen nom.* četvery, pjatery *im pl. der zusammengesetzten declination folgen. Die grammatiker weisen* oboichъ, oboimъ, oboimi *dem masc.,* obêichъ, obêimъ, obêimi *hingegen dem fem. und neutr. zu: die letzteren formen gehören der volkssprache an, die sie jedoch als mit den organischen gleichbedeutend ansieht.* obêichъ *ist eine nebenform von einem alten* obêchъ, *das wie* obêmъ *dialekt. vorkömmt Dalь, O narêčijachъ 43; vgl. das im munde des volkes lebende* têichъ, vsêichъ: na têichъ zubachъ *skaz. 79.* têichъ starikovъ *174.* o têichъ malyichъ dêtiščachъ *178.* têichъ semъ Semionovъ *213.* têichъ zemelь *193.* po têimъ po kovramъ *203;* po vsêimъ po têimъ po rêkamъ *skaz. 203.* po vsêimъ gorodamъ *206: zu vergleichen sind die unten zu besprechenden formen der zusammengesetzten declination, welche* yi *für* y *bieten:* bystryichъ *für* bystrychъ. *Aus den angeführten stellen erhellt, dass der genusunterschied zwischen* oboichъ *und* obêichъ *eine fiction der grammatiker ist. Man beachte dialekt.* dvoju, troju *zweimal, dreimal Dalь, O narêčijachъ 43.* Čej, čьe, čьja, *asl.* čij, čije, čija, *schwächt vor praejotierten vocalen* i *zu* ь, *daher* čьja, čьe, čьego *für* čija, čije, čijego *usw.* inoj, onyj, samyj *folgen der zusammengesetzten declination:* inoj, inoe, inaja; inago *usw. So auch* každyj, *das dem asl.* kyjždo *entspricht, daher* každago, každyja, každomu *für* koegoždo, koejaždo, koemuždo *usw.: dialekt. sind* kažnyj *und* kažnij. *Die auf* ovъ *auslautenden pronomina wie* kakovъ, takovъ, inakovъ, odinakovъ, *die auch im asl. nicht pronominal sind, werden wie die adj. possessiva decliniert, nur der sg. gen. masc. und neutr. folgt der zusammengesetzten declination:* kakovago, *nicht* kakova. *Im sg. gen. und instr. fem. fallen die auslautenden vocale meist ab:* toj *für* toja, toju; sej *für* seja, seju. *Der volkssprache eigentümlich sind die sg. acc. fem.* vsee, ee, odnoe, samoe, toe, *die mit dem asl. sg. gen. fem. auf* -oję, -eję *zusammenhangen:* ee *ist sg. gen. fem. sach. 125; ebenso* vsee. *doch* vsee nočenku *141: man vgl. das serb.* je *und das klruss.* jeji *und* ji. *Der acc. sg. fem. lautet erweitert* eju: agievu dočь, čto ponjalъ eju za sebja *akt aus dem jahre 1628 bei Buslaevъ I. 211.* onъ eju ljubilъ *Dalь, O narêčijachъ 27. Die nom.* i, e, ja; i, ju, ja *werden durch* onъ, ono, ona; onê, oni (*diese zwei formen dienen allen genera*), *der pl. acc. durch den gen.* ichъ *ersetzt; für die sg. acc.* i, e, ju *stehen die gen.* ego, eja *und* ee: beretъ zoloto bljudo, nasypaetъ na nego kamenьja samocvêtnyja *skaz. 56. Nach einsilbigen praepositionen wird den davon abhängigen casus von* i *ein* n *vorgesetzt:* dlja nego; dlja ego dêtej. Sej *für asl.* sij (*dialekt. ist das verstärkte* sesь), sie, sija *acc.* sej, sie, siju *gen.* sego, sego, seja *dat.* semu, semu, sej *instr.* simъ, simъ, seju *loc.* semъ, semъ, sej; *pl. nom.* sii *gen. loc.* sichъ *dat.* simъ *instr.* simi. ose *ist asl.* jese. *Aruss.* synoči *ist das asl.* si nošti *s. seite 53; das dialekt.* nočesь *asl.* noštь si; *dialekt. ist auch* sevogody, segoda, segódy *diess jahr.* Vesь, vse, vsja *acc.* vesь, vse, vsju *gen.* vsego, vsego, vseja *dat.* vsemu, vsemu, vsej *instr.* vsêmъ, vsêmъ, vseju *loc.* vsemъ, vsemъ, vsej; *pl. nom.* vsê *gen. loc.* vsêchъ *dat.* vsêmъ *instr.* vsêmi. Čto: *gen.* čego *dat.* čemu *instr.* čêmъ *loc.* čemъ. *Dialekt. fungiert* čovo, covo *als nom.:* covo ty baěšь *Dalь, O narêčijachъ 37. Die schriftsprache gebraucht* nêčto *nur im nom. und acc., die übrigen casus durch* čto-to *ersetzend:* čego-to, čemu-to *usw.: in den volksliedern findet man jedoch auch* nêčego *sach. 214. Bei* ničto *wird die praeposition zwischen* ni *und* čto *gesetzt:* ni kъ čemu; ni vъ čto *und* vъ ničto *sind verschieden.* čego *gilt dialekt. für* čto.

Drittes capitel.

Zusammengesetzte declination.

Die meisten formen enthalten das adjectiv undecliniert: dobryj: dobrъ-jъ, *wobei zu bemerken, dass* ъ *wie* o, *daher* yj *wie* oj *lautet, was auch sonst vorkömmt:* dobrogo *aus* dobrojego *usw.* ago — *denn diess ist die aus dem asl. in die schrift aufgenommene endung — lautet in verschiedenen gegenden verschieden: entweder wie* ogo: volьnogo, kotorogo, lichogo, *wie schon in denkmälern des XIII. jahrh. geschrieben wird, oder* aga *oder* ava, ova *Buslaevъ 1. 247. Dialekt. kömmt vor* dóbrago, dóbraga, dóbrava, dóbrogo, dóbrovo, lonsьkógo *Dalь, O narêčijachъ 21. 31. 35. 38. Beachtenswert ist der sg. loc. m. n. auf* oemъ *d. i.* o-jemь: vo syroemъ vo boru *stud.-vol. 26;* vo mêstê bogatoemъ *Buslaevъ 1. 242.* ja na krylьce byla perenoemъ *ryb. 4. 45.* ymъ, ychъ *erscheinen in den volksliedern in der älteren form* yimъ, yichъ: zelenyimъ, bystryichъ. *Der gen.* dobryja *lautet auch* dobryj, dobroj, dobroe. *Über die sprache der ältesten russischen chronisten 38. Buslaevъ 1. 242, und, im volksliede,* dobroej: otъ obêdni otъ dolgoej *Buslaevъ ibid.* dobroje *ist asl.* *dobro-ję, dobroej *hingegen würde einem asl.* *dobro-jeję *entsprechen:* oej *d. i.* ojej (palicej želêznoej *ryb. 4. 35.) wäre asl.* *ojeją.

1. dobrъjъ.

Masc. nom.	dobryj	dobryja
acc.	dobryj	dobryja

	gen.	dobrago	dobrychъ
	dat.	dobromu	dobrymъ
	instr.	dobrymъ	dobrymi
	loc.	dobromъ	dobrychъ.
Neutr.	*nom.*	dobroe	dobryja
	acc.	dobroe	dobryja
	gen.	dobrago	dobrychъ
	dat.	dobromu	dobrymъ
	instr.	dobrymъ	dobrymi
	loc.	dobromъ	dobrychъ.
Fem.	*nom.*	dobraja	dobryja
	acc.	dobruju	dobryja
	gen.	dobryja	dobrychъ
	dat.	dobroj	dobrymъ
	instr.	dobroju	dobrymi
	loc.	dobroj	dobrychъ.

2–6. sinijъ.

Masc.	*nom.*	sinij	sinija
	acc.	sinij	sinija
	gen.	sinjago	sinichъ
	dat.	sinjemu	sinimъ
	instr.	sinimъ	sinimi
	loc.	sinemъ	sinichъ.
Neutr.	*nom.*	sinee	sinija
	acc.	sinee	sinija
	gen.	sinjago	sinichъ
	dat.	sinjemu	sinimъ
	instr.	sinimъ	sinimi
	loc.	sinemъ	sinichъ.
Fem.	*nom.*	sinjaja	sinija
	acc.	sinjuju	sinija
	gen.	sinija	sinichъ

dat.	sinej	sinimъ
instr.	sineju	sinimi
loc.	sinej	sinichъ.

Die mittelst ij *abgeleiteten adj. verkürzen* ьjaja, ьee, ьjuju *zu* ьja, ьe, ьju: tretij, rybij, korovij, volčij, bêlužij, navij (*dialekt.*), pêtušij, ptičij, gusjačij, volovij, slonovij, čotij *usw.; anders gehen* obščij, ochočij, pročij *usw.* božij, *weil durch* ij *gebildet* (*denn asl.* božij *ist die nominale form*) *folgt dem* sinij *in allen casus, die nicht nominal gebildet werden, es bewahrt* i *ungeschwächt.* knjažij *hat mit recht* knjažaja, knjažee, *weil es durch* ь *gebildet ist: vgl. asl.* kъnęžь. pervu, drugu *im sg. acc. fem stud.-vol. 51. haben* ju *abgeworfen: das asl. bewahrt die vollen formen. Der sg. nom. masc.* lisij *ist asl.* lisii, sinij *hingegen* siñij, *da die nominalen formen* lisij *und* siñь *lauten. Die schreibung* yj. ij *ist asl. für* oj, *das in neuerer zeit von einigen bei jenen adj. angenommen ward, die den auslaut betonen:* zloj, suchoj. *Vostokovъ 41, 42, neben* zlyj, suchij; *seltener ist* oj *sonst:* krêpinьkoj, krêponьkij *Vostokovъ 47. Im sg. gen. fem. wird in der regel* oj, ej *gesprochen, das aus* oja, ija *entstanden ist, welchem* yja, jaja *zu grunde liegt.* yja *und* ija *liest man nicht selten in volksliedern:* bezъ rusyja kosy *sach. 148.* u rodnyja (matuški) *stud.-vol. 109.* u tesovyja (krovatočki) *124.* u periny puchovyja *ib.* travy košenyja *167.* radi perepelki radi molodyja *stud.-ol. 61.* ja kuplju pachnučija mjaty *sach. 89.* sъ velikija toski zloj *207.* sъ velikija pečali *211.* do večernija zari *215.* slavy vysokija *225. Im sg. instr. fem. steht häufig* oj, ej *für* oju, eju. *Der unterschied zwischen* -ja *und* -e *im pl. nom.* (*jenes soll fem. und neutr., dieses masc. sein*) *ist eine fiction der schrift, indem in der rede das unbetonte* ja *wie* e *lautet; ehemals schrieb man* pridoša polotskija knjazi; rjazanskija knjazi utekoša. dobryja *ist aus dem asl. acc.* dobryję *hervorgegangen. Die fiction hinsichtlich des genus von* dobryja *und* dobrye *scheint nicht sehr alt zu sein. Die volkspoesie bietet nicht selten* yi *und* ii *für* y *und* i: bystryichъ *sach. 224.* novyimъ *214.* krasnyichъ *152.* zelenyimъ *stud.-ol. 54.* zelenyichъ *80.* temnyimъ *97.* desjatyichъ *103.* velikiimъ *skaz. 40.* vysokiimъ *stud.-ol. 54.* mogučiichъ *skaz. 61.* dremučiimъ *stud.-ol. 54. usw., sogar* vašiichъ *skaz. 108. 139. Diesen formen analog sind die oben erwähnten bildungen auf* êichъ: têichъ, obêichъ *für* têchъ, obêchъ. *Daneben findet man* ye: tri červlenyechъ tri korablja *kirêj. 5. 92* raznyechъ *95, und sogar* na pjatyemъ godu *180. Auslautendes* i *des pl. instr. kann im volksliede abfallen:* so kisejnymъ rukavami; so persidskimъ kružovami, sъ rozovymъ cvêtamъ. *Zu untersuchen ist* ko lichoju ko svekrovuškê *stud.-ol. 38. In* na bêlyimъ svêtê *skaz. 191.* na morê bêlyimъ *193.* vъ kotorymъ (steklъ) *224. scheint* y *an die stelle von* ê *für späteres* o *getreten zu sein: vgl.* dytь *und* dêtь.

ZWEITER TEIL.

Lehre von der conjugation.

a) Von der einteilung der verbalformen.

Wie im asl. seite 62.

b) Von den personalendungen.

Voll	*1.*	mь	mъ
	2.	šь	te
	2.	tъ	ntъ.
Stumpf	*1.*	m	mъ
	2.	s	te
	3.	t	nt.

Die personalendung der I. sg. bildet mit dem praesensvocal o *ein* u *in allen jenen fällen, in denen im asl.* ą *steht:* pletu, dêlaju, *asl.* pletą, dêlają; damъ, *asl.* damь. šь *hat sich aus* ši *entwickelt.* tъ *fehlt in der schriftsprache nur in dem zur partikel gewordenen* bude; *dialektisch hört man auch* vezë, berë, chodi, ljubi *usw.* êzdja, ljubja *usw. busl. 1. 183. Dalь, O narêčijachъ 21. 26.* tь *besteht in* estь *und in dem dialekt.* istь *edit, asl.* jastь. *In der III. pl. findet sich* tь *nur in* sutь *und im dialekt.* jadutь, *asl.* jadętъ. *Das* n *der III. pl. schmilzt mit dem praesensvocal zu* u *für asl.* ą *zusammen:* pletutъ, dêlajutъ, *asl.* pletątъ, dêlajątъ; *doch auch* dadutъ *neben* êdjatъ, *asl.* dadętъ, jadętъ. čistjutъ, platjutъ, vodjutъ, vozjutъ *für asl.* čistętъ *usw. sind dialektisch. Dialektisch findet sich* ma *für* mъ: my dêlaema, znaema *Dalь, O narêčijachъ 23. 49. Die personalendung* te *kann auch an die partikel* nu: nute *gefügt werden.*

c) Von dem bindevocal.

Der bindevocal tritt ein im partic. praet. pass.: plet-e-nъ.

d) Von den suffixen der infinitivstämme.

1. Infinitiv. *Das suffix des infinitivs ist* tь: dêla-tь. i *erhält sich jedoch häufig in der volkssprache, wie die lieder und märchen dartun:* ja pojdu vo Kitaj gorodъ guljati, molodoj ženê pokupku pokupati; ženiti sja, pokormiti sja, poiti sja *skaz. 148. 155. 160; ferners erhält sich* i *durch die einwirkung des accentes:* bljusti, bresti, priobrêsti, vezti, vesti, vjazti, gnesti, nesti, pasti, plesti, rosti, trjasti, cvêsti; *doch gelten auch die formen auf* tь: brestь, veztь, vestь *usw.*

2. Partic. praet. act. I. *Das suffix des partic. praet. act. I. ist* ъs, *durch dessen anfügung die formen* davъ, došedъ *sach. 220. skaz. 125, asl.* davъ, došьdъ, *entstehen; gleiche geltung mit diesen formen haben die auf* ši: davši, došedši, *asl.* davъše, došьdъše. *Declinierbar lautet dieses partic. auf* šij *aus:* davšij, došedšij, *asl.* davъšij, došьdъšij, *formen, deren erhaltung in der schriftsprache dem asl. zugeschrieben werden darf. Die endung* ši *ist notwendig vor* sь *für* sja: napivši sь, *nicht* napivъ sь: *doch* stakavъ sja *skaz. 172; sie ist ferner die allein gebräuchliche bei den verben der ersten classe, die dieses partic. nicht auf* vъ *bilden, daher* pletši, nesši, grebši, pekši, umerši; *dagegen* pjavši, bivši *und* pjavъ, bivъ; *die verba I. 1. haben* ši *und nach art der verba I. 7.* vši: cvêtši, bljudši, vedši, padši, prjadši, šedši *und* cvêvši *sach. 212.* vevši *dialekt.*, pavši, prjavši, šovši *dialekt.* klavši, kravši; *hieher gehört auch* uvjadši *von* vjanu *nach II;* rost *hat* rosši, *asl.* rastъše. *Viele verba der zweiten classe haben zwei formen:* pachnuvъ, pachši; *ferner* kinuvъ, kinuvši; *ebenso* velêvъ, velêvši; sudivъ, sudivši; čitavъ, čitavši; pisavъ, pisavši; bravъ, bravši; êvъ, êvši *usw. Vor* ši *geht* v *dialekt. in* m *über:* sobramši *kirêj. 2. 44.* svarëmši kašičku; onъ pozavtrakalъ brosimši sь *1. 5; 2. 16.* obnažemši *sbor.-sar. 102.* pomolemši sь *117. 120.* povadëmši; operëmši *für* operši *bus. 2. 114.* popadëmši *für* popadši. *Man merke* bezumyvči *für* ne umyvši sь *ib.*

3. Partic. praet. act. II. *Das suffix des partic. praet. act. II. ist* lъ: da-lъ.

4. Partic. praet. pass. *Das suffix des partic. praet. pass. ist* nъ *oder* tъ: zna-nъ, bi-tъ. *In der zusammengesetzten declination wird* n *verdoppelt:* čitannyj; *die verba I. und IV. verdoppeln jedoch* n *nach Vostokovъ nur dann, wenn sie mit praepositionen zusammengesetzt erscheinen, daher* vedenyj *und* privedennyj, ljublenyj *und* vozljublennyj, *was ganz willkürlich ist. Auch im čech. liest man* učennik *ev.-vind.; richtig ist* pústennik, *da es doch von* pustinný, pustina, *wofür asl.* pustyñi, *abzuleiten.*

5. Aorist. *Vom aorist hat sich in dem zur moduspartikel herabgesunkenen* by *eine spur erhalten.*

e) Von den suffixen der praesensformen.

1. Praesens. *Das praesens-*e *kann dialektisch fehlen:* batъ *für* baetъ, byvatъ *für* byvaetъ, vzopišь *für* vzopiešь.

2. Imperativ. *I.* beri. *Das praesens-*e *geht mit dem modusvocal* i *in* i *für* ê *über:* pletite, *asl.* pletête. *Das* i *des impt. wird, wenn es tonlos ist und demselben ein consonant vorhergeht, zu* ь *geschwächt:* vêrь, gotovь, sypь *für* syplь; vêrьte, gotovьte, sypьte: *ähnlich ist* ljagъ, ljagte; *dagegen* kolí, piší, taí; kolíte, pišíte, taíte *und* zíždi, mólvi, sóchni; zíždite, mólvite, sóchnite; *doch auch* dviži *von* dviga *nach V. 2; auch in feierlicher rede wird* i *bewahrt. Für* gnij, lêzь *und* êdь *wird* sgnivaj, polêzaj *und* poêzžaj *gesagt. Die 1. pl. impt. ist ausgestorben: dieselbe fehlt nach Vostokovъ 85. bei den verba imperfectiva ganz, bei den verba perfectiva kann sie jedoch durch das praes. ersetzt werden:* pročitaemъ, *in der volkssprache mit anfügung des wohl schwerlich mit der personalendung der II. pl. identischen* te: pročitaemъ-te; *nach anderen kann jedoch die 1. pl. impt. der verba imperfectiva durch das fut. bezeichnet werden:* budemъ choditь *eamus,* stanemъ podpisyvatь *subscribamus; die analogie zwischen* pročitaemъ *perlegamus und* budemъ choditь *ist augenscheinlich: das fut. ersetzt hier den impt., daher ist* budemъ *erimus und simus,* byvaemъ *blos sumus. Bei den verba perfectiva wird die 1. sg. impt. durch das praes. mit vorhergehendem* da *ausgedrückt:* da pročitaju. *Die III. sg. impt. ist identisch mit der II:* čitaj *lege,* čitaj onъ *legat;* čertъ vozьmi rodnju, vsja derevnja sginь ognemъ *sach. 95.* ne budь vamъ puti i doroženьki *skaz. 211; meist wird jedoch die III. sg. impt. durch die III. praes. mit vorausgehendem* da *oder* pustь *bezeichnet:* da čitaetъ, pustь čitaetъ; *diess gilt auch von der III. pl. impt.:* da čitajutъ, pustь čitajutъ. *So wie* pustь *der impt.* pusti, *so ist vielleicht auch* da *der impt.* daj, *der manchmal wie* da *angewandt wird:* daj posmotrju. *Die II. sg. impt. kann auch mit den pronomina* ja, my *und* oni *verbunden werden:* čitaj ja, sdêlaj sto

my, tronь oni nasь. *II.* daždi, daždь. êšь *für* êžь; vêdê *hat* vêdь *als adv.*

Das pror. gljadь *ist nach dem lex.-acad. die verkürzung eines praeteritum, bei welcher angabe an den aor. mag gedacht worden sein. Wenn man sich erinnert, dass im serb. die II. sg. impt. nicht selten den aor. und zwar in allen personen ersetzt, so wird man nicht abgeneigt sein,* gljadь *als eine II. sg. impt. aufzufassen. Serb.:* kako udari *(für* udariše*)* Turci na Malinsko i na Strug, Sirovčani ne smjedni *(für* smjedoše*)* im odmah u pomoć poći, bojeći se sebe od Kolašina, nego u ručanja doba potrči *(für* potrčaše*)*, misleći *usw. Im sinne des aor. steht der impt.* vozmi sь *bei Krylov:* tutъ vichrъ otkolê ni vozmi sь, i sdunulъ pauka opjatь na samoj nizъ, *wofür auch* vzjali sь *steht:* opjatь otkolь vzjali sь morozy; *so ist auch* uslyšь *in:* no skvoruška uslyšь, čto chvaljatъ solovьja *zu beurteilen. Als impt. ist auch* vêdь *zu fassen:* Dobrynju vêdь, bratcy, veličajutъ po izotčestvu Nikitičemъ, a sъ Dobrynoju vêdь, bratcy, idetъ Toropъ sluga *skaz. 20. Dass diese ansicht richtig ist, beweist ein ähnlicher gebrauch des* znaj: ždetъ bojarinъ dêtinu časъ, ždetъ ego i drugoj, a dêtina znaj sebê gljaditъ *skaz. 191. Im nsl. findet man* vêm, *asl.* vêmь, *adverbialisch angewandt:* vêm je prišel *er ist ja gekommen; auch* vendar *fortasse, tamen ist nur* vêm da. *Dasselbe gilt im čech. von* ved'. *Vgl. 4. seite 794.*

3. Imperfect. *Das imperfect. ist dem russ. abhanden gekommen.*

4. Partic. praes. act. *Das suffix des partic. praes. act. ist* ut; *für asl.* ę *sowie für* y *tritt* ja, a *ein:* bija, zovja, *asl.* biję, zovy. *Gleiche geltung mit dieser form hat die auf* či, *welche, speciell der volkssprache eigen, einer asl. auf* šte *zu entsprechen scheint:* bьjuči, zovuči, *asl.* bijąšte, zovąšte. *Die auf* ja, a *und* či *auslautenden formen sind indeclinabel; die declinierbaren formen haben den ausgang* ščij, *asl.* štij: bьjuščij, zovuščij, *asl.* bijąštij, zovąštij, *formen, auf welche das asl. dürfte eingewirkt haben. Neben den formen auf* ščij *besitzt das russ. auch declinierbare formen auf* čij: *jene sind wahre partic., diese aus partic. entstandene adj., in denen der begriff der zeit verwischt ist, daher* gorjaščij ὁ καιόμενος *ardens,* gorjačij ὁ καυστηρός *fervidus;* bêguščij *ist fugiens,* bêgučij *hingegen fugax. Die frage, welche von den beiden formen des partic. praes. act., die auf* ja, a *oder die auf* či, *in jedem falle anzuwenden sei, wird von den russ. grammatikern nicht klar beantwortet; aus Vostokovъ scheint sich folgendes zu ergeben: jene verba, die im asl. im sg. nom. fem.* ęšti *haben, die daher in der zweiten form auf* jači *auslauten sollten, also die verba*

III. 2. und IV. lassen nur die form auf ja *zu:* terpja, zrja, bdja, mča; nosja, uča, taja *usw.; demselben gesetze folgen die verba VI:* vojuja, imenuja, *die nach anderen beide formen zulassen:* vojuja, vojujuči; piruja, pirujuči; *die declinierbare form entspricht dem asl.:* terpjaščij, zrjaščij, vojujuščij, *asl.* trъpęštij, zręštij, vojująštij; *soll die form auf* či *von einem verbum III. 2. oder IV. gebildet werden, so geht* ja *für asl.* ę *in* ju *über:* sidjuči *sach. 120. 196. 251.* stojuči *139.* gljadjuči *152. stud.-ol. 63.* lazuči *stud.-vol. 87.* schodjuči *skaz. 99, doch auch* smotrjači *stud.-ol. 63: vgl.* visjučij, gorjučij, gremučij, kipučij, šipučij *neben* visjačij, gorjačij, gremjačij, šipjačij, boljučij; *dialekt.* govoruščij *sach. 199: dagegen haben andere verba nur die form auf* či, *namentlich die verba I. 4; I. 5; I. 6; II; V. 2; V. 3:* pekuči, tolkuči, žguči, striguči; žmuči, mnuči (*doch* klenja); meljuči, truči; tonuči, tjanuči; koljuči, šljuči; rvuči; *eben so* vjažuči, *nicht auch* vjaža, *asl.* vęžę, *doch* teša *und* tešuči; *ferner* stelja, *nicht auch* steljuči. *Die übrigen verba haben beide formen:* pletja, pletuči; idja, iduči; gryzja, gryzuči; skrebja, skrebuči; bija, bьjuči; orja, orjuči; meča, mečuči; gloža, gložuči; sêja, sêjuči. *Bezweifelt werden von anderen folgende formen:* živja, moja, *asl.* myję, melja, trja, porja, orja, kolja *und* vezuči, skrebuči, sêkuči, zovuči, lguči, lьjuči, žmuči, mnuči, truči, orjuči, meljuči, gložuči, stražduči. *An die partic. praes. act. lehnen sich einige adj. an, die jedoch in ihrer bildung davon irgendwie abweichen: a)* ja *für* aju, jaju: rabotjaščij, guljaščij *neben* rabotajuščij, guljajuščij; *b)* ju *für* jaju: vonjučij, linjučij *neben* vonjajuščij, linjajuščij; *c)* u *für* aju: letučij, padučij, sverkučij, tolkučij *neben* letajuščij, padajuščij, sverkajuščij, tolkajuščij; *d)* sypučij: sypučij pesokъ; zybučij: zybučee boloto; dremučij: dremučij lêsъ; svistučij *sach. 199.* treskučij *neben* sypljuščij, zybljuščij, dremljuščij, sviščuščij, treščaščij; pachučij *neben* pachnuščij. *Die verba perfectiva haben kein partic. praes., doch kömmt das partic. praes. act. nicht selten als stellvertreter des partic. praet. act. I. vor:* pomolja sь vzojdemъ, poklonja sь vozьmemъ *sach. 159.* sudьi, pogovorja promežь soboju, prigovorili *skaz. 157. 164.* ryba schdь, otrodja sь menja, ne vidyvala *168. Dasselbe findet sehr häufig im čech., nicht nur in der schriftsprache, sondern auch im munde des volkes statt:* vejda do své čajky neb korábu do Konstantinopole jel *jungm.* vezma hušličky hned se bral *suš. 2.* pohledňa naň zas odejdú *16. Vgl. 4. seite 819.*

5. Partic. praes. pass. *Das suffix des partic. praes. pass. ist* mъ: bi-e-mъ, plet-o-mъ; *es ist am gebräuchlichsten von verben V. 1: man ersetzt demnach gerne* liemъ, tromъ, šlemъ *durch* izlivaemъ, otiraemъ, posylaemъ.

f) Conjugation nach den verbalclassen.

A) Conjugation mit dem praesenssuffix.

Erste classe.

Suffixlose stämme.

1. plet.

α. *Inf.-stamm* plet. *Inf.* ples-ti. *Partic. praet. act. I.* plet-ši. *II.* ple-lъ. *Partic. praet. pass.* plet-e-nъ.

β. *Praes.-stamm* plet-e.

Praes.	*1.*	plet-u	plet-e-mъ
	2.	plet-e-šь	plet-e-te
	3.	plet-e-tъ	plet-utъ.
Impt.	2.	plet-i	plet-i-te.

Partic. praes. act. plet-ja. *Pass.* plet-o-mъ.

Rost *verliert im partic. praet. act. II. im sg. masc. das suffix* lъ: rosъ, rosla; *es verliert* t *auch im partic. praet. act. I:* rossi. rêt *folgt dem paradigma:* obrêtu, *asl.* obręštą. id *hat im inf.* iti, *wofür gegen alle analogie* idti *und* itti, *in der zusammensetzung meist inconsequent* iti: zajti, perejti, pojti, ujti *und* vydti, pridti *geschrieben wird. Die partic. praet. act. I. und II. entlehnt dieses verbum von* šьd: šedъ, šelъ, *dialekt.* išelъ; *das partic. praet. pass. lautet* idenъ: obojdenъ, najdenъ. sêd *hat im praes.* sjadu, sjadešъ, *im impt.* sjadь, sjadьte: *dialekt. besteht der inf.* sjastь, *asl.* sędą, sędeši *usw.* čьt *colere entlehnt alle formen von* čti *nach IV. mit ausnahme der I. sg. praes. und des partic. praet. pass.:* čtu, čtenъ; čьt, čestь *legere ist regelmässig: das asl. macht zwischen diesem und jenem keinen unterschied.* êd *vehi wird in den infinitivformen durch* êcha *ersetzt: statt des wenig gebräuchlichen* êdь *wird* poêzžaj *gesagt.* razsvêtetъ *illucescet,* razsvêlo *illuxit dürften richtiger mit* e *aus einem asl.* ь *statt* ě *geschrieben werden: man vgl.* cvьt *und* cvět *und das serb.* osvanuti *für asl.* osvьnąti *aus* osvьtnąti. *asl.* gąsti *hat* gudëšь, gudëtъ, gudutъ *neben* gudišь, guditъ, gudjatъ *nach III.* 2.

2. nes.

α. *Inf.-stamm* nes. *Inf.* nes-ti. *Partic. praet. act. I.* nes-ši. *II.* nes-ъ. *Partic. praet. pass.* nes-e-nъ.

β. *Praes.-stamm* nes-e.

Praes. 1.	nes-u	nes-e-mъ
2.	nes-e-šь	nes-e-te
3.	nes-e-tъ	nes-utъ.
Impt. 2.	nes-i	nes-i-te.

Partic. praes. act. nes-ja. *Pass.* nes-o-mъ.

Das suffix des partic. praet. act. II. lъ *fällt im sg. masc. ab:* vezъ, nesъ; *für* vjaz *tritt* vjaza *nach V.* 2. *meist in jenen formen ein, in denen* vjaz *und* vjaznu *zusammenfallen.*

3. greb.

α. *Inf.-stamm* greb. *Inf.* gre-s-ti. *Partic. praet. act. I.* greb-ši. *II.* greb-ъ. *Partic. praet. pass.* greb-e-nъ.

β. *Praes.-stamm* greb-e.

Praes. 1.	greb-u	greb-e-mъ
2.	greb-e-šь	greb-e-te
3.	greb-e-tъ	greb-utъ.
Impt. 2.	greb-i	greb-i-te.

Partic. praes. act. greb-ja. *Pass.* greb-o-mъ.

B *fällt im inf. aus:* grestь, skrestь, *doch* pogrebsti; *dialekt. besteht* skubsti *neben* skusti; *auch* v *fällt aus:* žitь, živu; *dagegen dialekt.* tepsti, zjabti; *auch diese verba verlieren nach* p, b *im sg. masc. das suffix des partic. praet. act. II.* lъ: grebъ, grebla. naživ *hat im partic. praet. pass.* nažitъ. šib *entlehnt den inf. von* šibi:

šibitь: šisti, šibstь *war zu meiden; das partic. praet. pass. lautet* ušibenъ *und* ušiblenъ. *Von* sop *führt das lex.-prov. den inf.* sopêtь *und die III. sg.* sopetъ *an. Die ältere sprache kennt den inf.* postrjati *vom thema* strjap *und den aor.* sospochъ *nest. 24. 26. vom thema asl.* sъp, *dessen inf. wohl* suti *lautete.*

4. pek.

α. *Inf.-stamm* pek. *Inf.* pečь. *Partic. praet. act. I.* pek-ši. *II.* pek-ъ. *Partic. praet. pass.* peč-e-nъ.

β. *Praes.-stamm* pek-e.

Praes. 1.	pek-u	peč-e-mъ
2.	peč-e-šь	peč-e-te
3.	peč-e-tъ	pek-utъ.
Impt. 2.	pek-i	pek-i-te.

Partic. praes. act. pek-uči. *Pass.* pek-o-mъ.

Bêg *entlehnt von* bêža *nach III. 2. alle formen mit ausnahme der I. sg. und der III. pl. praes., des impt. und des partic. praes. act.:* bêgu, bêgutъ; bêgi, bêgite; bêguči; *dialektisch ist* ubêgъ, ubêgla. leg *wird in den praesensformen durch* ljag, *asl.* lęg, *ersetzt; der impt. lautet* ljagъ, ljagte. žeg *bewahrt* e *nur vor* tь, ъ *und* ši: žečь, žegъ *(fem. jedoch* žgla), žegši; *in allen anderen formen wird es ausgestossen:* žgu, žžešь *usw.* stig *wird in den praesensformen durch* stignu *nach II. ersetzt, in den infinitivformen gilt mit den praepos.* do, na, pri, pro *beides:* dostičь, dostignutь. tolk *hat im inf.* tolčь *für asl.* tlêšti, *sonst* tolk *für asl.* tlъk: *im partic. praet. act. I. wird* tolokši *einem* tolkši *vorgezogen. Das dialekt.* mag *für* mog *hat im praes.* magu, magišь, magítъ; magimъ (magêmъ), magite, magútъ; mogu, mogëšь, mogëtъ; mogëmъ, mogíte, mogútь *busl. 1. 197.* mogimъ. ljagimъ *Dalь, O narêčijachъ 40.* ne mogi, ne mogite *ist noli, nolite Opytъ oblastnago slovarja 114. b.* reketъ, teketъ; žgetь, steregetь *Dalь, O narêčijachъ 43. 50. dialekt. erhalten sich im inf. manchmal* kti *und* gti: sêkti, magti, mogti; *seltener ist* kči, gči: volokči, pekči, sêkči, prjagči; *man merke* lečči, tečči, žečči *Dalь, O narêčijachъ 29.* peči, stereči *35. Der volkssprache eigen sind III. sg. praes. wie* peketь, mogetъ. *Unrichtig ist der inf.* strêči *im lex.-acad. für* strêkati *nach V. 2.*

5. рьn.

α. *Inf.-stamm* рьn. *Inf.* pja-tь. *Partic. praet. act. I.* pja-v-ъ. *II.* pja-lъ. *Partic. praet. pass.* pja-tъ.

β. *Praes.-stamm* рьn-e.

Praes.	1.	pn-u	pn-e-mъ
	2.	pn-e-šь	pn-e-te
	3.	pn-e-tъ	pn-utъ.
Impt.	2.	pn-i	pn-i-te.

Partic. praes. act. pn-uči. *Pass.* pn-o-mъ.

Die inf. lauten dutь, *asl.* dąti, *von* dъm; žatь, jatь; žatь, kljatь, *wofür gegenwärtig* kljasti *mit unorganisch eingeschaltetem* s, mjatь, pjatь, čatь *für asl.* žęti, žьmą; jęti, imą; žęti, žьnją; klęti *usw.*; *für* klenu *kömmt nach puchm. 136. auch* kljaju *vor.*

6. mr.

α. *Inf.-stamm* mr. *Inf.* mere-tь. *Partic. praet. act. I.* mer-ši. *II.* mer-ъ. *Partic. praet. pass.* (ter-tъ).

β. *Praes.-stamm* mr-e.

Praes.	1.	mr-u	mr-e-mъ
	2.	mr-e-šь	mr-e-te
	3.	mr-e-tъ	mr-utъ.
Impt.	2.	mr-i	mr-i-te.

Partic. praes. act. (tr-uči). *Pass.* (tr-o-mъ).

Für asl. -rêti *tritt* -eretь, -ertь *ein:* veretь, meretь, podperetь, peretь *accusare,* steretь *und* stertь: prosteretь sja *und* prostertь *lex.-acad. Vostokovъ 103;* teretь, *dialekt.* tertь; *für* mlêti *steht* molotь; *für* plêti-polotь, *im praes.* melju, melešь; polju, polešь, *asl.* plêvą, plêveši *usw. Das partic. praet. act. II. verliert das suffix* lъ: umerъ, podperъ, *asl.* mrьlъ, prъlъ; ml *hat* mololъ *für ein asl.* mlêlъ. *Das partic. praet. pass. wird durch* tъ *gebildet:* podpertъ, molotъ, tertъ.

7. bi.

α. *Inf.-stamm* bi. *Inf.* bi-tь. *Partic. praet. act. I.* bi-v-ъ. *II.* bi-lъ. *Partic. praet. pass.* bi-tъ.

β. *Praes.-stamm* bi-j-e.

Praes.	*1.*	bь-j-u	bь-e-mъ
	2.	bь-e-šь	bь-e-tъ
	3.	bь-e-tъ	bь-j-utъ.
Impt.	2.	be-j	be-j-te.

Partic. praes. act. bi-j-a. *Pass.* bi-emъ.

Den hiatus beseitigt a) j: znaju, duju; *b)* v: plyvu; *selten ist* plovu *stud.-ol. 16;* slyvu; rju *verwandelt* ju *in* ev: revu, revi, revuči: *die inf.-tempora entlehnt* rju *von* revê *nach III. (vgl. nsl.* rjovê). *Dialektisch ist* znašь *Dalь, O narêčijachъ 27. Vor praejotierten vocalen geht* i *in* ь, y *in* o *über:* bьju *für* biju, *asl.* biją; moju *für* myju, *asl.* myją, *wofür dialekt.* mъju; *bei jedoch hat* brêju, *richtiger vielleicht* breju *aus* brъju; *dialekt. besteht auch der inf.* brêtь. gni *und* či *bewahren* i: gniju, počiju; *das asl.* ty *hat nur* tyju, *nie etwa* toju. pê *hat* poju, poj, poja. sta *und* dê *entlehnen die praesensformen von II:* stanu, dênu; sty, *wofür auch* stynu *nach II, entlehnt das praes. von diesem stamme.* by *hat* bud *nach I. 1:* zaby *hat im partic. praet. pass. regelmässig* zabytъ, pereply-pereplytъ, zna-znatь *und* znanъ. *Von* ču *ist der inf.* čutь *in gewissen redensarten gebräuchlich:* edva čutь, malo čutь, ni čutь; *ferners das partic.* čulъ, počulъ *und das verbale* čutьe.

Zweite classe.

n ǫ - s t ä m m e.

dvinu.

α. *Inf.-stamm* dvinu. *Inf.* dvinu-tь. *Partic. praet. act. I.* dvinu-v-ši. *II.* dvinu-lъ. *Partic. praet. pass.* dvinu-tъ.

β. *Praes.-stamm* dvin-e.

Praes.	*1.*	dvin-u	dvin-e-mъ
	2.	dvin-e-šь	dvin-e-te
	3.	dvin-e-tъ	dvin-utъ.
Impt.	2.	dvin-ь	dvin-ь-te.

Partic. praes. act. dvin-uči. *Pass.* (tjag-o-mъ).

Im partic. praet. act. II. fällt die silbe nu *häufig aus:* poblekъ *für* poblеklъ, volglo *(dialekt. von* volgnu, *asl.* vlъgną), uvjalъ, pogasъ, pogibъ, oglochъ, ogruzъ, ozjabъ, obmokъ *usw. neben* bleknulъ, vjanulъ *usw. Das dialekt.* tjalъ *abiit ist das unregelmässige partic. praet. act. II. von* tjanu: *vgl. das deutsche ‚ziehen' in beiden bedeutungen. Der gebrauch der kürzeren oder längeren form ist jedoch nicht willkürlich, so wird* ozjabъ, uvjalъ *und* zjabnulъ, vjanulъ, *jedoch nur* kinulъ *gesagt Vostokovъ 102: die wahl hängt ab von der bedeutung und vom tone: die verba, die* u *betonen, haben nach einigen nur die längere form:* stolknúlъ *von* stolknútь. *Eine doppelform kann auch im partic. praet. pass. eintreten:* dviženъ, torženъ *neben* dvinutъ, torgnutъ; tjanutъ, protjaženъ; gnutъ, sogbenъ; vydernutъ, vydërnënъ *Dalь, O narêčijachъ 28; ebenso im partic. praet. act. I:* vjadši, zjabši, sochši; *ähnlich ist das partic. praes. pass.* tjagomъ. *Das alte* otsovъ *für* otsunь *bus. 1. 86. beruht auf dem praes.-stamm* sov-e.

Dritte classe.

ê-stämme.

Erste gruppe.

umê.

α. *Inf.-stamm* umê. *Inf.* umê-tь. *Partic. praet. act. I.* umê-v-ъ. *II.* umê-lъ. *Partic. praet. pass.* (umê-nъ).

β. *Praes.-stamm* umê-j-e.

Praes.	1.	umê-j-u	umê-e-mъ
	2.	umê-e-šь	umê-e-te
	3.	umê-e-tъ	umê-j-utъ.
Impt.	2.	umê-j	umê-j-te.

Partic. praes. act. umê-j-a. *Pass.* razumê-e-mъ.

Imê *geht regelmässig:* imêju, imêešь, imêetъ *usw. Dialektisch ist* umêšь *Dalь, O narêčijachъ 53.*

Zweite gruppe.

gorê.

α. *Inf.-stamm* gorê. *Inf.* gorê-tь. *Partic. praes. act. I.* gorê-v-ъ. *II.* gorê-lъ. *Partic. praet. pass.* gorê-nъ *in* gorênie.

21*

β. *Praes.-stamm* gori-e.

Praes.	1. gorju	gori-mъ
	2. gori-šь	gori-te
	3. gori-tъ	gorjatъ.
Impt.	2. gori	gori-te.

Partic. praes. act. gorja. *Pass.* (terpi-mъ)

Chotê, *dialekt.* chtê, *asl.* hotê, hъtê, *hat im praes.* choču, chočešь (*vulg.* chošь *skaz. 124. 133*), chočetъ; chotimъ, chotite (*asl.* hoštemъ, hoštete), chotjatъ; *im impt.* choti, chotite; *im partic. praes. act.* chotja. *Dialekt.* chočemъ, chočete *und sogar* chočutъ; *auch im sg.* chotitъ *bus. 1. 196. und* chotišь *Dalь, O narêčijachъ 25. In der I. sg. praes. treten die regelmässigen veränderungen der vor dem ê stehenden consonanten ein:* velju, gorju, zvenju; verču, vižu; terplju, skorblju, šumlju; višu; bdê *soll ausnahmsweise* bdju *haben. Unorganisch sind die partic. praet. pass.* verčenъ, siženъ *und* terplenъ, *asl.* vrъtênъ, sêdênъ, trъpênъ; *neben* terplenъ *besteht in der zusammensetzung* terpênъ: preterpênъ. *Die subst. verbalia lauten* vertênie, sidênie *und* siženie, terpênie; *man findet auch* obiženъ, razgljaženъ, smotrenъ, vysiženъ *und die subst. verbalia* zagljaženie, smotrenie. spi *entlehnt die inf.-formen von* spa: splju, spišь *usw.: neben* spa *findet man* spê: sama ona spêla (usnula), priuspêla *Bezsonovъ, Kalêki 2. 141. 150. Desgleichen sei von* sca (*dialekt.* ssja): *das praes. lautet* scu, scyšь *für* šču, ščišь *usw.* vidê *hat im impt.* višь *für* vižь, *asl.* viždь; *man beachte* viduščij *in* glaza zavidušči; *ferners* gorjačij, gorjaščij *neben* gorjučij; kipjaščij *neben* kipučij; šipjaščij *neben* šipučij *usw. bus. 1. 188.*

Vierte classe.

i - s t ä m m e.

chvali.

α. *Inf.-stamm* chvali. *Inf.* chvali-tь. *Partic. praet. act. I.* chvali-v-ъ. *II.* chvali-lъ. *Partic. praet. pass.* chval-e-nъ.

β. *Praes.-stamm* chvali-e.

Praes.	*1.*	chvalju	chvali-mъ
	2.	chvali-šь	chvali-te
	3.	chvali-tъ	chvaljatъ.
Impt.	2.	chvali	chvali-te.

Partic. praes. act. chvalja. *Pass.* chvali-mъ.

In der I. sg. praes. und im partic. praet. pass. erleiden die consonanten die regelmässigen veränderungen: valju, valenъ, *asl.* valjenъ; varju, varenъ, *asl.* varjenъ; činju, činenъ, *asl.* činjenъ; moloču, moločenъ; bužu, buženъ; kuplju, kuplenъ; grablju, grablenъ; davlju, davlenъ; lomlju, lomlenъ; olifīju, oliflenъ; ražu, raženъ; gašu, gašenъ *usw. Ebenso* myšlju *neben* myslju *von* mysli; dražnju *und* draznju *von* drazni; izoščrju *von* izostri; umerščvlju *von* umertvi *usw.; doch* smotrju *von* smotri, *asl.* sъmoštrją; zlju *von* zli. *Den lautgesetzen sollen sich entziehen* oščuti, dudi, čudi; dmi, kajmi, klejmi; borzi, merzi, skolьzi, slezi, tuzi, kudesi, obezopasi, čudesi, *daher nach Vostokovъ 98.* oščutju, čudju, *nach dem lex.-acad.* čuždu, dmju, tuzju, *nach dem lex.-acad.* tužu, kudesju, čudesju, *nach dem lex.-acad.* čudešu *usw.: diese abweichungen von den lautgesetzen kommen jedoch nach anderen nicht vor, indem die sprache vielmehr sowohl* dudju *als* dužu *meide und den begriff anders ausdrücke:* igraju na dudkê; *dasselbe gilt von* bdju *nach III. 2, wofür* bodrstvuju, ne splju *usw. gesagt wird. Manche verba ziehen* šč, žd *dem* č, ž *vor:* vozvrati, sokrati, ukroti, voploti, zapreti, osvêti, osvjati, posêti; ubêdi, ogradi: vozvrašču, sokrašču, ukrošču; ubêždu, ograždu *usw.: diess ist dem einfluss des asl. zuzuschreiben.*

Fünfte classe.

a-stämme.

Erste gruppe.

dêla.

α. *Inf.-stamm* dêla. *Inf.* dêla-tь. *Partic. praet. act. I.* dêla-v-ъ. *II.* dêla-lъ. *Partic. praet. pass.* dêla-nъ.

β. *Praes.-stamm* dêla-j-e.

Praes.	*1.*	dêla-j-u	dêla-j-e-mъ
	2.	dêla-j-e-šь	dêla-j-e-te
	3.	dêla-j-e-tъ	dêla-j-utъ.

Impt.	2.	dêla-j	dêla-j-te.

Partic. praes. act. dêla-j-a. *Pass.* dêla-e-mъ.

Skazyva, pomazyva *und ähnliche verba haben den praesensstamm auf* yvaje *und auf* uje. *Das praesenssuffix ist ausgefallen:* kako carь po polatuški pochaživatъ. poêzžašь ty vъ dorožku vъ dalьnuju *ryb. 2. 211. 324.*

Zweite gruppe.

pis.

α. *Inf.-stamm* pisa. *Inf.* pisa-tь. *Partic. praet. act. I.* pisa-v-ъ. *II.* pisa-lъ. *Partic. praet. pass.* pisa-nъ.

β. *Praes.-stamm* pisi-e.

Praes.	*1.*	piš-u	piše-mъ
	2.	piše-šь	piše-te
	3.	piše-tъ	piš-utъ.
Impt.	2.	piši	piši-te.

Partic. praes. act. piš-a. *Pass.* piš-e-mъ.

Im praes. und im impt. gehen die oben angegebenen veränderungen vor sich: šlju, orju; prjaču, gložu; syplju, zoblju, dremlju; plaču, dvižu, brešu, išču; kažu, pljašu *von* sla, ora; prjata *usw. In den aus dem asl. entlehnten verben steht* šč *für* č, žd *für* ž: klevešču *von* kleveta, straždu *von* strada *Vostokovъ 94; zda hat* zižlu, *das aus dem asl. entlehnt ist;* ščipetъ *sach. 118. steht für* ščipletъ; zobetъ *sbor.-sev. 221. für* zobletъ. *Das partic. praes. pass. lautet* iskomъ, *analog* iskuči *stud.-vol. 163: ähnlich ist* plakuči *151.* kolo (kla), sla (sъla), sla (stla), boro, poro *haben im praes.* kolju, šlju, stelju, borju, porju. *Die partic. praet. pass. von* kolo, boro, poro *lauten* kolotъ, borotъ, porotъ; *doch* kolonьe *dialekt. (asl.* klanъ) *für* kolotьe. dviga *und* boro *sollen im partic. praes. pass. neben* dvižemъ *und* boremъ *auch* dvižimъ *und* borimъ *haben, allein diese letzteren formen gehören zu* dviži *und* bori *nach IV: vgl. das asl.* podvižiti *und* boriti. *Wenn das* i *des impt. zu* ь *abgeschwächt wird, so fällt das euphonische* l *aus:* sypь, *asl.* sypli: *vgl.* rubь, rubъ *für* rubl̥ь. *Manche verba können nach V. 1. und nach V. 2. gehen:* glotaju *und* gloču; žadaju *und* žaždu; blistaju *und* bliču; kapaju *und* kaplju; kolebaju *und* koleblju; chramaju *und* chramlju; imaju *und im höheren stile, also eigentlich asl.,* emlju; lokaju *und* loču; migaju *und* mižu; kolychaju *und* kolyšu; pleskaju *und* plešču *usw.* blista *hat nach Vostokovъ 94. neben* blistaju *auch* bleščū, *das jedoch nicht hieher gehört: mit sicherheit kann behauptet werden, dass die im lex.-acad. vorkommende zusammenstellung von* blestêtь *mit* bleščū, bleščešь, *und die von* bleščati *mit* bleščū, blestišь *unrichtig ist. Manche verba ziehen, wie erwähnt,* šč, žd *dem* č, ž *vor:* kleveta, ropta, skrežeta, trepeta; žada, strada — klevešču, ropšču, skrežešču; žaždu, straždu.

Dritte gruppe.

br.

α. *Inf.-stamm* bra. *Inf.* bra-tь. *Partic. praet. act. I.* bra-vъ. *II.* bra-lъ. *Partic. praet. pass.* bra-nъ.

β. *Praes.-stamm* ber-e.

Praes.	*1.*	ber-u	ber-e-mъ
	2.	ber-e-šь	ber-e-te
	3.	ber-e-tъ	ber-utъ.
Impt.	2.	ber-i	ber-i-te.

Partic. praes. act. ber-uči. *Pass.* (zov-o-mъ).

Žen *wird in den praesensformen durch* goni *nach IV. ersetzt:* gonju, gonišь, goni; gnatь, gnalъ, *im partic. praet. pass.* gnanъ *neben dem der volkssprache angehörigen* gnatъ. sten *bildet in der I. sg. praes. nach V. 2.* stenju, *daneben auch* stonu, *die übrigen personen lauten* stonešь, stonetъ; stonemъ, stonete, stonutъ, *asl. nur nach V. 2:* stenją, stenješi, stenjetь *usw. Die volkssprache zieht* lgešь, skešь, tkešь *der regelmässigen formen* lžešь, sčešь, tčešь *vor. Neben* branъ *besteht auch* bratъ.

Vierte gruppe.

sê.

α. *Inf.-stamm* sê-j-a. *Inf.* sê-j-a-tь. *Partic. praet. act. I.* sê-j-a-vъ. *II.* sê-j-a-lъ. *Partic. praet. pass.* sê-j-a-nъ.

β. *Praes.-stamm* sê-j-e.

Praes.	*1.*	sê-j-u	sê-e-mъ
	2.	sê-e-šь	sê-e-te
	3.	sê-e-tъ	sê-j-utъ.
Impt.	2.	sê-j	sê-j-te.

Partic. praes. act. sê-j-a. *Pass.* sê-e-mъ.

Dava *entlehnt sein praes. von* daja: daju; *die partic. praes. lauten* daja, daemъ *und in der volkssprache* davaja, davaemъ; *der impt.* davaj: daj *ist perfectiv; dialekt. ist* davaju, davaešь *usw.* znava, *nur mit praefixen gebräuchlich, hat im praes.* znajú *und* znavaju: poznajú, poznavaju, poznavaj; poznáju *gehört zu* poznatь; *das partic. praes. act. lautet* poznavaja, *doch liest man auch* doznajuči *skaz. 191. Auch* stava *kommt nur mit praefixen vor:* dostajú, dostavaj, dostavaja. *Man merke auch* skidajú, skidavatь; sozdajú, sozdavatь.

Sechste classe.

ova *(u-a)*-stämme.

kupova.

α. *Inf.-stamm* kup-ov-a. *Inf.* kup-ov-a-tь. *Partic. praet. act. I.* kup-ov-a-vъ. *II.* kup-ov-a-lъ. *Partic. praet. pass.* kup-ov-a-nъ.

β. *Praes.-stamm* kupu-j-e.

Praes.	*1.*	kupu-j-u	kupu-e-mъ
	2.	kupu-e-šь	kupu-e-te
	3.	kupu-e-tъ	kupu-j-utъ.
Impt.	2.	kupu-j	kupu-j-te.

Partic. praes. act. kupu-j-a. *Pass.* kupu-e-mъ.

Man beachte ispovêdyvaju *und* ispovêduju; propovêdyvaju *und* propovêduju; objazyvaju *und* objazuju; svjazyvaju *und* svjazuju; skazyvaju *und* skazuju; ukazyvaju *und* ukazuju *usw. Die formen auf* uju *sind dem höheren stile eigen, sind daher als aus dem asl. entlehnt anzusehen und mit inf. auf* ovatь *zusammenzustellen.* upova, *asl.* upъva, *das mit unrecht mit dem deutschen ,hoffen' identificiert wird (vgl. poln.* pwa, pwać), *und* zdorova *gehören zu V. 1: abweichend hat das poln.* gotować *im praes.* gotuję.

B) Conjugation ohne das praesenssuffix.

1. vêd.

Das verbum vêd *hat sich nur in einigen formen erhalten: selten sind die II, III. sg. praes.* vêsь, vêstь *und dialekt.* vêdu *neben dem inf.* vêsti *bus. 1. 194. Häufig liest man den zu einem adv. herabgesunkenen impt.* vêdь; *es kommen ferner vor:* svêduščij *und* vêdomъ; *dialekt.* vêdu *scio entspricht einem asl.* *vêdą.

2. dad.

Praes.	*1.* da-mъ	dad-i-mъ
	2. da-šь	dad-i-te
	3. das-tъ	dad-utъ.
Impt.	2. da-j	da-j-te

Dašь *ist aus der conjugation mit dem praesens-e*; dadimъ, dadite *aus dem impt. und* daj, dajte *von* daja *nach V. 4. entlehnt. Dialekt. findet man* dasi, prodasi *bus. 1. 194. Dalь, O narêčijachъ 17.* sozdatь *hat neben* soziždu *auch* sozdamъ, *obgleich es nicht mit* da, *sondern mit* dê *zusammenhängt.*

3. jad.

Praes.	*1.* ê-mъ	êd-i-mъ
	2. ê-šь	êd-i-te
	3. ês-tъ	êd-jatъ.
Impt.	2. êšь	êšь-te.

Partic. praes. act. êd-ja. *Pass.* êd-o-mъ.

Von êdimь, êdite *gilt das oben von* dadimъ, dadite *bemerkte.* êšь, êšьte *entsprechen asl.* jaždь, jaždьte, *richtig* jadite. *Dialekt.* êmъ, išь, istь; jadimъ, jadite, jadutь *und* poêsi *bus. 1. 194.*

4. jes.

Praes. 1.	(es-mь)	(es-my)
2.	(es-i)	(es-te)
3.	(es-tь)	s-utь.

Für asl. nêstъ *wird* nêtъ *aus* nêtu, *asl.* nê tu, nêtutь *gesprochen. Dialektisch ist* nê *für asl.* nê *aus* nêstъ. *Aruss. kömmt* esmja *vor bus. 1. 191.*

Anhang.

Umschriebene verbalformen.

1. Perfect. act. *Das perfect. act. besteht aus dem partic. praet. act. II; das verbum subst. wird stets ausgelassen; das subject muss notwendig ausgedrückt werden:* ja dvigalъ, ty dvigalъ, onъ dvigalъ *usw.* 2. Plusquamperfect. act. *Das plusquamperfect. act. wird nicht ausgedrückt durch die verbindung des* byvalo *oder* bylo *mit dem partic. praet. act. II. oder mit dem praes.:* byvalo čitalъ, byvalo čityvalъ, byvalo čitaju; pročelъ bylo, stalъ bylo govoritь, byvalo pročtu *Vostokovъ 204. 205: diese verbindungen bezeichnen zwar ein* dêjstvie davno proischodivšee *eine längst vergangene handlung, doch muss bezweifelt werden, ob irgend eine von ihnen dem wahren plusquamperfect. anderer sprachen entspricht. Vgl. seite 285.* 3. Fut. act. *Das fut. act. wird bezeichnet: a) durch das praes. der verba perfectiva:* povedu *ducam; b) durch die verbindung des inf. der verba imperfectiva: α) mit* budu: budu dvigatь; *β) mit dem praes. von* statь: stanu dvigatь; stradatь budu, ljubitь stanu *stud.-ol. 15: man vgl. das asl.* načьnemъ dêlati; *γ) mit dem praes. von* jatь, *asl.* jęti: imu dêlatь *agam,* imešь êstь *edes,* ne mu (*für* imu) pachatь. *Diese letzte art der bezeichnung des fut. ist dialektisch: man vgl. das asl.* glagolati imatь *und das klruss.; δ) mit dem praes. von* chotêtь: *alt* choče byti *erit.* 4. Fut. exactum. *Das fut. ex-*

actum fehlt der heutigen sprache. 5. Condit. act. *Der conditionalis act. besteht aus dem zur partikel* by *herabgesunkenen asl. aor.* bylъ *und dem partic. praet. act. II:* čitalъ by, esli by umêlъ; pročelъ by, da nêtъ vremeni. *Über* by este *siehe seite 87.* 6. Passivum. *Das passivum wird bezeichnet wie im asl.: a)* domъ stroitъ sja; *b)* byvaju chvalimъ; bytь posylaemu, bytь poslanu, da budetъ čitaemъ. *Ähnlich ist* stalъ osloboženъ *skaz. 75.*

VII. ČECHISCH.

ERSTER TEIL.

Lehre von der declination.

Erstes capitel.

Nominale declination.

A) Declination der substantiva usw.

Der sg. acc. der männlichen namen belebter wesen ist dem sg. gen. gleich: člověka *hominis, hominem,* ptáka *avis, avem; so auch* knížete *výb. I. 148. und* čbána: nesu čbána *228.* pusti čbána *229; slk. ist auch der pl. acc. der personen bezeichnenden subst. masc. dem pl. gen. gleich:* mužov *virorum, viros; ebenso liest man ačech. im cr.-vindob.* zavola kralóv. *In der älteren sprache gilt hinsichtlich des sg. acc. die asl. regel:* uvede Petr *Petrum.* Lubuša kóň *(equum)* pusti. cedjéce komár *(culicem)* a velblúd *(camelum)* sehltajiece. *Das slk. kennt den sg. acc.* muž *in:* ist' za muž *kol. I. 214. 216, wofür die neuere schriftsprache* za muže jiti *hat, ačech.:* a by za muž jměla *výb. I. 102.* za muž dal *301; dialekt. ist* sednút' na kůň *Dialekt. 18. Der dual. ist der heutigen schriftsprache begrifflich abhanden gekommen; die form lebt noch in* ruce, rukou, rukama; nohou, nohama; noze *besteht nicht mehr:* at' umyjem ruce, nohy *suš. 3.* umyjem si svoje nohy; *auch für* nohou *ist die pluralform* noh *und nach dobr. 183. in der schrift auch* nohami *für* nohama (plésaly rukama a chodily nohami *výb. I. 338) üblich. Die unorg. dat.* rukoum *und* nohoum, kolenoum *und* ramenoum *stützen sich auf die dualformen* rukou *und* nohou, kolenou *und* ramenou; *ebenso* dvoum, dvouch *auf* dvou; na rukouch, nohouch, prsouch, dvouch *Dialekt.* 12. *Dobrovský führt* 203. *an:* dva česká *und sogar* tři, čtyři česká: *die verbindung des dual. mit numeralia über* dva *hinaus findet sich auch in anderen sprachen, namentlich im serb., im klruss., im russ. Man bemerke* dvě leta, *asl.* dvê lêtê, *und* dvě sta *suš.* 118. *neben* dvě stě, *asl.* dvê sъtê. *Die volkssprache bezeichnet ohne unterschied des genus durch die dualformen auf* ama *und* ma *den pl. instr.:* vodama, horama; anjeličkama, potokama; dětma, mužma *suš.* morskýma, pannama 127. našima dětima 110. četyrma koňma vranýma 269; tenkýma prstama, dlouhýma ulicema, širokýma křídlama, tlustýma tělama *Dialekt.* 12. 17. 36; *ebenso* vama *suš.* 88. *Man beachte slk.* brúsenýma noži *suš.* 99. s drobnýma dítkami 140; *ähnlich sind* dvouma, obouma.

Das vor dem endconsonanten stehende e *wird, wenn das wort am ende wächst, ausgestossen: a) wenn es einem halbvocal* ъ *oder* ь *entspricht:* lež, *asl.* lъža, loket, *asl.* lakъtь, nehet, *asl.* nogъtь, ret, *asl.* rъtъ, sen, *asl.* sъnъ, církev, *asl.* crъkъvь; den, *asl.* dьnь, lev, *asl.* lьvъ, orel, *asl.* orьlъ, peň, *asl.* pьnь, ves, *asl.* vьsь, tkadlec, *asl.* tъkalьcь: lži *(im pl. instr. ehedem* lžmi, *jetzt* lžemi), lokte, nehte (*nun* nehtu), rtu, snu, cirkve; dne, lva, tkadlce; heb *hat* hbu; kel, klu: kep, kpu; krev, krve; leb, *alt* lbu; met, mtu; rež, rži; stred, strdu; *ferner* křest, křtu *und* křestu; lest, lsti; trest, třti *aus* trsti; čest, *asl.* čьstь, cti *aus* čsti: čest *für asl.* čęstь *hat* česti; *ebenso* stařec, starce; nájem *hat, wie andere ableitungen von* im, nájmu, *das neue* pojem, pojmu, *unrichtig* pojemu; *doch* objem, objemu; násyp (*richtiger* násep: *vgl. asl.* nasъpъ) *hat* náspu; bez, lep, mech *hatten ehemals* bzu, lpu, mchu, *jetzt* bezu, lepu, mechu; zed, zdi, *im pl. instr.* zdmi, *dialekt.* zděmi; test, *asl.* tьstь, čtě *für* tstě, *jetzt* testě; ber *hat* bru *und* beru; len, lnu *und* lenu; keř, kře *und* keře; rez, rzi *und* rezu: hřbet, *asl.* hrъbьtъ, *hat* hřbetu, veteš (*vgl. asl.* vetъhъ) veteše; meč, *asl.* mьčь, meče. *Aus gründen des wohllautes wird* e *zwar bewahrt, jedoch versetzt:* žnec, kozlec *neben* kozelec, pastvec, švec, jezvec: žence, kozelce, pastevce, ševce, jezevce; sčet *hat* sečtu; *b) wenn* e *euphonisch eingeschaltet ist:* oheň, *asl.* ognь; uhel, *asl.* ąglь; úhel, *asl.* ąglъ; vicher, *asl.* vihrъ; kozel, *asl.* kozlъ; báseň, *asl.* basnь: ohně, uhle, úhlu, vichru, kozla, básně; *c) selten wird* e *für asl.* e *ausgestossen:* pohřeb *hat* pohřebu *und* pohřbu: nářek *(das verbum* řek *schwächt* e *in gewissen fällen zu* ь) *lässt sich nicht vergleichen. Der grund der ausstossung des* e *liegt daher in der regel in dessen entstehung aus dem sich leicht verflüchtigenden halbvocal oder in älteren, das* e *entbehrenden formen: wer noch an dem nutzen zweifelt, welchen dem čech. sprachforscher das studium des asl. gewähren kann, lese was Dobrovský 194—197 und Tomíček 30—32 über das bewegliche* e *lehren.*

Im pl. gen. der fem. und neutr. werden zwei auslautende consonanten durch e *getrennt:* křidlo, sklo, jáhly, kra, hra, jatry, sestra, vědro, vodárna, panna, dno, královna, prkno, kvočna; karty, buchta; svadba, služba, barva, břitva; matka, hádka, dska, liška, važky *haben im pl. gen.* křídel, skel, ker *usw. Ehemals sprach man* hrdl, *wofür jetzt* hrdel. *Ungetrennt bleiben:* vd, žd, zd, st, čt: křivd, vražd, hvězd, cest, poct, počt, *so auch* modl, palm; *doch natürlich* set *von* sto. *Die vocale* l *und* r *werden bewahrt:* vln, mrv; *doch* slez *neben* slz *wýb. I. 151, wofür jetzt* slzí *nach III. 2,* jablek, drev *neben* drv. *Slovakisch gilt* dosok *für* desk *Dialekt. 71.*

Die zahlreichsten, selbst in den ältesten denkmälern fast zur regel gewordenen abweichungen der čech. formenlehre, die im ganzen mehr altertümliches bewährt hat als die irgend einer anderen slavischen sprache, von der asl. sind in den abweichenden lautgesetzen gegründet, denen gemäss nach den erweichten consonanten: 1) a *in* e*: 2)* u *in* i *und 3)* é *in* í *übergeht:* meče, *asl.* mьča; muži, *asl.* mąžu; mníti *für* mněti, *asl.* mьněti; *so entsteht* jíti *zunächst aus* jéti, *welchem* játi, *asl.* jęti, *zu grunde liegt; auch der pl. acc.* muže, *so wie der pl. nom.* duše *sind aus den allerdings nicht mehr nachweisbaren formen* muža, duša *hervorgegangen. Je älter die quelle, desto häufiger stehen nach den palatalen und nach den erweichten consonanten die ursprünglichen vocale* a, u, é; *es gibt jedoch kein denkmal, in dem die assimilation gar nicht einträte. Dialektisch hat sich der ältere zustand erhalten, am beharrlichsten hält das slk. die älteren vocale fest, minder consequent tun dies die mundarten Mährens. Von der im asl. notwendigen assimilation, wodurch* o *in* e *übergeht, finden sich in den älteren denkmälern zahlreiche beispiele:* klíčev, koláčev, tisiecv, pastýřev *usw.; im auslaut der neutra gilt auch jetzt die asl. regel:* pole, moje. *Nicht selten tritt* je, ě *an die stelle von* i: jehla (igla: *vgl. nsl.* jъgla), kněh *neben* knih (*asl.* kъnigъ) *usw. Anders zu deuten sind die pl. nom. auf* é, *wie* pohané *und die sg. gen. wie* krve, *asl.* pogane, krъve; leju *ist nicht, wie angenommen wird, mit dem asl.* liją, *sondern mit* lěją *zusammenzustellen.*

Die declination hat einfluss auf die länge des vocals: a) viele zweisilbige, concretes bezeichnende subst. fem., in denen dem a *nur ein consonant vorhergeht, kürzen im sg. instr. und im pl. gen., dat., loc. und instr. den vocal des thema:* brána, branou, bran, branám, branách, branami; trouba, trubou *usw.* žíla, žilou *usw.* díra, víra, míra: děrou, věrou, měrou; svíce *aus* svjéce, *asl.* svěšta, *hat im pl. gen.* svic, svěc; kníha, *asl.* kънiga, knih, kněh; *ehedem sprach man im sg. instr.* volí, koží, kulí, *von* vůle, kůže, koule; dvéře, sáně *kürzen auch jetzt* é *und* á *im pl. gen., dat., instr. und loc.; ebenso* léto; *b) bei einigen subst. ist die länge des vocals auf die einsilbigen formen beschränkt:* mráz, chléb, vítr: mrazu, chleba, větru *usw.* bůl, sůl: holi, soli *usw.* dým *besteht neben* dym; *die entlehnten bewahren die länge;* pan *hat im sg. voc.* pane: *steht es vor einem anderen subst., so ist* a *kurz:* pan měšťan; *doch* pán Bůh, pán Ježiš, pán Kristus; *bei wiederholungen hat das zweite* pán *kurzes* a: pánu panu Berkovi; *c) bei den subst. auf* men *n. sind die langen vocale nur den zweisilbigen formen eigen:* rámě, břímě: ramene, břemene *usw.; hieher gehört auch* kámen, kamene; *man merke* jméno, *asl.* imę, *wovon der pl. gen.* jmen; *d) einzelnes:* jádro, jader; peníz, *pl. gen.* peněz. *Die gutturalen* k, h, ch *gehen vor* e *für asl.* ѣ *in* č, ž, š *über:* sedlák, bůh, duch: sedláče, bože, duše; *vor* e *für asl.* ѣ *weichen sie den consonanten* c, z, š: vládyka, slouha, pastucha: vládyce, slouze, pastuše *für ein älteres* pastuse; *vor* e *für asl.* o, *richtig* ъ, *bleiben die gutturalen unverändert, was dialektisch auch im zweiten fall eintritt:* bok, bůh, lenoch: bokem, bohem, lenochem. *Vor* i *gehen* k, h *in* c, z *über:* pták, bůh: ptáci, bozi; ch *hingegen weicht dem* š: lenoch, lenoši, *wofür dialektisch* lenosi; š *für* s *gilt hier seit dem beginne des XIV. jahrh.*

Asl. prijatelь *entspricht* přítel, *in dessen erster silbe* i *dem* á *in jenen casus weicht, in denen dem* l *ein dumpfer vocal folgt, daher* přítel *im ganzen sg., ferners im dual. nom. voc. acc.* přítele *und im pl. nom. voc.* přátelé *und im pl. loc.* přátelích; *dagegen dual. dat.* přáteloma, *pl. gen.* přátel, *dat.* přátelům *usw., womit poln.* przyjaciol *usw. zu vergleichen. Falscher analogie zuzuschreiben sind die jetzigen formen* přátelé, přátelích.

I. ъ *(a)*-stämme.

1. Subst. stamm hlapъ.

nom.	chlap	chlapy	chlapi
voc.	chlape	chlapy	chlapi
acc.	chlapa	chlapy	chlapy

gen.	chlapa	chlapú	chlapů
dat.	chlapu	chlapoma	chlapům
instr.	chlapem	chlapoma	chlapy
loc.	chlapě	chlapú	chlapech.

2. *3. Subst. stamm* igračjъ.

nom.	hráč	hráča	hráči
voc.	hráči	hráča	hráči
acc.	hráče	hráča	hráče
gen.	hráče	hráčú	hráčů
dat.	hráči	hráčema	hráčům
instr.	hráčem	hráčema	hráči
loc.	hráči	hráčú	hráčích.

Dem ersten paradigma folgen jene subst., die im asl. nach rabъ *gehen; dem zweiten jene, die im asl. nach* konjъ *oder* kraj *usw. decliniert werden, daher* sekáč, muž, slepýš; kraj; zimostráz *als ob asl.* -straždь, vítěz, kněz, peníz: *asl.* kъnęzь, pênęzь, *ebenso* francouz; *die subst. auf* l *für asl.* lь: přítel *asl.* prijatelь, král *asl.* kralь, mol *asl.* molь; *auch die entlehnten subst. auf* l: titul, cíl, šindel; Abel, Danyel, Samuel *usw. Doch gehen nach* rabъ: anděl, konšel *usw. Unorganisch sind die sg. gen.* kotle, popele, tyle: *asl.* kotlъ, pepelъ, tylъ. *Wörter wie* soudce, panoše, rukojmě *beruhen auf* a-*stämmen;* soudce *ist nicht etwa asl.* sądьcь, *sondern* *sądьca *gegenüber zu stellen: vgl.* sêčьca, jadьca; panoše *hat in* junoša *ein seitenstück;* rukojmě *lautet pol.* rękojmia. *Nach* chlap *gehen auch die entlehnten subst. auf* c: kloc, palác, plac, cic, *die dialekt. dem paradigma* hráč *folgen; auch ačech. lesen wir* paláci *im sg. loc. und* paláce *im pl. acc. výb. I. 817. Nach* hráč *gehen auch die zur* ь-*declination gehörigen subst. wie* zeť, loket, test *usw. Die subst. auf* í *wie* září, pondělí, Jiří *usw. entsprechen den asl. auf* -juj, -ij: georъgij. *Sie haben in den vocalisch auslautenden casus* í: *sg. gen.* Jiří *aus* Jiřija; září *aus* zářija, zářije *výb. I. 439; dat.* Jiří *aus* Jiřiju; *instr.* Jiřím *aus* Jiřijem; *pl. dat.* pondělím *aus* pondělijem; *instr.* pondělími *aus* -ijimi; *loc.* pondělích *aus* -ijich. *Die hieher gehörigen eigennamen werden jedoch nur dann so decliniert, wenn ihnen das den casus genau bezeichnende* svatý *vorhergeht:* svatého Jiří; *sonst folgen sie der zusammengesetzten declination:* Jiřího; *auch* výběrčí, náhončí, krejčí *usw. folgen, obgleich sie den asl. subst. auf* -čij *gegenüberstehen, der zusammengesetzten declination:* výběrčího, výběrčímu, výběrčím *usw. Im sg. gen. teilt die regel den namen belebter wesen die endung* a, *den namen unbelebter wesen hingegen die im asl. auf die* ъ *(u)-stämme beschränkte endung* u *zu, welche im laufe der zeit jene immer mehr verdrängt hat:* chlapa, dubu. *Doch ist die endung* u *nur bei den subst., die dem paradigma* hlapъ *folgen, statthaft, daher* koše, kraje, pláště *für älteres* koša, kraja, plášťa; *dialekt. ist* plaču *und* žalu *suš. 282. Ausserdem tritt die alte endung* a, *die an häufiger gebräuchlichen subst. fester haftet, bei vielen lebloses bezeichnenden subst. ein, namentlich a) bei ortsnamen:* Kolína, Přerova, Říma, *doch* Mostu *Brüx,* Brodu, Břehu, Vyšehradu, Dubu, Písku, Javoru *neben* Kamena, Náchoda, Újezda, Tabora *usw.; b) bei den namen der monate und der auf* ek *auslautenden wochentage:* ledna, února; pondělka, *so auch* dneška, *von* leden, pondělek, dnešek; *doch* pátku *von* pátek; *slk. haben alle wochentage auf* ok *im sg. gen.* u: pondělku; *c) manche andere subst., die unter keine regel zu bringen:* večer, hřbitov, dobytek, žaludek, život, žužel, zákon, klášter, kostel, rybník, svět, sýr, chléb *usw.; ferners* ječmen, *das jedoch wie* kámen, kořen, pramen *auch* e *annimmt:* ječmene, kamene, kořene, pramene; kotel, popel, týl *haben* a *und* e: kotla, kotle. *Manche nehmen* a *und* u *an, jenes besonders nach praepositionen:* brav, dvůr, duch, hrom, hřib, žebřík, záhon *usw.; einige haben* u *oder* e korbel, úl, toul, chuchel; *ebenso* křemen, prsten, jesen. *Manche subst. nehmen nach verschiedenheit der bedeutung* a *oder* u *an:* doma *domi (seite 30) und* do domu; néseš mýho doma hodná *suš. 113;* ze sna *e somno und* snu *somnii;* ducha *spiritus und* duchu *halitus. Die ältere sprache lässt* a *auch bei anderen lebloses bezeichnenden subst. gelten:* vrcha, pracha, ščita. *Im sg. voc. bildet* e *die regel:* člověk, člověče; bůh, bože; r *wird nur bei einheimischen, belebte wesen bezeichnenden subst. erweicht, wenn demselben ein consonant vorhergeht:* bratr, bratře; *bei* kmotr, mistr *wird der fremde ursprung nicht mehr gefühlt, daher* kmotře, mistře; *so auch* Petře; výr, výre; houser, housere; vítr *hat* větre *und* větře; dar, dare. *Man beachte* Jan, Jene; pán, pane. *Die einheimischen subst. auf* c *haben* če: tvorec, tvorče; panic, paniče; strýc, strýče; *ähnlich* kněz, kněže. u *gewahren wir häufig nach gutturalen:* vrah, vrahu; hoch, hochu; *doch* člověk, člověče; bůh, bože *und* pacholče *neben* pacholku, duše *neben* duchu, lenoše *neben* lenochu *usw.;* syn *hat* synu. *In der älteren sprache ist* u *seltener als in der jüngeren. Der sg. loc. hat das organische* ě *a) in ortsnamen mit der praepos.* v: v Římě, v Krakově, v Londýně, v Brodě *neben* o Českém Brodu;

22

b) in den namen der festtage: po Havle *post festum S. Galli,* o svatém Janě *circa festum S. Ioannis,* o svatém Vojtěše *circa festum S. Adalberti: wird von der person gesprochen, so hat der loc.* u: o Jakubu *de Iacobo,* o svatém Janu *de S. Ioanne,* o svatém Vojtěchu *de S. Adalberto; c) in den unbelebtes bezeichnenden subst., die im sg. gen.* a *haben:* chléb, chlebě; svět *hat* na světě *und* o světu; *die monatsnamen haben* u: únoru; *d) in einigen concretes ausdrückenden subst. nach den praepos.* v *und* na: vůz, hrad, led, úřad *usw.:* sedí ve svém úřadě; mluví o svém úřadu; čas *hat nach der praepos.* po čase *und* času. *In den übrigen fällen tritt in der regel* u *ein, namentlich haben* u *a) die belebtes bezeichnenden subst.:* bůh, posel, člověk *usw.; b) die abstraktes ausdrückenden subst.:* blud, div, hněv *usw.;* život *hat* životu *vita und* životě *corpus;* díl *hat* dílu *und* na díle; *c) die guttural und die auf* r *auslautenden subst.:* na počátku, na břehu, v prachu; na voru; *doch findet man auch* e *neben* u: klobouk, oblak, potok, pivovár *usw.:* klobouce *und* klobouku *usw.; d) die subst. auf* t, d, n: štít, med, svícen; *einige haben* ě *und* u: kabát, led, džbán, klín *und die labial auslautenden:* dub, strom *usw. Die ältere sprache zieht bei den dem ersten paradigma folgenden subst. das organ.* ě *dem* u *vor, desto häufiger ist* u *im zweiten paradigma:* boju, Dunaju, spasitelu. *Dialektisch sind die loc.* vozi, lesi *suš. 145. 264. Der sg. instr. lautet auf* em, *slk. auf* om *aus:* chlapem, *das auf asl.* hlapъmь, *nicht* hlapomь *deutet. Das auslautende* ь *ist im asl. gesichert,* ú *jedoch kann im ačech. nur vermutet, nicht als tatsache nachgewiesen werden. Der dual. nom. hat* y *für asl.* a: drápy, zraky; *auch sonst hat die alte* u-*declination im čech. weiter um sich gegriffen; die subst. nach* hráč *haben jedoch nicht etwa ein dem* y *entsprechendes* i, *sondern* a *und daraus* e: hráča, hráče. *Das lange* u *im dual. gen. stützt sich auf* rukou, nohou. *Der pl. nom. auf* i, *ehemals allgemein, ist jetzt nur den belebtes bezeichnenden subst. eigen:* komár, komáři; rybář, rybáři; *die namen lebloser gegenstände nach* chlap *haben* y, *nach* hráč *hingegen* e, *indem* y *dem* y, e *dem* ę *des asl. pl. acc. gegenüber steht:* duby, meče, *asl.* dąby, mьčę. *Um diese verdrängung des pl. nom. durch den pl. acc. minder befremdend zu finden, erinnere man sich, dass im poln. bei allen sachen bezeichnenden subst. masc. der pl. acc. an die stelle des pl. nom. getreten ist; dass im russ. der pl. acc. durchgängig den nom. verdrängt hat, weswegen russ.* meči *nicht mit dem asl. nom.* mьči, *sondern mit dem asl. acc.* mьčę *zusammenzustellen. Die ältere sprache entzieht auch den lebloses bezeichnenden subst. das organ.* i *nicht:* větři, mraci, vrsi, túli; meči, kyji. *Slk. haben tiernamen* i, *wenn sie personificiert werden, ausser diesem falle* y: hadi, orli, chrti *und* hady, orly, chrty: vlk *jedoch hat stets* vlci; *auch in der volkssprache Böhmens hört man* psruhy, raky *für* pstruzi, raci, *und dagegen* kamenci: tam sou vyrostly kamenci *erb. 1. 17.* é, *wofür slk.* je, ja, *haben a) die subst. auf* ěnin, an *für asl.* janinъ: měšťan, měšťané, *so auch* hejtmané, *nicht aber die fremden* děkan, cikán, forman, *ebensowenig* beran, škřivan, *was natürlich; b) die durch* tel, *asl.* teljь, *gebildeten:* kazatel, kazatelé, přítel, *asl.* prijatelь, přátelé; *c) einige auf* l, d *auslautende:* andělé, apoštolé, konšelé, manželé *maritus et uxor, dagegen* manželové *mariti;* židé, sousedé; *nach* r *und den palatalen geht* é *in* í *über:* Bavoří, Uhří, muží, Vlaši, hoší, lenoši, zlodějí. *Dialektisch gelten* drozdi, ptácí, jeleni, chlapí, muži *neben* holubi, čápi *Dialekt. 22. Die endung* é *steht häufig, wie es scheint, für* jé *aus* ije, *sicher nicht für* ové, *und ist aus der* ь-*declination entlehnt: vgl. nsl.* kristjanje, Lakničanje *und* angelje, apoštolje, voleje *und* vacke. *Im älteren čech. findet man auch* Tateřjé, Uhřjé. křesťané, pražané, římané *hangen mit den asl. pl. nom. auf* e *zusammen. Slk. findet man* pánovja *Dialekt. 65.* pánovje *75.* kůň *hat* koni *und* koně, *welches letztere nicht als der dual. nom., sondern höchst wahrscheinlich wie im slk.* hady, *daher als pl. acc., zu deuten ist; auch* rodiče *pater et mater* (rodiči *und* rodičové *plures parentes*) *wandert als collectivum in das gebiet des leblosen, obgleich der unterschied nicht stets beobachtet wird: vgl. erb. 1. 31; 1. 73. und 1. 36; 1. 170. So ist auch* krále *könige im kartenspiele; festum trium regum zu fassen; befremdend ist* muže *wýb. 1. 824. Collective bedeutung haben die pl. nom. auf* a: hustý lesa, bora, horka, vrcha *usw. für* lesy, bory, horky *usw. Dialekt. 27. Im pl. gen. ist* ů *aus* ův, óv *hervorgegangen: ohne* ů *ist dieser casus im ačech häufig. im nčech. meist nach den numeralia gebräuchlich:* kámen (deset kamen vlny), oblak, přátel, peněz (bez peněz *sine pecunia, so auch* sto peněz *suš. 119),* loket (pět loket), střevíc (osm střevíc), tisíc (*im čech. masc., im asl. fem.* tysęšta: šest tisíc, *doch auch* tisícóv *wýb. 1. 447),* čas (do těch čas), šat (tři vozy šat *suš. 85); die patronymica auf* ovic *in verbindungen wie* mlynářovic Anička, Hájkovic Andulka *erb. 2. 68; 2. 167: vgl.* řeznikou chlapec *Dialekt. 13.* kořen *hat in gewissen fügungen den pl. gen. ohne* ů: z kořen vyvrátiti, *sonst* kořenů; *slk. hat nur* čas *diese kurze form:* do tých čás. *Die endung* í: groší *(in Mähren),* koní *ist aus der* ь-*declination entlehnt. Durch*

22*

den einfluss der pronominalen und zusammengesetzten declination erklären sich die dialektischen formen haduch, jelenuch, rakuch, mužuch, ušich, lidich, *und* vítreh, bratreh, putreh *für* hadů, jelenů, raků *usw.* větrů *usw. Dialekt. 13. So sind wohl auch die gen. auf* ách *zu deuten:* vojákách *und* suknách, slepicách *20. Im pl. dat. ist* koním *abweichend, es ist wol aus* koňém *entstanden. Dialektisch besteht* om: dubom, kovářom, čermákom *Dialekt. 17. 22. 27. Die organ. endung des pl. loc. ist* ěch, *deren vocal als lang anzunehmen, daher* *něch.* ich: chlapich, *so auch* mečich. ech, ъ *(a)-stämmen ursprünglich fremd, wenn es nicht der asl. endung* ъhъ, *wofür auch das eigentlich der* ъ *(u)-declination zukommende* ohъ *eintritt, gleichzustellen (vgl.* och *dialekt. und slk.:* bratoch, dlhoch, rokoch *Dialekt. 53. 56. 63. 72), tritt gerne nach* t, d, n *ein:* listech, údech, synech; *so auch bei den subst. auf* r, *wenn sie lebloses bezeichnen:* darech, svárech: pohanech, římanech *sind anders zu beurteilen;* sen *hat* snech *und* ve snách *in somnio; manche haben* ich *und* ech: zubich, zubech; časich, časech; *abstraktes bezeichnende sollen* ich *vorziehen:* nápadích: potokách, dluhách, hříchách *sind unorganisch für die weniger gebräuchlichen formen* potocich, dluzich, hříšich. *Merkwürdig ist der in urkunden des XI. bis XIII. jahrh. auftauchende pl. loc. auf* ás: Dolás, Lužás, Polás *für* Doläch, Lužäch, Poläch, *worin das ursprüngliche* s *wie in* tvýs *psalt.-wittemb. 64. 4. für* tvých *erhalten ist und* ách *für* aech *steht. Vgl. seite 15. 134. 208.* ami *für* y *oder* i *ist im pl. instr. unorganisch:* zubami, rohami *für* zuby, rohy. *Bei subst. auf* jъ *finden wir das aus der* ь*-declination stammende* mi: koňmi, mužmi *usw. Bei subst. wie* zet *ist diese endung organisch. Slk. besteht meist* ami, *doch ist* y *nicht unbekannt und tritt meist dann ein, wenn ein vollkommen kenntlicher pl. instr. dabei steht:* s pěknými chlapy *batt. 56; auch in Mähren ist die unorganische form häufig:* věncami, psami, synami *suš. 19. 21. 23, doch nicht in dem grade, als vorgegeben wird, wie die volkslieder dartun. Die schriftsprache lässt die unorganischen formen zu, um zweideutigkeiten zu vermeiden:* skřípěli zubami *(für* zuby) *dobr. 175;* šatmi *oder* šatami *(für* šaty) umetala cesty; přítel *hat* přátely *und* přáteli. *Vgl. das poln.*

Abweichungen von der regel finden bei folgenden subst. statt: a) bratr. *Dieses hat im pl. folgende von einem collectivum auf* ija *entlehnte declination, in welcher singular- und pluralformen gemengt sind, die daher zum teil unorganisch ist: nom.* bratři *aus* bratrija *acc.* bratři *aus* bratriją *gen.* bratři *aus* bratriję *dat.* bratřím *aus* *bratrijamъ *instr.* bratřími *aus* *bratrijami *loc.* bratřích *aus* *bratrijahъ; *man liest auch* bratři, bratrové; bratróv; bratróm *wýb. I. 86. 200. suš. 93;* bratři *für* bratřími (s jinú bratří *wýb. I. 350) ist asl.* bratriją, bratrijeją; *b)* kněz. *Von diesem gilt hinsichtlich der entstehung der abweichenden pluralformen dasselbe wie von* bratr: *pl. nom.* kněží *von einem vorauszusetzenden* *kъnęžija *acc.* kněží *gen.* kněží *dat.* kněžím *instr.* kněžími *loc.* kněžích; *abweichend und unorganisch ist der pl. gen.* kněžň *dat.* kněžům; *c)* kůň, *pl. nom. n.* koní *neben* koně *acc.* koně *gen.* koní *für ein asl.* koňij *dat.* koním *aus* koňém *inst.* koňmi *loc.* koních; *d)* peníz *hat neben dem regelmässigen pl. nom.* peníze *im gen.* peněz *dat.* penězům *instr.* penězi *loc.* penězích; *e)* přítel *hat im pl. nom.* přátelé, *alt* přítelé *acc.* přátely *gen.* přátel, přátelů *instr.* přátely *wie asl.* svętitely *und* přáteli *etwa wie asl.* čistitelí; *f)* člověk *ersetzt den pl. durch* lidé *nach der* ь*-declination; g)* tisíc *hat die abweichung, dass der sg. instr.* tisícem *nur alleinstehend vorkömmt; vor dem namen des gezählten gegenstandes steht* tisíci *für* tisícem: *dieses* tisíci *scheint der pl. instr. zu sein. Man bemerke den sg. gen.* Noele *und, nach dem lat. Noëmus,* Noema *von* Noe, *das auch als indeclinabel behandelt wird:* kromě Noe jediného *wýb. I. 1108.*

Hier ist eine anzahl von landes- und ortsnamen zu erwähnen, die dadurch, dass sie, als etwas lebloses bezeichnend, im pl. nom. und acc. die ausgänge der unbelebtes bezeichnenden substantiva y *und* e *annehmen, sich von den entsprechenden namen der bewohner unterscheiden. Orte und länder werden nämlich in mehreren sprachen durch den namen der bewohner derselben im pl. bezeichnet, und meist tritt zwischen beiden bedeutungen kein formeller unterschied ein: griech.* Φίλιπποι; *lat. Veji, Sabini; deutsch Sigmaringen von Sigmaring aus Sigumar; lit. Gudai Russland; Lenkai Polen; Prusai Preussen; Vengrai und Ungterai Ungern; Inflantai Liefland, pol.* Inflanty, *land und leute; nsl.* Lukavci, Noršinci, Cezanjevci; *serb.* Belosavci, Vladimirci, Ivanovci: *doch findet man* Brdjani, Vratari, Kolari *neben den fälschlich als nom. angesehenen acc.* Brdjane, Vratare, Kolare. *In einigen slav. sprachen jedoch werden die zwei bedeutungen durch besondere endungen auseinander gehalten, diess ist der fall: a) im pol.: man vergleiche* Włochy *Italia,* Węgry *Hungaria,* Niemce *Germania mit* Włosi *Itali,* Węgrzy *Hungari,* Niemcy *Germani; b) im oberserb.:* delany *Niederland und* delenjo *Niederländer; c) im čech.: man vergleiche* Uhry *Hungaria und* Uhři, Uhří *Hungari;* Vlachy *Italia und* Vlaši, Vlaší *Itali;* Němce (*unrichtig* Němci *jungm. aus* Veleslavín)

Germania und Němci *Germani.* Uhři *und* Uhry *verhalten sich daher zu einander wie* chlapi *und* duby, Němci *zu* Němce *wie* hráči *zu* meče. *Hieher gehören unter anderem* Bavory, Prusy, Rusy, Sasy, Srby, Turky, Francouze, Chrvaty, Šváby, Švédy, Španěly; *so sind auch* Břežany, Dolany, Korytany, Olšany, Plaňany, Pomořany *zu deuten und der name der stadt Dresden:* Drážďany: *ähnlich sind* Marky *Marchia Brandenburgensis und* Rakousy *Austria,* Rakušan *Austriacus; der gen. lautet* Uher, Vlach, Bavor, Němec, Marek, Rakous, Šváb, *verschieden von* Uhrů, Vlachů, Bavorů *usw.; der dat.* Uhrům, Vlachům, Bavorům, Rakousům; *der instr.* Uhry, Vlachy, Bavory, Rakousy; *der loc.* Uhřích *(dialekt. ist* Uhrách), Vlaších, Bavořích, Rakousích *usw., ačech.* Uhřěch, Bavořěch, Rakúsěch *výb. I. 68. So gehen auch die von personennamen abstammenden ortsnamen:* Kladruby, Bečváry, Včeláry, Všehrdy, Poděbrady, Štáhlavy; *gen.* Kladrub; *dat.* Kladrubům; *instr.* Kladruby; *loc.* Kladrubech. *So wird auch ein teil der im pl. gebräuchlichen ortsnamen auf* ice *decliniert; diese namen sind mit dem nslov. auf* či *und mit den serb. auf* ći *zusammenzustellen: der unterschied liegt in dem den namen lebloser dinge eigenen, dem nslov. und dem serb. fehlenden ausgange der čech. ortsnamen: der pl. nom. ist hier durch den pl. acc. ersetzt. Diese namen haben im gen.* ic, *im dat.* icům, *im instr.* ici *und im loc.* icích; *daneben findet man im pl. dat.* icím *aus* icém, icám: Hodslavicím *von dem eigennamen* Hodislav, Litoměřicím, *was weniger richtig ist. Nach dem oben gesagten sollte man von* Čechy *(Bohemia,* Češi *Bohemi)* Čech, Čechům *usw. erwarten, allein es wird so decliniert:* Čech, Čechám, Čechami *(unrichtig ist* Čechy *dobr. 179),* Čechách; *dasselbe gilt von* Čechy, *zweien ortsnamen in Mähren. Es geht daher* Čechy *wie* Babiny, Hory *usw. Die hier gegebene darstellung verdient vor jener ansicht den vorzug, die sich auf die scheinbare fem.-form des nom. und gen. stützt, und nach welcher* Uhry *ein pl. fem. ist dobr. 178. Vgl. meine abhandlung: Die bildung der ortsnamen aus personennamen. Denkschriften XIV. seite 1-5.*

Die silbe ov, *im laufe der zeit immer häufiger auftauchend, tritt ein a) im sg. dat. bei namen belebter wesen, die, wenn sie ohne adj. stehen, im nčech. nur die form auf* ovi *haben:* Petrovi, Tomášovi; k svatému Petru, k svatému Tomáši; *man beachte* pánovi *neben* pánu Bohu; bůh, duch, Kristus *haben nur* u: bohu, duchu, Kristu; *die masc. auf* a *haben ačech.* ě *und nčech.* ovi: starostě *und* starostovi; *die eigennamen auf* a *nur* ovi: Strakovi; *ebenso* pantátovi. *Ačech. findet sich auch* ostnovi *stimulo.* dolóv, dolů *und* domóv, domů *stehen für* dolovi, domovi: k domovi *výb. I.* 1064. pusti jej dolóv *anth.* 64. *slk.* domov choď *sbor.* 35. *Durch ausstossung des* v *entstehen die dialektischen formen* strejčkoj, bečvároj, otcoj, bratroj *Dialekt.* 20. 21. 25. 41; *b) sehr selten im sg. loc.; c) im pl. nom. bei den einsilbigen subst. und bei denen auf* ek: volové, lvové, synové: svědkové; *ebenso* dědicové, orlové, otcové, otčimové, papežové *usw.;* ové *lautet slk.* ovje, ovja. *Die masc. auf* a *haben* y *und* ové: starosty *und* starostové, pantáta *nur* pantátové; husita-husité, husitové *und* husiti. *Manche haben* i *oder* y, e *oder* ové: had, kat, pes *usw.* hadi, hadové; hřích, div, zázrak *usw.* meče, mečové; *d) im pl. gen. in der regel; e) selten und zwar nur ačech. im pl. dat.:* dědovóm *mscr. des XIV. jahrhunderts.*

II. o-stämme.

Stamm dělo.

nom.	dílo	díle	díla
acc.	dílo	díle	díla
gen.	díla	dílú	díl
dat.	dílu	díloma	dílům
instr.	dílem	díloma	díly
loc.	díle	dílú	dílích.

Stamm polje.

nom.	pole	poli	pole
acc.	pole	poli	pole
gen.	pole	polú	polí
dat.	poli	polema	polím
instr.	polem	polema	poli
loc.	poli	polú	polích.

Im ačech. endet der pl. dat. nach dem ersten paradigma auf óm; *vom pl. loc. gilt das, was seite 340 bemerkt worden. In dem zweiten paradigma besteht der sg. gen. und dat.* pola *und* polu *neben* pole *und* poli; *der pl. nom. lautet* pola *und* pole; *der pl. dat. hat* ém, *woraus nčech.* im: polém, polím; *der pl. loc. hat* ich *für asl.* ihъ, *doch* licech, plecech, polech. *Langes* e (zdravjé, pitjé, trnjé) *beruht auch hier auf zusammenziehung:* psanjé *aus* pьsanije: *vgl.* lidé *mit* ljudije. *Im sg. nom. hat das ačech.* psanjé, *im sg. gen.*

und dat. psanjá *und* psanjú *neben* psanjé *und* psani; *im pl. nom.* psanjá *und* psanjé, *im pl. dat.* psanjém, *im pl. instr. ist kein* psanjémi, *nur* psanimi *nachweisbar, und im pl. loc.* psanjéch. *Nčech. geht asl.* ije, ija, iju, ii, ij *in* i *über:* pьsanije, psani *(mittelglieder sind* psanije, psanjé); pьsanija, psani; pьsaniju, psani; pьsanij, psani; pьsanijemъ, psaním; pьsanii, psaními, *das ein älteres* psanjémi *voraussetzt;* pьsaniihъ, psanich. *Slk. gilt* nárečja, lúčenja *für čech.* nářečí, loučení *Dialekt. 71. Dialektisch besteht sg. gen. dat.* psaniho, psanimu; kameni, kameniho; hubli, hublího *Dialekt. 17. Vgl. seite 336. Der sg. loc. hat* ě: seně, létě, hnízdě, mléce; *daneben* u, *vornehmlich nach den gutturalen:* víku, jhu, uchu; oku, *wofür ehemals* oce; sto *hat* stu; *manche haben* ě *und* u: vesle, veslu; jezeře, jezeru; mase, masu; břiše, břichu; rouše, rouchu; vojště, vojsku; Lipště, Lipsku; *nach dobr. 189. ist* v koleně *in genu,* v kolenu *in generatione, doch sagt man auch* v pátém koleně: *im allgemeinen ziehen die abstractes bezeichnenden subst.* u *vor:* měšťanstvu. *Wenn im ačech. sg. loc. wie* mořu, sluncu, srdcu *vorkommen, so sind sie so zu erklären, wie* trojuci, tjusjúc *für* trojici, tisíc. *Der ausgang des dual. nom. ist* ě, *daher auch im nčech.* stě: dvě stě, *asl.* dvê sъtê; *im dual. gen. steht im auslaute* ú, *woraus im nčech.* ou: *dieser dual. gen. liegt dem pl. dat.* kolenoum, ramenoum *zu grunde. Der pl. gen. auf* i *entspricht dem asl.* ij: psaní, polí; lučišť, ohnišť, *doch auch* lučišti. *Im pl. instr. findet man* letmi *für* lety. *Im pl. loc. steht* ech *nach den dentalen und nach* l, n: letech, stádech; jídlech, kamnech; *manche haben* ech *und* ích: hrdlech, hrdlích; křídlech, křídlích; *dialektisch ist* och: vratoch *suš. 84. Nicht selten treten in dieser classe die endungen der dritten classe ein:* kolenama, ramenama; víčkám, kolám; křídlách, jezerách, *vorzüglich nach den gutturalen im pl. loc.:* jablkách, rouchách, *alt* roušech, *und fast ausschliesslich bei den subst. auf* eno: břemenách, kolenách, semenách; jméno *hat* jmenech *und* jmeních. *In anderen fällen tritt ein wechsel des genus ein: die fem.* hora, hrana, louka, muka, jikra *bilden den pl. nom. und acc. nach II. oder nach III. d. i. neutr. oder fem., die übrigen casus jedoch nur nach III:* hora (přes hora *suš. 36.*) *und* hory; hrana *und* hrany; luka *und* louky; muka (boži muka *ist nämlich das kreuz am wege, doch auch* trpiš muka *suš. 45. 46.* muka trpěti *75. neben* muky trpěti *ib.*) *und* muky; jikra *und* jikry; lýtko *bestand im sg. neben* lýtka, *daher auch im pl.* lýtka *und* lýtky; játro, *asl.* jętro, *neben* játra, *daher im pl.* játra *und* játry; *ebenso findet man* řebro *und* řebra. *Ein wechsel des genus tritt im nom. und acc. auch bei einigen masc. ein:* bor, bora *und* bory; vrch, vrcha *und* vrchy; hon, hona *und* hony; oblak, oblaka *und* oblaky. *Vgl. seite 339. Dasselbe finden wir auch in ortsnamen:* Horky *und* Horka, Hradčany *und* Hradčana, Studénky *und* Studénka. Prso *besteht im sg. neben* prs, *daher im pl.* prsa *und* prsy. Sto *hat im sg. gen.* sta, *dat. loc.* stu, *asl.* sъtu, sъtě: *der sg. instr.* stem *wird nur alleinstehend angewandt:* jedním stem, *sonst steht für* stem *entweder* sto *oder* sta; *vom dual. hat sich der nom. und acc.* stě *erhalten; der pl. lautet* sta, set, stům, sty, stech. *Unrichtig ist daher* se dvěma set *výb. I. 296; in* sto tisíc *bleibt* sto *unverändert. Slk. ist* sto *indeclinabel:* dvě sto, tri sto, pet sto *Dialekt. 63.*

III. a-stämme.

Stamm ryba.

nom.	ryba	rybě	ryby
voc.	rybo	rybě	ryby
acc.	rybu	rybě	ryby
gen.	ryby	rybú	ryb
dat.	rybě	rybama	rybám
instr.	rybou	rybama	rybami
loc.	rybě	rybú	rybách.

Stamm volja.

nom.	vůle	vóli	vůle
voc.	vůle	vóli	vůle
acc.	vůli	vóli	vůle
gen.	vůle	vólú	vůlí
dat.	vůli	vólama	vůlím
instr.	vůlí	vólama	vůlemi
loc.	vůli	vólú	vůlích.

Ačech. lautet der sg. instr. auf ú *aus:* rybú; *im zweiten paradigma haben sich häufig* a *und* u *für* e *und* i *und* á *für* é, í *erhalten. Wie aus dem asl. hervorgeht, ist auch im sg. gen. des zweiten paradigma* a *als der ursprüngliche ausgang anzunehmen:* volję, vóla, vóle. *Dem asl.* ladija, ladije, ladiją, ladiję, ladii, ladijeją *entspricht nčech. das eine* lodí: *die mittelglieder* lodjé, lodjú *usw. bilden die besonderheiten des ačech.; ebenso stehen im pl. dem asl.* ladiję, ladij, ladijamъ, ladijami, ladijahъ *entgegen nčech.* lodí, lodí, lodím, lodími, lodích: lodjé, lodjém, lodjemi, lodjéch *sind der älteren sprache eigen. Die subst. auf* za *und* sa *folgen im mährischen dialekte dem paradigma II, daher sg. gen.* koze, kose, *dat.* kozi, kosi *usw.: vgl. den pl. gen.* slzi. *Dem ersten paradigma folgen jene subst., in denen dem* a *ein harter consonant vorhergeht:* žena, zima, koza; *slk. auch* tato *für čech.* táta. *Die entlehnten subst. auf* a *gehen im pl. nach I:* levitům. levity, levitích; *die einheimischen wenigstens im dat.* Hroznatům, Procházkům, Strakům *dobr. 181. Nach dem zweiten paradigma gehen: a) jene subst., in denen dem* a, *wofür jetzt* e, *ein erweichter oder palataler consonant vorhergeht:* búřa, duša, naděja, *jetzt* bouře, duše, naděje, *daher auch die durch* ynja *(nom.* yně, *asl.* yni) *gebildeten subst.:* hospodyni *alt,* hospodyně; kněhyni, *wofür* kujéni, kníni; *ebenso* kuchyně; *hieher gehören auch die subst. auf* za, ze *für asl.* žda, *und die auf* ca, ce *für asl.* šta *oder* ca: nouza, píca, palica, *nun* nouze, píce, palice, *asl.* nažda, pišta, palica; soudce *und die andern mittelst* ce *abgeleiteten subst. wie:* vůdce, zhoubce, správce, zrádce; *ferners* rukojmě, hrabě, panoše *usw. wurden ehemals meist nach III. decliniert: sg. gen. voc.* soudce, rukojmě, *acc. dat. loc.* soudci, rukojmi, *instr.* soudcí, rukojmí, *pl. nom. acc.* soudce, rukojmě, *gen.* soudcí, rukojmí, *dat.* soudcím, rukojmím, *instr.* soudcemi, rukojměmi, *loc.* soudcích, rukojmích: *heutzutage entlehnen die bezeichneten subst. ihre casus von einem stamm nach I, nur kann der sg. voc. dem sg. nom. gleich sein, daher* správce *von* správce *und* kupče *von* kupec. *Der hie und da auftauchende sg. instr. auf* cim: soudcim, správcim *ist von einem thema auf* -ci *entlehnt; b) viele jetzt consonantisch auslautende subst., die in zwei classen gebracht werden können, da den einen* α) *auf* a *auslautende formen, die in anderen slavischen sprachen oder auch im čech. selbst vorkommen, zu grunde liegen, während bei den anderen* β) *solche formen in den zunächst verwandten sprachen nicht nachgewiesen werden können.* α) báně, báň; brně (*asl.* brъnija), brň; vrše (*pol.* wiersza), vrš; výše (*pol.* wysza), výš; věže, *asl.* věža, věž; houště (*russ.* gušča), houšť; hráze (*pol.* grodza, grodz, *serb.* gradja), hráz; díže (*pol.* dzieża), díž; děl (*nsl.* dalja, *pol.* dala, dal); dýně (*pol.* dynia), dýň; žéze (*asl.* žęžda), žíz: zbroje (*pol.* zbroja), zbroj; země (*asl.* zemlja *aus* zemija), zem; káně (*nsl.* kanja, *pol.* kania), káň; koudel (*nsl.* kôdelja, *pol.* kądziel); kratochvíle (*pol.* krotofila), kratochvíl; laně (*pol.* lania, lani), laň; meze (*asl.* mežda), mez; mříže (*asl.* mrěža), mříž; postele *ačech.* (*asl.* postelja, *pol.* pościel), postel; pouště (*pol.* puszcza), poušť; rohože (*pol.* rogoža, rogož), rohož; stráže (*asl.* straža, *pol.* straž), stráž; souše (*pol.* susza), souš; tvrze (*pol.* twierdza), tvrz; tiže (*nsl.* teža), tíž; tloušť (*asl.* tlъšta): *unorganisch sind bei diesen subst. die sg. gen. auf* i: tloušti, tvrzi, *asl.* -štę, -ždę; β) dlaň (*asl.* dlanь), *gen.* dlaně; zbraň, zbraně; kád', kádě; síň (*asl.* sěnь), síně; sít' (*asl.* sětь), sítě; jabloň, jabloně. *Bei diesen substantiven ist das* i *im sg. gen. organisch,* e *hingegen unorganisch:* síni, síti, *asl.* sěni, sěti. i *neben* e *haben im sg. gen.* braň, běl, hat' (*pol.* gać), daň, débř, žeň, zápřež, zděř, keř, lat', ocel, přítrž, rozkoš, tvář; *nur* e *haben im sg. gen* veteš, vlač, vrt' *(alt),* vývrat', výtoň, had', hřád', drůbež (*falsch* drůbeř) *und andere auf* ež: loupež, mládež; kázeň *und andere auf* eň: bázeň, lázeň (*pol.* łaźnia), žízeň *(alt),* vrateň, plzeň *(alt),* povodeň, přízeň, tíseň, báseň, píseň, stajeň, jeseň; klešť, kloň, koupel *und andere auf* el: prdel; labuť napeč, narut' (*pol.* nart *masc.*), obec, obruč *(das masc. und fem. ist),* okroč, okuj, úboč, páteř (*pol.* pacierz *masc.*) *usw.;* Boleslav, Vratislav *usw., die im laufe der zeit aus masc. fem. geworden sind* (*vgl. russ.* Perejaslavlь, *pol.* Wrocław' *für ein asl.* -slavlь) *haben* ě: Boleslavě, Vratislavě, *neben dem älteren* i: Boleslavi, Vratislavi. *Hieher gehören auch die pl.* housle, jesle, *asl.* gęsli, jasli; dvéře, *dialekt.* dvéři, sáně (*asl.* dvьri, sani, *pol. jedoch auch* sanie), nitě. dvéře, *alt auch* dřvi, *hat im gen.* dveři (*asl.* dvьrij), *alt* dřvi, *im dat.* dveřim *und* dveřům (*asl.* dvьremъ), *im instr.* dveřmi (*asl.* dvьrьmi) *und im loc.* dveřich (*asl.* dvьrehъ): *dialekt. sind nom.* dvéři *und* dvéřa *suš. 219. 22. 112, dat.* dvéřem *27. und instr.* dveřami, dveřama *1. 182. Der volkssprache eigen sind die sg. gen.* pece, půlnoce, mysle *für* peci, půlnoci, mysli. *Die ältere sprache bewahrt die sg. gen.* bázni, kúpeli, lázni, peleši, přjézni; *dagegen ist* rez *für asl.* rъžda (*slk.* hrdza) *in die V. classe übergegangen. Das slk. weicht wenig ab:* hat', hut', zápraž, labut', pomeč, sít' *kennen nur den gen. auf* i, *dafür finde ich bei bern. von* síň *nur den sg. gen.* síně *verzeichnet; neben* daň, kloň, okuj *kennt das slk. auch* daňa, kloňa, okuja. *Im allgemeinen scheint sich das slk. nicht jener freiheit im abwerfen des auslautenden* a *nach erweichten consonanten und nach palatalen zu erfreuen, die wir in der schriftsprache wahrnehmen:* veža, deža, mreža *gelten allein. Diese freiheit und die aus der lautlehre nicht erklärbaren sg. gen. auf* e *von wörtern wie* daň, débř, dlaň *gehören zu den eigenheiten des čech.* ija *wird durch die mittelstufe* jé *zu* i *zusammengezogen:* lodjé, lodi, *asl.* ladija; sudjé, sudí, *asl.* sǫdija; maceši, přadlí, pradlí, švadlí (*alt, nsl.* prelja, pralja, švelja), paní (*panija), rolí (*rolija) *und die entlehnten, in denen* i *fremdem* ia, io *gegenübersteht:* biblí, oraci; *ebenso* hrabě (hrabije, *pol.* hrabia): sudí *folgt jedoch dieser declination nur dann, wenn am vorhergehenden adj. der casus genau bezeichnet wird:* nejvyššího sudí, nejvyššímu sudí, *sonst wird es nach der zusammengesetzten declination flectiert:* sudího, sudímu (Teobaldovi, sudjému zemskému *výb. I. 446.*) *wie die männlichen eigennamen auf* í: *vgl. pol.* hrabia, hrabi *und* hrabiego: sędzia, sędzi *und* sędziego. *Diejenigen subst., welche* e *im sg. nom. abwerfen, können den auslautenden vocal auch im sg. acc. entbehren:* zemi *von* země *und* zem *von* zem; mříži *von* mříže *und* mříž *von* mříž; *dagegen nur* braň, daň, báseň. hrůzi *von* hrůza *(dobr. 182.) und der pl. der neueren* slze, slzí *(dobr. 183. 184.) von* slza, *womit die asl. subst. auf* za: pol̥za, stьza, jęza *verglichen werden können, sind nach dem zu beurteilen, was seite 316 über* koze, kozi *bemerkt worden. Der dem slk. mangelnde sg. voc. ist in Böhmen und in der schriftsprache manchmal dem sg. nom. gleich:* holka, kmotra; Anna *und* Anno, Anka *und* Anko. *Dialektisch sind die sg. instr. auf* um: pod tum lipkum *suš. 168.* za našum stodolum *207.* tum duuhum cestum. *Slk.* tum rukum *Dialekt. 56. 70. Subst. wie* vládyka, starosta, *haben im pl. nom.* ové: vládykové, starostové, *im pl. gen.* ů: vládyků, starostů, *obgleich nach čel. 151. die alten formen* vládyky, vládyk *nicht ungewöhnlich klingen. Im pl. nom. findet man im sinne von collectiven* hora: sněžný hora, luka, zahrada *für* hory, louky, zahrady *Dialekt. 27. 44. Im pl. gen. liebt die alte sprache die kürzere form:* báň, věž, duš, ovec, panoš; *auch heutzutage gilt* kuchyň, otrokyň; *ebenso bei den drei- und mehrsilbigen auf* ice: slepic; *auch* plice *hat* plíc, plic; svíce, svíc, svěc; ovce, ovec, ovcí; *die auf* le *haben meist* í, *doch* košil; míl, mil: kratochvíl *gilt neben* kratochvílí; neděl *hebdomadum und* nedělí *dominicarum nach dobr. 186;* jeskyň *und* jeskyní. *Der pl. dat. lautet manchmal auf* em *aus:* dušem, pracem, ulicem, jeslem, *ebenso* hráběm; *im pl. loc.* ech: dušech, pracech, ulicech, jeslech. *Der pl. instr. hat zuweilen* mi *für* emi: svěcmi *für* svícemi, nedělmi *für* nedělemi, *was unorganisch ist: asl.* svěštami, nedêljami; *ebenso unorganisch ist* hrabí *für und neben* hraběmi. *Unorganisch sind endlich die pl. nom.* vánoce, velkonoce (*asl.* -nošti: *vgl.* dvéře *und asl.* dvьri), *die pl. dat.* vánocům, velkonocům (*asl.* -noštemъ), hromnicům, letnicům *und der pl. instr.* vánoci, velkonoci (*asl.* -noštьmi).

Die nominale declination der adjectiva hat sich im čech. in zahlreichen fällen erhalten. Der sg. voc. masc. auf e kommt ačech. entweder alleinstehend und vor dem subst. vor: přesilne, o milostive bože. Der syntaktische unterschied zwischen nominaler und zusammengesetzter declination, wie er im asl. festgehalten wird, ist im gen. dat. und loc. schon dem ačech. abhanden gekommen, es wird daher in den genannten casus nach willkür die eine oder die andere form angewandt: so z. b. könnte bei dalem. statt bjéda mně nebohu ebenso gut stehen bjéda mně nebohému; dagegen sollte man in tak zbitú ze žaláře uvedúc wýb. I. 296. zbitu erwarten. Es ist ferner zu bemerken, dass die durch óv, in und ь gebildeten adj. possess.: abrahamóv, neklanin, komorníč, so wie die durch er abgeleiteten numeralia: sedmer an der nominalen declination länger festhalten, als die andern adj., dass daher das, was von den bezeichneten wörtern gilt, nicht notwendig auch von čist gelten muss: wer daher den nominalen sg. instr. abrahamovem nachweiset, hat damit noch nicht den sg. instr. čistem belegt. Aus diesem grunde ist der sg. instr., der dual. gen. und loc., dat. und instr., der pl. gen. dat. loc. und der nur durch das einzige nevinny (šaf. §. 51.) belegte pl. instr. als in der nominalen form der adj. wie čist nicht belegbar in einem paradigma nicht aufzuführen. Die meisten der unbelegbaren nominalen formen der adj. lauten consonantisch aus; von den vocalisch auslautenden kann der sg. instr. fem. in nominaler form von demselben casus in zusammengesetzter declination nicht verschieden sein: čistú aus čistają und aus čistoją; der dual. gen. loc. ist auch sonst selten. Zu den nominalen formen von čist treten folgende für die adj. possess. nachweisbare hinzu: sg. instr. masc. und neutr.: abrahamovem; pl. gen. abrahamóv. Von den durch ь abgeleiteten adj., die keine adj. possess. sind, können nur wenig nominale formen nachgewiesen werden: sg. nom. masc. pěš, ruč; fem. pěše, asl. pěša; loc. fem. cuzi asl. štuždej (vgl. šaf. §. 54); es wird erlaubt sein von diesen adj. jene nominalen formen anzunehmen, die von adjectiven wie čist nachgewiesen werden können. Die adj. possess. auf ь, wie komorníč, páň dürften auch im sg. instr. und im pl. gen. der nominalen declination folgen. Wie die durch ь gebildeten adj., gehen mit einigen ausnahmen auch die partic. praes. act. und die partic. praet. act. I. a) partic. praes. act.: sg. nom. chodě, chodě, chodjéci (asl. hodę, hodę, hodęšti) acc. chodjéc, chodjéce, chodjéce (asl. hodęštь, chodęšte, hodęštą) gen. chodjéce (asl. hodęšta, hodęšta, hodęštę) dat. chodjéci (asl. hodęštu, hodęštu, hodęšti); loc. nur durch einen fall belegt, und zwar für das fem.:

chodjéci (*asl.* hodęšti) *s. §. 56*; *dual. nom. acc.* chodjéce, chodjéci (*asl.* hodęšta, hodęšti, hodęšti); *pl. nom.* chodjéce (*asl.* hodęšte, hodęšta, hodęštę). *Der sg. acc. masc.* chodjéc *wird häufig durch den sg. gen. ersetzt:* zaslyšal hlas s nebes řkúc (*asl.* rekąštь) *und* nalezli jeho sedjéce (*asl.* sêdęšta) *ev.-vind.*; viděl ducha svatého schodjéce (*asl.* sъhodęšta) *ib. für* sedjéc, schodjéc. *Im sg. acc. fem. liest man wol nur* ce *für ein organisches* cu, ci: tu je stojéce (*asl.* stoještą) nalezl; uzře svěsť jeho ležjéce (*asl.* ležęštą); ženu plačúce (*asl.* plačąštą) *výb. I. 1145. Die erklärung dieser abweichung ist nicht in der lautlehre, sondern in der verwechslung des acc. mit dem gen. zu suchen; b) partic. praet. act. I: sg. nom.:* chodiv, chodiv, chodívši, *seltener* chodivše *acc.* chodivše *gen.* chodivše *dat.* chodivši; *dual. nom. acc.* chodivše *für das masc.*; *pl. nom. acc.* chodivše: *im nom. für asl.* hodivъše, hodivъšę, *im acc. für asl.* hodivъšę. *Auch hier findet man den sg. acc. fem. auf* še *für* šu, ši: vida ji porodivše (*asl.* porodivъšą), a čistú děvkú ostavše (*asl.* ostavъšą). *Die nominalen formen der comparative, wie sie das asl. bietet, werden vollständig wol kaum nachgewiesen werden können. Man findet den sg. nom. masc.* méni *für asl.* mьňij, *neutr.* méně *für asl.* mьnje: *den sg. loc. neutr.* večši: kto jest u male neprav, i u večši (*asl.* vęštьši) neprav jest *výb. 1065. Das fem. hat im sg. nom. langes* i, *das aus* é, eje *für* aja *entstanden:* novina lubši jest nežli věc jiná: *das lange* i *ist erst von den herausgebern bezeichnet worden, allein es scheint in der tat mit recht. Auch von den durch* ijъ *gebildeten adj. sind nur wenig nominale formen nachweisbar: sg. gen. masc.* božje. *Der sg. loc. fem.* veli *wird richtig* velí, *asl.* velii, *ebenso der sg. dat. fem.* boži *richtig* boží, *asl.* božii, *geschrieben, denn die ableitung geschieht in beiden fällen durch* ij, *und formen wie* velь, božь *existieren nicht: es kann daher auch weder von* velí *noch von* boží *bewiesen werden, dass es nominal sei.* velím *in* velím vjéce *dagegen ist wol dem asl.* velijemь, *nicht* veliimь *gleichzustellen: vgl.* mnohem více; *es ist jedoch nicht* velim, *sondern* velím *zu schreiben.*

Wie in den übrigen slavischen sprachen, so ist auch im čech. die nominale declination im laufe der zeit durch die zusammengesetzte mehr oder weniger verdrängt worden: so steht schon in der alex.: ach člověče, kak jsi křivý, kak jsi svéj hospodě lstivý *výb. I. 1091; ebenso* kde smy tě viděli lačného *ev.-vindob. Einst las man matth. 5. 36:* ne móžeš jednoho vlasa běla učiniti ani črna, *wofür in der kralicer bibel* ne můžeš jednoho vlasu učiniti bílého anebo černého, *asl.* ne možeši vlasa jedinogo bêla ili črъna sъtvoriti.

Die nominale declination der adj. possess. auf óv und in hat sich nčech. in den vocalisch auslautenden casus erhalten: sg. nom. králův, královo, králova *acc.* králův, královo, královu *gen.* králova, králova, královy *dat.* královu, královu, královč *loc.* královč; *pl. nom.* královi, králova, královy *acc.* královy, králova, královy. *Auch der sg. instr. fem.* královou *darf demnach als nominal angesehen werden; unrichtig ist der sg. loc. masc. und neutr. auf* u: v děkanovu domu *neben* v dvoře biskupovč *pulk. im výb. I. 465. 468. Die consonantisch auslautenden casus sind zusammengesetzt: sg. instr. masc. neutr. und pl. dat.* královým *pl. gen. loc.* královýeh *usw. Doch auch im pl. dat.* k Budinovům, k Strakovům *zu der familie* Budina, Straka *dobr. 200.* zahradnikovům, sladkovům *čel. 116. Das adj. possess.* Páně *ist indeclinabel, daher nicht nur* dobrota Páně, slovo Páně, do chrámu Páně, léta Páně, *sondern auch* chrám Páně *für* chrám Páň *usw. In der volkssprache ist die nominale declination der adj. possess. auf jenes gebiet beschränkt, das sie bei anderen adj. einnimmt: man sagt wol* králův, *aber nicht mehr im sg. gen. masc.* králova, *sondern* královélo; *desgleichen spricht man* králova, *aber nicht im sg. gen. fem.* královy, *sondern* královė *usw. Die übrigen adj., so wie die partic. praet. pass. haben nominale formen in der regel nur im sg. und pl. nom. und acc.: sg. nom.* zdráv, zdrávo, zdráva *acc.* zdráv, zdrávo, zdrávu; *pl. nom.* zdrávi, zdráva, zdrávy *acc.* zdrávy, zdráva, zdrávy. *Dasselbe gilt vom ačech. dual. nom.:* zdráva, zdrávě, zdrávě: ten šturm sta ješče vjéce nežli plna (*nicht* plná) dva měsjéce *výb. I. 1081.* ruce vaši krve plně (*nicht* plněj) jsta *výb. I. 334: im výb. I. 1151. ist daher unrichtig* kolenč jako kost byle ztvrdělé, opuchlé i oteklé *für* -le, *asl.* -lê: *vgl.* svetjé ruce bílé tak sje byle zsidale *1152. Der sg. acc. masc. wie* zdráv *weicht meist dem gen.:* aby spasen učinil svět; řeč tvá známa tebe čini. *Auch die nominale form des sg. nom. masc. ist vielen adj. abhanden gekommen, so schrieb man ehemals* chud: ne bude chud nikdá *výb. I. 258.* byl velmi chud *háj., wofür jetzt* chudý. *Landesnamen wie* Polska *wurden einst nominal decliniert:* Polsky, Polště *usw. Dasselbe gilt noch jetzt von den aus adj. possess. entstandenen ortsnamen:* za Benešovem *erb.* 2. *30. Man bemerke auch* na Horách Kutnách. *Jedes adj. kann als praedicat eines dat. mit dem inf.* býti *die nominale form des sg. dat. masc. annehmen:* kaž zloději navrátiti a z svého kaž ščedru býti *výb. I. 253,* veselu býti, odsouzenu býti: *doch hat man bei diesem sg. dat. masc. das gefühl seiner wahren natur so sehr verloren, dass derselbe auch mit dem pl. und mit dem sg. fem. verbunden werden kann:* nečistým kaž čistu býti *výb. I. 253,* ot nich vám jest pobitu býti *96.* lépe by vám bylo ctně zbitu býti *97. (Vgl. pol.* bo mu nieprzyjacielem równo wszyscy byli *koch. 3. 40.)* kteréž straně se dostane přemoženu býti. *Indessen ist die nominale form in diesem falle nicht die allein zulässige:* není dobře člověku býti samotnému; dopustíte li jim (ženám) rovným býti mužům. *Die durch er gebildeten numeralia sind eines nominalen sg. nom. und acc. fähig und lauten im pl. nom. und acc. ohne unterschied des genus auf* y *aus:* čtvery stavové, patery knihy, šestery řemesla: *dass diese eigentümlichkeit dialektisch sei, diess anzunehmen scheint das russ. zu verbieten. Bei den neueren liest man auch* sedmeří kurfirštové, šesteré knihy: *die übrigen casus des pl. sind zusammengesetzt:* paterých, paterým, paterými; čtver *hat* čtvermi *für* čtverými. *Im sg. findet man im gen.* z čtvera rodu, dvanáctera pokolení, *im dat.* devateru pokolení, *im loc.* v tom pateru příčin *und* v té pateře příčině *čel. 221, im instr. jedoch* s patero pacholaty. *Im ačech. ist auch der sg. dat. fem.* (čtveře věci *výb. I. 302.* pateře věci *štít.) und der sg. instr. neutr.* (před čtverem aneb paterem osob) *nachgewiesen, und der pl. nom. neutr. lautet auf* a *aus:* šestera křídla. *Man beachte* z těch patera lidí, na tomto pateru lidu *šaf. §. 51.* veškeren *hat im sg. nom. und acc. nominale, sonst zusammengesetzte formen:* veškeren, veškero, veškera *usw.: neuere bilden nicht selten auch diese casus nach der zusammengesetzten declination. Die numeralia ordinalia von* čtvrtý *an haben in verbindungen mit* půl *einen nominalen sg. gen. und dat.:* za půl čtvrta groše, po půl šestu tolaru: *der instr. masc. und neutr. wird durch den gen. ersetzt;* půl vtera *und* půl třeta *sind ačech., letzteres lebt noch im slk. fort:* pól treťa. *Man merke* pól druhého *výb. I. 481.* o půl druhém létě *erb. 1. 1. Die ačech. verbindungen* sám sedm *výb. I. 87.* sám desát, sama desáta *99. lauten im sg. gen.* samého sedmého; samé druhé *výb. I. 473, im dat.* samému sedmému *usw.: heutzutage sagt man* sama devátá *suš. 127. für* sama deváta. mnoho *und die durch* liko *aus pronomina gebildeten wörter wie* kolik, tolik *statt* koliko, toliko *haben einen vor substantiven auch den dat., instr. und loc. ersetzenden nominalen sg. gen.:* dávajte málo ze mnoha *výb. I. 258.* málo jich přemoženo by od mnoha *I. 429.* od mnoha let, z lidu mnoha, mnoha hoden, od mnoha lidí *und* před mnoha lety, s tak mnoha lidem; na mnoha místech, po mnoha letech; s kolika dušemi, *doch auch* s mnoho lidmi *výb. I. 449. neben* s mnohem lidí *455.*

ve mnoze zemjéch *188.* ve mnoze lidu, na mnoze, v mnozi *für* v mnoze *150. und* po koliku kopách *in der volkssprache,* po několiku měsících *háj.* od několiku let *ib.* s několiky sty koňmi *ib.; in der älteren sprache liest man den sg. instr.* kolikem, tolikem; *den sg. loc.* několice (po několice časjéch *výb. I. 268*). Málo *wird vor substantiven nicht decliniert:* po málo hodinách; *alleinstehend folgt es der nominalen declination:* mála (bez mála, kdo si mála ne važí), málu (nerovný boj jest málu proti mnohu *výb. I. 429*), málem (málem dále; moha jho málem živiti 237. málem spokojen, před našim málem), na mále; *doch auch* k malu prachu, s málem lidí, s málem luda *143. 166. 1094.* málem rybiček, s svým málem tovaryšek *und sogar* promluvenim dosti málem *(im reime)* s sobu lud z města vylúdi *1079. Einzelne casus der nominalen form von adj. findet man in adverbialen redensarten: a) sg. gen.:* do zajista, do naha, do cela, do čista; z blízka, z volna, z vysoka, z hluboka, z hola, z husta, z daleka, z dlouhu, z křiva, z krotka, z náhla, z nenáhla, z nova, z úplna, z prosta, z příma, z rovna, z rychla, z řídka, z temna, z tenka, z ticha, z těžka, z cela, z jasna; za živa, za starodávna; od malička, od malounka, od starodávna; s prva; *b) sg. dat.:* po lehku, po lehoučku, po málu, po z nenáhlu, po různu, po suchu, po vlasku, po česku; *c) sg. loc.:* v náhle, v nově, v plně, v cele; na hotově, na dlouze, na krátce; po hotově. *Hieher sind streng genommen die adv. zu rechnen, die mit dem sg. acc., loc. und mit dem pl. instr. zusammenfallen:* málo, mnoho, často; dobře, draze, slabě; bratrsky, hezky, turecky, *durch die kürze des* y *von den sg. nominativen* bratrský, hezký, turecký *unterschieden (asl.* -ky *und* -kyj). novu *in* z novu *hängt nach dobr. 149. mit* nov, nova *hingegen mit* novo *zusammen, was nicht richtig ist, da ein sg. gen. auf* u *von einem adj. nicht nachweisbar: mir ist die entstehung des* novu *dunkel. Vgl. seite 130. Man merke auch das nur im sg. gebräuchliche* velika noc *neben* veliká noc, veliku noc *neben* velikú noc; veliky noci *neben* veliké noci; po velice noci *výb. I. 436. und* na bíle dni.

IV. ъ *(u)*-stämme.

Die ъ *(u)-stämme folgen der declination der* ъ *(a)-stämme. Spuren der alten declination finden sich im sg. gen. auf* u, *im sg. dat. und loc. auf* u *und in der in mehreren casus eintretenden endung* ov.

V. i-stämme.

1. masc.

nom.	host'	hosti	hostjé
voc.	hosti	hosti	hostjé
acc.	host'	hosti	hosti
gen.	hosti	hostjú	hosti
dat.	hosti	host'ma	hostem
instr.	hostem	host'ma	host'mi
loc.	hosti	hostjú	hostech.

So geht host' *im ačech., dem nachstehende subst. folgen:* zet', kmet', krapet', loket', test', chot' (takého choti *výb. I. 289*), hospod', lud *(im pl.)*, črv (z těla toho bezbožníka črvije byli *jungm.). Nach šaf. §. 35. gehen so auch* vepř, kóň, (komoň), koráb *(masc. und fem.)*, mol *und* prs: *es darf jedoch bezweifelt werden, ob diese fünf subst. mit recht zu dieser declination gerechnet werden, im asl. ist dies entschieden nicht der fall. Auch von* črt *lautet der pl. nom.* čertie, *d. i.* čertjé *výb. I. 193. 194. 373. 378. 835, wofür nicht selten auch bei neueren* črti: *vgl. russ. Im sg. nom. hat sich einigemal* i *erhalten:* hosti. *Im sg. gen. findet man* ě *und* e: kmetě *výb. I. 249.* lokte: e *in* lokte *dürfte einem consonantischen stamm angehören. Unrichtig ist dieses* ě *mit dem skr.* ê *in verbindung gebracht worden. Im pl. nom. steht machmal* é *für* jé: kmetjé, kmeté. *Man bemerke den pl. gen.* loket *und den pl. instr.* kmety. *Die neuere sprache bewahrt einige überreste dieser declination: sg. gen.* testi, choti *suš. 57. 68. neben* zetě, kmetě, testě *und* kmete, krapte, lokte; *sg. dat.* krapti, lokti, testi. host *hat neben der declination I. 1. auch folgende: sg. gen. acc. dat. voc.* hosti; *pl. nom.* hosté, *gen.* hosti, *dat.* hostem, *instr.* hostmi, *loc.* hostech; *im sg. gen. acc. und im pl. acc. findet man auch* hoste. *Man bemerke, dass* zvěř, pečet, pout *výb. I. 251. ehedem masc. waren, dass sie jedoch jetzt fem. sind, doch* ten pout *wallfahrt im östlichen Böhmen; auch* žalud, *in der schriftsprache masc., ist im slk. fem.* lid *hat im pl. nom.* lidé *(dial.* lidi *erb. 2. 60); slk.* ludja, ludje *und* ludé *Dialekt. 65. 71. gen.* lidi, *dat.* lidem *(dial.* lidům *suš. 32. 125. 280.* lidom *Dialekt. 17), instr.* lidmi, *loc.* lidech. holub, jestřáb, nedvěd *und das slk.* tat *sind zu I. 1. übergegangen; so auch* zet, zeta *erb. 2. 102. Das lange* e *des pl. nom. beruht auf zusammenziehung:* jé, é *aus* ije *asl.* ije: *vgl.* psani *aus* pьsanije. *Dialektisch wird der pl. nom.* holubji *vom acc.* holubi *geschieden Dialekt. 19: asl.* goląbije *und* goląbi.

Třjé *und* čtyřjé *scheiden nach šaf. §. 66. im ačech. nicht masc. vom fem. und neutr., wie das asl. tut:* trije, četyrije; tri, četyri, *was um so mehr befremdet, als nach dobr. 204. selbst dem nčech. zwischen* tří, čtyří *und* tři, čtyři *ein unterschied nicht unbekannt ist:* čtyří tisicové *und* čtyři tisíce, tří, čtyří mužové: *vgl.* všeci stromové *und* všecky stromy. *Unorganisch ist das dem fem. und neutr. eigene* čtyry. *Ačech. ist die declination von* třjé, čtyřjé *folgende: acc.* tři, čtyři, *gen.* tří, čtyř *und* čtř, *dat.* třem, čtyřem, *instr.* třemi *und* třmi, čtyřmi, *loc.* třech, čtyřech. *Das nčech. weicht ab im nom.* tří, čtyří *und* tři, čtyři, *gen.* tří, čtyř *und durch eine verwechslung der nominalen mit der zusammengesetzten declination* třech, čtyřech, čtyrech, *dat.* třem, čtyřem *und* čtyrem, *instr.* třemi, čtyřmi *und* čtyrmi, *loc.* třech, čtyřech *und* čtyrech. *Dialektisch ist* tře *suš. 41. 167. 259.* štyřé *suš. 129.* štyry, *gen. loc.* troch, trich, štyroch, *dat.* trom, trim, štyrom, *instr.* tromi, trimi, štyrmi *und* třema, troma, štyrma. *Die slk. formen* traja, trá *und* štyrja, štyrá *werden von personen gebraucht hatt. 89.* trajá, štyrjá, *ebenso* dvajá chlapi *Dialekt. 73. Dialektisch werden die nom.* tří, štyří *vom acc.* tři, štyři *geschieden: ebenso* obá *und* oba *23.*

2. *fem.*

nom.	kost	kosti	kosti
voc.	kosti	kosti	kosti
acc.	kost	kosti	kosti
gen.	kosti	kostjú	kostí
dat.	kosti	kost'ma	kostem
instr.	kostí	kost'ma	kostmi
loc.	kosti	kostjú	kostech.

Ačech. hat sich, jedoch sehr selten, der sg. nom. auf i *erhalten:* lani, choti. *Der sg. instr. lautet auf* jú *aus; der sg. voc. verliert sein* i *in titulaturen:* vaše milost; *der pl. dat. hat nicht selten* im, *der pl. loc.* ich *nach III. 2:* všim, husím, myším, pidím; vších, husích, myších, pidích; smetem *und* smetím, smetech *und* smetích; *dialekt. ist der sg. nom.* smrti *suš. 10. 11. 15:* potkala ho smrti; nadešla ho smrti; ja sem smrti hospodina. *Dialektisch*

23*

ist der sg. instr. mastěj, pěstěj *neben* bolesti, *ebenso* radośćum *Dialekt. 25. 56.*

Wie kost *gehen im čech.* pět', šest', sedm, osm, devět', desjet': *gen. dat. loc.* pěti, *instr.* pětí *aus* pětjú. desjet *hat wie im asl. auch den dual. und pl.: dual. nom. acc.* desjeti *und* desjete, *gen. loc.* desjetú (*alt* desatú, *woraus* deátú: po dvú deátú *dalem.*), *dat. instr.* desjetma; *pl. nom.* desjete *und* desjeti, *gen.* desjet (*alt* desát, *woraus* deát: do dvu deát), *dat.* desjetem, *instr.* desjety (*alt* desaty), *loc.* desjetech. *Diese formen werden mit* dva *und mit* tři, čtyři *verbunden.* mecitma *ist* mezi desjetma: devět mezi desjetma *novem inter duas decades, i. e. viginti novem. asl.* meždu desętъma. *Nach* pět' *und den folgenden zahlen steht* deát *aus* desát: jeden z sedmi deát učeníkóv. *Gegen die strengeren forderungen der syntax verstossen verbindungen wie* po čtyřech deát let, *asl.* po četyrehъ desętehъ lětъ; v třech deát letech, *asl.* vъ trehъ desętehъ lětъ. *Dem asl.* desęte *in* jedinъ na desęte, dva na desęte *usw. entspricht* dste, dete *usw., gewöhnlicher* et (jedenácte, jedenáct) *für* desjete: dvěma na dete apostolóm, *asl.* dvêma na desęte apostoloma; *selten ist* deeti: dvěma na deeti učedlníkóm, *asl.* dvêma na desęte učenikoma. *Man beachte* pátého na dete, *asl.* pętaago na desęte, v devátých na-st knihách, *asl.* vъ devętyihъ na desęte kъnigahъ; *nicht notwendig ist* čtvrté na deté *wýb. I. 1157. für* čtvrté na dete, *asl.* četvrъtoje na desęte *zu schreiben, obgleich allerdings auch* druhý na detý, čtvrtý na detý *vorkömmt. Das nčech. ersetzt den instr. durch den gen.:* před osmi lety. *Vor* i *geht* ě, *asl.* ę, *von* devět *und* deset *in* i *über:* deviti, desiti, *was bei* dvadcet, tridcet *unterlassen werden kann:* dvadciti, dvadceti. dvanáct *wird unorganisch wie* pět *decliniert:* od dvanácti let, ke dvanácti letům, ve dvanácti letech, před dvanácti lety. jedenmecitma, dvamecitma *usw. sind indeclinabel. Wenn* dvadcet, třidcet *und* čtyřidcet *am schlusse ein* i *erhalten, so ist diess organisch: asl.* dva, tri, četyri desęti; *wenn jedoch dem* desát *in* padesát, šedesát *usw. ein* e *angefügt wird, so ist diess unorganisch: asl.* pętь, šestь desętъ *usw. In der verbindung* všicknu deset' *wýb. I. 378. tritt wie im asl.* dvê šesti *und im pol.* drugą dziesięć *die eigenschaft des* desętь *als eines subst. collectivum hervor. Im slk. lautet der nom.* pet' *und, nach art der adj., vor personennamen* pjati, *gen. acc. loc.* pjatich, *dat.* pjatim, *instr.* pjatimi *hatt. 89. 155.*

VI. Consonantische stämme.

1. v-stämme.

nom.	církev	církvi	církve
voc.	církev	církvi	církve
acc.	církev	církvi	církve
gen.	církve	církvjú	církví
dat.	církvi	církvama	církvím
instr.	církví	církvama	církvemi
loc.	církvi	církvjú	církvích.

Hieher gehören bukev, konev, korouhev, kotev, mrkev, pánev, svekrev, stoudev, *wofür auch* bukva, konva, korouhva *usw. Ačech. lautet der sg. gen. auch* církvi *wýb. I. 193.* jatrvi *von* jatrev, *asl.* jętry; *der sg. voc.* církvi; *der pl. dat. instr. loc.* církvám, církvami, církvách: *die ältere sprache folgt in diesem casus, wie das asl., der classe III; der pl. acc. auf* e: korouhve, kotve, stoudve *ist als die älteste regel für pl. acc. und nom. anzusehen: daneben besteht der pl. acc. auf* i: korouhvi: e *ist hier nicht aus* i *entstanden.* krev *hatte im sg. gen.* krve *und* krvi, *wie im asl., nun hat es bloss jenes;* krve *ist dialektisch einsilbig Dialekt. 29.*

2. n-stämme.

a) masc.

nom.	kámen	kameni	kameny
voc.	kámen	kameni	kameny
acc.	kámen	kameni	kameny
gen.	kamene	kamenjú	kamenů
dat.	kameni	kamenema	kamenům
instr.	kamenem	kamenema	kameny
loc.	kameni	kamenjú	kamenech.

Hieher gehören einige subst. auf en, *namentlich auf* men: hřeben, kmen, kořen, křemen (nastavuji tvaři své jako škřemene *jungm.*), lupen, plamen, pramen, střemen, ječmen, *die jedoch gern in I. übergehen und im sg. gen.* a *oder* u *haben:* kořena, plamena; hřebenu, kmenu, křemenu, lupenu, *daher im sg. loc.* prameně *und* střemeně *neben* -meni *jungm. Man beachte den pl. gen.* kořen *und* kořán. *Andere subst. auf* en *haben den sg. gen. auf* e *gar nicht:* přezmen, prsten, řemen, jelen. *Unbelegt sind im ačech. der sg. voc., der dual. (mit ausnahme des nom.* kameni *jungm.) und der pl., denn da* den, *asl.* дьнь, *zwischen dieser und der* ь*-declination schwankt, so können formen von* kámen *nicht mit sicherheit darnach gebildet werden. Der pl. dürfte nach dem asl. so gelautet haben: nom. acc.* kamene, *gen.* kameni, *dat.* kamenem, *instr.* kameňmi, *loc.* kamenech.

Den *geht ačech. so: gen.* dne, *dat.* dni, dňu, *instr.* dnem, *loc.* dni, dne, *welches letztere nicht für* dni *steht, und* dnu *výb. I. 1078. dual.* dni, dnů, denma *und* dnoma *výb. I. 202. pl. nom.* dnjé, *asl.* дьније, *acc.* dni, *gen.* dní, *dat.* dnem, *instr.* denmi, *loc.* dnech; *daneben findet man pl. nom.* dnové, *gen.* dnóv; *jetzt lautet der pl.* dni, dnové; dni, dny; dní, dnů; dnům, dnim (*aus* dňům); dněmi; dnech; *man merke den sg. loc.* dne: ve dne *erb. 2. 23. Dial. sind sg. nom.* deň, *gen.* dně, *instr.* dněm. *In* týden *werden ačech. beide teile, der erstere,* tý *für asl.* тыј, *zusammengesetzt decliniert:* téhodne, témudni, týmdnem, témdni, *pl.* tídnové, tédny, týchdnů, týmdnům, týmidny, týchdnech. *Man findet auch unorganisch und fehlerhaft im sg. nom.* téhoden, *im sg. loc.* téhodni, *im pl. gen.* téhodnů; *sg. gen.* týdně, *dat. loc.* týdni, *instr.* týdněm; *pl. nom.* týdně *und* týdnové, *gen.* týdnů *und* týdňů, *dat.* týdnům *und instr.* týdni, *loc.* týdněch.

b) neutr.

nom.	břímě	břemeni	břemena
acc.	břímě	břemeni	břemena
gen.	břemene	břemenú	břemen
dat.	břemeni	břemenema	břemenům
instr.	břemenem	břemenema	břemeny
loc.	břemeni	břemenú	břemenech.

Hieher gehören výmě, jmě, písmě, plémě, rámě, símě, týmě. *Alle diese subst. nehmen bei den neueren* o *an:* břemeno *und gehen dann nach II:* břemena, břemenu *usw.* dýmě *macht eine ausnahme, es heisst nicht* dymeno. *Ačech. lautete der dual. nom. acc. wahrscheinlich* břemeni, *der dual. dat. instr.* břemenema, *der pl. dat.* břemenem; *im sg. gen. gilt* jméne *neben* jméni; *selten sind im sg. dat. und loc.* -eňu, -enu *für* eni: jméňu, jménu. *Der dual. nom.*

acc. jméně *ist nicht nothwendig auf* jméno *zurückzuführen, da auch das asl.* imeni *und* imenê *bietet.*

3. s-stämme.

nom.	nebe	nebesi	nebesa
acc.	nebe	nebesi	nebesa
gen.	nebe	nebesú	nebes
dat.	nebi	nebesema	nebesům
instr.	nebem	nebesema	nebesy
loc.	nebi	nebesú	nebesích.

Ačech. lautet der sg. nebe *(zurückzuführen auf ein ehemaliges, dialektisch im Troppauischen fortlebendes* nebjo, *slk.* něba *Dialekt. 70, womit man das pol.* niebie: *sg. gen.* niebia *und loc.* niebiu *malg. 102. 11; 102. 19. vergleiche),* nebese, nebesi, nebesem, nebesi; *der pl. dat.* nebesem, *loc.* nebesech, nebesjéch; *der dual. ist unbelegt. Diese declination ist schon im ačech. auf wenige stämme beschränkt. Das nčech. kennt* nebes *nur im pl.; wie* koleso *sind die der neueren schriftsprache eigenen* sloveso, těleso *gebildet.* oko *und* ucho *haben im ačech., im dual. nom. acc.* oči *(selten ist* oce *marc. 9. 40. in einem msc. aus dem XV. jahrh.),* uši *gen. loc.* očjú, ušjú, *dat. instr.* očima, ušima: *im nčech. treten für den dat. und loc. die pl.-formen* očím, ušim; očích, ušich *ein; der gen. lautet* očí, uší, *dialekt.* očjú, ušjú; *dialektisch ist auch* očma *erb. 2. 7. suš. 212.* ušma *Dialekt. 48:* oka, ucha *haben eine andere bedeutung.*

4. t-stämme.

nom.	hříbě	hříběti	hříbata
acc.	hříbě	hříběti	hříbata
gen.	hříběte	hříbatú	hříbat
dat.	hříběti	hříbatoma	hříbatům
instr.	hříbětem	hříbatoma	hříbaty
loc.	hříběti	hříbatú	hříbatech.

Hieher gehört eine grössere anzahl von subst., die lebende wesen bezeichnen: děvče, zvíře, kuře *usw.;* hrabě, kníže; *so gehen jedoch auch* varle, vole, doupě *usw.; dialektisch* lice, licete; slunce, sluncete *Dialekt. 17. und sogar* psani *im pl.* psaňa *und* psaňata *44.* holoubjata, holubjata *40. 51. Im dual. nom. bietet das ačech. auch* ětě: lanětě (*vgl.* jméně); *im gen.* atú *und* ětú; *im dat.* atoma *und* ětema; *im pl. dat.* atóm *und* ětem: *das letzte ist nicht belegt.* Dítě *hat im pl.* děti, *das nach* kost *geht; dialekt. ist der dat.* dětom. *Slk. haben manche im pl.* ence *für* ata: kurence, *gen.* kurencov *und* kureniec, *dat.* kurencom *und* kurencam, *instr.* kurenci *und* kurencami, *loc.* kurencoch *und* kurencach *von einem stamme* kurenec. *Dasselbe galt im ačech. bis zum XIV. jahrhundert:* oslenec, mladenec, robenec. *Vgl. Jireček, Nákres* 27.

5. r-stämme.

nom.	máti	mateři	matery
voc.	máti	mateři	matery
acc.	máteř	mateři	matery
gen.	mateře	mateřjú	mater
dat.	mateři	mateřma	materám
instr.	mateří	mateřma	materami
loc.	mateři	mateřjú	materách.

Ačech. geht nach máti *auch* dci, dceře *usw. Im dual. ist nur der nom. durch* dceři *belegt. Der pl. von* máti *und* dci *wird von den verlängerten stämmen* matera *und* dcera (*vgl.* břemeno, sloveso) *gebildet:* matery *výb. I. 237.* mater *320.* materám *688. usw.; doch auch* mateře: mnohé mateře syny zbily a je jedly *447. Něech. wird* máti *gerne durch* matka, *ačech. und dialekt. auch durch* matera *und* máteř *erb. 2. 31. 65. ersetzt. Von* dci *hat sich nur der sg. dat.* dceři *erhalten. Dialektisch ist* máti *indeclinabel:* od máti, u máti, ne mam otca ani máti *suš. 80. 162. 251.* od své máti *erb. 1. 38. Dialektisch findet sich auch der sg. gen.* mateři *11.*

B) Declination der pronomina personalia.

I. nom.	já	vě	my
acc.	mě	naju	ny
gen.	mne	najú	nás
dat.	mně	nama	nám
instr.	mnou	nama	námi
loc.	mně	najú	nás.
II. nom.	ty	vy	vy
acc.	tě	vajú	vy

gen.	tebe	vajú	vás
dat.	tobě	vama	vám
instr.	tebou	vama	vámi
loc.	tobě	vajú	vás.

III. nom.	—
acc.	se
gen.	sebe
dat.	sobě
instr.	sebou
loc.	sobě.

Für mne, tebe *hat das slk.* mňa, tebja: *vgl. das russ.* menja, tebja. *Im dual. nom. der I. person besteht das seltene* va *neben dem organischen beiden genera dienenden* vě; *ein dual. nom. der II. person ist nicht nachweisbar: derselbe wird, wie im asl., durch den pl. nom.* vy *ersetzt:* když vy jediná sama spolu sedeta. *Auch ein dem asl.* na, va *entsprechender dual. acc. ist nicht nachgewiesen. Den dual. acc. ersetzt der gen.:* tu nají nalezú *wýb. I. 271, wie in* mám já dvuch holubků *suš. 201. Enklitisch sind* mě, tě, se *für den sg. gen.,* mi, ti *und das nach dobr. 209. von guten schriftstellern gemiedene* si *für den dat. Im nachdrucke steht* mne, tebe, sebe *für den acc. Der pl. acc.* ny, vy *wird nčech. durch den gen.* nás, vás *ersetzt.*

Zweites capitel.

Pronominale declination.

I. Stamm тъ.

Masc.	*nom.*	ten	ta	ti
	acc.	ten	ta	ty
	gen.	toho	tú	tèch
	dat.	tomu	těma	těm
	instr.	tím	těma	tèmi
	loc.	tom	tú	těch.
Neutr.	*nom.*	to	tě	ta
	acc.	to	tě	ta
	gen.	toho	tú	tèch

	dat.	tomu	těma	těm
	instr.	tím	těma	těmi
	loc.	tom	tú	těch.
Fem.	*nom.*	ta	tě	ty
	acc.	tu	tě	ty
	gen.	té	tú	těch
	dat.	té	těma	těm
	instr.	tou	těma	těmi
	loc.	té	tú	těch.

Diesem paradigma folgen všechen, dva, kto, oba, on *und* jeden, *ačech. auch* sám. *Das paradigma lautet* t *für* ten *in der redensart* ve-t-čas (*illico, asl.* vъ tъ časъ) *výb. I. 214.* ten *ist eine erweiterung des* tъ, *wie* vešken, veškeren, všecken, onen, sjen, jen.

Ačech. lauten die sg. gen. und dat. fem. tej *aus* toję *und* toj; *der sg. instr. fem. und der dual. gen.* tú *entsprechen den asl. formen* toją *und* toju: *der sg. instr. fem.* tojí, *asl.* *tojeją, *findet sich nur in der redensart* mezi tojí (dobú, chvílí) *výb. I. 266; der ačech. sg. instr. masc. und neutr. ist* tjém. *Dialektisch ist* tý *für* tej: tý zlosti; jedný: v jedný době *Dialekt. 12. An die stelle von* o *kann* e *treten:* teho, keho, oneho, jedneho; temu, *loc.* tem: *im instr.* tém *35.* tъ *kann der zusammengesetzten declination folgen:* tý, *asl.* tyj, *in* týže, týž, též, táž; tého, tého, též *usw. Zur verstärkung wird an* ten *das neutr.* to *gefügt:* tento, toto, tato *usw., dialektisch demselben* tu *vorgesetzt:* tuten, tuto, tuta *usw. Dialekt. 18. Das alte* ten jistý *ist das nsl.* ta isty. *Dialektisch und unorganisch sind die formen, in denen* ě *und* i *für asl.* ê *durch* ý *ersetzt werden:* tých, tým *für* těch, tím *Dialekt. 35.* Všechen *hat im sg. nur nom. und acc., im pl. hingegen alle casus:* všechen, všechno, všechna; všechněch, všechněm *usw.* dva *in der emphase, nach čel. 210. von männlichen personennamen, dialektisch im nom.* dvá, *wofür im slk.* dvajá, obidvajá *neben* dvá, obidvá *(vgl.* dwaj, obaj *im pol.), hat nčech. neben der organischen form im dat. dialektisch* dvoum, *im gen. loc.* dvouch, *im instr.* dvouma. Kto, *jetzt unorganisch* kdo, *hat im sg. instr.* kým *von* ký (kyj) *für das organische* cjém, *asl.* cêmь. *So geht auch* nikdo, *slk.* nik *hatt. I. 96. Dem čech. eigentümlich sind* nikohého *výb. I. 422.* nikomému *410. Aus* kyždo *ist* každý *entstanden, wie asl.* kъždyj *aus* kъždo. *Von der declination des* oba, obá *gilt, was von* dva *gesagt worden.* on *ist ein personalpronom: das demonstrativum lautet* onen, ono, ona; onna, onno *sind falsche schreibweisen: vgl* ten, ta, veškeren, veškera *usw.* an, ano, ana *stehen für* a on, a ono, a ona *usw.* sám *geht ačech. auch pronominal:* samoho, samomu, samjém *výb. I. 316 usw. Hieher gehört alt- und nčech. der sg. und pl. nom. und acc.:* sám, samo, sama *usw. Daneben besteht ačech. im sg. gen. und dat. masc. nominale declination:* sama, samu: samý *folgt der zusammengesetzten declination.* druh *wird ačech. richtiger als ein adj. angesehen, daher nominal oder zusammengesetzt declinirt:* druha druhého; druh k druhu; jeden druhému; druh na druha *výb. I. 481. 485:* druhoho *šaf. §. 72. scheint nur einmal vorzukommen. Dem asl.* vьsjakъ, inъ, kakъ, takъ, jakъ *scheinen keine pronominal declinierenden wörter zu entsprechen: der sg. nom.* však *beweist natürlich nichts für die declination.* Jeterъ *wird asl. nominal decliniert: ačech. findet man den sg. acc. fem.* nčteru *und den sg. gen. masc.* nčterého. *Asl.* kъtoryj *folgt nur der zusammengesetzten declination, so auch čech.* ktorý.

2. *Stamm* mojь.

Masc.	*nom.*	můj	moja	moji
	acc.	můj	moja	mé
	gen.	mého	mojú	mých
	dat.	mému	mojima	mým
	instr.	mým	mojima	mými
	loc.	mém	mojú	mých.
Neutr.	*nom.*	má	moji	mé
	acc.	mou	moji	mé
	gen.	mé	mojú	mých
	dat.	mé	mojima	mým
	instr.	mou	mojima	mými
	loc.	mé	mojú	mých.
Fem.	*nom.*	mé	moji	má
	acc.	mé	moji	má
	gen.	mého	mojú	mých
	dat.	mému	mojima	mým
	instr.	mým	mojima	mými
	loc.	mém	mojú	mých.

Stamm jь.

Masc.	*nom.*	jen	ja	ji
	acc.	jen	ja	je
	gen.	jeho	jejú	jich
	dat.	jemu	jima	jim
	instr.	jím	jima	jimi
	loc.	jem	jejú	jich.
Neutr.	*nom.*	je	ji	ja
	acc.	je	ji	ja
	gen.	jeho	jejú	jich
	dat.	jemu	jima	jim
	instr.	jím	jima	jimi
	loc.	jem	jejú	jich.
Fem.	*nom.*	ja	ji	je
	acc.	ji	ji	je
	gen.	ji	jejú	jich
	dat.	jí	jima	jim
	instr.	ji	jima	jimi
	loc.	jí	jejú	jich.

Diesem paradigma folgen dvůj, obůj, svůj, tvůj, trůj, či, ký. *Im paradigma* mojь *steht* é *für* oje, á *für* oja, ý *für* oji: mého *aus* mojeho, má *aus* moja, mých *aus* mojich; *der sg. acc. fem.* mou *entsteht aus* moju, *der sg. instr. fem.* mou *aus* mojú, *wofür* moji *noch lebt:* já byl s moji *cum mea uxore; der pl.* moji *wird in der schriftsprache nicht zusammengezogen, auch nicht in der sprache des volkes:* to sou koně mý *ist asl.* konję moję; *voll findet man im nčech. auch die form* moje *im sg. nom. fem. und neutr., im pl. nom. fem. und neutr. usw. und* moji *im sg. acc. fem.;* tvojich, tvojim *würden dem čech. ohre nach čel. 232. nicht fremd klingen; im slk. und im mährischen dialekte bilden die selbst im ačech. sehr selten auftauchenden vollen formen die regel:* mój, mojeho, mojemu *usw. Dialekt. 35, wofür auch hie und da* mójho, mójmu, *slk.* mojho, našho *Dialekt. 71.* dvůj, obůj *und* trůj *sind nčech. meist durch* dvojí, obojí *und* trojí *verdrängt worden, doch* dvé, obé, tré; dvého, obého, trého *für* dvoje *výb. I. 328.* oboje, troje *328 usw.; in* obé dva dni *výb. I. 434. steht* obé *für* oboje *aus* oboja; *der sg. nom. neutr.* oboje *findet sich wýb. I. 462; sg. gen.* obého, trého, obé dvé, *asl.* obojeję dvojeję; *sg. dat.* dvému, tréma; *sg. instr.* dvým *čel. 221.* obým *aus* dvojim, obojim; *sg. loc.* v tom dvém *wýb. I. 1009.* obém, trém *jungm.; pl. nom. neutr.* dvoje kola *wýb. I. 829; pl. instr.* obými *aus* obojimi *jungm.: falsch ist die schreibung* dvý, trý *für* dvé, tré. *Man bemerke* o těch tré dětí. čí *steht für* čij, čije, čija, čího *für* čijeho, čímu *für* čijemu *usw.: slk. geht es so:* čí, čije, čija; čijeho; čijemu *usw.* ký, *das nur im masc. und auch da wenig und fast nur in ausrufungen wie* ký čert, kého kozla *usw. gebräuchlich ist, hat gen.* kýho *dat.* kýmu *instr. loc.* kým *pl. gen. loc.* kých *dat.* kým *instr.* kými: *der sg. gen. dat. und loc. entsprechen den asl. formen* kojego, kojemu, kojemь, *es ist daher* kého (kého *und* kýho *bei jungm.* kého črta *wýb. I. 822*), kému, kém *zu schreiben: vgl.* mého *aus* mojeho *und* dobrýho *für* dobrého *in der volkssprache Böhmens: dagegen stehen dem sg. instr., dem pl. gen. loc. dat. und instr. die asl. formen* kyimь, kyihъ, kyimъ, kyimi *gegenüber, die übliche schreibung ist daher richtig. Das der älteren sprache unbekannte possessivum* její (*aus* jej *eius fem.*) *geht nach der zusammengesetzten declination. Der nom. aller zahlen von* jъ *ist regelmässig nur in der zusammensetzung mit* že, ž *gebräuchlich:* jenže, ježe, jaže; *selten ist* jen *mit relativer bedeutung:* ten, jen bjéše uzdraven *šaf. §. 70; ausser diesem falle wird der nom. von* jъ *durch* on, ono, ona *ersetzt. Für den sg. acc. neutr.* je *steht meist der gen.:* stel mi bílé lože, ustel mi ho *suš. 185. Für* jeho *und* jemu *bestehen die enklitischen formen* ho *und* mu. *Ačech. lautet der sg. acc. fem.* ju; *der sg. gen. fem.* jeje *aus* jeja, *asl.* jeję, jej, jé; *der sg. dat. und loc. fem.* jej; *der sg. instr. fem.* jú; *der dual. gen.* jú *und* jejú. *Der sg. acc. masc. von* jъ *wird durch* jej *ersetzt, das aus* jejъ *entstanden ist; auch* jenže *kömmt als sg. acc. masc. vor:* ku pokladu, jenže, když kto nalezne, zakryje. *Der erweiterte pl. gen.* jejich *wird als possessivum gebraucht:* byl v jejich zahradě *in eorum horto, nicht:* v jich zahradě. *Dialektisch findet sich* je *als sg. acc. n.:* vino jest dobrý, pijte je; kde jest dítě? jděte pro ně *Dialekt. 17. Nach einsilbigen praepositionen wird dem* jъ *ein* n *vorgesetzt, wenn es von der praeposition abhängt:* s ním, k nim; veň, proň, doň *wýb. I. 83: asl.* vъ ńь; *dagegen* okolo jeho, proti jej; na jeje vrchu; *doch ist seit langer zeit häufiger* mezi nimi *wýb. I. 429.* proti němu *474: ein unterschied zwischen ein- und zweisilbigen praepositionen tritt auch beim accent ein, jene ziehen den ton des abhängigen wortes an, diese nicht:* dó domu; proti nepříteli: *gegen die regel ist* v jemž *wýb. I. 111.* n *wird manchmal nicht erweicht:* ot neho, k'nemu. *Der sg. instr. masc. und neutr.* ním *findet sich slk. auch ohne praeposition:* já som zemanom od narodzenia, tys ním len teraz zostal *katt. 70; ganz abweichend ist* v nomžto *wýb. I. 258, womit Dialekt.* ňom *zu vergleichen. Slk. spricht man auch* doňho, zaňho *usw. Der sg. acc. m.* jej, *der possessive pl. gen.* jejich *usw. sind aus erweiterten formen hervorgegangen. Vgl. meine abhandlung: Über den ursprung einiger casus der pronominalen declination. Sitzungsberichte LXXVIII. seite 143.*

3. *Stamm* sjъ.

Masc.	*nom.*	sjen	sja	si
	acc.	sjen	sja	sje
	gen.	sjeho	sjú	sich
	dat.	sjemu	sima	sim
	instr.	sim	sima	simi
	loc.	sjem	sjú	sich.
Neutr.	*nom.*	sje	si	sja
	acc.	sje	si	sja
	gen.	sjeho	sjú	sich
	dat.	sjemu	sima	sim
	instr.	sim	sima	simi
	loc.	sjem	sjú	sich.
Fem.	*nom.*	sja	si	sje
	acc.	sju	si	sje
	gen.	sjej	sjú	sich
	dat.	sjej	sima	sim
	instr.	sjú	sima	simi
	loc.	sjej	sjú	sich.

Von sjen *findet sich im nčech. nur dialekt.* su *im südlichen Böhmen:* po su dobu *čel. 235.* po sou dobu *Dialekt. 29. Diesem paradigma folgen* váš, ves, náš, sie, če. *Neben* sjej *gilt* sjé; *für* sju *und* sjú *stehen auch* si *und* si; *das ačech.* snoci *steht für asl.* si nošti: *vgl. seite 53.* večeros *für* večerъ sь, *ebenso* dnes *für* dьnь sь. *Dem* týž *analog ist* siž, sjéž, sjáž *usw.* ves *hat in den casus, die im asl.* ě *bieten, den stellvertreter dieses buchstabens, daher* vsjém *usw. Unerhört ist der sg. gen.* vsja *ruk.-král. 56. 20. und der sg. dat.* vsju: ke vsju sboru *čel. 225. Nčech. wird der sg. und pl. nom. und acc. durch ableitungen von* ves *ersetzt:* všecek, *asl.* vъjačьskъ, všecken, všechen, *die in diesen casus nominal oder pronominal declinieren; der pl. nom. lautet* všeci *für* všecci, všickni, všichni; všecky, všeckny, všechny *usw. Man beachte den sg. acc. fem.* všicku *výb. I. 432. 443. 460 usw.; nčech. wird* sje, sjé *in der declination von* ves *in* še, ší *verwandelt:* všeho, vši, všemu *usw. Von* sic *hat sich nur* sice, sic *ita erhalten.* co *(gen.* čeho *dat.* čemu *instr.* čím *loc.* čem, *dialekt.* čom) *ist aus dem sg. gen.* čso, *asl.* čьso *(vgl.* německý *für* nêmьčьskyj) *entstanden; ačech. ist* če *(asl.* čь *in* čьto) *für* co, *daher* zač, proč; začež, pročež *usw. Der gen. lautet ačech. auch* č'se, čese, *asl.* čьso, česo: *dieser gen. wird auch für* co *gebraucht.* nic *aus* ničs *und* něco *folgen dem* co.

Drittes capitel.

Zusammengesetzte declination.

Im slk. findet man zdravjeho, zdravjemu *neben* zdravého, zdravému; *im sg. loc. m. n.* dobrom, *dieses nach dem muster der pronomina* tom, kom: *stamm* tъ, kъ. *Wenn man* zdravjeho, zdravjemu *aus* zdravojeho, zdravojemu *durch ausstossung des* o *entstehen lässt, so beachtet man nicht, dass dialektisch* je *für* é *eintritt:* chljeb, mjest, pljest *für* chléb, mésti, plésti *usw. Dialekt. 69. 71. Im pl. lautet der nom. für alle genera auf* ý *aus:* dobrý *statt* dobré. *Šafařík. Počátkové 53, meint, dass die zusammengesetzten formen dadurch entstanden seien, dass an das declinierte adjectiv das declinierte pronomen gefügt wurde, was, allgemein ausgesprochen, nach meiner ansicht unrichtig ist, indem sich die mehrzahl der formen ungezwungen nur aus der verbindung des adjectivischen* thema *mit dem entsprechenden casus des pronomen* jъ *erklären lässt:* dobrý: dobrъ-jъ; dobrým: dobrъ-jim; dobrá: dobro-ja: dobré: dobroje; dobrého: dobro-jeho; dobrém: dobro-jem; dobrú *im sg. acc. fem. aus* dobro-ju, *im sg. instr. fem. aus* dobro-jú *usw. Wenn Šafařík ferner 51. der ansicht ist, die doppelformen des sg. gen. fem.* dobré, dobrej *seien aus den zwei mundarten entstanden, aus denen das čech. sich gebildet habe, die erste aus dem asl.* dobryję, *die zweite aus einem dem russ.* dobroj *analogen form*, *so kann ich ihm auch hierin insoferne nicht beipflichten, als ich* dobrej *und* dobré *auf* dobro-je *zurückführen zu sollen glaube: aus* dobroje *entsteht nämlich zuerst* dobroj, *woraus* dobrej, dobré, *wie aus* toj, tej, té, *aus* mojej, méj, mé *Dialekt. 35. hervorgeht;* é *für* ej *findet sich auch sonst:* počké *aus* počkej *Moravské národní písně. V Brně. 1860. 89. 153: der sg. dat. fem.* dobrej, dobré *aus* dobroj *unterliegt demnach keiner schwierigkeit. Um* dobrej *aus* dobroj *zu erklären, darf nicht auf* bohem *hingewiesen werden: eher wäre die hinweisung auf* vévoda, vývoda *aus* vejvoda, vojevoda *am platze. Die formen auf* ýho, ýmu: druhýho, druhýmu, milýmu *für* druhého, druhému, milému *finden sich auch in dem für diesen gegenstand lehrreichen slk.* ký, *asl.* kyj: *sg.* ký, ké, ká; kýho, ké, kú; kýho, kej; kýmu, kej; kým, kou; kom, kej; *pl.* ki, ké, ké; ké; kých; kým; kými; kých. *In einigen ačech. formen wird auch das adj. decliniert: sg. dat. loc. fem.* velicěj, světiej, *asl.* velicěj, svętěj; *sg. loc. m.* velicěm, světiem, *asl.* velicêmь, svętêmь; *dual. nom. fem.* múdřěj, *asl.* madrêj; *pl. nom. m.* čistí, *asl.* čistii. *Alle diese formen, mit ausnahme der letzten, sind archaistisch und selten. Hieher gehört auch* světie *wohl für* světiej *in* až sě jejie světie ruců bílé tak sě byle zsidale *výb. 1152:* světie *ist der dual. nom. fem. und entspricht dem asl.* svętěj.

I. dobrъj.

Masc.	*nom.*	dobrý	dobrá	dobří
	acc.	dobrý	dobrá	dobré
	gen.	dobrého	dobrú	dobrých
	dat.	dobrému	dobrýma	dobrým
	instr.	dobrým	dobrýma	dobrými
	loc.	dobrém	dobrú	dobrých.
Neutr.	*nom.*	dobré	dobřej	dobrá
	acc.	dobré	dobřej	dobrá
	gen.	dobrého	dobrú	dobrých
	dat.	dobrému	dobrýma	dobrým
	instr.	dobrým	dobrýma	dobrými
	loc.	dobrém	dobrú	dobrých.
Fem.	*nom.*	dobrá	dobřej	dobré
	acc.	dobrou	dobřej	dobré

gen.	dobré	dobrú	dobrých
dat.	dobré	dobrýma	dobrým
instr.	dobrou	dobrýma	dobrými
loc.	dobré	dobrú	dobrých.

2—6. rybí.

Masc. nom.	rybí	rybjá	rybí
acc.	rybí	rybjá	rybí
gen.	rybího	rybjú	rybích
dat.	rybímu	rybíma	rybím
instr.	rybím	rybíma	rybími
loc.	rybím	rybjú	rybích.
Neutr. nom.	rybí	rybí	rybí
acc.	rybí	rybí	rybí
gen.	rybího	rybjú	rybích
dat.	rybímu	rybíma	rybím
instr.	rybím	rybíma	rybími
loc.	rybím	rybjú	rybích.
Fem. nom.	rybí	rybí	rybí
acc.	rybí	rybí	rybí
gen.	rybí	rybjú	rybích
dat.	rybí	rybíma	rybím
instr.	rybí	rybíma	rybími
loc.	rybí	rybjú	rybích.

Ačech. lauten der sg. gen., dat. und loc. fem. auch auf ej *aus:* dobrej, dobřej *asl.* dobryję, dobrêj; *im sg. dat. fem. und im sg. loc. masc. und fem., so wie im dual. nom. fem. und neutr. steht* e *dem asl.* ê *gegenüber:* dobrêj, dobrêjemь, dobrêj, *daher im ačech. verwandlungen des* r *und der gutturalen eintreten können:* dobřej, velicej, *die im nčech. im pl. nom. masc. eintreten müssen:* dobří, velicí, mnozí, hluší; čeští, němečtí *von* český, německý; uherščí *výb. I. 427.* nebeščí *suš. 194. und* uhersci, nebesci *im westlichen Mähren, wofür im östlichen Mähren* uherščí, nebeščí *gesprochen wird; in Böhmen lautet der pl. nom. für alle genera auf* ý *aus:* hodný, dobrý, bohatý, chudý, praský, drahý, hluchý. *Die langen vocale dieser declination beruhen auf zusammenziehungen. Dialektisch ist* vy-

24

sokom *für* vysokém *Dialekt.* 23, *slk.* moravsko *für* moravské 73. dobrém *für* dobrému 67. v širom poli; otcovho, ruženinho *sborn.* 23. 62. *Die volkssprache liebt im pl. nom. acc. neutr. das feminine* é *für* á. *Man schreibt* minulí časové *und* minulé časy: minulí *ist der wahre pl. nom. masc.*, minulé *hingegen, wie* časy, *formell der pl. acc. masc.*

ZWEITER TEIL.

Lehre von der conjugation.

a) Von der einteilung der verbalformen.

Wie im asl. seite 62.

b) Von den personalendungen.

Voll	*1.*	mь	vě	me
	2.	šь	ta	te
	3.	tъ	ta	ntъ.
Stumpf	*1.*	m	vě	me
	2.	s	ta	te
	3.	t	ta	nt.

Das m *der I. sg. praes. findet sich in den verben III. IV und V. 1:* umím, hořím: koupim; dělám, *dagegen* pletu, piju, píšu, *wofür die schrift* piji, píši *vorzieht; das ačech. kann sich dem asl. anschliessen:* běžu *asl.* bêžą, stoju *asl.* stoją, plozu *asl.* plożdą, *wofür nun* běžím, stojím, plodím: *dialekt.* vizu *und unorganisch* vizeš, vize; vizeme, vizete, vizó *Dialekt. 48. Das slk. hat durchgängig* m: kryjem, hudiem, žnem, *wofür die schriftsprache nur* kryji, hudu, žnu *anerkennt. Von dem* t *der III. sg. praes. hat auch das ačech. mit ausnahme von* jest *keine sichere spur. Neben* vě *findet man auch* va: běžala sva k nim; ta *dient allen genera:* ruce tvoji učinile sta mě; kolenč moji omdlele sta; *das unorganische* tě *hingegen wird nur mit dem fem. und neutr. verbunden:* srubenĕ stě ruce. *Für* me *kennt das ačech. und die volkssprache (Dialekt. 12) auch* m *und bis in das XVI. jahrh. und noch jetzt dialekt. (suš. 52)* my: vidím *videmus,* smy; *dialekt.* dámy, mámy, dopustímy *Dialekt.*

24*

44. 50. *Auch im nčech. fällt* e *häufig ab:* chcem *für* chceme. *Slk. findet sich auch* mo: smo, urobimo *Dialekt. 76. Dialekt. kömmt auch* ma *vor, das eigentlich dem dual. angehört:* pečema, trháma: *impt.* žehnéma se; *slk.* trhama, chodzima; *dialekt. ist auch* ta *für* te: trháta, vidita *Dialekt. 44. 78. Das* n *der III. pl. praes. schmilzt mit den vorhergehenden vocalen entweder zu* já *oder zu* ú *zusammen, je nachdem das asl.* ę *oder* ą *bietet:* prosjá, nesú, *asl.* prosętъ, nesątъ, *wofür jetzt in der schriftsprache* prosí *aus* prosjé *und* nesou *gelten. Die volkssprache zieht für asl.* ą-ú, ou *dem* í *vor:* mažou. *Dialektisch gilt* chodijou, chodijó, ležijou *Dialekt. 39. 41.* hořijú *suš. 47.* ležijó *275.* stojijó *283.* lúbijú *212.* pravijó *73.* chodijú *192, formen, in die sich der bindevocal* o *eingedrängt hat, denn* hořijú *ist asl.* *gorijątъ. *Das slk. hat formen wie* běžija, letija *suš. 125.* sedijá *259.* líbijá *190.* lúbjá *266.* pravija *5;* běžija *für asl.* *běžijątъ; chodá, robjá, čiňá *Dialekt. 64. 68. 69. Die im mittleren und östlichen Böhmen gebräuchlichen formen wie* hledějí, činějí *stehen für* hlediji, činiji, *wie* šalvěji *für* šalviji *aus* šalvija, *wofür nun* šalvěje; hleděj, činěj *ferner sind aus* hledí, činí *durch auflösung des* í *in* ej *entstanden: vgl.* s kostěj, s mastěj *für* s kostí, s mastí. *Die differenz zwischen der I. sg. praes. und der III. pl. praes. beruht auf dem auslaut* u *und* ú, *daher* pletu *und* pletú, *jetzt* pletou, *asl.* pletą *und* pletątъ; *ebenso* píšu, *jezt* piši, *und* píšú, *jetzt* píší, *asl.* pišą *und* pišątъ. *Man könnte geneigt sein den grund dieser erscheinung in den suffixen* mь *und* ntъ *zu suchen, was unrichtig wäre. Man beachte čech. dialekt. den sg. acc.* rybu *und den sg. instr.* rybum, *wofür die schriftsprache* rybu *und* rybou *hat; ebenso die I. sg. praes.* beru, piju *und die III. pl. praes.* berum, pijum *für* beru, piji *und* berou, pijí *aus* pijou, pijú. *Dafür hat das pol.* rybę *und* rybą; biorę, piję *und* biorą, piją, *dialekt.* nogą *pedem und* nogǫ *pede;* biją *ferio und* bijǫ *feriunt, wobei* ą *ein offenes* a *mit nasaler consonanz,* ǫ *nasaliertes* o *bezeichnet. L. Malinowski, Beiträge zur slavischen dialektologie I. Leipzig. 1873. Seite 20. 21. 23. Dialekt. 56. Im aor. und impf. entsteht aus dem* n *und dem vorhergehenden bindevocal* o-u: tvořichu, tvořjéchu, *asl.* tvorišę, tvorjaahą.

c) Von dem bindevocal.

Der bindevocal tritt ein 1) im partic. praet. pass.: plet-e-n; *2) im einfachen und im zusammengesetzten aor. II. und im impf.:* jid-o-m *irimus;* plet-e-ch, plet-e-ch-o-vě, plet-e-ch-o-m, plet-e-ste.

plet-e-ch-u *aus* plet-e-ch-o-nt; pletjéš-e, pletjéch-o-vě, pletjéch-o-m, pletjéch-u *aus* pletjéch-o-nt. *Daneben findet man* plet-e-ch-vě, plet-e-ch-me. *Man merke* přibližichuom, vstachuom, vecechuom *výb. 1. 1166.*

d) Von den suffixen der infinitivstämme.

1. Infinitiv. *Das suffix des inf. lautet* ti: tvořiti, *meist* tvořit, tvořit *gesprochen; slk.* nosit *Dialekt. 69.*

2. Supinum. *Das dem nčech. fast ganz abhanden gekommene supinum wird durch* тъ *gebildet:* tvořit. *Die einsilbigen stämme dehnen im supinum den vocal nicht, daher* spat *dormitum,* spáti, spát *dormire:* poslal sem vy žat *výb. 1. 1068.* položi sje spat *1. 822. Man beachte* psáti *scribere und* písat *scriptum:* písat přijide *1. 398.*

3. Partic. praet. act. I. *Das suffix des partic. praet. act. I. ist* ъs, *dessen* s *im auslaute abfällt, im inlaute hingegen als* š *aus* sj *eintritt:* vez, vezši *asl.* vezъ, vezъši. *Auf* še *auslautende formen werden häufig als gerundia angesehen:* tehda jeho káza, kyji dlúho bivše, hřebeny dráti; tehdy jej káza Olybrius, ruce s zadu svázavše, provaz přes hřadu převrhše, vysoko vztáhnúc, brzce dolóv ju spúščeti; tu na zemi, popelem posuvše, položena *šafař. §. 96, der über diese construction mit unrecht bemerkt: smělé to ovšem a sotvy slovanské. Vgl. IV. seite 838. Formen wie* vrhv, řekv, četv *und* zavezev, odkvetev *verdanken ihren ursprung der nachahmung von* piv, dělav, kupovav *usw.*

4. Partic. praet. act. II. *Das partic. praet. act. II. wird durch* lъ *gebildet, das im auslaute nach consonanten manchmal abfällt:* přiběh, spad, utek *usw.*

5. Partic. praet. pass. *Das suffix des partic. praet. pass. ist* nъ *oder* tъ: vezen, bit. n *geht im ačech. manchmal in* m *über:* učiněm, naplněm, sražem, neposkvrněm, pomámem, vysazem *für* učiněn, naplněn, sražen, neposkvrněn, pomámen, vysazen; křestěm *výb. I. 298. für* křeštěn: *verwechselung des* n *mit dem* m *finden wir auch in adj.:* pamatem *für* pamaten, jedim *für* jedin *šafař. §. 23.* tъ: *slk.* uznatý, odebratý, datý *Dialekt. 72.*

6. Aorist. *Dem nčech. fehlt der aorist. Im ačech. findet sich nicht nur der zusammengesetzte, sondern auch der einfache aorist.*

A. Einfacher aorist.

Von dem einfachen aor. können nur die I. II. III. sg. und die I. und III. pl. mit sicherheit nachgewiesen werden. Die stämme, in denen diese aoristbildung vorkömmt, sind bod, běh, ved, vrh, vlad, vlek, vyk, hřeb: pohřebú ju *Dalem*. dvih: vzdvihú. žas: velmi se užese *leg.-de XII. apost.* všichni se užasú *leg.-proc.* žeh, jid: předjid *psalt.-mus.* když jidom, nadjidom sled *život-otců sv.* jidú *leg.-proc.* jdú *Dalem.* klad, křik, leh, lez: nalezú jednu saň *pass.* lek, met, moh, nes, nik, pad: nynjé popad toto proměněnjé *psalt.-clem.* padú, *falsch* padnú *wýb. 1. 403.* preh, sek, skyt, seh *asl.* sъh: uschú, *falsch* uschnú *wýb. 1. 91.* sjeh (*asl.* sęg), tek, tep, tisk, třes: *vgl.* potřese se země *pass.* tk (*asl.* tъk), tesk (*asl.* tъsk): pročež sobě tak velmi stesk *alex.* tah (*asl.* tęg), jed *vehi:* lidé přijedú *usw., also wie im asl. lauter consonantische stämme. Sg.* jid. jide. jide. *Pl.* jidom. jidú, *asl. sg.* idъ. ide. ide. *Pl.* idom. idą. *Indessen scheint auch* jdeta *wýb. 1. 355. ein aor. zu sein.*

B. Zusammengesetzter aorist.

Das ačech. hat regelmässig den zusammengesetzten aorist auf h *mit bindevocal:* pletech. *Spuren des aor. auf* h *ohne bindevocal sind* řechu, *asl.* rěšę, *und etwa* jesta: jesta i pista *ederunt et biberunt let.-troj. bei Jungmann.* pojé *comedit:* pojie toho chleba *wýb. 1. 1176.* sjechu (kobylky a chrústi) všecek plod země jieh *comederunt omnem fructum psalt.-clem. Der bindevocal ist kurz: es ist demnach unrichtig* vzdvižésta, tečésta, dojidésta *wýb. 1. 815. 816 zu schreiben. Auch* bísta *und* dásta *815. 943. haben richtig kurzes* i, a.

c) Von den suffixen der praesensstämme.

1. Praesens. *Das praesenssuffix fehlt in III. 2. und in IV:* hořiš, hoří; chváliš, chválí; hořim, chválim *neben dem alten* hořu, chvalju, *asl.* *gorjomь, *hvaljomь.

2. Imperativ. 1. beri. jděte *asl.* idête; jdi *asl.* idi. *In der II. sg. wird* i *schon im ačech. häufig abgeworfen, wenn es die aussprache gestattet:* ženi, mluvi, pomozi *neben* pec, pomoz. i *erhält sich vor* ž: pomoziž. *Auch in den übrigen personen fallen* i *und* ě *aus, wenn die formen dadurch nicht unaussprechbar werden:* chvalme, chvalte; pleťme, pleťte; prokliňme, poleheme, posilňme *usw., dagegen* mněme, řekněme, sedněme *usw.* ě, e *finden wir auch in den verben III. 2. und IV. für asl.* i: hřměme, spěme; mstěme, uskrovněme *usw.: asl.* grъmimъ *usw. Diese formen scheinen auf falscher analogie zu beruhen: vgl. jedoch šafař. §. 82. Dialekt. hört man*

nicht nur mnime, *sondern auch* řekníme, sedníme; sedníte, vezmite, pošlite *Dialekt. 15. 35. Die II. sg. dual. und pl. dient auch der III:* buď světlo; buďta tva voly *výb. I. 251. II.* daždi, daždь: viz, vizme, vizte *für asl.* viždь, vidimъ, vidite; věz *asl.* věždь; jez *asl.* jaždь.

3. Imperfect. *Das dem nčech. abhanden gekommene imperfect. ist teils eine praesens-, teils eine infinitivform. Die erstere wird verschieden geschrieben: man findet* tepěch, tepiech, tepjech, tepiéch, tepjéch. *Wer die schreibung mit langem* e *für richtig erklärt, wofür die späteren formen wie* valích, vrátich, kročich *sprechen, wird notwendig zusammenziehung annehmen und folgerichtig* pletjéch *dem asl.* pletéahъ *an die seite stellen: čech.* pletěch *würde asl.* pletěhъ *entsprechen. Wenn nun in allen imperfecten dem* ch *ein langes* e *vorhergeht, so gibt es im čech. keine unerweiterten praesensformen des imperfects, von denen seite 92 gehandelt ist, sondern nur erweiterte formen, die seite 93 dargestellt werden. Die infinitivformen des imperfects unterscheiden sich von den entsprechenden aoristen durch die länge des dem* ch *vorhergehenden vocals* a: brách *sumebam;* brach *sumsi. Die auf inf.-stämmen beruhenden imperfecta, im gegensatze zu den von praes.-stämmen abgeleiteten, mehren sich im laufe der zeit in allen slavischen sprachen.*

I. budjéch *eram.* hřebjéch *sepeliebam.* dadjéch, otdadjéch, prodadjéch, rozdadjéch *dabam usw.* užnjéch *metebam.* jdjéch. kladjéch. ktvjéch *florebam.* metjéch *scopabam.* plovjéch. rostjéch. řevjéch. slovjéch. jedjéch *edebam.* vřjéch. mřjéch. vzvlečjéch. bijéch. znajéch. pijéch, pjéch *bibebam.* pějéch *canebam.* řujéch *rugiebam.* čijéch *Šafař. počátk. 91-107. Květ 84-111. Man füge hinzu* vedjéch *kat. 1634. 3252.* jdjéch *2768.* ktvjéch *191. 2307. 2331.* stkvjéch *976. 2330.* stvjéch *1051: asl. *cvьtéahъ florebam.* zapletjéch *2370.* řečéch *dicebam. 191.* střežjéch *174.* znajéch *138. 1042, asl.* znajaahъ, *neben* znách *99.*

II. vinjéch. vládnjéch. vjednjéch. kvitnjéch. zamknjéch. zpomenjéch. zaniknjéch. stanjéch, tisknjéch. dotknjéch. odpočinjéch *Šafař. počátk. 98-104.* blesknjéch *kat. 2374.* vládnjéch *3.* lesknjéch *2375.* ostanjéch *2373.* vytrhnjéch *2371.*

III. jmějéch, jmjéch. rozumějéch *kat. 15. 72. 533.* jmjésta *999. Andere impf.-formen sind aller wahrscheinlichkeit nach wie asl.* goréahъ *zu erklären. Vgl. seite 94.* bojéch sje. bežéch. vidjéch. slyšjéch. sedjéch *Šafař. počátk. 104. Květ 96.* bojéch sě *kat. 2567.* zavidjéchu *56.* vědjéch *226. 547. 1402.* povědjéch *548.* otpovědjéch *364*. hledjéch *1047*. *3353*. zřéch *750*. křičjéch *1208*. ležjéch *1811*. *2224*. mnjéch *135*. stách *aus* stojách *219*. *227*. sedjéch *21*. *1632*. trpjéch *2364*. *2438*. chtjéch *1255*. *2889*.

IV. honjéch. pokořjéch *humiliabam*. mluvjéch. tvořjéch. vychodjéch; *später* mluvích. chodích *Šafař*. *počátk*. *104*. bydléch *kat*. *35*. *83*. zavadjéch *2268*. valéch *699*. dověřjéch *84*. kaléch *700*. kojéch *2566*. mútjéch *264*. mučjéch *1207*. nořjéch *2321*. *2392*. *2393*. plodjéch *741*. pravjéch *545*. nerodjéch *1178*. vysadjéch *2269*. snúbjéchъ *136*. podstúpjéch *1157*. tvořjéch *2320*. trápjéch *546*. chodjéch *748*. vychodjéch *1177*: vsadich *ist ein aor*. *2418*, *ebenso* usadich *2429*.

V. vzyvách. přijímách. čakách *neben* chovajéch *Šafař*. *počátk*. *104*. *Květ 101*. hledách *kat*. *2452*. vzdychách *2398*. zelenách sě *2312*. klanjéchu sě *16*. hrajéch *1041 und* tbajéch *137*: kázach *1464*. ukázach *184*. rozmetah *3158 sind aor*. dějéch *kat*. *1183 neben* djéch *23*. zdjéch sě *192*.

VI. sje pokořjévách *humiliabar*. oblubovách *complacebam*. minovách. kralovách *kat*. *32*. litovách *2294*. milovách *92*. *149*. usilovách *150*. *Vgl. meine abhandlung: Das imperfect in den slavischen sprachen. Sitzungsberichte LXXII.*

5. Partic. praes. act. *Das suffix des partic. praes. act. ist* nt, *dessen* t *im auslaute abfällt, im inlaute jedoch als* c *aus* tj *wieder eintritt und dessen* n *mit dem vorhergehenden vocal zu* ě, í *oder zu* a, ou *zusammenschmilzt*: hledě, hledící; veza, vezúci: *unorganisch und mit* vidúcí, horúci *nicht zusammenzustellen sind ačech*. bojúci, slyšjúci, čiňúcí *für* bojící, slyšící, činící, *asl*. bojęštij, slyšęštij, činęštij *usw*. *Auch die volkssprache kennt solche unorganische formen*: ležucej *suš*. *186*. seducí *206*. *Wie im asl. die formen auf* šte *nehmen im čech. die auf* ce *das wesen der lat. gerundia an*: daj tě samého žádati a žádajíce hledati, hledajíce nalezti a potom milovati. *Gleiche geltung haben die daraus durch abwerfung des* e *entstandenen formen auf* c: děvka počnúc povije syna *výb*. *I*. *394*. králi před Heroda jidú tjéžíc *399*. ženy té vlasti k něj přijidú tjéžíc, co by jej bylo *266*. *Das slk. hat nur die formen auf* c, *während die volkssprache in Mähren auch vocalisch auslautende formen als gerundia gebraucht*: vezma deerku pryč jeli *suš*. *100*. vzala mně ho voda teča do Dunaja *116*. zaboli tě srdce pohlídna na něho *117*. Jaša utonul po vodzě plynuci *186*. zerzaj, můj koníčku vrany, přes pole jeduci, a by uslyšela moja najmilejši v komůrce seduci *206*. zedral sem boty choďaci k tobě *228*. *Im čech. werden wie im russ. partic.*

praes. act. auch von den verba perfectiva gebildet, diese partic. haben aber wie im russ. die bedeutung der partic. praet. act. I: svolaj dělníky, a zaplať jim mzdu, počna od posledních až do prvních, *asl.* načьnъ otъ poslêdьńiihъ *matth. 20. 8. výb. I. 1062.* vezmi svój list, a sada napiš padesát, *asl.* sêdъ skoro napiši pętь desętъ *luc. 16. 6. výb. I. 1065.* ač zrno žitné padna v zemi umrlo ne bude, *asl.* padъ na zemľi ne umretъ *ioann. 1224. výb. I. 1070. Diesem gebrauche der partic. praes. act. begegnen wir auch im volksliede:* vezma husličky hned se bral *suš. 2.* sedňa za stůl zaplakal *107.* osedlaja ven vyvedla *175. Mit dem partic. praes. act. stehen die adv. auf* ečky *in verbindung:* mlčečky, stoječky, vespěčky. *Die adj. auf* cí *jedoch wie* bicí, dýmací, psací *hängen mit dem partic. praes. act. nicht zusammen 2. seite 172; ebenso wenig formen wie* ležatý, lsknutý, stojatý, visutý *2. seite 204. Mit* žádoucí *optatus ist hinsichtlich der bedeutung das nslov.* všeč *gratus für* vošeč, vidijôč *zu vergleichen.*

6. Partic. praes. pass. *Reste dieses partic. sind* vědom, vidom, znám: *man vgl.* pitom, lakom, zřejmý. *Vgl. 2. seite 232.*

f) Conjugation nach den verbalclassen.

A. Conjugation mit dem praesenssuffix.

Erste classe.

Suffixlose stämme.

1. plet.

α. *Inf.-stamm* plet. *Inf.* plés-ti. *Partic. praet. act. I.* plet. *II.* plet-l. *Partic. praet. pass.* plet-e-n.

Aor. zsges. II.	*1.* plet-e-ch	plet-e-ch-o-vě	plet-e-ch-o-m
	2. plet-e	plet-e-s-ta	plet-e-s-te
	3. plet-e	plet-e-s-ta	plet-e-ch-u.

β. *Praes.-stamm* plet-e.

Praes.	*1.* plet-u	plet-e-vě	plet-e-me
	2. plet-e-š	plet-e-ta	plet-e-te
	3. plet-e	plet-e-ta	plet-ou.

Impt. *1.* —	plet'-vě	plet'-me
2. plet'	plet'-ta	plet'-te
3. plet'	plet'-ta	plet'-te.

Impf. *1.* plet-jé-ch	plet-jé-ch-o-vě	plet-jé-ch-o-m
2. plet-jé-š-e	plet-jé-s-ta	plet-jé-s-te
3. plet-jé-š-e	plet-jé-s-ta	plet-jé-ch-u.

Partic. praes. act. plet-a.

Von vlad, pad *und* sed *hat die alte sprache die inf.* vlásti, pásti *und* sjésti *wýb. 146. 970: das nčech. kennt nur die stimme* vládnu, padnu, sednu *nach II; slk. findet sich* past, sast *Dialekt. 73;* kvisti *wýb. I. 72.* čísti *stehen asl.* cvisti, čisti *gegenüber.* bod, hud, krad, před *und andere dehnen den vocal im infinitiv:* bůsti, housti, krásti, přísti *usw.* vedst *für* vésti *ist dialektisch Dialekt. 36; ebenso* kvíst, míst *für* kvésti, mésti *11. Vor* l *wirft nur* šed *sein* d *aus:* šel, *selten ist* išel *suš. 188. slk.* dojšau *Dialekt. 76. Im ačech. findet man auch* klal *für* kladl; *slk. gilt* jel *neben* jedol. příští *für* přístí *ist asl.* prišьstije, *was auf ein partic. praet. pass.* šest, *asl.* šьstъ, *führt, nicht auf* šet *dobr. 96;* šed *ersetzt den stamm* id, *ačech.* jid, *in den partic. praet. act.:* šed, šel. id-e *und* jed-e *vehi sind praesensstämme.* jdu, jedu; jdi, jeď; jda, jeda; *im inf.* jiti, jeti; (šel), jel *und im partic. praet. pass.* jen: by na lov jeno, *und* jet: Amerika dojetá *jungm.* vyjetá cesta; *im partic. praet. act. I.* (šed), jev *wýb. I. 288. 431. 442. 1156. neben* jed *440; die aor. lauten* jidech, jedech, *selten* jech: jakž brzo Lubuše doje *wýb. I. 92; die impf.* jdjéch, jedjéch. *Das partic. praes. act.* sada *wýb. I. 285. 1065. 1096. ist zu vergleichen mit dem asl. praes.* sędą; *auch im wýb. I. 846. ist* sada *für* seda *zu lesen, wie der reim zeigt:* sada, hada; *es lautete daher ačech. das praes.* sadu *wýb. I. 15. 373. 863; an der letzten stelle ist* sadú, *nicht* sedú *zu lesen wegen des reimes* rádu; *der impt.* saď, *doch auch impt.* seď *wýb. I. 65. für asl.* sędi *und das partic. praes. act.* vseda *wýb. I. 302.* mat, *asl.* męt, *hat in den partic. praet. act.* mát, mátl. přesevši, *šafař. §. 24, steht für* přesedši. rêt *ist in die classe II. übergegangen:* střetnúti *Dialekt. 40.* střetnú *kat. 189.* potřetl *Dialekt. 38. slk.* potretou *aus* potretl *76. Von den čech. repräsentanten von asl.* bąd, vêd, dad, jêd *gilt das öfters bemerkte. Für* budu *findet man dialektisch* bydu *Dialekt. 10.*

2. nes.

α. *Inf.-stamm* nes. *Inf.* nés-ti. *Partic. praet. act. I.* nes. *II.* nes-l. *Partic. praet. pass.* nes-e-n.

Aor. zsges. II.	*1.* nes-e-ch	nes-e-ch-o-vě	nes-e-ch-o-m
	2. nes-e	nes-e-s-ta	nes-e-s-te
	3. nes-e	nes-e-s-ta	nes-e-ch-u.

β. *Praes.-stamm* nes-e.

Praes.	*1.* nes-u	nes-e-vě	nes-e-me
	2. nes-e-š	nes-e-ta	nes-e-te
	3. nes-e	nes-e-ta	nes-ou.
Impt.	*1.* —	nes-vě	nes-me
	2. nes	nes-ta	nes-te
	3. nes	nes-ta	nes-te.
Impf.	*1.* nes-jé-ch	nes-jé-ch-o-vě	nes-jé-ch-o-m
	2. nes-jé-š-e	nes-jé-s-ta	nes-jé-s-te
	3. nes-jé-š-e	nes-jé-s-ta	nes-jé-ch-u.

Partic. praes. act. nes-a.

Unorganisch ist nošen *für* nesen. pas *und* třes *haben in den partic. praet. act.* pás. třás; pásl, třásl; *das letztere im inf.* třásti, *ačech.* třésti *výb. I. 63; im partic. praes. act. auch* třasúci *1157. Man beachte* é *in* nésti, ý *in* hrýzti *usw. Slk. wird* něsol *gesagt Dialekt. 68.*

3. hřeb.

α. *Inf.-stamm* hřeb. *Inf.* hřé-s-ti. *Partic. praet. act. I.* hřeb. *II.* hřeb-l. *Partic. praet. pass.* hřeb-e-n.

Aor. zsges. II.	*1.* hřeb-e-ch	hřeb-e-ch-o-vě	hřeb-e-ch-o-m
	2. hřeb-e	hřeb-e-s-ta	hřeb-e-s-ta
	3. hřeb-e	hřeb-e-s-ta	hřeb-e-ch-u.

β. *Praes.-stamm* hřeb-e.

Praes.	*1.* hřeb-u	hřeb-e-vě	hřeb-e-me
	2. hřeb-e-š	hřeb-e-ta	hřeb-e-te
	3. hřeb-e	hřeb-e-ta	hřeb-ou.
Impt.	*1.* —	hřeb-vě	hřeb-me
	2. hřeb	hřeb-ta	hřeb-te
	3. hřeb	hřeb-ta	hřeb-te.
Impf.	*1.* hřeb-jé-ch	hřeb-jé-ch-o-vě	hřeb-jé-ch-o-m
	2. hřeb-jé-š-e	hřeb-jé-s-ta	hřeb-jé-s-te
	3. hřeb-jé-š-e	hřeb-jé-s-ta	hřeb-jé-ch-u.

Partic. praes. act. hřeb-a.

Hřeb, *das sich dialektisch und als* hreb *namentlich im slk. erhalten, wird nčech. durch* hřbi *nach IV. ersetzt.* b *fällt im inf. aus:* hřésti *wýb. I. 1103. 1133.* skústi *šafař. §. 24, doch* zábsti *und* zibsti *aus* zjábsti *und slk.* hriebsť, skúbsť. *Der inf. von* tep *gehört zu V:* tepati, tepal *usw.: das praes. lautet häufiger* tepu, tepeš, *als* tepám, tepáš *usw. Unrichtig ist die zusammenstellung des praes.* tepu *mit* tepa *nach V. 2. bei dobr. 107, da das praes. nicht* tepi *lautet. Für asl.* plêv *hat das čech.* ple *nach I. 7; auch* živ *geht in* ži *nach I. 7. über, doch* uživu *neben* užiji, *ačech.* živúce *wýb. 327;* čřiti, *wovon* načírati *wie* žírati *von* žr, *ist auf* črp, *asl.* črъp, *zurückzuführen: vgl. asl.* počrêti.

4. pek.

α. *Inf.-stamm* pek. *Inf.* péci. *Partic. praet. act. I.* pek. *II.* pek-l. *Partic. praet. pass.* peč-e-n.

Aor. zsges. II.	*1.* peč-e-ch	peč-e-ch-o-vě	peč-e-ch-o-m
	2. peč-e	peč-e-s-ta	peč-e-s-te
	3. peč-e	peč-e-s-ta	peč-e-ch-u.

β. *Praes.-stamm* pek-e.

Praes.	*1.* pek-u	peč-e-vě	peč-e-me
	2. peč-e-š	peč-e-ta	peč-e-te
	3. peč-e	peč-e-ta	pek-ou.

Impt.	*1.* —	pec-vě	pec-me
	2. pec	pec-ta	pec-te
	3. pec	pec-ta	pec-te.
Impf.	*1.* peč-é-ch	peč-é-ch-o-vě	peč-é-ch-o-m
	2. peč-é-š-e	peč-é-s-ta	peč-é-s-te
	3. peč-é-š-e	peč-é-s-ta	peč-é-ch-u.

Partic. praes. act. pek-a.

Inf. péci. říci. téci. vléci: pek. řek. tek. vlek. Žeh, *und* řek *verkürzen in manchen formen* e *zu* ь: žhu, žha, žžen; řku, řkou, rci, rceme, rcete, *asl.* rьci, rьcěmъ, rьcěte; řka, *ehemals auch* řčeno, řčenjé *neben* řečenjé, *asl.* rečenije. *Das praes. von* řek *wird mit ausnahme der 1. sg. und der III. pl. von* řeknu *nach II. gebildet. Formen wie* teču, tečou; můžu *und* možem *suš. 115.* můžou; tečiem, tečú; móžem, možú *für* teku, tekou; mohu, mohou *und partic. praes. act. wie* teča *(vgl.* jďa *suš. 210.) für* teka *sind der volkssprache eigen und unorganisch; ebenso die inf.* pect, moct *und die impt.* peč, střež *für* pec, střez. *In* žži *für* žzi *ist* z *dem* ž *assimiliert;* zajže *výb. I. 1175. steht für* zažže. můž, mužme, můžte *für* může, můžeme, můžete *sind nicht mehr gebräuchlich. Man hört auch inf. wie* řic, sic, pec; *ferners* pict, řict, vlict *und* zvreti *Dialekt. 12. 32. 56. 67. Verlängerungen der stammvocale finden statt in der III. pl. praes.* vlákou, *in den partic. praet. act.* stříh, tlouk; stříhl, tloukl. leh, seh *sind nčech. dem* lehnu, sáhnu *gewichen:* léci *výb. I. 820.* osjéci *649. Der aor.* řech, řechu, *asl.* rěchъ, rěšę, *ist nicht auf einem stamm* ře, rě, *zurückzuführen, sondern wie im asl. zu erklären: aus* řech *ist das im asl. unerhörte impf.* řejéch *výb. I. 11. šafař. 104. gebildet. Der aor.* lahú *bei dalem., wofür auch, aber ebenso fehlerhaft,* lehnu *steht, ist unorganisch für* lehú, *denn die nasale steigerung tritt im aor. nicht ein: asl.* legą, *nicht* lęgą. *Dialekt. ist* sekel, *slk.* mohol *Dialekt. 53. 68.*

5. pьn.

α. *Inf.-stamm* pьn. *Inf.* pi-ti. *Partic. praet. act. I.* pen. *II.* pja-l. *Partic. praet. pass.* pja-t.

Aor. zsges. II.	*1.* pě-ch	pě-ch-o-vě	pě-ch-o-m
	2. pě	pě-s-ta	pě-s-te
	3. pě	pě-s-ta	pě-ch-u.

β. *Praes.-stamm* pьn-e.

Praes.	*1.* pn-u	pn-e-vě	pn-e-me
	2. pn-e-š	pn-e-ta	pn-e-te
	3. pn-e	pn-e-ta	pn-ou.
Impt.	*1.* —	pn-ě-vě	pn-ě-me
	2. pn-i	pn-ě-ta	pn-ě-te
	3. pn-i	pn-ě-ta	pn-ě-te.
Impf.	*1.* pn-jé-ch	pn-jé-ch-o-vě	pn-jé-ch-o-m
	2. pn-jé-š-e	pn-jé-s-ta	pn-jé-s-te
	3. pn-jé-š-e	pn-jé-s-ta	pn-jé-chu.

Partic. praes. act. pn-a.

Der inf. píti *entsteht aus* pjáti, pjéti, *asl.* pęti. *Das partic. praet. act. II.* pal *und das partic. praet. pass.* pat *gelten neben* pjal *wýb. I. 417. und* pjat *342. suš. 17. 58, asl.* pęlъ, pętъ; *von* tьn *gilt nur* t'at. *Für slk.* mjat', mjal, mjat *hat die schriftsprache* mnouti, mnul, mnut *nach II. Das impf.* pnjéch *ist nach* přijmjéch *wýb. I. 287. und* užnjéch *410. gebildet. Die verba dieser classe haben im allgemeinen die neigung in die II. classe überzugehen:* žnúti *suš. 168. für* žíti, *asl.* žęti; *ebenso* nadmouti, najmouti: *für jenes kömmt auch* nadouti *vor, das jedoch auch mit* du, *asl.* du, *nach I. 7. zusammenhangen kann; für dieses gilt auch* najíti, *asl.* najęti. *Das partic. praet. act. I. wird häufig nach I. 7. gebildet:* jav, počav *wýb. I. 1178 für* jem, počen, *asl.* imъ, počьnъ; *unorganisch ist* spem, *šafař. §. 23, für* spen, počemši *für* počenši. žn *hat im praes.* žnu, žneš, žne, *ačech. auch* žnju, žněš, žně: jenžto, žně (znye) *jungm., asl.* žьnją, žьnješi, žьnjetъ. *Von* ždm, *asl.* žьm, *liest man ačech.* žech (přižech) *und* žal. *Das slk.* zažnem, zažat' *accendere hängt mit* žeh, *asl.* žeg, *zusammen.*

6. mr.

α. *Inf.-stamm* mr. *Inf.* mř-í-ti. *Partic. praet. act. I.* mř-e-v. *II.* mř-e-l. *Partic. praet. pass.* tř-e-n.

Aor. zsges. II.	*1.* mř-e-ch	mř-e-ch-o-vě	mř-e-ch-o-m
	2. mř-e	mř-e-s-ta	mř-e-s-te
	3. mř-e	mř-e-s-ta	mř-e-ch-u.

β. *Praes.-stamm* mr-e.

Praes.	*1.* mr-u	mř-e-vě	mř-e-me
	2. mř-e-š	mř-e-ta	mř-e-te
	3. mř-e	mř-e-ta	mr-ou.

Impt.	*1.* —	mř-e-vě	mř-e-me
	2. mř-i	mř-e-ta	mř-e-te
	3. mř-i	mř-e-ta	mř-e-te.

Impf.	*1.* mř-jé-ch	mř-jé-ch-o-vě	mř-jé-ch-o-m
	2. mř-jé-š-e	mř-jé-s-ta	mř-jé-s-te
	3. mř-jé-š-e	mř-jé-s-ta	mř-jé-ch-u.

Partic. praes. act. mr-a.

Ml *hat im praes.* meli, *asl.* melją, *im impt.* mel *und* mli, *im partic. praet. pass.* mlen (mlén) *und* mlet. *Im inf. wird* l *zu* lê, r *zu* rê *gesteigert:* mlíti, mříti *aus* mléti, mřéti; *ebenso in* mlel *und* umřel, otřel, *wofür in der volkssprache auch* umrlý *suš. 125. 162.* otrlý: *jenes ist auch im ačech. nachweisbar:* umrlo bude *wýb. I. 1061. 1070.* umrlú *265.* umrlým *278. Dialekt. sind die inf.* mřet, třet, vřet *Dialekt. 36. für* mříti, tříti, vříti. *Man bemerke die partic. praet. pass.* zavřín *und* zavřen, *ferners* třen *und* trt: netrté cesty. *Das impf. ist als* mřiech, třiech *nachweisbar in einem evang. des XV. jahrh. Falsch sind die formen wie* mřu, mřou: *vgl.* vlečn, vlečou; *ähnlich ist* vřúci *suš. 1.* třu, třou *für* tru, trou *Dialekt. 11.*

7. bi.

α. *Inf.-stamm* bi. *Inf.* bi-ti. *Partic. praet. act. I.* bi-v. *II.* bi-l. *Partic. praet. pass.* bi-t.

Aor. zsges. II.	*1.* bi-ch	bi-ch-o-vě	bi-ch-o-m
	2. bi	bi-s-ta	bi-s-te
	3. bi	bi-s-ta	bi-ch-u.

β. *Praes.-stamm* bi-j-e.

Praes.	*1.* bi-j-i	bi-j-e-vě	bi-j-e-me
	2. bi-j-e-š	bi-j-e-ta	bi-j-e-te
	3. bi-j-e	bi-j-e-ta	bi-j-í.
Impt.	*1.* —	bí-vě	bí-me
	2. bí	bí-ta	bí-te
	3. bí	bí-ta	bí-te.
Impf.	*1.* bi-j-é-ch	bi-j-é-ch-o-vě	bi-j-é-ch-o-m
	2. bi-j-é-š-e	bi-j-é-s-ta	bi-j-é-s-te
	3. bi-j-é-š-e	bi-j-é-s-ta	bi-j-é-ch-u.
Partic. praes. act.	bi-j-e.		

Die inf. haben langen wurzelvocal: bíti. víti. plouti. slouti. býti. rýti *usw. Für* ji *in der I. sg. praes. steht nach* a *auch* m: znám *für* znaju, znaji *výb. I. 85. 154. 945.* zrám *und* zraji; *man hört im Troppauischen auch* bím, vím, pím *für* biji, viji, piji; pím, vylím *Dialekt. 57. Ebenso stehen* dím *inquam,* smím *für* ději, děju *výb. I. 65.* směji, směju. i *kann ačech. vor* j *ausfallen:* bjéš, ljéš *für* biješ, liješ *usw.* pjé *výb. I. 257: vgl.* lidé *mit asl.* ljudije; pjéchu, *asl.* pijaahą. *Im impt. steht* bí, krý *für* bij, kryj (*vgl.* dobrý *mit dem asl.* dobryj); *doch auch* pij *erb. I. 15;* zab, zabte *für* zabij, zabijte *Dialekt. 14;* pice *výb. I. 222. für* pijíce; kryj *kann in* krej *übergehen: vgl.* dobrej *für* dobrý. ži *wird auch nach I. 3. conjugiert:* uživu, užiji. plu *und* slu *haben* plovu, slovu *und* pluji, sluji, *im impf.* plovjéch, slovjéch: plyve *steht suš. 129.* sta *geht in den praes.-formen nach II:* stanu, staň *usw.; dialektisch ist* stanul *suš. 140. 156. 180. Dialekt. 56. für* stal. dě *hat im praes.* dím, díš, dí *usw. III. pl.* dí *und* ději; vě *dehnt seinen vocal in* víl *und* vin; okře *in* okřil; odě *hat* odět *und* oděn *neben* odín; se-set *und* sjeu: *befremdend ist* sit. kle, *das dem asl.* klьn, klęti *entspricht, hat im aor.* klach *výb. I. 1119, im partic. praet. pass.* klet *und* klat *neben* klen *erb. I. 24.* u *findet man im partic. praet. act. II. häufig gedehnt:* plúl *výb. I. 267. 1107.* ploul *erb. 2. 39.* slúl *160. 314; bei dobr. 95.* plul, slul. *Die formen* nadědí, odědí *bei šafař. seite 108. für asl.* nadeždąть, odeždąть *oder* nadêjąть, odêjąть *kann ich nicht deuten:* dadí *ist zur erklärung nicht anzuführen. Für* byl *hört man auch* bul *Dialekt. 16.*

Zweite classe.

ną-stämme.

α. *Inf.-stamm* dvihnu. *Inf.* zdvihnou-ti. *Partic. praet. act. I.* zdvihnu-v. *II.* zdvihnu-l. *Partic. praet. pass.* zdvihnu-t.

Aor. zsges. II.	*1.* zdvihnu-ch	zdvihnu-ch-o-vě	zdvihnu-ch-o-m
	2. zdvihnu	zdvihnu-s-ta	zdvihnu-s-te
	3. zdvihnu	zdvihnu-s-ta	zdvihnu-ch-u.

β. *Praes.-stamm* zdvihn-e.

Praes.	*1.* zdvihn-u	zdvihn-e-vě	zdvihn-e-me
	2. zdvihn-e-š	zdvihn-e-ta	zdvihn-e-te
	3. zdvihn-e	zdvihn-e-ta	zdvihn-ou.
Impt.	*1.* —	zdvihn-ě-vě	zdvihn-ě-m
	2. zdvihn-i	zdvihn-ě-ta	zdvihn-ě-te
	3. zdvihn-i	zdvihn-ě-ta	zdvihn-ě-te.
Impf.	*1.* zdvihn-jé-ch	zdvihn-jé-ch-o-vě	zdvihn-jé-ch-o-m
	2. zdvihn-jé-š-e	zdvihn-jé-s-ta	zdvihn-jé-s-te
	3. zdvihn-jé-š-e	zdvihn-jé-s-ta	zdvihn-jé-ch-u.

Partic. praes. act. zdvihn-a.

Das partic. praet. act. II. und praet. pass. wird bei mehreren consonantisch schliessenden stämmen ohne nu *gebildet:* nadchnu, nadechl, nadšen; zamknu, zamkl, zamčen; žapřáhnu, zapřáhl, zapřážen; sáhnu, sáhl, sážen; postihnu, postihl, postižen; tisknu, tiskl, tištěn; trhnu, trhl, tržen; táhnu, táhl, tažen *usw.: mit* nahl *suš. 82. von* nahnu, *vgl. das asl. adj.* naglъ. *Dasselbe findet auch im aor. und im partic. praet. act. I. statt:* dotčech, přimčech, lečech, osvetech, tiščech, těžech, dšech *výb. I. 280. 406;* strh *von* dotknu, přimknu, leknu, osvetnu (*vgl. serb.* osvanuti), *jetzt* osvitnu, tisknu, táhnu, dechnu, strhnu *usw. Notwendig ist die ausstossung des* nu *im einfachen aorist:* vzdvihú, užasú sje, poskytú *usw. Slk. findet man* břst *für* břednouti *Dialekt. 73.*

25

Dritte classe.

ê-stämme.

Erste gruppe.

umê.

α. *Inf.-stamm* umě. *Inf.* umě-ti. *Partic. praet. act. I.* umě-v. *II.* umě-l. *Partic. praet. pass.* umě-n.

Aor. zsges. II.	*1.* umě-ch	umě-ch-o-vě	umě-ch-o-m
	2. umě	umě-s-ta	umě-s-te
	3. umě	umě-s-ta	umě-ch-u.

β. *Praes.-stamm* umě-j-e.

Praes.	*1.* um-í-m	um-í-vě	um-í-me
	2. um-í-š	um-í-ta	um-í-te
	3. um-í	um-í-ta	umě-j-í.
Impt.	*1.* —	umě-j-vě	umě-j-me
	2. umě-j	umě-j-ta	umě-j-te
	3. umě-j	umě-j-ta	umě-j-te.
Impf.	*1.* umě-jé-ch	umě-jé-ch-o-vě	umě-jé-ch-o-m
	2. umě-jé-š-e	umě-jé-s-ta	umě-jé-s-te
	3. umě-jé-š-e	umě-jé-s-ta	umě-jé-ch-u.

Partic. praes. act. umě-j-e.

Die ausgänge ím, íš, í *usw. stehen für* ém, és, é *aus* ějem, ěješ, ěje *usw.:* umějem, uměješ, uměje *usw.* Umějéch *liest man wýb. I. 1161*; želévě *wýb. I. 150. steht für* želejevě. mě, *asl.* imê, *hat* mám, měj, měch, mějéch *und* mjéch, maje, měv, měl, jměn *und* jmín; *verschieden ist* jímati, jímám *usw. wýb. I. 238. Vgl. asl.* imêti, imamь *habere und* imati, imają *prehendere iterat.*

Zweite gruppe.

gorê.

α. *Inf.-stamm* hoře. *Inf.* hoře-ti. *Partic. praet. act. I.* hoře-v. *II.* hoře-l. *Partic. praet. pass.* vidě-n.

Aor. zsges. II.	*1.* hoře-ch	hoře-ch-o-vě	hoře-ch-o-m
	2. hoře	hoře-s-ta	hoře-s-te
	3. hoře	hoře-s-ta	hoře-ch-u.

β. *Praes.-stamm* hoři-e.

Praes.	*1.* hoří-m	hoři-vě	hoří-me
	2. hoří-š	hoří-ta	hoří-te
	3. hoří	hoří-ta	hoří.

Impt.	*1.* —	hoř-vě	hoř-me
	2. hoř	hoř-ta	hoř-te
	3. hoř	hoř-ta	hoř-te.

Impf.	*1.* hoř-jé-ch	hoř-jé-ch-o-vě	hoř-jé-ch-o-m
	2. hoř-jé-š-e	hoř-jé-s-ta	hoř-jé-s-te
	3. hoř-jé-š-e	hoř-jé-s-ta	hoř-jé-ch-u.

Partic. praes. act. hoř-e.

In den zweisilbigen inf. gehen ě, e *in* i *über:* mniti, zříti, *ačech.* mnjéti, zřjéti. *Das ačech. hat häufig* a *für asl.* ê: držav *wyb. I. 159.* držal *171. 805.* držáno *199.* ležal *163.* ležala *174.* slyšal *152.* slyšala *348.* vid'al *142. 143. 325.* vid'ala *325.* hořala *140.* hořalo *356.* let'al *337. für* držev, držel, viděl, viděla, hořela *usw., auch dialekt.* bežal, držal, klečal, pršalo, slyšal; sed'al *Dialekt. 32. Im ačech. liest man in der I. sg. praes. nicht selten* u, i *für älteres* ju, *vor welchem die cosonanten die durch praejotierte vocale bedingten veränderungen erleiden:* vizu, *asl.* viždą, *wyb. I. 74. 156.* vizi *1067.* styzu se, *asl.* styždą, *156.* styzi se *1064.* mušu *88.* muši *372. 375. 379. 877. 1153;* drži *290.* boji se *370.* stoji *376;* musju *1143.* musi *289. 351. stehen für* mušu, muši. *Die III. pl. praes. wird in der volkssprache Böhmens nicht selten nach III. 1. gebildet:* visejí. hledějí, musejí, náležejí, *dessen partic. praes. act.* náležejíci *und* náležici *lautet. Vgl. seite 372. Das partic. praet. pass. wird manchmal, namentlich nach den labialen, nach IV. gebildet, daher* trpeni, hoveni *usw.* vidě *hat im impt.* viz, vizme, vizte, *asl.* viždь, vidimъ, vidite. boja *und* stoja *ziehen in den inf.-formen* oja *zu* á *zusammen:* báti se, státi; bál se, stál; bách se, stách *usw., dagegen* bojím se, stojím; boj se, stûj; bojéch se *wyb. I. 182.* stojéch

330. 378. *neben* stách, stáše *wyb. I. 183. 864. Von* stkve *lautet das impf.* stkvějéch *und* stkvjéch. chtě *hat im praes.* chci, *dialekt.* chcu, *ačech. auch* choci, chceš, chce *usw.; in der III. pl.* chti *aus* chtjá, chtjé, *asl.* hъtętъ, *und* chtéji, *dialekt.* chcou, chtějou *Dialekt.* 32. 38. *impt.* chtěj, *asl.* hъšti; chtěch, *ačech. auch* chotěch; chtjéch; chtě, *asl.* hъtę, *und* chtěje; chtěv; chtěl; chtěn; chtíti: *unorganisch ist das slk.* chcejú, chcet', chcel. spa *hat* spím, sca-štím *und* štiji.

Vierte classe.

i-stämme.

hvali.

α. *Inf.-stamm* chvali. *Inf.* chváli-ti. *Partic. praet. act. I.* chváli-v. *II.* chváli-l. *Partic. praet. pass.* chvál-e-n.

Aor. zsges. II.	*1.* chváli-ch	chváli-ch-o-vě	chváli-ch-o-m
	2. chváli	chváli-s-ta	chváli-s-te
	3. chváli	chváli-s-ta	chváli-ch-u.

β. *Praes.-stamm* chvali-e.

Praes.	1. chválí-m	chváli-vě	chváli-me
	2. chválí-š	chválí-ta	chválí-te
	3. chválí	chváli-ta	chválí.
Impt.	1. —	chval-vě	chval-me
	2. chval	chval-ta	chval-te
	3. chval	chval-ta	chval-te.
Impf.	1. chvál-jé-ch	chvál-jé-ch-o-vě	chvál-jé-ch-o-m
	2. chvál-jé-š-e	chvál-jé-s-ta	chvál-jé-s-te
	3. chvál-jé-š-e	chvál-jé-s-ta	chvál-jé-ch-u.

Partic. praes. act. chvále.

Das lange i *des praes. erklärt sich aus der contraction des* ije *zu* i: *es steht nämlich* chválím *für* chválijem, chvališ *für* chválješ *usw. Die I. sg. praes. wird ačech. nicht selten nach analogie des asl. gebildet; dem asl.* ją *steht* ju *gegenüber, vor dem die consonanten die entsprechenden veränderungen erleiden:* mysljn *wýb. I.* 277, *woraus durch assimilation* mysli 277. 280. 289. modli 304. vini 865; t *und* d *gehen in* c *und* z *über:* převrácju *psal.* 67. 23. nasycju 17. 3. zmlácu 82. plozu 74. chozu 74. navráci 213. zaplaci 220. ztraci 213. ukráci 814. blúzi 1091. zhozi 215. razi 854. 866. 872. chozi 193. škozi 193; zbavju 159. 1145. pravju 97. 1145. opravju 159. ztravju *und durch assimilation* divi 948. pravi 222. 952. stúpi 63: položu 85; z *und* s *werden in* ž *und* š *verwandelt:* prošu 77. 85. *und durch assimilation* zkuši 375. pokuši 1181. proši 213. 299. 950; *unrichtig, wahrscheinlich aus fehlerhafter transscription entstanden, ist* prosi 290 *für* proši. *Die verwandlung hat nicht stattgefunden in* vyprostju *psal.* 49. 5; *ebenso in* hdju, *das zu III.* 5. *gehört,* 62. 2. *Im partic. praet. pass. gehen dieselben veränderungen der consonanten vor sich:* valen, pařen, míněn; placen, rozen; kažen, míšen *von* vali, paři, míni *usw.; unorganisch ist* hražen, *dobr.* 214, *für* hrazen *von* hradi. st *geht in* šť *über:* maštěn *von* masti, *ačech. auch* šč: puščen *wýb. I.* 284. 159. 187. zproščen 265; *für* zd *tritt* zď, *für* žd-žď *ein:* hyzděn, draždění; *ebenso* křtěn. ctěn *von* křti, cti: *auch ohne vorhergehendes* z, ž, ř, c *unterbleibt manchmal die verwandlung des* t, d: pečetěn; děděn, kaděn, cíděn *usw.; dasselbe findet sich auch bei* z: plazen; *bei* zamezen, odcizen *kann kein wandel stattfinden, da hier* z *gleich* žd *ist:* spasen *hängt mit* spas *nach I, nicht mit* spasi *nach IV. zusammen;* vozi *hat* vožen *und* vozen; mysli-myšlen; c *wird nicht verwandelt:* bacen *von* baci. *Im impf. bleiben die consonanten unverändert:* mútjéch *wýb. I.* 270. 389. 402. potratjéch 330. křestjéch 282. chodjéch 404. škodjéch 410. nosjéch 93. 265. 307. prosjéch 280. 286. 1165. mysléch *für asl.* mąštaahъ, hoždaahъ, nošaahъ *usw. Die partic. praes. act.* zhrože se, proše, *asl.* grozę, prosę, *wýb. I.* 218. 316. *dobr.* 247. *sind unorganisch und mahnen an das pol.* Prý, prál *fallen mit* praví, pravil *zusammen dobr.* 247: *dafür kann angeführt werden, dass aus* praví-praji (*wie aus* bratrovi-bratroji), *aus* praji-praj (*wie aus* činějí-činěj), *aus* praj *endlich* prej *und* prý (*vgl.* dobrej *und* dobrý) *entstehen kann: so wird auch das slov.* pre *und das pol.* pry *aus* pravi, prawi *erklärt werden müssen. Der impt. verkürzt häufig die vocale des praes.:* obrať, chraň; řeď, svěť, směs, pospěš; smiř, vtip; kup, suď: chyl *von* obrátím, chráním, řídím *usw.*

Fünfte classe.

a - s t ä m m e.

Erste gruppe.

dêla

α. *Inf.-stamm* děla. *Inf.* děla-ti. *Partic. praet. act. I.* děla-v. *II.* děla-l. *Partic. praet. pass.* dělá-n.

Aor. zsges. II.	*1.*	děla-ch	děla-ch-o-vě	děla-ch-o-m
	2.	děla	děla-s-ta	děla-s-te
	3.	děla	děla-s-ta	děla-ch-u.

β. *Praes.-stamm* děla-j-e.

Praes.	*1.*	dělá-m	dělá-vě	dělá-me
	2.	dělá-š	dělá-ta	dělá-te
	3.	dělá	dělá-ta	děla-j-í.
Impt.	*1.*	—	děle-j-vě	děle-j-me
	2.	děle-j	děle-j-ta	děle-j-te
	3.	děle-j	děle-j-ta	děle-j-te.
Impf.	*1.*	dělá-ch	dělá-ch-o-vě	dělá-ch-o-m
	2.	dělá-š-e	dělá-s-ta	dělá-s-te
	3.	dělá-š-e	dělá-s-ta	dělá-ch-u.

Partic. praes. act. děla-j-e.

Dělám, děláš *stehen für* dělajem, dělaješ *usw.: in der III. pl. steht* a *für asl.* a, *weshalb es kurz ist:* dělaji, *asl.* dêlajątъ. *Das praes. lautet ačech. auch* -aju, aješ, *asl.* -ają, -aješi *usw.:* ufaju *výb. I.* 153. žádaji 277*: dasselbe findet sich in der volkssprache:* prokvetaje, zasedaje, pospíchaje *suš.* 38. *im reim. Das* á *des impf. entsteht aus* aa: dělách, *asl.* dêlaahъ: *die formen* chovajech, čekajech *setzen ein asl.* -ajahъ *voraus. Die verba auf* eti *haben im praes.* ím, íš, í *usw. für* ém *aus* ejem (*vgl.* dím *aus* dějem), ajem, ajom: házím, házíš, hází *aus* házém, házejem, házajem, házajom *usw., asl.* gaždają, gaždaješi, gaždajetъ *usw. Man merke altes* a *für* e *in* přebíjal *výb. I.* 252. přiházalo 295. púščal 224. vcházal 284. *Der* *stamm* vecc, *asl.* vêšta, *ist nur im aor. gebräuchlich:* vecech, vece; vecechově, vecesta; vecechom, vecechu. *Von dem stamme* hra *lauten die partic. praet. act.* hrav, hral *und* hráv, hrál: *jenes klingt nach dobr.* 242. 245. *mit dem praes.* hrám, *dieses mit dem praes.* hraji *zusammen, was nicht richtig, obgleich es wahr ist, dass dort, wo man* hrám *spricht (im östlichen Böhmen),* a *in* hral *gekürzt, dort hingegen, wo* hraji *gesprochen wird (im mittleren Böhmen), gedehnt wird.* nech *ist* nechej. *Neben* plavám *findet man auch* plavu, plaveš *usw. jungm. und im volksliede:* její bílé ruce vodú plavú prudce *suš.* 145. *Dialektisch ist in der III. pl. praes.* i *für* ejí *nach IV. statt nach V. 1:* utrácí, shání *für* utrácejí, shánějí, *asl.* -štają, -njają; shání *Dialekt.* 15. schází 41. vynáší 30. *für* shánějí, scházejí, vynášejí. *Im impt. wird der stammvocal häufig gekürzt:* kaž, kař, plač: kázati, kárati, plákati.

Zweite gruppe.

pьsa.

α. *Inf.-stamm* psa. *Inf.* psá-ti. *Partic. praet. act. I.* psa-v. *II.* psa-l. *Partic. praet. pass.* psá-n.

Aor. zsges. II.	*1.* psa-ch	psa-ch-o-vě	psa-ch-o-m
	2. psa	psa-s-ta	psa-s-te
	3. psa	psa-s-ta	psa-ch-u.

β. *Praes.-stamm* pisi-e.

	1. píši	píš-e-vě	píš-e-me
	2. píš-e-š	píš-e-ta	píš-e-te
	3. píš-e	píš-e-ta	píší.
Impt.	*1.* —	piš-vě	piš-me
	2. piš	piš-ta	piš-te
	3. piš	piš-ta	piš-te.
Impf.	*1.* pís-á-ch	pís-á-ch-o-vě	pís-á-ch-o-m
	2. pís-á-š-e	pís-á-s-ta	pís-á-s-te
	3. pís-á-š-e	pís-á-s-ta	pís-á-ch-u.

Partic. praes. act. píše.

Die consonanten werden im praes. wie vor praejotierten vocalen verwandelt. Die meisten der diesem paradigma folgenden verba können auch nach V. 1. gehen: bublám, bubli; orám, oři; řehtám, řechci; drápám, drápi; zobám, zobi; dřímám, dřími; pískám, píšti; strouhám, strouži; dýchám, dyši; mazám, maži; plésám, pléši *usw.: nur wenige folgen ausschliesslich diesem paradigma:* váza, váži *und* víži; káza, káži; táza, táži *und* tíži. *Die form V. 1. gewinnt im lauf der zeit an umfang zum nachtheil von V. 2:* létám, metám, *ačech.* léci, meci; lokám, *ačech. auch* loči *výb. I. 94.* kla, stla, sla *haben als praesens-stamm* kolie, stelie, šlie. *Manche verba, die das praes. nach V. 1. und nach V. 2. bilden, haben den impt. ausschliesslich oder gewöhnlicher nach V. 1:* stonám, stoni, stonej, *doch auch* stůň; hýbám, hýbi, hýbej; lámám, lámi, lámej, *selten* lam; získej, skákej, stýskej, kousej *usw.; dagegen* orám, oři *und* orej, oř; trestám, tresci *und* trestej, tresci; sypám, sypi *und* sypej, syp *usw. Slk. ist* vládzem *sbor. 30. von* vláda. *Bei manchen verben wird der lange vocal des stammes im impt. gekürzt:* važ, kaž, opaš, taž; liž, piš *von* váži, káži, opáši, táži; líži, piši; věž, otěž *von* víži, otíži. pъsa *verlängert in den praes.-formen* ъ *zu* i, *daher* psáti, psav, psal, psán, psach, *in den praes.-formen dagegen* piši, *doch im impt.* piš: *das impf.* písách *kann ich nicht belegen; seltener liest man ačech.* písa *in den inf.-formen:* písán *výb. I. 138. 166. 238.* písal *274. Vgl. ačech.* lza *für* líza *výb. I. 631.* kla, stona, plaka *dehnen ihr* o *und* a *im praes. mit ausnahme der I. sg. und der III. pl:* koli, kolí; kůleš, kůle; stoni, stoní: stůněš, stůně; plači, plačí: pláčeš, pláče *usw.: vgl. die stämme* moh, bra, zva. rza *ersetzt die inf.-formen durch* rža: ržáti, ržal; *das praes. ist regelmässig:* rži, ržeš *usw.*

Dritte gruppe.

bra.

α. *Inf.-stamm* bra. *Inf.* brá-ti. *Partic. praet. act. I.* bra-v. *II.* bra-l. *Partic. praet. pass.* brá-n.

Aor. zsges.	*1.*	bra-ch	bra-ch-o-vě	bra-ch-o-m
	2.	bra	bra-s-ta	bra-s-te
	3.	bra	bra-s-ta	bra-ch-u.

β. *Praes.-stamm* ber-e.

Praes.	1.	ber-u	ber-e-vě	ber-e-me
	2.	ber-e-š	ber-e-ta	ber-e-te
	3.	ber-e	ber-e-ta	ber-ou.

Impt.	*1.* —	ber-vě	ber-me
	2. ber	ber-ta	ber-te
	3. ber	ber-ta	ber-te.
Impf.	*1.* br-á-ch	br-á-ch-ově	br-á-ch-om
	2. br-á-š-e	br-á-s-ta	br-á-s-te
	3. br-á-š-e	br-á-s-ta	br-á-ch-u.

Partic. praes. act. ber-a.

Das impf. brách *ist unbelegbar.* řevjéch *psalm. 37. 9. ist nach dem principe, das der bildung* berêahъ *im asl. zu grunde liegt, entstanden. Im praes. und im impt. hat das ačech.* béřeš, béře *usw.* beř, beřme, beřte; *ebenso* zůveš, zůve *und* zoveš, zove *usw. Die I. sg. und die III. pl. dehnen den vocal nicht:* beru, berou; zovu, zovou. lha *hat im impt.* lži. *Eigentümlich ist der aor.* zeřve *výb. 103, wofür man nach V. 3.* zeřva *und nach I. 6.* zeřu *erwartet.*

Vierte gruppe.

dêja.

α. *Inf.-stamm* dě-ja. *Inf.* ďá-ti. *Partic. praet. act. I.* ďá-v. *II.* ďá-l. *Partic. praet. pass.* ďá-n.

Aor. zsges. II.	*1.* ďá-ch	ďá-ch-o-vě	ďá-ch-o-m
	2. ďá	ďá-s-ta	ďá-s-te
	3. ďá	ďá-s-ta	ďá-ch-u.

β. *Praes.-stamm* dě-j-e.

Praes.	*1.* dě-j-i	dě-j-e-vě	dě-j-e-me
	2. dě-j-e-š	dě-j-e-ta	dě-j-e-te
	3. dě-j-e	dě-j-e-ta	dě-j-í.
Impt.	*1.* —	dě-j-vě	dě-j-me
	2. dě-j	dě-j-ta	dě-j-te
	3. dě-j	dě-j-ta	dě-j-te.
Impf.	*1.* dě-jé-ch	dě-jé-ch-o-vě	dě-jé-ch-o-m
	2. dě-jé-š-e	dě-jé-s-ta	dě-jé-s-te
	3. dě-jé-š-e	dě-jé-s-ta	dě-jé-ch-u.

Partic. praes. act. dě-j-e.

Die praes.-formen von děja *fallen mit den praes.-formen von* dě *nach I. 7. zusammen; von den inf.-formen hat sich* dál, *wofür die schriftsprache* dál *hat, erhalten, und darnach sind die übrigen inf.-formen gebildet; das impf. steht výb. I. 245. 446; für* zdá se *videtur hat das ačech.* zdjé se; *im aor.* zdéch *und im impf.* zdjéch *výb. I. 415. neben* zdách *864; nčech. geht* zdá *nach V. 1:* zdám, zdáš, zdá *usw.: die III. pl. praes.* zdaji: *ačech.* zdadí *beruht auf der auch sonst vorkommenden verwechslung von* dě *mit* da; *mit* zdá *steht das adv.* zda *num in zusammenhang. In den inf.-formen treten starke zusammenziehungen ein, es gehen nämlich* aja, ija, ěja *in* á *über:* láti, přáti, váti *aus* lajati, přijati, vějati; lál, přál, vál *für* vjál *aus* lajal, přijal, vějal; lán, přan, ván *aus* laján, přiján, věján *usw.; selten sind die vollen formen:* otajaly *suš. 122. In einigen fällen kann, in anderen muss* á *durch* i *ersetzt werden:* viti *und* váti; siti *und* sáti; víl, vín *und* vál, ván; hříl *und* hřál; hřít *und* hřán, hřát; okříti *und* okřáti; okříl *und* okřál; příti *und* přáti; líl *und* lál; zasmíl se *neben* zasmál se *suš. 192.* smít se, smíl se *Dialekt. 16. 19.* síl *und ačech. auch* sál: *die formen* sel, *wofür auch* sil *erb. 1. 60; 2. 183.* set *sind auf* se, *asl.* sê, *nach I. 7. zurückzuführen;* přín *und* přán; zíti, díti: dílo *für* dálo *Dialekt. 16. Die mittelstufen zwischen* ija, ěja *und* i *sind* já, jé: přija, přjá, přjé, pří. *Verliert der consonant die erweichung, oder wird diese nicht beachtet, so bleibt* á: sáti *und* sjéti *výb. I. 109,* siti *aus* seja; dál *und* dál *aus* dějal; lel *mit dem auffallenden kurzen* e *ist auf der vorletzten stufe stehen geblieben, ebenso* nasměvše se *výb. I. 88. für* nasmjévše še; smjéti se *90. 270. 274;* zasmjéchu se *272;* smjéli se: *befremdend ist durch den kurzen vocal ausser dem erwähnten* lel - siji, *dem kein asl.* siti, siją *gegenübersteht. Steigerungen finden in den praes.-formen von* zija, *asl.* zija, lija, *asl.* lija, přija, *asl.* prija, sija, *asl.* sija, *und* smija, *asl.* smija, *statt, daher* zeji, *asl.* zêją, leji, *asl.* lêją, přeji, *asl.* prêją, směji, *asl.* smêją, *daher auch* přejéch *výb. I. 476. Die inf.* přáti, smáti, *wofür ačech. auch* smjéti, *entstehen demzufolge nicht aus* přejati, smějati, *sondern aus* přijati, smijati, *und* přítel *nicht aus* přejatel, *sondern aus* přijatel; *ebenso ist es ein irrtum, den auf der formbildung beruhenden unterschied zwischen* liji *und* leji *als einen bloss lautlichen aufzufassen. Auch hier treten in der I. sg. praes. kürzere formen auf:* kám se, smím se, lém, lěš *výb. I. 843. aus* lejem, leješ. *Im partic. praet. pass. gilt* ohřat *neben* ohřán.

Sechste classe.

ova *(a-a)*-stämme.

kupova.

α. *Inf.-stamm* kupova. *Inf.* kupova-ti. *Partic. praet. act. I.* kupova-v. *II.* kupova-l. *Partic. praet. pass.* kupová-n.

Aor. zsges. II.	*1.* kupova-ch	kupova-ch-o-vě	kupova-ch-o-m
	2. kupova	kupova-s-ta	kupova-s-te
	3. kupova	kupova-s-ta	kupova-ch-u.

β. *Praes.-stamm* kupu-j-e.

Praes.	*1.* kupu-j-i	kupu-j-e-vě	kupu-j-e-me
	2. kupu-j-e-š	kupu-j-e-ta	kupu-j-e-te
	3. kupu-j-e	kupu-j-e-ta	kupu-j-í.
Impt.	*1.* —	kupu-j-vě	kupu-j-me
	2. kupu-j	kupu-j-ta	kupu-j-te
	3. kupu-j	kupu-j-ta	kupu-j-te.
Impf.	*1.* kupová-ch	kupová-ch-o-vě	kupová-ch-o-m
	2. kupová-š-e	kupová-s-ta	kupová-s-te
	3. kupová-š-e	kupová-s-ta	kupová-ch-u.

Partic. praes. act. kupu-j-e.

Ačech. liest man sehr häufig i *für* u: bojije *výb. I. 1157.* poškvrnije, spatřije *usw.;* vari, varite; vary, varyte *oder* var, varte *steht für* varuj, varujte: *vgl. das nslov.* obari *für* obaruj.

B) Conjugation ohne das praesenssuffix.

1. věd.

Praes.	*1.*	ví-m	vjé-vě	ví-me
	2.	ví-š	vjés-ta	ví-te
	3.	ví	vjés-ta	věd-í.
Impt.	*1.*	—	věz-vě	věz-me
	2.	věz	věz-ta	věz-te
	3.	věz	věz-ta	věz-te.

Vjéste *findet sich wýb. I. 1067.* věz *entspricht asl.* vêždь, vězte *asl.* vêdite. *Die ačech. I. sg. praes.* vědě, povědě *vertritt nicht etwa die stelle von* věděch, pověděch, *sondern ist eine eigentümliche bildung s. seite 125.* vjévě *ist nach* davě *gebildet wýb. I. 65. 374. Partic. praes. act.* věda. ví *für* vědí *ist dialekt. Dialekt. 15,* vedjá *slk. 63.*

2. dad.

Praes.	*1.*	dá-m	dá-vě	dá-me
	2.	dá-š	dás-ta	dá-te
	3.	dá	dás-ta	da-j-í.
Impt.	*1.*	—	de-j-vě	de-j-me
	2.	de-j	de-j-ta	de-j-te
	3.	de-j	de-j-ta	de-j-te.

Das lange a *in* dám, dáš *usw. hat sich aus V. 1. eingeschlichen. Alt* dadjé, *asl.* dadętъ. *Partic. praes. act.* dada *für ein asl.* dadę.

3. jad.

Praes.	*1.*	jí-m	jé-vě	jí-me
	2.	jí-š	jés-ta	jí-te
	3.	jí	jés-ta	jed-í.
Impt.	*1.*	—	jez-vě	jez-me
	2.	jez	jez-ta	jez-te
	3.	jez	jez-ta	jez-te.

Das partic. praes. act. lautet jeda: *vgl. asl.* jadę *neben* jady. *Für* jedí *findet sich* jí *Dialekt. 15.*

4. jes.

Praes.	*1.*	js-e-m	s-vě	js-me
	2.	j-si	s-ta	js-te
	3.	jes-t	s-ta	js-ou.

J *vor* s *gelangt in der aussprache nach* ne *zur geltung:* nejsem: *unorgan. ist* jsou, nejsou; *in der verbindung mit anderen verbal-*

formen schreibt man häufig sem, si *usw., was im ačech. auch ausserdem eintritt:* jáz sem lovec, ty si parob, sú dobří ludjé *usw.; ebenso* sa *für* jsa, *asl.* sę, sy. *Für* jsem, jsi *hat die volkssprache auch* jsu (*slk.* som, šmy *Dialekt. 68. 79*), jseš, seš *nach der conjugation mit dem praesenssuffix:* že jsu boži muka; dyž jsu jen poctivá; ja jsu z Vizovic *suš. 233. 252. 291.* ja nésu závistivá 224. já su *Dialekt. 32. 36.* ty seš šelma velká *suš. 258. erb. 1.69.* jsi *kann sein* i *abwerfen:* byls, bylas. *Die volkssprache verbindet die III. mit dem* s *der II. sg.:* ty-s je hřišna *suš. 3.* horo mila vysoka-s je *54.* dy-s je jeho mama *202.* něni-s ty věnečka hodna *209: diess ist ein polonismus. Ačech. findet man für* jesm *auch* jesum, *als ob das asl.* jesъmь *lautete; für* jsi *auch* jesi; je *steht ohne nachdruck für* jest; *für* ne je *gilt* není.

Anhang.

Umschriebene verbalformen.

1. Perfect. act. *Das perfect. act. besteht aus dem partic. praet. act. II. und dem praes. des verbum* jes: dal sem. *In der III. sg. und pl. fehlt das letztere:* byl, byli: ti vsdy bydlili při dvoře *wýb. I. 1075. In der emphatischen rede kann es jedoch nicht wegbleiben:* vstalť jest. *Die im osten des sprachgebietes vorkommenden formen wie* milovalach, podezřelach *suš. 229.* ztracilach *240.* začnulech, začnułch, zašełech, zašelch *Dialekt. 57. stehen für* milovala sem *usw.:* ch *ersetzt das* s *wie im poln.;* žech *soll für* že já *gehört werden Dialekt. 57.* 2. Plusquamperfect. act. *Das plusquamperfect. act. besteht aus dem partic. praet. act. II. und dem perfect. des verbum* by: byl sem byl. *Das ačech. hat ausser dieser bezeichnung des plusquamperfect. auch die im asl. allein giltige, indem es mit dem erwähnten partic. das impf. I. oder II. des verbum* by *verbindet:* kdež byl Lazar umřel; ne přišel bjéše; šest dní bě minulo. *3.* Fut. act. *Das fut. act. wird bezeichnet: a) durch das praes. der verba perfectica:* půjdu, pojedu, rozmnožím; *b) durch die verbindung des inf. der verba imperfect. mit dem praes. des verbum* bąd: budu množiti, budu kráčeti, budu skákati. *4.* Fut. exact. act. *Das fut. exact. act. fehlt dem nčech.; im ačech. wird dieses tempus wie im asl. bezeichnet:* ač zapomanu budu tebe; ziskal budeš; tehda bude škodu obdržal. *5.* Condit. act. *Der condit. act. wird durch die verbindung des aor.* bych *mit dem partic. praet. act. II. ausgedrückt:* hnal bych, hnal bys, hnal by *usw. In der*

III. pl. steht by *für* bychu: hnali by; *ačech. kann beides stehen:* a bychu sje poklonili, a bychu poznali; a by zabili, již by byli odoleli. *Auch andere personalformen können durch das zur partikel herabgesunkene* by *ersetzt werden:* vy pak proto súdíte, a by penjéze měli lidské štít. *Falsch ist die trennung* by ste *wýb. I. 219.* a by ste *280. Dialektisch ist* bysem *für* bych *suš. 226.* a bysem *für* a bych *suš. 240. s. seite 87.* *6.* Passivum. *Das passivum wird bezeichnet a) durch die verbindung des pronom.* se *mit dem act.:* mluví se, píše se; *b) durch die verbindung des partic. praet. pass. mit dem verbum subst.:* psáno jest, psáno bude, psáno bývá.

VIII. POLNISCH.

ERSTER TEIL.

Lehre von der declination.

Erstes capitel.

Nominale declination.

A) Declination der substantiva usw.

Der acc. der personen bezeichnenden subst. masc. wird durch den gen. ersetzt: króla *regis, regem;* królów *regum, reges: diess tritt auch im dual. ein:* widzę Jagieła i dwu Kazimierzu *koch. 1. 72.* nadzieja dobra obudwu cieszyła *3. 73.* miał dwu synu *radz. luc. 15. 11.* ukrzyżowali drugich dwu *io. 19. 18; von den subst. masc., die andere lebende wesen bezeichnen, gilt diese regel nur im sg.:* raka *cancri, cancrum;* wola *und* wołu *bovis, bovem; sie gilt unter dieser beschränkung auch von den namen der spielkarten, spiele und in gewissen verbindungen von den namen der tänze, von den namen einzelner bäume und anderer pflanzen, der felle und von den auf* ik *auslautenden ausdrücken der wissenschaft:* zadać tuza; grać drażbarta; grać menueta; tańczyć mazurka, polonesa *(dagegen* ułożył polones na fortepian); ściąć dęba *neben* ściąć dąb; wyrwać bodaka; zjeść arbuza; znaleść grzyba, kozaka, rydza; kupić niedźwiedzia *ein bärenfell kaufen;* klaść rzeczownika *(doch auch* napisz jaki rzeczownik) *usw.; selten ausser diesen fällen:* wziął kija grabowego *paul. 179.* daruj mi jednego wianka *81: falsch ist der gebrauch des gen. für den acc. bei* zraz, kotlet, naleśnik *usw. Im pl. kann auch bei den namen lebender wesen der acc. an die stelle des nom. treten:* dobry pany *boni domini, bonos dominos. Selten und nur in bestimmten fügungen ist bei den belebtes bezeichnenden subst. masc. nach der asl. regel der sg. acc. dem sg. nom. gleich:* siadać na koń, siadaj na mój koń *paul. 61: es ist daher* koń *in diesem falle nicht wie* źwierz *in:* iść na źwierz *als collectivum gebraucht.* żyć brat za brat, za pan brat postępować z kimś, iść za mąż; przebóg *und* przezebóg *klon. 2. 56. In den älteren denkmälern findet sich die asl. regel sehr häufig beobachtet:* wierzę w bog otca; Gaweł mu krogulec wziął; żałował na Adama o woł *usw. Die asl. regel hinsichtlich des sg. acc. gilt ferner bei den namen der heiligen, wenn dadurch festtage oder kirchen bezeichnet werden:* na święty Michał, poszedł pod święty Piotr *usw. Der dual. hat sich in spärlichen überresten erhalten:* oczy, uszy, ręce, dwie ście, *asl.* dvê sъtê, słowie *im sprichworte:* mądréj głowie dość dwie słowie. *Wie im čech., steht auch hier die dualform des instr. in der volkssprache zuweilen für den pl. instr.:* między lasoma *für* lasami; *auch hier hat der instr. die dualform länger bewahrt als der dat.:* rękom, rękoma, *asl.* rąkama; oczom, uszom *und* oczyma, uszyma, *asl.* očima, ušima. *Je älter ein denkmal ist, desto zahlreicher sind die dualformen, die jedoch schon im XVII. jahrh. selten vorkommen: dualis rarus est valde et vix adhibetur in nominibus sine expressa applicatione numeri; in verbis autem et pronominibus invenitur dualis numerus, sed ab ipsis Polonis et raro usurpatur et cum usurpatur, saepe fit sine advertentia duorum aut trium mesg. 16. 17.*

Das vor dem endconsonanten stehende e *wird, wenn das wort am ende wächst, ausgestossen: a) wenn es einem asl. halbvocal* ъ *oder* ь *entspricht:* dech *asl.* -дъхъ, sen *asl.* сънъ, łokieć *asl.* lakъtь, płeć *asl.* plъtь, cerkiew *asl.* crъkъvь; dzień *asl.* dьnь, lew *asl.* lьvъ, orzeł *asl.* orьlъ, wieś *asl.* vьsь, ojciec *asl.* otьcь, szew *asl.* šьvъ: tchu *(ungenau* dechu, dechem *mick. 1. 125, notwendig in* oddechu, *wofür auch* odetchu), snu, dnia, lwa *usw.; kieł hat* kła; kiep, kpa; krew, krwi; giez, gzu; łeb, łba; reż, rży; chrzest, chrztu; cześć, czci; starzec, starca; najem, najmu; bez, bzu; mech, mchu *und* mechu; len, lnu; kierz, krza; *sogar* jaźwiec, jaźwca; szewc, *ursprünglich* świec, szwiec *vgl. klon., hat* szewca; odsep, odsepu; *neben* dżdża *von* deżdż *malg. 134. 7. findet man* deszczu *von* deszcz, *asl.* dъždь; gospodzin *bildet* gospodna, gospodnu *usw. malg.: vgl. asl.* jedinъ *und* jedьnъ; grzbiet *asl.* brъbьtъ *hat* grzbietu: *in malg. liest man* chrzepcie *65. 10.* chrzepta *67. 14: b) wenn* e, o *euphonisch eingeschaltet ist:* ogień *asl.* ogňь, węgiel *asl.* agľь, węgiel *asl.* ąglъ, kocieł *neben* kocioł *asl.* kotlъ: ognia, węgla, wegła, kotła *usw. Unorganisch ist* żywiołu *von* żywioł: *vgl. das čech.* živel, živlu. *Von den entlehnten subst. masc. auf* el *stossen einige* e *aus, andere nicht:* handel, handlu; cyrkiel, cyrkla *und* ortel, ortela; fortel, fortela *usw. Ein poln. grammatiker meint, ie werde in* bies, *asl.* bêsъ, *nicht ausgestossen, damit es im sg. gen.* (psa *für* bsa) *nicht mit* psa *von* pies *asl.* pьsъ *verwechselt werde.*

Im pl. gen. der fem. und neutr. werden zwei auslautende consonanten durch e *getrennt:* perła, miotła, szkudła, kropla, szabla, szkło, igła, pehla, clo, cytra, wiadro, śrebro, kra, gra, panna, płótno, studnia, wapno, gumno, grzywna, głownia, okno, suknia, bagno, swachnia, łaźnia, sosna, wiśnia, wojna; drwa, bitwa, krokwa, pochwa, poszwa, karczma; jabłko, córka, rynka, bańka, matka, grabki, ławka, łaska *mustela,* beczka, łóżka, jabłuszko, bajka; owca, łza (słza *małg. 79. 6; 83. 6.) usw.:* percł, miotcł, szkudeł, szabel, igieł, pehel *usw.; ln und rn werden in wörtern wie* gorzelnia, śpiżarnia *nicht getrennt:* gorzelń, śpiżarń; siostra *hat jetzt* sióstr, *ehemals* sioster; izba, izb, *ehemals* izdeb *mesy. 33;* płuskwa, pluskw *und* pluskiew; tykwa, tykw *und* tykiew; modlitwa, modlitw, *doch auch* modlitew *mick. 2. 160;* pigwa, pigw *und unorganisch* pigwów; walka, walk; rózga rózg *und* rózeg; rzemiosło, rzemiosł; żarna, żarn; ziarno, ziarn; dobro, dóbr; źdźbło, źdźbł *und* źdźbeł; giezło, giezł; dziewanna, dziewann; strzelba, strzelb; farba, farb; kolumna, kolumn; lampa, lamp; barwa, barw; uczta, uczt; wyspa, wysp; lichwa, lichw *małg. 71. 14. Die organischen formen des pl. gen., namentlich der einsilbigen stämme, werden nicht selten durch unorganische ersetzt:* gra, kra; dno, tło *haben* grów, krów; dnów, tłów; kuchnia, bezprawie, *d. i.* bezprawje: kuchniów, bezprawiów. rc, zb, zn, sk, sm, st, stw, ctw *werden nicht getrennt:* serc, próżb, męszczyzn, nazwisk, pism, miast, pomst, królestw, głupstw, bogactw *usw. von* prożba, męszczyzna *usw.; doch* lasek *mustelarum.*

Assimilation des o *zu* e *tritt ausser im auslaute wie bei* pole, serce, dwoje, moje *usw. selbst in małg. selten ein:* krolewic, krolew *137. 5; 149. 8.* włodarzewi, Grzegorzewi, kmieciewi, kupcewi, Mikułajewi, mążewi, objigraczewi, przyjacielewi, sąprzewi; mążewie; koniem *ustaw.* krolewi, ortylewi *ort. Die durch vorhergehenden und nachfolgenden weichlaut oder palatal bedingte assimilation des* a *(asl.* ě*) und* o *(asl.* e*) zu* e, *die in einzelnen fällen*

26

auch im čech. statt findet, kann in declination und conjugation eintreten: świat, świecie; siostra, siestrze; jadę, jedziesz; biore, bierzesz. é, ó *und* ą *sind nicht selten auf die einsilbigen formen beschränkt und weichen, wenn das wort mehrsilbig wird, dem* e, o *und* ę: chléb, chleba; stół, stoła; mąž, męža; *ähnlich ist* nóg *von* noga, rąk *von* ręka.

Die gutturalen gehen vor e *für asl.* e *in die palatalen über:* czlowieczc, bože, Wojciesze; *vor* e *für asl.* ê *werden* k *und* g *in* c *und* dz, ch *jedoch in* sz *für älteres* ś *verwandelt:* ręce, trwodze, pociesze; *vor* e *für asl.* o, *richtiger* ъ, *bleiben die gutturalen unverändert:* rakiem, bogiem, brzuchem; *vor* i *gehen sie in* c, dz *und* sz *für älteres* ś *über:* Polacy, śpiedzy, Włoszy *für* Włosi. *Im sg. voc. werden* c *und* dz *vor* e *für asl.* e *in* cz, ž *verwandelt:* ojcze, księže *asl.* otьče, kъnęže *von* ojciec, ksiądz. *Die flüssigen consonanten, die dentalen, labialen und* s *werden in demselben falle und vor* e *für asl.* ê *erweicht, daher im sg. voc. und loc.:* Michale, piwowarze, poganinie; bracie; chłopie, Jakóbie, Stanisławie, sumie; głosie.

1. ъ (a)-stämme.

Subst. stamm hlapъ.

nom.	chłop	chłopi
voc.	chłopie	chłopi
acc.	chłopa	chłopów
gen.	chłopa	chłopów
dat.	chłopu	chłopom
instr.	chłopem	chłopami
loc.	chłopie	chłopach.

Subst. stamm kraljъ.

nom.	król	królowie
voc.	królu	królowie
acc.	króla	królów
gen.	króla	królów
dat.	królowi	królom
instr.	królem	królami
loc.	królu	królach.

Der dual. hat im nom. acc. chłopa, króla *gen. loc.* chłopu, królu *dat. instr.* chłopoma, króloma. *Belege sind:* węgla *koch.*

l. 142. grosza *stat. 25. 72. 90. usw. ustaw.* kmiecia *ustaw.* łokcia *radz.* miecza *koch. 3. 95.* pieniądza *radz.* tysiąca *ort.* jachtela, gaja *paul. 18. 89: dialekt. noch heutzutage* dwa grosza, dwa wiertela *Małecki 69;* wieprzu, wołu, groszu, dostojniku, panu, pacholku, człowieku *stat. 17. 55. 59. 74. 79. 91.* groszu, dostojniku, koniu, panu, czeladzinu *ustaw.* przysiężniku *ort.* Kazimierzu *koch. 1. 72.* dniu *radz.* dwu rzędu *koch. 3. 72;* zakonoma *małg. 67. 14.* groszoma, ziemianinoma, pachołkoma *stat. 16. 48. 91.* wołoma, panoma, parobkoma, świadkoma *ustaw.* miesczaninoma, mężoma, przysiężnikoma *ort.*

Dem zweiten paradigma folgen jene subst., die im asl. nach konjъ, krajъ *usw. gehen, also die subst. mit den auslauten* l, rz, ń; ć, dź; ṕ, b́, ẃ; c *(es mag für asl.* c *oder* št *stehen),* ź, ś; j, cz, ż, sz: chmiel, carz (carz tatarski *wyp. 49. russ.* carь, *wofür nun unorganisch* car: *vgl.* bohatyrż *klon., wofür jetzt* bohatyr), uczeń; gość, niedźwiedź *(asl.* gostь, medvêdь *gehören zu V. 1);* karṕ, gołąb́, ołóẃ; ojciec, wojewodzic, *asl.* otьcь *und* *vojevodištь, paź, *das entlehnte* kniaź, ryś; wuj, bicz, krzyż, kosz; *die subst. auf* dz *für das aus* g *entsprungene asl.* zь: ksiądz, pieniądz, *asl.* kъnęzь, pênęzь *und für das aus* d *entstandene* žd: wódz, rydz, *das mit der wurzel* rъd *in* rъdêti *zusammenhängt. Der sg. voc. lautet nach I. 1. auf* ie, *nach 1. 2. auf* u *aus:* stół, stole; wuj, wuju; dziedzicu, wieńcu; *ausserdem haben* u *die guttural auslautenden stämme:* znaku, śpiegu, śmiechu; *ebenso* lud, ludu; dziad, dziadu *in der bedeutung: alter mann, bettler: dagegen* dziadzie *in der bedeutung: ‚grossvater'*; syn, synu, *wofür ehedem* synie *koch. 1. 191;* c *dagegen haben die auf* cc *und die auf* dz *für asl.* zь *auslautenden:* krawiec, krawcze; ksiądz, księże. *Ehedem hatten manche personennamen für den sg. voc. eine zweifache endung, von denen die ältere nach der ansicht einiger grammatiker der edleren bedeutung diente:* boże *vom wahren gott:* bogu *spricht Elias zum götzen; ähnliches wird von der heutigen sprache behauptet.* Wojciech *hat* Wojciechu *und* Wojciesze; człowiek-człowieku *und* człowiecze; dusze święty! *Der sg. gen. hat* a *oder* u: *das letztere hat hier wie im čech. im laufe der zeit immer mehr um sich gegriffen: viele subst., die in małg.* a *haben, ziehen in späterer zeit* u *vor:* boja *77. 12; 139. 8.* wschoda *49. 2; 74. 6.* wirzcha *18. 7. neben* wirzchu *49. 5.* wieka *24. 6; 40. 14; 89. 2; 92. 3; 105. 47.* głosa *5. 2; 43. 18; 101. 6; 103. 8.* gnoja *112. 6.* gniewa *36. 8; 109. 6. neben* gniewu *37. 3; 89. 13.* grzecha *18. 13; 31. 6.* zakona *88. 30; 93. 12;*

26*

120. 29. zamętka *19. 1; 31. 9.* zachoda *49. 2; 76. 6.* luda *3. 6; 13. 11; 17. 47; 27. 11; 93. 14.* naroda *118. 90.* obrzęda *24. 11.* obyczaja *76. 6.* owoca *4. 8.* okręga *71. 8.* oleja *4. 8.* pokoja *13. 7; 33. 14; 34. 31.* posta *108. 23.* poczętka *1. 9; 76. 11.* przebytka *32. 14. neben* perzebytku *26. 10.* stola *127. 4.* sęda *105. 3; 118. 132.* chrzepta *67. 14.* czasa *88. 44. So finden wir in stat.* pokoja, rozumu, obyczaja *3. 5. 30.* a *hat in vielen fällen die volkssprache erhalten, nicht selten auch die schrift, namentlich in sprechweisen, die wie die sprichwörter weniger der veränderung unterworfen sind:* co tu naroda! nie ma gloda, gdzie jest chléb i woda. *Für den jetzigen gebrauch gilt die regel, dass die belebtes bezeichnenden subst.* a, *die unbelebtes ausdrückenden hingegen* u *annehmen:* wuja, raka; kwasu, miodu. *Als ausnahmen von dem ersten teile dieser regel werden von einigen grammatikern* bobru *klon. 2. 14.* wolu, bawolu, karwu, kielbu *(mesg. 23, bei Linde* kielbia), popu *(im schachspiel koch. 3. 76; 3. 78; 3. 84),* skopu *stat. 131.* smoku *klon. 2. 98. koch. 3. 23. angeführt, während nach anderen zwischen* woła *und* wołu *derselbe unterschied statt findet, wie zwischen* sztokfisza *der lebende fisch und* sztokfiszu *der fisch als todte waare: diese unterscheidung scheint jedoch willkürlich zu sein (vgl.* jeśli by wól woła zabił *und:* gdy by gospodarz nie wiedział obyczaju onego wołu *bibl. staroż. 1. 67. 68.) und auf jener irrigen ansicht zu beruhen, die verschiedenen formen jederzeit auch verschiedene bedeutungen zuzuschreiben geneigt ist: vgl.* dwoma *und* dwiema. *Viel zahlreicher sind die ausnahmen vom zweiten teile der angegebenen regel, denn* a *haben: α) die namen der spiele, spielkarten und tänze:* wist, tuz, mazur *usw.; β) die namen der geldsorten:* grajcar, grosz, dukat, rubel, trojak *usw.; γ) die namen der teile des menschlichen und tierischen körpers und die namen der krankheiten:* brzuch, wlos, wąs, guz, ząb, koltun, leb, lokieć, nos, kiel, ogon *usw.; δ) die namen mancher bäume und anderer pflanzen, namentlich der blumen, ebenso der teile der bäume und anderer pflanzen:* buk, wiąz, jawór; borak, grzyb, melon; aster, gwoździk, tulipan; klos, liść, pąk *usw.* u *haben jedoch* barszcz, bez, ber, bob, glog, kmin, kopr, kąkol, len, mech, oman, piolun *usw.; ε) die namen der werkzeuge, der musikalischen instrumente, waffen, gefässe:* bijak, bosak, plug; bęben; bagnet, buzdygan, palasz; wór, kociel, kosz *usw.; ζ) die namen der einzelnen kleidungsstücke und ihrer teile:* żupan, kożuch, pas; rękaw *usw.; η) die namen der masse und gewichte:* korzec, morg, cal; karat, funt, cetnar *usw.; θ) die namen der dem polnischen volke bekann-*

teren, daher vor allem der in Polen vorkommenden gegenden, berge, flüsse und ortschaften: Śląsk, Wołyń; Wawel *usw.: ausgenommen sind die* gród, dwór *und* stok *enthaltenden ortsnamen:* Nowogrodu, Nowego Dworu, Białego Stoku; *doch* Wyszegroda *klon. 2. 46.* Żmigroda *woje. 1. 250. paul. 81. 114. (Vgl. den sg. gen.* groda *109),* Carogroda *gorn.* Czarnogroda *woje. 1. 232. 233; die mit dem deminutivum* grodek *zusammengesetzten ortsnamen haben* a: Nowogrodka. Bug, San *hatten ehemals* Bugu, Sanu; Dniepr *und* Dniestr *haben* a *und* u; *befremdend sind nach dem gesagten die gen.* Dunaju *woje. 1. 149; 2. 88. und* Rzymu, *wofür jedoch auch* Dunaja *wyp. 56. pieśn. 115. und* Rzyma *wyp. 42. klon. 2. 68, das erstere noch gegenwärtig in der volkssprache:* z tamtéj strony Dunaja; wodził koniczki poić do Dunaja *volksl.;* ι) *die namen der monate:* listopad, maj *usw.;* ϰ) *die deminutiva auf* ek, *sie bezeichneten denn abstractes:* wałeczek, kawałeczek, członek *usw.: dagegen* anyżek, zbytek: anyżku, zbytku *usw.;* λ) *mehrere unter keine regel zu bringende subst.:* węgiel, karcz, komin, kościoł, krzyż, księżyc, kąt, młyn, miesiąc, paździor, piec, piorun, płot, posąg, słup, snop, syr (sér), trup, chléb, chléw *usw.;* dom *hat* domu: doma *entspricht in der älteren schriftsprache (ort. koch. 1. 121; 1. 122; 1. 203 usw.) und noch jetzt im munde des volkes dem lat. domi: falsch ist* w doma *pieśn. 6. 9. 63. usw.* las *hat* lasa *und in der jetzigen schriftsprache häufiger* lasu: do lasa, do lasu *paul. 90;* dwór, dwora *und* dworu; stół, stoła *und* stołu *usw. Die endung* a *ist als die den namen lebender wesen zukommende die edlere, sie tritt auch bei den namen jener unbelebten dinge ein, die als concret sich lebenden wesen nähern und an den grammatischen vorzügen derselben teilnehmen; dagegen ist die endung* u *jenen subst. eigen, die abstractes bezeichnen: es haben daher manche subst. nach verschiedenheit des sinnes* a *oder* u: bala *dickes brett,* balu *ball;* geniusza *genius,* geniuszu *genie;* lipca *juli,* lipcu *jungfernhonig usw. Die endungen* a *und* u *sind jedoch nicht nur durch die bedeutung, sondern auch durch den auslaut bedingt:* a *nämlich haben, trotz der bedeutung, die subst. auf* arz, erz, eń *und* yk, *ferner die auf* el, ec *und* nik, *wenn sie nicht collectiva sind:* brewiarz, pacierz, kierz, ogień, język; węgiel, dziedziniec, pomnik *usw. Auch im čech. ist in dieser beziehung die bedeutung nicht das allein entscheidende moment. Über manches sind die grammatiker verschiedener ansicht: ein teil der differenzen scheint auf der abweichung der volkssprache von der neueren schriftsprache zu beruhen, von denen die erstere an der überlieferung beharrlich festhält, während die letztere einer durch keine ausnahme beirrten regel nachstrebt: ist doch ein grammatiker der ansicht, allen geographischen namen ohne unterschied den ausgang* a *zu octroyieren. Die ansicht, der sg. gen. auf* u *sei eigentlich ein dat., ist unrichtig. Der sg. dat. lautet regelmässig auf* owi *aus:* aniołowi, gołębiowi, cieniowi *usw.; ausnahmsweise tritt* u *ein a) bei den einsilbigen stämmen, die* e *ausstossen:* bez, bzu; lew, lwu *(ehemals* lwowi, *das nun dem eigennamen* Lew *zukömmt);* sen, snu *usw.; doch* dzień, dniowi; *b) bei mehreren anderen einsilbigen stämmen:* bog, brat, wiatr, kat, kwiat, kot, kiep, ksiądz, pan, swat, świat, chłop, chléb, czlek *(dagegen* czlowiekowi, *ehemals auch* człowieku *koch. 1. 119; 2. 41; 2. 46 usw.),* czart; *ferners* dół, dom; wiek *koch. 2. 132; 2. 177; 3. 95 usw.* lud *2. 121; 2. 146; 2. 164.* sluch *wyp. 17 usw.; doch* bogowi *mały. 46. 6.* bratowi *ort. wojc. 2. 304; c) ausser dem bei* błazen, djabeł, korzec, owies, ogień, ojciec, ocet, palec, parobek, chłopiec *usw., doch* ojcowi *wojc. 1. 110; 2. 304; d) häufig nach der praepos.* ku: ku przyszłemu boju *koch. 3. 36.* ku boju *3. 35.* ku ratunku *2. 114.* ku końcu, ku lasu *3. 24.* ku Paryżu; ku gospodnu *mały. 3. 4.* ku kościołu *27. 2; 137. 2.* ku językų *119. 3.* ku Lublinu *gorn., namentlich bei den adjectivischen ortsnamen auf* ów: ku Krakowu, ku Lwowu, ku Lobzowu *usw. Ehemals war* u *viel häufiger als jetzt:* wzchodu *mały. 67. 36.* wieczoru *58. 7. neben* wieczorowi *58. 16.* gospodnu *2. 2; 67. 35; 73. 19. usw.* dobytku *146. 10.* duchu *1. 8; 25. 13.* żywotu *65. 8.* zakonu *70. 5.* zbawicielu *94. 1.* skotu *103. 15 usw.* wołu, dworu, pozwu, swaru, skotu, stołu, sądu *stat. Die endung* u *soll der edleren bedeutung eigen sein. Der sg. loc. hat nach 1. 1.* ie *für asl.* ě, *nach 1. 2. hingegen* u: sępie, wuju; u *haben ausserdem die guttural auslautenden subst.:* znaku *usw.; ebenso* panu, synu *neben* panie *koch. 2. 102.* synie *mick. von* pan, syn; ludu *mały. 119. 4;* boru *wojc. 2. 269. ist gewöhnlicher als* borze *wojc. 2. 246. mick. 3. 175;* dom *hat* domie *in der bedeutung gebäude* (w tym bożym domie *paul. 74.* w cichym i samotnym domie *mick. 1. 55):* w domu *hingegen steht für das aus der heutigen schriftsprache verbannte* doma, *doch auch* w domu bożem *mały. 22. 9.* w domu swiętem *28. 2.* w bożem domu *jadw. 126. In der älteren sprache folgen die guttural auslautenden subst. häufig der asl. regel:* zamętce *4. 1; 9. 9; 9. 21; 65. 13; 90. 15.* przebytce *14. 1; 30. 26.* człowiece *36. 7.* języce *14. 3; 38. 5.* bodze *4. 6; 36. 4.* okrędze *17. 13; 30. 16; 38. 9.* prosze *13. 27.* słusze *17. 48.* strasze *2. 11.* roce *stat. 7. 19. 50. usw.* dludze, roce *ort.* bodze *rej.; auch im volksliede:* w czarnem potoce *paul. 177. Von dem den subst. I. 2. eigenen ausgange* i *finde ich nur ein beispiel:* na stolcy twoim *malg. 131. 11. Der pl. nom. der personen bezeichnenden subst. folgt der asl. regel, er lautet daher auf* i, e *für asl.* i, e *und* ije *und auf* owie *für asl.* ove *aus:* chłopi, urzędnicy, piwowarzy; rzymianie; nauczyciele; panowie. *Insbesondere tritt* α) e *für asl.* e *ein bei den subst. auf* anin, *wofür nicht selten* an: amerikanie, mieszczanie; *ebenso* dominikanie, hiszpanie *von* dominikan, hiszpan; β) e *für asl.* ije *haben die auf weichlaute und auf palatale auslautenden subst.:* przyjaciel, żołnierz, uczeń; dziedzic, *asl.* dêdištь; tkacz, papież, towarzysz *usw.;* γ) e *findet sich in den entlehnten auf* us: kwadranse, romanse; δ) owie *haben* α) *die tauf- und die auf consonanten oder auf* o *auslautenden familiennamen:* Janowie; Chodkiewiczowie, Jagiełowie; *doch* Bernartowicze, Birbasze, Isajewicze, Kotwicze, Terajewicze *mick. 1. 35; 1. 208; 1. 261. Die familiennamen auf* ki *folgen der zusammengesetzten declination:* Krasiccy; β) *die von würden entlehnten benennungen der personen:* kasztelanowie; γ) *die davon abgeleiteten patronymica auf* ic *und* icz: starościcowie, królewiczowie; *doch* panicze *mick. 1. 96; 1. 157;* δ) *die verwandtschaftsnamen:* ojcowie, wujowie; ε) *die namen der alten völker:* Medowie, Partowie, Persowie *usw.;* ζ) *die subst. auf* ek: dziadkowie; *doch* pacholcy *(ehedem auch* pacholkowie), parobcy, Turcy; η) *die entlehnten auf* og, ł, r, f: pedagogowie, admirałowie, doktorowie, landgrafowie: *ehemals sprach man auch* pedagodzy; *ferner* wójt, heretyk, herold, markiz, druid, pijar, prezes, proboszcz, szołtys, chirurg *usw.;* θ) *folgende einzelne:* bóg, bohatyr, widz, wódz, król, mędrzec, mąż, pan, paź, uczeń, Czech *usw. Die übrigen personen bezeichnenden subst. haben* i: ułani, kaci, sąsiedzi *von* ułan, kat, sąsiad; chłopi, Włosi *von* Włoch, Czerkiesi, Kartuzi *usw. Hieher gehören die subst. auf* iec *für asl.* ьcь, *während die auf* ic *für asl.* ištь *auslautenden und die entlehnten auf* c - e *haben:* kupcy; rodzice; pałace; młodzieńce *liest man bei mick. 1. 91; 2. 282. im reim neben* młodzieńcy *1. 40. koch. 1. 52; ebenso* starce *mick. 1. 91; 1. 133; 3. 167. für* starcy. *Viele subst. können* owie *oder* i *annehmen:* anioł, doktor, hetman, mędrzec, opiekun *usw.; für* Tatarowie *rej. spricht man jetzt* Tatarzy. *Die endung* owie, *vorzüglich in feierlichen anreden beliebt, war ehemals viel gewöhnlicher als jetzt: man liest* doboszowie, żydowie, Szwedowie *und sogar* narodowie *rej. 168. 171. für* dobosze, żydzi *usw. Die subst., die nicht personen bezeichnen, haben* y *oder* e, *je nachdem sie nach I. 1. oder nach I. 2. gehen:* ploty, wilki; ule, tchórze, konie, śledzie, piece (*von* piec, *einem asl.* peštь *masc. entsprechend*), rydze, karpie, kiełbie, pawie, miecze, pałasze, kraje *usw.* e *haben auch die entlehnten auf* ans: kwadranse, ordynanse, romanse. *Diese bildungen sind pl. acc. und* y *und* e *entsprechen dem asl.* y *oder* ę: *dass* y *dem asl.* y *gegenübersteht, ist klar; dass aber* e *der stellvertreter von* ę *ist, wird bei betrachtung des sg. gen. und des pl. nom. der subst. III. 2. klar werden. Die wahren nominativformen nennen wir persönlich, die accusativformen sachlich; polnische grammatiker nannten ehemals die ersteren masculin, die letzteren feminin: Kopcz. 43. 57. spricht von einem übergange zum genus fem.* (przechodzą do rodzaju żeńskiego, zamienianie rodzaju na rodzaj); *heutzutage hat man zwischen* zakończenie mocne *und* słabe, pochopne *und* obojętne, *zwischen* zawód znamienity *und* pospolity *zu unterscheiden angefangen; im oserb. spricht man von subst. rationalia und irrationalia. Die persönliche form ist jedoch nicht auf personen, die sachliche nicht auf sachen beschränkt, vielmehr können personennamen die sachliche, tiernamen die persönliche form annehmen, und personen werden dadurch den sachen, tiere den personen näher gebracht. Es ist daher dasselbe subst. nicht selten zweier formen fähig:* Polacy, Polaky; dziady (uroczystość obchodzona na pamiątkę dziadów), dziadowie; wilki, wilcy; orłowie (orłowie bystrych orłów lęgą), orły *usw. Mit der sachlichen endung der personennamen wird jetzt häufig die idee der geringschätzung verbunden und durch die persönliche endung werden die tiere meist personificiert:* gdy myślimy upodlić niecnotliwą osobę ludzką i do źwierząt przyrównać, dajemy jej zakończenie źwierzęce; imiona źwierzęce czasem dla podobieństwa przymiotu źwierzęcego z ludzkim biorą i rodzaj i zakończenie imion ludzkich *kopcz. 61. Was die ältere periode der polnischen literatur anlangt, so ist in derselben die sachliche nominativform bei personennamen sehr selten, wenn sie überhaupt vorkömmt; in der späteren zeit war sie von der persönlichen in der bedeutung nicht unterschieden, und für die neuere zeit wird sich wohl schwerlich eine damit verbundene idee der geringschätzung überall nachweisen lassen, und auch die persönliche form der tiernamen scheint nicht stets durch die personification der tiere bedingt zu sein: doch mag die in beiden fällen mit der form verbundene nebenidee durch dieselbe so leise angedeutet sein, dass sie dem gefühle desjenigen entgeht, der das polnische nicht mit der muttermilch eingesogen: man vergleiche beispielsweise folgende stellen, in denen personennamen die sachliche form angenommen:* bądźcie świadki *koch. 3. 35.* nasi synowie i wnuki *(im reim)* mają od starych więcéj książkowéj nauki *mick. 1. 14.* w co twoje pobożne wierzyły pradziady *(im reim) 2. 96.* wołają astronomy z wieży *2. 114.* tak czekają twéj myśli szatan i anioły *(im reim) 2. 119.* choć bym był gorszym niż Turki, Tatary *(im reim) 2. 136.* kamerjunkry świszczą jak puszczyki *2. 189.* tyle lat go badały tyrany *2. 200.* Polaki nam odbiorą nasz handel skórami *2. 210. Häufig haben in den älteren denkmälern tiernamen die persönliche form:* wilcy wyją *rej.* dawno to na puszczy wilcy mieli rozdrapać *koch. 3. 65.* ptacy niebiescy gniazda mają *radz. matth. 8. 20.* przybiegli ptacy *13. 4.* przychodzą ptacy niebiescy *13. 32.* w koło namiotów padali ptacy nieprzeliczeni *koch. 2. 130.* źwierzęta, bydło, robacy i odziani pierzem ptacy *2. 231.* psi tyją *rej.* jako psi nocni ulice krzyżują *koch. 2. 97.* jemu prawie psi za uchem wyją *3. 83.* i wy Pana chwalić macie, smocy, co w grobach mieszkacie *2. 231.* krucy, szpacy *klon. Bei den personennamen, die nach 1. 2. decliniert werden und im pl. nom.* e *annehmen, kann die idee der geringschätzung nicht am subst. selbst, sondern nur an dem dasselbe begleitenden adj. oder partic. bezeichnet werden:* dobrzy panicze; na konikach małe goniły panicze *mick. 1. 30:* panicze *ist in* dobrzy panicze *ein nom. und* e *steht für asl.* ije, *in* małe panicze *hingegen ist* panicze *ein acc., und* e *steht für asl.* ę: *der beweis für beides liegt in den adj.* dobrzy *asl.* dobrii *und* małe *asl.* malyję. *Manche personennamen haben stets oder gewöhnlicher die sachliche endung:* draby, łotry, *doch auch* łotrzy *und* łotrowie *rej.;* śpiegi *neben* śpiedzy *und sogar* śpiegowie *mick. 3. 67;* szewczyki *neben* szewczycy *und* szewczykowie *paul. 102. 163;* stelmachy, *seltener* stelmaszy; *hieher gehören vorzüglich die entlehnten subst. auf* r, n *und auf* t: aktory, assessory, grenadjery, hany, hofraty *usw.* huzary, imperatory, kawalery, kamraty, kapłany, kanoniery; *so findet man auch* braty *mick. 1. 282; 1. 316.* krakowiaki *wojc. 1. 177.* kozaki *1. 27.* lachy *mick. 1. 282.* Mazury *wojc. 1. 38; 1. 156; 1. 178.* posły *mick. 1. 374.* swaki *wojc. 2. 35.* sąsiady *2. 42.* Tatary *2. 351.* chłopy *2. 111. Die namen der einzelnen spielkarten sind beider endungen, die namen der tänze nur der sachlichen endung fähig:* tuzi, tuzy; mazurki. *Bemerkenswert ist hinsichtlich des umsichgreifens der sachlichen nominativform, genauer des pl. acc. für den pl. nom., das verhältniss der einzelnen slav. sprachen: im russ., im klruss. und im nserb. ist der acc. an die stelle des nom. getreten; im čech. hat sich der nom. bei allen namen belebter wesen erhalten, bei allen anderen ist er durch den acc. verdrängt worden; im poln. und im oserb. endlich ist der wahre pl. nom. jetzt regelmässig auf die personennamen eingeschränkt. In der älteren sprache, namentlich gilt dies von małg., sind auch die benennungen von sachen der persönlichen, vor allem der endung* owie *fähig:* baranowie, biczowie, wołowie, wroblowie, wóżowie, głosowie, grobowie, domowie, zamętkowie, końcowie, krajowie, młodzowie *novellae,* ownowie, ołtarzowie, ostatkowie, ostrowowie, pagorkowie, padołowie, pośladkowie, przebytkowie, rogowie, skopowie, śladowie, smokowie, cedrowie, szczepowie, juńcowie, językowie; wołowie, dworowie, rokowie *usw.* zubrowie, kaczorowie *rej.* wielorybowie, delfinowie *koch.* źwierzowie, kurowie, lelkowie, sępowie *klon.* wężowie, orłowie *radz.* rakowie, ślizowie *im volksliede bei paul. 97. Vergl. Małecki, seite 60. 276. 291. Der pl. nom. geht manchmal auf* a *aus, was von Kopcz. 67, von Muczk. 53. und von Małecki 63, wohl mit unrecht, verworfen wird:* okręta, pułka, urzęda *für und neben* okręty, pułki, urzędy; *ebenso* dziwa *und* cuda *(vgl. das asl.* divesa *und das pol.* dziwo *mick. 1. 108. und* cudo *im sg. voc. für* cudzie) *neben* dziwy *małg. 9. 1; 25. 7; 39. 7; 70. 18; 85. 9. von* dziw *und* cud; żywota *neben* żywoty; uda *woje. 2. 205. neben* udy; kamiona, jęczmiona *neben* kamienie, jęczmienie *und* kamiony, jęczmiony *von* kamień, jęczmień. *Vor allem häufig ist* a *bei den entlehnten subst. auf* nt: grunt; dokument, sakrament, talent *usw.; ferners tritt* a *ein bei mehreren gleichfalls entlehnten subst.:* akt, korpus, proces, punkt, statut, unkoszt, fenomen *usw.: in der bedeutung ist zwischen* okręty *und* okręta *kein unterschied. Bei einigen subst. masc. wird der pl. durch ein collectivum fem. ersetzt:* bracia, księża *von* brat, ksiądz; *ähnlich sind* wójcia, kacia, swacia *(woje. 2. 69. pauli. 56),* studencia, francia *von* wójt, kat, swat, student, frant. *Der pl. gen. lautet* okrętów, dziwów, cudów *usw., doch auch* cud *małg. 104. 26.* bracia, księża *sind fem. und* kamiona, jęczmiona *neutra, daher gen.* braci, księży; kamion, jęczmion. *Der pl. acc. wird in der älteren sprache sehr häufig nach der asl. regel gebildet:* Macedończyk podkopał harde tyrany *koch. 1. 31.* pomordowały jędze niecnotliwe męże właściwe *46.* które za prawe przyjacioły miano *55.* bił Tatary w Podolu i Turki waleczne *59.* widzę mężne Bolesławy *72.* pieśni żałościwe zjęły bogi nieżyczliwe *77. usw.* żałował na swe sąsiady *stat. 26.* mając syny *65.* przez komorniki *106; seltener ist der organ. pl. acc. in der neueren zeit:* zwołaj twe towarzysze *mick. 3.*

170. sprosiwszy pany, damy i rycerze *3. 10.* widząc swe nieprzyjaciele *1. 49.* co swoje mordują proroki *309.* kazal zabić niewolniki *2. 249.* on takie króle, takie pułkowniki pobił *2. 249.* w rekruty oddany *2. 299. Nach der ь-declination:* ludzi *in* obciążał ludzi pospolite *bielsk.;* mędrcy, starcy *usw. bilden eine dialekt. abweichung von der regel, die* mędrce, starce *verlangt. Der pl. gen. wird nur bei einigen subst. nach der asl. regel gebildet: hieher gehören die subst. auf* janinъ: mieszczan, słowian *usw.; doch auch* ziemianow *ustaw.* Wrocławianow, Gdańszczanow *klon. 2. 19; ferner die ländernamen:* Włoch, Węgier, Niemiec *usw.; endlich* przyjaciół, czas *in* do tych czas. *In den älteren denkmälern findet man* god *małg. 73. 5.* ząb *radz. matth. 13. 15.* łokiet, sążon *radz. matth. 27. 28.* sąsiad *stat. 34.* skot *44. 50. 58. 110. 131. ustaw. Die endung* ów *bildet auch hier die regel:* chłopów, królów. *Ausserdem haben die subst. I. 2. nicht selten die der* ь-*declination eigentümliche endung* i: obywatelów, obywateli; królów, króli; pisarzów, pisarzy *usw.; zwischen beiden formen soll ein in der literatur wohl kaum nachweisbarer unterschied obwalten:* ów *soll mehr den benennungen der personen zukommen und bei den subst., die sachen bezeichnen, dieselben individuell zu bestimmen geeignet sein. Meist nur* i *haben jene subst., die aus der* ь-*declination in die* ъ-*declination übertreten:* gości, łokci, ludzi; gołębi, kroci, śledzi *sind häufiger als* gołębiów, krociów, śledziów: *auch jene subst., die organisch der consonantischen declination angehören, haben häufiger* i *als* ów: dni, kamieni, promieni, jeleni *usw.; nur* i *haben endlich* wiertel, garniec, grosz, korzec. *Selten ist der unorganische pl. dat. auf* am: grzecham *wyp. 29. Im pl. instr. ist nun* ami *aus III. regel geworden:* chłopami, *asl.* hlapy; *doch findet man selbst in der heutigen sprache nicht selten die organische form, namentlich dann, wenn der casus durch ein mit dem subst. übereinstimmendes wort genau bestimmt ist:* z lekkimi duchy, krzywymi dzioby, carskimi wyroki *usw. In der älteren sprache ist die organische form so häufig, dass man sie mit demselben rechte wie die unorganische für die regelmässige erklären kann. Das in diesem casus nicht seltene* mi *ist aus V. 1. entlehnt, es kömmt meist bei den subst. I. 2. vor:* dziedziemi, krolmi, mężmi, oćcy, jeżdżcy *małg. 36. 11; 88. 27; 25. 9; 77. 15. pag. 61. b.* tatarmi *rej.* wołmi, przyjaciołmi: *bei* kmiećmi, ludźmi *und ähnlichen wörtern ist* mi *organisch. Im pl. loc. hat nun* ach *den ausgang* iech *für asl.* ěhъ, *der in der älteren schriftsprache sehr häufig vorkömmt und der heutigen volkssprache nicht fremd ist, fast völlig verdrängt; schon mesg.* 28. *sagt: tu securius utere* ach. *Man liest* podołech, kaplaniech, poganiech, staniech; narodziech, ssędziech, sędziech, chodziech; grobiech, skarbiech, dziwiech, rękawiech, psałmiech, rozumiech, trzemiech; zamętcech, obłocech, ostatcech, podołcech, prorociech (proroczyech *104. 15*), przebytcech, skutciech (skutczyech *103. 32*), barłodziech (barłodzyech *103. 23*), bodzech, grzeszech; obraziech, lesiech *mały.* klopociech, sądziech, tatarzech *wyp.* grodziech, dworzech, dniech, zwyczajech, koniech, powieciech, pozwiech, rocech, statuciech, sądziech, tardzech, ustawiech, chrościech, szczepiech, jaziech *stat.* dworzech, koniech, kłopociech, ogrodziech, szczepiech, dąbiech, pozwiech, domiech, tardzech, lesiech *ustaw.* domiech *radz.* gruncìech *rej.* koniech; traktaciech, ludziech, sądziech *gorn.* kościelech, zborzech, murzech; kąciech, ludziech, sądziech; grobiech, domiech, rymiech; łesiech, czasiech *koch.* kościelech, murzech, okręciech *klon.* *Hinsichtlich der consonanten bemerke man, dass* ch *vor* e *für asl.* ê *in* sz *übergeht, dass aber* k *und* g *in diesem falle in die sibilanten* c, dz *verwandelt werden, daher* grzeszech, Włoszech *und* zamcech *koch. 1. 40: unrichtig* zamczech *koch. 2. 131.* tardzech. *Neben* ech *findet man häufig* och: bogoch, wozoch, daroch, dnioch, końcoch, konioch, krajoch, ludzioch, obrazoch, pagorkoch, poganoch, przebytkoch, stanoch, synoch, trzemoch, uczynkoch *małg.* brzegoch, gajoch, dnioch, dziedzicoch, żakoch, zamkoch, zbiegoch, igraczoch, kmiecioch, konioch, kupcoch, osiewkoch, przywilejoch, pieniędzoch, rokoch, synoch, świadkoch, członkoch *ustaw.* gajoch, domoch, dnioch, zamkoch, ziemianoch, kluczoch, kmiecioch, orteloch, pieniędzoch *stat.* jigraczoch, dnioch, pieniędzoch, sądoch, fałszerzoch *ort.* dnioch *jadw.* węgloch, dnioch *radz.* *Von dem ausgange* ich *für asl.* ihъ *findet man keine spur, und die subst. I. 2. nehmen* iech *und* och *an.* iech *hat sich in der heutigen schriftsprache bei* czas: czasiech *und bei einigen ländernamen erhalten:* Włoszech, Węgrzech, Prusiech.

Die fem. bracia *und* księża *ersetzen den pl. von* brat *und* ksiądz, *und werden organisch nach III. 2. decliniert: gen. dat. loc.* braci, księży, *acc. instr.* bracią, księżą, *voc.* bracio, księżo; *gegenwärtig spricht und schreibt man unorganisch: voc.* bracia, księża, *dat.* braciom, księżom, *acc.* braci, księży *(das der gen. ist), instr.* braćmi *neben* bracią, księżmi, *loc.* braciach, księżach. *Man findet auch* bratowie, bratów; księżowie, księżów *usw.;* ślachta, ślachty, *das an die stelle von* ślachcicy *klon., besser* ślachcice, ślachciców *gorn. usw. tritt, ist regelmässig, nur der voc. lautet wie der nom.* ślachta. kroć *hat nach I. 2.* krocie, kroci *und* kroców *usw.* przyjaciel *hat neben der regelmässigen declination pl. nom.* pryjacioły, *gen. acc.* przyjaciół, *dat.* przyjaciołom, *instr.* przyjaciołami, przyjaciołmi, *loc.* przyjaciołach: *vgl.* kamiony, jęczmiony. raz *hat im sg. instr.* razem *und* razą (*vgl. asl.* dьniją); pięć razy *erklärt sich wie asl.* pętь kraty *durch die annahme, dass die mit* dwa, dva *in verbindung tretende form auch an die folgenden numeralia cardinalia gefügt wird:* dwa razy *wie asl.* dva kraty. rok *annus wird im pl. durch* lata, lat *usw. ersetzt.*

Manche der sprache immer mehr abhanden kommende ländernamen unterscheiden sich von den entsprechenden volksnamen nur durch den sachlichen, d. i. den ausgang des acc.: Bawory, Wolochy, Włochy, Węgry, Inflanty, Kaszuby, Korutany, Mazury, Prusy, Turki, Szwajcary, Charwaty *usw.* Araby, Indy, Party, Persy, Poeny *klon. 2. 17. So werden auch* Dony *das land der Donischen Kosaken,* Kujawy, Multany, Niderlanty, Rakusy, Chiny *usw. behandelt. Aus dem über den sachlichen ausgang des pl. nom. der subst. I. 2. bemerkten ergibt sich, dass* Niemce *für Germania richtiger ist als das den persönlichen ausgang bietende* Niemcy: Polacy, Niemcy, Prusacy *gorn.* Niemcy *koch. 3. 95. mick. 2. 292; 3. 34; 3. 55. usw.* Polacy, Niemcy *wyp. 45.* Włosi, Prusowie, Niemcy *klon. 2. 18.* Niemcy *mesg. 31; hieher scheint auch* Race *Rascia aus dem deutschen Raize zu gehören. Diese subst. haben den asl. pl. gen.* Włoch, Węgier, Inflant, Prus, Tatar *orz. gorn. usw. und den alten pl. loc.:* Włoszech, Węgrzech, Inflanciech, Prusiech *usw. und unorganisch* Niemczech *gorn. neben* Niemcech *orz.: nicht selten begegnet man dem ausgange* ach: Niemcach *orz.* Włochach, Węgrach, Prusach *mick. 3. 7. usw.* Czechy *hat nur* Czechach. *Die hier behandelten formen bezeichnen nicht notwendig das land, sie können auch von personen im minder edlen sinne gebraucht werden:* Włosi *Itali,* Włochy *Itali und Italia usw. Hieher gehören auch viele ortsnamen auf* ice: Maciejowice *gen.* Maciejowic *und* Maciejowiców *mick. 1. 288.* Sulimierzyc *klon.* Jakubowic *woje. 2. 259.*

II. o-stämme.

1. Subst.-stamm dêlo.

nom.	dzieło	dzieła
acc.	dzieło	dzieła
gen.	dzieła	dzieł

dat.	dziełu	dziełom
instr.	dziełom	dziełami
loc.	dziele	dziełach.

2. *Subst.-stamm* poljo.

nom.	pole	pola
acc.	pole	pola
gen.	pola	pól
dat.	polu	polom
instr.	polem	polami
loc.	polu	polach.

Der dual. lautet nom. acc. dziele, poli, *gen loc.* dziełu, polu, *dat. instr.* dziełoma, poloma. *Belege sind* lecie *ustaw. radz.* oce *puncta mesy. 41.* wojszcze *koch. 3. 94; 3. 95.* poli *3. 72.* dwie słońcy; skrzydłu *malg. 56. 2.* latu *ustaw. stat. 90;* latoma *stat. 51. Das organische* dwie słowie (mądréj głowie dość dwie słowie *sprichwort) hat zunächst dem* dwie słowa (wojska obie *koch. 3. 72. neben* dwie wojsce), *später dem* dwa słowa *weichen müssen.*

Die schriftsprache behandelt die aus dem lat. entlehnten subst. neutr. auf um *im sg. als indeclinabel, die volkssprache hingegen verwandelt sie in fem.:* gimnazyjum, *pl.* gimnazyja, gimnazyj *usw.* gubernia; *in anderen fällen wird das entlehnte subst. auch in der schriftsprache ein fem.:* ewanielia. *Bei koch. 1. 181. liest man den sg. dat.* południowi, *der als regel gilt, anderswo* słońcowi; *bei wojc. 1. 98; 2. 5.* dzieciątkowi, ziołkowi. *Der sg. loc. hat* u: *a) bei allen subst. nach II. 2:* morzu, kazaniu; *b) bei den subst. auf* ko, go, cho: jabłku, dwojgu, uchu: *man bemerke* w oce mgnieniu *gorn. 69. für* w oka mgnieniu; *c) bei den adj., die als subst. angesehen werden:* gorącu, dobru, mału, *ehemals* dobrze, male, *wie noch jetzt* świetle *von* światło. *Alle übrigen subst. haben* ie *für asl.* ê: słowie. *Die subst. II. 2. haben im małg. einigemal nach der asl. regel* i: skryci *9. 29; 9. 30; 80. 7.* miłosierdzi *102. 4.* słuńcy *18. 5.* strzeżeni *18. 11.* w sercy mojem, słońcy, we zdrowi, weseli, w widzeni *Małecki 72. Im sg. instr. wird in den ältesten denkmälern manchmal* i *für* ie, e *geschrieben:* weselim, drženim, zbawienim, obliczym, pienim *małg. 29. 14; 2. 11; 20. 1; 9. 19; 91. 3.* miłosierdzim, orędzim, stworzenim *jadw. 18. 32. 34: asl.* veselijemь, izbavljenijemь *neben* veseliimь, izbavljeniimь. *Der pl.*

nom. von wesele, *asl.* veselije, *war ehemals und ist noch jetzt dialekt.* wesoła; *von* ziele, *asl.* zelije, *lautet er* zioła; *von* nasienie, *asl.* *nasênije, nasiona, *selten* nasienia *ustaw.; bei gorn. 71. 75; 100. 101. liest man auch* imiona *für* imienia *von* imienie, *asl.* imênije. *Diese im ganzen pl. geltende abweichung ist folge der im pl., nach jakub. 106. bei* ziele *auch im sg., eintretenden vernachlässigung der organischen erweichung von* l *und* n, *und findet aus demselben grunde bei* kamiony, jeczmiony, przyjacioly *und bei allen subst. VI. 2. b. statt:* imię, imiona, *selten* imienia. *Der pl. gen. bietet zwei abweichungen von der asl. regel dar: a) die subst. auf* ie, *asl.* ije, *haben* ь *für* ij: kazanie, kazań: *der grund dieser abweichung liegt darin, dass* kazanie *für* kazańe *steht; doch liest man* narzędzi *von* narzędzie; *b) manche subst. haben den unorganischen ausgang* ów, *namentlich α) die einsilbigen stämme:* dnów, tłów *von* dno, tło; *doch* giezł, drew, den, cel, szkieł *von* gzło, drwa, dno, cło, szkło; *β) die subst. auf* isko, *die von masc. abstammen:* chłopisków, wilczysków *von* chłopisko, wilczysko *aus* chłop, wilk: *dagegen* dziewczysk *von* dziewczysko *aus* dziewka; *γ) immer seltener die durch* ie, *asl.* ije, *gebildeten subst.:* żądaniów *für* żądań *von* żądanie; *am häufigsten finden wir diese unorganische endung noch bei den auf* wie, *d. i.* wje, *auslautenden subst., bei denen dieser ausgang zur regel geworden:* przysłowiów *von* przysłowie; *δ) selten ausser diesen fällen:* wieców *stat. 71. 138.* ziołków *pieśn. 31.* liców *mick. 1. 76; 3. 36; 3. 59.* łożów *paul. 74: pieklów im alten credo gehört nicht zu dem jetzt geltenden* pieklo, *sondern zu dem alten* piekieł, pkieł *małg. 9. 17; 30. 21; 54. 16. usw. In den älteren denkmälern hat der pl. dat. manchmal unorganisch* am *für* om: wiosłam; łajaniam *małg. 73. 22.* miastam *radz. Im pl. instr. ist nun* ami *aus III. regel; in älterer zeit ist* y *hier eben so häufig wie beim masc.:* usty; zioły rozlicznymi, słodkimi słowy *koch. usw.; in der jetzigen schriftsprache findet sich die organische endung* y *meist dann, wenn der casus durch ein mit demselben übereinstimmendes wort oder sonst genau bestimmt ist:* ciemnymi drzewy, orlimi pióry, usty chłodnymi; przed laty; skurczony laty *usw. mick.* Mi *für* ami *tritt meist bei den subst. II. 2. ein:* polmi, *doch auch* ziołmi, kołmi. *Für die bequeme, aus III. entlehnte endung* ach *findet man bei älteren schriftstellern häufig* iech *für asl.* ěхъ: błogosłowieństwiech, bogactwiech, wrociech, dzielech, niebiech, piśmiech, polech, pociech, świadectwiech, skrzydlech, słowiech, uściech *małg.* gumniech, leciech, myciech, mieściech, prawiech, cliech *stat.* dzielech *jadw.*

38. 44. lecieeh, mieściech, prawiech *ustaw.* bogactwiech, wrociech, prawiech *rej.* lecieeh, mieściech, słowiech, uściech *koch.; seltener ist* och: działoch, sercoch *mały.* wiecoch *(unorganisch scheint der pl. nom.* wiece *stat. 106: vgl. russ.* vêče *und das čech.* věce, *beides gen. neutr.)*, poloch *stat. ustaw.; noch seltener ist* ich *für asl.* ihъ: pokolenich *mały. 109. 7. In* natychmiast *ist* miast *indeclinabel wie in* zamiast.

Sto *wird regelmässig decliniert, wenn es allein, d. i. ohne angabe des gezählten gegenstandes steht oder ihm* pół tora, pół trzecia *usw. vorhergeht:* i jednego sta nie było; płacę po pięć od sta; pol tora sta lat; na każdém scie; *wird jedoch der gezählte gegenstand bezeichnet, so steht im sg. gen.* stu *für* sta: od stu złotych, dla stu ludzi; *in diesem falle steht ferner* stu *neben* stą *auch für den sg. instr.:* stu, stą żołnierzami: *man beachte* we sta koni *paul. 98. 99. In* dwie ście *(falsch* dwa sta *bei Kopcz. 69)*, trzy sta, cztyry sta *werden meist nur* dwie, trzy, cztyry *decliniert und damit der pl. gen.* set *verbunden: gen. loc.* dwuch set, trzech set, *dat.* dwum set, trzem set, *asl.* dvêma sъtoma, tremъ sъtomъ; *instr.* dwoma set, trzema set, *asl.* dvêma sъtoma, trьmi sъty: *daneben findet man im gen.* dwu stu, *asl.* dvoju sъtu, *und* dwiestu, trzystu *mick. 2. 273; 2. 294.* cztyrystu *1. 190, im dat.* dwiestom, trzystom *und organisch* trzem stom, cztyrem stom *Kopcz. 69. und nach Muczk. 101. sogar gleichlautend mit dem gen.:* dwuch set, trzech set: *überall viel willkürliches. Wenn* pięć set *im gen.* pięciu set, *im dat.* pięciu *oder* pięciom set *und instr.* pięcią set *hat, so ist der pl. gen.* set *in der ordnung: asl.* pętь sъtъ, pęti sъtъ; *ehemals lautete der gen.* piąci set *usw. Das nun allen casus dienende* stu *ist wie* pięciu, sześciu *usw. ein nach* dwu *gebildeter gen.: vgl. das serb.* triju, četiriju, *das russ.* sta *und das čech.* sta, *das auch als instr. gebraucht werden kann. Das eindringen des gen. in die gebiete anderer casus ist auch im oserb. an* kńeza *wahrnehmbar, das nicht nur mit dem gen., sondern auch mit dem dat. und instr. verbunden wird:* kńeza farańa; kńeza fararej, s kńeza farańom *usw. schneid. 39.* kńeza kovańa; kńeza kovarej, s kńeza kovańom *usw. jord. 113. Dem* sto *ähnlich werden folgende worte behandelt:* wiele, *asl.* *velije; ile; kilka, *altpoln.* kila; siła, *asl.* sila; tyle: *gen. loc.* wielu, ilu, kilku, siłu, tylu; *dat. ebenso und, ohne angabe des gegenstandes,* wielom (wielam *radz.*), ilom, kilkom, siłom, tylom; *instr. wie im gen. oder* wielą, ilą, kilką, siłą, tylą. *Ähnlich gehen* kilkanaście, *asl. etwa* koliko na desęte; kilka dziesiąt, *asl.*

etwa koliko desętъ; kilka set, *asl. etwa* koliko sъtъ *usw.; gen. loc.* kilku nastu, kilku dziesiąt; *dat. ebenso oder* kilkunastom, kilkom dziesiąt *mit dem oben bezeichneten unterschiede; instr.* kilkunastą, kilką dziesiąt. *Häufig sind die organischen endungen, namentlich a) der gen. auf* a: wyjǫł z wod wiela, łajanie wiela przebywajǫcych, powodź wod wiela, od rad wiela, wiela poganow, od głosow wod wiela, pośrzod wiela *małg. 17. 19; 30. 16; 31. 8; 39. 40; 88. 49; 92. 5; 108. 29.* miłość wiela ich, dla wiela ich, od wiela lekarzow, z wiela serc, głos wiela wod *radz. matth. 24. 12; 26. 28. marc. 5. 26. luc. 2. 35. apoc. 1. 15.* jednego z wiela, z wiela wiekow, z wiela obral, wybrany z wiela *koch. 1. 91; 1. 180; 2. 85; 2. 92; 2. 136.* od wiela książąt *gorn.* do tyla *koch. 1. 93.* od tyla łoskotu, z wieków tyla i z pokoleń tyla, ze stron wiela, do tyla *mick. 1. 64; 2. 149; 1. 374; 3. 15; b) der dat. auf* u: dziw uczynion jeśm wielu *małg. 70. 8.* na powstanie wielu ich *radz.; c) der instr. auf* em: nad wielem cię postanowię, z wielem inych, między wielem braciej, przed wielem krolow *radz. matth. 25. 21; 25. 23. act. 15. 35. rom. 8. 29. apoc. 10. 11.* kilkiem lat, kilkiem słow *gorn.* kilkiem osob *orz. Der loc. lautet stets auf* u *aus nach* polc. *Man beachte folgende instr.-formen:* wielim *małg. 54. 20. ustaw. 69. für* wielem; wielmi (z wielmi nieprzyjacioły *stat. 130) für das zusammengesetzte* wielimi *ustaw. 18;* wieloma, kilkoma *mit dem ausgang des dual., und den loc.* wielich *ustaw. 32. Die hier behandelten numeralia werden nicht selten als indeclinabilia angesehen:* od wiele lat *stat. 113.* radzic i sto mężom stanąć kazano *gorn.* na siła miejscach *orz.* kila *und* kilka *sind wahrscheinlich sg. gen. von* kilo *rej. 187. (wofür auch* kile *ustaw. 12. 50.* kiele *138.) und* kilko *aus* kelko *małg. 47. 45; 73. 4; 77. 3; 77. 7; 118. 84. für* keliko, koliko, *asl.* koliko: *vgl.* telko *wyp. 41. stat. 63. 74. ustaw.* telgo *ustaw. und* jilko *ustaw.* ilko *orz. für* iliko, *asl.* jeliko. Ile, *wofür auch* jele *ustaw. 159, und* tyle, *wofür auch* tele *wyp. 41. stat. 63, sind neutr. eines dem poln. eigentümlichen durch* li *gebildeten adj.:* ili, tyli *quantus, tantus.*

III. a-stämme.

1. *Subst. stamm* ryba.

nom.	ryba	ryby
voc.	rybo	ryby

27

acc.	rybę	ryby
gen.	ryby	ryb
dat.	rybie	rybom
instr.	rybą	rybami
loc.	rybie	rybach.

2. 3. *Subst. stamm* volja.

nom.	wola	wole
voc.	wolo	wole
acc.	wolą	wole
gen.	woli	wól
dat.	woli	wolom
instr.	wolą	wolami
loc.	woli	wolach.

Der dual. lautet nom. acc. rybie, woli *gen. loc.* rybu, wolu *dat. instr.* ryboma, woloma. *Belege sind:* siestrze *ort. gorn.* siostrze. siekierze *ustaw.* godzinie *radz.* grzywnie *ort.* dziedzinie *stat. 6.* przyczynie *orz.* stronie *stat. 3. 37. 123. koch. 3. 80.* kiecie *ustaw.* szkodzie *rej.* jagodzie *woje. 1. 198.* babie *woje. 2. 282. mick. 1. 189.* rybie *radz.* ręce *mały. 57. 10. und* ręcie *94. 6.* ręce. nodze *radz.* kiełbasie *paul. 10.* niedzieli *ustaw.; noch jetzt häufig* za dwie niedzieli *koch. 3. 72.* sukni *radz.* źrzenicy; ręku *mały. 74. 5; 77. 78; noch jetzt* z ręku, w ręku; stronu *mały. 149. 6. ort.* ziemiu *ustaw. stat. 83.* niedzielu *ustaw. stat. 8. 111. 121 usw.;* rękoma *mały. 46. 1; 76. 2; 97. 9.* dziedzinoma, niedzieloma, ranoma, stronoma *stat. 6. 13. 30. 111.* Stdze nasze *mały. 43. 20. ist der pl. von* stdza, *asl.* stьza, *nicht der dual. von* ścieg, *der nur* ściega *lauten könnte.* ręku *wird nicht selten als ein sg. loc. angesehen, schon mesg. 33. sagt: quasi esset masc.:* w jednem ręku, w otrętwiałem ręku, na twojem ręku *mick. 1. 96; 3. 41; 3. 73 usw.*

Dem paradigma wola *folgen die subst. auf* la, rza, nia; cia, dza, *asl.* žda; bia, wia, mia; ca, *asl.* ca *oder* šta, sia; ja, cza, ža, sza: chwila, burza, suknia; ciocia, twierdza; głębia, ziemia; piwnica, *asl.* pivьnica, placa, *asl.* plašta, Jozia, Stazia; nadzieja, tarcza, wieža, cisza *und* śćdza, *asl.* stьza, *(mały. 8. 8; 77. 55). Bei koch. 2. 8. liest man den pl. nom.* Muze, *womit man das čech., den poln. pl. auf* anse *und das nserb. vergleiche. In mały. 83. 3. steht* gardlicia (gardlicya). *Hieher gehören auch die durch* ynja *abgeleiteten subst.:* bogini, gospodyni, mistrzyni *usw.; ebenso* lani, pani. *Auch einige andere können im sg. nom.* a *abwerfen:* ziemi *koch.* 2. *164.* lutni *1. 28; 1. 35; 1. 45;* karm *besteht neben* karmia; wilž, woń, kieszeń, klacz, kolej, kuczbaj, odsiecz, śpiż, toń *usw. neben* wilža, wonia *usw.;* pościel *lautete ehemals* pościela: pościelę *sg. acc. mały. 40. 3; die auf* ynja *lauten im sg. voc. wie im nom., während* pani *dialekt. auch im gen. unverändert angetroffen wird:* pani matki *wojc.* 2. *51. Dem paradigma* ryba *folgen auch die ursprünglich litauischen eigennamen auf* o: Kościuszko, Ryłło, Sanguszko *usw., während die ursprünglich polnischen eigennamen auf* o *nach I. decliniert werden:* Benedysio, Rojko, Jodko *usw. Im pl. gelten nur die formen nach I: sg. gen.* Kościuszki, Benedysia *dat.* Kościuszce, Benedysiowi *acc.* Kościuszkę, Benedysia *usw. Die subst.* hrabia, burgrabia, margrabia, rękojmia, sędzia *giengen ursprünglich wohl nur nach* wola: *gen.* hrabi, sędzi (hrabie *gorn.* malgrabie *wyp. 56.) dat.* hrabi, sędzi *acc.* hrabię, sędzię, sędzią *stat. 10. 13. 50. usw. Gegenwärtig ist die declination gemischt, indem einige casus nach I. 2, III. 2. oder nach der zusammengesetzten declination gebildet werden: gen.* hrabiego, sędziego *dat.* hrabiemu, sędziemu *voc.* hrabio, sędzio *instr.* hrabią, sędzią; *der sg. loc. lautet nach III. 2.* hrabi *oder nach I. 2.* hrabiu, sędziu *oder endlich nach der zusammengesetzten declination* sędzim *muczk. 89: man merke* rękojmiego, rękojmim *stat. 21. 43. So wird auch* Ilia *behandelt: gen.* Iliego *instr.* Ilią *gorn. Man beachte die formen* podkomorza *und* chorąża, *wofür nun* podkomorzy *und* chorąży: podkomorza *ustaw. 133.* podkomorzami *140. 147.* chorążami *147. Im pl. folgen jetzt die in frage stehenden worte dem paradigma I. 2; ehemals wurden sie auch im pl. nach* wola *decliniert:* sędzie *mały. 67. 5; 148. 11. stat. 5. 7. 8. usw.* rękojmie *17.* sądź *13. ustaw. 96. 97.* sędziam *stat. 11. 42. 52. usw. Daneben findet man nach der zusammengesetzten declination* sędzim *stat. 119. Im sg. voc. ist* o *regel:* rybo, piwnico; *in der älteren sprache finden wir bei den subst. nach III. 2. manchmal* e: gospodze, *asl.* gospožde, *jadw. 8. 14. 24.* obietnice *158.* studnice *160. neben* nadziejo *12.* ziemio *72.* dusze *mały. 42. 5; 102. 2: die subst. auf* ni *machen den sg. voc. dem sg. nom. gleich:* pani. *Die dem zweiten paradigma folgenden deminutiva von tauf- und verwandtschaftsnamen haben* u *für* o: Kasiu, Maryniu; *ebenso* babulu, babciu, ciotuniu, ciotusiu *usw.; so auch* tatu *von* tato; *dieser regel folgen auch jene, die* a *abgeworfen haben:* Marysiu *von* Maryś, *richtiger von* Marysia. *Der sg. acc. hat* ę *für asl.* ą: *nach*

27*

der angabe der grammatiker haben jedoch einige ą, *und zwar mehrere auf* ola, ni, *die entlehnten auf* ija, yja, *die auf* nia, *wenn dem* n *ein consonant vorhergeht, und die auf* szcza: dolą, panią, liliją, Grecyją, kuchnią, puszczą *usw. Kopcz.* 64. *lehrt, dass die subst., die im sg. nom. ein geschlossenes, von ihm mit einem acut bezeichnetes, dem* o *sich näherndes* a (a ściśnione: *vgl.* pán *mit dem čech.* pán) *haben, im sg. acc. auf* ą, *alle übrigen hingegen auf* ę *auslauten, eine regel, die eine unterstützung in der beobachtung findet, dass das* á *in vielen fällen dem langen* a *des čech. entspricht, daher die zusammengesetzten adj. im sg. nom. fem. schliesst, während es den pronominal declinierenden wörtern fremd ist und in den subst. selten vorkömmt: man vgl. das adj.* drogá *mit dem subst.* droga: polská *mit* Polska; *das adj.* stałá *mit dem partic. act. II.* stała; *man beachte* jedna, nasza; wolá, dolá, braciá *usw. und* moja, twoja, swoja, *woraus* má, twá, swá *entstehen. Aus dem gesagten geht hervor, dass man* wolą, dolą, bracią *usw. schreiben und sprechen soll: die beobachtung lehrt jedoch, dass es kein subst. fem. auf* a *gibt, das nicht im sg. acc.* ę *haben kann:* wieczerzą *koch. 3. 83.* wieczerzę *mick.;* wolą *radz. koch. 3. 29.* wolę *gorn.;* niewolą *koch. 3. 64.* niewolę *mick.;* panią *koch. 3. 34.* panię *gorn.;* puszczą *radz.* puszczę *mick.;* rolą *und* rolę *radz.;* Rosyją *und* Rosyję *mick. usw. Aus den angeführten beispielen ist zu ersehen, dass in älterer zeit Kopczyński's regel, wenn auch nicht ausnahmslos, beobachtet wurde. Aus dem ganzen ergibt sich, dass* ą, *in der zusammengesetzten declination notwendig, einer ziemlich beschränkten anzahl von subst. zukömmt, und dass* ę, *in der pronominalen declination notwendig, bei den subst. die regel bildet: wenn daher gorn. 21. sagt:* nowina jest pojąć poddanę swoję, *so behandelt er* poddana *als subst.: untertanin. Małecki 78-80 rät zu schreiben* boginią, panią *und* komedyją, misyą *neben* wolę, studnię, mszę, świecę, władzę, ziemię, nadzieję. *Dialektische untersuchungen führen auf* gorę, wodę *und* szyję, ziemię, chwilę: *dialekt.* gorą, wodą *und* szyją, ziemią, chwilą; *neben* wolą, wieżą: *dialekt.* wolǫ, wieżǫ: *dialekt.* ą *entspricht dem* ę *der schriftsprache; ebenso* ǫ *dem* ą. *Malinowski, Beiträge zur slavischen dialektologie I. 21. 23. Der sg. gen. der subst. III. 2. hat nun den ausgang* i, *was dem einflusse der subst. III. 1. zuzuschreiben ist: ehemals war dieser ausgang regelmässig* e *(mesg. 33), an welches häufig nach der analogie mit der zusammengesetzten declination* j *gefügt wurde:* ziemie, łże, dusze, nǫdze, źmije *mały. 1. 5; 4. 3; 7. 2; 39. 2; 57. 4. usw.* ziemie, dziewice, dusze *judic. 8. 12. 48. 100. usw.* nadzieje, lutnie, łodzie, kądziele, prace, dusze *koch. 1. 24; 1. 34;*

1. 85; 1. 87; 1. 89; 2. 18. usw. (sławe *małg. pag. 91 a. steht für* sławy); wolej, rolej, żędzej, paszczej, poselkiniej, paniej *małg. 5. 15; 49. 12; 77. 33; 101. 7; 122. 2. usw.* rzyszej, wolej, karmiej, żędzej *jadw. 48. 68. 114. 132.* lutniej, wolej, pracej, niewolej *koch. 1. 43; 1. 132; 1. 138; 1. 159. usw. Regel war die anfügung des* j *bei den entlehnten wörtern auf* ja *(mesgn. 34):* Idumejej *małg. 59. 10.* Maryjej *jadw. 62. 64. 78. usw. Die sprache des volkes hat das* e *im sg. gen. nicht selten bewahrt:* granice, ziemie, kądziele, lilije, pszenice, szyje *volksl.* bez prace nie będą kołacze *sprichw. Sehr selten ist* e *in diesem falle in der schriftsprache:* żmije *(im reim) mick. 2. 89. Dieses* e *des sg. gen. der subst. III. 2. ist aus einem älteren* ę, *asl.* ę, *hervorgegangen, das sich einigemal erhalten hat:* duszę: rozumiej duszę mojej *małg. 68. 22.* ostrzeży duszę twojej, gospodzin *120. 7.* nie zyszczesz duszę *koch. 1. 35.* ciebie ja miłować ze wszystkiej duszę będę *2. 32: so liest man im psalt. Krak. 1606. 1610. und in Kochanowski's werken Leipz. 1835, während in der ausgabe Warschau 1803. und im psalt. Krak. 1629. 1641.* dusze *steht;* już mi sił ledwie i duszę dostanie *koch. 2. 224;* aż w żyłach krwie i duszę, aż w kościach nie stanie szpyku wyschłych *klon. Krak. 2. 100. Leipz. 2. 116;* ziemię (niechaj będą do końca z ziemię wygładzeni *koch. 2. 139: so in der Warschauer und Leipziger ausgabe, während der psalt. in allen vier ausgaben* ziemie *bietet;* przez swej ziemię skazę *koch. 2. 224);* Hesperyją *für* Hesperyję (wracał się z Hesperyją *klon. Krak. 2. 29. Leipz. 2. 64). Wie dem sg. gen.* wole *das ältere* wolę, *asl.* volję, *zu grunde liegt, so ist auch der pl. nom. acc.* wole *aus einem älteren* wolę, *asl.* volję, *hervorgegangen. Dass* ę *im auslaute mehrsilbiger wörter dem* e *weicht, wird nicht befremden, wenn man bedenkt, dass diess auch im auslaute einsilbiger wörter statt finden kann: vgl.* mie, cie, sie *für und neben* mię, cię, się, *asl.* mę, tę, sę, *małg.;* imie *für und neben* imię, *asl.* imę, *usw. Das* i *des sg. dat. und loc. wird in den älteren denkmälern häufig durch* ej *ersetzt, was dem einflusse der zusammengesetzten declination zuzuschreiben ist:* Achajej, wolej, Grecyjej *usw. Man beachte* kasie *pieśn. 54. und* Lomzie. *dreimal bei gorn., für* kaszy, Lomży. *Der pl. nom. der masc. auf* a *wird nach I. gebildet:* wojewodowie, monarchowie, starostowie; koledzy, męszczyźni, winowajcy; sludzy *und* slugi *verhalten sich zu einander wie* chłopi *und* chłopy. *Es wäre ein irrtum anzunehmen, dass der pl. nom. der subst. III. 2. auf* e *nach I. 2. gebildet sei, vielmehr entspricht dieses* e *einem asl.* ę *im pl. nom.:* złomce, przedawce, sędzie (*asl.* sądiję), rękojmie, burgrabie *stat.* 2. 5. 7. 8. 17. 82. *ustw.* starzy radzce *ort.* poborce krolewscy *ustaw.* rozbojce *koch.* 1. 33. pochlebce *mick.* 2. 305: *diess geht hervor aus den gen.* sądź *iudicum,* starost *stat.* 13. 92. *Der pl. gen. der subst. auf* la *und* nia *lautet, wenn dem ersteren irgend ein, dem letzteren ein anderer consonant als* l, r *vorhergeht, häufig auf* i, *asl.* ij, *aus:* kropla, kropel, kropli; lutnia, lutni; zbrodnia, zbrodni, *ehemals* lucien, zbrodzien, *doch* sukień *mick.* 2. 75; wiśnia, wisien *und* wiśni; głownia, głowien *und* głowni; trześnia, trzesien *und* trześni; *so auch* msza, mszy; *dagegen* gorzelń, śpiżarń *von* gorzelnia, śpiżarnia, *doch* pisarni *mick.* 1. 126; stajnia, stajen. *Unorganisch sind* kuchniów, lutniów *von* kuchnia, lutnia; *die entlehnten auf* yja *haben* yi *d. i.* yji, *wofür man* yj *erwartet:* tragedyi; *ebenso* nadziei *d. i.* nadzieji *Małecki* 81. *Gegen alle analogie verstossen* gry, kry *von* gra *und* kra. *Das ebenso unorganische, von Kopcz.* 65. *mit recht getadelte* ów *haben manchmal die einsilbigen stämme:* grów, krów, mgłów, mszów, pchłów, ćmów *neben den organischen gen.* gier, kier, pcheł, *wofür das dem asl.* blъhъ *näher stehende* płech, *von* gra, kra, mgła, msza, pchła, ćma, *und einige, in denen dem* a *mehrere consonanten vorhergehen:* pigwów *neben* pigw, modlów *mick.* 3. 12, *jedoch auch* rzęsów *mick.* 1. 296. *Der pl. dat. hat jetzt unorganisches* om; *in den älteren denkmälern und noch bis zum schlusse des XVII. jahrh. findet man häufig* am: studniam, kobyłam, drogam, nogam, duszam, sługam, stdzam, *asl.* stьza, ścieżkam (styeszkam), prawotam, powiekam *małg.* 41. 1; 48. 12; 50. 14; 56. 8; 77. 55; 78. 2; 118. 105; 131. 4. drogam *wyp.* 17. dziedzinam, żonam, ziemiam, pannam, stronam, sędziam *stat.* księgam, sługam, przam *ustaw.* radzcam *ort.* duszam *radz.* sprawam *rej.* wieżam *orz. Unorganisch ist im pl. instr.* y *für* ami: prożby *niemc.* kary, kropelki, plamki, roty, stopy, strony *mick.* 1. 65; 3. 7; 3. 20; 3. 75; 3. 179; 3. 185; *für* zbojcy *koch. statt* zbojcami *sprechen analogien. Ebenso unorganisch wie* y *für* ami *ist im pl. loc.* iech *für* ach: rybiech, siestrzech, cnociech.

Die nominale declination der adj. ist schon in der älteren zeit zum grössten teile durch die zusammengesetzte verdrängt worden; es haben sich nur spärliche überreste der ersteren erhalten: a) bei einer beschränkten anzahl von adj. der sg. nom. masc. als alleinstehendes praedicat: ksiądz Dymitr był godny żołnierz *und* godzien był łaski *gorn. Die form konnte und kann zum teil noch gebildet werden von folgenden adj.:* bezpieczen, bogat *małg.* 48. 17, wart, warcien, wesoł, wdzięczen, winowat *ustaw.* winien, wolen, wiadom, wierzen *stat. 141. ort.* głodzien *koch. 1. 139; 3. 73.* gniewien *małg. pug. 92 a.* godzien, gotów, dłużen *ort.* dostojen *ort.* duż *koch. 2. 100.* żaden, żyw *małg. 71. 15; 88. 47; 118. 116. ort. koch. 2. 25.* zdrów, kontent, krzyw *koch. 1. 117; 1. 134. rej.* łaskaw, lub *małg. 34. 17; 43. 5; 55. 13; 114. 9.* mił *koch. 1. 118; 1. 133. orz.* miłościw *małg. 98. 9. wyp. 13.* młod *małg. 36. 26.* medl *rej.* mocen *potens małg. 51. 1. jadw. 6. koch. 2. 192.* niemocen *małg. 6. 2.* opłwit *małg. 77. 43.* pamiocen *małg. 19. 3; 73. 2; 73. 19 usw.* pełen, pewien (pewien człowiek), pilen *rej. klon. koch. 2. 199.* powinien, podobien, pożyteczen *koch. 3. 63.* pokojen *małg. 119. 6.* pomocen *88. 42. koch. 2. 204.* posłuszen *stat. 141. koch. 3. 30.* praw *stat. 28. 53. 128. ort. rej. koch. 1. 38; 2. 18; 2. 194.* prazen *koch. 1. 98.* próżen *ort. koch. 1. 124; 2. 19.* rad, rówien, święt *małg. 17. 28.* świadom, silen *koch. 1. 41; 3. 73. klon.* straszen *rej.* sprawiedliw *ustaw.* syt, szkodzien, *wofür auch schon zusammengesetzte formen:* wesoły, godny, gotowy *usw. gebraucht werden. Hieher gehören die in der schriftsprache immer seltener werdenden adj. possessiva auf* ów *und* in: ojców, matczyn *usw., bei koch. 2. 204.* dawidowy. *Ehemals gab es der adj. mit nominalem sg. nom. masc. eine weit grössere anzahl als gegenwärtig, namentlich waren auch die partic. praet. pass. dieser form fähig, die bei den partic. praet. act. II. allein vorkömmt:* lata, gdzie ledwo jeden ze wszystkiego świata nalezion, co go Bóg w cale zachował; tamże przywiedzion mój filozof; aby nie tylko Orfej był piorunem porażon, ale i ja od ciebie za swoję chęć skażon *koch. 1. 26. 157. 164. usw.* nie dopuszczaj, iż by on wywrócon, zniszczon, złupion ze sławy i ze zdrowia być miał *gorn. Selten ist diess in der neueren poesie:* tyś w klatce zrodzon *kras.* otoczon chmurą pułków *mick. 1. 33.* spodem uwieńczon jak w wianek *2. 61. Hier sind auch verbindungen zu erwähnen wie* samowtór *ustaw. stat. 52.* samotrzeć *ustaw. ort. stat. 52. 80. 106. usw. (wovon auch der sg. dat. masc.* samotrzeciu: Piotrowi skazali śmy samotrzeciu Jana o swe palce poprzysiąc *stat. 27. und der sg. acc.* samotrzecia: Piotra samotrzecia skazali śmy przysiąc *Petrum mettertium pronunciamus iuraturum ustaw. 43),* samoczwart, samopiąt, samoszost *ustaw. stat. 115. ort.* samosiodm, samsiodmo *ort. usw.* Samowtór *scheint nur adverbial gebraucht zu werden* (swachnicka idzie samowtór *woje. 1. 100. paul. 44.) und zusammengesetzt* (arfo, uciecho świętego króla, kiedy z tobą samowtóry uciekał w góry *groch.); b) der sg. nom. neutr. als alleinstehendes praedicat:*

warto, winno, kontento, rado, powinno; żadno *neben* żadne; synowo *pieśn. 18. In małg. findet man auch* lubo *39. 18; 146. 12.* gospodnowo *33. 16; 39. 6; in stat. 49:* ucho ma być urzniono; *in małg.* stękanie moje jest skryto. *Der nominale sg. nom. neutr. steht auch in subjectlosen sätzen wie* ciemno wszędzie, było samotnie i głucho *mick. 1. 54.* pełno było krzyku i hałasu; nudno mi jest *und in* podawano wódkę; siedziano, ziewano, spano *usw.; c) der sg. gen. neutr. in adverbialen redensarten:* bez mała, przez mała *małg. 93. 17;* do czysta; z blizka, z właszcza, z wolna, z wysoka, z goła, z dawna, z daleka, z lekka, z mała, z nagła, z nienagła, z osobna, z pełna, z prosta, z prędka, z rzadka, z niemiecka, z polska, z francuzka *more germanico, polonico, francico,* z błękitna, z niebieska, z czerwona *usw., wofür auch* z niemieckiego, z błękitnego *usw. vorkömmt;* za gorąca *ort.* za pewna; od dawna, od mała *małg. 16. 15;* s pierwa *ort. usw.: anders ist* do mała (mało do mała) *aufzufassen;* pół tora, *das ehemals wie* ile *decliniert worden sein soll* (*Bandtkie 187*), *ist jetzt im masc. indeclinabel:* z pół tora korcem, *ehedem* półtorym *ustaw. 77; selten ist* wśrzód biała dnia *Małecki 107; d) der sg. gen. fem. der numeralia ordin.:* pół tory (*wojc. 2. 2. 26.* pół tory grzywny *ustaw. stat. 28. 58.*) *neben* pół toréj; pół trzecie *ustaw. 145. und* pół trzeciéj, pół czwarty *und* pół czwartéj *mesg. 47. Man findet auch den sg. instr.* półtorą: półtorą ćwiercią; *bei mesgn. 47. liest man* z półtorą złotych *und* o półtoru złotych; *e) der sg. dat. neutr. mit der praepos.* po: po mału, po malusku *alt,* po kryjomu, po pijanu, po cichu, po trzeźwiu, po trzeźwu, po niemiecku, po pańsku, po polsku *usw.; doch auch* po zagranicznemu, po staremu, po starodawnemu, po trzeźwemu *usw.; f) der sg. loc. neutr. als adverb:* biegle, dobrze, szczerze *usw. und in adverbialen redensarten:* w cale, na prędce, w rychle; *anders ist* male *zu deuten:* na male *koch. 1. 144. klon. 25.* w male (kto wierny jest w male): *der nominale pl. instr. neutr. als adv. ist im pol. selten* (złodziejski, małżeński *ustaw. 88. 136. 140*), *indem die adj. auf* ьskъ *das adv. durch den sg. loc. neutr.* (nieludzce *gorn.*) *bezeichnen; g) der pl. nom. und acc.: α) masc.:* roki mają być trzymany i chowany *stat. 48.* acz znaki będą naleziony *56.* artykuły być trzymany, chowany, objawiony i wypełniony ustawiany *105; β) fem.:* gdy siostry były za mąż wydany *54.* acz by siostry były wyposażony *54.* wsi nam mają być przyłączony *62.* ryby mają być łowiony *137, wie noch jetzt* powinny były te kobiety. *In stat. 79. steht* sędzie nie będą powinny, *wofür* powinni *richtiger, da dergleichen subst. im pol. nicht fem. sind, wie diess im asl. und im serb. der fall ist: an die sachliche endung ist eben so wenig zu denken. Wenn* gorąco, światło, cieplo *usw. nominal decliniert werden, so sind sie als subst. anzusehen. Ob* gotowa *als alleinstehendes praedicat* (jestem gotowa) *dem asl.* gotova *oder* gotovaja *entspricht, ist bei der doppelform des masc.* gotów *und* gotowy *zweifelhaft: anders ist es bei* wart, kontent, rad, *die der zusammengesetzten declination auch im masc. nicht fähig sind. Viele adjectivische eigennamen von ortschaften werden nominal decliniert:* Lwów, Lwowa *usw.* Soplicowo, Soplicowa *usw.; auch* Polska *wird wie ein subst. behandelt:* Polski, Polszcze *usw. Die durch* owa *abgeleiteten und die auf* ska, cka, dzka *auslautenden weiblichen personennamen folgen der zusammengesetzten declination:* Janowa, stolarzowa, Zamojska *gen.* Janowéj, stolarzowéj, Zamojskiéj *usw. Auch der sg. acc. folgt nach muczk. 90. der zusammengesetzten declination:* Herbortową, Dziedzilowską *mick.: doch dialekt.* panią Kochanowskę *Małecki 108. Von* królowa *findet man den sg. voc.* królowo, *den sg. gen.* królowy *gorn., den pl. dat.* królowom *bandt. 142, formen, die darin ihren grund haben, dass ursprünglich alle diese wörter auf* owa *nominal decliniert wurden.* Królewna *und die übrigen durch* owna *abgeleiteten wörter folgen meist der nominalen declination:* królewnie, królewnę *und* królewną; *pl.* królewny, królewien, królewnom, królewnami, krolewnach *gorn. sg. gen.* Horeszkówny *mick. sg. dat.* stolnikównie *mick. Auch die durch* na, yna *abgeleiteten wörter werden in der regel nominal decliniert: sg. voc.* księżno *acc.* księżnę *gen.* księżny *dat. loc.* księżnie; *pl. gen.* księżen *gorn. sg. dat. loc.* lowczynie, podkomorzynie *acc.* podkomorzynę *mick.; pl. nom.* podstoliny, Sapieżyny *neben* księżne *gorn. Auf falscher schreibung beruht der weder der nominalen noch der zusammengesetzten declination entsprechende sg. dat. auf:* y: królowy, sędziny *muczk. 90. für* królowéj, (królowej Barbarze *orz.*), sędzinéj.

In einer älteren form tritt uns das pol. hinsichtlich der nominalen declination der adj. in małg. entgegen: dieses denkmal bietet uns von adj. nominale formen, die spätere denkmäler entweder gar nicht oder nur in adverbialen redensarten kennen: a) sg. gen. α) *masc.:* panowa *105. 25; 115. 8; 117. 25.* jakobowa *23. 6; 113. 1; 113. 7;* β) *neutr.:* gospodnowa *95. 12; 96. 5; 117. 7;* γ) *fem.:* macierzyny *pag. 73 a;* wszelki *118. 2. und* ludzki *118. 134. stehen wohl für* wszelkiej, ludzkiej; *b) sg. dat. neutr.:* panowu *121. 4; c) sg. acc.* α) *masc.:* zbawion *17. 30; 27. 12.* znan *31. 5.* zjawion

38. 5. und zbawiona *3. 6; 6. 4; 7. 2; 11. 1; 17. 22. usw.* dziwna *4. 4.* mǫdra *118. 98;* widział jeśm prawego odrzucona; β) *neutr.:* dziwno *30. 27.* wzdruszono *88. 34.* gospodnowo *99. 5; 101. 22; 117. 11.* panowo *112. 1; 115. 7; 117. 10; 117. 22; 128. 7; 134. 1.* jawno *pag. 92 a; d) sg. instr. neutr.:* baranovem *65. 14.* małem *8. 6; e) sg. loc.* α) *masc.:* dawidowie (nad - na - domu dawidowie) *121. 5;* β) *neutr.:* gospodnowie *19. 8;* γ) *fem.:* gospodnowie *74. 7.* aaronowie *76. 20.* mojżeszowie *76. 26; f) dual. nom.* α) *masc.:* chodzila *54. 15;* β) *neutr.:* byle, widziele, wywiedle, mdle, omdlale *(richtiger* omdlele), pomdlele, strzegle, *asl.* bylê, vidêlê *usw. 87. 9; 138. 15; 118. 136; 87. 9; 118. 82; 68. 4; 118. 82; 68. 4; 118. 123; 118. 136:* weselila, pośrzatla, przymowala *39. 15; 83. 2; 84. 11. sind keine dual., sondern pl. neutr;* γ) *fem.:* wzniesle, dowiedle, nalezle, przywiedle, służyle, uczynile, calowale, *asl.* vъzneslê, dovelê *usw. 130. 1; 42. 3; 118. 143; 42. 3; 80. 6; 118. 73; 84. 11. Man bemerke den sg. dat. fem.* żywie, *asl.* živê: pak li by wdowie dłużej żywie być przygodziło się *ustaw. 135. 4. 4. und 136. 52. und den sg. loc. fem.* welice, *asl.* velicê: po welice nocy *ustaw. 133.* grzesznie: o duszy o grzesznie sam bóg pieczę ima; male: po male chwili *Malecki 108. Vgl. 4. seite 136 - 148.*

IV. ъ *(u)*-stämme.

Spuren dieser declination finden sich in der ъ *(a)-declination, und zwar im sg. gen. auf* u: brzuchu, włosu, wółu *usw.; im sg. dat. auf* owi: aniołowi *usw; im sg. loc. auf* u: panu, znaku, synu *usw.; im pl. nom. auf* owie: panowie *usw.*

V. ь-stämme.

1. masc.

Diese declination fällt im erhaltenen zustande der sprache meist mit der declination I. 2. zusammen: gość, gościa, gościu *usw.* gołąb, gołębia, gołębiowi *usw. Spuren der organischen flexion gewahren wir im pl. nom.* goście, ludzie *gen.* gości, ludzi, *asl.* gostij, ljudij, *dat.* gościom, ludziom, *ehemals nicht selten* ludziem *ustaw. und unorganisch* ludziam *radz. acc.* gości, ludzi, *asl.* ljudi, *instr.* gośćmi, ludźmi *loc.* gościach, ludziach, *ehemals* ludziech. *Das meiste lässt sich auch nach der declination I. 2. erklären, welcher der in älteren schriften vorkommende pl. acc.* ludzie *koch. 2. 90; 2. 103; 2. 129.*

usw. anheimfällt. łokieć *hat im pl. gen.* łokci *radz. ezech. 40. 7; 40. 12, häufiger jedoch* łokiet *ustaw. stat. 60. exod. 26. 2. ezech. 40. 5; 40. 9; 40. 11; 40. 13; 40. 14; 40. 15. usw.: vgl. asl.* desętь, *pol.* dziesiąt. *Die meinung,* przyjaciel, gospodarz *usw. hätten einst zur ь-declination gehört, ist unrichtig.*

Trzyj (trzéj), cztyryj (czterej), *alt* cztyrzyj (cztyrzej *ustaw.*); trzy, cztyry (cztery), *alt* cztyrzy *ustaw.* (cztyrzy sta *stat. 65.*) *haben gen. loc.* trzech, cztyrech, *alt* cztyrzech *und* cztyroch *ort. dat.* trzem, cztyrem, *alt* cztyrzem *und* cztyrzom *stat. 10. instr.* trzema, *alt* trzemi *stat. 118.* cztyrema *und* cztyrma, *alt* cztyrmi *wyp. 56. Die nom.* trzyj *und* cztyryj, *wofür ehedem* trze, cztyrze *ustaw. stat. 27. 29. 55, asl.* trije, četyrije, *können nur mit benennungen männlicher personen verbunden werden. Dialekt.* trze, trzy; s trzóma.

2. fem.

nom.	kość	kości
voc.	kości	kości
acc.	kość	kości
gen.	kości	kości
dat.	kości	kościom
instr.	kością	kościami
loc.	kości	kościach.

Der dual. lautet nom. acc. kości *gen. loc.* kościu *dat. instr.* kośćma, kościoma: gęsi, części *stat. 40. 131;* wsiu *ustaw. 16. 95. Als nom. werden von kopcz. 63. falsch* mysze, noce, nicie *für* myszy, nocy, nici, *asl.* myši, nošti, niti, *angegeben.*

Der sg. nom. auf i *findet sich in dem liede bogarodzica:* radości, miłości. *Der pl. nom. hat* i: kości; *unorganisch ist die neuere, selbst von Kopcz. 64. getadelte bildung auf* e: twarze, dłonie; słodycze, kradzieże, rozkosze; mazie, wsie: *doch* myśli, rzeczy, wszy, myszy *und* twarzy *radz. koch. 2. 130; 2. 137; 2. 139; 2. 183. Organisch ist* e *bei jenen subst., deren thema auf* a *auslautet, im sg. nom. jedoch* a *abgeworfen hat:* ciotusie *von* ciotuś: *thema* ciotusia; straże *von* straż, *asl.* straža: *dagegen ist* twarze, rozkosze *unrichtig, und* twarzy, rozkoszy, *wie ehedem gesprochen und geschrieben wurde, allein richtig, wie asl.* tvarь. raskošь *dartut. Wie im čech., so ist auch hier die organische form auf* i *zurückgedrängt worden. Im pl. gen. hat* wesz *neben* wszy *unorganisches* wszów. *Der pl. dat. lautete ehemals auch auf* am *aus:* rzeczam *ustaw. ort.* drzwiam *radz. Organisch ist der pl. instr. auf* mi *für* ami: gęślmi *małg. 80. 2; 91. 3, denn* gęsli *gehört hieher, wie aus dem pl. nom. acc.* gęsli *małg. 56. 11; 107. 2.* gęśli *koch. 1. 73; 2. 9. hervorgeht: jetzt lautet der nom.* gęśle. *Der pl. loc. hat manchmal die organische form:* krwiech *małg. 105. 37.* postaciech *107. 3.* światłościech *109. 4.* kaźniech *118. 47; 118. 78.* głębokościech *134. 6.* rozkoszech *138. 10.* gęślech *146. 7. neben* gęślich *150. 3; 150. 4. Nicht selten ist* och *für* ech: gęśloch *32. 2; 42. 5; 70. 24; 97. 7.* postacioch *78. 10; 104. 36.* głębokościoch *105. 10.* kaźnioch *111. 1; 118. 15.*

Die numeralia pięć, sześć, siedm, ośm, dziewięć, dziesięć *werden in der älteren sprache und noch gegenwärtig vom ungeschulten volke organisch nach* kość *decliniert: nom.* pięć *gen. dat. loc.* pięci, piąci *(so auch* dziewiąci, dziesiąci) *instr.* pięcią, piącią *(so auch* dziewiącią, dziesiącią), *wofür man auch unorganisch im dat.* piącim *radz. marc. 8. 19. und* siedmiam *apoc. 15. 7. und im instr.* pięćmi *und* pięcioma, sześćma *woje. 2. 335. findet. Jetzt wird* pięć *so decliniert: acc.* pięć, pięciu (pięć dukatów, pięciu uczniów) *gen. loc.* pięciu *dat.* pięciu, pięciom (pięciu braciom, pięciom zapłaciłem) *instr.* pięcią *und* pięciu. dziesięć *hat im sg. acc.* dziesięć, *in einem fall* dziesięcie *für asl.* desęte, *woraus* ście, *ehemals* dzieście *ustaw. 140. 141,* dcie, ccie, cie *ustaw., daher* jedenaście, dwanaście, trzynaście *usw.: asl.* jedinъ na desęte, dva na desęte, tri na desęte *usw. Die declination der mit* dziesięcie *zusammengesetzten numeralia ist der von* pięć *nachgebildet und daher unorganisch: acc.* jedenaście, dwanaście *und* jedenastu, dwunastu *(mit dem unterschiede wie bei* pięć *und* pięciu) *gen. loc.* jedenastu, dwunastu, *ehedem* jedenaści, dwunaści *dat.* jedenastu, dwunastu *und* jedenastom *neben* jedennaściom *radz. luc. 24. 9.* dwunastom *(mit dem bei* pięciu *und* pięciom *eintretenden unterschiede) instr.* jedenastą, dwunastą, *ehedem* jedennaścią *radz.* dwunaścią *neben* dwiemanaccioma *ustaw. 65. und indeclinabel:* onym jedennaście *radz. marc. 16. 14. act. 1. 26: asl.* jedinogo na desęte *usw.* Dwa na ście *ward ehedem auch organisch decliniert: acc.* wziął s sobą dwa na ście uczniow *matth. radz. 20. 17.* postanowił dwa na ście *marc. 3. 14. und* tych dwu na ście posłał *matth. 10. 5.* wezwał onych dwu na ście *marc. 6. 7. gen.* ot dwu na ccie *ustaw. 135.* dwu na ście apostołow ty są imiona *radz. matth. 10. 2.* jeden ze dwu na ście *matth. 26. 14; 26. 47.* od dwu na ście lat *marc. 5. 25. dat.* dwiema na ście *stat. 44. radz. matth. 11. 1. joan. 6. 67.* dwiema na ście apostołom *jadw. 82. instr.* ze dwiema na ście *matth. 26. 20. marc. 4. 10; 11. 11; 14. 17. loc.* na dwu na ście stolcach *matth. 19. 28.* we dwu na ście leciech *marc. 5. 42. luc. 2. 42.* we dwu na ście lat *8. 42.* na dwu na ście *klon. 2. 97: asl.* dva na desęte, dvoju na desęte, dvêma na desęte *usw. Man beachte auch* s pięcią na ście, do sześci na ście *čel. 214.* s sześcią na ście *radz. exod. 26. 25.* ośmią na ście *stat. 115.* w tej ośmi na ccie niedziel *stat. 135; daher auch* dwoje na ście pokolenie *radz. und* samoterzeć na ccie *ustaw.* dziesięć *hat ferner im dual. nom. nach I. 2.* dziesięcia *für asl.* desęti, *daher* dwadzieścia *(minder richtig* dwadzieście *mick. 1. 23; 1. 122. im reim), das wie* dwanaście *decliniert wird: acc.* dwadzieścia *und* dwudziestu *gen. loc.* dwudziestu *dat.* dwudziestu *und* dwudziestom *instr.* dwudziestą, *asl.* dvoju desętu, dvêma desętьma *usw. Man bemerke den gen.* dwu dziesiątu *ustaw. 81. und den instr.* s dwiema dziesty *radz. luc. 14. 31: asl.* desęty, *und* dwiema dziestoma *ustaw. stat. 24: asl.* desętьma. *Der pl. von* dziesięć *lautet* dziesięci, *asl.* desęti *und* desęte, *daher* trzydzieści *(minder richtig* trzydzieście *mick. 1. 112.) und* cztyrdzieści, *deren declination mit der von* dwanaście *übereinstimmt: gen. loc.* trzydziestu, cztyrdziestu *usw., doch auch* na trzech dsiesiąt, czterech dziesiąt *radz.* trzemi dziesty *ort., asl.* trij desętь, četyrij desętь *usw.* dziesięć *hat endlich im pl. gen.* dziesiąt, *asl.* desętъ, *daher* pięć dziesiąt *und folgerichtig* pięciu dziesiąt, *alt* piąci dziesiąt, dziewiąci dziesiąt *radz., asl.* pęti desętъ *usw. Man findet auch* piędziesiątu *und, was noch weniger zu billigen,* pięciu dziesięć *gorn. 71. und* piędziesięciu: *vgl. das asl.* desętu. *Man gebraucht diese numeralia manchmal auch als indeclinabilia:* dla pięć dziesiąt robotników. *Das sich immer mehr hervordrängende* pięciu *ist nach dem dual. gen.* dwu, *asl.* dvoju, *gebildet. Die ältere sprache kennt die numeralia von* pięć *bis* dziesięć *auch als subst. sg. fem.:* ona pięć bohatyrów *P. Koch.* druga pięć, siedm kłosów wyrastala *muczk. 99.* wtorą sześć; w tej ośmi na ccie niedziel *ustaw. 135. Der ansicht Kopcz. 69, die bezeichneten numeralia seien subst. neutr., widersprechen nicht nur diese verbindungen, sondern auch die declination, und es ist eine allen slavischen sprachen gemeinsame syntaktische eigentümlichkeit, dass sie mit dem partic. im neutr. verbunden werden. Vgl. 4. seite 391; dieses gilt auch von dem numerale* sila, *das man auf ein* silo *zurückführen und durch* lo *von dem pronominalstamm* sjъ *ableiten will, das jedoch vom subst. fem.* sila *nicht verschieden ist:* sila ludzi umarło: *vgl. serb.* sila puta *oft,* sila sam izgubio *ich habe viel verloren; čech.* síla lidu tam byla *es war viel volk dort.*

Der gen. aller, auch der unbestimmten numeralia: dwuch, trzech, pięciu, sześciu, stu, dwiestu; wielu *usw. kann in der neueren sprache von den männlichen namen von personen für den nom. und acc. gebraucht werden:* idżcież wy dwuch na górę *paul. 105.* zesłał pan dwuch aniołów z nieba *76.* Tadeusz obudwu wyprzedził *mick. 1. 41.* trzech się znakomitych mężów na nie składało; pięciu uczniów przyszło; przyjechało sześciu chłopów *paul. 152.* było u matki dziewięciu ślicznych synów; płakały dzieci i czterdzieściu kmieci *volksl.* przywiodszy Mickiewiczów dwiestu *mick. 1. 40. So wird auch* wiela *gebraucht woje. 1. 187. Noch sonderbarer ist* trzech żydowie *woje. 1. 195.* zostało tylko kilku włoczęgów; iluż braci mojich złe jaszczurki spasły *mick. In der älteren sprache war diess in der regel nicht der fall:* wiele jich wstaje, wiele jich mołwi *malg. 3. 1; 3. 2; 4. 6.* siedm ich mieli ją za żonę *radz.* wiele ich jest, wiele ich rzecze, wiele proroków żądali widzieć, ofiarowali mu wiele opętanych *radz. und es befremdet in radz. zu lesen:* piąci mężow miała *ioann. 4. 18.* bierze s sobą siedmi inszych duchow *matth. 12. 45.*

VI. Consonantische stämme.

1. v-stämme.

Die im asl. hieher zu rechnenden subst. gehen nach III. 2: bukiew, konew, cerkiew *usw.: der pl. nom. auf* ie *kann jedoch aus dem asl. pl. nom. auf* e *erklärt werden.* Krew *hat nun in der schriftsprache den sg. gen.* krwi, *ehemals malg. 13. 6; 78. 11. jadw. 84. 94. 136. usw. modl.-wacl. stat. 39. 40. klon. koch. I. 63. 92. und noch jetzt in der volkssprache meist* krwie *paul. 103. Der sg. nom. und acc.* krewi *jadw. 108; 90. 92. 94. steht für* krew *wie* dzieni *jadw. 172. für* dzień, *wie* kony, nany *stat. 26. 31. d. i.* koni, nani *für* koń, nań. kry *liest man in dem liede bogarodzica in den texten von 1408. 1456. Małecki 91. Dem* kry *entspricht, wie es scheint, kašubisch* kre. *Neben* ew *besteht* wa: krokiew, krokwa.

2. n-stämme.

a) masc.

Die im asl. hieher gehörigen subst. werden nach I. 2. decliniert: kamienia, kamieniu, *nicht* kamienie, kamieni *usw. Eine spur ab-*

weichender flexion besteht darin, dass im pl. gen. i *dem* ów, *im pl. instr.* mi *dem* ami *vorgezogen wird:* kamieni, promieni; kamieńmi, promieńmi *usw. Der pl. acc.* kamieni *koch. 1. 60. ist organisch.* kamyk, krzemyk, płomyk, promyk, rzemyk, strumyk *weisen auf den consonantischen stamm hin: darauf ist auch der pl. instr.* krzemiony *zurückzuführen. Man merke* jęczmiona, jęczmion *usw. von* jęczmień. *Kašubisch* kam, krzem *für* kamień, krzemień. Dzień *hat einiges von der alten declination bewahrt:* dnia, dniowi, dniem, *im loc.* dniu *neben* we dnie; *im pl. neben dem organischen* dnie *meist* dni, *das mit unrecht als dual. aufgefasst wird;* dni *und* dnie, dni *und* dniów, dniom, dniami, dniach. *Dialektisch findet sich* dwa dny, trzy dny, *das wohl ein pl. acc. vom thema* dьn *ist.* tydzień *hat* tygodnia, *ehemals* tegodnia, tygodniu *usw., im pl.* tygodnie *und* tydnie, tygodni *usw.*

b) neutr.

nom.	imię	imiona
acc.	imię	imiona
gen.	imienia	imion
dat.	imieniu	imionom
instr.	imieniem	imionami
loc.	imieniu	imionach.

Die dualformen imieni, imionu, imieniema *können nicht belegt werden. So gehen* brzemię, wymię, dymię, znamię, plemię, ramię, ślemię, strzemię, siemię, ciemię, *wofür nicht selten falsch* brzemie, imie *usw. geschrieben wird. Der sg. dat. lautet in der älteren sprache häufig* imieniowi *małg. 53. 6; 91. 1. koch. 1. 20; 1. 114; 1. 160. usw., so auch mick. 1. 184; 1. 306. Im pl. steht* iona, ion *für asl.* ena, enъ, *wofür gegen die regel auch* imienia *małg. 146. 4.* imieniom *usw. vorkommen. Selten ist im sg. nom.* imiono *orz. Kašub.* jimję *und* mjono, *letzteres auch dialekt.:* mjono, mjona, mjonem.

3. s-stämme.

Niebo *hat im pl.* niebiosa, niebios *usw. für asl.* nebesa, nebesъ *usw. neben* nieba, nieb *usw.* niebie, *wovon im sg. gen.* niebia *und im sg. loc.* niebiu *in małg. 102. 11; 102. 19, ist vielleicht aus dem čech. entlehnt:* nebe; *die zusammenstellung von* niebe *mit* liście, kwiecie, drzewie *ist wohl unrichtig. Im pl. loc. liest. man* niebiesiech *małg. 1. 2; 10. 4; 35. 5. usw.; bei koch. 1. 79. findet man den sg. loc.* kolesie *von* koło: u których (Tatarów) każdy swój dom wozi na kolesie. Oko *und* ucho *haben nun im dual.-pl. eine aus organischen und unorganischen formen gemischte declination: nom. acc.* oczy, uszy, *gen.* oczu, uszu *und* oczów, uszów, *dat.* oczom, uszom, *instr.* oczyma, uszyma *und* oczami, uszami, *loc.* oczach, uszach. *Ehemals war die declination organisch:* oczy, uszy; oczu, uszu; oczyma, uszyma.

4. t-stämme.

nom.	źrzebię	źrzebięta
acc.	źrzebię	źrzebięta
gen.	źrzebięcia	źrzebiąt
dat.	źrzebięciu	źrzebiętom
instr.	źrzebięciem	źrzebiętami
loc.	źrzebięciu	źrzebiętach.

Die dualformen haben wahrscheinlich źrzebięci, źrzebiętu, źrzebięciema *gelautet.* Książę *hat* księcia, księciu *usw. neben* książęcia, książęciu *usw.; in małg. 85. 5. liest man den sg. dat.* dziecięci, *asl.* dětęti. Dziecię *bildet den pl. nach IV. 2:* dzieci, dzieci, dzieciom (dzieciam *radz.* dzieciem *ustaw.*), dziećmi, dzieciach; dzieciech *stat. 127. ort.*

5. r-stämme.

An die stelle von mati *und* dъšti *sind regelmässig* matka *und* córka *aus einem älteren* córa *getreten: das letztere ist aus einem asl.* dъštera *ebenso entstanden, wie* macióra, *čech.* matera, *aus einem asl.* matera. *Die ältere sprache bietet* mać *małg. 26. 16; 50. 6. jadw. 6. stat. 35. 35. 37. usw. ustaw. koch. 1. 179, die volkssprache neben diesem (wojc. 2. 261; 2. 332; 2. 357. paul. 120. 161.) das indeclinable* maci *volksl.; auch ausserdem findet man in älteren denkmälern einige organisch gebildete casus: acc.* macierz *małg. 112. 8. stat. 20. 30. ustaw. ort. sg. gen.* macierze *małg. 21. 9; 49. 21; 68. 11; 70. 7; 108. 13; 138. 12. modl.-wacł. stat. 30. 35. klon. 2. 80. dat.* macierzy *stat. 55. ustaw. ort. instr.* macierzą *małg. 130. 4.* macierzą *ustaw. koch. 1. 75. loc.* macierzy *stat. 70; ebenso im volksliede: sg. gen.* macierze *zeysz. 75.* (macierzy *stat. 69. und paul. 75. ist falsche schreibung); dat.* macierzy *zeysz. 59. 118; loc.* macierzy *78.* mać *erscheint auch als sg. acc.,* macierz *auch als nom. ustaw.*

B) Declination der pronomina personalia.

I. nom.	ja	my
acc.	mię	nas
gen.	mnie	nas
dat.	mnie	nam
instr.	mną	nami
loc.	mnie	nas.
II. nom.	ty	wy
acc.	cię	was
gen.	ciebie	was
dat.	tobie	wam
instr.	tobą	wami
loc.	tobie	was.
III. nom.	—	
acc.	się	
gen.	siebie	
dat.	sobie	
instr.	sobą	
loc.	sobie.	

Die von mesy. 48. angegebenen dual. nom. ma *für die erste und* va *für die zweite person scheinen nirgends vorzukommen; nachweisbar sind die dual. nom.* wa *für asl.* vê (wa nie umiewa oracyi *Małecki 94), gen.* naju (niechaj słucha obu naju), waju (kto z waju się puści ku Saulowi), *dat.* nama, vama; *den dual. acc.* na *findet čel. 228. bei koch.:* téj rzeczy na świadki macie; naj *für* naju *soll noch jetzt vorkommen:* przy naj *čel. 228. Alt ist* jaz *für* ja *mulg. 108. 3. Der sg. gen. lautet enklitisch gleich dem sg. acc.:* mię, cię, się. *Emphatisch wird der sg. acc. durch den gen. ersetzt:* mnie, ciebie, siebie. *Enklitisch sind auch die dat.* mi, ci, si: *die beiden letzteren können zu* ć *und* ś *verkürzt werden. Falsch ist* do tobie *volksl. Dialekt. lauten der sg. gen. und dat. auch* mie: do mie *zu mir;* wy ście mie dali *ihr habt mir gegeben.* Sobie *lautet enklitisch* se: tak se teraski rozmawiajǫ *so unterhalten sie sich jetzt Malinowski, Beiträge zur slavischen dialektologie I. 50.*

Zweites capitel.

Pronominale declination.

Die pronominale declination ist mit ausnahme des dem asl. vьsь *entsprechenden stammes und des* kto *meist durch die zusammengesetzte declination verdrängt worden:* tego, temu, tym *wie* białego, białemu, białym, *asl.* togo, tomu, têmь; bêlaago, bêluumu, bêlyimь *usw. Die pronominale form bewahrt der sg. nom. masc. und neutr.:* jeden, jedno; *dasselbe gilt wohl auch vom fem.:* jedna; *hieher gehört auch, dass* on *als pronomen personale im pl. nom.* oni *und* ony (*vgl.* wilcy *und* wilki; kiedy przyjdziesz między wrony, musisz krakać jak i ony), *als pronomen demonstrativum hingegen* oni *und* one *hat: das fem.* ony *gehört der pronominalen declination an, und ist der pl. nom. fem. asl.* ony, *während* one *zusammengesetzt ist und einem pl. acc. asl.* onyję *entspricht. Ehemals war jedoch der auslaut für das fem. und neutr. und für das masc. mit sachlicher form im pl. nom. und acc. stets* y: ony góry, ony czasy *koch. 1. 26; 1. 36; dasselbe galt von anderen pronominal declinierenden wörtern:* wszystki kości moje *malg. 34. 11.* wszystki *(fem.)* mi się uśmiechacie *koch. 1. 131.* prawica twoja najdzi wszystki *(acc. masc.) malg. 20. 8.* wszystki *1. 27.* samy cię ściany wołają *1. 29.* na ty, jiż se bojǫ *malg. 32. 18.* przez ty wszystki radości *judic. 38. Befremdend ist* wszystki rodowie *judic. 6. Ein weiterer unterschied zwischen der pronominalen und der zusammengesetzten declination beruht darauf, dass in jener der sg. acc. fem., wie regelmässig in der nominalen, auf* ę, *nicht, wie in der zusammengesetzten, auf* ą *auslautet:* tę dobrą żonę: *doch* ją, nią, *neben* ję *in* nię *eam. Unrichtig sind daher* waszą, jedną, ową *mick. 1. 241; 2. 236; 2. 294. Der alte sg. loc.* tom, *asl.* tomь, *findet sich noch in* potomny, przytomny. *Der organische pl. dat.* ciem (tezem, *asl.* têmъ) *kömmt ein einziges mal vor: malg. 102. 17: auch der pl. instr.* cymi *119. 6. scheint für* ciemi, *asl.* têmi, *zu stehen.*

Stamm tъ.

Masc. nom.		ten	ci
	acc.	ten	te
	gen.	tego	tych

	dat.	temu	tym
	instr.	tym	tymi
	loc.	tem	tych.
Neutr.	*nom.*	to	te
	acc.	to	te
	gen.	tego	tych
	dat.	temu	tym
	instr.	tym	tymi
	loc.	tém	tych.
Fem.	*nom.*	ta	te
	acc.	tę	te
	gen.	téj	tych
	dat.	téj	tym
	instr.	tą	tymi
	loc.	téj	tych.

Der dual. lautete nom. acc. ta, cie, cie, *gen. loc.* tu, *dat. instr.* tyma: *nachweisbar sind* ta *mały.* 22. 5. cie (*asl.* tê) *fem.* 42. 3; *ebenso lautete das neutr.; der gen. loc.* tu *ist eine zusammenziehung aus* toju, *asl.* toju; tyma *ustaw.*

Über ten, každen, któren, sien, jen *vgl. seite 362. Im kašub. tritt* ho *für* go *ein:* teho *für* tego. ty *in* tydzień *entspricht nicht asl.* tъ, *sondern einem zusammengesetzten* tyj. *Die ein* y *enthaltenden formen von* tъ *sind nach der zusammengesetzten declination gebildet. Warum man* ci anieli *und* te konie *sagt, ergibt sich aus dem seite 408 bemerkten. Der pl. nom. f.* te *ist asl.* tyję; *ehedem sprach man* ty, *asl.* ty: ty sztuki. *Dasselbe* te *ist an die stelle des älteren* ta *getreten:* tato slowa; *älter als* te *ist in diesem falle das fem.* ty: ty pola, ty prawa. *Auch der pl. acc. m.* te *gehört der zusammengesetzten declination an: asl.* tyję, *ehedem lautete dasselbe* ty: na ty, iż się boją; policz nas między ty ubogie *Małecki 103. Wie* ten *gehen* wszystek, *alt auch* wszytek, dwa, oba, obadwa, obydwa, ów, on (ros ta, dregi ros na [ona] strona *kašubisch*) *und* kto, ktoś, nikt (*alt auch* nikto), niekto, sam, jeden. Dwa, oba *dienen dem masc. und dem neutr.*, dwie, obie *dem fem., dialekt. auch dem neutr.:* obie oczy. *Mit den namen von männlichen personen werden die dem* trzej *nachgebildeten formen* dwaj, obaj *verbunden; dialekt.* dwa synowie;

gen. loc. dwu, obu (*für* dwoju, oboju), *woraus nun durch den einfluss der zusammengesetzten declination* dwuch, *seltener* obuch, *falsch* dwóch, obóch; *dat.* dwiema, obiema, *wofür nun nach den gen.* dwu, obu *die formen* dwum, obum (*falsch* dwóm, obóm), *instr.* dwiema *koch. 1. 54; 1. 210.* obiema *koch. 1. 205, nun* dwoma, oboma; *dialekt. lautet der dat. und der instr.* dwiema, dwioma. *Mit dem namen des gezählten gegenstandes verbunden kann für den dat. der gen. stehen. Ein gensunterschied zwischen* dwiema *und* dwoma (dwoma panami, dwoma piórami *neben* dwiema córkami *maczk. 97. Smith 47.*) *existiert nicht: jenes ist die alte organische form, dieses die unorganische:* dwoma frajerkami *volksl.* dwoma rozprawami *mick. 1. 62.* dwiema jurgieltnikom *orz.* obiema narodom *orz. Noch in radz. wird* dwa *nur organisch decliniert:* dwa, dwie, dwie (dwie oczy *matth. 18. 9.* dwie lecie *act. 19. 10*) *acc.* dwa (dwa pieniądza *luc. 12. 6.*) *und* dwu *von männlichen personen* (postawili dwu *act. 1. 23.* posłal dwu uczniów *matth. 21. 1.* miał dwu synu *21. 28. luc. 25. 11. gal. 4. 22.* widzę Jagieła i dwu Kazimierzu *koch. 1. 72, doch auch* użrzala dwa anioły *ioann. 20. 12.*) *gen.* dwu, *dat.* dwiema (dwiema bratom, dwiema panom), *instr.* dwiema, *loc.* dwu (po dwu dniu *matth. 26. 2.* po dwu dniöch *ioann. 4. 43.* na dwu abo trzech świadkoch *1. tim. 5. 19*). Dwaj *kommt noch nicht vor:* dwa synowie *matth. 20. 21. act. 7. 29.* dwa mężowie *act. 1. 10. Wie* dwa, oba, *geht auch* obadwa, obydwa; obadwa, obajdwa, obiedwie; obudwu *usw.* kto *hat gen. acc.* kogo, *dat.* komu, *instr.* kim, *loc.* kiém: kim *ist asl.* kyimь, kiém, *wofür* kim *geschrieben wird, asl.* kojemь, *dessen* oje *in* e *übergeht: vgl.* mojego *und* mego. *Aus einer älteren dem asl.* kъždo *entsprechenden form ist* każdy *entstanden, das wie* inny (*ehedem* jiny, iny) *und* który, *in den älteren quellen auch* któryż, *zusammengesetzt decliniert wird. Dialekt. spricht man* te (*aus* toje) miasto *neben* daj mi to.

Stamm mojь.

Masc.	*nom.*	mój	moji
	acc.	mój	moje
	gen.	mojego	mojich
	dat.	mojemu	mojim
	instr.	mojim	mojimi
	loc.	mojém	mojich.

Neutr.	*nom.*	moje	moje
	acc.	moje	moje
	gen.	mojego	mojich
	dat.	mojemu	mojim
	instr.	mojim	mojimi
	loc.	mojém	mojich.
Fem.	*nom.*	moja	moje
	acc.	moję	moje
	gen.	mojéj	mojich
	dat.	mojéj	mojim
	instr.	moją	mojimi
	loc.	mojéj	mojich.

Stamm jъ.

Masc.	*nom.*	ji	ji
	acc.	ji	je
	gen.	jego	ich
	dat.	jemu	im
	instr.	jim	imi
	loc.	jém	ich.
Neutr.	*nom.*	je	je
	acc.	je	je
	gen.	jego	ich
	dat.	jemu	im
	instr.	im	imi
	loc.	jém	ich.
Fem.	*nom.*	ja	je
	acc.	ję	je
	gen.	jéj	ich
	dat.	jéj	im
	instr.	ją	imi
	loc.	jéj	ich.

Der dual. lautete nom. acc. moja, moji, moji *gen. loc.* moju *dat. instr.* mojima. *Nachweisbar ist folgendes: nom. neutr.* moji *malg.* 24. *16*; *76. 4*; *87. 9. fem.* twoji *30. 6. fem.* swoji *57. 10.* (*meist wird mit dem dual. nom. fem. und neutr. der pl. verbunden:* ręce moje *malg. 21. 18.* oczy moje *12. 4*); *gen.* moju *7. 3*; *17. 23*; *37. 10. usw.* twoju *8. 6*; *30. 18*; *30. 28. usw.* swoju *9. 16*; *74. 5*; *124. 3.* naszu *117. 22*; *dat. instr.* mojima *76. 2*; *100. 4*; *131. 4.* myma *25. 3.* twojima *89. 4*; *118. 168.* twyma *5. 5*; *90. 8.* swojima *90. 4.* naszyma *43. 1*; *78. 10. Bei koch. liest man* mojema, swema *I. 182*; *I. 195.*

Oja *kann in* mój, twój, swój *in* a, oje *in* e, ojé *in* é, oji *in* y, oję *und* oją *in* ą *übergehen:* moja, ma; mojego, mego (*daher* swywolny *für* swewolny *aus* swojewolny *und* swywoli *gorn. für* swewoli *aus* swojej *oder* swej woli); mojém, mém; mojim, mym *usw.*: *der pl. nom. masc.* moji *wird nicht zusammengezogen. So gehen* dwój, obój, trój, twój, swój *und* czyj. *Hier ist zu bemerken, dass* dwoje *in verbindungen wie* dwoje ludzi, sanek, cieląt *usw. im gen.* dwojga, *im dat.* dwojgu (*wofür nach mesq. 43. auch* dwojgom), *im instr.* dwojgiem, *im loc.* dwojgu *bildet: dasselbe gilt von* oboje, troje, czworo, pięcioro, sześcioro, siedmioro *bis* dziewiętnaścioro *und von* kilkoro, kilkanaścioro *gen.* kilkorganaście. kilkorganastu, kilkoronastu *usw. Im stat. 141. liest man* obojego. *Man meint, aus dem organischen gen.* dwojego *sei ein unorganisches thema* dwojgo *entstanden, das dem casus* dwojga, dwojgu *und* dwogiem *zu grunde liege: zur unterstützung dieser ansicht könnte man sich auf den nslov. sg. instr.* zlegom *aus dem sg. gen.* zlega *berufen. Mir scheint diese erklärung unrichtig, weil der nslov. sg. instr.* zlegom *eine nur von unkundigen grammatikern geschmiedete form ist, und weil ein russ.* četvergъ *nachgewiesen werden kann, das im poln.* czwiorg, czworg *lauten würde. Eine bestätigung dieser ansicht würde in den sg. gen.* dwojgu, obojgu, trojgu *jakub. 143. liegen, wenn diese formen nicht selbst der bestätigung bedürften, da sie weder irgend ein text bietet, noch ausser jakub. irgend ein grammatiker anführt.*

Der dual. von jъ *lautete nom. acc.* ja, i, i; *gen. loc.* ju; *dat. instr.* ima.

Die nom. werden durch on, ono, ona; oni, ony *ersetzt; doch findet man den sg. nom.* jen *in der bedeutung qui malg. I. 1*; *2. 4*; *18. 7*; *24. 13*; *40. 9*; *106. 12*; *123. 5*; *141. 6. pag. 91 b. judr. 112. mod.-wacl. wyp. 18. Im sg. acc. masc. tritt für älteres* i. ji, *auch* gi *geschrieben,* (kościół, gdy gi prześladują, najwięcéj kwitnie: *in der bedeutung quem findet man auch* jen *malg. 117. 21*) *der gen.* jego *ein; ebenso kann im pl. acc. m.* ich *für* je *stehen, daher* słucham i poważam ich (braci, nauczycieli) *im gegensatze zu* karmię je (konie, psy) *und* stawiam je (domy, kościoły). *Vgl. seite 309. Der sg. acc. masc.* jej *małg. 104. 20; 104. 23; 105. 38. ist aus dem čech. entlehnt:* jej *beruht wie asl.* jeję *auf einem thema* jejъ; *bei koch. 1. 24.* (ziemia, skoro słońce jéj zagrzeje) *ist der sg. gen. fem. an die stelle des sg. acc. fem.* ją *getreten; gen. und dat. f. lauten dialekt.* jeji, jei *neben* jej *und* i (do ni). *Enklitisch wird* jego, jemu *durch* go, mu *ersetzt:* oto strumień, czy go widzisz? gdy mu dał. *Das neutr.* ja *im pl. nom. ist frühe dem fem.* je *gewichen:* jaž od wieka sǫ *małg. Nach den einsilbigen praepos. wird vor den davon abhängigen formen dieses pronomen* n *eingeschaltet:* do niego, ku niemu: nań, poń *stehen für* na jъ, po jъ; *nach* mimo *findet man* oń *für* ń: mimo oń *für* mimo ń; doń. dlań *sind nicht zu rechtfertigen, da* do *und* dla *mit dem gen. verbunden werden: dagegen ohne* n: pośrzod jich *małg. 54. 17.* przeciw jemu *12. wyp. 45. koch. 2. 12* przeciwo jim *małg. 63. 8.* przeciwo jemu *76. 2.* przeciwko jemu *koch. 2. 130. neben* przeciwko nim *1. 112.* między jimi *wyp. 13.* około jego *12;* na jéj głowę. przez ich lekkomyślność, do jego matki, w jéj oczach. *In den älteren quellen wird* n *manchmal gegen die regel vernachlässigt:* w jemže *małg. 118. 49.* w jejže *67. 17.* po jejže *31. 10.* po jejž *142. 10.* w jemže, w jichže *jadw. 6; dafür aber wird* n *später nicht selten auch nach mehrsilbigen praepos. eingeschaltet:* około niego, między nimi *koch. Der instr. hat nun stets* n: nim, nimi: był rządzcą, chociaž się nim nie nazywał; kierował nimi, kędy chciał. *doch auch* władać imi *rej. 193; der adverbiale instr.* im *nimmt kein* n *an in sätzen wie* im więcéj, tym: *dagegen schreibt man* nim *in sätzen wie* nim trzy dni miną, *alt:* władać imi, dobrze im (koniem) toczyć *Małecki 98. Der loc. kömmt ohne* n *nicht vor, da er nur nach einsilbigen praepos. steht. Man schreibt nun* ich, im, imi *für* jich, jim, jimi *der älteren denkmäler: małg. jadw. stat.;* gich, gim *usw. vgl. mit* nadziegi *małg. 15. 9: dass die formen* jich, jim *usw. organisch sind, ergibt die entstehung derselben aus* ja i hъ, ja i mъ, *woraus zunächst* jêhъ, jêmъ; *aus* jich, jim *usw. hat sich* j *auch in den sg. nom. m eingedrängt, daher* ji *für* i *aus* jъ, ja *durch die nach abfall des* ъ *eingetretene vocalisierung des* j. *Man macht einen unorganischen unterschied zwischen* nim *und* niém, nimi *und* niémi. *Dass* jego, jemu, jej *usw. aus* jejego, jejemu, jejej *usw. entstanden sei, ist unbegründet, vielmehr ist schon* jej *selbst nicht die ursprüngliche form, als die wir* ji *ansehen müssen, das aus* ja *ebenso entsteht wie* żmiji (żmii) *aus* żmija. *Die dialekt. formen* jejéj, jeich, jeim *sind aus den älteren* jéj, ich, im *hervorgegangen. Der sg. acc. fem.* ją *gegenüber dem* tę *ist nicht etwa aus* ję *sondern so wie die andern sg. acc. auf* ą *zu erklären. Dialektisch ist der sg. acc. f.* ją *für* ję *neben* ję *für* ją *Malinowski, Beiträge zur slavischen dialektologie I. 22. 24. Vgl. dagegen Małecki 97. Wie* jь *geht* jenże (*sg. nom.* jenże, *selten* jenž *małg. 143. 3*), jeże, iże (*quia małg. 118. 20*). jaž *acc.* jenże, jež jęž, *gen.* jegož, jegož, jejže *dat.* jemuž, jemuž, jejže *instr.* jimže, jimže, jęž *loc.* jemže, jemže, jejže *selten* jejž *małg. 142. 10; pl. nom.* již, jaž, jež *acc.* jež, jaž, jež *gen. loc.* jichže *dat.* jimže *instr.* jimiž): *ferner* wasz, *der dem asl.* vьsь *entsprechende stamm, der im nom. durch das mittelst des deminutivsuffixes* iutek *von* vьsь *abgeleitete, daher für* wszutek *stehende* wszytek (*kašubisch* wszetko), wszystek (*vgl.* samiustek) *ersetzt wird,* nasz, co *mit* coś, nic (*alt* nico *und* nice *koch. I. 110.*) *für* niczse *małg. 38. 7.* nieco, *in małg. 143. 4.* nieczso. *Der von Bandtkie 169. angeführte nom.* wszy, wszo, wsza *kömmt nicht vor; acc. n.* wsze *małg. 144. 13. und in* zawsze *f.* wszą. *gen.* wszego, wszego, wszéj, *dat.* wszemu, wszemu, wszéj, *instr.* wszem, wszem, wszą *jadw. 18. 36. und* wszym *małg. pag. 72 a., loc.* wszem, wszem, wszéj (wszejki); *pl. gen. loc. acc. masc. und fem.* wszech, wsze, *dat.* wszem, *instr.* wszemi: wsze- *steht teils dem asl.* vьse- *für* vьsje-, *teils dem* vьsê- *gegenüber. Der alte sg. acc. f.* wszeję *ist wie asl.* jeją *seite 51. zu beurteilen.* co, *für eine dem asl. gen.* čьso *entsprechende form, daher in małg. stets* czso *2. 2; 5. 6; 7. 1. usw. moll.-wacł., hat gen.* czego, *dat.* czemu, *instr.* czym (*asl.* čimь), *loc.* czem (*asl.* čemь); *den organischen unterschied zwischen* czym *und* czem *beobachtet małg.:* czym *115. 3.* czem *118. 9:* nacz, ocz, pocz *usw. für* na co, o co, po co *usw. setzen* cz, *asl.* čь *in* čьto, *voraus;* wniwecz *ist* w ni we co; z niszczym *in luc. 1. 53. der bibl.-cracov. 1599. ist* z ni z czym, *und ein nom.* niszcz *für* nic *eine blosse fiction: vgl.* z ni z czego *jadw. 66.* Niczsesz *małg. 38. 7. ist wohl* niczsež, *das dem asl.* ničьsože *entspricht, zu lesen.* sь *hört man noch in der glückwunschformel* do siego roku; *in ustaw. 32. steht* sien: za summę pieniędzy przez sien pożyczonych *pro summa pecuniae per ipsum credita.*

Drittes capitel.

Zusammengesetzte declination.

1. dobrъj.

Masc.	*nom.*	dobry	dobrzy
	acc.	dobry	dobre
	gen.	dobrego	dobrych
	dat.	dobremu	dobrym
	instr.	dobrym	dobrymi
	loc.	dobrém	dobrych.
Neutr.	*nom.*	dobre	dobre
	acc.	dobre	dobre
	gen.	dobrego	dobrych
	dat.	dobremu	dobrym
	instr.	dobrym	dobrymi
	loc.	dobrém	dobrych.
Fem.	*nom.*	dobra	dobre
	acc.	dobrą	dobre
	gen.	dobréj	dobrych
	dat.	dobréj	dobrym
	instr.	dobrą	dobrymi
	loc.	dobréj	dobrych.

2—*6.* rybiji.

Masc.	*nom.*	rybi	rybi
	acc.	rybi	rybie
	gen.	rybiego	rybich
	dat.	rybiemu	rybim
	instr.	rybim	rybimi
	loc.	rybiém	rybich.
Neutr.	*nom.*	rybie	rybie
	acc.	rybie	rybie
	gen.	rybiego	rybich
	dat.	rybiemu	rybim
	instr.	rybim	rybimi
	loc.	rybiém	rybich.

Fem. nom.	rybia	rybie
acc.	rybią	rybie
gen.	rybiéj	rybich
dat.	rybiéj	rybim
instr.	rybią	rybimi
loc.	rybiéj	rybich.

Der dual. lautete nom. acc. dobra, dobrzej, dobrzej, *gen. loc.* dobru, *dat. instr.* dobryma. *Nachweisbar ist folgendes: nom.* rozdzielona *koch. 1. 49; gen.* ludzku *małg. 113. 12.* drugu, lepszu, starszu, trzeciu *ustaw; dat.* gospodnowyma, anielskima *małg. 108. 13; 137. 2.* sławnyma, kapłańskima *jadw. 48. 82.* znamienitszyma, lepszyma, rownyma *ustaw.* czarnema *koch. 1. 50.*

Y *steht für asl.* ъj, yj, a *für asl.* aja, e *für asl.* oje, i *im pl. nom. für asl.* ii: dobry, dobryj; dobra, dobraja; dobre, dobroje; dobrzy, dobrii; ego, emu *entstehen aus* ojego *und* ojemu: *vgl. das serb., in welchem nicht, wie im čech. und im poln.,* oje *in* e, *sondern in* o *übergeht:* dobro, dobroga, dobromu *aus* dobroje, dobrojego, dobrojemu. *Der pl. nom. masc.* dobre (dobre czasy) *ist der pl. acc. masc.* dobryję, *es steht daher* e *für* yję; *der pl. nom. fem. und neutr.* dobre *hingegen ist der pl. nom. fem.* dobryję. *Nach Małecki 112. finden sich auch formen wie* ostroe, błogoe (błogue), *asl.* ostroje, blagoje; *ferners* milye, *asl.* milyję, *in* wy milye maciory *Pieśni Andrzeja ze Słupi. Diese formen sind der sprache früh abhanden gekommen. Die aus der contraction hervorgegangenen vocale werden in manchen handschriften des 14. und 15. jahrhundertes verdoppelt, in den drucken von 1560 an mit dem acut bezeichnet;* czyrzwonee : czyrzwono-je ; zawiteem : zawito-jem, *wie* meem *aus* mojem: drogá : droga-ja ; dobrégo : dobro-jego ; czystému : czysto-jemu, *im gegensatz zu* droga, mojego, mojemu. *Der pl. nom. m. ist wie im asl. und im čech. gebildet:* dobrzy, *asl.* dobrii. *Verbindungen wie* pokryci grzechi *małg. 31. 1; ferner* Turki sioła zrabowali *woj. 1. 25.* osły powinni *mick. 2. 167.* paniczyki młode wtargnęli *1. 16.* ambasadory powtórzyli komplimenty *2. 296. sind streng genommen unrichtig und nehmen sich aus wie lat.* servos occisi *für* servi occisi. *Der sg. dat. und loc. fem. und der sg. loc. masc. und neutr.* dobréj *und* dobrém *beruhen auf* dobro-jej *und* dobro-jemь. *Der sg. acc. fem. hat im auslaute* ą *für das* ę *der nominal und der pronominal declinierenden wörter: der grund liegt wahrscheinlich darin, dass* ę *dem asl.* ą. ą *hingegen dem asl.* ąją *gegenübersteht:* żonę tę dobrą, *asl.* żeną tą dobrają. *Vgl. seite 420. Im sg. instr. und loc. wird seit Kopcz. 75. mit dem masc.* dobrym, *mit dem neutr.* dobrém *verbunden:* dobrym mężem, dobrém dziecięciem; dobrym mężu, dobrém dziecięciu; *im pl. instr.* ymi *mit dem masc.*, émi *mit den beiden anderen genera:* dobrymi mężami, dobrémi dziećmi; *derselbe unterschied wird in der pronominalen declination beobachtet:* tym, tém; nim, niém; mójim, mojém *und* tymi, témi; nimi, niémi; mojimi, mojémi. *Diese unterscheidung ist weder in dem wesen der formen noch in der aussprache begründet, jenes fordert eine unterscheidung des instr. vom loc.: der aussprache würde genüge geleistet, wenn in beiden casus ohne unterschied des genus entweder* dobrym *oder* dobrém *geschrieben würde, wie mesgn. tut, der in beiden casus* świętym, srogim *hat 18. 19. Was hier von* dobrym *und* dobrém *gesagt worden, gilt auch von* tym *und* tém, *von* nim *und* niém *und von* mojim *und* mojém. *Der pl. instr. kann organisch nur* dobrymi, *nach der aussprache entweder* dobrymi *oder* dobrémi *ohne unterschied des genus geschrieben werden. Der hier als organisch aufgestellte unterschied wird in małg. consequent beobachtet: sg. instr. masc.* twojim *3. 8. neutr.* ciężkim *4. 3. sg. loc. masc.* bożem *1. 2; 91. 13.* mocnem *88. 19.* świętem *95. 8.* panowem *133. 2.* w tem istem *4. 9.* swojem *2. 5.* waszem *4. 5.* twojem *6. 1. pl. instr. masc.* nimi *2. 9. fem.* mojimi *6. 6. usw. Was von małg., gilt auch von den ältesten gesetzen, die Lelewel bekannt gemacht. Dieser organische unterschied wird schon in jadw. nicht mehr festgehalten. Wenn ein neuerer grammatiker* em *für nominal hält, so ist dies für den loc. ein offenbarer irrtum. Die praktische grammatik tut am besten, an dem nun einmal herrschenden unterschiede fest zu halten, ihn wissenschaftlich begründen wollen kann niemand, der auch nur die geschichte der polnischen sprache kennt. Im pl. nom. und acc. neutr. gilt nun der auslaut* e, *małg. hat regelmässig* a: wszystka usta lściwa *11. 3.* usta pełna *13. 6.* usta moja *16. 5.* słowa moja *16. 7.* sidła śmiertna *17. 6.* luba wymowienia *18. 14.* usta swoja *21. 13.* żywa serca *21. 28.* wrota nasza *23. 7.* wrota wiekuja *23. 7.* wszelika dopuszczenia moja *24. 19.* dobra boża *26. 19.* lata moja *30. 12.* niema usta *30. 21.* wszystka działa *32. 4.* on rzekł, i uczyniona sę, on kazał, i stworzona sę *32. 9.* usta była *49. 20.* rozdzieliła usta *65. 12.* mowiła sę usta *65. 13. Wenn 46. 9.* księżęta sebrały sę se; *67. 27.* przeszły sę księżęta; *103. 22.* szczenięta bycho ułapiły a szukały; *seite 91 a.* księżęta potonęły sę; *seite 91 b.*

tedy zamęcily są se księżęta *geschrieben steht, so ist wohl* sebrali, prześli, szukali *usw., nicht* sebraly, przeszły *usw. zu lesen.*

Der zusammengesetzten declination folgen im sg. wörter wie krajczy, podstoli, *in mehreren casus auch* hrabia *und* sędzia: *alle diese wörter bilden nun den pl. regelmässig nach 1; der zusammengesetzten declination gehören ferner an die aus dem lat. entlehnten wörter auf ius, wofür* i *oder* y *eintritt:* Antoni, Antoniego; Horacy, Horacego; *endlich die entlehnten namen auf* i, e, y: Palfi, Palfego; Noe, Noego; Gete, Getego; Batory, Batorego *usw.*

ZWEITER TEIL.

Lehre von der conjugation.

---

a) Von der einteilung der verbalformen.

Wie im asl. seite 62.

b) Von den personalendungen.

Voll	*1.*	mь	my
	2.	šь	te
	2.	tъ	ntъ.
Stumpf	*1.*	m	my
	2.	s	te
	3.	t	nt.

Das m *der I. sg. hat sich bei den verbęn V. 1. erhalten:* kocham, *ausserdem in der conjugation ohne* e: wiém, dam, jém, jeśm *(alt) und in* znam, śmiem *usw.: bei allen übrigen verben geht* m *mit dem vorhergehenden vocal in* ę *für asl.* ą *über:* piekę, ciągnę, piszę *usw. Die volkssprache zieht auch hier manchmal* m *vor:* pijem, idem *zeysz. 111. 161. Das* t *der III. sg. existiert nur in* jest: je *ist der volkssprache eigen. Die I. pl. kann* y *abwerfen, wenn keine verwechslung mit der I. sg. zu meiden ist:* będziem *małg. 43. 10.* dajem, prosim *für* będziemy, dajemy, prosimy, *doch stets* kochamy, powiemy, rozumiemy *usw.:* me *für* my *ist wohl ein čechismus:* wzdychame *wyp. 32. Das* n *der III. pl. wird mit dem vorhergehenden vocal zu* ą *für asl.* ą *verbunden:* pieką, ciągną, piszą *usw.*

Von dem dual. haben wir in den ältesten denkmälern einige überreste: jeswa *małg. 54. 15.* podźwa *wyp. 13.* żrzyta *małg. 9. 30.* zginieta *48. 9.* przejdzieta *88. 15.* jesta *22. 5; 39. 15; 42. 3. usw.* sta *84. 11; 87. 9; 118. 73.* bysta *118. 37. Auch die spätere sprache, namentlich die des volkes, kennt die dualform, sie ist ihr jedoch meist mit der pluralform gleichbedeutend:* służywa *koch. 1. 152.* śwa *2. 92. orz.* ruszwa *koch. 2. 95; 2. 181.* myślwa, rozprawiwa, sfolgujwa *rej. 214. 209.* mawa, wiewa *klon. 2. 19.* chwa (o tymeechwa gadala) *orz.; mesgn. gibt der dualform noch dualbedeutung:* jesteswa, jestesta, śwa, śta *58.* umiewa, umieta *61.* rozumiewa, rozumieta *68.* czytawa, czytata *72.* miłujewa, milujeta *80. In volksliedern:* pomrzewa, każewa, smuciwa, wróciwa, śwa *pauł. 44. 144. 173.* byśwa, śwa, pojedziewa, dostaniewa, będziewa, jedziewa, pójdźwa *woje. 2. 40, 42, 60, 111, 114, 208.* idzietá, wiezieta, zabierajta, będzieta, sta, mata, wzbraniata, posłuchajta, jedzieta, skrobieta *2. 41, 43, 101, 106, 277, 282, 283. Für* wa *bietet die volkssprache nicht selten* ma: będziema *2. 53; 2. 199; 2. 211.* weźmiema *2. 73.* musiema *pieśn. 22.* namowima *woje. 1. 50.* pojedziema *1. 96; 1. 230.* śma *1. 270; 1. 271; 2. 40.* jedziema *2. 73.*

c) Von dem bindevocal.

Der bindevocal tritt ein 1. im partic. praet. pass.: plec-io-ny; 2. *im aor. und impf.:* bych-o-m, bychą *aus* bych-o-nt; chwalechą *aus* chwalech-o-nt.

d) Von den suffixen der infinitivstämme.

1. Infinitiv. *Das suffix des inf. ist* ć *aus* tь, ti: dać. *In dem liede* Bogarodzica, *dem ältesten denkmale der pol. sprache, lesen wir allerdings im reim noch drei inf. auf* ci: daci, kajaci, milowaci; *auch klon. bietet im reim noch drei inf. auf* ci: kraści *2. 65.* podzieci *2. 89. und* wstaci *2. 107;* karat (nie będzie karat) *małg. 93. 10. und* lizat (będą lizat) *71. 9. sind wohl als čechismen anzusehen, wobei allerdings vorauszusetzen, der čech. inf. habe schon in jener zeit auf* t *für* ti *auslauten können.*

2. Supinum. *Das supinum ist der sprache abhanden gekommen, daher* przyjdzie sądzić żywych i umarłych, *wo asl.* sąditъ *stehen würde.*

3. Partic. praet. act. I. *Das suffix des partic. praet. act. I. lautet* ъs, *dessen* s *vor* y *für asl.* i, *genauer* e, *in* sz *übergeht:*

słyszawszy, uczyniwszy, *asl.* slyšavъše, učinivъše. *Seltener ist dieses partic. ohne* szy: obrociw *mały.* 84. 6. wyjow *pag.* 1. 20. wyrąbiw, dobyw, zabiw, zapłaciw, zastawiw, opuściw, pozwaw, przyłączyw, uciąw *ustaw.:* wszeduw *mały.* 117. 19. wszedw, przyszedw *ustaw. sind unorganisch. Die ansicht, dieses partic. werde von dem partic. praet. act. II. abgeleitet, und der umstand, dass* ł *im auslaute nach consonanten nicht gehört wird, haben die unorganischen formen wie* pogrzeblszy, przywiódlszy *für* pogrzebszy, przywiódszy *veranlasst; richtige bildungen sind jedoch in den älteren denkmälern nicht selten:* wywiodszy *wyp.* 54. wyniosszy *koch.* 1. 178. zawarszy, nalazszy *radz.* wsiadszy, zaszedszy *klon.* 1. 10; 1. 39: nalawszy *wyp.* 50. *aus* nalazwszy *steht für* nalazszy. *Man beachte* nalazwszy *und* wsiadwszy *wyp.* 58. nalazwszy, przyszedwszy, spadwszy *ustaw.* wsiadwszy, przysiągwszy, przyszedwszy, szedwszy *ort. Dieses partic. kann jetzt nur von den verba perfectiva gebildet werden, in älteren denkmälern findet man jedoch* wzywawszy, chowawszy *ustaw.* leżawszy. miawszy, słuchawszy *usw. Dieses partic. ist indeclinabel, doch findet man* bywszy, bywsze, bywsza *usw. für* były, było, była *muczk.* 133.

4. Partic. praet. act. II. *Das suffix des partic. praet. act. II. lautet* lъ: da-ł.

5. Partic. praet. pass. *Das suffix des partic. praet. pass. ist* tъ *oder* nъ: bi-ty, czyta-ny.

6. Aorist. *Dieses tempus ist auch in den älteren quellen selten. I. sg.* bych *mały.* 7. 4. *koch.* 1. 32. *und öfters; in der volkssprache* bych *wójc.* 2. 306. *und* byk: że byk wziął obie *volksl.* Bych *ist in der schriftsprache durch* bym *verdrängt worden, worüber seite 88 gehandelt ist.* a bych *mały.* 31. 27. mołwich 119. 6. *II. sg.* by 9. 34; 27. 1; 79. 3, *wofür nun* byś. *III. sg.* by *oft;* zginę: zginę niemiłościwy *periit impius mały.* 9. 5. *I. dual.* bychwa *koch.* 3. 77. *III. dual.* bysta *mały.* 118. 37. *I. pl.* bychom 66. 2. *für späteres* bychmy *und* byśmy. *II. pl.* byście *mały.* 47. 12. *III. pl.* bychę 9. 20; 10. 2; 16. 5 *usw.* a bychę 91. 8; 101. 22. *Die III. pl. lautet auf* ę (ą) *für asl.* ą *aus. Formen wie asl.* byšę *sind dem pol. unbekannt:* rozniemosę *mały.* 106. 12. *ist wohl nur ein schreibfehler für* rozniemogli są *(vgl. mały.* 108. 23). *Das schema des aor. mag folgendes gewesen sein: Sg. I.* mołwich *II. III.* mołwi. *Dual. I.* mołwichwa *II. III.* mołwista. *Pl. I.* mołwichom *II.* mołwiście *III.* mołwichę.

e) Von den suffixen der praesensstämme.

1. Praesens. *Der praesensvocal ist* ie *(für asl.* e) *oder* o. *Im praes. tritt* o *ein in der I. sg. und in der III. pl., in den übrigen formen finden wir den praesensvocal* ie: piekę, pieką, *asl.* peką, pekątъ *aus* pek-o-mь, pek-o-ntъ; pieczesz, piecze, pieczewa, pieczeta *usw. Die verba I. 6. und V. 1. haben nur in der III. pl. den praesensvocal:* czytają *und* czytam, czytasz *usw.* znają *und* znam, znasz *usw.: asl.* čitajątъ *und* čitają; znajątъ *und* znają *usw. In den älteren denkmälern hat manchmal auch die I. sg. den praesensvocal:* podnaszajǫ, wylewajǫ, powiedajǫ *małg. 27. 2; 141. 2.* uciekajǫ, zgibajǫ, składajǫ *jadw. 30. 84: ebenso in der III. sg.:* przyjaje *ort. stat. 7.* znaje *małg. 89. 13.* poznaje *91. 6. (das letztere ist als perfecticum, cognoscet, nicht mit dem noch gebräuchlichen* poznaje, *cognoscit, zu identificieren)* znaje *modl.-wacł. und in der 1. pl.:* przyjajemy *ort. Dialekt. besteht* graję, grajesz, graje *für* gram, grasz, gra *Małecki 185.* umieraje *paul. 69. Kašubisch:* znaję. godaję *loquor neben* godosz *loqueris.* pówjodaję.

2. Imperativ. I. beri. *Das* i *des impt. hat sich nach den vocalen als* j *erhalten:* graj, pij, czuj; *nach den consonanten wird, wo es die aussprache gestattet, das aus dem praesensvocale* e *und dem modusvocale* i *entstandene* ie *für asl.* ê *zu* i *und weiter zu* ь *geschwächt:* plećcie, *asl.* pletête; *dasselbe geschieht mit dem* i *für asl.* i: pleć, *asl.* pleti; proście, *asl.* prosite. *Wo die aussprache eine solche verflüchtigung des* i *nicht gestattet, tritt* ij *für* i *ein:* dmij, zacznij, umknij, weźmij *neben* weź *usw.: asl.* dъmi, začьni, umъkni *usw. So auch* dojrzyj *aus* dożrzyj *und* przyjmij, *da* j *ein consonant ist. Manche schreiben in gewissen fällen* iej, ej *für* ij: dmiej, trzej *für* dmij, trzyj, *was weniger zu empfehlen ist.* ij *für* i *ist der älteren sprache fremd, die entweder* i *abstossen oder bewahren kann:* wytargń *małg. 16. 14.* ogarń *jadw. 104.* padńmy *małg. 94. 7.* spadńcie *5. 12.* pomoży *jadw. 6. 14. 22. usw.* strzeży *małg. 36. 36; 85. 2; 140. 10. jadw. 28. 170.* rzeczy *małg. 34. 3.* sǫdzi, uczyni, nawiedzi *usw. 34. 1; 71. 13; 26. 17 usw.* prosi *jadw. 14.* przydzi *4.* nauczy *30.* oświeci *małg. 30. 20. jadw. 30.* przymi *jadw. 30.* ześli *76.* zażży *82.* karzy, wodzi *koch. 1. 88; 1. 123. Seltener erhält sich* i *im inlaute:* każymy *małg. 73. 9.* przejdzimy *94. 2.* płaczymy *94. 7.* przychodzicie *33. 5.* chwalicie *95. 8.* gǫdzicie *134. 3; 149. 3: dass* rzeczy, oświeci *für* rzeczyj, oświecij *stehen, ist ganz ungegründet. Dialekt. ist* klękni, rvićc; kupma *kaufen*

wir; zróbma *machen wir;* spuśćma. *Die II. sg. und pl. impt. vertritt in der älteren sprache auch die III:* ściwierdzona bądź ręka twoja i powyszona bądź prawica twoja *małg. 88. 13.* spadúcie od myśli swych *decidant a cogitationibus suis 5. 12. In der heutigen sprache gilt diess wohl nur in* bądź *und in* pomagaj Bóg, *sonst wird* niechaj, niech *mit der III. praes. verbunden:* niech mówi, niech mówią. *II. Die dem asl.* daždi, daždь *entsprechenden formen sind:* widz, wiedz, jedz.

3. Imperfect. *Das imperfect. findet sich in nicht sehr zahlreichen spuren in den älteren quellen. I. sg.* molwiach *małg. 121. 8. III. sg.* molwiasze *98. 7.* biesze *104. 36. III. pl.* biechą *77. 34.* błogosławiachą *61. 4.* mijachą *128. 7.* poklinachą *61. 4.* potąpiachą *93. 21.* przysięgachą *101. 9.* śpiewachą *68. 15.* szukachą *77. 38.* juczachą *93. 21:* chwalechą *101. 9. für* chwaliachą *ist dem čech. nachgebildet. Die von andern aufgestellten formen für die II. und III. sg. ohne* sze *im auslaute sind zu bezweifeln:* wysłuchawa *exaudiebat małg. 98. 7.* zabijé *čechismus für* zabija *occideret 77. 38. und* ima, ot-ima (odejma), przyima *in dem liede* bogarodzica *von 1408, während in späteren handschriften* imiał, odejmał, przyjął *steht.*

4. Partic. praes. act. *Das suffix des partic. praes. act. ist* nt, *dessen* n *mit dem vorhergehenden vocal zu* ą *zusammenschmilzt, und dessen* t *in* c *für asl.* št *übergeht. Das indeclinable partic. praes. act. hat nun dieses* c *zum auslaute:* czytając, lubiąc, *asl.* čitająšte, ljubęšte; *selten ist* ę *für* ą: *so wahrscheinlich* widzęc *małg. 72. 3. für* widząc; jadency *stat. 65. d. i.* jadęcy *und* miłujęcy *klon. 1. 3. im reim auf* tysięcy. *Abweichend ist die bildung der verba III. 2. und IV:* lecąc, prosząc, *als ob es asl.* lєtęšte, prošęšte *und nicht* letęšte *und* prosęšte *hiesse. An derselben abweichung nimmt die III. pl. praes. teil. Man merke* jedząc, *asl.* jadęšte, wiedzęc, *asl.* vêdąšte, *wofür małg.* wiadąc (wiadącym) *bietet. In małg. finden wir noch das partic. praes. act. auf* ą *für asl.* y *und* ę: kladą *ponens, asl.* klady, *32. 7; 72. 7.* wstaną, *asl.* vъstany, *101. 14.* powyszają *3. 3.* badają *7. 10.* czynią *9. 16; 17. 54; 102. 6.* zgromadzają *congregans 32. 7.* postawiają *statuens 17. 36.* przymączają *(asl. wohl eher* primąčaję *als* primąštaję) *34. 6.* czakają *39. 1.* otejmują *45. 8.* mszczą, *asl.* mьstę, *98. 9.* rozciągają *103. 3.* wywodzą *134. 7.* uczynią, budują *146. 2.* przymują, uśmierzają *146. 6. Das partic. praes. act. kann jetzt nur von den verba imperfectiva gebildet werden, doch* będąc *und ehemals* nie rzkąc *und die angeführten partic.*

29

wstanę, uczynię *so wie* przydąc, posiejąc, zabjący *ustaw. 44. 61. 107. Über* we śpiącki *klon. vgl. seite 162.*

5. Partic. praes. pass. *Von dem partic. praes. pass. sind nur einige mehr oder weniger unsichere spuren vorhanden:* kryjomy, rzekomy, wiadomy, świadomy, widomy, znajomy *neben* znamy, jadomy *und ähnlich* łakomy, rodzimy, ruchomy, znikomy *vgl. 2. seite 233.*

f) Conjugation nach den verbalclassen.

A) Conjugation mit dem praesenssuffix.

Erste classe.

Suffixlose stämme.

1. plet.

α. *Inf.-stamm* plet. *Inf.* pleś-ć. *Partic. praes. act. I.* plót-szy. *II.* plet-ł. *Partic. praet. pass.* plec-io-ny.

β. *Praes.-stamm* plet-e.

Praes.	*1.*	plot-ę	plec-ie-my
	2.	plec-ie-sz	plec-ie-cie
	3.	plec-ie	plot-ą.
Impt.	*1.*	—	pleć-my
	2.	pleć	pleć-cie.

Partic. praes. act. plot-ąc.

Unrichtig ist die schreibung des inf. der auf d *auslautenden stämme mit* dź *für* ć: prząśdź *für* prząść, *asl.* pręsti; odwieść, przywieść, spaść *stat. 45. 129. Von den formen* plotla, plotlo *neben* pletla, pletlo *empfehlen sich die ersteren immer allgemeiner werdenden als die der analogie angemesseneren.* Klet *hat nach bandt. 239. im praes.* kletę *und im partic. praet. act. II.* kletl, *nicht* klotę, klotl. *Für* rost, kwt, *asl.* cvьt, krad, pad *gebraucht die neuere sprache a) durchgängig oder b) nur in den praesensformen verba nach II: a)* rosną, kwitną; *b)* kradną, padną; *neben* kład *gilt auch* kładną; gęd *ist nicht mehr gebräuchlich;* rostę, rościesz, rościc, rość *koch.*, *nun* rosnę, rośniesz, rośnie, rosnąć; zakwcie (*asl.* zacvьtetъ) *mały. 89. 6.* wzkwtło (*asl.* vъscvьlo) *27. 10.* kwiść (*asl.* cvisti) *71. 16; 91. 12; 91. 13: abweichend ist hinsichtlich des vocals* wezkwiecie *mały.*

131. 19; otektéwie *102. 14. steht in folge einer auch im čech. vorkommenden consonantenversetzung* (ktwúci *florens) für* otekwcie, *asl.* отъчвтетъ: *mit dem stamme* kwt *hängt die III. pl. praes.* kstą *zusammen in dem sprichworte: in diebus Eliae,* kiedy zakstą kije, zakstą *nämlich steht für* zakwtą, *eigentlich für* zakwstą *(vgl. serb.* živsti, *d. i.* živ-s-ti), *und es ist daher wohl zu bezweifeln, ob der inf. je* ksieść *muczk. 149. 153, wofür Linde* kcieć *hat, gelautet hat: nach meiner ansicht kann er nur* kwiść *gewesen sein.* gęść *małg. 107. 1; 107. 3; 137. 2.* gędzie *rej.: falsch ist* gędzić. *Dem asl.* čьt *entsprach ehedem im praes.* cztę, czciesz, czcie, *III. pl.* cztą, *im inf.* czyść, *asl.* čisti. *Man liest* czedł *für* czetł *muczk. 154: jetzt besteht* czyta *lesen nach V. 1. und* czci *ehren nach IV. Man merke kašubisch* tće *und* tcze *ehre für ein* czci, *asl.* čьti, *das jedoch auch auf* czci *IV. beruhen kann.* id *hatte im inf. ehemals* ić, *asl.* iti: przyć (przydź) *małg. 21. 34.* ić *stat. 63. 66.* odić *56. 63.* przeić *63.* wnić, przeić *radz., jetzt lautet der inf.* iść; *in* samodźcie *małg. 45. 8. ist* i *ausgefallen:* samo idźcie; *die partic. praet. act. I. und II. von* id *werden durch* szedszy, szedł *von* szed, *asl.* šьd, *ersetzt;* szedł *verliert sein* d, *wenn es zweisilbig wird:* szło, szła, *doch liest man małg. 84. 12. und 96. 12.* wszczedła, *asl.* vъšьla, vъšьla *und bei bandt. 257. als veraltet* szedliśmy, szedłyśmy. *Das subst. verbale* ście *stat. 37.* poście *gressus małg. 72. 2, wofür bei koch. 3. 76.* szcie, *ist nicht mit* i, id, *sondern mit* szed *zusammenzustellen: asl.* šьstije: iście *muczk. 155. kömmt wohl nirgends vor. Dialekt. ist* wynajdł, wynad *statt* wynalazł. *Vgl. seite 164.* sied *wird in den praesensformen nasal verstärkt:* siądę *(richtiger als* sięde), siędziesz; siądź *usw.; der inf. lautet* sieść *und, minder richtig,* siąść. jad *rehi entlehnt die inf.-formen von* jecha: jadę, jedziesz; jechać, jechal, jachał. *In zof. liest man* wyjaw *für* wyjachaw, jal *für* jachal, jeli *und* jedli *für* jachali *wie čech.* jeti, jev, jel, jeto *und* jeno *im partic. praet. pass.: ein* jedl *ist čech. unnachweisbar.*

2. nes.

α. *Inf.-stamm* nes. *Inf.* nieś-ć. *Partic. praet. act. I.* niós-szy, *II.* niós-l. *Partic. praet. pass.* nies-io-ny.

β. *Praes.-stamm* nes-e.

Praes.	*1.*	nios-ę	nies-ie-my
	2.	nies-ie-sz	nies-ie-cie
	3.	nies-ie	nios-ą.

29*

Imp.	*1.*	—	nieś-my
	2.	nieś	nieś-cie.

Partic. praes. act. nios-ąc.

Grzęz *gehört nicht hieher:* grząść, grząz<ins>ę</ins>, grzązą *sind unbelegt und* ugrządzl, ugrzązszy *beruhen auf* grzęzną. ę *geht in* ą *über in der I. sg. und III. pl. praes., im inf. und im partic. praet. act. II:* trząsę, trząsą, trząść, trząsł: *der inf.* trześć *mały. 103. 33. ist ein čechismus.* lazę *mesg. 90. inf.* léść, *partic. praet.* lazszy, lazł *ist richtiger als* lezę, *dagegen nur* leziesz, lezie *usw., asl.* lézą, lézeši *usw.*

3. greb.

α. *Inf.-stamm* greb. *Inf.* grze-ś-ć. *Partic. praet. act. I.* grzeb-szy. *II.* grzeb-ł. *Partic. praet. pass.* grzeb-io-ny.

β. *Praes.-stamm* greb-e.

Praes.	*1.*	grzeb-ę	grzeb-ie-my
	2.	grzeb-ie-sz	grzeb-ie-cie
	3.	grzeb-ie	grzeb-ą.

Impt.	*1.*	—	grzeb-my
	2.	grzeb́	grzeb́-cie.

Partic. praes. act. grzeb-ąc.

Die inf. lauten grześć, skuść, żyć, pleć, *in welchen formen* b, w *ausgefallen sind.* grzeb *und* skub *ersetzt die heutige sprache in den praesensformen durch* grzeba, skuba *nach V. 2:* grzebię, skubię; *an die stelle von* żyw *tritt* ży *nach I. 7:* żyję *für* żywę, żywiesz, żywie *usw. Für* plew (*wovon* plewie *klon. 2. 101.* plewie len *paul. 149. und* plewiony *muczk. 163.*) *wird* pl *nach I. 6. gebraucht.*

4. pek.

α. *Inf.-stamm* pek. *Inf.* piec. *Partic. praet. act. I.* piek-szy. *II.* piek-ł. *Partic. praet. pass.* piecz-o-ny.

β. *Praes.-stamm* pek-e.

Praes.	*1.*	piek-ę	piecz-e-my
	2.	piecz-e-sz	piecz-e-cie
	3.	piecz-e	piek-ą.

Impt. 1. — piecz-my
2. piecz piecz-cie.

Partic. praes. act. piek-ąc.

Gegen alle analogie streiten die inf. der auf g *auslautenden stämme mit* dz *statt* c: żedz *für* żec, *asl.* žešti: *diese durch die in gewissen fällen eintretende verwandlung des* g *in* dz (nodze, ubodzy) *veranlasste falsche schreibung findet man einigemale schon in mały.:* strzedz *38. 1; 58. 10.* strzdz *120. 7. neben* żec *120. 6. Warum man* zżesz, zże *usw. und nicht* żżesz, żże, *asl.* žьžešі, žьžetъ, *schreiben soll, ist nicht klar. Von* żeg *ist jetzt nur* zażec, zażegszy, zażegł *gebräuchlich.* wlek *entspricht einem asl.* vlêk, *das aus dem inf. in andere formen eingedrungen. Der stammvocal von* żeg *und* rzek *kann zu* ь *geschwächt werden: daher alt* rzkąc, rzkomy *neben* rzekąc, rzekomy. *Im impt. tritt der palatal statt des sibilanten ein:* piecz, pieczcie, *asl.* pьci, pьcête. Wlekę, żegę *sind wegen des gutturals richtiger als die nach* plotę, niosę *gebildeten* wlokę, żogę. wlokę, *asl.* vlêką, vloką, *asl.* vlêkątъ, wlokl, *asl.* vlêklъ, *bilden wie* środa, *asl.* srêda, *eine ausnahme von der regel: für* wlokę *erwartet man nach der analogie von* siekę, biegę *die form* wlekę: *wer* wlokę, włoczo *erwartet, hat auf die lautgesetze des poln. nicht geachtet und sich durch das ganz verschiedene* włoczę, *asl.* vlačą, *beeinflussen lassen:* vlači *denominativ von* vlakъ. bieg *wird in den praes.-formen durch* biegną *nach II. oder durch* bieżo *nach III. 2. ersetzt, doch sind* biegę, biegą *in gebrauch.* strzdz, strzży *mały. 120. 7; 139. 4. neben* strzedz, strzeży *scheinen einem asl.* strъšti, strъzi *zu entsprechen.* leg *erhält in den praes.-formen die nasale verstärkung:* lęgę (*wofür auch* lęgnę *und* lęgnę), ląż *mucz. 151: der nasale vocal kann auch in die inf.-formen eindringen, daher* ląc, lągł, lągszy *neben* lec, legł, legszy: leg *und* lęg *sind nicht als verschiedene wurzeln anzusehen, obgleich gegenwärtig der begriff des brütens mit dem in allen formen nasalierten* lęg *bezeichnet wird.* lęk (ląc się, ląkszy się, ląkł się) *ersetzt alles übrige durch* lękać *V. 1. und durch* zlęknąć się *II.*

5. pьn.

α. *Inf.-stamm* pьn. *Inf.* pią-ć. *Partic. praet. act. I.* pią-w-szy. *II.* pią-l. *Partic. praet. pass.* pię-ty.

β. *Praes.-stamm* pьn-e.

Praes.	*1.*	pn-ę	pn-ie-my
	2.	pn-ie-sz	pn-ie-cie
	3.	pn-ie	pn-ą.
Impt.	*1.*	—	pn-i-j-my
	2.	pn-i-j	pn-i-j-cie.

Partic. praes. act. pn-ąc.

Die inf. lauten dąć, żąć (żdżąć), jąć; żąć, kląć, miąć, piąć, ciąć, cząć, *asl. themen* dъm, žьm, im; žьn, klьn, mьn, pьn, tьn, čьn. odejmę, przyjmę, wezmę, wyjmę *entstehen aus den formen* odjьmę, przyjьmę, vъzьmę, wyjьmę. *Für* wziąć (wziǫć *małg.* 30. 17. wziąć *radz. koch.* 1. 47. *stat.* 56. 58. 65. *und sogar mick.* 2. 237.) *spricht man nun wohl allgemein unorganisch* wziąść (*vgl.* iść). *Für* kląć *steht manchmal* klnąć. odpocząć *gehört zu II. und ist eine zusammenziehung von* odpoczynąć *małg.* 4. 9; 15. 9; 54. 6. *usw. koch.* 1. 108. *Man merke den impt. von* vъzьm: weźm *und* weżmij (weżmiej *aus* vъzьmi) *und* weź. *Dialekt. ist* weznę, weźniesz *usw. für* wezmę, weźmiesz *usw., ebenso* wzión, wziena *für* wziął, wzięła; sjon *aus* sjǫł *für* zdjǫł *er zog heraus. Kašubisch* póczą, zaczą *für* począł, zaczął. Ciął, dął *haben* cięlo, cięła, dęło, dęła, *asl.* tęlъ, tęlo, dalъ, dalo.

6. mr.

α. *Inf.-stamm* mr. *Inf.* mrz-e-ć. *Partic. praet. act. I.* marszy. *II.* mar-l. *Partic. praet. pass.* (tar-ty).

β. *Praes.-stamm* mr-e.

Praes.	1.	mr-ę	mrz-e-my
	2.	mrz-e-sz	mrz-e-cie
	3.	mrz-e	mr-ą.
Impt.	*1.*	—	mrz-yj-my
	2.	mrz-yj	mrz-yj-cie.

Partic. praes. act. (tr-ąc).

Die inf. lauten mleć, pleć, wrzeć *claudere*, wreć *bullire für und neben* wrzeć *und* wrzać *nach V. 4.* żreć *für* żrzeć, kwrzeć (*das nicht zu belegen*), *asl.* cvrěti, mrzeć, przeć, strzeć, trzeć. ml *und* pl *haben im praes.* mielę, pielę *neben* miolę, piolę *und* melę, pelę; mielesz, pielesz *usw., im impt.* miel, piel *und* mél, pel *usw., im partic. praet. act. I.* domełszy, wypełszy, *im partic. praet. act. II.* mełł (*d. i.* meł-ł *von* ml *wie* marl *von* mr), pełł *neben* mlił *jakub. 239. für* mlel *mick. 1. 165.* plel *und ehemals* mioł, pioł, *im partic. praet. pass.* mełty, pełty: mielony, pielony *und* melony, pelony: pl *gehörte ursprünglich als* plew, *asl.* plěv, *zu I. 3, daher* plewiony *muczk. 163.* wr *bullire hat im praes.* wrę, wrzesz, wrze *neben* wresz, wre *usw., in der pl.* wrą *neben* wreją. *im inf.* wrzeć, wreć *und nach V. 4.* wrzać (*vgl. russ.* vréja): *das partic. praes. act. und die inf.-formen werden nach III. 2. gebildet:* wrząc, wrzawszy, wrzał (*neben* warl *muczk. 160*), wrzenie; wra, *woron die III. sg. und III. pl. praes.* wra *und* wrają *und* wrając, wrał *gehört zu V. 1. Unorganisch sind* drząc *jakub. 240. und* pożrzany *devoratus małg. 106. 17.* Rozpostrzał *105. 26. ist mit dem asl.* -strělъ *zu vergleichen.* pry *dicit koch. 1. 157. klon. 1. 28, das einige mit einem* pry *nach. I. 7. in verbindung bringen, ist mit dem nslov.* pre *und mit dem čech.* prý *zusammenzustellen. Vgl. seite 389.* žr *hat im praes.* žrę, żrzesz *und* žresz, żrze *und* žre *usw.* pr *kann in allen fünf bedeutungen diesem paradigma folgen:* prę, przesz, prze; przyj; prąc; parszy; parł; party, przeć; *in der bedeutung rixari gehörte es ursprünglich zu III. 2:* przę, przysz, przy; przyj; prząc, przawszy; przał; przany; przeć. *a) belege für die formen nach III. 2:* przę *stat. 119.* przy *ustaw. ort. stat. 39. 52. 73. 110. 115. 119. klon. 2. 95.* prza̜ *klon. 2. 49.* przał *ustaw. ort.* zaprzenie *stat. 21; b) belege für die formen nach I. 6:* prze *ort.* pozprze *stat. 7.* zaprze *radz. matth. 10. 33.* parł *ort. klon. 2. 51.* przeparszy *stat. 17.* spart *ustaw. stat. 78. Vgl. asl.* prją, priši, pritъ *usw. serb.* prem, preš, pre *usw. čech.* pru, pře *und* přím, ři. prze *sudare kann auch nach I. 7. conjugiert werden. Dialekt. hat* otewrzeć *aperire im partic. praet. act. II.* otwar, otwarła: mrzeć *im partic. praet. pass.* marty: umarty: *dieses kömmt auch im polab. vor Schleicher 171.*

7. bi.

α. *Inf.-stamm* bi. *Inf.* bi-ć. *Partic. praet. act. I.* bi-w-szy. *II.* bi-l. *Partic. praet. pass.* bi-ty.

β. *Praes.-stamm* bi-j-e.

Praes.	*1.*	bi-j-ę	bi-j-e-my
	2.	bi-j-e-sz	bi-j-e-cie
	3.	bi-j-e	bi-j-ą.

Impt.	*1.* —	bi-j-my
	2. bi-j	bi-j-cie.

Partic. praes. act. bi-j-ąc.

Zna *und* śmie *haben teilweise keinen praesensvocal:* znam, śmiem; znasz, śmiesz *usw., dagegen* znają, śmieją *und unorganisch* śmią *mucz. 100. und alt* znaje *novit.* sta *wird in den praes.-, meist auch in den inf.-formen durch* staną *nach II. ersetzt.* slu *wandelt in den praes.-formen* u *zu* ow: słowie: lecz brzeg dwojaki, jeden ostry słowie *audit, vocatur klon. 1. 38.* pie *hatte im praes. ehedem* poje *wyp. 28. und im impt.* pojcie *małg. 67. 35; 95. 1; 97. 6; 97. 7; 99. 1; 136. 4; 146. 7; 149. 1; kašubisch* poje, *jetzt in der schriftsprache* pieję, piejesz *usw.* zna *hat im partic. praet. pass.* znany: *vgl. auch* odzienie, *das jedoch auch von* dzia *nach V. 4. abgeleitet werden kann.* prze *hat im praes. neben* przeję, przejesz *usw. auch* prę, przesz *usw. nach I. 7. von* pr, *so dass dem asl.* preši, priši *und einem* prěješi, *das eine* przesz *gegenüberstehen kann.* żrze *maturescere hat im inf.* żrzeć *und* żrzać *nach V. 4.*

Zweite classe.

ną-stämme.

α. *Inf.-stamm* dźwigną. *Inf.* dźwigną-ć. *Partic. praet. act. I.* dźwigną-w-szy. *II.* dźwigną-ł. *Partic. praet. pass.* dźwign-io-ny.

β. *Praes.-stamm* dźwign-e.

Praes.	*1.* dźwign-ę	dźwign-ie-my
	2. dźwign-ie-sz	dźwign-ie-cie
	3. dźwign-ie	dźwign-ą.
Impt.	*1.* —	dźwign-i-j-my
	2. dźwign-i-j	dźwign-i-j-cie.

Partic. praes. act. (ciągn-ąc).

Der stamm gną *aus* gъbną *wird in den inf.-formen durch* gią *ersetzt:* giąć, giął *und* gnę, gniesz *usw. für* gnąć, gnął *usw. Der stamm* pomioną (pomionę, pomień, pomionął, pomieniony) *wird in den praesensformen zusammengezogen:* pomnę, pomniesz, pomnij *usw. und in den inf.-formen durch* pomnie *nach III. 2. ersetzt:* pomnieć, pomniał *usw.: das partic. praet. pass.* pomniony *kann von jedem der beiden stämme,* pomnięty *nur nach II. erklärt werden; in älteren denkmälern liest man auch praesensformen von* pomnie *nach III. 2:* pomnię, pomnią, pomniąc; *die jetzt gebräuchlichen formen sind jedoch nicht, wie muczk. 163. meint, falsch. Das alte* poczynę, poczynąć, poczynął *usw. ist durch* poczne, począć, począł *ersetzt worden. Viele verba, namentlich die inchoativa, bilden das partic. praet. act. II. von einem mit der silbe* ną *unbeschwerten stamme:* gasnął, gasł; głuchnął, głuchł; schnął, schł: schłem *usw.; einige stossen* ną *nur in jenen formen aus, die mit demselben dreisilbig würden:* gwiznął, gwizła; piknął, pikła; prysnął, prysła *usw.; am häufigsten fällt* ną *in den zusammengesetzten verben aus:* zgadną, zgadł; zdechną, zdechł; przywykną, przywykł *usw.* pośrzatł *małg. 84. 11. zof.* śrzatł *zof. setzt den inf.-stamm* pośrzat *oder* pośrzatną *voraus: vgl. čech.* střetnu, *asl.* sъrêt, sъrêlъ. *Manche sind beider formen fähig:* pęknął, pękł; trzasnął, trząsł *u. w. Kašubisch* pelk *ist* połknął, wetk-wetknął; *dialekt.* wpirtnąć *hineinschieben* wpirtnón. *Das partic. praet. pass. wird häufiger mittelst* tъ *gebildet:* ogarniony, połkniony, przeniknony, cofniony *usw. und* pchnięty; *dialekt.* zamkniony.

Dritte classe.

ê-stämme.

Erste gruppe.

bolê.

α. *Inf.-stamm* bolê. *Inf.* bole-ć. *Partic. praet. act. I.* bola-w-szy. *II.* bola-ł. *Partic. praet. pass.* (rozum-ia-ny).

β. *Praes.-stamm* bole-j-e.

Praes.	*1.*	bole-j-ę	bole-j-e-my
	2.	bole-j-e-sz	bole-j-e-cie
	3.	bole-j-e	bole-j-ą.
Impt.	*1.*	—	bole-j-my
	2.	bole-j	bole-j-cie.

Partic. praes. act. bole-j-ąc.

Umie *hat den praesensvocal nur in der III. pl.:* umiem, umiesz *usw.* umieją; *dasselbe findet sich schon in den ältesten denkmälern: malg.* 88. 15; 91. 6. Mie, *alt* imie, *hat im praes.* mam, masz, ma *usw. und im partic. praes. act.* mając; *die übrigen formen sind regelmässig:* miej, miawszy, miał, miany, mieć.

Zweite gruppe.

kypê.

α. *Inf.-stamm* kipie. *Inf.* kipie-ć. *Partic. praet. act. I.* kipia-w-szy. *II.* kipia-ł. *Partic. praet. pass.* (cierp-ia-ny).

β. *Praes.-stamm* kipi-e.

Praes.	*1.*	kipi-ę	kipi-my
	2.	kipi-sz	kipi-cie
	3.	kipi	kipi-ą.

Impt.	*1.*	—	kiṕ-my
	2.	kiṕ	kiṕ-cie

Partic. praes. act. kipiąc.

Die consonanten erleiden in der I. sg. und im partic. praet. pass. jene veränderungen, denen sie vor praejerierten vocalen unterworfen sind: lecę, siedzę, wiszę, *asl.* leštą, sêždą, višą. *Dieselben veränderungen treten unorganisch in der III. pl. praes. und im partic. praes. act. ein:* lecą, siedzą, wiszą, *asl.* letętъ, sêdętъ, visętъ; lecąc, siedząc, wisząc, *asl.* letęšte, sêdęšte, visęšte, *als ob das asl.* leštętъ, leštęšte *hätte. Abweichend ist* widǫc *malg.* 47. 5, *womit* vidomy, *asl.* vidomъ, *verglichen werden kann.* drže *hat im inf.* držeć *und* držać *tremere.* słyszony *für* słyszany *und, was nicht selten vorkömmt,* słyszemy *für* słyszymy *sind unrichtig.* widzie *hat im impt.* widz *malg.* 9. 12, *asl.* viždь. wiedzie *hat kein praesens-*e: wiém. chcie *hat im praes.* chcę, chcesz, chce *usw. III. pl.* chcą, *asl.* hъštą, hъšteši, hъštetъ *usw. III. pl.* hotętъ; *der impt. lautet* chciej, *das partic. praes. act.* chcąc, *asl.* hošti, hotę, hotęšti, *das partic. praet. act. II.* chciał, *das partic. praet. pass.* chciany, *das verbale jedoch nicht* chcienie, *sondern* chcenie. boje, stoje. *asl.* boja, stoja, *ziehen in der heutigen schriftsprache* oje (oja) *in* a *zusammen:* bać się, stać *usw. Kašubisch* bojec sę. spa *hat im praes.* śpię, śpisz *usw.* śpij, śpiąc; spał *usw.* szcza *für* sca *hat* szczę, szczysz *usw.* sapa, skrzypa, chrapa, oszemla *haben* sapię, skrzypię, chrapię, oszemlę; sapisz, skrzypisz, chrapisz, oszemlisz *usw. muczk. 148. 163. 164: auch* krzesa *soll hieher gehören und im praes.* krzeszę, krzesisz *usw. bilden, doch* krzesze *nicht nur im volksliede bei wojc. 181, sondern auch bei Linde: es geht daher richtig nach V. 2. Man merke* gorzeć, gorzeje *neben* goreć, goreje, gore. myśleć *besteht neben* myślić: *jenes ist intransitiv, dieses transitiv.*

Vierte classe.

i - s t ä m m e.

hvali.

α. *Inf.-stamm* chwali. *Inf.* chwali-ć. *Partic. praet. act. I.* chwali-w-szy. *II.* chwali-ł. *Partic. praet. pass.* chwal-o-ny.

β. *Praes.-stamm* chwali-e.

Praes.	*1.*	chwal-ę	chwali-my
	2.	chwali-sz	chwali-cie
	3.	chwali	chwal-ą.
Impt.	*1.*	—	chwal-my
	2.	chwal	chwal-cie.

Partic. praes. act. chwal-ąc.

Hier treten dieselben organischen und unorganischen veränderungen der consonanten ein wie bei den verben III. 2: młocę, wodzę (*koch. 1. 51. hat* wzgardę *für* wzgardzę), wożę, gaszę *und* młocony, wodzony, wożony, gaszony, *asl.* mlaštą, mlašteнъ; młocą, wodzą *und* młocąc, wodząc, *asl.* mlatętъ, vodętь *und* mlatęšte, vodęšte *usw.* ść *und* żdż *gehen in* szcz *und* żdż *über:* puszczę, zagwożdżę; oczyszczon *koch. 2. 87. ist dem* oczyścion *koch. 2. 35. vorzuziehen. Unrichtig ist* mowiemy *ort.* czyniemy *koch. 1. 165. für* mowimy, czynimy; młociemy *mesgn. 83. für* młocimy *usw.*

Fünfte classe.

a - s t ä m m e.

Erste gruppe.

dêla.

α. *Inf.-stamm* działa. *Inf.* działa-ć. *Partic. praet. act. I.* działa-w-szy. *II.* działa-ł. *Partic. praet. pass.* działa-ny.

β. *Praes.-stamm* działa-j-e.

Praes.	*1.*	działa-m	działa-my
	2.	działa-sz	działa-cie
	3.	działa	działa-j-ą.
Impt.	*1.*	—	działa-j-my
	2.	działa-j	działa-j-cie.

Partic. praes. act. działa-j-ąc.

A *ist im praes. mit ausnahme der III. pl. geschlossen:* kochám, kochász, kochá *usw.* kochają *mesgn. 72. kopcz. 9. 7:* ám *entsteht aus* ajemь, ász *aus* ajesz *usw.*

Zweite gruppe.

pьsa.

α. *Inf.-stamm* pisa. *Inf.* pisa-ć. *Partic. praet. act. I.* pisa-w-szy. *II.* pisa-ł. *Partic. praet. pass.* pisa-ny.

β. *Praes.-stamm* pisi-e.

Praes.	*1.*	pisz-ę	pisz-e-my
	2.	pisz-e-sz	pisz-e-cie
	3.	pisz-e	pisz-ą.
Impt.	*1.*	—	pisz-my
	2.	pisz	pisz-cie.

Partic. praes. act. pisz-ąc.

In den praesensformen erleiden die consonanten die oben bezeichneten veränderungen: kolę, orzę, depcę, głodzę, kapię, rąbię, drzémię, czeszę, liżę; kolesz, orzesz, liżesz; kol, orz, liż *usw.*, *asl.* kolją, orją, gložda; kolješi, orješi, gloždeši *usw.* świszczę, gwiżdżę, plaszczę (*durch assimilation aus* plasczę) *von* śwista, gwizda, plaska; treska, trestka *hat* trescę, trestcę, *was nicht, wie muczk. 146. meint, unregelmässig,* niewzorowo, *ist, da die ältere form* treskta *ist: vgl. Linde;* smokcę *von* smokta *ist richtiger als* smokczę; *dasselbe gilt von* depcę *und* depczę; *unregelmässig ist* plączę : pląta. *Viele verba gehen nach V. 1. und nach V. 2:* guzdram, guzdrzę; kłamam, kłamię; kołatam, kołacę *usw.* strugam *und* strużę, *und sogar nach I. 4.* strugę *muczk. 142. 150. jakub. 227. Für ehemaliges* miecę, *asl.* meštą, *gilt jetzt* miotam. rza *kann organisch nach V. 2. conjugiert werden:* rżę, rżesz, rże *muczk. 165. jakub. 242. oder nach III. 2.* rże, rżysz, rży: *der inf. ist* rzać *oder* rżeć, rżać, *dieses wohl für* rzać, *nsl.* hrzati. *Den inf.-stämmen* kło, sła, *asl.* stla, sła, *asl.* sъla, *und* pro *entsprechen die praes.-stämme* kolie, ścielie, ślie *und* porzye, *asl.* kolie, stelie, sъlie *und* porie, *daher* kolę, ścielę, ślę *und* porzę. *Neben* porzę *besteht auch* porę *nach V. 3. mesgn. 88. Smith 81.* pro *ist als* pru *in I. 7. übergegangen:* pruję, prujesz *usw. Man bemerke die partic. praet. pass.* kłóty, próty *und* ścielony *neben* słany, *asl.* stlanъ.

Dritte gruppe.

bra.

α. *Inf.-stamm* bra. *Inf.* bra-ć. *Partic. praet. act. I.* bra-wszy. *II.* bra-ł. *Partic. praet. pass.* bra-ny.

β. *Praes.-stamm* bier-e.

Praes.	*1.*	bior-ę	bierz-e-my
	2.	bierz-e-sz	bierz-e-cie
	3.	bierz-e	bior-ą.
Impt.	*1.*	—	bierz-my
	2.	bierz	bierz-cie.

Partic. praes. act. bior-ąc.

Der stamm żen *ist in der heutigen schriftsprache dem* goni, *genauer dem* pędzi *nach IV. gewichen:* wyżeni *mały. 5. 12.* żenie *stat.* 59. *koch.* 2. 183. *klon.* 1. 35. rozženie *klon.* 2. 78. żenie *wojc.* 2. 197; *unorganisch ist* gna *nach* V. 1: wygnają *krasz.* żonę, żoną *ort.* żonąc *sind richtiger als* żenę, żeną, żenąc; *zu verwerfen sind* żoniesz, żoń *für* żeniesz, żeń; *der inf.* żonąć *ist von unwissenden grammatikern aus* żonę *gebildet worden. Von* zwa *lautet das praes. gegenwärtig* zwę, żwiesz *usw. oder* zowię. zowią *für das ältere organische* zowę, zową *orz. klon.* 1. 40. *wuj.; eben so findet man* rwę (porwę) *neben* rwię, ssę *neben* ssię *und* łgę *neben* łżę, tkę *neben* tczę, żeną *für* żoną *neben* żenią *volksl. Die unorganischen formen scheinen die gewöhnlicheren geworden zu sein. Unorganisch ist* bierzą *ustaw. ort.* bierząc *ustaw. ort. wyp.* 45. *für* biorą, biorąc. tka *stopfen geht nach* V. 1. *Die praes.-formen von* żga *fallen mit den praes.-formen von* żeg *nach* I. 4. *zusammen. Unzulässig ist* pozowon *ustaw.* 27.

Vierte gruppe.

dêja.

α. *Inf.-stamm* dzia. *Inf.* dzia-ć. *Partic. praet. act. I.* dzia-w-szy. *II.* dzia-ł. *Partic. praet. pass.* dzia-ny.

β. *Praes.-stamm* dzie-j-e.

Praes.	1.	dzie-j-ę	dzie-j-e-my
	2.	dzie-j-e-sz	dzie-j-e-cie
	3.	dzie-j-e	dzie-j-ą.
Impt.	1.	—	dzie-j-my
	2.	dzie-j	dzie-j-cie.

Partic. praes. act. dzie-j-ąc.

Eine zusammenziehung des ija, ieja *für asl.* ija, êja *in* ia *findet nur dann statt, wenn der vorhergehende consonant erweicht ist:* lać, lał, lany; siać, siał, siany, *asl.* lijati, lijalъ, lijanъ: lejać, lejał, lejan *sind unorganisch, wie es asl.* lêjati. lêjalъ, lêjanъ *wäre.* sêjati, sêjalъ, sêjanъ *und* kajać, kajał, kajany, *asl.* kajati, kajalъ, kajanъ; *im čech. findet die zusammenziehung bei allen verben statt:* káti, kál, kán; *im älteren poln. unterbleibt sie manchmal:* chwiejał *malg.* 21. 7; *auch bei muczk.* 145. *lese ich* ziajać *und* przyjajać: przyjaje *und* przyjajemy *ort. hangen mit* przyja *nach V. 1. zusammen. Kašubisch:* zasel *für* zasial; smjel sę *für* śmial się. *Manche verba bilden die inf.-formen nach V. 4. und nach I. 7:* blwa, žwa, klwa, knowa, kowa, pława, psowa, źrza, śmia *und* blu, žu, klu. knu, ku, plu, psu, źrze, śmie; *nach V. 4. und nach I. 6:* wrza *und* wrze *fervere; nach V. 4. und nach I. 6. oder III. 2:* prza *und* prze. *Die inf.-formen* daja, *asl.* daja; znaja; staja, *asl.* staja, *werden durch* dawa, znawa, stawa *ersetzt, während das praes.* dawam *dem* daję, doznawam *dem* doznaję, stawam *dem* staję *weicht; doch auch* stawam: pokąd mię jedno stawa *Linde. Man merke die impt.* dawaj, doznawaj *und das partic. praes. act.* doznawając, *nicht* daj, doznaj, doznając, stawaj, stając. *Anders Małecki 173. Man beachte* czuje *vigilat:* anioł twoj przy mnie czuje *modl.-wacł., jetzt* czuwa. *Dass* dějati, sějati *aus* děěti, sěěti *entstanden sind, lässt sich durch berufung auf* -děvati, -sěvati *nicht beweisen.*

Sechste classe.

ova (*u-a*)-stämme.

α. *Inf.-stamm* kupowa. *Inf.* kupowa-ć. *Partic. praet. act. I.* kupowa-w-szy. *II.* kupowa-ł. *Partic. praet. pass.* kupowa-ny.

β. *Praes.-stamm* kupu-j-e.

Praes.	*1.*	kupu-j-ę	kupu-j-e-my
	2.	kupu-j-e-sz	kupu-j-e-cie
	3.	kupu-j-e	kupu-j-ą.
Impt.	*1.*	—	kupu-j-my
	2.	kupu-j	kupu-j-cie.

Partic. praes. act. kupu-j-ąc.

Die verba auf ywa *können nach V. 1. und nach VI. conjugiert werden; das letztere ist im praes. das gebräuchlichere:* wydziubywam *und* wydziubuję, podpisywam *und* podpisuję, ostrugiwam *und* ostruguję *usw.; der impt. lautet häufiger auf* ywaj *als auf* uj *aus.*

Die ältere sprache hat häufig awa: otrzymawa, pobudzawa, obiecawa, zachowawa, oczekawa: wzowa *befremdet modl.-wacł.*

B) Conjugation ohne das praesenssuffix.

1. vêd.

Praes.	*1.* wie-m	wie-my
	2. wie-sz	wie-cie
	3. wie	wiedz-ą.
Impt.	1. —	wiedz-my
	2. wiedz	wiedz-cie.

Wiedzą *steht dem asl.* vêdętъ, *das partic. praes. act.* wiedząc *dem asl.* vêdąšte *gegenüber: małg. bietet* wiedzǫc *35. 11. neben* wiadǫc *86. 3, welches man mit dem asl. partic. praes. act. und dem poln.* wiadom *zusammenstellen kann; małg. 99. 3. hat den impt.* wiedziecie, *wofür man nach dem asl.* wiedzicie *erwartet. Die 1. sg. praes.* wiem *spielt die rolle eines adverbs:* wiem *enim małg. 9. 27; 9. 33; 9. 35 usw. autem 10. 6; 21. 3; 37. 20 usw.* azaliwiem *numquid 40. 9.* bowiem *usw.*

2. dad.

Praes.	*1.* da-m	da-my
	2. da-sz	da-cie
	3. da	dadz-ą.
Impt.	1. —	da-j-my
	2. da-j	da-j-cie.

Daj, dając *sind von* daja *nach V. 4. entlehnt.* Dadzą *entspricht dem asl.* dadętъ.

3. jêd.

Praes.	*1.* je-m	je-my
	2. je-sz	je-cie
	3. je	jedz-ą.

Impt.	*1.* —	jedz-my
	2. jedz	jedz-cie.

4. jes.

Praes. I.	*1.* jeś-m	jeś-my
	2. jeś	jeś-cie
	3. jeś-ć	s-ą.
II.	*1.* jest-e-m	jest-e-śmy
	2. jest-e-ś	jest-e-ście
	3. jest	s-ą.

Kašubisch jem, jes *es.* jesme. *Das alte praes. I. nimmt, wenn es tonlos ist, also namentlich in verbindung mit dem partic. praet. act. II, eine abgeschwächte form an:* m, ś *für* jeśm, jeś *und* śmy, ście *für* jeśmy, jeście: mówiłem, mówileś; mówiliśmy, mowiliście; gotowem; nie wiedział, żem żołnierz *usw.: das* e *von* mówiłem, mówileś, gotowem *ist euphonisch, daher f.* mówiłam. ś *in der I. pl. steht unorganisch für* s. *Statt der III. sg.* jeść *mały. 103. 26. liest man regelmässig* jest. *Das* ś *des verbum subst. geht in der I. pl. des alten praes. I. nicht selten in* ch *über:* mychmy widzieli, cochmy słyszeli, nazbytechmy bezpieczni *usw. für* myśmy, cośmy, nazbyteśmy *usw. In den auch in der volkssprache des mährischen ostens vorkommenden formen wie* pobudziloch *stat. 26.* mówiłech *orz.* ożeniłech się, pojąlech *wojc. 2. 211, welche die heutige schriftsprache meidet, ist* m *von* śm *abgefallen, und* ś *in* ch *übergegangen, während sonst* ś *ausfällt und* m *erhalten wird:* pobudziłem, *asl.* pobudilъ jesmь; *dialekt. ist* k *für* ch: u swojej matusi nicek nie robiła, szełek po pod zawrat, znalazlek *volksl. In dem neuen praes. I. sind bloss* jest *und* są *organisch, indem die übrigen personen aus der verbindung der III. sg.* jest *mit den abgeschwächten formen des alten praes. I. hervorgegangen sind:* jest-e-m, jest-e-ś; jest-e-śmy, jest-e-ście; *beide bestandteile können auch getrennt werden:* ja-m jest, ty-ś jest. *Analog mit dieser fügung bezeichnet die sprache des XVI. jahrh. die I. und II. pl. durch* śmy, ście *und* są: sąśmy wdzięczni *čel. 273.* cnotąśmy są szczęśliwi, cokolwiekeśmy są, mychmy jego są stworzenie *koch.* iżeśmy są potrzebniejszy *klon.* poddani śmy są wierni twoji *gorn.;* żeście są świadomi *P. Koch: damit ist auch* sprawiedlność i pokoj całowało sta

30

sie sǫ *iustitia et pax osculatae sunt, małg. 84. 11. zusammenzustellen. Dialekt. ist* jestech *und daraus* *jesech, jezech *für* jestem, jeśm *sum.* boch juz teraz za towarzysza *weil ich schon jetzt geselle bin.*

Anhang.

Umschriebene verbalformen.

1. Perfect. act. *Das perfect. act. besteht aus dem partic. praet. act. II. und dem praes. I. des verbum subst.:* kochałem, kochałeś, kochaliśmy, kochaliście *aus den älteren formen* kochał jeśm, kochał jeś *usw.;* był jeśm; jeś przykazał; wołali jeśmy; bo ście zasłużyli *modl.-wacł., die dialekt. auch jetzt vorkommen:* nie był sem zbójniczkiem *volksl. In der III. fehlt das verbum subst.:* kochał, kochali; *in der älteren sprache war es notwendig:* szedł jest, rozdraźnili sǫ *małg.* oblekł jest; prześladowali sǫ *modl.-wacł.* 2. Plusquamperfect. act. *Das plusquamperfect. act. wird durch die verbindung des partic. praet. act. II. mit dem perfect. des verbum subst. bezeichnet:* napisałem był, przysłały były. *3.* Fut. act. *Das fut. act. wird ausgedrückt: a) durch das praes. der verba perfectiva:* dam *dabo; b) durch die verbindung des inf. der verba imperfectiva* α) *mit dem praes. des verbum* bąd: pisać będę; przyjdǫ i kłaniać się bǫdǫ *małg. 85. 8;* β) *mit dem praes. des verbum* mieć: mam pisać; *c) durch verbindung des partic. praet. act. II. von verba imperfectiva mit dem praes. des verbum* bąd: będę pisał. *Man beachte die stellung in* pisać będę *und* będę pisał. *c. fehlt in modl.-wacł. 4.* Fut. exact. act. *Das fut. exact. fehlt. 5.* Conditionalis act. *Der conditionalis act. besteht aus dem partic. praet. act. II. und dem aor. des verbum subst.:* bych, *dialekt.* byk (że byk wziął *volksl.*), *jetzt in der schriftsprache nur* bym *aus* by jeśm: bym pisał; by, *jetzt* byś, pisał; by pisał; bychom, bychmy, *jetzt* byśmy, pisali; byście pisali; bychǫ pili *małg. 77. 49, jetzt* by pili. zginǫł bych był *modl.-wacł.:* ruszyła sta by *ustaw. 135. steht für* ruszyła bysta. *Vgl. seite 88. Dass* bym, byś, byśmy, byście *aus* by jeśm, by jeś, by jeśmy, by jeście *entstanden sind, zeigt das kašubische in sätzen wie folgende:* a be jem beł *ut essem.* że be jes do nasze zemje zaszeł *ut terram nostram adeas.* pamjętoj, a be jes dzeń svjęti svjęcel *ut diem festum sanctifices.* a be sme jeho słovę nje pógerdzale *ne eius (dei) verbum contemnamus.* a be jesme verzele *ut credamus.* a be jesme póznale *ut cognoscamus.* 6. Passivum. *Das passivum wird ausgedrückt: a) durch verbindung des* się *mit dem act.:* ziemia dzieli się na kraje; *b) durch verbindung des partic. praet. pass. mit dem verbum subst.:* ojciec jest kochany od dzieci; bywam prześladowany. *An stelle des verbum subst. können verba von ähnlicher bedeutung treten:* zostanę napisany, zostać zabitym.

IX. OBERSERBISCH.

ERSTER TEIL.
Lehre von der declination.

Erstes capitel.

Nominale declination.

A) Declination der substantiva usw.

Der acc. der personen bezeichnenden subst. masc. ist stets dem gen. gleich: popa *sacerdotis, sacerdotem;* popovu, popov *sacerdotum, sacerdotes; die benennungen der tiere folgen dieser regel nur im sg. und im dual.:* ẃelka *lupi, lupum und* ẃelkovu, ẃelkov *duorum luporum, duos lupos; dagegen* ẃelkov *luporum und* ẃelki *lupos; daher* prošenych hosći na kvas povolać. *Im dual. wird jetzt der gen. durch den pl. gen., der loc. durch den dual. dat.-instr. ersetzt:* popov, *asl.* popu, *als dual. gen.,* popomaj, *asl.* popoma *und* popu, *als dual. loc.*

Das vor dem endconsonanten stehende e, o *wird, wenn das wort am ende wächst, ausgestossen: a) wenn es einem asl. halbvocal* ъ, ь *entspricht:* cyrkeẃ, cyrkej, *asl.* crъkъvь; dźeń, *asl.* dьnь; vosoł, *asl.* osьlъ; voš, *asl.* vъšь; pónoẃ, pónoj, *asl.* panъvь; pos, *asl.* pьsъ: *žeń *erntezeit, asl.* *žьnь: cirkẃe; dńa; vósla; vše; pónẃe; psa, *asl.* crъkъve, dьnja, osьla, vъši *usw.;* vó žni; ert, hort, *asl.* rъtъ, *hat* erta, horta *neben* do rta, ze rtom, vo réc; *ähnlich hat* rić *im sg. gen.* réc *in:* do réc, *sonst* rići *usw. Auch die entlehnten subst.*

auf el, or, oł *stossen* e, o *aus:* cyhel, cyhla; vopor, vopra; djaboł, djabla, *dagegen* bóz, bozu; tydźeń, tydźeńa; vosym, *asl.* osmь, vosyḿo; sedym, *asl.* sedmь, sedyḿo; chriḃet, chriḃeta; šov, šova; sep̓, sep̓e; lesć, lesće; česć, česće *usw.* ŕedkeve *steht für* ŕedkve; *b) wenn* e, o *euphonisch eingeschaltet ist:* voheń, vróbel, kozoł, *asl.* kozlъ, kotoł, *asl.* kotlъ: vóhńa, vróbla, kózla, kótła; *dagegen* vichor, *asl.* vihrъ, vichora; chorov, *asl.* horągъvь, *hat* chorove. *Die ausstossung findet im oserb. seltener statt als in anderen slav. sprachen, da die asl. halbvocale* ъ *und* ь *häufig ganz vernachlässigt werden:* tkalc, vótc, sanc *für* tъkalьcь, otьcь, samьcь.

In den fällen, in denen andere slav. sprachen im pl. gen. der fem. und neutr. auslautende consonanten durch vocale trennen, tritt der dem masc. eigene ausgang ov *ein:* hrov, dnov, škłov *von* hra, dno, škło.

Die assimilation des o *zu* e *ist im oserb. nicht notwendig, indem selbst im auslaut des neutr. dialekt.* o *neben* e *geduldet wird:* bićo, kazańo *neben* biće, kazańe. *Von der in den älteren denkmälern und dialektisch nicht selten unterlassenen assimilation wird meist* a *ergriffen, indem dieses zwischen weichlauten oder palatalen in* e *übergeht:* p̓eće, p̓ata, *asl.* pęta; p̓eć, p̓ał, *asl.* pęti, pęlъ; mužej *für und neben* mužaj *im dual. nom.;* mužemi *für und neben* mužami. *Wenn* v *zwischen* o *und* i *durch* j *ersetzt wird, so geht* o *vor* j *in* e *über, daher asl.* synovi-synovi, synoji, syneji, synej; *ebenso steht* Vićazecy *für* Vićazejicy, Vićazovicy; Mrózecy *für* Mrózejicy, Mrózovicy; *daher auch* Hnašecy, Malešecy *aus* Hnašovicy, Malešovicy, *deutsch Gnaschwiz, Malschwiz; man vgl. auch* deji̇ć, steju *für asl.* doiti, stoją *und* kejko, tejko *für* koliko, toliko; *dagegen* popojo *für und neben* popove. ó *ist nicht selten auf die einsilbigen formen beschränkt:* vóz, vół, róv, *gen.* voza, voła, rova; *dagegen* hółc, mróz, tvóŕ, *gen.* hółca, mróza, tvóŕa; *dem* vóz, voza *ähnlich sind die pl. gen.* hór, kóp *von* hora, kopa; *einigemal geht* o *vor zwei consonanten, von denen der zweite ein flüssiger ist, in* ó *über:* vosoł, kozoł, voheń, *gen.* vósła, kózla, vóhńa.

Die gutturalen gehen vor e, o *für asl.* e *in* č, ž, š *über:* božo, čłovéče, paduše *von* bóh, čłovék, paduch; *vor* e *für asl.* ě *weichen sie den consonanten* c, z *und* š *für ehemaliges* s, *wobei nach* c *und* z y *für* e *eintreten kann:* klobuce, proze, hroše *von* klobuk, próh, hróch; g *geht in diesem falle in* dz *über:* fidzy *von* figa. i *bewirkt die verwandlung des* k *in* c *und des* ch *in* š *für älteres* s: vojacy, paduši. *Im sg. voc. stehen* ž, č *aus* z, c: kože, kravče. *Die übrigen consonanten unterliegen vor* e *und* i *der erweichung, wobei* ć *und* dž *für* t *und* d *eintreten:* v̑ole, buŕe, polońe; čerće, hadže; snope *usw. von* vól, bur, polon; čert, had; snop *usw.*

I. ъ (*a*)-stämme.

1. Subst. stamm popъ.

nom.	póp	popaj	popoŕe
voc.	popje	popaj	popoŕe
acc.	popa	(popov)	popov
gen.	popa	(popov)	popov
dat.	popej	popomaj	popam
instr.	popom	popomaj	popami
loc.	popé	popomaj	popach.

2. 3. Subst. stamm mąžjъ.

nom.	muž	mužej	mužoŕe
voc.	mužo	mužej	mužoŕe
acc.	muža	(mužov)	mužov
gen.	muža	(mužov)	mužov
dat.	mužej	mužomaj	mužam
instr.	mužom	mužomaj	mužemi
loc.	mužu	mužomaj	mužach.

Dem zweiten paradigma folgen die auf erweichte consonanten oder auf palatale auslautenden subst.: kral, tvóŕ, kó; nóhć, *asl.* nogъtь, hozdž; holb́, *asl.* goląbь, červ́, *asl.* črъvь; honač, nož *usw. Die subst. auf* c *und* z *für asl.* cь *und* zь *folgen dem ersten paradigma:* zajacy, pénezy. *Im sg. voc. haben* o *für* u *jene subst., die dem paradigma* muž *folgen, ferners die auf gutturale, sibilanten und auf* r, n *auslautenden:* v́elko, ducho; čorbaso; daro; kšesćijano, nano, syno, Jano *usw.* ludo, susodo *neben* susodže *usw.* e *haben namentlich* bóh, božo; kńez, kńeže, *asl.* kъnęzь, kъnęže, *neben* kńez bratse *und* vótc, vótče; hólc, hólče, *in den volksl.* pańe, cygańe; bratse, kmótse, vétse *usw.* dub́e, vole (vóŕ), lodže, svéće; e *und* o *haben* *a) die meisten auf* c: krave, kraveo *und, mit der nebenidee des spottes oder unwillens,* kravče: *dasselbe tritt ein bei* Jeńe (Jan), duše, paduše; *b)* bur, holb́, paduch, člověk *usw.:* paduše, paducho; člověče, člověko. *Der sg. gen. der belebtes bezeichnenden subst. hat stets den auslaut* a: popa, muža; *die einsilbigen subst. hingegen, die lebloses bedeuten, haben, namentlich nach praepositionen,* u: bóz, dom (do domu), hróch, lód, lud, plat, sad (ẃele sadu), skót *usw. In cat. und epist. findet man von folgenden subst. sg. gen. auf* u: hlód, dom, lud, ḿed, pad, plast, plat, płód, skót *und* sud; *in den volksl. von* hród *und* plat. *Zwischen* doma (domach *volksl.*) *und* domu *findet der bekannte unterschied statt. In verbindung mit adjectivischen wörtern erhält sich* a: do noveho doma, mojeho luda. *Der sg. dat. hat den ausgang* ej, *der aus einem in älteren quellen noch nachweisbaren* eji, evi *hervorgegangen ist:* muževi, mužeji, mužej. evi *findet man in apost.-catech.:* Abrahamevi, amptevi, Barnabasevi, bratrevi, bŕuchevi, židevi, zakonevi, kńezevi, mištrevi, Petrevi, stvoŕićelevi, člověkevi; evi *ist neben* ej *die regel bei matth. 19. 20. 24 usw., bei dem auch* eji *vorkömmt:* kabateji, nožeji, pseji *usw. 31. 34. 35 usw. Dialekt. ist* ovi: kńezovi, kralovi, synovi *volksl. 2. 278.* oj, *das dialekt. häufig ist (volksl. 2. 281), hat sich in* domoj *und nach schneid. 38. in* hněvoj, rovoj *von* hněv, róv, *asl.* gněvъ, rovъ, *erhalten. Vor dem* ej *des sg. dat. verlieren die erweichten consonanten die erweichung und die gutturalen werden nicht verändert:* pastyrej, koŕenej, bukej *von* pastyŕ, koŕeń, buk: *der grund liegt bei* buk *in der entstehung des* e *aus* o. *Manche einsilbige subst. haben* u *und* ej: hněv, hrěch, dom, duch, kńez, kvas, lud (k ludu), vóte, pad, róv (k rovu), svět, skót, syn, čas; *seltener ist* u *bei zweisilbigen:* zakonu, ẃečoru, vopru *kl.-catech. epist.* bóh *hat nur* bohu; k sudńemu dńu. u *haben im sg. loc. ausser den subst., die nach* muž *gehen, jene, die auf sibilanten auslauten:* cycu, kńezu, vovsu; *die auf* k, h *haben gleichfalls meist* u, *während die auf* ch - u *und* ě *annehmen:* suku, běhu, bŕuchu *und* bŕuše; *doch auch* klobuku *und* klobucy, sněhu *und* sněze, *dialekt.* snězy; duch *hat nur* duchu, ẃeŕch *nur* ẃeŕchu; *auch die deminutiva auf* k *haben stets* u: domiku. ě *und* u *haben ortsnamen:* Barlině, Barlinu; Budešině, Budešinu. *In der schrift wird* i *dem organ.* ě, *das dialekt. vorkömmt, vorgezogen:* dvorě, dvori *volksl. 2. 278. Dialekt. lautet der dual. nom. auf* a *aus:* voza, vósla, syna *volksl. 2. 281. Die veralteten dual. gen. auf* ovu, *die bei matth. 19. 21. 22 usw. als regel aufgestellt werden und im nserb. noch regel sind:* dolžnikovu, złosěnikovu *epist.* klučovu *kl.-catech., sind wahre dual. gen. Dialekt. fehlt* j *im dual. dat. instr.* końoma *volksl. 2. 281: bei matth. ist diese form die allein giltige 19. 20. 21 usw. Wie im pol., hat der pl. nom. auch im oserb. nur bei den personen bezeichnenden subst. die wahre nominativendung bewahrt, diese ist* i, o, jo, ove *(wofür* ojo) *aus asl.* i, e, je, ove: čerći (čert), djabli (djaboł), paduši (paduch), pósli (posoł), češi (čech), susodži (susod), židži (žid) *usw.* némcy, hercy, kupcy *usw.* vojacy, zemeńo, hosćo, *asl.* gostije, tkalcove. *Als die gewöhnlichste endung tritt* ove, ojo *auf,* i *ist meist auf die auf* k *auslautenden subst. beschränkt, die jedoch auch* ove, ojo *annehmen;* o, *das keine verkürzung von* ojo *ist, haben meistens jene, die im asl. diesen casus auf* e, ije *bilden:* džédove, mužove, člověkove; deleńo, kšeséijeńo, pohańo *und* pohani; jandželo, kuzłaŕo, pastyŕo, stvoričeŕo, buŕo, popo, Serbo. *Die sachen bezeichnenden subst. ersetzen den pl. nom. durch den pl. acc.:* porsty, meče, *asl.* prъsty, mьčę. *Auch die personen ausdrückenden subst. können diess tun, also die sachliche form annehmen, allein dadurch wird mit der person die nebenidee der geringschätzung verbunden:* synove *und* syny, mužove *und* muže: *man sollte daher* Nosačicy *(familienname) und* Nosačice *(ortsname) erwarten, wie* deleńo *die leute,* delany *das land bezeichnet; allein die erstere form bezeichnet beides und nur ein das subst. begleitendes adj. bestimmt die bedeutung desselben näher:* naši Nosačicy *und* naše Nosačicy. *Die oserb. grammatiker sprechen von subst. rationalia und irrationalia jord. 111. seil. 12. schneid. 42; schneid. spricht ferner am angeführten orte von weiblicher endung und meint, der gebrauch derselben sei nur in der umgangs-, nicht in der schriftsprache zulässig, man müsse also sagen* śvaći tsjo kralove, *und nicht* śvate tsi krale. *Nach volksl. 2. 278. ist die sachliche endung bei personennamen dem haidedialekt eigen:* state vojaki, ŕane hólcy, lube pšeéelje *für* staći vojacy, ŕeni hólcojo, lubi pšeéeljo. *Der pl. gen. mancher subst. I. 2. kann auf* i *auslauten:* koni, muži, meči, paćeri, toleri; *vor allem ist diess bei jenen der fall, die asl. zu V. 1. gehören:* čeŕvi, *asl.* črъvij, holbi, *asl.* golǫbij, hosći, ludži, lochći. *Die asl. form ist selten:* péńez (hromada péńez), toleŕ *neben* tolerjov *und* toleri, tysac, tavzynt: *sie tritt bei den familiennamen auf* cy *und bei den daraus gebildeten ortsnamen ein:* Mrózecy, Mrózec; Vojerecy, Vojerec; *ebenso bei* Delany, Draždžany: Delan *Döhlen,* Draždžan; *anders ist* Čechi, Čech *aufzufassen. Fügungen wie* Vićazec vóz, Kajnfalerec džovka *volksl. 2. 31.* Mrózec Marija, Rézakec Michał. Šołćic novy dvor *volksl. 1. 121. findet man auch im čech. s. seite 339. Selten ist der pl. dat. auf* om: Šołćicom *volksl. 1. 88.* popocom *215.* volom. *Mit dem pl. instr.* Lužičeńemi *neben* Lužičanami *vgl. das asl.* solunjanemъ, graždanehъ. *Man merke* volymi, *das wie* volómi *gesprochen wird*, ludžimi, hosćimi, konimi *Pfuhl 43. Der pl. loc. hat manchmal* och *für* ach: końoch, ludžoch, voloch *und* Vojerecoch, Chróśćicoch *neben* -cach; hodžoch *volksl. 1. 140. Manche ortsnamen auf* c *können im pl. dat. instr. und loc.* om, omi *und* och *für* am, ami *und* ach *annehmen:* Vojerecom, Vojerecomi, Vojerecoch: *wenn der loc.* Vojerecy *lautet, so hat derselbe in falscher analogie seinen grund, als ob der sg. nom.* Vojereca *lautete. Ein durch* ija *gebildetes collectivum vertritt häufig den pl. bei folgenden wörtern:* bratr, bratsja; bur, buŕa; herba, herbja; žid, židža; kmótr, kmótsja; kńez, kńeža: *gen. acc. loc.* kńežich *dat.* kńežim *instr.* kńežimi, *nach der zusammengesetzten declination;* mich, *asl.* mnihъ, miša; pan, pańa *volksl. 1. 93;* pop, popa; Serb, Serb'a; susod, susodža; Čech, Češa; vorminda, vormindža.

II. o-stämme.

1. *Subst. stamm* slovo.

nom.	słovo	słové	słova
acc.	słovo	słové	słova
gen.	słova	(słovov)	słovov
dat.	słovu	słovomaj	słovam
instr.	słovem	słovomaj	słovami
loc.	słové	słovomaj	słovach.

2—3. *Subst stamm* poljo.

nom.	polo	poli	pola
acc.	polo	poli	pola
gen.	pola	(polov)	(polov)
dat.	polu	polomaj	polam
instr.	polom	polomaj	polemi
loc.	polu	polomaj	polach.

Im sg. dat. ist ej *aus* eji, evi, ovi *selten:* słovej, vékej *neben* słovu, véku; *bei matth. 51. 52. 53 usw. steht* evi *und* ej: *die volkslieder bieten nur* u. *Von* dno *gilt nur* dnej. *Im sg. loc. findet man bei den subst. II. 2. manchmal* i *neben* u: kazani, poli, *asl.* kazanii, poli. u *haben nicht nur die subst. II. 2, sondern auch die auf* ko, cho: perku, vuchu, *doch auch* vuše; jabluku, jablucc (jablucy); mlóce (mlócy) *vom* mlóko, *asl.* mlêko; *die übrigen subst. haben* é *für asl.* ê: čolé, védré, viné; žiéé, blidžé; pismé *usw. von* čolo, védro, vino; žito, blido; pismo *usw.* léto *hat* léćé *und* létu. *Die dual. nom.* ṕercy, licy *entsprechen den asl. formen auf* -cê *und* -ci; dvé blidže, dvé voce, *asl.* dvê ocê; dvé vėce, *asl.* dvê vêcê, *zwei deckel. Die männlichen personennamen auf* o *gehen im dual. und pl. nach I:* Métko, Métka, Métku *usw.* *und* Métkaj, Métkoṽe *usw. Die subst. auf* isko, išćo *haben im dual. das genus jenes subst., von dem sie abgeleitet sind:* mužisko, mužišćo: mužiskaj, mužišćej. *Der pl. gen. dürfte wohl häufiger die organische form haben, als die eine bequeme regel suchenden grammatiker lehren:* lét; do kolen, do tych mést. *Die subst. II. 2. haben nicht selten auch* i: kazani, loži, jeji, *asl.* jaj.

Sto *wird alleinstehend regelmässig decliniert:* sto, sta, stu *und* stej, stom, séé *usw. Wird es mit dem namen des gezählten gegenstandes verbunden, so gelten die nom.* sto, séé, sta *für alle casus:* do sto lét, ke sto létam, vo sto létach; pšed dvé séé, pšed tsi sta létami. *Die wörter* ṽele, malo, mnoho, néšto, kejko, tejko *sind indeclinabel.*

III. a-stämme.

1. Subst. stamm ryba.

nom.	ryba	rybé	ryby
voc.	ryba	rybé	ryby
acc.	rybu	rybé	ryby
gen.	ryby	(rybov)	rybov
dat.	rybé	rybomaj	rybam
instr.	rybu	rybomaj	rybami
loc.	rybé	rybomaj	rybach.

2. 3. Subst. stamm ralja.

nom.	rola	roli	role
voc.	rola	roli	role
acc.	rolu	roli	role
gen.	role	(rolov)	rolov
dat.	roli	rolomaj	rolam
instr.	rolu	rolomaj	rolami
loc.	roli	rolomaj	rolach.

Dem paradigma rola *folgen jene subst., in denen dem* a *ein erweichter oder ein palataler consonant vorhergeht:* ńedžéla, muŕa, studńa, zońa; švalča, ćeža, duša, dóńca *usw.; hieher gehören auch die subst. auf* i: kńeni, *asl.* kъnęgyńi, pani, *wofür auch im sg. nom. und acc.* pań, *ferner* škra, *asl.* iskra, *seil. 18, und jene, die im sg. nom.* a *abwerfen:* bróžńa, móšńa, studńa *und* bróžeń, móšeń, studžeń: *diese haben einen zweifachen sg. acc.:* kńeńu *und* kńeni, bróžńu *und* bróžeń; *die subst.* kńeni *und* pani *können auch im sg. gen. unverändert bleiben:* kńeńe, kńeni. *Andere, die* a *abgeworfen haben, gehen ganz nach V. 2. Die masc. auf* a *gehen im dual. und im pl. nach 1:* Turka, Turki, Turcy; ćésla, ćésle, ćésli *usw. dual.* Turkaj, ćéslej *pl.* Turkoẇe, Turki; ćésloẇe, ćésle *usw. Der sg. dat. und loc. haben für das dialekt. vorkommende organische* é *in der schriftsprache* i *und nach* c, z, dz *und* s-y *für asl.* ě: skalé, paré, rané, ṗećé, vodžé; kopé, chibé, kruvé, słomé, harfé; rucy, nozy, kozy, fidzy, kosy *von* skała, para, rana; ṗata, voda *usw.* ch *geht in* š *über:* muše. *Dieselben consonantenverwandlungen treten im dual. nom. ein. Der unorganische dual. gen.* lodžovu, rukovu *kl.-catech. bildet bei matth. 40. 41. 42 usw. die regel. Der pl. gen. wird manchmal organisch gebildet:* hór (do hór); kóp (dżesać kóp) *von* hora, kopa; *doch soll* hór *collectivisch gefasst werden, was bei* horov (z našich horov) *nicht der fall;* ńedžél *hebdomadum,* ńedžélov *dominicarum;* hromada kur; stadło kruv *und* kruvov. *Derselbe casus geht nicht selten auf* i *aus:* kročeli, ńedžéli *für* ńedžél; husy, kruvy, kury *und* svińe *gehen abweichend: gen.* hus, kruv, kur, svini *und* husov, kruvov *usw. Dat.* kruvom, kurom, svińom. *Instr.* kruvymi, kurymi, svinimi *und* svińemi. *Loc.* husoch, kruvoch, kuroch, svińoch.

Die nominale declination der adj. hat sich fast ganz verloren, man sagt: nejsym hodny, stary budžeš, to je pisano; *doch* žadyn, rad; *man findet ausserdem nur noch a) den sg. nom. masc. und neutr. das partic. praet. act. II:* byl, bylo; *hieher gehört wohl auch das fem.* była: *der dual.* byłaj, byłej *und der pl.* byli *dürften der zusammengesetzten declination zuzuweisen sein, wie* byle *entschieden dazu gehört; b) den sg. gen. neutr. in adv. ausdrücken:* do naha, do čista; z blizka, z vysoka, z daloka, z horda, z husta, z lochka, z mnoha, z ńenahla, z nizka, z nova, z połna, z rédka, z ćicha, z ćežka, z cyla *usw. Der gen. kömmt ferners auch vor in* póldra, poltsećа, półštvórta, półṗata, półšesta *usw., asl.* polъ vъtora, *wohl nicht* polъ druga, polъ tretija, polъ četvrъta *usw. Diese wörter werden nicht decliniert:* s połšesta toleŕemi, v tych półdžesata korcach *usw.; c) den sg. dat. gleichfalls in adv. ausdrücken:* po malu, po polsku, po rédku *usw.*; *d) den sg. acc., e) den sg. loc. und f) den pl. instr. neutr., welche drei casus als adv. fungieren:* małko, maličko, tolsto; zle, *asl.* zъlê, vótsjé, *asl.* ostrê, bohaćé, tẃerdžé, ńeechcy, tuzy, ćišé; žónski, pólscy, łaćonscy *usw. Der sg. nom. neutr. kömmt nur in subjectlosen sätzen vor:* džentsa je ćicho; tudy je ćopło; mi je lubo, džensa je hvézdno.

IV. ъ (u)-stämme.

Spuren der ъ *(u)-declination sind der sg. gen. auf* u: ludu; *der sg. dat. auf* ej *aus* eji, evi, ovi: plodej; *der pl. nom. auf* ove: džédoẃe *und der pl. gen. auf* ov: plodov, rybov, słovov *usw.*

V. ь-stämme.

1. masc.

Die organisch hieher gehörigen subst. gehen nun nach I. 2; von der organischen declination findet man spuren im genus masc. und fem. von papróć *und* puć *(auch* snéć *kann masc. und fem. sein) und im pl. gen.:* łochći, *asl.* lakъtij, *und in der declination* hosće, hosćo, *asl.* gostije: ludže, ludžo, *asl.* ljudije; *gen. acc.* hosći, ludži *dat.* hosćom (hosćam *epist.*), ludžom *instr.* hosćimi (hosćami *epist.*), ludžimi *loc.* hosćoch, ludžoch. *So gehen zum teil auch* kńežo, końo *gen.* kńežich *(aus der zusammengesetzten declination),* koni *acc.* kńežich, końe *dat.* kńežom *und* kńežim, końom *instr.* kněžimi, konimi *loc.* kńežoch, końoch.

Tsjo *und* štyŕo *werden so decliniert: nom.* tsjo, *asl.* trije; štyŕo, *asl.* četyrije; tsi, *asl.* tri; štyri, *asl.* četyri; *acc.* tsi, štyri *und* tsjóch, štyŕoch *gen. loc.* tsjóch, štyŕoch *dat.* tsjóm, štyŕom *instr.* tsjómi, štyŕomi *und* štyrimi. tsjo *und* štyŕo *können nur mit persönlichen nominativformen verbunden werden; beide numeralia können in der form* tsi *und* štyri *als indeclinabel gebraucht werden:* štyri dubam, štyri dubach *jord. 171.*

2. *fem.*

nom.	kóść	kośći	kośće
voc.	kóść	kośći	kośće
acc.	kóść	kośći	kośće
gen.	kośće	(kośći)	kośći

dat.	kośći	kosćomaj	kosćam
instr.	kosću	kosćomaj	kosćemi
loc.	kośći	kosćomaj	kosćach.

Večeŕ, *asl.* večerja, vóń, *asl.* vonja, kup, *asl.* kuplja, *usw. gehören ursprünglich zu III. 2. Der sg. gen. und der pl. nom. sind nach III. 2. gebildet:* kosće, *asl.* kosti, *daher auch* husle, duŕe, sańe, *asl.* gąsli, dvьri, sani. *Die organische form hat sich bei den auf* c *und* s *auslautenden subst. erhalten:* noc, nocy; ves, vsy. *Im pl. gen. ist auch hier* ov *gewöhnlicher als* i: kosćov *für* kośći. sól *hat im sg. gen.* sele *usw.*

Die organische casusform der numeralia cardinalia von ṕeć, šesć, sedym *usw. sind fast ganz ausgestorben. Diese wörter werden nun so dekliniert: nom.* ṕeć, ṕećo *(vgl.* tsjo, štyŕo *und* hosćo *für* trije, četyrije, gostije) *gen. loc.* ṕećoch, ṕećich *dat.* ṕećom, ṕećim *instr.* ṕećomi, ṕećimi. *Die nom.* ṕeć *und* ṕećo *können beide mit subst. masc. verbunden werden,* ṕećo *jedoch nur dann, wenn das subst. die persönliche form hat:* ṕeć mužov, ṕećo mužoẃe. *Dasselbe gilt hinsichtlich der declination und der fügung von* šesć, šesćo; sedym, sedymo; vosym, vosymo; džeẃeć, džeẃećo; džesać, džesaćo. *Asl.* desęte *in* jedinъ na desęte *usw. wird in* će *zusammengezogen, daher* jédnaće, dvanaće, tsinaće *usw., dialekt.* jédnasće, dvanasće *usw.; asl.* desęti *in* dva desęti, tri desęti *usw. schrumpft zu* ceći, cyći *zusammen:* dvaceći, tsiceći, štyrceći, *verkürzt* štyrsći *volksl. usw., wofür dialekt.* dvadžesća *(als ob* desętь *ein masc. wäre: vgl. das poln.) Der pl. gen. asl.* desętъ *lautet* džesat: ṕeć džesat, šesć džesat, sedym džesat *usw.; dafür gilt auch unorganisches* džesać *usw. Daneben bestehen auf* o *auslautende formen:* jédnaćo, dvacećo, ṕećdžesaćo *usw., welche auch nur mit subst. masc. persönlicher form verbunden werden können. Die declination von* jédnaćo, dvacećo, ṕećdžesaćo *usw. ist die von* ṕećo: z dvanaćomi, dvanaćimi japoštolami, z dvacećomi mužemi, sedym džesaćoch vačovnikov *usw. Alle diese numeralia können in verbindung mit dem namen des gezählten gegenstandes auch als indeclinablia gebraucht werden:* do ṕeć muži, ṕeć džéćom, vo sedym méstach, stva z vosym voknami, z dvanaće pokrutami *usw. Zwischen* ṕećoch, ṕećom *und* ṕećich, ṕećim *besteht derselbe unterschied wie zwischen* tsjo *und* tsi: *für* ṕećomi *kann jedoch* ṕećimi *gebraucht werden Pfuhl 71.*

VI. Consonantische stämme.

1. v-stämme.

nom.	cyrkej	cyrkvi	cyrkv́e
voc.	cyrkej	cyrkvi	cyrkv́e
acc.	cyrkej	cyrkvi	cyrkv́e
gen.	cyrkv́e	(cyrkvóv)	cyrkvóv
dat.	cyrkvi	cyrkvómaj	cyrkvám
instr.	cyrkvá	cyrkvómaj	cyrkvámi
loc.	cyrkvi	cyrkvómaj	cyrkvách.

So gehen britej, krušej *(nur im sg. nom. und acc.),* morchej; krej *hat im sg. gen.* krve *und* kŕeje; ponej (pónoj) pónve, *asl.* panъve, *und* ponoje; ŕedkej, ŕedkeje; chorej (choroj), chorove *(jord. 129.) und* choroje; mutej *quirl,* mutve (mutel, mutle *jord. 126. schneid. 54). Der sg. nom.* cyrkej *ist aus* cyrkev *entstanden, welche form auch vorkömmt:* cyrkev, cyrkej, cyrkva, *gen.* cyrkve, *asl.* crъkъve *usw.*

2. n-stämme.

a) masc.

Die organisch hieher zu rechnenden subst. folgen dem parad. I. 2: kaḿie, kaḿeńa *usw.* kamušk *für* kamyšk *setzt* kamy, *asl.* kamy, *voraus; man merke* korušk. džeń *hat folgende declination: gen.* dńa *neben* dna, *dat.* dńu, dnej, *instr.* dńom, *loc.* dńu *und* doń (vo dńo *epist., asl.* dьne); *dual.* dnaj, (dńov, dnov), dnómaj; *pl. nom.* dny, *gen.* dńov, dnov, *dat.* dńam, dnam, *instr.* dńami, dnami, *loc.* dńach, dnach. tydžeń *stösst* e *nicht aus:* tydžeń, tydžeńa *usw.*

b) neutr.

nom.	bréḿo	bréḿeńi	bréḿeńa
acc.	bréḿo	bréḿeńi	bréḿeńa
gen.	bréḿeńa	(bréḿeńov)	bréḿeńov
dat.	bréḿeńu	bréḿeńomaj	bréḿeńam
instr.	bréḿeńom	bréḿeńomaj	bréḿeńemi
loc.	bréḿeńu	bréḿeńomaj	bréḿeńach.

So gehen vuḿo, *asl.* vymę, znaḿo, ploḿo, próḿo, raḿo, syḿo, tyḿo, *dialekt.* vuḿe, znaḿe, ploḿe *usw. volksl. 2. 281.*

Dem asl. imę *entspricht* ḿeno: *vgl. das čech.* jméno; *doch auch* ḿe: bože ḿe.

3. s-stämme.

nom.	koło	kolesy	kolesa
acc.	kolo	kolesy	kolesa
gen.	kolesa	(kolesov)	kolesov
dat.	kolesu	kolesomaj	kolesam
instr.	kolesom	kolesomaj	kolesami
loc.	kolesu	kolesomaj	kolesach.

So geht auch ńeb́o, *jedoch nur im pl. und auch da nur in der bedeutung firmament:* ńeb́esa, ńeb́es, ńeb́esam *usw.* kolo, *wofür auch* koleso, *hat auch* kola, kolu *usw. Bei Pfuhl 47. finde ich* słovo *wort und* słoṽeso *zeitwort;* ćéło *körper und* ćéleso *himmelskörper.* voko *und* vucho *werden im sg. nach II. 1. decliniert:* voka, vucha *usw.; im dual. und im pl. hingegen gehen sie nur dann nach* słovo, *wenn sie in übertragener bedeutung gebraucht werden:* voko, *schlingen, augen auf der suppe;* vucho, *henkel an den töpfen, öhre; oder wenn von ausgestochenen augen oder abgeschnittenen ohren die rede ist:* vukałane voka, votrézane vucha; *sonst ist die declination folgende: dual.* voči, vuši; (vočov, vušov); vočimaj, vušimaj; *pl.* voči, vuši; vočov, vušov; vočam, vušam *und* vočom, vušom; vočimi, vušimi *und* vočemi, vušemi; vočach, vušach; *dagegen dual.* voce *dolmen,* vuše *henkel;* vokov, vuchov: vokomaj, vuchomaj; *pl.* voka *usw.*

4. t-stämme.

nom.	zréb́o	zréb́eći	zréb́ata
acc.	zréb́o	zréb́eći	zréb́ata
gen.	zréb́eća	(zréb́atov)	zréb́atov
dat.	zréb́eću	zréb́ećomaj	zréb́atam
instr.	zréb́ećom	zréb́ećomaj	zréb́atami
loc.	zréb́eću	zréb́ećomaj	zréb́atach.

Vedžo *ars hat im pl.* vedžeća, vedžećov *usw.* holčo *puella hat im sg. nur nom. acc. voc., der dual. fehlt ganz, und der pl. ist regelmässig:* holčata, holčatov *usw.* sviño, sviñeća *usw. entlehnt den pl. von dem sonst wenig gebräuchlichen* sviña. džéćo *hat im sg.*

gen. džésća, *im dat. und loc.* džésću, *im instr.* džésćom; *im dual.* džésći, (džésćov), džésćomaj: *diese formen sind durch zusammenziehung aus* džéćeća, džéćeću *usw. entstanden. Der pl. lautet* džéći, džéći, džéćom, džéćimi, džéćoch. *Vgl. seite 44.*

5. r-stämme.

nom.	mać	maćeri	maćeře
voc.	mać	maćeri	maćeře
acc.	maćeř	maćeri	maćeře
gen.	maćeře	(maćeřov)	(maćeřov)
dat.	maćeri	maćeřomaj	maćeřam
instr.	maćeřu	maćeřomaj	maćeřemi
loc.	maćeri	maćeřomaj	maćeřach.

Der sg. nom. kann auch maćeř, maći *und* maće *(jord. 127. seil. 18), der sg. acc. auch* mać *lauten.*

B) Declination der pronomina personalia.

I. nom.	ja	mój	my
acc.	ńe	naju	nas
gen.	mńe	naju	nas
dat.	mni	namaj	nam
instr.	mnu	namaj	nami
loc.	mni	namaj	nas.
II. nom.	ty	vój	vy
acc.	će	vaju	vas
gen.	teře	vaju	vas
dat.	tebi	vamaj	vam
instr.	tobu	vamaj	vami
loc.	tebi	vamaj	vas.
III. nom.	—		
acc.	so		
gen.	sebe		
dat.	sebi		
instr.	sobu		
loc.	sebi.		

Die sg. dat. mi. ći, sej (*für* sebi, *nicht asl.* si) *und der sg. acc.* će *sind enklitisch. Die sg. gen.* mńe, teƀe, seƀe *vertreten nachdrucksvoll den sg. acc.* So, *asl.* sę, *ist auch gen.:* vokoło so, do so *epist. Für* mni, tebi. sebi *erwartet man* mné, tebé, sebé *für asl.* mъnê, tebê, sebê: vo seƀe *besonders. Dem asl. dual. der ersten person* vê *steht dialektisch und in älteren drucken* vi *für das masc.,* vé *für das fem. gegenüber. Matth. 70. 71. bietet* moj *und* vi. voj *und* vy. mój *für asl.* vê *mag nach* vój, *asl.* vy, *gebildet sein. Im dual. und pl. wird der acc. durch den gen. ersetzt:* naju, vaju: nas. vas. *Eigentümlich ist im dual. und pl. der instr. für den loc.* namaj. vamaj: nami. vami, *doch findet man auch* vo nas; ve vas *epist.*

Zweites capitel.

Pronominale declination.

Stamm tъ.

Masc.	*nom.*	tón	taj	ći
	acc.	tón	taj	te
	gen.	teho	teju	tych
	dat.	temu	tymaj	tym
	instr.	tym	tymaj	tymi
	loc.	tom	tymaj	tych.
Neutr.	*nom.*	to	tej	te
	acc.	to	tej	te
	gen.	teho	teju	tych
	dat.	temu	tymaj	tym
	instr.	tym	tymaj	tymi
	loc.	tom	tymaj	tych.
Fem.	*nom.*	ta	tej	te
	acc.	ta	tej	te
	gen.	teje	teju	tych
	dat.	tej	tymaj	tym
	instr.	teju	tymaj	tymi
	loc.	tej	tymaj	tych.

Tón (*verstärkt* tu tón, tón lej) *ist eine erweiterung des* tъ: *vgl.* všitkón, všón, nichtón (*volksl. 1. 171. 205*), samón, jón. *Im sg. nom. neutr. steht vor subst.* te (*aus einem asl.* toje) *für* to: te blido. *Der sg. gen. und dat. lautet dialekt.* toho, tomu, *der sg. loc. masc. und neutr. auch* tym; tom *kann auch als instr. verwandt werden. Im dual. nom. fem. und neutr. gilt* ći *für* ćé *für asl.* tê *neben* tej: *vgl.* ṗeće *von* ṗata, *asl.* pętê *von* pęta. *Für* toho, tomu, teju *(dual. gen.) kann* toh (tola *für asl.* togo dêlja), tom, tej *gesagt werden.* u *fällt im sg. instr. fem. ab, es erhält sich in älteren denkmälern und dialekt.:* teju; sameju *epist. Unorganisch ist der sg. loc. fem.* teji *volksl. 1. 137: vgl.* mojeji *156.* tymaj *lautet dialekt.* tyma *volksl. 2. 281. Nach* tón *gehen* všitkón, dva, oba, štó, *wofür ehemals und noch jetzt dialekt.* chto *für asl.* kъto (*vgl. nsl.* što), nichto, néchto, štóž, sam *und* jedyn. *a)* všitkon (*wofür auch* všitki), všitko, všitka, *gen.* všitkeho, všitkeho, všitkeje, *instr.* všitkim, všitkim, všitkeju; *pl. nom.* všicy, všitke *usw.; b)* dvaj, dvé, dvé, *gen.* dveju, *dat.* dvémaj; *c)* vobaj, vobé, vobé, *gen.* vobeju, *dat.* vobémaj; *d)* štó, koho, komu, kim *für asl.* kymь *und* komь: *wie der sg. loc. und instr., so hangen auch die von den grammatikern angeführten dual.- und pluralformen* kimaj, kim *und* kimi *mit dem asl.* kyj *zusammen; das indeclinable* kiž *wird wie das nsl.* kir, ki *angewandt:* muž, kiž jeho znaju. *nsl.* môž, ki ga poznam; *e)* jedyn, jene (*nicht* jeno), jena, *gen.* jeneho, jeneho, jeneje *usw.*

Stamm mojъ.

Masc.	*nom.*	mój	mojej	moji
	acc.	mój	mojej	moje
	gen.	mojeho	mojeju	mojich
	dat.	mojemu	mojimaj	mojim
	instr.	mojim	mojimaj	mojimi
	loc.	mojim	mojimaj	mojich.
Neutr.	*nom.*	moje	mojej	moje
	acc.	moje	mojej	moje
	gen.	mojeho	mojeju	mojich
	dat.	mojemu	mojimaj	mojim
	instr.	mojim	mojimaj	mojimi
	loc.	mojim	mojimaj	mojich.
Fem.	*nom.*	moja	mojej	moje
	acc.	moju	mojej	moje

gen.	mojeje	moježu	mojich
dat.	mojej	mojima	mojim
instr.	mojeju	mojima	mojimi
loc.	mojej	mojima	mojich.

Stamm jъ.

Masc.	*nom.*	jón	jej	ji
	acc.	jón	jej	je
	gen.	jeho	jeju	jich
	dat.	jemu	jimaj	jim
	instr.	jim	jimaj	jimi
	loc.	jim	jimaj	jich.
Neutr.	*nom.*	je	jej	je
	acc.	je	jej	je
	gen.	jeho	jeju	jich
	dat.	jemu	jimaj	jim
	instr.	jim	jimaj	jimi
	loc.	jim	jimaj	jich.
Fem.	*nom.*	ja	jej	je
	acc.	ja	jej	je
	gen.	jeje	jeju	jich
	dat.	jej	jimaj	jim
	instr.	jeju	jimaj	jimi
	loc.	jej	jimaj	jich.

Nach mój *werden decliniert:* svój, tvój, čeji, ničeji, néčeji. *Für* jeho, jemu *wird dialekt.* joho, jomu *gesagt. Der sg. acc. fem. lautet auch* jeju *epist. Neben* jej *gilt im sg. dat. loc.* ji. *im sg. loc. masc. und neutr. besteht auch* jom, *das jedoch auch dem sg. instr. dient jord. 137. Enklitisch sind die nur in büchern vorkommenden formen* ho *und* mu *für* jeho *und* jemu. *Die nom. werden durch die nom. von* vón *ersetzt; sg.* vón, vono (vone), vona *usw. Dialekt. gilt im pl. nom.* voni *für alle genera.* Jón *hat sich als sg. acc. masc. für leblose gegenstände erhalten:* ja sym jón (dvór) kupil; što sy za ńón dał? ja chcu će daći pšez jón (móst) ẃesć *volksl. I. 63.* Je *kömmt im sg. acc. nicht selten vor:* vo ńe (*asl.* o nje) vojovali *epist.* ja som je była *durch einen*

31*

germanismus: ich bin es gewesen schneid. 144. Nach den einsilbigen praepos. wird dem davon abhängigen casus von jón *ein* n *vorgesetzt:* za ńeho, k ńemu, za ńón *usw.* napšečivo jemu *epist. Man liest jedoch auch* vokol ńeho *volksl.; dagegen* pšed jeho duŕemi, ƀez jeho vučenikami *epist.: einige casus scheinen jedoch das* n *nicht entbehren zu können. Dem* jón *folgen* vaš, naš, všón, *asl.* vьsь, *und* što, *asl.* čьto *interrog., dialekt.* co, *asl.* čьso; ničo, néšto, štož *relat. a)* všón, všo, vša *acc.* všón, všo, všu *gen.* všeho, všeho, všeje *dat.* všemu, všemu, všej *instr.* všém, všém, všeju *loc.* všém, všém, všej: *pl. nom.* executive, vše, vše *gen. loc.* všéch *dat.* všém *instr.* všémi; *b)* što, čeho, čemu, čim. čo *wird für* što *gebraucht:* čo sy vidžal, za čo *usw. Das pronom.* sь *hat sich nur in* džentsa *für* džens *volks. 1. 88. 158. und* dźeńsa *volksl. und in* létsa *erhalten: hiebei ist jedoch* sa *nicht etwa mit jord. 138. als sg. gen. anzusehen, sondern* a *ist wie im pol.* dzisia, dzisiaj *und in* latosia (tego latosia *pieśn. 41) ein mir allerdings dunkler zusatz: vgl.* džeha *ubi, asl.* kъde, komuha, štoha *und ähnliches.* Mojeho, mojemu *wird in alten drucken zu* meho, memu *zusammengezogen.*

Drittes capitel.

Zusammengesetzte declination.

1. dobrъjъ.

Masc.	*nom.*	dobry	dobraj	dobri
	acc.	dobry	dobraj	dobre
	gen.	dobreho	dobreju	dobrych
	dat.	dobremu	dobrymaj	dobrym
	instr.	dobrym	dobrymaj	dobrymi
	loc.	dobrym	dobrymaj	dobrych.
Neutr.	*nom.*	dobre	dobrej	dobre
	acc.	dobre	dobrej	dobre
	gen.	dobreho	dobreju	dobrych
	dat.	dobremu	dobrymaj	dobrym
	instr.	dobrym	dobrymaj	dobrymi
	loc.	dobrym	dobrymaj	dobrych.
Fem.	*nom.*	dobra	dobrej	dobre
	acc.	dobru	dobrej	dobre

gen.	dobreje	dobreju	dobrych
dat.	dobrej	dobrymaj	dobrym
instr.	dobreju	dobrymaj	dobrymi
loc.	dobrej	dobrymaj	dobrych.

2. *b.* tunij.

Masc.	*nom.*	tuni	tuńej	tuni
	acc.	tuni	tuńej	tuńe
	gen.	tuńeho	tuńeju	tunich
	dat.	tuńemu	tunimaj	tunim
	instr.	tunim	tunimaj	tunimi
	loc.	tunim	tunimaj	tunich.
Neutr.	*nom.*	tuńe	tuńej	tuńe
	acc.	tuńe	tuńej	tuńe
	gen.	tuńeho	tuńeju	tunich
	dat.	tuńemu	tunimaj	tunim
	instr.	tunim	tunimaj	tunimi
	loc.	tunim	tunimaj	tunich.
Fem.	*nom.*	tuńa	tuńej	tuńe
	acc.	tuńu	tuńej	tuńe
	gen.	tuńeje	tuńeju	tunich
	dat.	tuńej	tunimaj	tunim
	instr.	tuńeju	tunimaj	tunimi
	loc.	tuńej	tunimaj	tunich.

Für dobre *gilt dialekt.* dobro *volksl. 2. 278.* dobreju *findet sich als sg. instr. fem. nur dialekt. volksl. 2. 281. Der sg. gen. und dat. m. n. lautet dialekt. auf* oho *aus:* dobroho, dobromu; *der sg. dat. loc. instr. fem. auf* oj: dobroj; *der dual. gen. auf* oju: dobroju; *für* dobrym *gilt im instr. und loc. auch* dobrom; *für* dobrej *im dual. nom. fem. und neutr. auch* dobri. *Vor dem* i *des pl. nom. masc. gehen die gewöhnlichen verwandlungen der consonanten vor sich:* bohaći, chudži *von* bohat, chud; vysocy, drozy *von* vysoki, drohi; *doch* suchi, *nicht* suši. *Man beachte* kotsi *von* kotry. *Die unverändert aus dem deutschen entlehnten adj. sind indeclinabel:* gmeju, hegen, frej *epist. kl.-catech., dagegen* falšny: na ts votrobu *würde asl. lauten* na tъštą ątrobą. *Auch* ryzy *wird in den volksl. als indeclinabel gebraucht:* dał je vón kóždemu ryzy końa *l. 32.* ryzy sym końa zajezdžil *l. 42.* na svojim ryzy koniku *l. 44 usw.: dasselbe gilt von* bosъ: z bosy nohomaj; *von* kozijь: kozy broda *Pfuhl 77. Eigentümlich sind ortsnamen auf* ej, *die im gen. und dat. loc. der zusammengesetzten declination der fem. folgen: nom. acc. voc.* Kamenej *gen.* Kameńeje *dat. loc.* Kamenej; *ähnlich ist* Šiboj, Šiboje, Šiboj *schneid. 89.*

ZWEITER TEIL.

Lehre von der conjugation.

a) Von der einteilung der verbalformen.

Wie im asl. seite 62.

b) Von den personalendungen.

Voll	*1.*	mь	mój, vé	my
	2.	šь	taj, tej	će
	3.	tъ	taj, tej	ntъ.
Stumpf	*1.*	m	mój, vé	my
	2.	s	taj, tej	će
	3.	t	taj, tej	nt.

Das mь *der 1. sg. findet sich im praes. der verba V. 1:* volam, *ebenso in* mam, smém, vém, dam, jém, sym *usw. Sonst bildet es mit dem praesensvocal* o *den vocal* u: ve̒du, piju, nošu *asl.* vedą, piją, nošą. *Dialekt. kann* m *überall eintreten:* plećem, ńesem, ṕečem, chvalim *usw. volksl. 2. 278. Im dual. werden* mój *und* taj *dem masc.,* vé *und* tej *dem fem. und neutr. zugewiesen: allein nach schneid. 143. ist* vé, vi *ausgestorben, und* taj, tej *werden nach willkür mit jedem genus verbunden* (mój dvé žoné tam béchmój; to staj, stej dvaj člověkaj), *was jedoch nur für eine gewisse gegend zu gelten scheint. Matth. hat 80. 81. 82. usw.* moj *für das masc.,* vi *für das fem.:* smój, svi; béchmoj, béchvi; budžemoj, budževi *usw. Die III. pl. praes. der verba I. 6. V. 1. 2 und VI. hat neben dem organischen auslaut* u *für* ą *auch* a, *als ob das asl.* ę *hätte:* biju *und* bija, pytaju *und* pytaja *seil. 53. 61. jord. 152. schneid. 146. 167.* spytuju *und* spituja *seil. 60. jord. 154.* pija, maja, vitaja, vońeja, štórmuja *volksl.* *Diess findet sich schon in den älteren denkmälern:* znaja, syja, maja, plača, lubuja *epist.* *Die verba I. III. und VI. nehmen zuweilen in der III. pl. praes. ein zweites* e *an und lauten dann auf* eja *aus:* budžeja *für* budu: ṡedžeja, vobvlečeja *jord.* *160.* smerdžeja, hotujeja *für* ṡedu, vobvleku *usw.* *Ähnlich ist* łžeja *seil. 82: unorganisch sind* budža, *asl.* bądatъ, *und* łža, *asl.* lъžątъ, lъgątъ. taj *und* će *werden auch mit* na *verbunden:* nataj, naće.

c) Von dem bindevocal.

Der bindevocal tritt ein 1. im partic. praet. pass.: pleć-e-ny; *2. im aorist und im imperfect.:* pleć-e, plećeš-e.

d) Von den suffixen der infinitivstämme.

1. Infinitiv. *Das suffix des infinitivs lautet* ć, *seltener* ći: by-ć, vola-ć; by-ći, volaći.

2. Supinum. *Das supinum ist der sprache abhanden gekommen.*

3. Partic. praet. act. I. *Das suffix des partic. praet. act. I. ist* ъs, *dessen* s *vor* i *für asl.* e *in* š *aus* sj *übergeht:* pytavši. v *vor* š *fehlt zuweilen:* zbénuši, panuši, stanuši, dosahnuši *epist.* *Vgl.* ńesuši, *asl.* nesъše. *Pfuhl 105.* *Auch dieses partic. ist indeclinabel: es ist in der bedeutung vom partic. praes. act. nicht unterschieden.*

4. Partic. praet. act. II. *Das suffix des partic. praet. act. II. ist* lъ: kład-ł.

5. Partic. praet. pass. *Das suffix des partic. praet. pass. ist* nъ *oder* tъ: chova-ny, bi-ty.

6. Aorist. *Der aorist, der im oserb. im regelmässigen gebrauche ist, ist der asl. aorist auf* hъ *mit bindevocal:* plećech, ńesech, zběhnuch, *asl.* pletohъ, nesohъ, bêgnahъ *usw.*

e) Von den suffixen der praesensstämme.

1. Praesens. *In der I. sg. und in der III. pl. tritt* o *als praesensvocal ein, sonst* e, *daher* peku, *asl.* peką, pekątъ, *dagegen* pečeš, peče *usw.* *Dialekt. ist* pečom *für* peku; *ebenso* chvalim *für* chvalu.

2. Imperativ. I. beri. *Das* i *des impt. erhält sich als* j *nach den vocalen und nicht selten nach doppelter consonanz:* volajtaj, pijtaj, kupujtaj; džitaj, *asl.* idêta; *sonst wird* i *mit dem bindevocal zu* ě, *asl.* ê,

verbunden und dieses zu ь abgeschwächt, daher pleć, kladž, ṕeč, hoń, ƀeŕ, asl. pleti, kladi, peci, goni, beri; lečtaj, asl. lęcêta, und sogar polépš, posylń; dagegen bydli, mysli, błazni, zamkni, spi usw. II. daždi, daždь: véz, vézće, asl. vêždь, vêdite: jéz, jézće, asl. jaždь, jadite. Die III. pl. wird durch die II. pl. ausgedrückt: budźće svéce fiant luminaria; zhromadźće so vody congregentur aquae.

3. Imperfect. Dass dieses tempus im oserb. auch eine praesensform ist, ergibt sich aus ƀerich, asl. berêhъ.

4. Partic. praes. act. Das suffix des partic. praes. act. nt geht mit dem vorhergehenden o in o für asl. ę über: pytajo, asl. pytaję, kładžo, asl. kladę für klady, pijo, asl. piję; neben dieser form besteht eine andere auf cy für asl. šte: ducy, asl. idąšte; prajcy, pytajcy, plačicy, nenadźujci epist. für pravicy epist. praŕacy, asl. pravęšte, pytajucy, asl. pytająšte, usw. ẃedźicy, asl. vedęšte; pijicy, asl. pijąšte. Beide formen sind indeclinabel. Die stelle des declinablen partic. praes. act. vertritt ein durch acy gebildetes adj. verbale, dessen bildung aus folgenden beispielen zu entnehmen: plećacy, ẃedźacy, pasecy, ẃezecy; ṕečacy, móžacy; źńacy; pijacy; vukńacy; lećacy; hońacy; kusacy; vojovacy jord. 96. 97; pijacy ist trinkend im gegensatze zu pijaty trunksüchtig usw. Pfuhl 104. 106.

5. Partic. praes. pass. Spuren dieser form sind vidomy neben dem davon abgeleiteten vidomny: védomy, svédomy; znajomy und vudajomy neben vudajomny edendus, ẃedźomy ducendus, pijomy bibendus und das unerklärbare zapalomy accendendus Pfuhl 82. 104.

f) Conjugation nach den verbalclassen.

A. Conjugation mit dem praesenssuffix.

Erste classe.

Suffixlose stämme.

1. plet.

α. *Inf.-stamm* plet. *Inf.* ples-ć. *Partic. praet. act. I.* pleći-v-sy. *II.* plet-l. *Partic. praet. pass.* plećeny.

Aor.	*1.*	pleć-e-ch	pleć-e-ch-mój	pleć-e-ch-my
	2.	pleć-e	pleć-e-š-taj	pleć-e-š-će
	3.	pleć-e	pleć-e-š-taj	pleć-e-ch-u.

β. *Praes.-stamm* plet-e.

Praes.	*1.*	plet-u	pleć-e-mój	pleć-e-my
	2.	pleć-e-š	pleć-e-taj	pleć-e-će
	3.	pleć-e	pleć-e-taj	plet-u.
Impt.	*1.*	–	pleć-mój	pleć-my
	2.	pleć	pleć-taj	pleć-će.
Impf.	*1.*	pleć-e-ch	pleć-e-ch-mój	pleć-e-ch-my
	2.	pleć-e-še	pleć-e-š-taj	pleć-e-š-će
	3.	pleć-e-še	pleć-e-š-taj	pleć-e-ch-u.

Partic. praes. act. pleć-o.

Plećech, kladžech, *wofür auch* plećich, kładžich *seil. 76, und, was dem asl. näher steht,* plećéch *(vgl.* džéch *schneid. 126. 201),* *entspricht dem asl.* pletêhъ, pletêahъ: *man beachte* budžach *epist. apost.-catech. Das bei consonantisch auslautenden stämmen seltene partic. praet. act. I.* plećivši *jord. 162. schneid. 190. würde nach* móhši, móhvši *seil. 87. schneid. 209.* pletši *lauten.* kt *aus* kvt *für asl.* cvьt *ist nur im praes. gebräuchlich:* ktu *volksl. I. 155.* kćeš, kće *volksl. I. 45. 189. neben* kću *nach III. 2: dafür kam auch der stamm* kćć *nach III. 1. eintreten:* kććju, kććješ *usw.* Jéd *vehi ist regelmässig:* jédu, jédžeš, *3. pl.* jédu, jédžeja *(nicht* jédža, *das edunt bedeutet),* jédž, dojédžech, dojédže, jédžech *vehebar,* jédžo, jédžicy, jedženy *und* jéty; *der inf. und die beiden partic. praet. act. lauten* jéć, jévši, jél. id *verliert durchgängig den anlaut:* du, džeš, dže; *in der III. pl.* du *und* džeja *schneid. 203.* dži, pšińdžech, džéch, *im partic. praes. act.* džejo *und* ducy, *im inf.* hić; *die partic. praet. act. werden von* šed *entlehnt:* šol, šla *(in zusammensetzungen* išoł: zajšol, zajšla), šovši *und* šedši *seil. 85. jord. 163. Der impt. asl.* pojdi *wird zu* pój *zusammengezogen.*

2. nes.

α. *Inf.-stamm* nes. *Inf.* ńes-ć. *Partic. praet. act. I.* nes-i-v-šy. *II.* ńes-l. *Partic. praet. pass.* ńes-e-ny.

Aor.	*1.*	ńes-e-ch	ńes-e-ch-mój	ńes-e-ch-my
	2.	ńes-e	ńes-e-š-taj	ńes-e-š-će
	3.	ńes-e	ńes-e-š-taj	ńes-e-ch-u.

β. *Praes.-stamm* nes-e.

Praes.	*1.*	ńes-u	ńes-e-mój	ńes-e-my
	2.	ńes-e-š	ńes-e-taj	ńes-e-će
	3.	ńes-e	ńes-e-taj	ńes-u.
Impt.	*1.*	—	ńes-mój	ńes-my
	2.	ńes	ńes-taj	ńes-će.
Impf.	*1.*	ńes-e-ch	ńes-e-ch-mój	ńes-e-ch-my
	2.	ńes-e-še	ńes-e-š-taj	ńes-e-š-će
	3.	ńes-e-še	ńes-e-š-taj	ńes-e-ch-u.

Partic. praes. act. ńes-o.

Ńesyvši *schneid. 192. würde organisch* ńesši *lauten. Für* nesech *ferebam findet man auch* ńesych *schneid. 192. 193.*

3. greb.

Die labial auslautenden stämme hat die sprache eingebüsst: aus črъp, *inf.* črěti, *ist* čr *und* čré *I. 7. oder III. 1. (daher* čeŕpać *und* čérać); *aus* greb-hréba *V. 1; aus* živ-ži *I. 7. (vivere ist* živy być, *doch* živeńe *vita und* užiju *fruor: mit* ži *sanari hängt* hoji *zusammen); aus* plév-plé *I. 7; aus* šiv-ši *I. 7. geworden.*

4. pek.

α. *Inf.-stamm* pek. *Inf.* ṕeč. *Partic. praet. act. I.* ṕeč-i-v-ši. *II.* ṕek-ł. *Partic. praet. pass.* ṕeč-e-ny.

Aor.	*1.*	ṕeč-e-ch	ṕeč-e-ch-mój	ṕeč-e-ch-my
	2.	ṕeč-e	ṕeč-e-š-taj	ṕeč-e-š-će
	3.	ṕeč-e	ṕeč-e-š-taj	ṕeč-e-ch-u.

β. *Praes.-stamm* pek-e.

Praes.	*1.*	ṕek-u	ṕeč-e-mój	ṕeč-e-my
	2.	ṕeč-e-š	ṕeč-e-taj	ṕeč-e-će
	3.	ṕeč-e	ṕeč-e-taj	ṕek-u.
Impt.	*1.*	—	ṕeč-mój	ṕeč-my
	2.	ṕeč	ṕeč-taj	ṕeč-će.

Impf.	*1.*	ṕeč-e-ch	ṕeč-e-ch-mój	ṕeč-e-ch-my
	2.	ṕeč-e-še	ṕeč-e-š-taj	ṕeč-e-š-će
	3.	ṕeč-e-še	ṕeč-e-š-taj	ṕeč-e-ch-u.

Partic. praes. act. ṕeč-o.

Das partic. praet. act. I. würde organisch ṕekši *lauten, wofür* ṕečivši *schneid. 130. 194.* vumoživši *jord. 96.* Móžu *und* móža, móžeja, *asl.* mogą *und* mogątь, *sind unorganisch; ebenso der inf.* ṕesć, vlasć *für asl.* pešti, vlěšti *schneid. 193. Pfuhl 105;* móž *wird als impt. gebraucht (jord. 150); der aor. lautet* vumóch, vumó *seil. 87. schneid. 209. für* vumožech, vumože *und das partic. praet. pass.* vumóty *seil. 87, als ob der stamm* vymó *nach I. 7. lautete. Im impf. sollte man nach* móžach *seil. 58. schneid. 209. Pfuhl 110.* ṕečach *für* ṕečech, ṕečich *seil. 75. erwarten.* ŕek *bildet nur* ŕec *und* ŕekł, *alles übrige von* ŕeknu *II. entlehnend.*

5. pьn.

α. Inf.-stamm pьn. *Inf.* ṕe-ś. *Partic. praet. act. I.* ṕa-v-ši. *II.* ṕa-ł. *Partic. praet. pass.* ṕa-ty.

Aor.	*1.*	ṕa-ch	ṕa-ch-mój	ṕa-ch-my
	2.	ṕa	ṕe-š-taj	ṕe-š-će
	3.	ṕa	ṕe-š-taj	ṕa-ch-u.

β. Praes.-stamm pьn-e.

Praes.	*1.*	pn-u	pń-e-mój	pń-e-my
	2.	pń-e-š	pń-e-taj	pń-e-će
	3.	pń-e	pń-e-taj	pn-u.

Impt.	*1.*	—	naṕ-mój	naṕ-my
	2.	naṕ	naṕ-taj	naṕ-će.

Impf.	*1.*	pń-e-ch	pń-e-ch-mój	pń-e-ch-my
	2.	pń-e-še	pń-e-š-taj	pń-e-š-će
	3.	pń-e-še	pń-e-š-taj	pń-e-ch-u.

Partic. praes. act. pń-o.

Das unbelegte impf. ist nach asl. pьnêahъ, *das partic.* pŕo *nach asl.* pьnę *für* pьny *gebildet. Die praes. lauten* mu *und* imu (najmu), najimu, podjimu *schneid. 210;* žnu, *asl.* žьnją; pnu (napnu *jord. 150*), *wofür meist* pinu *seil. 89. schneid. 211:* tnu *neben* ćnu *seil. 89. schneid. 212;* čnu: *die inf.* jeć, žeć, ṕeć, ćeć, čeć, *asl.* jęti, žęti, pęti, tęti, čęti; *die aor.* jach, žach, ṕach, ćach, čach. *Man bemerke die impt.* voz *für und neben* vozmi, voztaj *und* vozmitaj; naj, najej (*schneid. 211*) *und* najim; pšižnyj *und* votež *seil. 89. für* -žьni; naṕ, zaṕ, spiń *seil. 89. für* -pьni; nać *seil. 89.* naćej *schneid. 212. für und neben* natetni, natetń, *asl.* -tьni; nač, načni *smol.*, poč *schneid. 213.* spoč *seil. 89. für* -čьni. *Die partic. praes. act.* najo, *asl.* -imy, *jord. 164, und* naṕo, *asl.* -pьny, *schneid. 211-213, sind ebenso unmöglich als* najacy, naṕacy, naćacy, počacy. pšim, *asl.* priim, *bildet die praes.-formen nach II:* pšimnu, pšiń; *ebenso gilt* voznu, *woron auch* voznuch *neben* vzach, *asl.* vъzęhъ, *und* voznuvši, *neben* vozmu; *für* žeć *und* ṕeć *sind* žnyć, pnyć *nach I. 7. gebräuchlich:* žnyju *schneid. 181.* pnyju *seil. 72: daneben auch* žeju. *Der inf. von* žьu *lautet auch* žńeć, *richtiger wohl* žnéć *nach III. 2, woher auch* žnéch, žńach *jord. 93; das impf.* žnijach *volksl. ist vielleicht* žnéjach, *asl.* žьnêahъ, *zu schreiben. Das impf. von* pьu *lautet* pnich *aus* pńech.

6. mr.

α. *Inf.-stamm* mr. *Inf.* mr-é-ć. *Partic. praet. act. I.* mr-é-v-ši. *II.* mr-é-ł. *Partic. praet. pass.* vŕ-e-ny.

Aor.	*1.*	mŕ-e-ch	mŕ-e-ch-mój	mŕ-e-ch-my
	2.	mŕ-e	mŕ-e-š-taj	mŕ-e-š-će
	3.	mŕ-e	mŕ-e-š-taj	mŕ-e-ch-u.

β. *Praes.-stamm* mr-e.

Praes.	*1.*	mr-u	mŕ-e-mój	mŕ-e-my
	2.	mŕ-e-š	mŕ-e-taj	mŕ-e-će
	3.	mŕ-e	mŕ-e-taj	mr-u.

Impt.	*1.*	—	mr-i-mój	mr-i-my
	2.	mr-i	mr-i-taj	mr-i-će.

Impf.	*1.*	mr-é-j-a-ch	mr-é-j-e-ch-mój	mr-é-j-a-ch-my
	2.	mr-é-j-e-še	mr-é-j-e-š-taj	mr-é-j-e-š-će
	3.	mr-é-j-e-še	mr-é-j-e-š-taj	mr-é-j-a-ch-u.

Partic. praes. act. mŕ-o.

Ml *hat in der 1. sg. praes.* mełu *für asl.* melją: *vgl.* séełu *für asl.* stelją *Pfuhl 106. Der impt. von* vumr *lautet* vumr *seil.* 74, *richtiger, nach Pfuhl 106,* vumŕ *und* vumréj *nach 1. 7. schneid. 186.* rózdri *und* rózdŕ, pšéstri *und* pšéstŕ, načri, póžri *und* póžeŕ *Pfuhl 106.* Ré *für* r *ist aus dem inf. in die anderen formen gedrungen:* mréć, vumrévši, vumréł, vumréch; mŕech *entspricht dem asl.* mrohъ, *nicht* mrêhъ, *das* mréch *lauten müsste. Für* tr *ist* tré, *asl.* *trê, *nach 1. 7. eingetreten: diess findet dialekt. auch bei anderen verben statt:* dréju, dréj, dréjach, rózdréty; mréju *moriuntur,* mréjach, mréj *usw. Pfuhl 106.*

7. bi.

α. *Inf.-stamm* bi. *Inf.* bi-ć. *Partic. praet. act. I.* bi-v-ši. *II.* bi-ł. *Partic. praet. pass.* bi-ty.

Aor.	*1.*	bi-ch	bi-ch-mój	bi-ch-my
	2.	bi	bi-š-taj	bi-š-će
	3.	bi	bi-š-taj	bi-ch-u.

β. *Praes.-stamm* bi-j-e.

Praes.	*1.*	bi-j-u	bi-j-e-mój	bi-j-e-my
	2.	bi-j-e-š	bi-j-e-taj	bi-j-e-će
	3.	bi-j-e	bi-j-e-taj	bi-j-u.

Impt.	*1.*	—	bi-j-mój	bi-j-my
	2.	bi-j	bi-j-taj	bi-j-će.

Impf.	*1.*	bi-j-a-ch	bi-j-a-ch-mój	bi-j-a-ch-my
	2.	bi-j-e-še	bi-j-e-š-taj	bi-j-e-š-će
	3.	bi-j-e-še	bi-j-e-š-taj	bi-j-a-chu.

Partic. praes. act. bi-j-a.

Sta *entlehnt die praes.-formen von* stanu *nach II, das nicht selten auch in den inf.-formen auftaucht:* stanu, stań; stać *und* stanuć; stavši *und* stanuvši; stał *und* stanuł; stach *und* stanuch. dže *hat im inf.* džach, džeše *für* džéjach, džéješe *usw. in der bedeutung dicere.* Smé *hat* smém *und* smu *volksl. 63. 67. 80. 112. 138. 172. für* sméju, *in der III. pl.* sméju, sméja, smédža, *im impf.* sméjach *und* smédžach, smédžich: *vgl. das serb.* znaju *und* znadu, smjedoh *und* smedijach; *auch* smédžał *soll, wiewohl selten, vorkommen jord. 77.* klьn *hat im aor.* klech *und* klach, *asl.* klęhъ; *ferner* klel *und* klal; klaty; *im praes.* klĳu, *im impf.* klĳach *Pfuhl 108: der inf.* kleć, *asl.* klęti, *beruht auf* klĳać, *wie das iterativum* poklivać *dartut.*

Zweite classe.

n ą - s t ä m m e.

α. *Inf.-stamm* béhnu. *Inf.* zbéhnu-ć. *Partic. praet. act. I.* zbéhnu-v-ši. *II.* zbéhnu-ł. *Partic. praet. pass.* zbéhńe-ny.

Aor.	*1.*	zbéhnu-ch	zbéhnu-ch-mój	zbéhnu-ch-my
	2.	zbéhnu	zbéhnu-š-taj	zbéhnu-š-će
	3.	zbéhnu	zbéhnu-š-taj	zbéhnu-ch-u.

β. *Praes.-stamm* béhn-e.

Praes.	*1.*	zbéhn-u	zbéhń-e-mój	zbéhń-e-my
	2.	zbéhń-e-š	zbéhń-e-taj	zbéhń-e-će
	3.	zbéhń-e	zbéhń-e-taj	zbéhn-u.
Impt.	*1.*	—	zbéhń-mój	zbéhń-my
	2.	zbéhń	zbéhń-taj	zbéhń-će.
Impf.	*1.*	ćehń-e-ch	ćehń-e-mój	ćehń-e-my
	2.	ćehń-e-še	ćehń-e-š-taj	ćehń-e-š-će
	3.	ćehń-e-še	ćehń-e-š-taj	ćehń-e-ch-u.

Partic. praes. act. ćehń-o.

Die älteren denkmäler haben für asl. ą *regelmässig* u: ćeknuć, *selten* y: vobzamknychu, votńelknychu *epist. Unorganisch ist* ńu *in der 1. sg. praes.* vozńu, vostańu *volksl. I. 82. Das impf. lautet auch* ćehnich. *Der aor. kann auch ohne* nu *gebildet werden:* zbéžech, kradžech, padžech, vućežech, vupšežech, roztoržech *von* zběhnu. kranu (krad), panu (pad), vućahnu (tęg), vupšahnu (pręg), roztorhnu; *hieher gehört auch* pyće (pytse *expertus est) von* pytnu. *Dasselbe gilt vom partic. praet. act. II. mit ausnahme des sg. masc.:* pobrachla, vukla, vobzamkła, dótkła, ćisła. vutorhla *neben* pobrachnul, vuknuł, vobzamknuł, dotknuł, ćisnul, vutorhnul: *dagegen nur* ćahnyli, synyli *von den stämmen asl.* tęg, sêd, *doch alt* pšepadle, *und* zaćahla *volksl. Pfuhl 114. Im impt. wird ń abgeworfen:* vuk, vukće *für* vukń, vukńće; ćis, dotk *usw;* syń so, syńće so *stehen für* sydń so, sydńće so. *Für* nu *wird jetzt meist* ny *geschrieben:* vuknyć *für* vuknuć. *Das partic. praet. pass. kann auch durch* tъ *gebildet werden:* nahnuty *epist. Unorganisch ist* stažech *von* stanu: dostažech *für* dostach: dostaže *und* dosta *röm. 4. 11. Pfuhl 113.*

Dritte classe.

ê-stämme.

Erste gruppe.

Das oserb. scheint die verba dieser classe an die vierte classe oder vielleicht genauer an die zweite gruppe derselben classe verloren zu haben, denn vońemić, starić, vochromić *dürften wohl genauer* vonéméć, staréć, vochroméć *geschrieben werden.* méć *(verschieden von* jimać *prehendere) geht so: praes.* mam, maš, ma. *III. pl.* maju *und* maja; *mit* ńe: nimam, nimaš *usw.; impt.* méj; *aor.* méch, mé; *impf.* méjach, méješe; *partic. praes. act.* méjo; *praet. act. I.* mévši; *praet. act. II.* mél; *praet. pass.* mény *schneid. 206.*

Zweite gruppe.

gorê.

1. *Inf.-stamm* hore. *Inf.* horé-ć. *Partic. praet. act. I.* hoŕa-v-ši. *II.* hoŕa-ł. *Partic. praet. pass.* džeŕža-ny.

Aor.	*1.* hoŕa-ch	hoŕa-ch-mój	hoŕa-ch-my
	2. hoŕa	hoŕe-š-taj	hoŕe-š-će
	3. hoŕa	hoŕe-š-taj	hoŕa-ch-u.

2. *Praes.-stamm* hori-e.

Praes.	*1.* hoŕu	hori-mój	hori-my
	2. hori-š	hori-taj	hori-će
	3. hori	hori-taj	hoŕa.

Impt. *1.* –	hoŕ-mój	hoŕ-my
2. hoŕ	hoŕ-taj	hoŕ-će.

Impf. *1.* hoŕa-ch	hoŕa-ch-mój	hoŕa-ch-my
2. hoŕe-še	hoŕe-š-taj	hoŕe-š-će
3. hoŕe-še	hoŕe-š-taj	hoŕa-ch-u.

Partic. praes. act. hoŕo.

Diese verba haben die neigung in die IV. classe überzugehen: horić, šumić; béživši, lećivši, sedživši *jord. 96.* pšilećištaj *volksl.* sedžichu *epist.: die praes.-formen und der laut des* é *begünstigen diesen übergang; doch sind die im paradigma aufgestellten organischen formen nicht ungewöhnlich:* zleća, pšileća, lećal *neben* schoré *volksl.* hoŕeše *epist.* lećeštaj *volksl.* Stoje *kann im inf. zu* sta *zusammengezogen werden:* stać, *dialekt.* stojeć, *woraus durch assimilation* stejeć: *praes.* stoju, steju; *impt.* stoj, stej; *impf.* stojach, stejach *und* stach *epist.; partic. praes. act.* stojo, stejo *usw.* Spa *hat* sṕu, spiš, spi; vuspach, vuspa; spach, spaše; sṕo *und* spicy *usw.* Chćéć: cheu, chceš, *in der III. pl.* chcedža *und apost.-catech.* chcea *für* chceja; cheyj; cheych, cheyše *und* cheydžich, cheydžiše *seil. 87.* cheyjo; cheyvši; cheył. ẃedžéć, *dialekt.* ẃedžić, *selten* -vésć, *hat im praes.* vém, *im aor. auch* povéch, pové, *im partic. praet. act. II.* povédła, povédli.

Vierte classe.

i - s t ä m m e.

hvali.

α. *Inf.-stamm* chvali. *Inf.* chvali-ć. *Partic. praet. act. I.* chvali-v-ši. *II.* chvali-ł. *Partic. praet. pass.* chvale-ny.

Aor. *1.* chvali-ch	chvali-ch-mój	chvali-ch-my
2. chvali	chvali-š-taj	chvali-š-će
3. chvali	chvali-š-taj	chvali-ch-u.

β. *Praes.-stamm* chvali-e.

Praes. *1.* chvalu	chvali-mój	chvali-my
2. chvali-š	chvali-š-taj	chvali-će
3. chvali	chvali-š-taj	chvala.

32

	Sg.	Du.	Pl.
Impt. 1.	—	chval-mój	chval-my
2.	chval	chval-taj	chval-će.
Impf. 1.	chvala-ch	chvala-ch-mój	chvala-ch-my
2.	chvale-še	chvale-š-taj	chvale-š-će
3.	chvale-še	chvale-š-taj	chvala-ch-u.

Partic. praes. act. chvalo.

Die flüssigen und labialen consonanten bleiben in allen formen erweicht: hońu, honiš; hońach; hońo; tepu, tepiš; tepach; tepo *usw. Für asl.* t *und* d *treten durchgängig* ć *und* dž *ein:* mućiš, chodžiš; muć, chodž; mućo, chodžo, *asl.* mątiši, hodiši; mąti, hodi; mątę, hodę *usw.* mući, chodžu; mućа, chodža; mućach, chodžach; mućeny, chodženy, *asl.* mąštą, hoždą; mątętъ, hodętъ; mąštaahъ, hoždaahъ; mąštenъ, hoždenъ *usw.:* ć *und* dž *entsprechen daher auch dem asl.* št *und* žd, *wofür man nach den lautgesetzen* c *und* z *erwartet. Die sibilanten* z *und* s *gehen in die palatalen* ž *und* š *über in der I. sg. und III. pl. praes., im impt., im impf., im part. praes. act., im partic. praet. pass. und in dem die stelle des partic. praes. act. vertretenden adj. auf* acy: vožu, nošu; voža, noša; vož, noš; vožach, nošach; vožo, nošo; voženy, nošeny; vožacy, nošacy, *asl.* vožą, nošą; vozętъ, nosętъ; vozi, nosi: vožaahъ, nošaahъ *usw.;* prajach *steht für* pravach. vótsi, *asl.* ostri, *hat in der I. sg. praes.* vótsju. *Für* ach *liest man in älteren denkmälern und bei grammatikern manchmal* ich: vériše, zahubiše, modliše, praviše, činiše *epist.* dlich, dliše: émich, émiše; chéich, chéiše *seil.* 84. *schneid.* 186. 201. *Die einsilbigen stämme können ferner im praes. den praes.-vocal annehmen:* chéiju, chéiješ *usw. neben* chéu, chéiš, *asl.* krъštą, krъstiši *usw. Das impf. lautet* chéijach, chéiješe *usw. und* chéich, chéiše *usw., asl.* krъštaahъ *usw.*

Fünfte classe.

a - s t ä m m e.

Erste gruppe.

dêla.

z. *Inf.-stamm* džeła. *Inf.* džéła-ć. *Partic. praet. act. I.* džéła-v-ši. *II.* džéła-ł. *Partic. praet. pass.* džéła-ny.

Aor.	*1.* džéła-ch	džéła-ch-mój	džéła-ch-my
	2. džéła	džéła-š-taj	džéła-š-će
	3. džéła	džéła-š-taj	džéła-ch-u.

β. *Praes.-stamm* džéła-j-e.

Praes.	*1.* džéła-m	džéła-mój	džéła-my
	2. džéła-š	džéła-taj	džéła-će
	3. džéła	džéła-taj	džéła-j-u.
Impt.	*1.* —	džéła-j-mój	džéła-j-my
	2. džéła-j	džéła-j-taj	džéła-j-će.
Impf.	*1.* džéła-ch	džéła-ch-mój	džéła-ch-my
	2. džéła-še	džéła-š-taj	džéła-š-će
	3. džéła-še	džéła-š-taj	džéła-ch-u.

Partic. praes. act. džéła-j-o.

Der erweichte consonant vor und nach dem a *wirkt assimilation:* valam, valeš, vala; valej: valach, valeše; valeć *usw.* hra *bildet das praes.* hraju, hraješ *usw.; das impf. lautet* hrajach, hraješe *usw. Was von* hra, *gilt von* tka *weben,* tła *modern,* tra *dauern.* ńecha (mi so ńecha *ich habe keine lust) hat in der III. pl. praes.* ńechadža.

Zweite gruppe.

pьsa.

α. *Inf.-stamm* pisa. *Inf.* pisa-ć. *Partic. praet. act. I.* pisa-v-ši. *II.* pisa-ł. *Partic. praet. pass.* pisa-ny.

Aor.	*1.* pisa-ch	pisa-ch-mój	pisa-ch-my
	2. pisa	pisa-š-taj	pisa-š-će
	3. pisa	pisa-š-taj	pisa-ch-u.

β. *Praes.-stamm* pisi-e.

Praes.	*1.* pišu	piše-mój	piše-my
	2. piše-š	piše-taj	piše-će
	3. piše	piše-taj	pišu.

Impt.	*1.* —	piš-mój	piš-my
	2. piš	piš-taj	piš-će.
Impf.	*1.* pisa-ch	pisa-ch-mój	pisa-ch-my
	2. pisa-še	pisa-š-taj	pisa-š-će
	3. pisa-še	pisa-š-taj	pisa-ch-u.

Partic. praes. act. pišo.

In den praes.-formen werden die flüssigen und labialen consonanten erweicht und für t; k, h; z, s *treten* c; č, ž; ž, š *ein:* voŕeš *aras,* syṕeš; ḿeceš, ḿecu *volksl. 61.* pluskoceš; plačeš, łžeš *seil. 82. jord. 142. schneid. 200.* mažeš, pišeš; płačo; mažo, pišo *usw. Die verba auf* ra; ta; pa, ba, va *bilden so das praes. und den impt., jenes jedoch mit ausnahme der 1. sg. und der III. pl.:* voram, voraju; ŕehotam, ŕehotaju; sypam, sypaju; jebam *decipio,* jebaju; davam, davaju *und* voŕeš, ŕehoceš, syṕeš, jeb́eš, daẃeš *usw. seil. 59. schneid. 156; nach jord. 153. folgen auch die verba auf* ka; za, sa *in der 1. sg. und III. pl. praes. dem paradigma* dźěłam: płakam; mazam, pisam *und* płakaju; mazaju, pisaju. *Die verba V. 2. gehen auch nach V. 1:* płačn *und* płakam; płač *und* płakaj. *Unrichtig ist das impf.* mazych, mazyše *jord. 142.* Stl, *asl.* stlati, *hat im praes.* sćełu, *asl.* stelją: *vgl.* ḿełu, *asl.* melją; srać *hat* seru *Pfuhl 106.* kl, *asl.* klati. *hat* kolu *neben* kolu, *asl.* kolją; pr, *asl.* prati, poru, *asl.* porją, *107.* łhać *mentiri hat* łžu, łžeš, *3. pl.* łža, łžeja; *impt. mit* ńe-ńełž *usw.*

Dritte gruppe.

bra.

α. *Inf.-stamm* bra. *Inf.* bra-ć. *Partic. praet. act. I.* bra-v-ši. *II.* bra-ł. *Partic. praet. pass.* bra-ny.

Aor.	*1.* bra-ch	bra-ch-mój	bra-ch-my
	2. bra	bra-š-taj	bra-š-će
	3. bra	bra-š-taj	bra-ch-u.

β. *Praes.-stamm* ber-e.

Praes.	*1.* ber-u	beŕe-mój	beŕe-my
	2. beŕe-š	beŕe-taj	beŕe-će
	3. beŕe	beŕe-taj	ber-u.

Impt.	*1.* —	b́eŕ-mój	b́eŕ-my
	2. b́eŕ	b́eŕ-taj	b́eŕ-će.
Impf.	*1.* b́eŕe-ch	b́eŕe-ch-mój	b́eŕe-ch-my
	2. b́eŕe-še	b́eŕe-š-taj	b́eŕe-š-će
	3. b́eŕe-še	b́eŕe-š-taj	b́eŕe-ch-u.

Partic. praes. act. b́eŕo.

Asl. sъlją *ist durch* sćelu *verdrängt worden, das nun sterno und mitto bedeutet.* b́eŕech, žeŕech, ṕeŕech, poŕech (*neben* pŕech) seŕech, sćelech *schneid. 187. 197. 199. neben* b́erich, žerich, porich, serich, sćelich *und* melich *(seil. 74. 81.) entsprechen dem asl. impf. auf* êhъ: berêhъ *usw.* hna *ersetzt die praes.-formen durch* ćéri *nach IV: dialekt. besteht auch* žeńem *für* ženu *volksl. 2. 282.* b́erivši, sćelivši *jord. 96. für* bravši, słavši *sind unrichtig.*

Vierte gruppe.

lija.

α. *Inf.-stamm* lija. *Inf.* lē-ć. *Partic. praet. act. I.* la-v-ši. *II.* la-ł. *Partic. praet. pass.* la-ty.

Aor.	*1.* la-ch	la-ch-mój	la-ch-my
	2. la	le-š-taj	le-š-će
	3. la	le-š-taj	la-ch-u.

β. *Praes.-stamm* lé-j-e.

Praes.	*1.* lé-j-u	lé-j-e-mój	lé-j-e-my
	2. lé-j-e-š	lé-j-e-taj	lé-j-e-će
	3. lé-j-e	lé-j-e-taj	lé-j-u.
Impt.	*1.* —	lé-j-mój	lé-j-my
	2. lé-j	lé-j-taj	lé-j-će.
Impf.	*1.* lé-j-a-ch	lé-j-a-ch-mój	lé-j-a-ch-my
	2. lé-j-e-še	lé-j-e-š-taj	lé-j-e-š-će
	3. lé-j-e-še	lé-j-e-š-taj	lé-j-a-ch-u.

Partic. praes. act. lé-j-o.

Aja, ija, éja *werden zu a zusammengezogen:* kać, leć *für* lać, směć so, džeć *aus* kajać, lijać, smijać, džéjać, *asl.* kajati, lijati, smijati, *daher der aor.* vulach, vusmach so, popšach *und* popšijach (popšéjach). dže, *asl.* dêja, *kömmt nur im impf.* džach, džeše, džeše, džachmój *usw. in der bedeutung ‚ich sagte' usw. vor und in* so džeć *scheinen,* so nadžeć *hoffen:* džije so, nadžiju so *Pfuhl 108. Dass* džeć *legen in* vodžeć *von dem behandelten verbum verschieden sei, ist unrichtig. Impf.* lijach, smejach so. Zdać so *hat im praes.* zda so, *im impf.* zdaše so. blva, plva *weichen darin ab, dass sie in den praes.-formen, daher auch im impf.* blu, plu *nach 1. 7. substituieren:* bluju, pluju; blujach, plujach *usw.; ebenso* žuju, šćuju; žujach, šćujach. *dagegen* blvać, plvać, *aor.* vublvach *usw.; dialektisch findet sich* bluvać, pluvać.

Sechste classe.

ova *(u-a)*-stämme.

kupova.

α. *Inf.-stamm* kupova. *Inf.* kupova-ć. *Partic. praet. act. I.* kupova-v-ši. *II.* kupova-l. *Partic. praet. pass.* kupova-ny.

Aor.	*1.* kupova-ch	kupova-ch-mój	kupova-ch-my
	2. kupova	kupova-š-taj	kupova-š-će
	3. kupova	kupova-š-taj	kupova-ch-u.

β. *Praes.-stamm* kupu-j-e.

Praes.	*1.* kupu-j-u	kupu-j-e-mój	kupu-j-e-my
	2. kupu-j-e-š	kupu-j-e-taj	kupu-j-e-će
	3. kupu-j-e	kupu-j-e-taj	kupu-j-u.
Impt.	*1.* —	kupu-j-mój	kupu-j-my
	2. kupu-j	kupu-j-taj	kupu-j-će.
Impf.	*1.* kupova-ch	kupova-ch-mój	kupova-ch-my
	2. kupova-še	kupova-š-taj	kupova-š-će
	3. kupova-še	kupova-š-taj	kupova-ch-u.

Partic. praes. act. kupu-j-o.

So geht auch hotova: hotuju, hotuješ *usw. Für* ova *wird auch* uva *geschrieben:* vojuvać. *Im impt. findet man nach V. 1* spytvaj, spytvajće *für* spytuj, spytujće. lubuvu, lubuves, lubuve *schneid. 159. ist falsch.*

B) Conjugation ohne das praesenssuffix.

1. vêd.

Praes.	*1.*	vé-m	vé-mój	vé-my
	2.	vé-š	vés-taj	vés-će
	3.	vé	vés-taj	védž-a.
Impt.	*1.*	–	véz-mój	véz-my
	2.	véz	véz-taj	véz-će.

Statt vésće *wird auch* véće *gesagt.*

2. dad.

Praes.	*1.*	da-m	da-mój	da-my
	2.	da-š	da-taj	da-će
	3.	da	da-taj	dadž-a.
Impt.	*1.*	—	daj-mój	daj-my
	2.	da-j	daj-taj	daj-će.

3. jêd.

Praes.	*1.*	jé-m	jé-mój	jé-my
	2.	jé-š	jés-taj	jés-će
	3.	jé	jés-taj	jédž-a.
Impt.	*1.*	—	jéz-mój	jéz-my
	2.	jéz	jéz-taj	jéz-će.

Neben jésće *findet man* jéće.

4. jes.

Praes.	*1.*	s-y-m	s-mój	s-my
	2.	s-y	s-taj	s-će
	3.	je	s-taj	s-u.

Für sym *findet sich dialekt.* su: *vgl. seite 397.* ńejsym, ńejsy *usw. non sum usw. Fast veraltet ist* svi *für* smój.

Anhang.

Umschriebene verbalformen.

1. Perfect. act. *Das perfect. act. besteht aus dem partic. praet. act. II. und dem praesens des verbum subst.:* sym pytał. 2. Plusquamperfect. act. *Das plusquamperfect. act. wird bezeichnet durch die verbindung des partic. praet. act. II. mit dem impf. I. oder II. des verbum subst.:* běše pytał, bě pytał. 3. Fut. act. *Das fut. act. wird ausgedrückt a) durch das praes. der verba perfectiva:* skoču, lehnu so, zméju *habebo,* zapalu, pojédu *usw.; b) durch verbindung des inf. der verba imperfectiva* α) *mit dem praes. des verbum* bąd: ja budu pytać; *ein arger germanismus ist* budže moj syn być *er wird mein sohn sein epist.* budu *wird gegen den geist der sprache auch mit dem inf. der verba perfectiva verbunden:* ńeběsa budža zahinuć, ty pak vostańeš; na tseći džeń budže zaso stanuć *epist. Dasselbe geschieht auch im nslov.;* β) *mit dem praes. des verbum* iť: ja du vidžeć. *Dass dieses* du *nicht für* budu *steht, geht daraus hervor, dass es mit* ńe *verbunden* ńeńdu *lautet.* *4.* Fut. exactum. *Das fut. exactum fehlt dem oserb.* *5.* Condit. act. *Der condit. act. besteht aus dem aor. des verbum* by *oder impf. des verbum* bąd, *und dem partic. praet. act. II:* ja bych pytal *quaererem;* ja budžech pytal *quaesivissem. Man findet auch das impf.* běhъ *angewandt:* hdy bé Hadam ńe hréšil, ńe bé sḿeré do teho svéta pšišla; hdy bé ty tudy był, mój bratr ńe bé vumrél. *6.* Passivum. *Das passivum bezeichnet man wie im asl.: a)* to so vé, vono so praša, ńech so sudoňo vumyje, voda so pije; *b)* sym pytany, bych pytany, von by povolany; evangelion budže prédovane *wird gepredigt epist.* tón bohaty pak tež vumŕe, a by pohŕebany *er ward begraben;* łódž bu ze žołmami napelńena *das schiff ward mit wellen angefüllt: dagegen* bé pohŕebany *er war begraben;* bé napelńena *war angefüllt Pfuhl 84. In der neuesten zeit hat man angefangen, das verbum subst. durch das aus dem deutschen entlehnte* vordovać *zu ersetzen:* mi vorduva hlova votrubana.

X. NIEDERSERBISCH.

ERSTER TEIL.
Lehre von der declination.

Erstes capitel.

Nominale declination.

A) Declination der substantiva usw.

Der acc. der personen bezeichnenden subst. masc. ist gleich dem gen.: golca *pueri, puerum:* golcovu *puerorum duorum, pueros duos;* golcov *puerorum, pueros; so auch bei den adj.:* hugojšo słabych, hucysćo husacnych, zbużćo humarłych *fabr. matth. 10. 8. Die tiernamen folgen dieser regel nur im sg. und dual.:* goluba *columbae, columbam;* golubovu *columbarum duarum, columbas duas volksl. 2. 200. Selten ist der pl. acc. der personennamen gleich dem pl. nom.:* von ma knechty, von ma knechśi *hauptm. 64. Der sg. voc. ist nur bei einzelnen wörtern erhalten:* kńežo *hauptm. 64.* kovale *volksl. 2. 53. Der dual. loc. ist gleich dem dual. dativ.-instr.:* popovu *ist asl.* popu *als dual. gen.-loc.: dagegen* na nogoma *volksl. 2. 102.*

Das vor dem endconsonanten stehende e, a, o *wird ausgestossen a) wenn es asl.* ъ *oder* ь *entspricht:* ẃas, *asl.* vьsь, ṕas, *asl.* pьsь, voš, *asl.* vъšь: sy *für* vsy, psa, šy *für* všy; *dagegen* baz, baza: kšeb́at, kšeb́ata; *b) wenn es euphonisch eingeschaltet ist:* vogeń, *asl.* ognь, košeł *neben* kotł, *asl.* kotlъ, nugeł, *asl.* ąglъ, hugel, *asl.* ąglь, rež, *asl.* rъžь: vogńa, kotla, nugła, hugla, ržy; *ebenso in den entlehnten subst.:* tempel, templa; per *piper,* pra; hopor *opfer,* hopra *usw. Dagegen* Pavol, Pavola. cesć, *asl.* čьstь, *hat* cesći, *ehemals nach praepos.* sći: ku sći *hauptm. 139.*

Einschaltung von vocalen im pl. gen. findet nicht statt.

Durch assimilation geht a *vor* j *in* e *über:* mojej, *asl.* moja.

Die gutturalen werden vor e *für asl.* ě *in* c, z, š *verwandelt:* bok, barlog, bŕuch *lauten im sg. loc.* boce, barloze, bŕuše. t, d *unterliegen vor* e *der erweichung zu* ś *und* ź: błoto, blud: błośe, bluźe; *dagegen* drasta, brozda: drasće, brozdźe.

I. ъ (*a*)-stämme.

1. Subst. stamm popъ.

nom.	pop	popa	popy
acc.	popa	popovu	popov
gen.	popa	popovu	popov
dat.	popu	popoma	popam
instr.	popom	popoma	popami
loc.	pońe	popoma	popach.

2—3. Subst. stamm mąžjъ.

nom.	muž	muža	muže
acc.	muža	mužovu	mužov
gen.	muža	mužovu	mužov
dat.	mužu	mužoma	mužam
instr.	mužom	mužoma	mužami
loc.	mužu	mužoma	mužach.

Hieher gehören auch die namen auf o: Basto, Frido, Juro *usw. Dem zweiten paradigma folgen die subst. auf weichlaute und palatalen:* chmiel, nož *usw.; ferner die auf sibilanten auslautenden subst., und zwar nicht nur* tkalc, *asl.* tъkalьcь, péńez, *asl.* pěnęzь, knez, *asl.* kъnęzь, *sondern auch* povroz *restis,* nos *nasus, pl. nom.* povroze, nose: *doch* vozy *fabr. luc. 22. 28. und* głosy, kłosy, łosy, *asl.* vlasy, casy *nach der asl. regel; einige auf* c *haben im pl. nom.* e, *asl.* ę, *und* y, *asl.* i: gjere, ńasce, šeje, vóse, *asl.* otьcь; sused *hat bei fabr. luc. 1. 58.* suseźi: *vgl. russ.* sosêdi. *Manche einsilbige subst., die unbelebtes bezeichnen, haben im sg. gen.* a *und* u: blud, bom, brod, v́eŕch, gad, gat, głod, grod, dvor, dom, lod, lud, ḿod, pas, płat, płod, płot, rod, sad, spot *faste,* svad, svit, svod. svét, skot, slot, sléd, smrod, sud; domu *und* doma (domach *volksl.: vgl.* dołojkach *fabr. marc. 14. 66.) sind wie sonst unterschieden. Selten haben zweisilbige* u: nagléd, narod, ńerod, ńeréd, hobéd, pśichod, huchod *hauptm. 63. 70. Im sg. dat. weicht* u, *das nach hauptm. 63. bei den benennungen der leblosen gegenstände am gebräuchlichsten ist, häufig dem ausgange* oju, *wofür man* ovi, oji *erwartet:* gréchoju, huloju, jeleńoju: *manche haben* u *und* oju: baranu, baranoju; bélmanu, bélmanoju; blachu, blachoju. dołoj, domoj *sind gleichfalls als sg. dat. aufzufassen,* u *fällt auch sonst ab:* golcoj, zlotnikoj *volksl.* Pétšoj, Jakuboj *fabr. Im sg. loc. haben die auf* k, ch *und auf sibilanten auslautenden subst. häufig* u: byku, duchu; mrozu, głosu; *ebenso* bog, huchod, ńerod, pśichod: e *haben* bok, sok; bŕuch, groch, gréch, méch; u *neben* e *manche ortsnamen auf* in, yn: Barlinu, Barlińu *volksl. 2. 89.* Budyšynu *Zwahr; endlich* ludu, synu *fabr. 1. ioann. 5. 11. Der pl. nom. wird wie im russ. durch den acc. ersetzt:* biskupy, barvaŕe *für asl.* -py, -rję. *Auffallend ist* furmani *volksl. 2. 33. 47. 48.* koni *40. Den seltenen pl. gen. ohne* ov *finden wir bei* péńez; *ferner bei* robl *passer,* živ *miraculum,* rov *sepulcrum fabr. matth. 27. 53. marc. 5. 2.* crév *calceus marc. 1. 7.* koń *volksl. 2. 34; bei den patronymica auf* oje *für* ovic *und auf* ic: Novakoje (Novakovic); Šulšic *haupt. 98.* v Redniškoje dvoŕe *volksl. 2. 67.* Liza Dušcyc *124. und bei vielen ortsnamen auf* any, ovy, ce: Chojany, Dreždžany: Chojan, Dreždžan; Bronkovy, Drobkovy: Bronkov, Drobkov; Blobošojce, Janšojce: Blobošojc, Janšojc; *ebenso* Dreždžańe, Dreždžań; Čechi, Čech. *Im pl. dat. haben die patronymica auf* ojc-om: Pachtmanojcom, Tišarojcom, Fararojcom *usw. hauptm. 98.*

Der pl. wird durch ein collectivum auf ija *ersetzt bei* kńez: kńeža, *gen.* kńežich *hauptm. 342.*

II. o-stämme.

1. Subst. stamm slovo.

nom.	slovo	słoẃe	slova
acc.	slovo	słoẃe	slova
gen.	slova	slovovu	slovov
dat.	slovu	slovoma	slovam
instr.	slovom	slovoma	slovami
loc.	sloẃe	slovoma	slovach

2—3. *Subst. stamm* polje.

nom.	polo	poli	pola
acc.	polo	poli	pola
gen.	pola	polovu	polov
dat.	polu	poloma	polam
instr.	polom	poloma	polami
loc.	polu	poloma	polach.

Selten ist der sg. dat. auf oju: słyńcoju *volksl.* 2. 23. *und auf* oj: blidoj, korytoj *hauptm.* 343. 429. *Der sg. instr. der subst. auf* ije *lautet auf* im *aus:* ẃaselim, chvatanim *fabr.* džanim *Zwahr. Im sg. loc. haben manchmal auch die nach II. 1. declinierenden subst.* u, *namentlich gilt diess von den auf* cho *und den auf sibilanten und den auf* stvo *auslautenden:* lucho; zelézo, méso; bogastvo, kńestvo; *doch* podružstẃe *fabr. act.* 13. 17. *Selten ist in II. 2. der sg. loc. auf* i: poli *hauptm.* 347. *volksl.* 2. 44. *Im dual. nom. hat* bŕuško *von* bŕuch *nach I. 1.* bŕuška *und nach II. 1.* bŕušcy. *Der pl. gen. folgt manchmal der asl. regel:* dŕov, lét, mést, słov, lust.

Stov *für* sъto *centum ist indeclinabel, und wird nun durch das entlehnte* hundert *ersetzt; auch* ẃele, małko *werden nicht decliniert:* dobytk ẃele ńezbožnych *facultates multorum impiorum fabr. psalm.* 37. 16. ẃele slépim podari von to vižeńe *luc.* 7. 21. z ẃele gréchami, z małko chlébami, po małko létach *hauptm.* 399.

III. a-stämme.

1. *Subst. stamm* ryba.

nom.	ryba	ryb́e	ryby
acc.	rybu	ryb́e	ryby
gen.	ryby	rybovu	rybov
dat.	ryb́e	ryboma	rybam
instr.	rybu	ryboma	rybami
loc.	ryb́e	ryboma	rybach.

2—3. *Subst. stamm* ralja.

nom.	rola	roli	role
acc.	rolu	roli	role
gen.	role	rolovu	rolov
dat.	roli	roloma	rolam

instr.	rolu	roloma	rolami
loc.	roli	roloma	rolach.

Die masc. auf a *folgen der III. classe:* profeta, profety; novožeńa, novožeńe *usw. Dem zweiten paradigma folgen die subst., in denen ein weichlaut oder ein palatal dem* a *vorhergeht:* baña, duša; *desgleichen jene, die auf sibilanten, und zwar nicht nur auf* ca, za *für asl.* ca, šta, žda, *sondern auch auf* za, sa *für asl.* za, sa *auslauten:* žyca *cochlear:* žyce; pica, *asl.* pišta; nuza, *asl.* nąžda; koza, koze; kosa, kose. *Diejenigen subst., die* a *abwerfen, gehen nach V. 2:* bliž *und* bliža *gen.* bliży *und* bliže; broń *gen.* broni. *Der dual. nom. der subst. III. 2. auf* e *ist unorganisch:* rože dvé *volksl. 2. 185. für* dvé roży *6. 19. Selten ist der pl. gen. ohne* ov: vudov, mil, ńeźel, voje, pokšyt *hauptm. 33. 67. 133.* žon *volksl. 2. 140; einige wahrscheinlich hieher gehörige ortsnamen bilden diesen casus ohne* ov: Jamice, Jamic; Jamnice, Jamnic *usw.* sviña *hat im pl. gen. häufiger* sviñi *fabr. matth. 8. 30. marc. 5. 11; 5. 12; 5. 16 als* sviñov.

Die nominale declination der adj. ist dem nserb. fast ganz abhanden gekommen, man sagt: ja som togo syty, von béšo głodny, to ńe jo droge *usw.; doch hat sich erhalten* rad, rado, *im pl. nom. masc.* raźi; žeden, žedno; *ausserdem findet man in adverbien und adverbialen redensarten den sg. gen. neutr.:* pol tera, pol tśeśa, pol stvorta *usw.;* z daloka, z lažka *volksl. 26. 90.* z nizka, z husoka, z nova, z ćicha *usw.; den sg. dat. neutr.:* po buŕsku, po kńezku, po némsku *usw.; den sg. loc. neutr.:* lévé, pšavé. *Hieher gehört auch* rovno, jesno.

IV. ъ *(u)*-stämme.

Spuren der u-*declination finden sich in einigen erscheinungen der* ъ *(a)-declination, namentlich in der silbe* ov: popovu, popov.

V. ь-stämme.

1. masc.

Die subst. masc. dieser classe gehen nun meist nach I. 2: gość, gośća, gośću *usw. An die organische declination erinnert nach der pl. nom., formell pl. acc.,* gośći, łokśi, chośći *Zwahr,* vogni *neben* vogńe; carśi *pl. nom. und acc. matth. 8. 31; 9. 34. luc. 4. 41, dem auch* bot, boši; žyd, žyži; knecht, knechši; profet, profeši *sich anschliessen. Hieher gehört auch der pl. gen.* lokši. *Abweichend entspricht dem asl.* ljudije luže *acc.* luže *gen.* luži *dat.* lužom, lužam *instr.* lužimi, *bei fabr.* lužami *loc.* lužoch, lužach.

Tšo. *asl.* trije. styŕo, *asl.* četyrije. tši, *asl.* tri, styri, *asl.* četyri, *haben im gen. loc.* tšich, tšoch; styrich, styŕoch *dat.* tšim, tšom; styrim *instr.* tšimi, tšomi; styrimi.

2. *fem.*

nom.	kosé	koséi	koséi
acc.	kosé	koséi	koséi
gen.	koséi	koséovu	koséov
dat.	koséi	koséoma	koséam
instr.	koséu	koséoma	koséami
loc.	koséi	koséoma	koséach.

Die auf sibilanten auslautenden subst. haben, weil keiner erweichung fähig, y *für* i: moc, mocy; hus, husy; *ferners* mocu. husu; mocov, husov *usw. Dem asl.* dvьri *entspricht der nom.* žuŕa (*vgl. čech.* dvéřa), *dat.* žuŕam *fabr. marc. 11. 4, doch gen.* žuri *und instr.* žurimi *fabr. matth. 28. 2. marc. 13. 29.*

Péš *und die übrigen hieher gehörigen numeralia haben im gen. loc.* péšich, péšoch, *im dat.* péšim, *im instr.* péšimi. *Dem asl. sg. acc.* desętę *entspricht* séo, *selten* séc *volksl. 2. 34. daher* dva na séo, tši na séo, *asl.* dva na desętę, tri na desętę: *auch diese numeralia werden nach* péš *decliniert:* dvanaséo, dvanaséich, dvanaséim, dvanaséimi. *Der dual. von* žaseš, *asl.* desętь, *lautet* žaséa, *daher* dva žaséa, *asl.* dva desęti, *und unorganisch auch* tši žaséa, styri žaséa, *asl.* tri desęti, četyri desęti; *die declination ist die von* péš: dvažaséich, dvažaséim, dvažaséimi. *Dem asl. pl. gen.* desętъ *entspricht* žaset, *daher* péš žaset, šesć žaset, *asl.* pętь desętъ, šestь desętъ *usw. Auch diese numeralia werden nach* péš *decliniert:* po péšžaséiech.

VI. Consonantische stämme.

1. v-stämme.

nom.	cerkvej	cerkvi	cerkŕe
acc.	cerkvej	cerkvi	cerkŕe
gen.	cerkvé	cerkŕovu	cerkŕov

dat.	cerkvi	cerkv́oma	cerkv́am
instr.	cerkv́u	cerkv́oma	cerkv́ami
loc.	cerkvi	cerkv́oma	cerkv́ach.

Der sg. nom. lautet auch cerkv́a, *der sg. acc. daher auch* cerkv́u. *Da* ej *dem asl.* ъвь *entspricht, so sind die formen auf* vej *als unorganisch zu erklären: man findet* kšej (kšeẃ), podašej, škorodej *neben* kšvej, podašvej, škorodvej, *während* ŕadkej *kein* ŕadkvej *neben sich hat. Statt des sg. gen.* cerkvé *(hauptm. 136) erwartet man* cerkv́e *für asl.* crъkъve: *vgl. jedoch* maśeré. *So gehen* britvej, kastvej, kšvej, marchej, metvej, panvej, podašvej, tunvej, ŕadkej.

2. n-stämme.

a) masc.

Die organisch hieher gehörigen subst. gehen nach I. 2: kaḿeń, kaḿeńa *usw.* źeń, *asl.* dьnь, *geht so: gen.* dńa *dat.* dńu, dńoju *instr.* dńom *loc.* dńu *und* dńo: vo dńo; *dual.* dńa, dńovu, dńoma; *pl. nom.* dny *Zwahr 401.* dńi, *asl.* dьni, *matth. 9. 15. hauptm. 95.* dńov, dńam, dńami, dńach. tyźeń *geht nach I. 2. ohne* e *auszustossen:* tyźeńa, tyźeńu *usw.*

b) neutr.

nom.	bréḿe ·	bréḿeni	bréḿeńa
acc.	bréḿe	bréḿeni	bréḿeńa
gen.	bréḿeńa	bréḿeńovu	bréḿeńov
dat.	bréḿeńu	bréḿeńoma	bréḿeńam
instr.	bréḿeńom	bréḿeńoma	bréḿeńami
loc.	bréḿeńu	bréḿeńoma	bréḿeńach.

So gehen bloḿe *rasen volksl. 63. hauptm. 151. Zwahr 18,* hyḿe, znaḿe, kšeḿe *certeж,* ḿe, *wofür auch* ḿeńo *volksl. 43,* płoḿe, praḿe, *čech.* pramen, raḿe, seḿe; *im pl. bietet hauptm. 153.* ńa, ń, ńam *usw.; fabr. dagegen* ńa, ń, ńam *usw.: vgl. matth. 13. 32. marc. 4. 31. Ebenso steht volksl. 2. 130.* bréḿeńam.

3. s-stämme.

Die subst., deren stämme auf es *auslauteten, gehen nun, nach verwandlung des* es *in* o, *nach II:* slovo, słova; ńeb́o, ńeb́a. *An die organische declination mahnt* kolaso *für* koło *und das adj.* nebaski. voko, vucho *haben im dual.* vocy, vušy; vocovu, vušovu; vocyma, vušyma, *weniger gut* hušoma *hauptm. 360.*

4. t-stämme.

nom.	žrébe	žrébeši	žrébeta
acc.	žrébe	žrébeši	žrébeta
gen.	žrébeša	žrébetovu	žrébetov
dat.	žrébešu	žrébetoma	žrébetam
instr.	žrébešom	žrébetoma	žrébetami
loc.	žrébešu	žrébetoma	žrébetach.

Źówčo *geht nach 11;* źéśe, *asl.* dêtę, *im sg. gen. auch unorganisch* źeśa *fabr. marc. 5. 40, hat im pl.* źéśi *gen.* źéśi, źéśov *fabr. dat.* źéśom, źéśam *instr.* źéśimi, źéśami *loc.* źéśoch, źéśach.

5. r-stämme.

Maś, maśi *volksl. 2. 90. 91, das auch als acc. gebraucht wird, hat im gen.* maśeré *hauptm. 139. für asl.* matere *und* maśeri *dat.* maśeri *usw.*

B) Declination der pronomina personalia.

I.	*nom.*	ja	mej	my
	acc.	mé	naju	nas
	gen.	mńo	naju	nas
	dat.	mńe	nama	nam
	instr.	mnu	nama	nami
	loc.	mńe	nama	nas.
II.	*nom.*	ty	vej	vy
	acc.	śé	vaju	vas
	gen.	tebo	vaju	vas
	dat.	tebé	vama	vam
	instr.	tobu	vama	vami
	loc.	tebé	vama	vas.
III.	*nom.*	-		
	acc.	se		

gen.	se
dat.	sebé
instr.	sobu
loc.	sebé.

Emphatisch lautet der sg. acc. wie der gen.: míío, teĺo. *Für* mnu *bieten die älteren quellen meist* mńu *fabr. hauptm. 180. Der sg. gen. dat. und acc. lauten organisch, und zwar der gen.* mńo, teĺo *hauptm. für asl.* mene, tebe; *der dat.* mńe, tebé *hauptm. für asl.* mъnê, tebê *und der acc.* mé *volksl. 2. 16. 17. 18. und* śé *18. 57. für asl.* mę, tę. *Unorganisch sind daher* mé *volksl. 2. 13. 15. 16. hauptm. 181. und* mńo *21. 53. für den dativ, ebenso* tebé *für den gen.; dem enklit. dat. asl.* ti *entspricht* śi, *während dem* tę śé *gegenübersteht; die ähnlichkeit der aussprache des* i *und des* é *mag die nun herrschende verwirrung veranlasst haben:* gaž twojo oko śi (*asl.* tę) pogoršujo, ga hutergń jo, a chyś jo vot se, pšeto vono jo śi (*asl.* ti) lépej *usw. fabr. matth. 18. 9. Man beachte* ja: ja cu ja *(vos duos)* hucyniś, aby cłovékov rybaka bylej *fabr. marc. 1. 17.*

Zweites capitel.

Pronominale declination.

Die pronominale declination unterscheidet sich organisch von der zusammengesetzten im sg. nom., gen., dat. und loc. masc. und neutr.: jaden, jadno; jadnogo; jadnomu; jadnom; *jene casus hingegen, in denen die pronominal declinierenden worte asl.* ê *dem* y *der zusammengesetzten declination entgegenstellen, haben den organischen unterschied eingebüsst, sie haben wie die adj. der zusammengesetzten declination* y: tych, *asl.* têhъ; *nur* dwéma, *asl.* dvêma, *hat die organische form bewahrt.* schim (schim menschi, schim gorschi *hauptm. 381.*) *ist wahrscheinlich* śim *für* śém *zu schreiben und so dem asl.* têmь *gegenüberzustellen.*

Stamm tъ.

Masc.	*nom.*	ten	tej	te
	acc.	ten	tej	te
	gen.	togo	teju	tych

33

	dat.	tomu	tyma	tym
	instr.	tym	tyma	tymi
	loc.	tom	tyma	tych.
Neutr.	*nom.*	to	tej	te
	acc.	to	tej	te
	gen.	togo	teju	tych
	dat.	tomu	tyma	tym
	instr.	tym	tyma	tymi
	loc.	tom	tyma	tych.
Fem.	*nom.*	ta	tej	te
	acc.	ta	tej	te
	gen.	teje	teju	tych
	dat.	tej	tyma	tym
	instr.	teju	tyma	tymi
	loc.	tej	tyma	tych.

Ten *ist eine erweiterung von* tъ, *wie* šyken *für* všyken, ken *in* kenž, nichten, jen. *Die auslautenden vocale des sg. gen. masc. und neutr. können abfallen:* tog. *Für* tu *steht* teju *volksl. 2. 136. So gehen* von, dva, chto, nicht, nichten, nécht, jaden; šyken *und* sam *haben zwar im sg. nom. masc. und neutr.* syken, šykno *und* sam, samo, sam *im pl. nom.* sami *hauptm. 185, gehen jedoch sonst nach* dobry; *doch* šyknogo *hauptm. 343. und* vo šyknom ludu *fabr. act. 10. 55.* von *hat als pronomen personale im sg. nom.* von, vono, vona, *im dual.* vonej *und im pl.* voni, *während es als pronomen demonstrativum* vony, vono, vona; vonej; vone *lautet; unorganisch ist* vonego, vonemu *usw. hauptm. 180. 181. 184. 185.* dva, dvé; dvéju; dvéma: hobej. *asl.* oba, *folgt der zusammengesetzten declination.* chto *hat* kogo, komu, kim, *asl.* kyimь, kom. *asl.* komь; *ausser dem führt hauptm. 185 folgende formen an: für das fem. sg. nom.* chta, *gen.* keje, *dat. loc.* kej, *acc.* ku (ku dobu). *instr.* keju; *für alle genera dual.* kej, keju, kima; *pl.* ke, kich, kim, kimi. chta *ist nach hauptm. 186. eine nebenform von* chto *und das übrige hängt mit dem asl.* kyj *zusammen, zu dem auch das von Zwahr 141. erwähnte fem.* ka *gehört. Vgl. s. 50. 51. Der sg. acc. fem.* chtu, *der dual. nom.* chtej *und der pl.* chte *sind wohl Zwahr's 18. erfindungen.* kenž *und* kiž *sind unveränderliche relativa.* Jaden, jadnogo, jadneje *usw.*

Stamm mojъ.

Masc.	*nom.*	moj	mojej	moje
	acc.	moj	mojej	moje
	gen.	mojogo	mojeju	mojich
	dat.	mojomu	mojima	mojim
	instr.	mojim	mojima	mojimi
	loc.	mojem	mojima	mojich.
Neutr.	*nom.*	mojo	mojej	moje
	acc.	mojo	mojej	moje
	gen.	mojogo	mojeju	mojich
	dat.	mojomu	mojima	mojim
	instr.	mojim	mojima	mojimi
	loc.	mojem	mojima	mojich.
Fem.	*nom.*	moja	mojej	moje
	acc.	moju	mojej	moje
	gen.	mojeje	mojeju	mojich
	dat.	mojej	mojima	mojim
	instr.	mojeju	mojima	mojimi
	loc.	mojej	mojima	mojich.

Stamm jъ.

Masc.	*nom.*	jen	jej	je
	acc.	jen	jej	je
	gen.	jogo	jeju	jich
	dat.	jomu	jima	jim
	instr.	jim	jima	jimi
	loc.	jom	jima	jich.
Neutr.	*nom.*	jo	jej	je
	acc.	jo	jej	je
	gen.	jogo	jeju	jich
	dat.	jomu	jima	jim
	instr.	jim	jima	jimi
	loc.	jom	jima	jich.
Fem.	*nom.*	ja	jej	je
	acc.	ju	jej	je

gen.	jeje	jeju	jich
dat.	jej	jima	jim
instr.	jeju	jima	jima
loc.	jej	jima	jich.

Die nom. des pronomen jъ *werden durch* von, vono, vona *ersetzt; doch liest man den nom.* jen *bei fabr.:* som ja jen? *bin ich es? matth. 26. 22; 26. 25.* ja som jo sam *luc. 24. 39. Im sg. acc. findet man sowohl* jen *als das neutr.* jo: vezćo ot ńogo ten talent a dajśo jen tomu, kenž źaseś talentov ma *fabr. matth. 25. 28.* ja viźim jaden zeleny bom, ja pśez ńen deŕe viźim *volksl. 2. 55.* ty sy jo gronił *du hast es gesagt fabr. matth. 26. 25. Nach einsilbigen praepositionen (diese ziehen den accent des regierten wortes an sich:* pó tom, ná bok, dó domu, pó ŵacori *hauptm. 30. 31.) wird dem davon abhängigen casus von* jen *ein* n *vorgesetzt:* pla ńogo, pśi ńom; *dagegen* k jogo dupeńu, s jeju nanom; *doch auch* pola ńogo *hauptm. 182.* ńazy ńimi *fabr. Dem paradigma* jъ *folgen* vaš, naš, šen *für* všen, *asl.* vьsь, *und* co *mit* nico *und* nic, néco *und* nésto. *a) nom.* šen, šo, ša, *acc.* šen, šo, šu, *gen.* šogo, šogo, šeje, *dat.* šomu, šomu, šej, *instr.* šym, šym, šeju, *loc.* šom, šom, šej; *pl. nom.* še, *gen. loc.* šych, *dat.* šym, *instr.* šymi. *b)* co, cogo, comu, cym, com: *für* v co, za co, na co *steht* voc, zac, nac. sь *findet sich in* źins, źinsa, *asl.* dьnьsь.

Drittes capitel.

Zusammengesetzte declination.

1. dobrъj.

Masc.	*nom.*	dobry	dobrej	dobre
	acc.	dobry	dobrej	dobre
	gen.	dobrego	dobreju	dobrych
	dat.	dobremu	dobryma	dobrym
	instr.	dobrym	dobryma	dobrymi
	loc.	dobrem	dobryma	dobrych.
Neutr.	*nom.*	dobre	dobrej	dobre
	acc.	dobre	dobrej	dobre
	gen.	dobrego	dobreju	dobrych

	dat.	dobremu	dobryma	dobrym
	instr.	dobrym	dobryma	dobrymi
	loc.	dobrem	dobryma	dobrych.
Fem.	*nom.*	dobra	dobrej	dobre
	acc.	dobra	dobrej	dobre
	gen.	dobreje	dobreju	dobrych
	dat.	dobrej	dobryma	dobrym
	instr.	dobreju	dobryma	dobrymi
	loc.	dobrej	dobryma	dobrych.

2—6. tuniji.

Masc.	*nom.*	tuni	tuńej	tuńe
	acc.	tuni	tuńej	tuńe
	gen.	tuńego	tuńeju	tunich
	dat.	tuńemu	tunima	tunim
	instr.	tunim	tunima	tunimi
	loc.	tuńem	tunima	tunich.
Neutr.	*nom.*	tuńe	tuńej	tuńe
	acc.	tuńe	tuńej	tuńe
	gen.	tuńego	tuńeju	tunich
	dat.	tuńemu	tunima	tunim
	instr.	tunim	tunima	tunimi
	loc.	tuńem	tunima	tunich.
Fem.	*nom.*	tuńa	tuńej	tuńe
	acc.	tuńu	tuńej	tuńe
	gen.	tuńeje	tuńeju	tunich
	dat.	tuńej	tunima	tunim
	instr.	tuńeju	tunima	tunimi
	loc.	tuńej	tunima	tunich.

ZWEITER TEIL.

Lehre von der conjugation.

a) Von der einteilung der verbalformen.

Wie im asl. seite 62.

b) Von den personalendungen.

Voll	*1.*	mь	mej	my
	2.	šь	tej	śo
	2.	tь	tej	ntъ.
Stumpf	*1.*	m	mej	my
	2.	s	tej	śo
	3.	t	tej	nt.

Das m *der I. sg. praes. erhält sich in V. 1:* pytam; *ebenso in* vém, dam, jém, som; *sonst geht es mit dem praesensvocal in* u *über:* pletu, pšosu; *dialekt. kann* m *hier wie im oserb. überall eintreten:* pleśom, *asl.* pletą, kłażom, *asl.* kladą, pasom, *asl.* pasą, pacom, *asl.* peką, možom, *asl.* mogą, znajom, *asl.* znają; vostańom, *asl.* ostaną; vižim, *asl.* viždą, stojim, *asl.* stoją; chyśim, *asl.* hyštą, kažim, *asl.* každą; płacom, *asl.* plačą, łžom, *asl.* lъžą, żeńom, *asl.* żeną, bajom, *asl.* bają; kupujom, *asl.* kupują. *In der II. und III. dual. besteht kein genusunterschied. In der III. pl. steht* u *für asl.* ą, e *für asl.* ę: kładu, *asl.* kladątъ, pšose, *asl.* prosętъ; *man findet jedoch* maju *habent neben* maja *volksl. 2. 21. 27. und* spija *für* spiju, *asl.* sъpętъ. *Vgl. s. 159.*

c) Von dem bindevocal.

Der bindevocal tritt ein: 1. im partic. praet. pass.: pleš-o-ny; *2. im aor. und im impf.:* pleš-o, plešeš-o.

d) Von den suffixen der infinitivstämme.

1. Infinitiv. *Das suffix des inf. ist* ś *für asl.* ti: pyta-ś. *Für* ś *findet man zuweilen* śi: žělaśi, łapaśi, rubaśi *volksl. 2. 52. 62.*

2. Supinum. *Das suffix des sup. ist* t, *asl.* тъ: pytat, *asl.* pytatъ: šeje źěšo ven sét *fabr. matth. 13, asl.* sêтъ. *Das sup. wird auch von den verba perfectiva gebildet:* ńe źi nutś něsto ze svojeje ŕaže psec vezet *marc. 13. 15, asl.* vъzętъ.

3. Partic. praet. act. I. *Diese form ist dem nserb. abhanden gekommen.*

4. Partic. praet. act. II. *Das suffix des partic. praet. act. II. ist* lъ: pyta-ł.

5. Partic. praet. pass. *Das suffix des partic. praet. pass. ist* нъ *oder* тъ: chova-ny, bi-ty.

6. Aorist. Plešoch *setzt ein* pletech *voraus.*

e) Von den suffixen der praesensstämme.

1. Praesens. *Die I. sg. und die III. pl. haben als praesensvocal* u, *die übrigen personen hingegen* e, *für das nserb.* o *eintritt:* ṕaku, ṕaku, *asl.* peką, *d. i.* pekomъ, *und* pekątъ, *d. i.* pekontъ; ṕacoš, ṕaco; ṕacomej *usw.* pletu, pletu; plešoš, plešo; plešomej *usw.* zvignu, zvignu; zvigńoš, zvigńo; zvigńomej *usw.* ƀeru, ƀeru; ƀeŕoš, ƀeŕo; ƀeŕomej *usw. Dialekt. kann die 1. sg. aller verba* e (o) *annehmen:* ṕacom, plešom, zvigńom *usw. Dass hier* o *ursprüngliches* e *ist, erhellt aus den consonanten* c, š, ń *usw.; es sind daher die angeführten formen wesentlich identisch den asl. und serb. In der IV. classe kann, wie es scheint,* e *in allen personen eintreten: sg.* kupiju *Zwahr 177.* zvolijoš *volksl. 2. 17.* gronijo *20. aus* kupi-j-omъ *usw. dual.* zvažijomej *11. pl.* vostaviju *21. In der 1. sg. kann* m *wieder eintreten:* pušćijom, zaplaśijom, zastśělijom *volksl. 2. 26. 35. Die verba V. 1. haben* o *nur in der III. pl.:* žělam, žělaš *und* žělaju.

2. Imperativ. I. beri. i *erhält sich als* j *nach den vocalen:* pytaj, dréj, pij, kupuj; *sonst wird das aus dem praesensvocale* e *und dem charakter* i *entstandene* ė *zu* ь *geschwächt:* ńeś, *asl.* meti, ńeśėo, *asl.* metête, śėgń, *asl.* tęgni, śėgńśo, *asl.* tęgnête; *so auch* chval, *asl.* hvali, chvalśo, *asl.* hvalite; stuṕ, stuṕśo. *Einige verba bewahren das* i *im auslaute:* buži, *asl.* bądi, viži, vidi *für asl.* viždь, vymoži, *asl.* -mozi *usw. II.* dažli, daždь: véz, jéz. *Die III. sg. impt. wird bezeichnet* α) *durch die II:* za vaju véru vama se stani *fabr. matth. 9. 29.* nicht ńe jéz vécy plod vot teb́o *marc. 11. 14;* β) *durch die III. sg. praes. mit vorhergehendem* dasi: daši pšižo *veniat; ebenso* daši pšidu: daši na gory hubégnu, kotarež ve žydovskej su *fabr. marc. 13. 14.*

3. Imperfect. *Asl.* ê *steht* e, *asl.* êa *hingegen* a (ja) *gegenüber:* pleśech, ńasech, *asl.* pletêhъ, nesêhъ *neben* kviśach, ḿeśach, možach, pśežach, ṕacach, secach *hauptm. 282. 284. 285. 288. 290. 291.* kviśach, pleśach, ségńach, rosćach *volksl. 2. 28. 35. 50. 76. für asl.* cvьtêahъ, pletêahъ, tęgnêahъ, rastêahъ.

4. Partic. praes. act. *Das suffix des partic. praes. act. ist* nt; *der ausgang* cy *entspricht dem asl.* šte: chvalecy, *asl.* hvalęšte, bijucy, *asl.* bijąšte. *Dieses partic. wird häufig als gerund. behandelt:* komuž bog žycy, tomu pśižo spicy *dem kömmt es schlafend, d. i. im schlafe; daneben jedoch:* budu zginuś chožeca *volksl. 2. 67. Das partic. praes. act. wird auch von den verba perfectica gebildet, wenigstens in der bibelübersetzung:* votchyśecy, votgrońecy, pśiducc *fabr. marc. 10. 50; 10. 51; 11. 9. Von diesem partic. werden adv. auf* yno *abgeleitet:* grońecyno, bijucyno, cakajucyno *usw.:* Jezus glédašo na ḿesto płakucyno *hauptm. 217. 394;* zejgravacy *volksl. 2. 14. 33. ist formell ein adj.*

f) Conjugation nach den verbalclassen.

A. Conjugation mit dem praesenssuffix.

Erste classe.

Suffixlose stämme.

1. plet.

α. *Inf.-stamm* plet. *Inf.* plas-ć. *Sup.* ples-t. *Partic. praet. act. II.* plet-l. *Partic. praet. pass.* pleś-o-ny.

Aor. 1.	pleś-o-ch	pleś-o-ch-mej	pleś-o-ch-my
2.	pleś-o	pleś-o-š-tej	pleś-o-š-ćo
3.	pleś-o	pleś-o-ś-tej	pleś-o-ch-u.

β. *Praes.-stamm* plet-e.

Praes.	*1.*	plet-u	pleś-o-mej	pleś-o-my
	2.	pleś-o-š	pleś-o-tej	pleś-o-śo
	3.	pleś-o	pleś-o-tej	plet-u.
Impt.	*1.*	—	pleś-mej	pleś-my
	2.	pleś	pleś-tej	pleś-ćo.
Impf.	*1.*	pleś-e-ch	pleś-e-ch-mej	pleś-e-ch-my
	2.	pleś-e-š-o	pleś-e-š-tej	pleś-e-š-ćo
	3.	pleś-e-š-o	pleś-e-š-tej	pleś-e-ch-u.

Partic. praes. act. plet-u-cy.

Im inf. geht asl. e *in* a *über:* ẃasć, ńasć, plasć, *asl.* vesti, mesti, plesti: *bei hauptm.* 288. *liest man durchgängig* a: platu, plaś, plaśech *usw. Hat die erste sg. praes. den praesensvocal* o *für ein älteres* e *statt des organischen* o, *so gehen die consonanten* t, d *in* ć, ź *über:* pleśom, klaźom *für* pletu, kladu. *Dem asl.* cvьtą *entspricht* kvitu, *indem der gesteigerte vocal des inf.* kvisć (kvésć *hauptm. 11.) in allen formen auftritt:* kvidl *für* kvitl *liest man bei hauptm. 282.* rost *hat im praes.* rostu, rosćoš, rosćo *usw.* id *verliert sein* i: du, źoš, źo *usw.* źi, *asl.* idi, źiśo; źech; ducy *usw., doch* hiś, *asl.* iti, hiśe, *asl.* itije; pojdu, ńejźi, *asl.* ne idi. *Das partic. praet. act. II. lautet* šel, šlo, šla *von* šed. *Auch* pśéd *und* rost *stossen den dental vor* l *aus:* pśél, rosł *volksl. 2. 12. 45. 83. 174. hauptm. 291.* jéd *vehi bildet die inf.-formen von* jé: jeś, jél, *doch auch* jédł. *Das partic. praes. act. kann organisch* (pletucy, kladucy, *asl.* pletąšte, kladąšte) *und unorganisch nach IV.* (pleśecy, kłaźecy, *wie von einem thema* pleśi, klaźi) *gebildet werden.*

2. nes.

α. *Inf.-stamm* nes. *Inf.* ńas-ć. *Sup.* ńas-t. *Partic. praet. act. II.* ńas-l. *Partic. praet. pass.* ńas-o-ny.

Aor.	*1.*	ńas-o-ch	ńas-o-ch-mej	ńas-o-ch-my
	2.	ńas-o	ńas-o-š-tej	ńas-o-š-ćo
	3.	ńas-o	ńas-o-š-tej	ńas-o-ch-u.

β. *Praes.-stamm* nes-e.

Praes.	*1.* ńas-u	ńas-o-mej	ńas-o-my
	2. ńas-o-š	ńas-o-tej	ńas-o-śo
	3. ńas-o	ńas-o-tej	ńas-u.
Impt.	*1.* —	ńas-mej	ńas-my
	2. ńas	ńas-tej	ńas-ćo.
Impf.	*1.* ńas-e-ch	ńas-e-ch-mej	ńas-e-ch-my
	2. ńas-e-š-o	ńas-e-š-tej	ńas-e-š-ćo
	3. ńas-e-š-o	ńas-e-š-tej	ńas-e-ch-u.

Partic. praes. act. ńas-u-cy.

In der 1. sg. praes. gilt ńasom *neben* ńasu *und im partic. praes. act.* ńasecy, lézecy *hauptm. 283. neben* ńasucy, lézucy.

3. greb.

Wie das oserb., so hat auch das nserb. die labial auslautenden stämme eingebüsst: aus čгъp *ist* cré *I. 7, aus* greb-hraba *V. 1. oder V. 2, aus* živ-žy *(I. 7.* hažyś *frui, doch* žyveńe: žy *sanari ist vielleicht verschieden), aus* plév-plé *I. 7. aus* šiv-šy *entstanden.*

4. pek.

α. *Inf.-stamm* pek. *Inf.* ṕac. *Sup.* ṕac-t. *Partic. praet. act. II.* ṕak-l. *Partic. praet. pass.* ṕac-o-ny.

Aor.	*1.* ṕac-o-ch	ṕac-o-ch-mej	ṕac-o-ch-my
	2. ṕac-o	ṕac-o-š-tej	ṕac-o-š-ćo
	3. ṕac-o	ṕac-o-š-tej	ṕac-o-ch-u.

β. *Praes.-stamm* pek-e.

Praes.	*1.* ṕak-u	ṕac-o-mej	ṕac-o-my
	2. ṕac-o-š	ṕac-o-tej	ṕac-o-śo
	3. ṕac-o	ṕac-o-tej	ṕak-u.
Impt.	*1.* —	ṕac-mej	ṕac-my
	2. ṕac	ṕac-tej	ṕac-ćo.

Impf.	*1.* ṕac-e-ch	ṕac-e-ch-mej	ṕac-e-ch-my
	2. ṕac-e-še	ṕac-e-š-tej	ṕac-e-š-ćo
	3. ṕac-e-še	ṕac-e-š-tej	ṕac-e-ch-u.

Partic. praes. act. ṕak-u-cy.

Die I. sg. praes. lautet ṕacom *neben* ṕaku, možom *neben* mogu; *das partic. praes. act.* ṕacecy *neben* ṕakucy, mogucy. C *ersetzt hier das* č: ṕacoš, ṕac, ṕacoch; *dagegen* možoš, mož (vymož), možoch; možach *und minder richtig* mogach *Zwahr 45.*

5. im.

α. *Inf.-stamm* im. *Inf.* veze-ś. *Sup.* veze-t. *Partic. praet. act. II.* veze-ł. *Partic. praet. pass.* veze-ty.

Aor.	*1.* vez-e-ch	vez-e-ch-mej	vez-e-ch-my
	2. vez-e	vez-e-š-tej	vez-e-š-ćo
	3. vez-e	vez-e-š-tej	vez-e-ch-u.

β. *Praes.-stamm* im-e.

Praes.	*1.* vezm-u	vezń-o-mej	vezń-o-my
	2. vezń-o-š	vezń-o-tej	vezń-o-śo
	3. vezń-o	vezń-o-tej	vezm-u.
Impt.	*1.* —	vezm-i-mej	vezm-i-my
	2. vezm-i	vezm-i-tej	vezm-i-śo.

Partic. praes. act. —.

Diese conjugation ist kaum durch zahlreiche beispiele belegbar: man findet im praes. vezmu, vezńoš, vezńo; žnu, žńoš, žnu, *asl.* žьnjątъ *fabr.; im impt gilt nach hauptm. 296.* vezmej, vezmi. *Das partic. praes. act.* vezecy *fabr. matth. 25. 1; 27. 6. marc. 12. 3. hauptm. 296. ist unmöglich. Man merke* žoś, *asl.* žęti, *volksl. 2. 46,* žoł, *asl.* žęlъ, *38. und* žnéš *hauptm. 11.* žńał *volksl. 2. 74.*

6. mr.

Die hieher gehörenden verba gehen nach I. 7. Spuren der ursprünglichen flexion sind ḿelu, *asl.* melją, ḿeł, *asl.* meŕi, ḿelach, *asl.* meljaahъ *und die partic. praet. act. II.* bumarly *fabr. marc. 12. 26. und* tarl *Zwahr 364.*

7. bi.

α. *Inf.-stamm* bi. *Inf.* bi-ś. *Sup.* bi-t. *Partic. praet. act. II.* bi-ł. *Partic. praet. pass.* bi-ty.

Aor.	*1.* bi-ch	bi-ch-mej	bi-ch-my
	2. bi	bi-š-tej	bi-š-ćo
	3. bi	bi-š-tej	bi-ch-u.

β. *Praes.-stamm* bi-j-e.

Praes.	*1.* bi-j-u	bi-j-o-mej	bi-j-o-my
	2. bi-j-o-š	bi-j-o-tej	bi-j-o-śo
	3. bi-j-o	bi-j-o-tej	bi-j-u.
Impt.	*1.* —	bi-j-mej	bi-j-my
	2. bi-j	bi-j-tej	bi-j-śo.
Impf.	*1.* bi-j-a-ch	bi-j-a-ch-mej	bi-j-a-ch-my
	2. bi-j-a-šo	bi-j-a-š-tej	bi-j-a-š-ćo
	3. bi-j-a-šo	bi-j-a-š-tej	bi-j-a-ch-u.

Partic. praes. act. bi-j-u-cy.

Neben biju *und* bijom *findet man auch* bim *Zwahr 14.* Sta *hat in den praes.-formen* stanu *nach II, das auch in den inf.-formen vorkömmt:* stach *und* stanuch. vože (*asl.* odê) *hat im praes. nicht* vožeju, *sondern nach III. 2. oder nach IV.* vožim *Zwahr 389.*

Zweite classe.

ną - stämme.

α. *Inf.-stamm* zvignu. *Inf.* zvignu-ś. *Sup.* zvignu-t. *Partic. praet. act. II.* zvignu-ł. *Partic. praet. pass.* zvigń-o-ny.

Aor.	*1.* zvignu-ch	zvignu-ch-mej	zvignu-ch-my
	2. zvignu	zvignu-š-tej	zvignu-š-ćo
	3. zvignu	zvignu-š-tej	zvignu-ch-u.

β. *Praes.-stamm* zvign-e.

Praes.	*1.* zvign-u	zvigń-o-mej	zvigń-o-my
	2. zvigń-o-š	zvigń-o-tej	zvigń-o-śo
	3. zvigń-o	zvigń-o-tej	zvign-u
Impt.	*1.* —	zvigń-mej	zvigń-my
	2. zvigń	zvigń-tej	zvigń-śo.
Impf.	*1.* śégń-e-ch	śégń-e-ch-mej	śégń-é-ch-my
	2. śégń-e-š-o	śégń-e-š-tej	śégń-e-š-ćo
	3. śégń-e-š-o	śégń-e-š-tej	śégń-e-ch-u.

Partic. praes. act. śégń-e-cy.

Die I. sg. praes. hat nu *neben* ńom: hoblédnu, hoblédńom. *Der aor. und das partic. praet. pass. können von einem mit* nu *unbeschwerten stamme gebildet werden:* zvižoch, paźoch, teržoch, vuśéžoch *und* zvignuch, panuch, tergnuch, vuśégnuch; zvižony, zamcony, teržony *und* zvigńony, zamkńony, tergńony: voteuśe *fabr. matth. 1. 24. setzt den inf.* voteutnuś *(vgl. čech.* octnu, *poln.* ocknę *und asl.* oštuti *nach IV.) voraus. Das partic. praet. pass. hat zuweilen das suffix* тъ: gnuty.

Dritte classe.

ê - s t ä m m e.

Erste gruppe.

umê.

α. *Inf.-stamm* umé. *Inf.* humé-ś. *Sup.* humé-t. *Partic. praet. act. II.* humé-l. *Partic. praet. pass.* humé-ty.

Aor.	*1.* humé-ch	humé-ch-mej	humé-ch-my
	2. humé	humé-š-tej	humé-š-ćo
	3. humé	humé-š-tej	humé-ch-u.

β. *Praes.-stamm* umé-j-e.

Praes.	*1.* humé-j-u	humé-j-o-mej	humé-j-o-my
	2. humé-j-o-š	humé-j-o-tej	humé-j-o-śo
	3. humé-j-o	humé-j-o-tej	humé-j-u.

Impt.	*1.*	—	humé-j-mej	humé-j-my
	2.	humé-j	humé-j-tej	humé-j-šo.
Impf.	*1.*	huméj-a-ch	humé-j-a-ch-mej	humé-j-a-ch-my
	2.	humé-j-a-šo	humé-j-a-š-tej	humé-j-a-š-ćo
	3.	humé-j-a-šo	humé-j-a-š-tej	humé-j-a-ch-u.

Partic. praes. act. humé-j-u-cy.

Méś, *asl.* imêti, *hat im praes.* mam, maš, ma *usw.; im impt.* méj; *im aor.* méch; *im impf.* méjach; *in den partic.* méjucy, méł. zmé *hat im praes.* zméju, zméjoš, zméjo *usw.*

Zweite gruppe.

trъpê.

α. *Inf-stamm* trъpê. *Inf.* śerṕe-ś. *Sup.* śerṕe-t. *Partic. praet. act. II.* śerṕe-ł. *Partic. praet. pass.* (viž-o-ny).

Aor.	*1.*	śerṕe-ch	śerṕe-ch-mej	śerṕe-ch-my
	2.	śerṕe	śerṕe-š-tej	śerṕe-š-ćo
	3.	śerṕe	śerṕe-š-tej	śerṕe-ch-u.

β. *Praes.-stamm* trъpi-e.

Praes.	*1.*	śerṕu	śerpi-mej	śerpi-my
	2.	śerpi-š	śerpi-tej	śerpi-śo
	3.	śerpi	śerpi-tej	śerpe.
Impt.	*1.*	—	śerṕ-mej	śerṕ-my
	2.	śerṕ	śerṕ-tej	śerṕ-śo.
Impf.	*1.*	śerṕa-ch	śerṕa-ch-mej	śerṕa-ch-my
	2.	śerṕa-š-o	śerṕa-š-tej	śerṕa-š-ćo
	3.	śerṕa-š-o	śerṕa-š-tej	śerṕa-ch-u.

Partic. praes. act. śerṕecy.

Nach den palatalen und nach c für č steht im partic. praet. act. II. und praet. pass. a: žaržal, žaržany; barcał; bojał sc. zné *hat im impf.* znijach *volksl.* 2. 53. kšé, *asl.* hъtê, *wird so conjugiert:* cu, coš, co *usw. III. pl.* kšé, *asl.* hъtętъ, *wofür nach Zwahr 172. auch, und zwar unorganisch,* cojų, *das auch in der I. sg. vorkömmt;*

kśćch; kśějucy; kśěl: *für* co *liest man* kśějo (zekśějo) *bei Zwahr 172.* ne hoštą *ist* ńok *und* ńocu; ńocoš, ńoco *usw.* spa: spim (*wahrscheinlich auch* sṕu), spiš, spi *usw. III. pl.* spě; spi; spach; spicy (*für* sṕecy), spał. sea: šcyju (*Zwahr 316: wohl auch* šcym, šcu), šcyjoš, šcyjo *usw.* šcyj; scach; scał. gořc *hat im praes.* gořom, gořoš *usw. III. pl.* gořu: *im partic. praes. act.* gořecy, *das verschieden von* gorucy.

Vierte classe.

i - s t ä m m e.

hvali.

α. *Inf.-stamm* chvali. *Inf.* chvali-ś. *Sup.* chvali-t. *Partic. praet. act. II.* chvali-ł. *Partic. praet. pass.* chval-o-ny.

Aor.	*1.*	chvali-ch	chvali-ch-mej	chvali-ch-my
	2.	chvali	chvali-š-tej	chvali-š-ćo
	3.	chvali	chvali-š-tej	chvali-ch-u.

β. *Praes.-stamm* chvali-e.

Praes.	*1.*	chvalu	chvali-mej	chvali-my
	2.	chvali-š	chvali-tej	chvali-śo
	3.	chvali	chvali-tej	chvale.
Impt.	*1.*	—	chval-mej	chval-my
	2.	chval	chval-tej	chval-śo.
Impf.	*1.*	chvala-ch	chvala-ch-mej	chvala-ch-my
	2.	chvala-š-o	chvala-š-tej	chvala-š-ćo
	3.	chvala-š-o	chvala-š-tej	chvala-ch-u.

Partic. praes. act. chvalecy.

Die flüssigen und labialen consonanten sind durchgängig weich: chvalu, měřu, grońu; chvalach, měřach, grońach: chvalony, měřony, grońony *usw. Die dentalen* t *und* d *werden überall in* ś *und* ź *verwandelt:* gaśu, choźu; gaśach, choźach; gaśony, choźony *usw. Die sibilanten bleiben unverändert:* pšosu, pšosach *fabr. marc. 15. 43. luc. 7. 3.* pšosony *hauptm.:* pšošach *volksl. 2. 32. ist wohl unrichtig; ebenso* vožu *17. für* vozu.

Fünfte classe.

a - s t ä m m e.

Erste gruppe.

dêla.

α. *Inf.-stamm* žéła. *Inf.* žéła-ś. *Sup.* žéła-t. *Partic. praet. act. II.* žéła-l. *Partic. praet. pass.* žéła-ny.

Aor.	*1.*	žéła-ch	žéła-ch-mej	žéła-ch-my
	2.	žéła	žéła-š-tej	žéła-š-ćo
	3.	žéła	žéła-š-tej	žéła-ch-u.

β. *Praes.-stamm* žéła-j-e.

Praes.	*1.*	žéła-m	žéła-mej	žéła-my
	2.	žéła-š	žéła-tej	žéła-šo
	3.	žéła	žéła-tej	žéła-j-u.
Impt.	*1.*	--	žéła-j-mej	žéła-j-my
	2.	žéła-j	žéła-j-tej	žéła-j-šo.
Impf.	*1.*	žéła-ch	žéła-ch-mej	žéła-ch-my
	2.	žéła-š-o	žéła-š-tej	žéła-š-ćo
	3.	žéła-š-o	žéła-š-tej	žéła-ch-u.

Partic. praes. act. žéła-j-ucy.

Gra *hat wie die verba I. 7. im praes.* graju, grajoš *usw. und im impf.* grajach, grajašo *usw.;* huglédajoš, spoglédajo *volksl.* 2. 20. 77. *haben gegen die regel das praes.* e.

Zweite gruppe.

pisa.

α. *Inf.-stamm* pisa. *Inf.* pisa-ś. *Sup.* pisa-t. *Partic. praet. act. II.* pisa-ł. *Partic. praet. pass.* pisa-ny.

Aor.	*1.*	pisa-ch	pisa-ch-mej	pisa-ch-my
	2.	pisa	pisa-š-tej	pisa-š-ćo
	3.	pisa	pisa-š-tej	pisa-ch-u.

β. *Praes.-stamm* pisi-e.

Praes.	*1.*	pišu	pišo-mej	pišo-my
	2.	pišo-š	pišo-tej	pišo-śo
	3.	pišo	pišo-tej	pišu.
Impt.	*1.*	—	piš-mej	piš-my
	2.	piš	piš-tej	piš-ćo.
Impf.	*1.*	pisa-ch	pisa-ch-mej	pisa-ch-my
	2.	pisa-š-o	pisa-š-tej	pisa-š-ćo
	3.	pisa-š-o	pisa-š-tej	pisa-ch-u.

Partic. praes. act. pisa-j-u-cy.

In den praes.-formen werden die flüssigen und labialen consonanten erweicht: kublu, voŕu; kubloš, voŕoš *usw.* kopu, grabu; kopoš, graboš *usw. Der dental weicht dem* c *für asl.* št: barkota: barkocu, barkocoš *usw. Die gutturalen und die sibilanten werden in die entsprechenden palatalen,* k *natürlich in* c *für* č *verwandelt:* placom, łžu; płacoš, łžoš *usw.* ližu, kišu; ližoš, kišoš *usw.: falsch ist wohl* plapoceńe *fabr. matth. 6. 7. für* plapotańe. *Die 1. sg. praes.* płacu, *asl.* plačą, *wird durch* płacom *und* płaku *volksl. 2. 51. ersetzt hauptm. 256. Ähnlich gilt neben* vežu, ližu, mažu - vézem, lizom, mazom *hauptm. 37.* pišu *neben* pisu *28. 257.* ceso, *asl.* češetъ, *volksl. 2. 75.* pocaso, *asl.* počešetъ, *91. Das partic. praes. act.* pisajucy *ist nach dem paradigma V. 1. gebildet, dem die verba V. 2. folgen können: man beachte* łgajucy, płakajucy *fabr. luc. 7. 38. neben* płakucy *volksl. 2. 18. und* borkocycy, derkocycy *von* borkota, derkota. *Das impf. lautet* śceleeh *sternebam fabr. matth. 21. 8. marc. 11. 8. für* ścelach, ścelašo *volksl. 2. 33. 34. und* słach *hauptm. 292.*

Dritte gruppe.

bra.

α. *Inf.-stamm* bra. *Inf.* bra-ś. *Sup.* bra-t. *Partic. praet. act. II.* bra-ł. *Partic. praet. pass.* bra-ny.

Aor.	*1.*	bra-ch	bra-ch-mej	bra-ch-my
	2.	bra	bra-š-tej	bra-š-ćo
	3.	bra	bra-š-tej	bra-ch-u.

β. *Praes.-stamm* ber-e.

Praes.	*1.*	beru	beŕo-mej	beŕo-my
	2.	beŕo-š	beŕo-tej	beŕo-śo
	3.	beŕo	beŕo-tej	beru.
Impt.	*1.*	—	beŕ-mej	beŕ-my
	2.	beŕ	beŕ-tej	beŕ-śo.
Impf.	*1.*	beŕa-ch	beŕa-ch-mej	beŕa-ch-my
	2.	beŕa-š-o	beŕa-š-tej	beŕa-š-ćo
	3.	beŕa-š-o	beŕa-š-tej	beŕa-ch-u.

Partic. praes. act. beŕe-cy.

Im impf. besteht brach, prach *neben* beŕach, ṕeŕach *hauptm.* 273. 289; *ein impf.* žeńach *jedoch scheint nicht vorzukommen. Die partic. praes. act.* beŕecy, žeńecy, seŕecy *hauptm.* 273. 275. 293. *für asl.* berąšte *usw. sind unorganisch; ebenso* brajucy *fabr. matth.* 17. 24. *Im partic. praet. pass. findet man* gnany *neben* gnaty *hauptm.* 274. 275. *fabr.*

Vierte gruppe.

lěja.

α. *Inf.-stamm* la. *Inf.* la-ś. *Sup.* la-t. *Partic. praet. act. II.* la-l. *Partic. praet. pass.* la-ty.

Aor.	*1.*	la-ch	la-ch-mej	la-ch-my
	2.	la	la-š-tej	la-š-ćo
	3.	la	la-š-tej	la-ch-u.

β. *Praes.-stamm* lé-j-e.

Praes.	*1.*	lé-j-u	lé-j-o-mej	lé-j-o-my
	2.	lé-j-o-š	lé-j-o-tej	lé-j-o-śo
	3.	lé-j-o	lé-j-o-tej	lé-j-u.
Impt.	*1.*	—	lé-j-mej	lé-j-my
	2.	lé-j	lé-j-tej	lé-j-śo.
Impf.	*1.*	lé-j-a-ch	lé-j-a-ch-mej	lé-j-a-ch-my
	2.	lé-j-a-š-o	lé-j-a-š-tej	lé-j-a-š-ćo
	3.	lé-j-a-š-o	lé-j-a-š-tej	lé-j-a-ch-u.

Partic. praes. act. lé-j-ucy.

V́a, ża, la, mla, pla, sḿa *und* chv́a *sind aus* véja, żéja, léja, mleja, pleja, smija *und* chvéja *zusammengezogen. Die impf.* léjach, mlejach *stehen bei hauptm. 259.* sméjach, chvéjach *bei Zwahr 49. 338.* ża *hat nicht* żéjach, *sondern* żach, żašo *hauptm. 259;* léjucy *ist nach* żéjucy *gebildet. Unorganisch ist* bajecy *Zwahr 5.* zda *geht nach V. 1:* zda se, zdašo se *usw.*

Sechste classe.

ova *(u-a)*-stämme.

kupova.

α. *Inf.-stamm* kupova. *Inf.* kupova-ś. *Sup.* kupova-t. *Partic. praet. act. II.* kupova-l. *Partic. praet. pass.* kupova-ny.

Aor.	*1.*	kupova-ch	kupova-ch-mej	kupova-ch-my
	2.	kupova	kupova-š-tej	kupova-š-ćo
	3.	kupova	kupova-š-tej	kupova-ch-u.

β. *Praes.-stamm* kupu-j-e.

Praes.	*1.*	kupu-j-u	kupu-j-o-mej	kupu-j-o-my
	2.	kupu-j-o-š	kupu-j-o-tej	kupu-j-o-śo
	3.	kupu-j-o	kupu-j-o-tej	kupu-j-u.
Impt.	1.	—	kupu-j-mej	kupu-j-my
	2.	kupu-j	kupu-j-tej	kupu-j-śo.
Impf.	*1.*	kupova-ch	kupova-ch-mej	kupova-ch-my
	2.	kupova-š-o	kupova-š-tej	kupova-š-ćo
	3.	kupova-š-o	kupova-š-tej	kupova-ch-u.

Partic. praes. act. kupu-j-u-cy.

So geht auch gotova: gotuju, gotujoš *usw.*

B) Conjugation ohne das praesenssuffix.

1. vêd.

Praes.	*1.*	vé-m	vé-mej	vé-my
	2.	vé-s	vés-tej	vés-ćo
	3.	vé	vés-tej	véż-e.

Impt.	*1.*	—	véz-mej	véz-my
	2.	véz	véz-tej	véz-ćo.

Neben vés. *asl.* vêsi, *gilt* véš, *neben* véstej - vétej *wie nach I. 7.*

2. dad.

Praes.	*1.*	da-m	da-mej	da-my
	2.	da-š	da-tej	da-śo
	3.	da	da-tej	da-j-u.
Impt.	*1.*	—	daj-mej	daj-my
	2.	daj	daj-tej	daj-śo.

3. jêd.

Praes.	*1.*	jé-m	jé-mej	jé-my
	2.	jé-š	jés-tej	jés-ćo
	3.	jé	jés-tej	jéź-e.
Impt.	*1.*	—	jéz-mej	jéz-my
	2.	jéz	jéz-tej	jéz-ćo.

Für jéstej *kann auch* jétej *gesagt werden: vgl.* vétej.

4. jes.

Praes.	*1.*	s-o-m	s-mej	s-my
	2.	si	s-tej	s-ćo
	3.	je	s-tej	su.

Man merke ńejsom, ńejsi, ńejsu.

Anhang.

Umschriebene verbalformen.

1. Perfect. act. *Das perfect. act. besteht aus dem partic. praet. act. II. und dem praes. des verbum* jes: ja som byl. *2.* Plusquamperfect. act. *Das plusquamperfect. act. wird bezeichnet durch verbindung des partic. praet. act. II. a) mit dem impf. I. oder II. des verbum* by: cyňašo, ako jomu janżel pšikazał běšo; *b) mit dem perfect. des verbum* by: ve kotarem casu ta gvézda se hopokazała była. *3.* Fut. act. *Das fut. act. wird bezeichnet a) durch das praes. der verba perfectiva:* poséolu sje *(für* ši) jaden list *mittam tibi epistolam volksl. 2. 65.* zméjoš *habebis; b) durch verbindung des inf. mit dem praes. des verbum* bąd: budu żéłaš. *Diese bezeichnungsweise des fut. findet auch bei den verba perf. statt:* ga bużoš zasej pšiš? *volksl. 2. 35.* budu dni pšiš *fabr. Ein germanismus ist* budu byś *volksl. 2. 38. hauptm. 196. 4.* Fut. exact. *Dieses tempus fehlt. 5.* Condit. act. *Der condit. act. besteht aus dem zur partikel* by *herabgesunkenen aor. oder dem impf. des verbum* bąd *und dem partic. praet. act. II:* ja by pšosył, my by byli, ga by ten samy clovék se ńe był narożił *fabr. marc. 14. 21.* ja bużach był *hauptm. 126. 229.* by *kann fehlen:* jomu było lépej *fabr. marc. 14. 21. 6.* Passivum. *Das passivum wird wie im asl. bezeichnet: a)* s cym ga se bużo soliš? což se ńe viżi; *b)* s teju sameju méru, s kotarejuž vy mérišo bużo vam zasej méřone *fabr. luc. 6. 38. Häufig wird statt des verbum subst. das entlehnte* vordovaś *angewandt:* ja vorduju pytany, ty vordujoš pytany.

ZUSÄTZE UND VERBESSERUNGEN.

12. z. 36. kapadoke *greg.-naz. 17.* *13. z. 6. greg.-naz. bietet* se *und* st: eppьsčêhъ *36.* morьscê *36.* persčêhъ *195.* popovьscêhъ *36.* saraftijscêj *99.* starьčьscê *172. neben* ljudьstêj *172.* lovьčьstii *204.* mąčitelьstê. židovьstê *46. und* voskê *140.* *13. z. 19.* bogъmь *greg.-naz. 9. 255. 261.* bъhъmь *254.* bъhъmъ *248. 256.* bъhomь *255.* činъmь *123.* darъmъ *82.* duhъmь *11. 172.* gnêvъmь *197.* godъmъ *163.* grêhъmь *14. 89.* isusъmъ *279.* ęzykъmъ *217.* krągъmь *197.* krъstъmь *111.* krьstъmъ *264.* mirъmь *185.* mirьmь *151.* nedostatъkъmъ *113.* nesъmyslъmь *4.* nravъmь *22. 32. 142.* oblakъmь *12.* oblakъmъ *185.* obrazъmь *9. 183. 198. 199. 273.* obrazъmъ *12. 131.* obrazьmь *201.* plodъmь *137.* pomyslъmъ *8.* prêdъlogъmь *116.* pribytъkъmъ *242.* prьstъmъ *108.* razdêlъmъ *224.* razumъmъ *165.* spądъmь *179.* stlъpъmь *262.* stlъpъmъ *76. 110. 236.* strahъmь *159.* studъmь *183.* svêtъmь *63. 109. 210.* svêtъmъ *1. 8. 99.* svêtьmъ *166.* sъstavъmь *47.* sъvêtъmь *27. 171.* trepetьmь *110.* trusъmь *193.* tъrgъmъ *277.* umъmь *113.* vihъrъmъ *221.* vъzvodъmъ *2.* začętъkъmъ *85.* zakonъmь *122. 179.* životъmь *128. 184.* žjupelъmъ *239.* žьzlъmь *147.* *13. z. 24. Schleicher hält* ъmь *für den auslaut des sg. instr. der* ъ *(u)-stämme. Laut- und formenlehre der polabischen sprache 201. Sklonenie osnovъ na u 14.* *13. z. 26. greg.-naz. 281. bietet einen pl. dat. auf* ьmъ *für* ъmъ: egÿptênemъ i livusomъ i kritomъ i aravianemъ, meždarêčьnikomъ i moimъ kapadokьmъ. *Daselbst 64.* głasьhъ. *14. z. 33.* dêlatelinъ *greg.-naz. 91.* *15. z. 4.* elline *greg.-naz. 18. 168. neben* elini *111. von* ellinъ *270.* izdrailjane *185.* ninevgitêne *239.* sodomljane *239. und* per'se *199. pl. acc.* gražani *112.* *15. z. 12. pl. acc.* armeny *greg.-naz. 28.* *15. z. 19.* graždanemъ *greg.-naz. 134.* rimljanemъ *199.* *15. z. 21.* elinomъ *greg.-naz. 71. 112.* rumomъ ῥωμαίοις *200.* krьstьjanomъ *54.* *15. z. 22.* rumy ῥωμαίοις *greg.-naz.*

201. *15. z. 26.* samarjanchъ *greg.-naz. 199.* *16. z. 19.* blaženъmь *greg.-naz. 162.* čistьmь *86.* dobrъmь *154.* dobrъmъ *32.* drugъmъ *175. 179.* goląbinъmь *12.* gorьkъmь *9.* hudъmь *166.* elinьskъmь *253.* malъmь *106.* malъmъ *76.* nedostojnъmь *138.* ognьnъmь *76.* podobьnъmь *117.* puštenъmь *272.* rasypanъmъ *142.* ravьnъmь *122.* slovesьnъmь *94.* starъmь *25.* takovъmь *154.* velikъmь *166. 246.* vlačimъmь *142.* zvêrьskъmь *254.* *und* mъnogъmi *117.* *16. z. 32.* gnoimь *greg.-naz. 13. 78. 128.* lentiimь *118.* obyčaimь *239.* razboimь *201.* *neben* strojemь *64.* *Auffallend ist* eremiimь *235.* mojsêimъ *222:* egÿptiemь *und* zъlodêimъ *64.* *sind pl. dat.* *17. z. 10.* vasilije *greg.-naz. 73.* *17. z. 18.* grigorija *greg.-naz. 190.* grigora *173.* *18. z. 25.* stênьmь *greg.-naz. 138.* veprьmь *45. 207.* vъplьmь *28. 109.* *18. z. 27.* čistitelje *greg.-naz. 210.* molitelje κέρκουσι *54.* naragatelje *148.* pisatelje *127.* podražatelje *201.* prodaditelje *80.* propovêdatelje *250.* stroitelje *274.* sъdêlatelje *270.* sъdêtelje *114.* sъględatelje *247.* sъvêdêtelь *247.* učitelje *32. 112.* ere *210.* *19. z. 7.* konъi *greg.-naz. 18.* *d. i.* konъji. *19. nach z. 17. zu 3. a)* solomunjъ. *sg. instr.* ženьnьmь: ženьnьmь prêlьšteniemь γυναικὸς ἐπηρείᾳ *greg.-naz. 251.* *19. z. 19.* c̄rihъ *greg.-naz. 36.* plačiihъ *186.* mytarchъ *118.* učitelehъ 27. učiteljehъ *32.* *19. z. 21.* konьcьmь *greg.-naz. 113.* mąžьmь *29. 203.* starьcьmь *280.* *20. nach z. 3. zu 3. c)* lьstьčjъ. *sg. instr.* člověčьmь *greg.-naz. 111.* *20. z. 22. sg. instr.* bolьšьmъ *greg.-naz. 87.* *22. z. 33.* blagovolьstvъmь *greg.-naz. 13.* bogatьstvьmь *112.* črêvъmъ *219.* dêlъmь *16. 145. 165.* dêlъmъ *98.* jestьstvьmь *105.* lêtъmь *97.* lêtьmь *8.* lêtъmъ *5. 9.* mlêkъmь *166.* nesytьstvьmь *79.* nevêrьstvъmъ *8.* pijanьstvьmь *102.* slovъmь *40. 115.* slovъmъ *7. 57. 62. 136.* slovьmь 152. 204. 276. starêjšinьstvьmь *179.* sъvêdêtelьstvъmь *11.* têlъmь *80.* têlъmъ *6. 84. 92. 164.* têlьmь *147.* têstьmь *258.* *22. z. 35.* krьmilъma *greg.-naz. 169.* *neben* kolênoma *233.* kriloma *178.* *23. z. 23.* bečьstьjemь *greg.-naz. 201.* nemoštьjemъ *13.* pronyrьjemь *44.* — edinomyslьimь *213.* otьčanьimь *77.* zъlovêrьimь *119.* — milosrьdьstviemь *232.* odêniemь *9.* prêmąždrjaniemь *225.* p'saniemь *224.* trьžьstvijemь *112.* — bezmêriimъ *14.* dêaniimь *236.* duhaniimь *204.* kameniimь *120.* mlъčaniimь *264.* myšljeniimь *19.* nadêaniimъ *9.* orąžiimь *236.* paleniimъ *204.* pleteniimь *280.* pomazaniimь *82.* ramjaniimь τῷ σφοδρῷ *13.* vъkušeniimь *9.* — ljubomądrimъ *233.* *23. z. 31.* blagodêaniimi *greg.-naz. 117.* cêstviimi *237.* nenačaniimi *117.* poženiimi *117.* rašteniimi *120.* vračevaniimi *235.* znameniimi *117.*

und obličenii *271.* osvęštenii *249.* prêštenii *205.* sъmêšenii *271.* nimanii *255.* *23. z. 34.* pritęžaniihъ *greg.-naz. 226.* učeniihъ *193.* *24. z. 3.* morьnь *greg.-naz. 12. 168.* *24. z. 14.* kapištihъ *greg.-naz. 223.* pozorištihъ *217.* *28. z. 9. vgl.* ręko (*mit darüber stehendem* ju) božiją (*mit darüber geschriebenem* je) *greg.-naz. 9.* prêdъ večerją (*mit* e *über* rją) *96.* *28. z. 35.* mosii *greg.-naz. 161.* mojsii *254.* mojsi *12. 163.* mosi *67.* mosii *163.* mojsiją *mit darüber geschriebenem* je *262.* mosêją *247.* *30. z. 13.* vêždama *greg.-naz. 46. vgl.* nuždьją *124.* *31. z. 3.* dąbu *greg.-naz. 3.* grêhu *77.* *31. z. 7.* vrьha *greg.-naz. 212.* *31. z. 19.* črъtožьnikovi *greg.-naz. 118.* dъnevi *3.* gvi *91. 118. neben* domu *260.* morevi *82. 146. 169.* *31. z. 31.* hvi *greg.-naz. 148.* hōsovi *147.* irodovi *120.* mosêovi *219.* nilovi *214.* noevi *66.* *31. z. 32.* činъmъ *greg.-naz. 204.* synъmь *99. 189.* *32. z. 2.* synê *greg.-naz. 75.* *32. z. 6.* syna *greg.-naz. 280.* *32. z. 8.* synovu *greg.-naz. 69.* *32. z. 24.* gnojeve *greg.-naz. 60.* židove *111. 268.* *32. z. 36.* grêhovъ *greg.-naz. 159.* likovъ *112.* rodovъ *71.* sadovъ *251.* synovъ *208.* umovъ *150.* volovъ *235. 242.* židovъ *268. ist mit dem dat.* židovomъ *71. 148. und* židomъ *170. 281. und mit* židovimъ *270. zu vergleichen.* *33. z. 5.* činъmi *greg.-naz. 179.* *33. z. 9.* synohъ *greg.-naz. 172.* *34. z. 11.* lebedь *greg.-naz. 192. ist fem.;* mozolь: *sg. gen.* mozoli *241.* *35. z. 4.* ognь *greg.-naz. 107.* ogńja *127.* ogńemь *49.* ogńi *69. Vgl. seite 34.* *35. z. 11. sg. gen.:* medvêdi *greg.-naz. 232.* mozoli *241.* ogni *101. sg. instr.* črьvьmь *101.* ognьmь *14. 33. 51. 88. 98. 149. 259.* pątьmь *86. 136. 197.* putьmь *275.* pečatьmь *236. pl. acc.* paznogъti *264. pl. gen.* ljudьi *242. pl. dat.* ljudьmъ *31.* ljudьmь *171. 173. 240.* tatьmь *244.* zvêrьmъ *153.* igrьmi *112.* ljudьhъ *60. 160. 179.* *35. z. 30.* nogъtъ *greg.-naz. 216.* iz mladъ nogъtъ *84.* lakty *4.* nogъty *51. 54. 216.* paznogъty *176.* *36. z. 6.* trij *greg.-naz. 10.* četyrъ *98.* trьmь *55. 137.* trьmъ *191.* trьmi *8. 105.* trьhъ *106. 139.* *36. z. 37. sg. voc.* sъmrъti *greg.-naz. 264.* žizni *269. pl. acc.* prъsi *70. pl. gen.* povêstьi *215. pl. dat.* basnьmъ *21.* blagodtьmъ *281.* dvьrьmъ *28. 192.* kostьmъ *174.* kostьmь *149.* noštьmъ *69.* oblastьmъ *201.* rasêlьmъ *204.* slastьmь *261.* tvarьmь *252.* veštьmь *184. 201.* borьhъ παλαίσμασι *47. vgl.* gnilьhъ *220.* jadьhъ *46. 84.* moštьhъ *213.* napastьhъ *60. 73. 133.* pečalьhъ *274.* povêstьhъ *179.* tvarьhъ *212. 223.* veštьhъ *137.* *37. z. 17. ant.-prol.*. *ant. prol.* *37. z. 23.* desętu *greg.-naz. 143.* trij desętъ *10.* desętьhъ *273.* *37. z. 26.* različь *greg.-naz. 222.* svobodь *274.* *37. z. 35.* γονίμα: γονιμα. *38. z. 20.* rъby: raby. *39. z. 30.* jętry: jetry.

40. z. 23. sg. acc. cêlъve *greg.-naz. 24.* ljubъve *13.* svekrъve *11. sg. loc.* vъ dьlevi ἐν πάθῳ *57.* vъ dьlьvi *143. sg. gen.* krъvi *186. 255. neben* krъve *55. 98. 220. pl. gen.* krъvij *14. pl. instr.* krъvьmi *177.* *41. z. 16. sg. nom.* plamy *greg.-naz. 30. Vgl.* kremykъ *140. sg. gen.* plameni *59. neben* elene *90.* stepene *35. pl. nom.* elene *20. pl. instr.* kameny *209.* stepeny *38. Vgl.* kamy, *das 120. wohl für* kameny *steht: an das dem* kamênъ *lapideus zu grunde liegende* kamъ *möchte nicht zu denken sein.* *41. z. 38. sg. instr.* dьnьmь *96. 243.* noštьją i dьnьmь *185. sg. loc.* dьni *102. 273. pl. gen.* dьnъ *84. 96. 98.* dьnь *94.* dьnij *246. 271.* dьnьhъ, dьnъhъ *271. 42. z. 22. sg. gen.* plemeni *greg.-naz. 281.* vrêmeni *219. 247. sg. instr.* vrêmenьmъ *252. sg. loc.* vъ malê vrêmene *26. dual. dat. instr.* imenьma *111. 194.* vrêmenьma *96. pl. instr.* imeny *34.* pisьmeny *275. pl. loc.* pismenehъ *275 und* imenêhъ *8.* *43. z. 21. sg. gen.* nebesi *greg.-naz. 79. 249. 252.* slovesi *105. 217.* têlesi *109. sg. instr.* nebesьmъ *281. sg. loc.* nebese *137.* slovese *16. 46.* têlese *23. 191. dual. nom.* dъvê têlesi *31. dual. gen.* istesu *104. pl. nom.* istesa *104.* ličesa *159.* slušesa *200. pl. instr.* têlesy *282.* slovesehъ *15. Man beachte pl. acc.* udy *260, ferner* udomъ *60.* udêhъ *122. 43. z. 33.* očima bolêždama *greg.-naz. 274.* ušima rasypanama *140.* ušima raslablenama *274.* *44. z. 29. sg. acc.* matere, dъštere *greg.-naz. 11. pl. nom.* materi *110. pl. gen.* dъšterъ *208. pl. dat.* materemъ *25.* *47. z. 20. Auf dem erweiterten thema beruht* svoeą *für* svoą *d. i.* svoją: vъniti vъ vnątrьnęą kelią svoeą *pat.-mih. 27. b. pann.-sloc.* vъniti vъ vъnątrьnjają keliją svoją. *47. z. 23.* inoga: mъnoga inoga ni jedinogo že *usw. greg.-naz. 23.* *51. z. 7.* otъ moe plъti *greg.-naz. 253.* *51. z. 12.* koją vinoją *greg.-naz. 42.* *51. z. 40.* nikъj *greg.-naz. 231. sg. nom. n.* koé. kojeje *230. gen. f.* ženy nêkoe *53. pl. dat.* kъimь *20.* nêkoimъ: vrêždati sę nêkoimъ o mnê *122.* *52. z. 27.* ničьže *greg.-naz. 235. sg. gen.* ničьso *126.* ničesože *36.* čьsogo *34. sg. loc.* česomъ *75.* nêčesomъ *150.* *53. z. 21.* štjuždego *greg.-naz. 220.* štuždemu *284.* štjuždemь *122.* tuždej *220. 53. z. 24. sg. nom. n.* sьe *greg.-naz. 85.* *54. z. 11. pl. gen.* kolicêhъ *greg.-naz. 85.* *54. z. 33. Zu den pronominalen formen von adj. ist* živoj *hinzuzufügen:* o velepasha, velikaja i svętaja i vьsego mira čistota, aky kъ živoj bo kъ tebê glagolju *greg.-naz. 269. 56. z. 22.* buii *greg.-naz. 200. ist vielleicht* bujiji *zu lesen aus* bujъji. *59. z. 8.* mętušteimъ sę *greg.-naz. 44. Pl. instr.* mogąšteimi *64.* ljutêjšemi *212. für* ljutêjšeimi *neben* učęštiimi *190.* *59. z. 14.* lьgъčajšaego *greg.-naz. 215.* *59. z. 38. Sg. instr. m. n.* divьimъ *greg.-naz. 207.* *60. z. 19.* darovьnêemь *greg.-naz. 222.* druzêemь *38.* istinьnêêmъ *16.* jestьstvьnêêmь *9.* lukavьnêemь *236.* lьgъcêemь *194.* mъnozêemь *198.* nebesьnêemь *42.* slovesьnêemь *42.* sъvrъšenêemь *42.* vêtrьnêemъ *36. 159.* vidimêemъ *33.* vysocêêmь *42.* — glagolanêimь *7.* — prъvêmъ *74.* prъvêmь *137.* slovesьnêmь *33.* sъkrъvenêmъ *131.* sp̄asnêmъ *13.* tьmьnêmь *236.* vъtorêmь *137.* — nižniimъ *36.* poslêdьniimь *43. 236.* poslêdьniimъ *84.* srêdьniimь *58.* srêdьniimъ *74.* *60. z. 26.* blagają hudostiją *greg.-naz. 69.* neoblićenają zъlobьją *99.* pomaziją čistiteľьnają i sъvrъšająštają *179.* kÿprьskają čьstьją *213.* konьčьnają plъtiją *268.* *60. z. 29. Der sg. acc. f.* roždenoją *in:* veštь roždenoją i tekąštają φύσιν γεννητὴν καὶ ῥέουσαν *greg.-naz. 279. steht für* roždenają: ą *wird durch* o *ersetzt.* *67. z. 27. Greg.-naz. hat in der III. dual.* ta *und* te: nozê da ne bądeta brъzê *103.* dvê bądeta dêlê *140.* dъvê si jesta *167.* obrazita sę nozê *102.* poznavasta *31.* staneta nozê *165.* stojasta *250.* — ašte imenьma blizno jesta *194.* nošaašete *115.* otъvrъzete sę uši *164.* stoite *115.* *68. z. 15. Hinzuzufügen sind* esmy *greg.-naz. 1.* navyknemy *10.* pьrimy sę *18.* razumêvajemy *10.* sъvêdêtelьstvujemy *12.* sъzidajemy *138.* veličimy *14.* očistihomy *7.* *71. z. 36.* našaašete *greg.-naz. 115.* *76. z. 18.* pridъ *greg.-naz. 244: zweifelhaft.* žita vašja pobihъ, i zъloby vašeę ne istrьgъ *235.* idomъ *237.* priidomъ *und darüber* ho *1.* obrêtomъ *31. 253.* isъhą *241.* *78. z. 32.* načęsę *für* načęsę *greg.-naz. 261.* *87. z. 11. Aus Fr. Mikuličić, Narodne priporietke i pjesme iz hrvatskoga primorja. U Kraljevici. 1876 entnehme ich folgende formen:* bim, biš, bi; bimo, bite, bi: bin tržil *1.* bin živel *2.* bin se bâl *62.* biš plakala *4.* biš šla *15. Vgl. 20. 36. 52. 85. 116.* ne bi bilo *26.* bi šal *88.* bimo mogli *8.* bimo se razgovarali *13. Vgl. 20. 59. 60. 81. 144.* vi bite se jadili *16.* bite videli *20.* vi bite morali zgubit *47. Vgl. 54. 88. 91.* bi se vijevali *5.* bi pustili *25 usw.* *89. z. 14. Greg.-naz. hat folgende formen des partic. fut. act.* byšęšte *82.* byšęšteje *82.* byšęšti *78.* byšęštjuumu *58.* byšęštiimъ *67.* byšaštee *277.* byšaštaago *271.* byšąštago *268.* byšąštiimi 277. *91. z. 8. Man füge hinzu* podъjemlêmъ *greg.-naz. 104.* zakolêmъ *265.* glagolête *216.* vъsplêštête *111.* *95. z. 8. Im greg.-naz. liest man folgende imperfectformen:* bądêahъ *20.* dadjaahъ *(russ. schreibung* dadęahъ) *46.* živêahъ *58.* živjaahъ *57.* žьrêahъ *118.* bêahъ *40. 199.* bjaahъ *40.* — sъhnêahъ *98.* — razumêahъ *102.* boljaahъ *52.* botjaahъ *70.* imjaahъ *41.* mьnjaahъ *10. 47.* sêdjahъ *54.* pьrjaahъ sę *172.* veljaahъ *54.* vêdêahъ *11. 169.* vêdjaahъ *40. 169.* vьrêahъ

185. — nošaalrъ *115.* — zъvaalrъ 202. žьdaahъ *55.* *Über die bildung des impf. vergl. Schleicher, comp. 839. Schmidt, Vocalismus 2. 163. Daničić, Istorija 299.* *114. z. 3. Das impf. ist bald ein praes., bald ein inf.-tempus. Der ursprung dieses tempus ist bei der einreihung unter die formen des paradigmas nur beim asl. massgebend gewesen. Es hätte diess bei allen sprachen geschehen sollen.* *123. z. 8.* prêdъborç *greg.-naz. 47.* prêdъborjuštjuumu *107: mit* *prêdъborьcь, prêdъborьnikъ, *griech. wohl πρόμαχος, hängt wahrscheinlich praefulci, befulci zusammen: Winidi praefulci (befulci) Chunis fuerant iam ab antiquitus, ut, cum Chuni in exercitu contra gentem quamlibet adgrediebant, Chuni pro castris adunato illorum exercitu stabant, Winidi vero pugnabant. ideo praefulci (befulci) vocabantur a Chunis eo quod ante Chunos praecederent. Fredegar c. 48.* *204. z. 16. Kroat.* va grade. va mire. va svete *in consilio.* po zakone. meste *XVII. jahrh.* *206. z. 3. Pl. dat.* kastavcem. sudcem. županom *XVII. jahrh.* *206. z. 14. Kroat. bei Mikuličić. Pl. loc.* prsteh *26.* va tvojeh domoveh *156.* *206. z. 16. Pl. instr. kroat. bei Mikuličić* čavlin *87. für* čavlim. kolin *144.* vratin *136.* oblakin *56.* rogin *42. loc.* koleh *118.* zakoneh *XVII. jahrh. und* zlatnemi vlasi *133.* fiorini. kmeti *XVII. jahrh.* *206. z. 38. Kroat. wird* pas, *asl.* pьsъ, *hie und da so decliniert:* pas, sva *für* psa, svu, *instr.* pason *neben* svon, svu; *pl. nom.* svi, *acc.* pasi. pâs, svom *usw.; daher auch* svića *für* psića, *asl.* pьsišta, *Mikuličić 172.* *208. z. 39.* grdjanmь *l.* gradjanmь. *208. z. 36. Kroat. bei Mikuličić* svaća *31 von* svat *und* svatova: kad su došli gospoda svatova *166.* *208. z. 39. Kroat. bei Mikuličić liest man als pl. gen.:* beči *geld 117.* deli *teile 123.* mravi *77.* soldati *80.* sini *17. 31.* stari: sedan stari žita *90.* vuki *19; in denkmälern des XVII. jahrh.* beči. glavari. plodi. svetniki. zajeci *und* dukat. kmet. sudac. zločinac. župan *usw.* *209. z. 22. Der pl. acc. auf* i *ist kroatisch:* grehi *Mikuličić 51. 62.* hajduki *2.* komadi *35.* oblaki *128.* podložniki *143.* posli *136.* sunce na nje uprlo svoje traki *36.* vuki *18; ebenso* ključi *32.* konji *118.* obruči *76.* zmaji *39. In denkmälern des XVII. jahrh.* hrasti. listi. žiri. *Danach ist das 208. 40. und 209. 1. usw. gesagte zu modificieren.* *211. z. 1. Sg. gen. auf* i *kroat. bei Mikuličić:* od peti do glavi *144.* hrani *4.* konobi *13.* robi *5.* uri *4.* vodi *18.* žari *14:* žara *topf.* ženi *22. Ebenso* koži *8.* kući *33.* straži *17. 144.* svaći *31.* sveći *8.* do mile volji *137; in denkmälern des XVII. jahrh.:* devi. sorti. strani. plaći *neben* gospode *usw.* *211. z. 12. Der sg. dat. loc. lautet kroat. manchmal auf* e *aus:* gradine *Mikuličić 11.* popeljuhe

Aschenbrödel 27. sestre *39.* vode *61. Ebenso* rožice *3. neben* kamari *34; in denkmälern des XVII. jahrh.* gospode *neben* gospodi. *211. z. 23. Kroat.* s moju majku *Mikuličić 159. neben* slugun *58. für* slugum. *In denkmälern des XVII. jahrh.* gospodum *neben* silom. *211. z. 26. Der pl. nom. acc. auf* i *kroat. bei Mikuličić:* tri lipe divojki *49.* kamari *4.* nogi, ruki *12.* sestri *6.* suzi *22.* vili *vilen 10.* žari *14.* plati maši za duši *14.* kući *130; in denkmälern des XVII. jahrh.* pravdi. rani. ribi. *211. z. 28. Man merke kroat. die plur. gen.* peni. pravdi *und* libar, libr. marak. zemal *XVII. jahrh. 212. z. 9. Befremdend sind kroat. bei Mikuličić* bilama nogama *161.* bilama rukama. rusama kosama *162. neben* crnima okama. *212. z. 15. Man merke kroat.* z domi *Mikuličić, das auch nsl. vorkömmt. 212. z. 21. Kroat. pl. dat.* ljuden *Mikuličić 39. 138. 212. z. 27. Pl. instr.* trimi *Mikuličić 36. 213. z. 10.* pametun *Mikuličić 137 für* pametum. *pl. gen.* teh stvar *41.* lažin *193 für* lažim. *214. z. 1. Man beachte* kamik *Mikuličić 113.* remik *72. 214. z. 35. Kroat.* z očij *Mikuličić 58.* očijami *2. 216. z. 2. Sg. instr. kroat.* kćerun *Mikuličić 4. für* kćerum. *216. z. 35. Kroat. sg. gen.* mane *Mikuličić 36. 44. dat.* mane *11.* tebe *38.* sebe *23.* mamun *XVII. jahrh. 213. z. 18.* onъ, ovъ *können kroat. den anlaut einbüssen:* va na grad *Mikuličić 73. 74, asl.* vъ **nъ gradъ. na no mesto *123.* va nen gradu *115, asl.* vъ **nemь gradê. va nen kutu *141.* na nen isten mestu *122.* na nu bandu, na vu bandu *117, asl.* na **vą. *220. z. 16. Kroat.* moga: moga sina *Mikuličić 17. 220. z. 31. Kroat. sg. loc. m.* ken *Mikuličić 17. 51. instr.* ken *45. pl. gen.-acc.* keh *19. 39. 220. z. 33. Man merke kroat.* ten puten *Mikuličić 120.* mojeh dveh brat *16. Aus dem sg. gen. f.* jeję *hat das kroat. ein adj. possessivum gebildet:* njeji, *das dem nsl.* njen *aus* ję *entspricht:* njeji plač *Mikuličić 22. Vgl. 23. 65. 139.* njeje krilo *70.* njeju kožicu *50.* do njeje kamari *24.* zaručniku njejemu *16. Vgl. 65.* njejoj postelje *102.* z ocen njejen *28. 222. z. 2. Kroat. bietet* e *für* i, *asl.* y: z belen konjen *56.* desnen puten *69.* poštench *135.* zlatnemi vlasi *133;* e *für* o: dostojnega, istega, kakovega, takovega *usw. XVII. jahrh. 223. z. 9. Man merke kroat.* kola pune drv *Mikuličić 14.* vrata zaprte *112. Vgl. nsl. seite 153. Kroat. geht* veli, *asl.* velijь, *wie* dobrъ: veli zid *Mikuličić 30.* velo veselje *7.* vela žalost *69.* veloga grada *124.* od vele ruki *59. 225. z. 27. Kroat. findet man* odlučiše, učiniše *neben* otlučihu, učinihu *XVII. jahrh. Vgl. 71. 229. z. 23.* dobude *Mikuličić 98. 229. z. 30.* gre *Mikuličić 2.* greste *itis 103. 230. z. 13.*

Kroat. šla *Mikuličić 15.* 232. *z. 1. Kroat.* sost *für* sopsti; sope *Mikuličić 125. 172.* 232. *z. 3.* žive *vivit neben* živeli *14.* 233. *z. 15. Kroat. in quellen des XVII. jahrh.:* da mozi zet *possit sumere.* da mozi svaki gojit žiri i brasti. da mozi svaki odkupit. ne mozite vazet plaću. 233. *z. 20. Kroat.* reču *dicunt Mikuličić 1.* vuču *84. neben* vuku *118.* moru *45. aus* možu *possunt: partic. praet. pass.* s tobun bi mi malo bilo pomoreno *68.* 236. *z. 40. Kroat.* set *inf. Mikuličić 136.* poset *partic. praet. pass. 85.* zdet *inf. zusammen tun 89.* skriven *135.* obuven *144.* 240. *z. 9. Kroat.* bât se *timere Mikuličić 169.* bâl *62;* oboleje *23.* zahoteje *40. 45 nach III. 1;* štati *legere 140; nsl.* štêti, *asl.* čisti; goruéi, letuéi *122. 128. Man merke* viste *für asl.* vidite: viste onoga bedastoga, viste, nima ni konji ni voli *44, entweder videtis oder videte.* 243. *z. 15. Kroat.* zarene *Mikuličić 67. 68, ist asl.* zaženetъ *vgl. 44. 56. 93. partic. praet. pass.* peren: ni na vode peren *147.* 244. *z. 5. Kroat.* smet *Mikuličić 62. 65. 229.* smel *58. 64.* se smeje *60 usw.* 245. *z. 9. Kroat. ist aus* povêd *dicere ein verbum I. 7 entstanden: praes.* povejen *dico Mikuličić 54.* povješ *53.* poveje *16.* povejete *42.* poveju *9. 47. impt.* povej *65.* 245. *z. 18. Kroat.* daste *Mikuličić 60.* 245. *z. 22. Kroat.* jidu *Mikuličić 140.* 248. *z. 6. Man füge hinzu* odluka bi učinjena *XVII. jahrh. Vgl. asl.* vedenъ by *ductus est 109.* 37. 319. *z. 3. Der verbalstamm* bud, *asl.* bąd, *bildet praes.* budu, *impt.* budь, *partic. praes. act.* buduči: *alt ist das praesentische impf.* budjachъ. *Von* êd *edere besteht* êstь. êvši. êlъ. êdenъ. 322. *z. 24. Da weicht in den praes.-tempora dem reduplicierten* dad, *das kein praesenssuffix annimmt.* by *hat* bytь. byvъ. bylъ. 378. *z. 35. Von* bud *besteht* budu. buď, budouci *und das alte impf.* budjéch. jed, *das kein praesens-e annimmt, bildet* jísti. jed *asl.* jadъ. jedl. jeden. jedech. jedjéch. 384. *36.* da, *praes.* dam *aus* dadm, *hat* dáti. dav. dal. dán. dach. dadjéch; by-býti. byv. byl, (dobyt). bych. *Impf. I.* bjéch, bješe. *II.* běch, bě. 389. *z. 25. Imperfectformen wie* mútjéch *können vermuten lassen, dass dieselben sich nicht in fortwährendem lebendigen gebrauche erhalten haben, sondern in einer bestimmten periode der litteratur von den todten auferweckt worden sind, da man sonst wol* múcéch *usw. hätte.* 400. *z. 15. Man merke das dialektische* trzy żwiérza *und vergleiche damit die analogen erscheinungen anderer slavischen sprachen seite 204. 250. 286. 333. und 4. 12.* 400. *z. 25. Die form auf* oma *wird nur in der function des instr. und natürlich auch für den pl. gebraucht; der dual. wird nicht mehr gefühlt:* nogoma, za dwierzoma; s temi zwiérzoma, s trzoma głowoma, przed sześci niedzieloma *Malinowski I. 48.* *401. z. 3. l.* żywiołu *usw.* *405. z. 22. Dialektisch hat* doma, dóma, w dóma *die function des localis. Malinowski I. 46.* *406. z. 3. Dialektisch besteht* a *für* u *in* ogroda, lasa; dzisia, *wofür auch* dzisiaj, *ist kein gen. Das polabische scheint den gen. auf* u *nicht zu kennen Schleicher 200.* *406. z. 26. Man merke dialektisch* lwowi *leoni;* bratowi; ojcowi *und* ku domu; ku wjecoru, temu kraju *Malinowski I. 47.* *410. z. 14. Dialektisch haben nur die personennamen* i, owie; *alle anderen substantiva ersetzen den nom. durch den acc.; dialektisch hat sich der wahre nom. auch bei den tiernamen erhalten:* trze wielci ptaci (ptacy), pieskowie *Malinowski I. 47.* *413. z. 1. Man füge hinzu* komrat, komracia; *im voc.* komraci *neben* komracia *Malinowski I. 48.* *413. z. 5.* przyjaciel *hat im pl. nom.* przyjaciele, *wornach das 413. 3. angegebene zu berichtigen; in allen übrigen casus die auf ein thema auf* elъ *beruhenden formen: dialektisch gilt das thema auf* eljь *für den ganzen pl. Malinowski I. 47.* *418. z. 9. Man füge hinzu* municje; pól mile; z jaskinie; kuźnie; studnie; piwnice; obietnice *usw. Dieser analogie folgen stämme auf* sa: do kolase, princese; *so ist auch* trzy klose *für* klosy *zu beurteilen Malinowski I. 47. Vgl. 346. 418.* *421. z. 13. Mały. 68. 22. bietet nicht, wie die ausgabe hat,* rozumey duszę moiey, *sondern* rozumey duszi moiey. *Nehring, Iter florianense 32. 78. 80.* *426. z. 9. Die dualformen von* chodzila *bis* całowale *sind hier nicht am rechten platze.* *431. z. 14.* tydzień *hat dialektisch* tydnia, tydniowi; *pl.* tydnie, tydni, tydniom *usw.* *450. z. 34. Von* cvьt *findet man im mały. ausser* kwiść *folgende reflexe:* otektezwe *efflorebit 102. 4.* wezkweeze *131. 9.* wezkwtlo *27. 10.* zakweze *89. 6. Vgl. Nehring, Iter florianense im Słowniczek.* *451. z. 31.* bąd *hat* będę. bądź. będąć. jed *bildet* jeść. jadszy. jadł. jedzony. *454. z. 23. Der inf.* kwrzeć *ist nicht zu belegen, womit nicht gesagt wird, das verbum fehle dem pol. Man liest mały. 74. 3.* rozkwarla: skwarzony *gehört zu* skwarzyć *IV.* *456. z. 17.* by *bildet* być. bywszy. był. dobyty. da *hat* dać. dawszy. dał. dany. *457. z. 14. Nehring, Iter florianense 99, scheint geneigt* pośrzatła *auf ein verbum I. 1.* pośrześć *zurückzuführen: ich möchte wegen des čech.* postřetnouti *an II. festhalten, wofür zwar von Jungmann auch* postřetu, postřici *(dieses offenbar falsch) angeführt, jedoch nicht belegt wird.* *464. z. 13. Mały. 99. 3. bis ‚erwartet' ist zu streichen: mały. bietet* wedzeze. *Vgl. Nehring, Iter florianense 75.* *483. z. 5. Die nominativa von* jь *sind, mit ausnahme von* je *in sätzen wie* ja som je była *ich bin es gewesen, unnachweisbar: sie sind nach* moj *gebildet.* *481. z. 17.* ha *in* džeha *usw. ist wahrscheinlich die als* go *neben* że *nicht selten vorkommende partikel. Vgl. aind. gha, gha.* *490. z. 28.* bud *hat* budu. budž. budžech, bydžech. jéd-jésé. jédživši. jédł. jéch. jédžech. *495. z. 12.* by *hat* być. dobyvši. był. dobyty. bych. béch, béše. béch, bé: da-dać. davši. dał. dan. dach: *das impf. wird von* dava *entlehnt*: davach. *521. z. 26.* bud *hat* budu. buži. buducy. bužach. jéd-jésć. jédł. jéžony. *524. z. 22.* by *hat* byś. był. zabyty. bych. béch, béšo. béch, bé. da-daś. dal. dach, da: *als impf. wird angegeben* dach, dašo *usw.*

ABKÜRZUNGEN.

Die verweisungen beziehen sich auf des verfassers Lexicon palaeoslovenico-graeco-latinum, auf dessen Vergleichende grammatik der slavischen sprachen. II. IV. und auf die Altslovenische formenlehre in paradigmen.

Act. Akty. Vgl. 4. 881. Alex. Vita Alexandri Magni, cyrill. serb.-slov. Vgl. Lex. V. Ant. Antiochi pandectes. Vgl. Lex. V. Ant.-hom. Homiliae. Vgl. Lex. V. Antch. Antiochi pandectes. Vgl. Lex. V. Apost.-bulg. Apostolus. Vgl. Lex. V. Apost.-catech. Apostolischer catechismus. Oserb. Budissin. 1693. Apost.-ochrid. Apostolus, cyrill., bulg.-slov. cod. saec. XII. Vgl. Sreznevskij, Drev. slavjan. pam. jus. pisma. 269. 306. 316. 326. Assem. Evangelium assemanianum. Vgl. Lex. VI. Formenlehre XIV. Sreznevskij, Drev. glag. pam. 57. Herausgegeben von F. Rački. Agram. 1865. Bandtk. G. S. Bandtke, Polnische grammatik. Breslau. 1824. Barl. Vita Barlaam et Iosaph. Vgl. Lex. VI. Bell.-troj. Bellum troianum. Vgl. Lex. VI. Abgedruckt von Fr. Miklosich in Starine III. Agram. 1871. Bezsonovъ, P., Kalěki. Vgl. 4. 882. Bibl.-starož. Biblioteka starožytna. Wydał K. Wł. Wojcicki. Warszawa. 1843. Bog. A. Bogoevъ, Bъlgarski narodni pêsni i poslovici. Pešta. 1842. Boh. A. Bohorizh, Arcticae horulae succisivae. Witebergae. 1584. Bon. Psalterium. Vgl. Lex. VI. Formenlehre XXII. Sreznevskij, Drev. slavjan. pam. jus. pisma 202. 241. 353. Brev. Breviarum glagoliticum. Vgl. Lex. VI. Budin. S. Budinić. Vgl. 4. 882. Bulg. Evangelium bulgaricum. Vgl. Lex. IX. Bus. Th. Buslaevъ, Istoričeskaja grammatika russkago jazyka. Moskau. 1863. Calend.-ostrom. Calendarium evangelii ostromiriani. Vgl. Lex. XVII. Calend.-šiš. Calendarium apostoli šišatovacensis. Vgl. Lex. XX. Cank. A. und D. Kyriak Cankof. Vgl. 4. 882. Cloz. I. II. Glagolita Clozianus. Vgl. Lex. VII. VIII. Confess.-gener. Confessio generalis, nsl., wie es scheint, aus dem XV. jahrh. Abgedruckt in der Slavischen Bibliothek 2. 170. Cozm. S. Cosmae in haereticos. Vgl. Lex. VIII. Cvêt. Cvetje slovenskega naroda. Izdaja A. Janežič. V Celovcu. 1852. I. Cyr.-hier. Cyrillus hierosolymitanus, Catecheses. Vgl. Lex. VIII. Čel. F. L. Čelakovský, Čtení o srovnovací mluvnici slovanské. V Praze. 1853. Dain. P. Dainko (Danjko), Lehrbuch der windischen sprache.

Gräz. 1824. Evangeliomi. V Radgoni. 1817. Dalem. Dalemilova kronika. Dalь, V. I., O narěčijachъ russkago jazyka. Sanktpeterburgъ. 1852. Danič. G. Daničić, Istorija oblika srpskoga ili hrvatskoga jezika do svršetka XVII. vijeka. U Biogradu. 1874. Rječnik iz književnih starina srpskih. U Biogradu. 1863. 1864. Oblici srpskoga jezika. Sedmo izdanje. U Biogradu. 1874. Danil. Danilo. Vgl. 4. 883. Della-Bella, A., Dizionario italiano-latino-illirico. Venezia. 1728. Dial. Gregorii papae et Petri diaconi dialogi. Vgl. Lex. VIII. Dial.-šaf. Gregorii papae et Petri diaconi dialogi. Vgl. Lex. VIII. Dialekt. Základové dialektologie československé. Sepsal A. V. Šembera. Ve Vídni. 1864. Diez, F., Grammatik der romanischen sprachen. Bonn. 1836-1844. Dioptr. Philippi dioptra. Vgl. Lex. VIII. Dobr. J. Dobrowsky, Lehrgebäude der böhmischen sprache. Prag. 1819. Institutiones linguae slavicae dialecti veteris. Vindobonae. 1822. Dod. Dodatak k sanktpeterburgskim rječnicima. Napisao Vuk Stefanović. U Beču. 1822. Drž. Djela Marina Držića. U Zagrebu. 1875. Duchn. Duchnovyč, quelle für die ungrische mundart des kleinrussischen. Duš.-zak. Lex Stephani Dušani. Vgl. Lex. IX. Ephr. Ephraem. Vgl. Lex. IX. Epist. Die episteln und evangelia in die wendische sprache übersetzt. Budissin. 1695. Erb. K. J. Erben, Pjsně národnj w Čechách. W Praze. 1842-1843. Evang.-buc. Evangelium bucovinense. Vgl. Lex. IX. Evang.-deč. Evangelium monasterii Dêčani, cyrill., bulg.-slov., cod. saec. XIII-XIV. Vgl. Sreznevskij, Drev. slavjan. pam. jus. pisьma. 384. Evang.-mih. Evangelium Mihanović. Vgl. Lex. IX. Evang.-ochrid. Evangelium ochridense, glag., palaeoslovenicum. Sreznevskij, Drev. glag. pam. 74. Evang.-serb. Evangelium serbicum. cyrill., serb.-slov., saec., uti videtur, XV. Evang.-šiš. Evangelium monasterii Šišatovac, cyrill., serb.-slov., saec. XIV. Aus diesem denkmal lagen mir nur dürftige auszüge vor. Evang.-tirn. Szveti evangeliumi. V Czeske Ternave. 1694. Evang.-trn. Evangelium Trnovense. Vgl. Lex. X. Evang.-tur. Evangelium turovense, cyrill., russ.-slov. saec. XI. Formenlehre XXVIII. Evang.-vindob. Evangelium vindobonense, čech., bibliothecae palatinae. Evang.-zagrab. Szveti evangeliumi. Vu Zagrebu. 1730. Fabr. Das neue testament in die niederlausitzische wendische sprache übersetzt von G. F. Fabricius. Kahren. 1709. Frag.-bulg. Liturgisches, cyrill., bulg.-slov., cod. saec. XVI. Mein eigentum. Frag.-glag. Bruchstück eines breviers, glag., croat.-slov., saec. XIV, bibliothecae palatinae. Fris. Monu-

menta frisingensia, lat., carant.-slov. saec. X. B. Kopitarii Glagolita Clozianus XXV-XLI. Fr. Miklosich, Chrestomathia palaeoslovenica. Vindobonae. 1854. 89-92. Georg. *Georgius (Hamartolos), Chronicon. Vgl. Lex. X.* Georg.-šaf. *Georgius (Hamartolos), Chronicon. Vgl. Lex. 10.* Glasnik, *nsl. Vgl. 4. 884.* Glasnik, *serb. Vgl. Lex. X.* Gorn. *Ł. Górnicki. Dzieje. Sanok. 1855.* Gorski-vijen. *Gorski vijenac. Serb. Vgl. 4. 884.* Greč. *N. Gretsch. Vgl. 4. 885.* Greg.-naz. *XIII. slovъ Grigorija bogoslova vъ drevneslavjanskomъ perevodê po rukopisi XI. vêka. Trudъ A. Budiloviča. Sanktpeterburgъ. 1875. Vgl. Formenlehre XXVIII.* Gund. *I. Gundulić, Diela. U Zagrebu. 1844. Vgl. 4. 885.* Gutsm. *O. Gutsmann, Christianske resnice. V Zelovzi. 1770. Windische sprachlehre. Klagenfurt. 1820.* Habd. *J. Habdelich. Vgl. Lex. XI.* Hank. *Canones anastasimi usw. Vgl. Lex. XI.* Hatt. *M. Hattala. Vgl. 4. 885.* Hauptm. *J. G. Hauptmann. Vgl. 4. 885.* Hom.-mih. *Homiliae variorum. Vgl. Lex. XI. Formenlehre XI.* Hung. *Aus der sprache der ungrischen Slovenen.* Hrab. *Hrab. Vgl. Formenlehre XXVII.* Chrys.-lab. *Ioannis Chrysostomi et aliorum homiliae. Vgl. Lex. XI.* Io.-clim. *Ioannes Climacus. Vgl. Lex. XI.* Io.-ex. *Ioannes Exarchus. Vgl. Lex. X.* Io.-sin. *Ioannes Sinaita. Vgl. Lex. XI.* Ippol. *Slovo svjatago Ippolita usw. Formenlehre 25.* Isaak. *Isaak Syrus. Vgl. Lex. XI.* Iraniš. *I. Iraniscevich, Kitta critya razlikova. U Mlecima. 1642.* Izvêst. *Izvêstija. Vgl. Lex. XII.* Jadw. *Książeczka do nabożeństwa św. Jadwigi. Kraków. 1849.* Jakub. *M. Jakubowicz, Grammatyka języka polskiego. Wilno. 1823.* Janež. *A. Janežič, Slovenska slovnica. V Celovcu. 1854.* Jerol. *Život sv. Jerolima. V. Jagić. Starine I. 226.* Jireček, *J., Nákres mluvnice staročeské. V Praze. 1870.* Jord. *J. P. Jordan, Grammatik der wendisch-serbischen sprache in der Oberlausitz. Prag. 1841.* Jungm. *J. Jungmann, Slownjk česko-německý. W Praze. 1835.* Kaniž.-rož. *A. Kanižlich, Sveta Rožalia. Beč. 1780.* Kastel. *M. Kastellez, Bratovske buquize. V Lublani. 1682.* Kašubisch. *Für das kašubische standen dem verfasser folgende quellen zu gebote: Nążecka dlo Kaszebov przez Wójkasena. Ve Gdąnskn. 1850. Kile slov wó Kaszebach e jich zemi przez Wójkasena. Kraków. 1850. Rózmova Pólocha s Kaszebą napjisąno przez s. p. xędza Szmuka s Pucka. Ve Gdąnsku. 1850. Pjnc glovnech wóddzalov evangjelickjeho katechizmu z njemjeckjeho na kašebsko-slovjenskj jezek przełožeł wójkasin ze Staróšena. V Srjecu nad Vjsłą. 1861.* Kat. *Život s. Kateřiny. V Praze. 1860.* Kaz. *Kazky. Vgl. 4. 886.* Kir. *P. V. Kirêevskij. Vgl.*

4. 886. Kl.-katech. M. Luthers kleiner Catechismus. Budissin. 1693. Klon. S. Klonowicz, Dzieła. Kraków. 1829. Knež. P. Knežević, Pisme duhovne razlike. U Mlecima. 1765. Kodr. Vita S. Quadrati. Vgl. Lex. XVIII. Koch. J. Kochanowski, Dzieła. Lipsk. 1835. Kolo. Kolo za literaturu, umětnost i narodni život. U Zagrebu. 1842. Kop. B. Kopitar, Grammatik der slavischen sprache usw. Laibach. 1808. Kopcz. O. Kopczyński, Grammatyka języka polskiego. Warszawa. 1817. Kotl. I. Kotljarevskij, Virgilieva Eneida na malorossijskij jazykъ perelożennaja. Charьkovъ. 1842. Kovč. Vuk Stef. Karadžić, Kovčežić. U Beču. 1849. Krell. S. Krell. Vgl. 2. 499. Formenlehre 95. Krist. I. Kriztianović, Grammatik der kroatischen sprache. Agram. 1837. Krk. Patericon. Vgl. Lex. XII. Krmč. Krmčaja. Vgl. Lex. XII. Krmč.-mih. Krmčaja. Vgl. Lex. XII. Formenlehre XXVI. Kroat.-slov. Aus der sprache der kroatischen Slovenen. Kruš. Testamentum vetus. Vgl. Lex. XIII. Kryl. I. A. Krylovъ, Basni ruskija. Parižъ. 1825. Kuk. I. Kukuljević Sakcinski, Razlika děla. U Zagrebu. 1847. vol. IV. Květ. F. B. Květ, Staročeská mluvnice. V Praze. 1860. Lam. V. Lamanskij. Vgl. 4. 887. Łaz. D. Łazowskij, Grammatyka języka polskiego. Kraków. 1848. Leg.-de XII.-apost. Legenda de XII. apostolis. Leg.-proc. Legenda de S. Procopio. Levstik, F., Die slovenische sprache nach ihren redetheilen. Laibach. 1866. Lex. nsl. Vgl. Lex. XIII. Lex.-acad. Slovarь cerkovno-slavjanskago i russkago jazyka. Sanktpeterburgъ. 1847. Łoz. J. Łoziński, Grammatyka języka ruskiego. Przemyśl. 1846. Luč. A. Lučić. Vgl. 4. 99. 888. Maked.-listъ. Vgl. Formenlehre XIV. Maks. M. Maksimovičъ, Ukrainskija narodnyja pěsni. Moskva. 1834. Małg. Psałterz królowéj Małgorzaty. (Psalterium Florianense). Wiédeń. 1834. Malinowski, L., Beiträge zur slavischen dialektologie. I. Über die Oppelnsche mundart. Leipzig. 1873. Man. Manassis chronica. Vgl. 4. 888. Mariencodex. Evangelium. Vgl. Formenlehre XIV. Matth. G. Matthiae, Wendische grammatica. Budissin. 1721. Mat. Mater. Materijaly. Vgl. 4. 888. Meg. H. Megiser. Vgl. 4. 888. Men. Men.-put. Vgl. Lex. XIV. Mesgn. F. Mesgnien, Grammatica seu institutio polonicae linguae. Dantisci. 1649. Met. F. Metelko. Vgl. 4. 888. Mick. A. Mickiewicz, Pisma. Paris. 1844. Mik. I. Micalia. Vgl. Lex. XIV. Mikuličić, Fran, Narodne pripovjetke i pjesme iz hrvatskoga primorja. U Kraljevici. 1876. Milad. D. i K. Miladinovci. Vgl. 4. 888. Misc. Miscellanea. Vgl. Lex.

XIV. Miss.-nov. *Missale Novak. Vgl. Lex. XIV.* Mladên. *Psaltir s tumačenjem pisan 1346 za Branka Mladenovića. Obznanio Fr. Miklošič. Starine IV. U Zagrebu. 1872. Vgl. Formenlehre XXVI.* Modl.-wacl. *Modlitwy Wacława, zabytek języka polskiego z wieku XV., wydał i objaśnił L. Malinowski. W Krakowie. 1875.* Mon.-serb. *Monumenta serbica. Vgl. 4. 889.* Morse, *C. F., An english and bulgarian vocabulary. Constantinople. 1860.* Mucz. *J. Muczkowski, Grammatyka języka polskiego. Kraków. 1849.* Nar.-pês. *Slovenske pêsni krajnſkiga naroda. V Ljubljani. 1839-1841.* Nar.-pjes. *Srpske narodne pjesme, skupio ih i na svijet izdao Vuk St. Karadžić. U Beču. 1841.* Nest. *Nestoris chronica. Vgl. 4. 889.* Nicol. *Evangelium Nicoliense. Nikoljsko jevandjelje. Na svijet izdao Dj. Daničić. U Biogradu. 1864. Vgl. Formenlehre XVII.* Nom.-bulg. *Nomocanon. Vgl. 4. 889.* Novak. *S. Miss.-nov.* O perev. *O perevodê. Vgl. 4. 890.* Ochrid. *Apostolus ochridensis. Vgl. Formenlehre 95.* Op. *Opisanie. Vgl. 4. 890. Lex. XV.* Opytъ *oblastnago velikorusskago slovarja. Sanktpeterburgъ. 1852. Dopolnenie 1858.* Os. Osad. *M. Osadca. Vgl. 4. 890.* Osm. *I. Gundulić, Osman. U Zagrebu. 1844.* Osnov. *Osnovjanenko, klruss.* Ostrom. *Evangelium Ostromiri. Vgl. 4. 890. Formenlehre XXVIII.* Pamięt. *Pamiętniki o dziejach, piśmiennictwie i prawodawstwie Słowian, wydał W. A. Maciejowski. Petersburg und Leipzig. 1839.* Parem. *1271. Paremejnikъ. Vgl. 4. 890.* Parem. *XIV. Paremejnikъ. Vgl. Lex. XVII.* Pass. *Passionale. čech.* Pat. *Patericum. Vgl. Lex. XVII.* Pat.-krk. *Patericum monasterii Krka. Vgl. Lex. XII.* Pat.-mih. *Patericum Mihanović. Vgl. Lex. XVII.* Pat.-šaf. *Patêricum Šafařík. Vgl. Lex. XVII.* Paul. *Ž. Pauli, Pieśni ludu polskiego w Galiciji. Lwów. 1838.* Paul. *Ž. Pauli, Pieśni ludu ruskiego w Galiciji. Lwów. 1839. 1840.* Pavsk. *G. Pavskij, Filologičeskaja nabljudenija. Sanktpeterburgъ. 1850.* Pent. *Pentateuchus Mihanović. Vgl. Lex. XVII.* Pentagloss. *Pentagloss exercices in W. Martin. Leake's Researches in Greece. London. 1814. 383. 402.* Per. *Lêtopisecъ Perejaslavlja suzdalьskago. Vgl. Lex. XVII.* Pêsm. *Pesmarica. Vgl. 4. 890.* Petran. *B. Petranović, Srpske narodne pjesme iz Bosne i Hercegovine. U Biogradu. 1867.* Pfuhl, *C. T., Laut- und formenlehre der oberlausitzisch-wendischen sprache. Bautzen. 1867.* Pieśn. *Pieśni ludu krakowskiego. Zebrał J. H. Kraków. 1840.* Pist. *Pistule. Vgl. 4. 891.* Pjes.-kačić. *Vgl. 4. 891.* Poslov. *Poslovice. Vgl. 4. 891.* Poslov. *Poslovicy. Vgl. 2. 500.* Prag.-frag. *Glagolitische fragmente. Vgl. Lex. X.* Preš. *F. Prešern.*

Vgl. 4. 891. *Prič a. S. Bell.-troj.* *Prip. Priporjedke. Vgl.* 4. 892. *Prol. Prologus. Vgl. Lex.* XVII. *Prol.-cip. Prologus Ciparii. Vgl. Lex.* XVII. *Prol.-mart. Prologus martii. Vgl. Lex.* XVII. *Prol.-rad. Prologus Radosavь. Vgl. Lex.* XVIII. *Prol.-vuk. Prologus Vuk St. Karadžić. Vgl. Lex.* XVIII. *Proph. Prophetae. Vgl. Lex.* XVIII. *Pryp. Prypovidky. Vgl.* 4. 892. *Psalt. Psalterium Eugenianum. Vgl. Lex.* XVIII. *Psalt.* XIV. *Vgl. Formenlehre.* 96. *Psalt.-int. Vgl. Lex.* XVIII. *Psalt.-pog. Vgl. Lex.* XVIII. *Psalt.-sluck. Vgl. Formenlehre* XV. *Psalt.-venet. Vgl. Lex.* XVIII. *Puch. A. J. Puchmayer, Lehrgebäude der russischen sprache. Prag.* 1820. *Ravn. M. Ravnikar. Vgl.* 4. 892. *Relk. I. S. Reljković. Vgl.* 4. 892. *Rês. S. Gutsm. Ryb. Pêsni usw. Vgl.* 4. 892. *Sabb.-vindob. Vgl.* 4. 892. *Lex.* XIX. *Sach. I. Sacharovъ. Skazanija russkago naroda. Sanktpeterburgъ.* 1841-1849. *Sav.-kn. Vgl.* 4. 892. *Formenlehre* XIV. *Sbor.-sav. Vgl.* 4. 892. *Sborn.* 1073. 1076. *Izbornikъ. Vgl.* 4. 892. *Lex.* XIX. XX. *Formenlehre.* XXVI. *Sborn. Slovak. Schleicher, A. Sklonenie osnovъ na -u. Priloženie kъ XI. tomu zapiskokъ imp. akademii naukъ. No.* 3. *Sanktpeterburgъ.* 1867. *Schneider, F., Grammatik der wendischen sprache katholischen dialekts. Budissin.* 1853. *Seiler, A., Kurzgefasste grammatik der serbisch-wendischen sprache. Budissin.* 1830. *Sim. Vita S. Simeonis. Vgl. Lex.* XIX. *Sir. S. Truber.* *Skal. Adam Skallar, Exemplar od svetiga Bonaventura.* 1643. *Mir standen nur spärliche auszüge zu gebote.* *Skaz. Narodnyja ruskija skazki. Vgl.* 4. 893. *Slêpč. Apostolus slêpč. Vgl.* 4. 893. *Formenlehre* XXII. *Smith, C. W., Grammatik der polnischen sprache. Berlin.* 1864. *Spom Srbskii spomenicy. U Bêogradu.* 1840. *Srez.-glag. I. I. Sreznevskij, Drevnie glagoličeskie pamjatniki. Sanktpeterburgъ.* 1866. *Srez.-jus. I. I. Sreznevskij, Drevnie slavjanskie pamjatniki jusovago pisьma. Sanktpeterburgъ.* 1868. *Stapl. Neuslovenische übersetzung des winterteils der evangelien aus dem werke des Engländers Stapleton, das 1620 gedruckt worden ist.* *Starine. Na svijet izdaje jugoslavenska akademija. U Zagrebu.* 1869-1873. *Stat. Statuta polskie króla Kazimierza w Wiślicy złožone, wydał K. Wł. Wojcicki. Warszawa.* 1847. *Strum. Apostolus strumicensis. Vgl. Lex.* XIX. *Stud.-ol. Th. Studitskij, Narodnyja pêsni oloneckoj gubernii. Sanktpeterburgъ.* 1841. *Stud.-vol. Th. Studitskij, Narodnyja pêsni vologodskoj gubernii. Sanktpeterburgъ.* 1841. *Sup. Codex suprasliensis. Vgl.* 4. 893. *Suš. F. Sušil. Vgl.*

4. 893. *Svjat.* Izbornikъ 1073. Vgl. 4. 893. *Szyrwid,* C., Dictionarium trium linguarum. Vilnae. 1713. *Šaf.-poč.* P. J. Šafařík, Počátkové. Vgl. 4. 893. *Šiš.* Apostolus šišatovacensis. Vgl. 4. 893. *Štít.* Vgl. 4. 894. *Tichonr.* N. Tichonravovъ. Vgl. 4. 894. *Tomíč.* J. S. Tomíček, Česká mluvnice. V Praze. 1850. *Triod.* Vgl. Lex. XX. *Triod.-mih.* Triodion. Vgl. 4. 894. *Trub.* P. Truber, Catechismus. Tubingae. 1555. Matthaeus 1855. Ta perví deil tiga noviga testamenta. 1557. Ta drugi deil tiga noviga testamenta. 1560. Jesus Sirach. V Lublani. 1575. *Tur.* S. Evang.-tur. *Tur.* Cyrillus Turovensis. Vgl. Lex. XX. *Ungr.-kroat.* Aus der sprache der ungrischen Kroaten. *Ungr.-slov.* Aus der sprache der ungrischen Slovenen. *Ustav.* Księgi ustaw polskich i mazowieckich. Wilno. 1824. *Venet.* Neuslovenisches aus dem venetianischen. *Verant.* F. Verantius, Dictionarium quinque nobilissimarum Europae linguarum Posonii. 1834. *Vinod.* Vinodolski zakon. Kolo. 3. 50-97. *Vita-theod.* Vgl. 4. 894. *Volk.* L. Volkmer, Fabule in péfmi. Gradez. 1836. *Volksl.* Volkslieder der Wenden in der Ober- und Niederlausitz, herausgegeben von L. Haupt und J. E. Schmaler. Grimma. 1841. 1843. Die erste zahl bezeichnet den band, die folgenden die seite. *Vostok.* A. Vostokovъ, Russkaja grammatika. Sanktpeterburgъ. 1844. *Vostok.* A. Vostokovъ, Grammatika cerkovnoslovenskago jazyka. Sanktpeterburgъ. 1863. *Vostok.* A. Vostokovъ, Slovarь cerkovno-slavjanskago jazyka. Sanktpeterburgъ. 1858-1861. *Vraz.* St. Vraz, Narodne pěsni ilirske. U Zagrebu. 1839. *Wes.* Ruskoje wesile, opysanoje czerez J. Łoziúskoho. W Peremyszly. 1835. *Wojc.* K. Wł. Wójcicki, Pieśni ludu Biało-Chrobatów, Mazurów i Rusi z nad Bugu. Warszawa 1836. *Wruss.* Weissrussisch. *Wýb.* Wýbor z literatury české. W Praze. 1845. I. *Wyp.* Wypisy polskie. I. Lwów. 1853. *Zap.* Zapiski imp. russkago geografičeskago obščestva po otdêleniju etnografii. Tomъ V. Sanktpeterburgъ. 1873. Enthält: Bêlorusskija pêsni, sobrannyja I. I. Nosovičemъ 45-280. Bêlorusskija pêsni, sobrannyja P. V. Šejnomъ 281-846. *Zlatostr.* Zlatostruj saec. XII. Vgl. Lex. XXI. *Zof.* Biblia krolowej Zofii, wydana przez A. Małeckiego. We Lwowie. 1871. *Zogr.* Evangelium zographense. Vgl. 4. 896. Formenlehre XIII. *Zwahr,* J. G., Niederlausitz-wendisch-deutsches handwörterbuch. Spremberg. 1847.

INHALT.

Druck von Adolf Holzhausen in Wien
k. k. Universitäts-Buchdruckerei.

Zeitfracht Medien GmbH
Ferdinand-Jühlke-Straße 7
99095 Erfurt, Deutschland
produktsicherheit@kolibri360.de